赤峰市檔案館 編

# 民國時期赤峰縣公署檔案精選

2

國家圖書館出版社

# 第二册目録

## 一二八　熱河道道尹公署爲商會改選後另行填報職員表并補送章程事致赤峰縣公署指令（1919年8月13日）

3-1-1772-73(1)

熱河道道尹公署指令第壹四七號

令赤峯縣知事蔣文齡

呈送該縣商会更正章程二份職員表二份圖領一紙鈐記公費現洋十五元並聲明定期依法改選由

呈暨章程職員表解批圖領均悉所送鈐記公費現洋十五元亦如數收訖惟據該知事呈称已奉都統電令業經轉行該会定限依法改選應俟改選定局方為有效且查送到更正章程暨職員表各僅二份不敷存轉而職員表又未裝訂成冊不足以昭慎重所領鈐記既經該知事備文呈請須發自無須該会再具圖領致隣夾雜除將解批印發圖領發還

## 一二八　熱河道道尹公署爲商會改選後另行填報職員表并補送章程事致赤峰縣公署指令（1919年8月13日）

其鈐記公費及更正章程職員表等件姑予暫存

外仰即轉行遵照一俟該会依法改選另將職員表

填造三份裝訂成冊加蓋該縣印信并補送章程

一份由該知事核明呈送来署以憑一併呈請咨部查

核解批及圖領發還此令

計印發解批一紙并發還圖領一紙

中華民國八年八月十三日

熱河道道尹戚朝卿

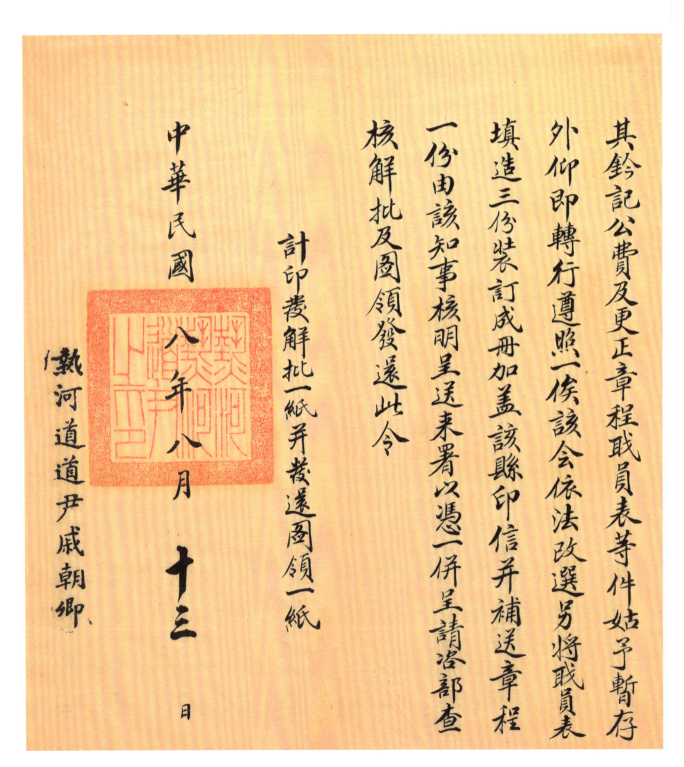

## 一二八 熱河道道尹公署爲商會改選後另行填報職員表并補送章程事致赤峰縣公署指令（1919年8月13日）

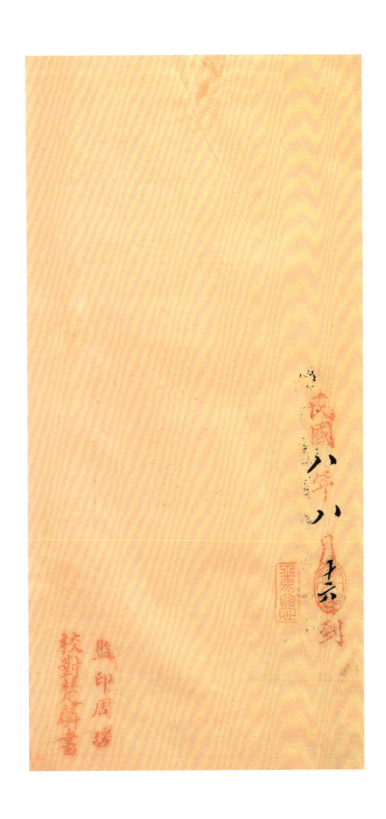

民國八年八月十六到

監印周瑤

校對楚麟書

## 一二八　熱河道道尹公署爲商會改選後另行填報職員表并補送章程事致赤峯縣公署指令（1919年8月13日）

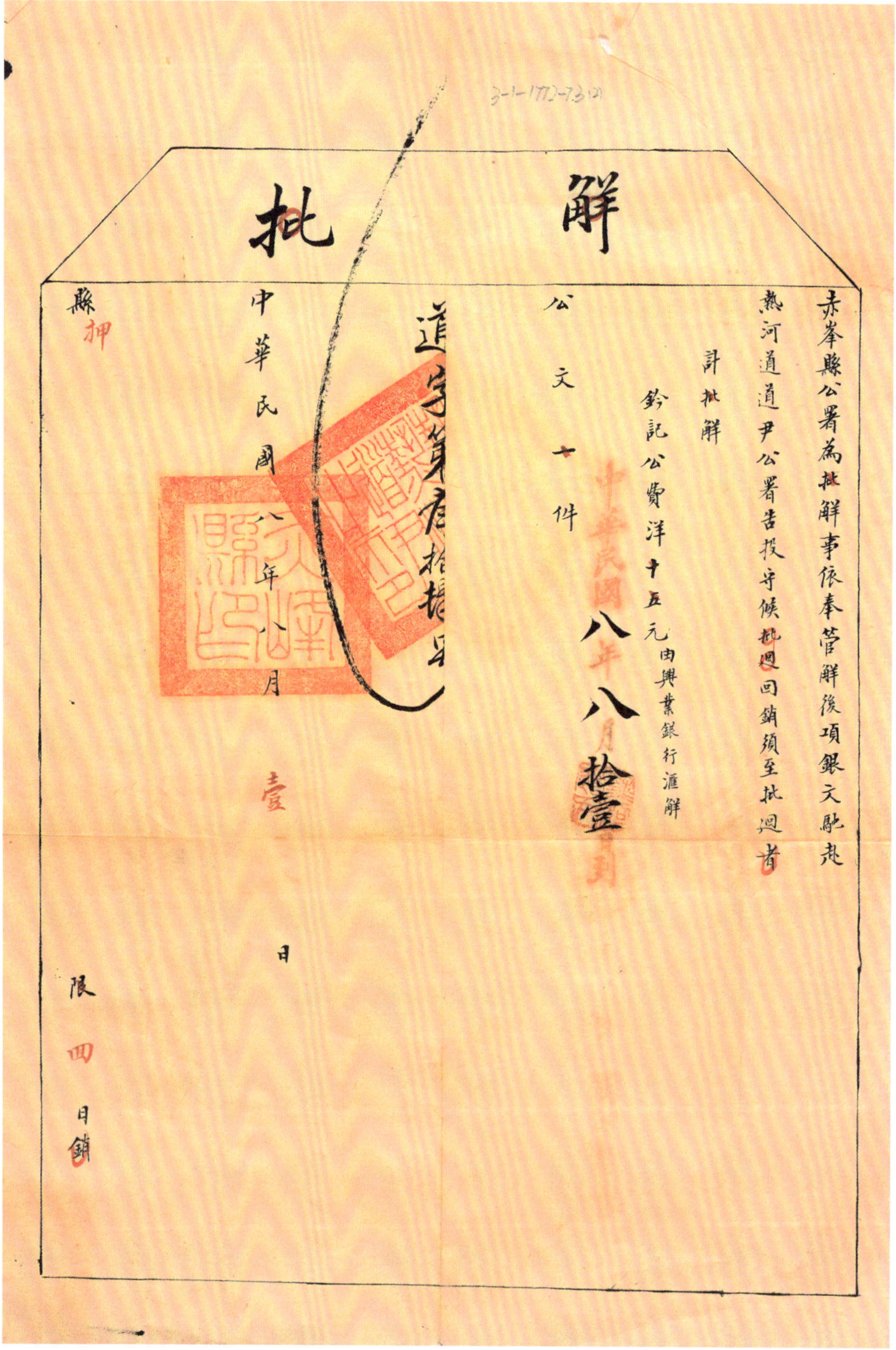

赤峯縣公署爲批解事依奉管解後項銀文馳赴
熱河道道尹公署告投守候批迴回銷須至批迴者

計批解

鈐記公費洋十五元由興業銀行滙解

公文一件

解

中華民國八年八月拾壹

批

道字第[illegible]拾捌號

中華民國八年八月壹日

縣押

限四日銷

## 一二八　熱河道道尹公署爲商會改選後另行填報職員表并補送章程事致赤峰縣公署指令（1919年8月13日）

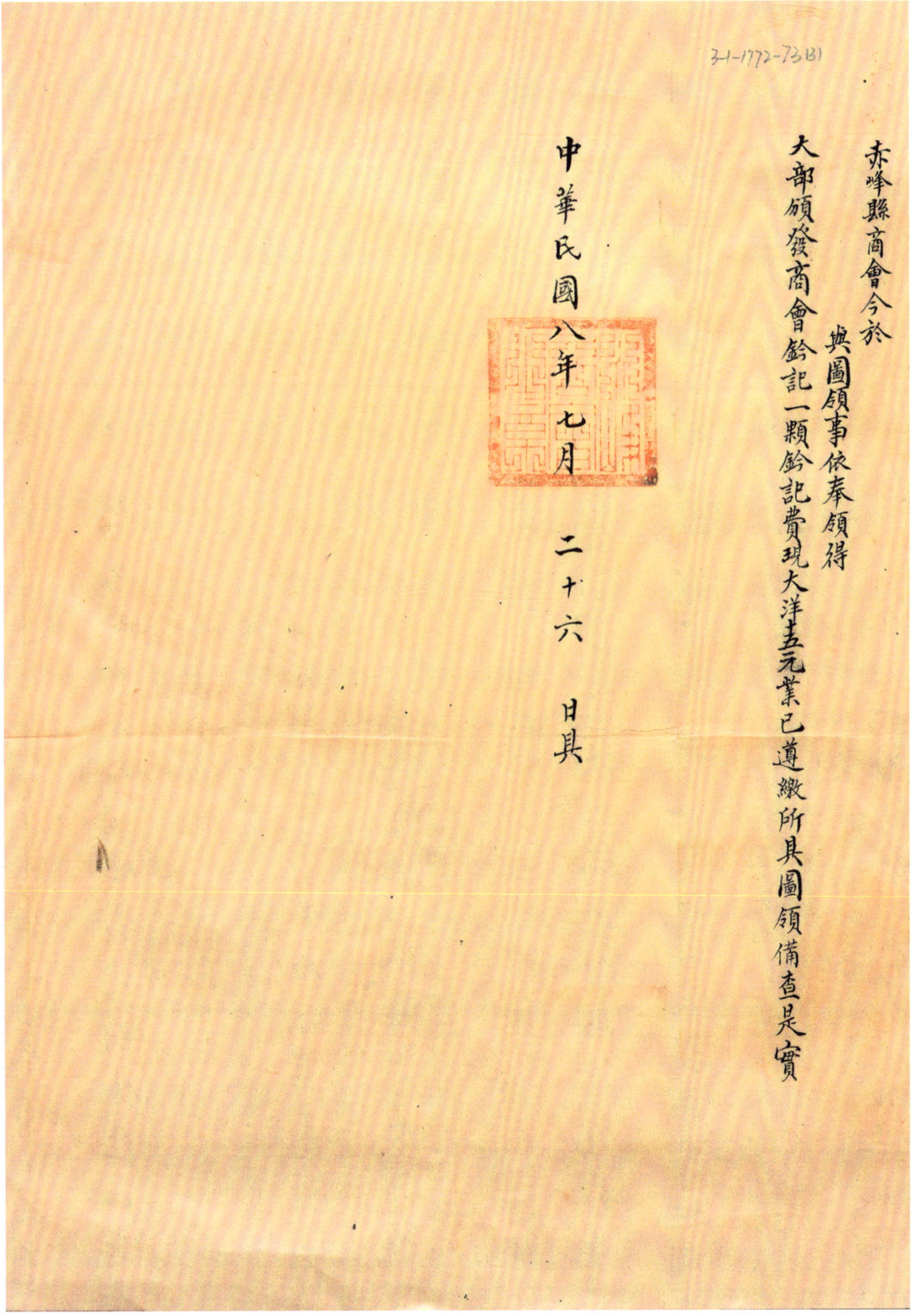

3-1-1772-73(B1)

赤峰縣商會今於
與圖領事依奉領得
大部頒發商會鈐記一顆鈐記費現大洋壹元業已遵繳所具圖領備查是實
中華民國八年七月二十六日具

# 一二九　赤峰縣公署爲遵令報送商會職員表及辦事規則事致熱河道道尹公署呈稿（1919年9月19日）

3-1-1772-92

呈為遵飭補送事。案查本縣商會依法改選一案，前將職員表
及鈐記、公費現洋十五元呈送，並聲明定期依法改選在
案。旋奉
鈞署第一四八一號指令、呈暨章程職員表鮮批
圖領均悉。此令。計印發鮮批一紙，並發還圖領一
紙等因。奉此，遵即函轉去後。茲據商會函稱：遵於本年
八月十五日，按照部電另行票選，並請縣長親臨監視，用
聯級投票法，先行選出會董三十人，正、副會長由會董
投票互選。於八月三十一日復選，即日當衆開票，朱雲彭被選為正會長、張文齡
為副會長。合將新選職員造表裝訂成冊，並補造職

## 一二九　赤峰縣公署爲遵令報送商會職員表及辦事規則事致熱河道道尹公署呈稿（1919年9月19日）

事章程一併函送核轉等因前來、查此次改選、知事親臨監視、依法改選、秩序井然、查核辦事章程、似尚妥協、除將職員表加蓋縣印外、理合備文呈送

鈞署鑒核、轉請核咨、謹呈

熱河道道尹咸

計呈送

職員表三份

章程一份

代理赤峰縣知事蔣〇〇

一二九　赤峰縣公署爲遵令報送商會職員表及辦事規則事致熱河道道尹公署呈稿（1919年9月19日）

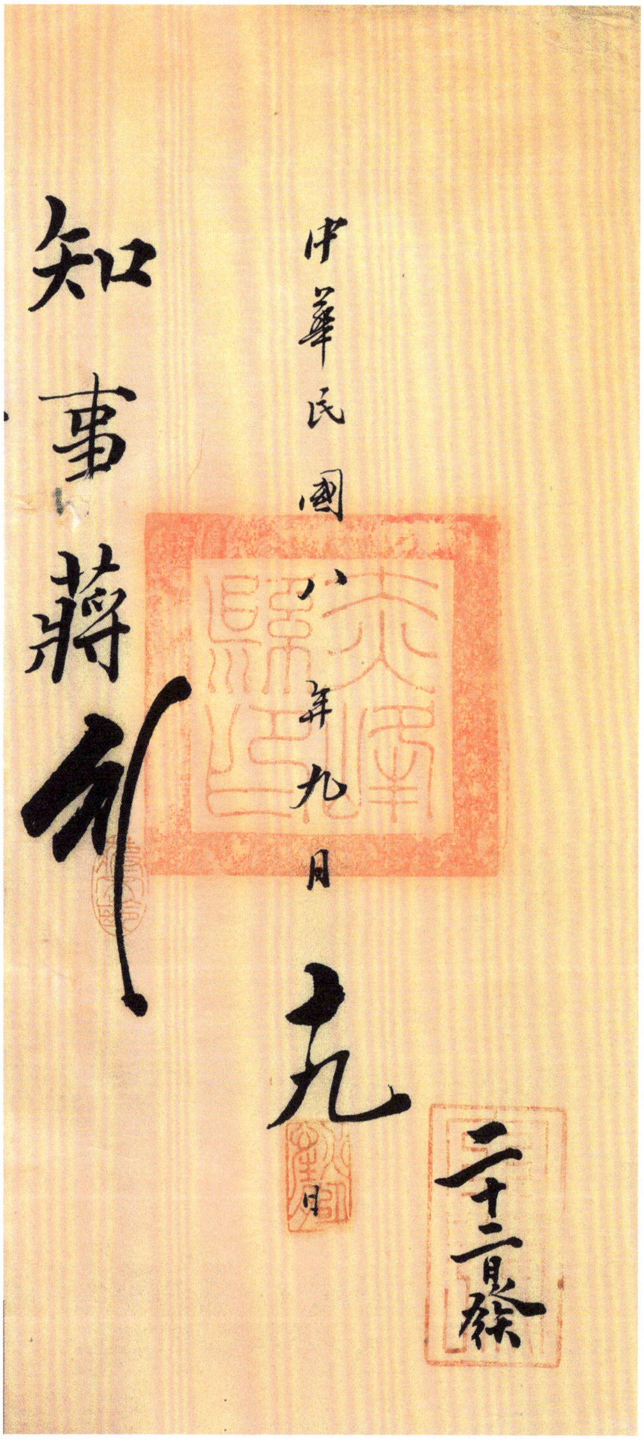
二十二日發

中華民國八年九月十九日

知事蔣

## 一二九　赤峰縣公署爲遵令報送商會職員表及辦事規則事致熱河道道尹公署呈稿（1919 年 9 月 19 日）

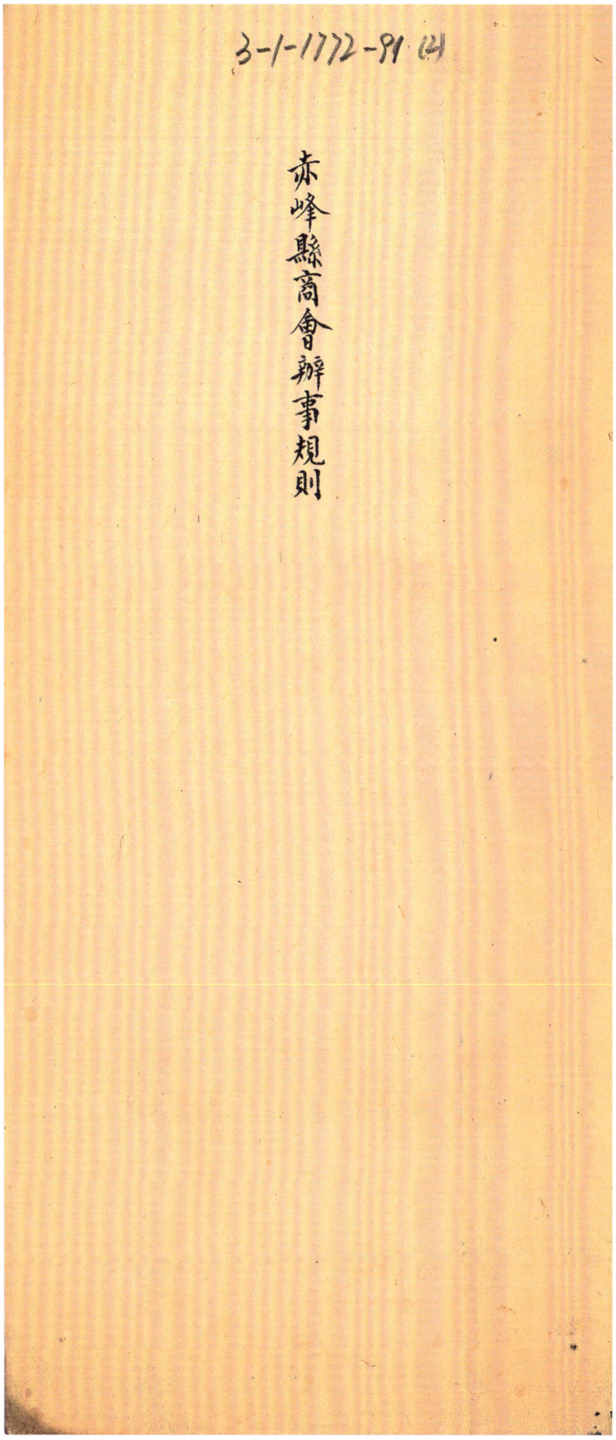
3-1-1772-91 (2)

赤峰縣商會辦事規則

一二九　赤峰縣公署爲遵令報送商會職員表及辦事規則事致熱河道道尹公署呈稿（1919年9月19日）

第一章　緣起
第一條　本會因商會法既經頒布所有前組織之商務分會之名義即應取銷遵照另行改組
第二章　名稱
第二條　赤峰商務分會既然取銷應遵商會法組織商會因定名曰赤峰縣商會以昭劃一
第三章　宗旨
第三條　本會以振興商務保護商業開通商智聯合商情為目的
第四條　本會雖有前條之規定然凡提倡一事必經開會表決送由地方長官轉達或推行之
第五條　本會除本細則規定應辦各事以外仍遵行商會

法第十六條規定之職務

第四章　地點

第六條　本會仍在縣署東租賃燒行房院為會所

第五章　區域

第七條　本會區域内商務繁盛之處只烏丹城一處將來認為有成立分事務所之必要與否另議訂之

第六章　選任及解任

第八條　本會每屆選舉時應先期十五日以前通知縣屬各商號有選舉資格之會員屆期齊集會所親自投票公舉即日當衆開票

第九條　本會屆選舉期必先期報明地方長官當投票時亦必詳請地方長官監督

一二九　赤峰縣公署爲遵令報送商會職員表及辦事規則事致熱河道道尹公署呈稿（1919年9月19日）

第十條　本會選舉用記名聯記投票法以得票最多數為當選

第十一條　本會由各商號中有選舉資格之會員選出會董三十人

第十二條　會董由會員投票選出後再由會董互選會
長副會長

第十三條　本會會長副會長會董選出報明地方長官轉
呈高級行政長官咨請農商部立案

第十四條　本會遵照商會法第十條得置特別會董並得
遵照商會法第十五條設辦事職員

第十五條　本會會員具有商會法第六條所列資格之一者
為限

一品行端方為各商號推重居多數者二年在三旬以上者三
係行號股東或經理人者四受破產宣告已撤銷者五素無

## 一二九　赤峰縣公署爲遵令報送商會職員表及辦事規則事致熱河道道尹公署呈稿（1919年9月19日）

嗜好者六無精神病者

第十六條　會長副會長會董特別會董遵照商會法均以二年為一任期其中途補充者仍接算前任日期

第十七條　前條所列各職員期滿再被選時照章得連任一次

第十八條　特別會董任期滿時如經會董議決亦得連任但以一次為限

第十九條　本會會員無論如何除名及請退職均得開會議決方可行之

第二十條　本會職員之退職及除名應遵照商會法第二十九條第三十條辦理

第二十一條　本會職員任期屆滿新選職員非就職舊職員不得退職

一二九　赤峰縣公署爲遵令報送商會職員表及辦事規則事致熱河道道尹公署呈稿（1919年9月19日）

第七章　規制

第二十二條　本會遵照商會法第九條會董以三十人為限

一會長一員副會長一員二會董三十員內推舉特別會董六員

三庶務會計書記等辦事職員由會長副會長會

同會董選用

第二十三條　會長副會長總理會中一切事務均負有監

察之責

第二十四條　會董特別會董得幫同會長辦理商會法

第十六條所列各款之職務

第二十五條　庶務管理會中一切雜務及保管公有器物

第二十六條　會計管理會中銀錢出入並編製表預算決算

一切事項

## 一二九　赤峰縣公署爲遵令報送商會職員表及辦事規則事致熱河道道尹公署呈稿（1919年9月19日）

第二十七條　所有庶務會計書記各辦事職員所辦事務應由會董輪流隨時監察

第二十八條　本會特別會董擔任商業上調查報告等項事宜

第八章　會議

第二十九條　本會得開定期會議及特別會議

第三十條　定期會議分年會職員會年會每年一次職員會每月二次特別會無定期

第三十一條　會長副會長遇有事件認為緊要或會董會員五人以上之請求須開特別會議得隨時召集之

第三十二條　本會開會由會長為主席如會長因有事故副會長得代理之如會長副會長均有事故由會董公推一人為主席

第三十三條　本會開會時須約鐘點到會如有事不能到會先期聲明理由

第三十四條　本會開會非有會員過三分之二出席不得開議

第三十五條　本會會員提議非有二人以上贊同不得提出議案

第三十六條　本會對於所議事件表決時以可否最多數爲準可否同數取決會長

第九章　職務

第三十七條　本會如因商家要求及商家受不利益之侵害並遇有利害關係及市面有因其他事件（如金融恐慌及有關商情等）生出恐慌時得開會討論議決後請求地方長官維持之

第三十八條　本會如會員等或因疎忽或因故意有徇情偏

租情事爲本會會員或衆商號查出或他人舉發者遵照

商會法第二十九條第三十條辦理

第十章　經費

第三十九條　本會經費由在會各員之商號分認之二項如左

（一）本會額支款由會計編列預算表公同討論議決後簽字

戲則得申理由開會公議如何追加餘則留備下届

（二）本會活支款在五十兩以内由會長副會長與會董議決

簽字照發五十兩以外須開特别會全體公議

第四十條　本會規則自送請地方長官核准轉詳奉批

後即爲施行如有未盡事宜應遵照修正商會法及

施行細則辦理

一二九　赤峰縣公署爲遵令報送商會職員表及辦事規則事致熱河道道尹公署呈稿（1919年9月19日）



中華民國八年　月　日

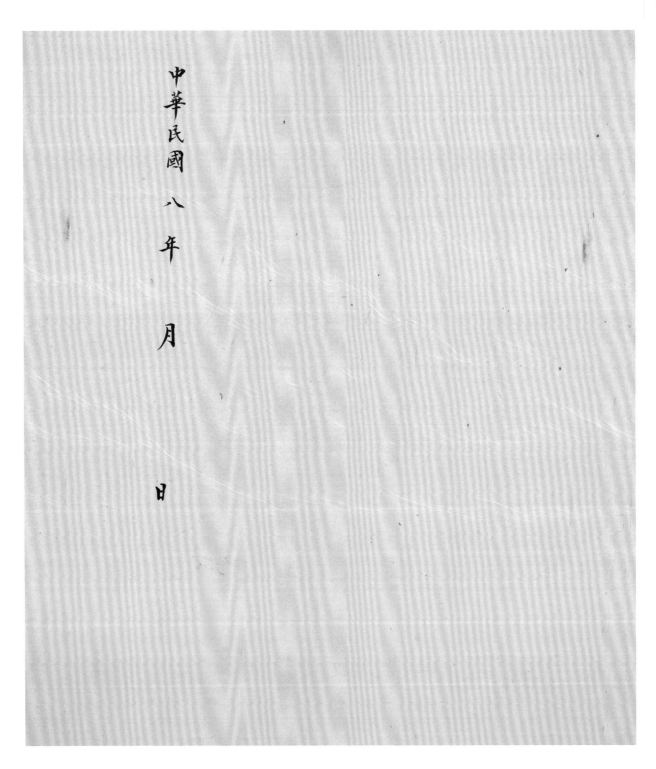

一二九　赤峰縣公署爲遵令報送商會職員表及辦事規則事致熱河道道尹公署呈稿（1919年9月19日）

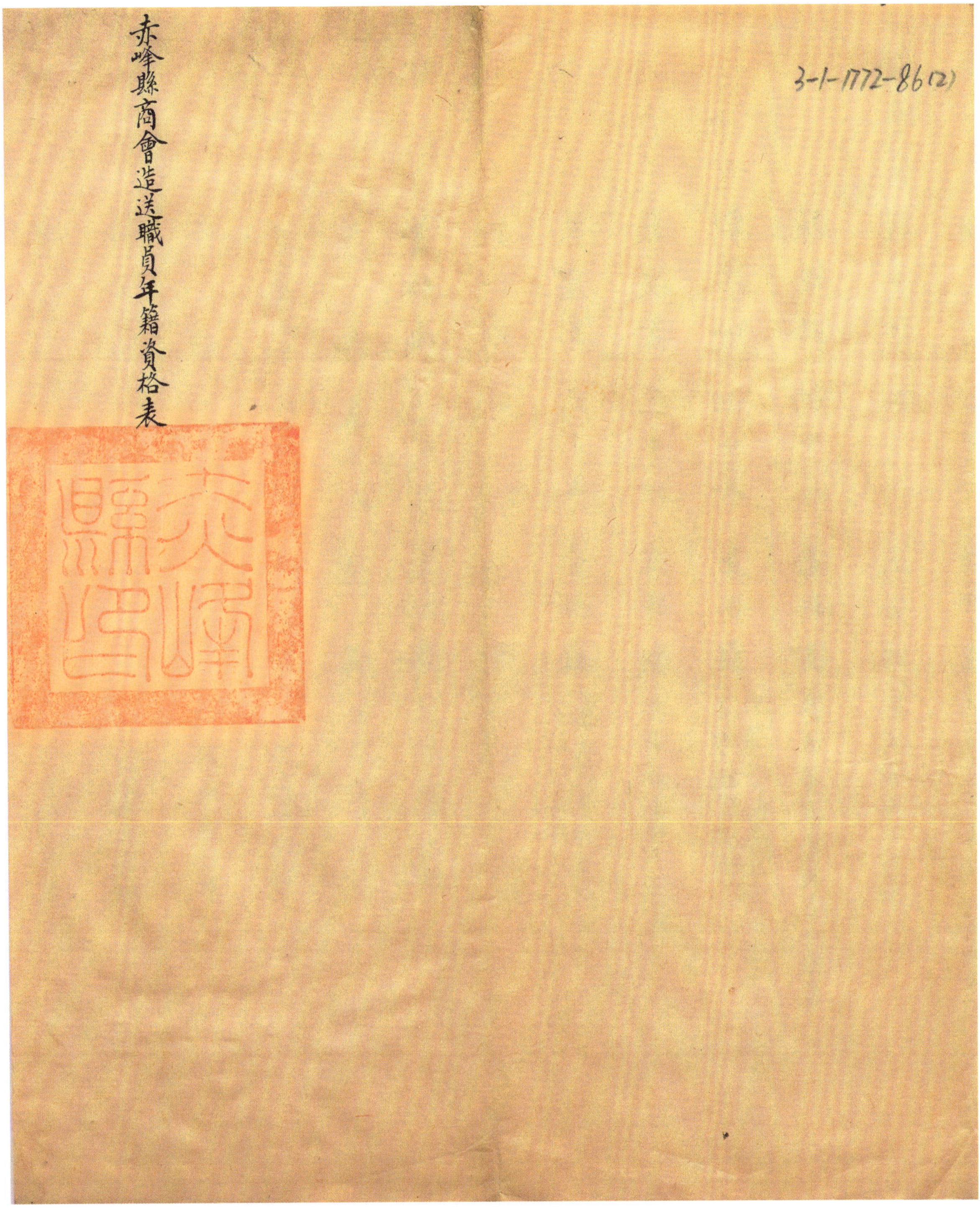

赤峰縣商會造送職員年籍資格表

3-1-1772-86(2)

## 一二九　赤峰縣公署爲遵令報送商會職員表及辦事規則事致熱河道道尹公署呈稿（1919年9月19日）



赤峰商會職員年籍資格表

| 職名 | 姓名 | 年歲 | 籍貫 | 資格 |
| --- | --- | --- | --- | --- |
| 會長 | 朱雲彭 | 六十七 | 赤峰縣 | 前清優生係復盛成復盛當復盛隆復和永億盛成燕賓園之股東 |
| 副會長 | 張文齡 | 三十一 | 赤峰縣 | 係乾豫號萬源德之股東 |
| 特別會董 | 劉廣順 | 四十一 | 玉田縣 | 係興業銀行經理 |
| | 陳世珍 | 四十三 | 赤峰縣 | 係晉豐泰晉恒泰之股東 |

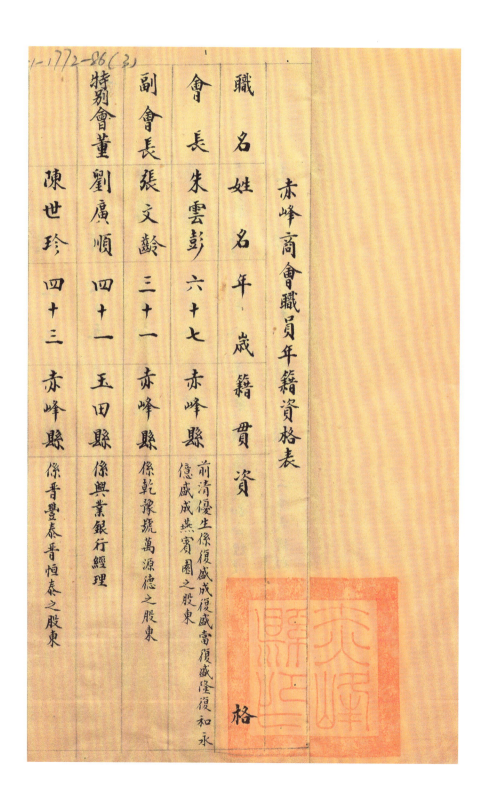

## 一二九　赤峰縣公署爲遵令報送商會職員表及辦事規則事致熱河道道尹公署呈稿（1919年9月19日）

| | | | |
|---|---|---|---|
| 朱寶齡 | 三十七 | 赤峰縣 | 係復盛成復盛隆復盛當復和永億盛成燕賓園之股東 |
| 李紹棠 | 六十三 | 永平府 | 係利永貞之股東 |
| 馬廷喆 | 五十四 | 玉田縣 | 係聚源店經理 |
| 龐遇春 | 五十六 | 太谷縣 | 係晉升豫經理 |
| 會董 | | | |
| 董桂林 | 六十九 | 玉田縣 | 係億盛成經理 |
| 宋庚 | 五十八 | 薊縣 | 係泰晉豫經理 |
| 楊慶昌 | 四十七 | 玉田縣 | 係復盛成經理 |
| 陳魁 | 五十二 | 凌源縣 | 係復盛當經理 |
| 劉深雲 | 五十三 | 寶坻縣 | 係信泉長經理 |
| 常福祥 | 四十六 | 饒陽縣 | 係洪興號經理 |

一二九　赤峰縣公署爲遵令報送商會職員表及辦事規則事致熱河道道尹公署呈稿（1919年9月19日）



| | | | |
|---|---|---|---|
| 任善述 | 六十二 | 建平縣 | 係乾源泰經理 |
| 楊廣貴 | 三十六 | 寶坻縣 | 係益盛昌經理 |
| 李從来 | 三十八 | 太谷縣 | 係醴泉通經理 |
| 王錦堂 | 四十一 | 赤峰縣 | 係永安堂經理 |
| 崔慶 | 四十一 | 薊縣 | 係晋豐泰經理 |
| 呂萬倉 | 五十八 | 玉田縣 | 係志興隆經理 |
| 陳興俊 | 五十三 | 遷安縣 | 係復和永經理 |
| 石中蛟 | 五十四 | 平定縣 | 係同合公經理 |
| 齊作霖 | 四十 | 寶坻縣 | 係永興成棧經理 |
| 白德祥 | 三十五 | 薊縣 | 係德成泉經理 |

一二九　赤峰縣公署爲遵令報送商會職員表及辦事規則事致熱河道道尹公署呈稿（1919 年 9 月 19 日）

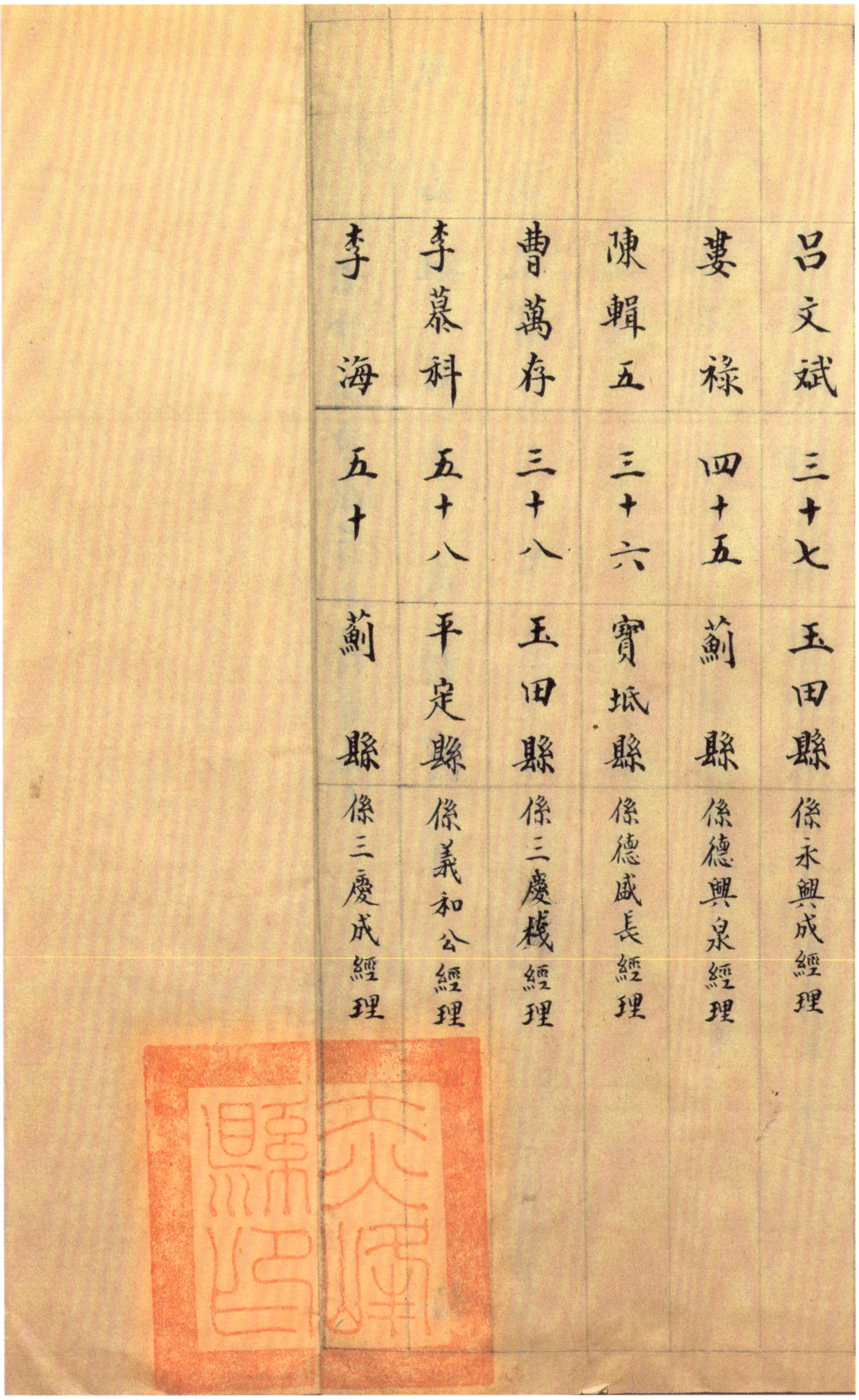

| | | | |
|---|---|---|---|
| 呂文斌 | 三十七 | 玉田縣 | 係永興成經理 |
| 婁　祿 | 四十五 | 薊　縣 | 係德興泉經理 |
| 陳輯五 | 三十六 | 寶坻縣 | 係德盛長經理 |
| 曹萬存 | 三十八 | 玉田縣 | 係三慶棧經理 |
| 李慕科 | 五十八 | 平定縣 | 係義和公經理 |
| 李　海 | 五十 | 薊　縣 | 係三慶成經理 |

一二九　赤峰縣公署爲遵令報送商會職員表及辦事規則事致熱河道道尹公署呈稿（1919年9月19日）

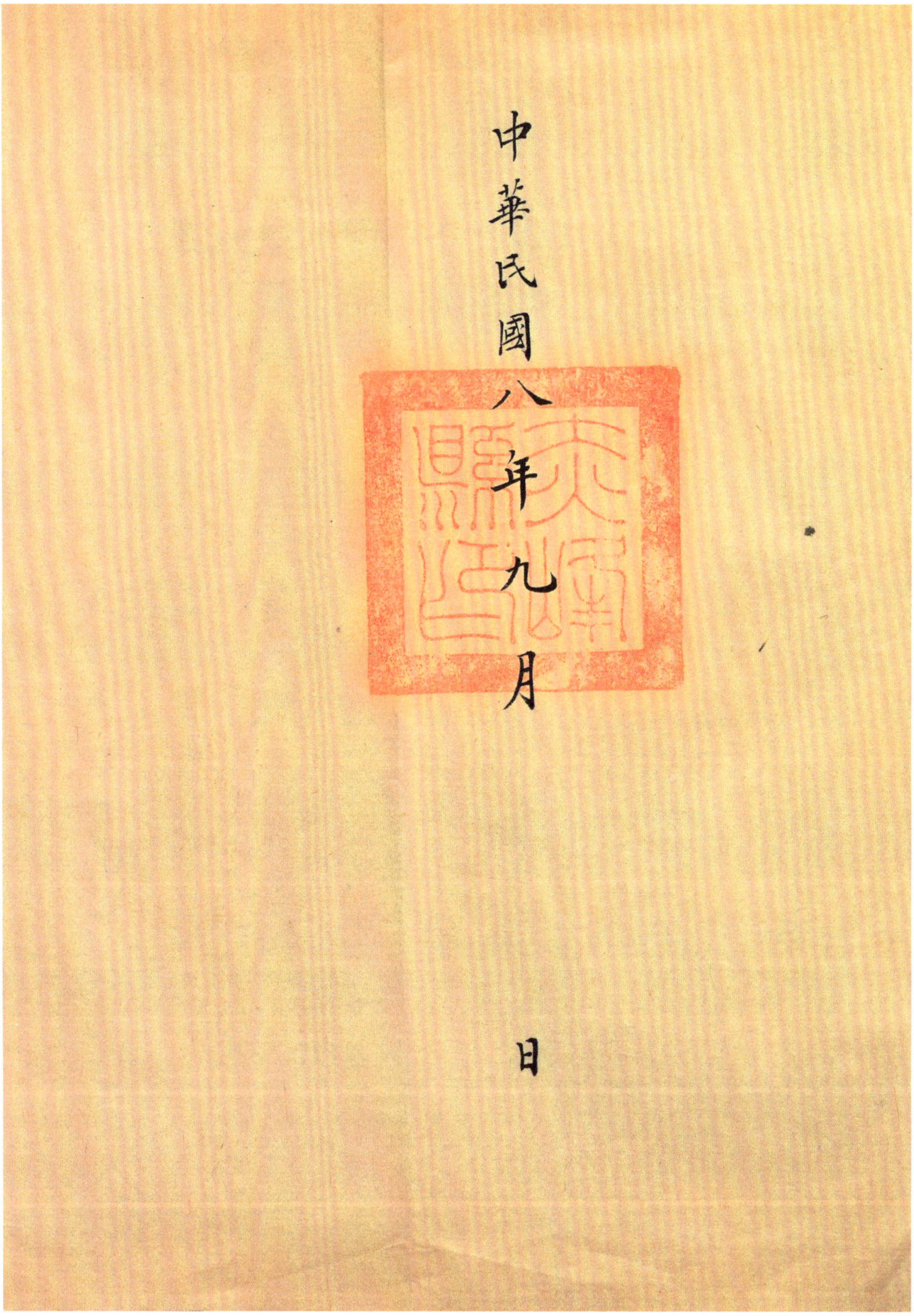

中華民國八年九月　日

## 一三〇 長興隆醫藥公司代表裴維翰爲增資分設北京福華公司籌辦所呈請注册給照事致赤峰縣公署呈（1919年11月11日）

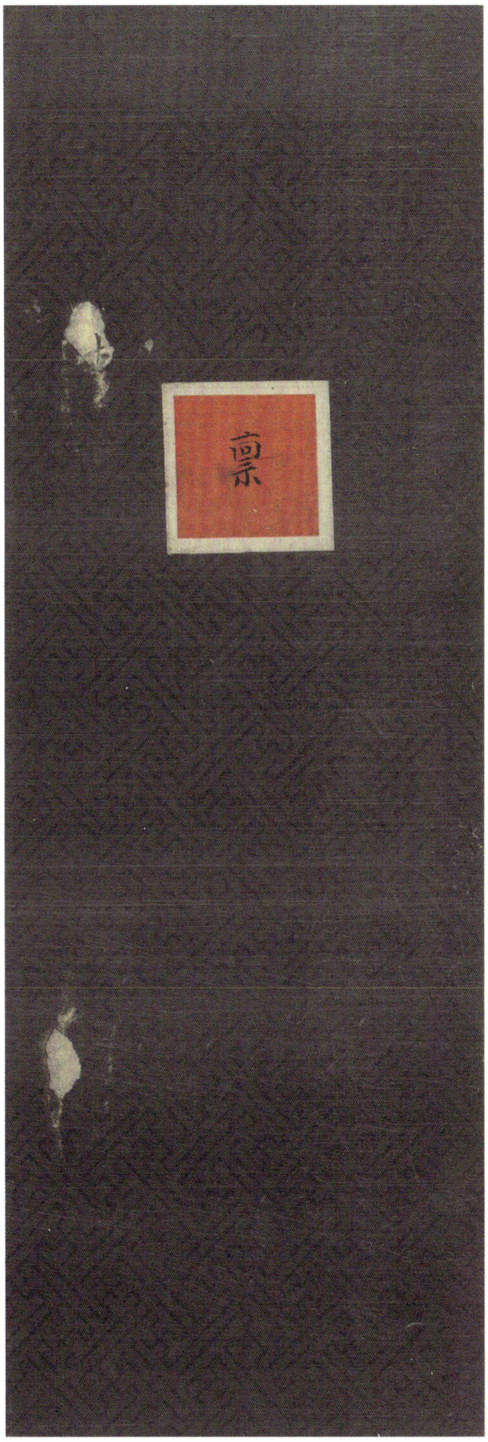

## 一三〇 長興隆醫藥公司代表裴維翰爲增資分設北京福華公司籌辦所呈請注册給照事致赤峰縣公署呈（1919年11月11日）

3-1-4916-3

五等嘉禾章薦任職前任山東蒲台縣知事裴維翰謹呈

稟為增集資本分設北京福華公司籌辦所呈請註冊給照事竊於光緒年間經

紳

先父派員在直隸赤峰縣開設長興隆有年聯入商會在案嗣於光緒三十二年先慎經紳集合股東慶源堂明新堂繩武堂等增加資本整理一次改為股分有限公司六年之久至民國二年方能算賬是年復設永盛隆支店於烏丹城後於民國四年在老號又設福延工廠於武安縣之伯延鎮均為股分有限公司各有續招股本各立合同為憑兩店專營醫藥不取醫費一廠專営工藝造就貧民三號共有窮夥五十餘員培養各家將近二百餘口洵為慈善事業曩遵醫鑑陳方又請明醫監定依法自製牛黃蘇合丸神效活絡丹并造仁丹靈丹提倡國貨挽回利權有益衛生數十餘種遠近馳名國民受益不特赤邑賴之即執河

一三〇 長興隆醫藥公司代表裴維翰爲增資分設北京福華公司籌辦所呈請注册給照事致赤峰縣公署呈（1919年11月11日）

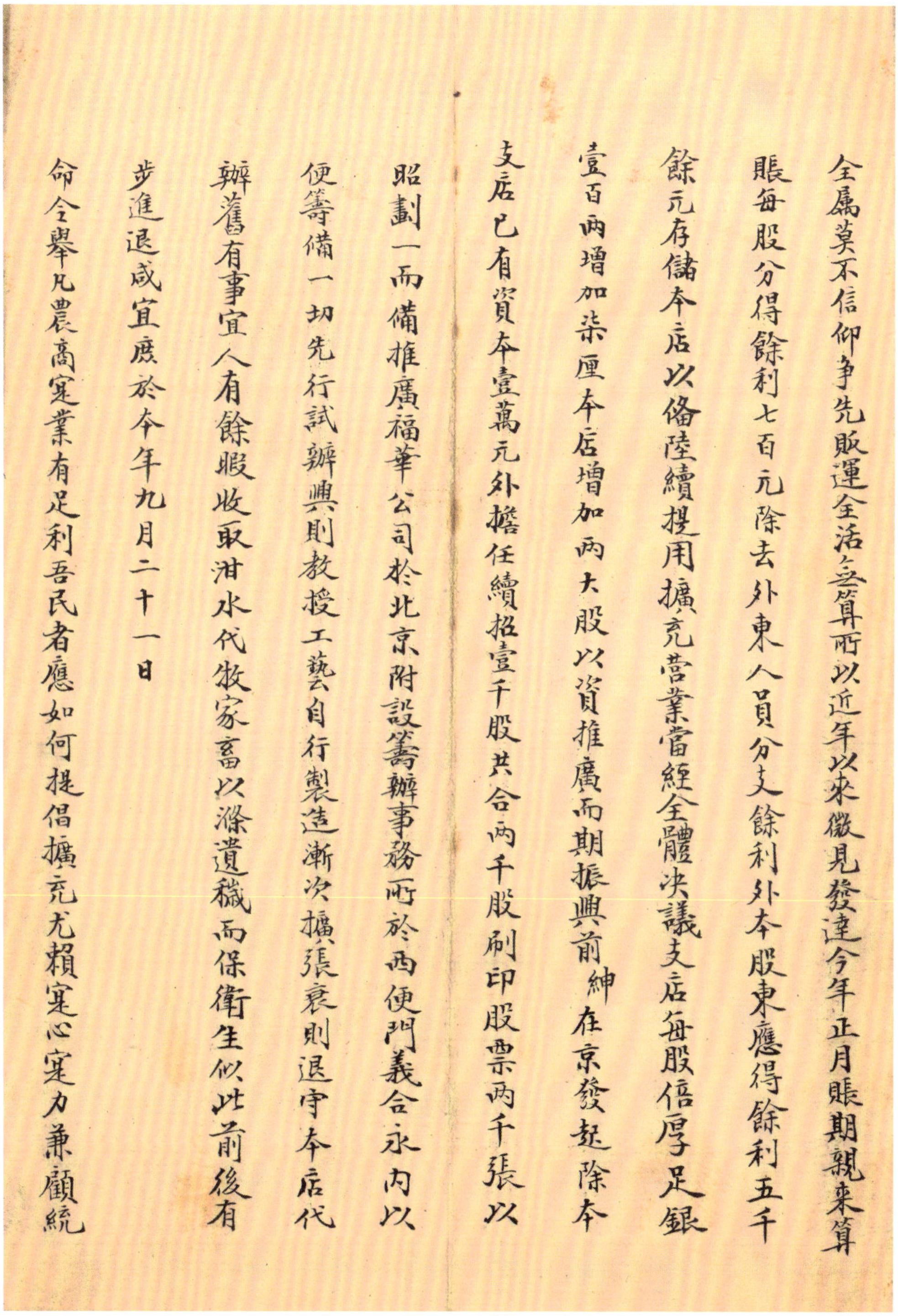

全屬莫不信仰争先販運全活無算所以近年以來微見發達今年正月賬期親來算
賬每股分得餘利七百元除去外東人員分支餘利外本股東應得餘利五千
餘元存儲本店以備陸續提用擴充營業當經全體決議支店每股倍厚足銀
壹百兩增加柒厘本店增加兩大股以資推廣而期振興前紳在京發起除本
支店已有資本壹萬元外擔任續招壹千股共合兩千股刷印股票兩千張以
昭劃一而備推廣福華公司於北京附設籌辦事務所於西便門義合永内以
便籌備一切先行試辦興則教授工藝自行製造漸次擴張衰則退守本店代
辦舊有事宜人有餘暇收取泔水代牧家畜以滌遺穢而保衛生似此前後有
步進退咸宜庶於本年九月二十一日
命令舉凡農商實業有足利吾民者應如何提倡擴充尤賴實心實力兼顧統

## 一三〇　長興隆醫藥公司代表裴維翰爲增資分設北京福華公司籌辦所呈請注册給照事致赤峰縣公署呈（1919 年 11 月 11 日）

籌總期各享安全咸登衽席之旨相符除依據商標註冊章程即以所稟圖章
式樣為商標請
部註冊給照外理合遵照公司條例註冊規則施行細則第十三條備具各款
章程應行錄冊在本支店該管官廳呈繳註冊費洋壹元稟請
鑒核俯賜備文詳請　農商部備案外並請轉詳
熱河都統咨陳
農商部註冊給照以資遵守而昭慎重寔為公便謹呈
中華民國八年陽曆十一月十一日
陰曆九月十九日　具
呈請推廣營業代表裴維翰謹呈
年五十歲籍河南武安縣職官商現住赤峰縣長興隆

## 一三一　長興隆醫藥公司代表裴維翰爲自製丸藥呈請注册商標准予專賣事致赤峰縣公署呈（1919年11月11日）

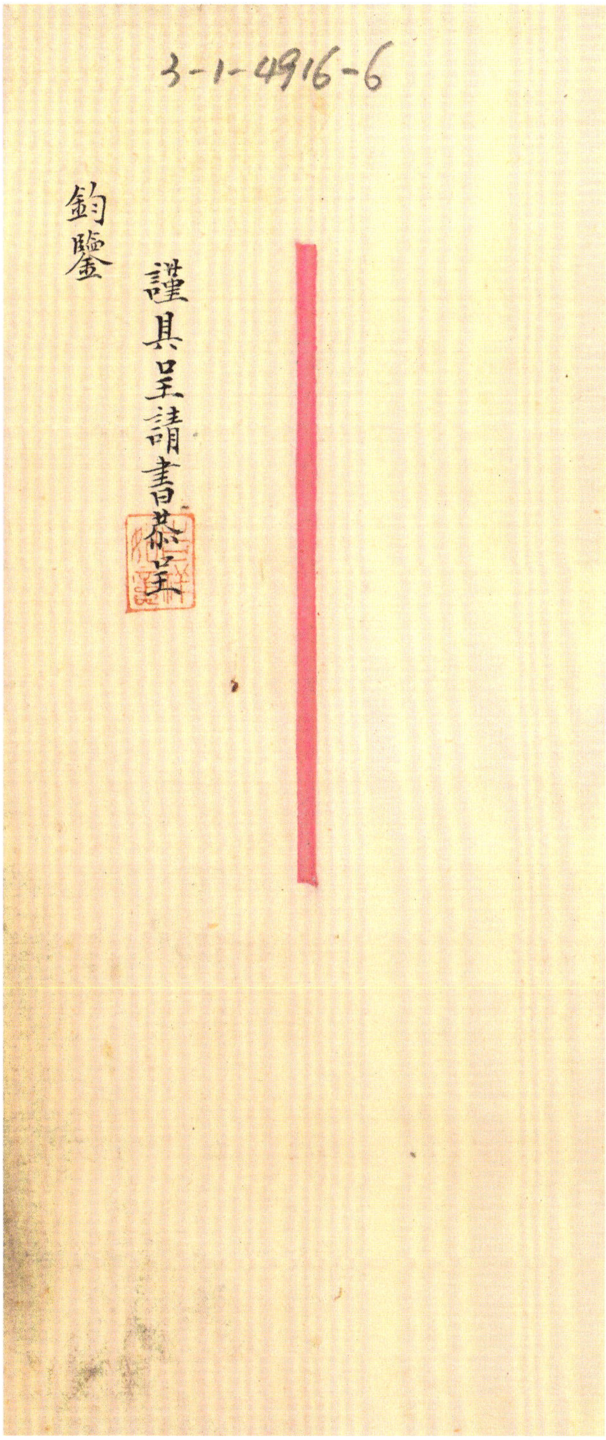
3-1-4916-6

謹具呈請書恭呈

鈞鑒

## 一三一　長興隆醫藥公司代表裴維翰爲自製丸藥呈請注册商標准予專賣事致赤峰縣公署呈（1919 年 11 月 11 日）

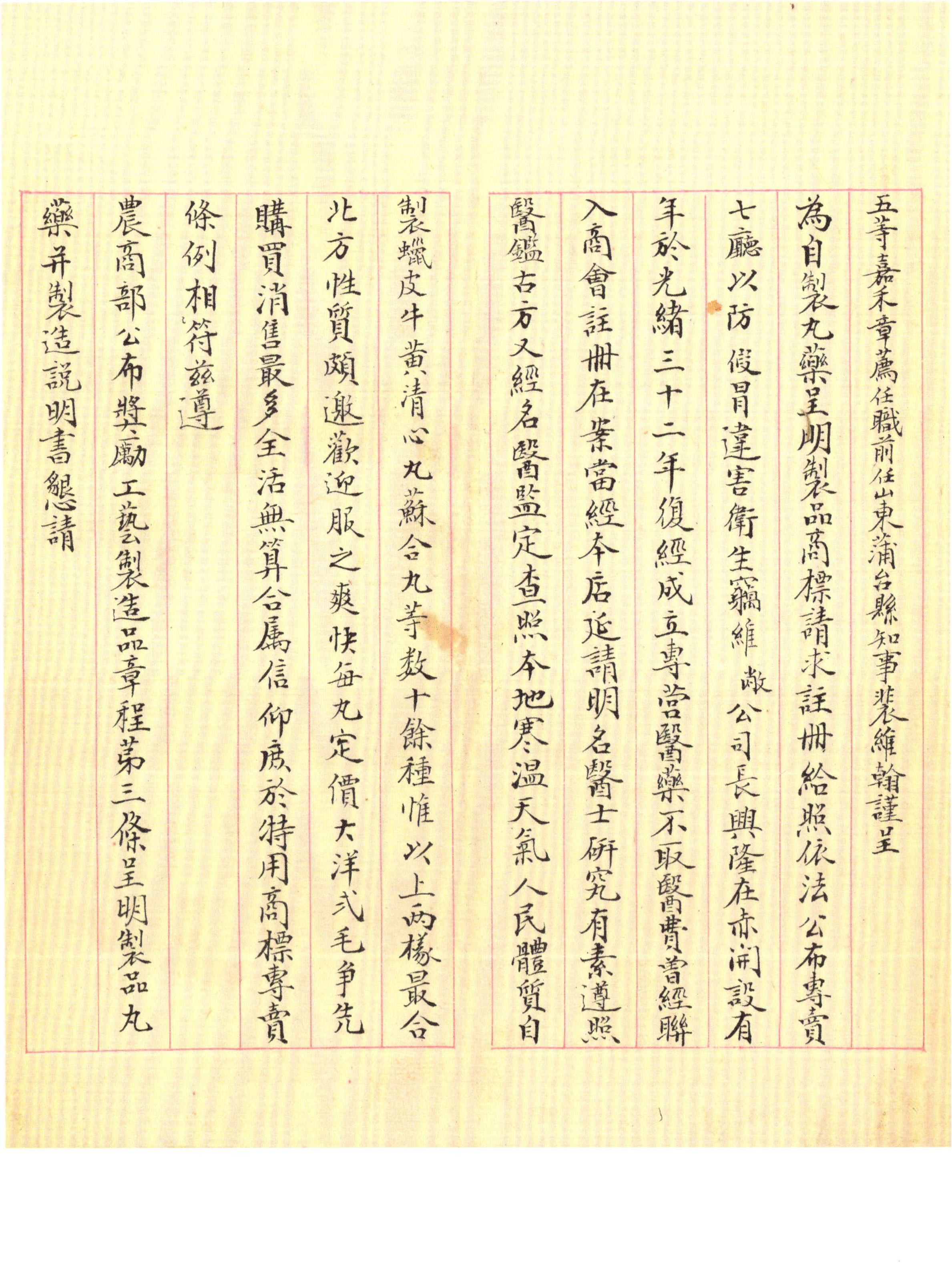

五等嘉禾章薦任職前任山東蒲台縣知事裴維翰謹呈
為自製丸藥呈明製品商標請求註册給照依法公布專賣
七廳以防假冒違害衛生竊維　敝公司長興隆在赤開設有
年於光緒三十二年復經成立專营醫藥不取醫費曾經聯
入商會註册在案當經本店延請明名醫士研究有素遵照
醫鑑古方又經名醫監定查照本地寒温天氣人民體質自
製蠟皮牛黄清心丸蘇合丸等數十餘種惟以上兩樣最合
北方性質頗邀歡迎服之爽快每丸定價大洋弍毛争先
購買消售最多全活無算合屬信仰庶於特用商標專賣
條例相符茲遵
農商部公布獎勵工藝製造品章程第三條呈明製品丸
藥并製造說明書懇請

## 一三一 長興隆醫藥公司代表裴維翰爲自製丸藥呈請注册商標准予專賣事致赤峰縣公署呈（1919年11月11日）

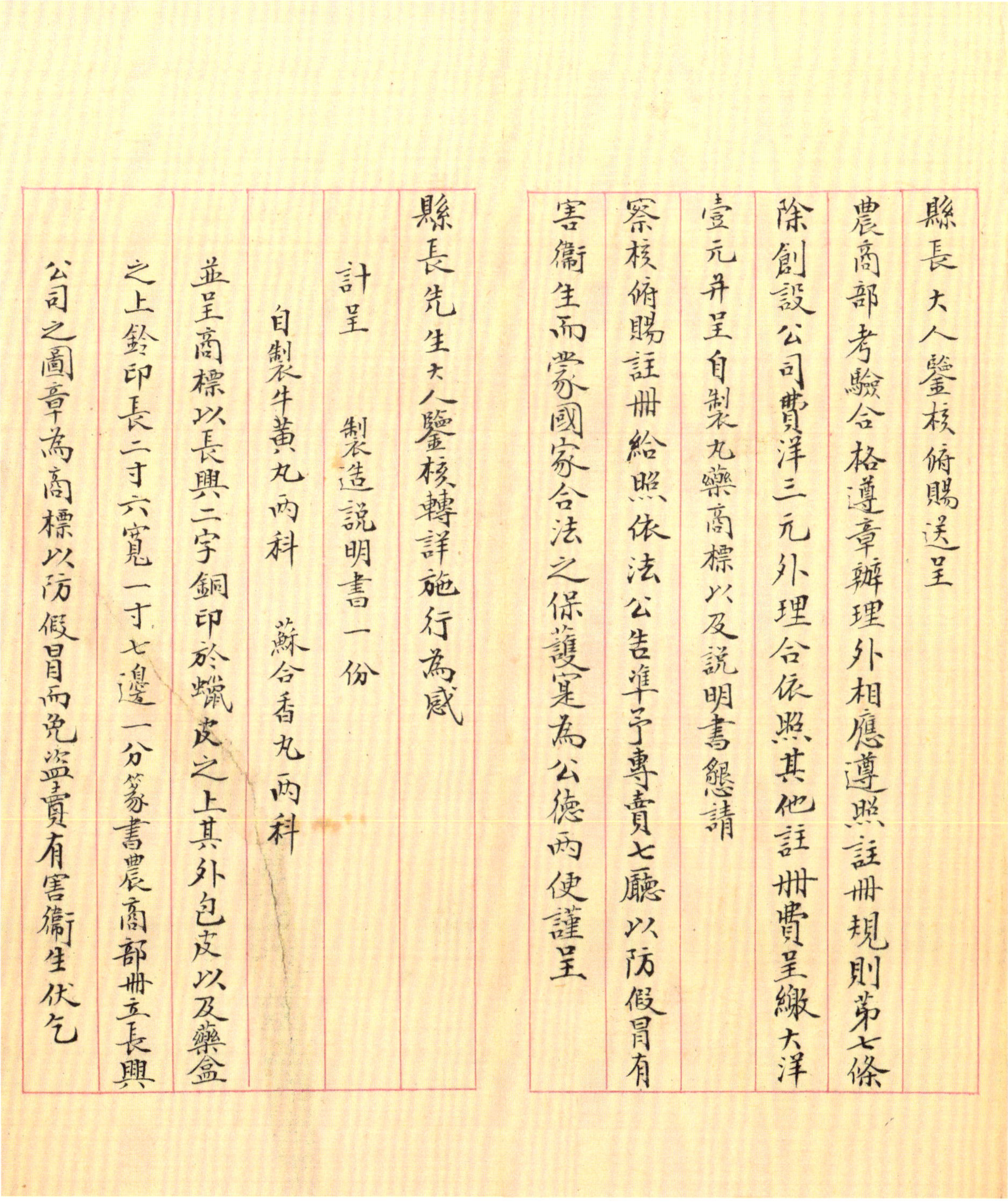
縣長大人鑒核俯賜送呈
農商部考驗合格遵章辦理外相應遵照註冊規則第七條
除創設公司費洋三元外理合依照其他註冊費呈繳大洋
壹元并呈自製丸藥商標以及說明書懇請
察核俯賜註冊給照依法公告准予專賣七廳以防假冒有
害衛生而蒙國家合法之保護寔為公德兩便謹呈
縣長先生大人鑒核轉詳施行為感
計呈　製造說明書一份
自製牛黃丸兩科　蘇合香丸兩科
並呈商標以長興二字銅印於蠟皮之上其外包皮以及藥盒
之上鈐印長二寸六寬一寸七邊一分篆書農商部冊立長興
公司之圖章為商標以防假冒而免盜賣有害衛生伏乞

## 一三一　長興隆醫藥公司代表裴維翰爲自製丸藥呈請注册商標准予專賣事致赤峰縣公署呈（1919 年 11 月 11 日）

縣長先生大人鑒核轉詳施行為感肅此虔請

鈞安統希

垂鑒

呈請註冊自製品代表裴維翰謹呈

年五十歲籍河南武安縣職紳商現住赤峰長興隆

中華民國八年陽曆十一月十一日
陰曆九月十九日
呈

## 一三一 長興隆醫藥公司代表裴維翰爲自製丸藥呈請注册商標准予專賣事致赤峰縣公署呈（1919 年 11 月 11 日）

3-1-4916-7

謹具說明書恭呈

鈞鑒

## 一三一 長興隆醫藥公司代表裴維翰爲自製丸藥呈請注册商標准予專賣事致赤峰縣公署呈（1919 年 11 月 11 日）

謹將自製丸藥遵例開具說明書恭呈

鈞鑒

計開

遵照溫病條辨原方詳細監定先將牛黃丸原方開列於後

牛黃一兩 鬱金一兩 犀角一兩 黃連一兩 硃砂一兩 梅片二錢五 麝香二錢五 珍珠五錢

山梔一兩 黃芩一兩 雄黃一兩 金箔為衣 外包蠟皮

特遵以上古方監定自製合乎天氣体質之方開列於後

人參一兩 羚羊八錢 犀角八錢 云苓八錢 白朮六錢 杭芍六錢 黃芩六錢

麥冬八錢 肉桂五錢 乾姜五錢 甘草二錢 雄黃六錢 柴胡三錢 當歸三錢

防風四錢 山藥四錢 杏仁四錢 天麻四錢 牛黃四錢 硃砂三兩 麝香二錢

泥片四錢 鬱金一兩 黃連一兩 山梔一兩 珍珠五錢

右為細面練蜜為丸每丸六分赤金為衣 外護蠟皮

## 一三一 長興隆醫藥公司代表裴維翰爲自製丸藥呈請注册商標准予專賣事致赤峰縣公署呈（1919 年 11 月 11 日）

方論芳香化穢濁利諸竅鹹寒保腎水以安心体苦寒通臟
腑而瀉心火所以牛黃得日月之精通心主之神珍珠得
太陰之精而通神明之竅合之羚羊明目清肝却驚解毒
以安神智鬱金香梅片木香雄黃石香麝乃精血之香
合而用之使閉錮之邪熱毒在厥陰者一齊發出而邪穢
自消神明可復矣黃連瀉心火梔子清三焦黃芩利肺膽
使邪火隨諸香而散以清北地天寒服熱之毒加以硃砂
補心瀉火赤金墜痰鎮驚合之人參温補肉桂引火歸源
以符北方之天氣是以珍珠除痾犀角補水為督戰之主
帥以逼邪瘴之氣焉
專治男女老幼中風痰厥受熱受邪神志恍惚怔忡驚悸言語
失次心神不安牙關緊閉四肢抽搐初風癇而漸癲狂多在心

## 一三一　長興隆醫藥公司代表裴維翰爲自製丸藥呈請注册商標准予專賣事致赤峰縣公署呈（1919年11月11日）

經故以清心爲主通神達竅鎮驚安魂消鬱降痰凡醫心經之病者脉虛人參引脉寔銀花薄荷下中常姜湯送每服一丸病重體寔者日服三次小兒痙厥急慢驚風每服半丸連進再服孕婦忌之

再將蘇合香丸遵照壽世保元古方開列於後

沉香刄 木香刄 丁香刄 檀香刄 安息香刄（酒膏） 香附米刄

白朮（去芦）刄 蓽撥刄 犀角（屑）分 硃砂刄 柯子肉刄 蘇合香油五分

麝香五分 片腦五分

又遵以上古方監定自製之方開列於後

沉香九分 木香九分 蓽撥九分 香附九分 丁香九分 犀角刄五

檀香刄五 乳香刄五 降香刄五 柯子肉刄五 白朮刄五 硃砂三刄

麝香刄 泥片刄 安息香刄（酒膏） 蘇合油刄五 甘草刄 瓜蔞刄

## 一三一 長興隆醫藥公司代表裴維翰爲自製丸藥呈請注册商標准予專賣事致赤峰縣公署呈（1919年11月11日）

右咀成片為末共入冰射安息香蘇合油內攪勻煉蜜為丸每丸
六分金衣蠟皮每服一丸小兒半丸以薑自然汁抹擦牙關緊閉
者另以薑湯調藥灌下病輕者自服之可也
若夫沉香木香順氣煖胃消滯行汙丁香檀香除寒進食
安息辟邪消蠱香附白朮開鬱健脾蓽撥柯子溫中斂肺
犀角化毒解熱硃砂鎮心定魄麝香冰片通竅清心蘇合
油能祛痼癩之疾諸藥善治霍亂之症加以甘草解毒瓜
蔞清痰是故百疾各從其因痰宜化而火宜降氣宜順而
鬱宜開食則消之風寒濕熱發散解清以除之故治病必
先求其本
此藥專治男女老幼中風中氣受暑痰厥牙關緊閉口眼喎
斜不省人事五痼暴症心痛瘴瘧神志昏迷舌強不

## 一三一 長興隆醫藥公司代表裴維翰爲自製丸藥呈請注册商標准予專賣事致赤峰縣公署呈（1919年11月11日）

語四肢抽搐身疼麻木小兒驚風婦人産後中風痢疾最
能順氣化痰舉凡神衝客忤疑神疑鬼非表非裏似寔似
虛辨認難名之症重者兩丸輕者一丸姜湯送下有起死回
生之功婦人有孕勿服伏乞
鑒核考驗施行爲感

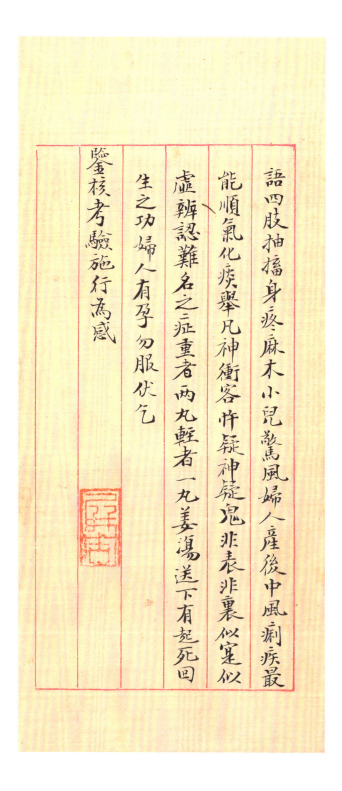

## 一三二 熱河道道尹公署爲國民學校一二年級改國文爲語體文事致赤峰縣公署訓令（1920年2月2日）

3-1-1648-1

叙稿行知
學所

熱河道道尹公署訓令第一九六號

令赤峯縣知事

為令行事本年一月二十四日奉
都統第六十號訓令以准
教育部咨開為咨行事案據全國教
育聯合會呈送該會議決推行國語以
期言文一致請予採擇施行又據國語統一
籌備會函請將小學國文科改授國語
迅予議行各等因到部查吾國以文言紛歧
影響所及學校教育固感受進步遲滯之

## 一三二　熱河道道尹公署爲國民學校一二年級改國文爲語體文事致赤峰縣公署訓令（1920年2月2日）

痛苦即人事社會亦欠具統一精神之利器
若不急使言文一致欲圖文化之發展其道無
由本部年來對於籌備統一國語一事既積
極進行現在全國教育界輿論趨向又咸以
國民學校國文科宜改授國語爲言体察
情形提倡國語教育寔難再緩茲定自本
年秋季起凡國民學校一二年級先改國文
爲語体文以期收言文一致之效相應咨請貴
署查照轉令所屬各校遵照辦理可也此咨
等因准此合亟令仰該道尹通令各縣轉

## 一三二 熱河道道尹公署爲國民學校一二年級改國文爲語體文事致赤峰縣公署訓令（1920 年 2 月 2 日）

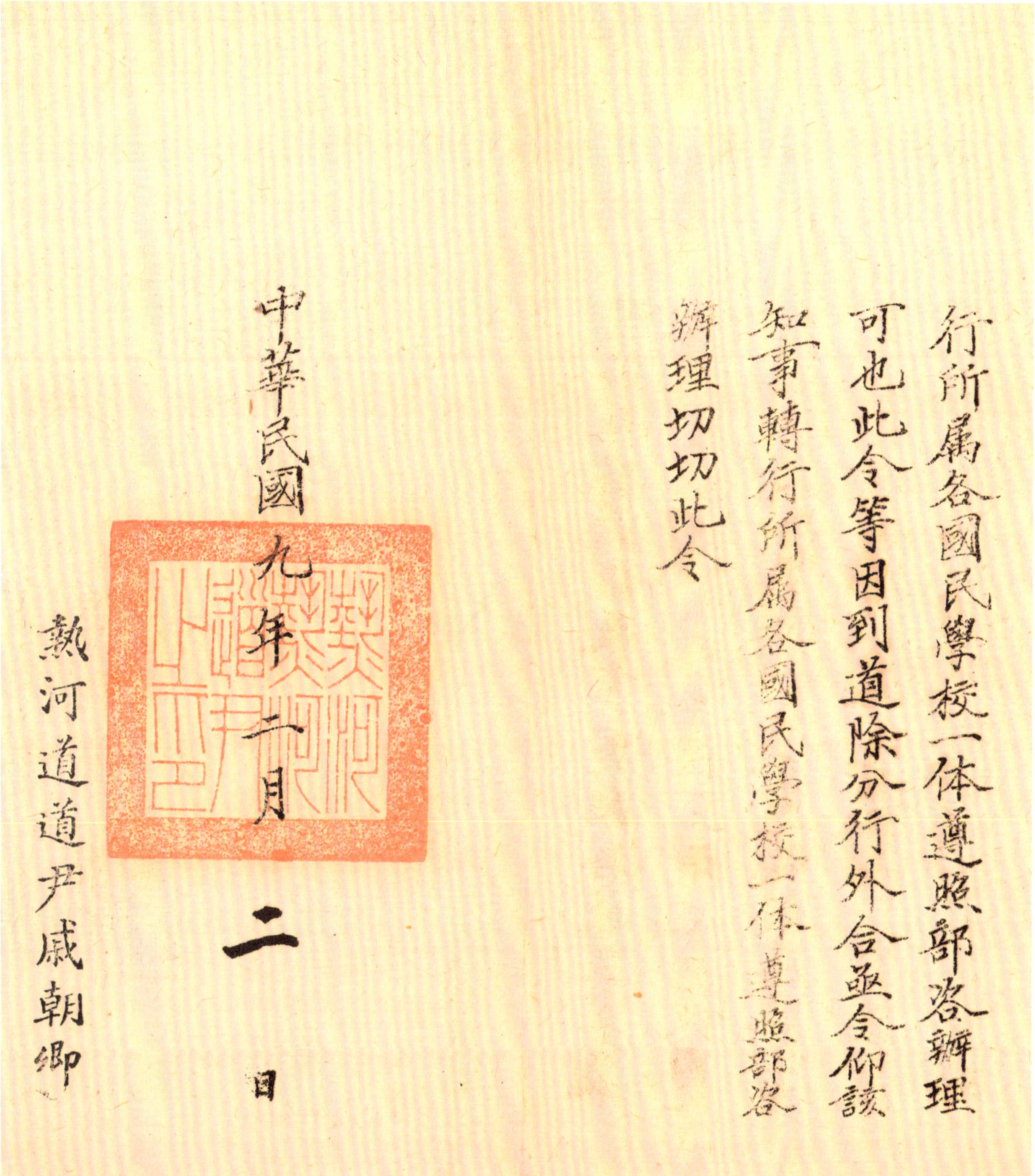

行所屬各國民學校一体遵照部咨辦理
可也此令等因到道除分行外合亟令仰該
知事轉行所屬各國民學校一体遵照部咨
辦理切切此令

中華民國九年二月二日

熱河道道尹戚朝卿

## 一三二 熱河道道尹公署爲國民學校一二年級改國文爲語體文事致赤峰縣公署訓令（1920 年 2 月 2 日）

民國九年二月十　日到

監印周璞

校對楚麟書

## 一三三　熱河道道尹公署爲江蘇水灾仰廣爲勸募事致赤峰縣公署訓令（1920年2月18日）

叙稿分送
商務分理
財所警察
所勸學所
農務會

3-1-4117-1

熱河道道尹公署訓令第二七七號
令赤峰縣知事
為令行事本年二月六日奉
都統訓令第九十三號内開本年一月十一日准
江蘇李督軍齊省長函開本年蘇省江南各屬霪雨
為災前經電請
中央撥發賑款一面籌募義賑無如災區甚
廣募難普及茲由純等製備捐冊分送勸
募俾得源源接濟除分送外相應將印就
捐冊五十份送請查收代為分募倘蒙集有

## 一三三 熱河道道尹公署爲江蘇水灾仰廣爲勸募事致赤峰縣公署訓令（1920年2月18日）

成數希即電滙不勝感禱等因附捐冊五十份准此除先行函覆外合亟檢同捐冊五十份令仰該道尹查照轉令所屬各縣知事一体廣爲勸募俟集有成數即呈送該道尹連同原發捐冊一併彙解本署以憑咨解切切此令等因計發捐冊五十份到道除分行外合亟檢同原發捐冊五份令仰該知事遵照一体廣爲勸募如集有成數即行連同捐冊一併繳解來署以憑轉解切切此令

計發捐冊五份辦竣仍繳

## 一三三 熱河道道尹公署爲江蘇水災仰廣爲勸募事致赤峰縣公署訓令（1920 年 2 月 18 日）

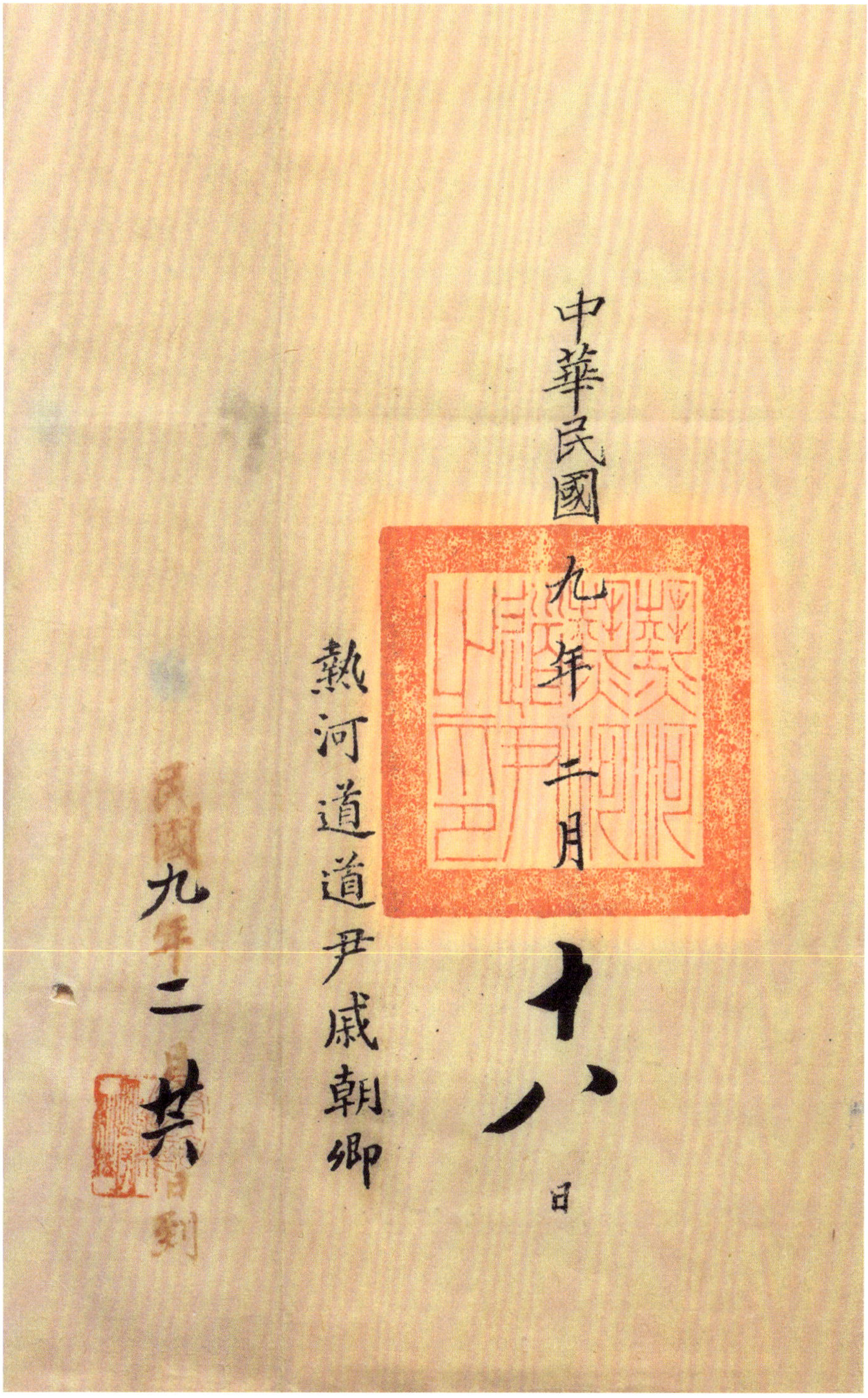
中華民國九年二月十八日
熱河道道尹戚朝卿
民國九年二月廿日到

3-1-4483-3

批蒇

呈

## 一三四 傅九經等爲設立紅十字分會事致赤峰縣公署呈（1920年5月14日）

為呈請事查萬國紅十字會實為環球一大善舉其端創始
於比國而泰東西各國亦遂相繼而起嗣後我國見其利益之甚
巨因之照章仿行期與萬國聯絡一氣迭經
政府極力提倡於上海設立總會各省區設立分會現在各道
縣成立者不可勝數即如熱河一區朝陽建平各分會亦皆先後組
織成立惟赤峯一邑居熱中樞實為塞外繁盛之地獨無人出而
組織殊屬缺點同人等有鑒於此特邀集同志照章組織奔
走提倡經歷數月所有設會款項及開會地點均已辦有頭
緒理應報告總會領發印旗以期實地進行惟必得各團體各機
關之証明方能邀總會之許可茲將組織情形敬陳
鈞鑒懇請
縣長准與立案並祈函達總會用資証明寔為公便

## 一三四　傅九經等爲設立紅十字分會事致赤峰縣公署呈（1920年5月14日）

呈悉。該同人等發起組織萬國紅十字分會，具見熱心公益。至於組織之手續，設會之款項地點，來呈均未載明，即詳達，祈從即將缺點詳擬情形詳達，一面仍由該同人等報告總會可也。此批

發起人等
傅九經
冷丕榮
常有亭
傅國璋
張和
于魁
王懋恭
賀雲峯
劉萬金
楊中元

一三四 傅九經等爲設立紅十字分會事致赤峰縣公署呈（1920年5月14日）

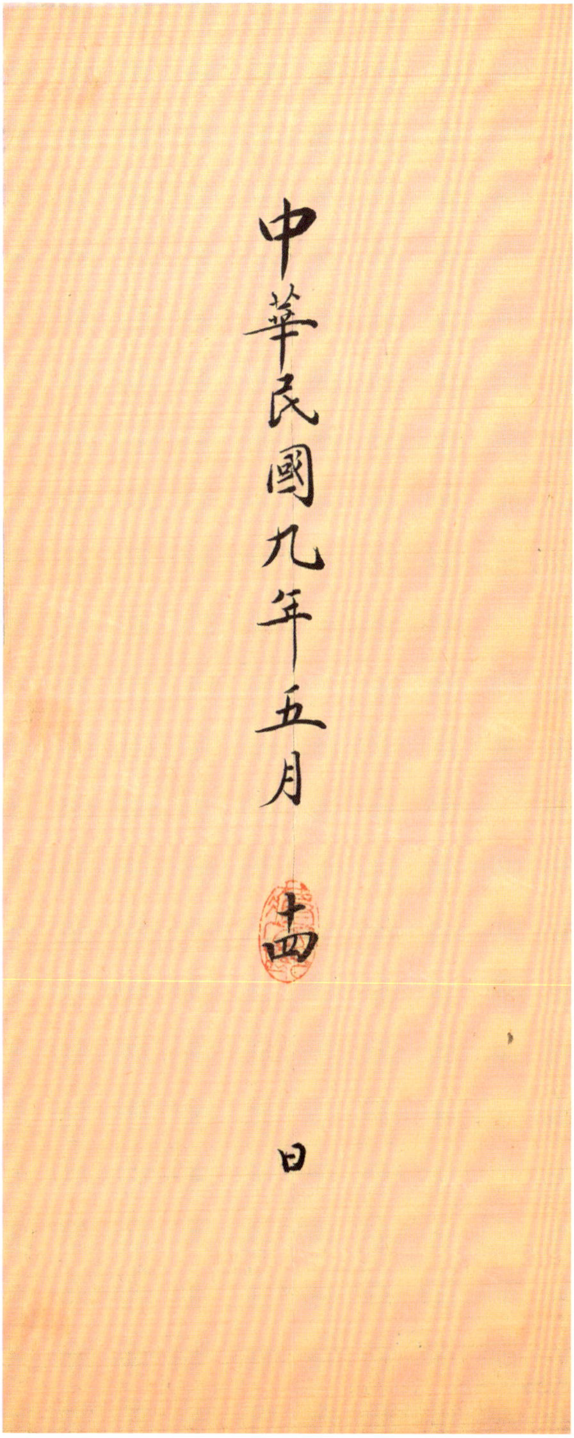

中華民國九年五月十四日

## 一三五 赤峰縣公署爲縣民籌設紅十字分會請予指飭并發給章程事致中國紅十字總會公函稿（1920年5月17日）

3-1-4483-6

赤峯縣公署公函

逕啟者，案據敝縣公民孫九經、冷丕榮、常有亭、傅國璋、張和于、魁王懿、恭賀雲峯、劉萬金、楊中元等聯名呈稱，爲呈請事，云云，寔爲公便等情，據此，查該公民等發起組織萬國紅十字分会，具見熱心公益，惟於組織之手續、設会之欵項、地點，來呈均未聲明，敝縣又無此項章程，究應如何辦理，方與会章相符，殊難懸揣，不相背謬之處，貴会核示。

（准）核辦 除呈批示外，相應函達

会該發起人等將辦理情形，逕呈

貴會，希即查照，一俟該發起人逕呈到会，所有指示辦理，並請將會章俯賜寄下，以便轉發遵循，實紉公誼。此致

上海紅十字總会

函稿逕由縣公署轉交就近循辦

## 一三五 赤峰縣公署爲縣民籌設紅十字分會請予指飭并發給章程事致中國紅十字總會公函稿（1920年5月17日）

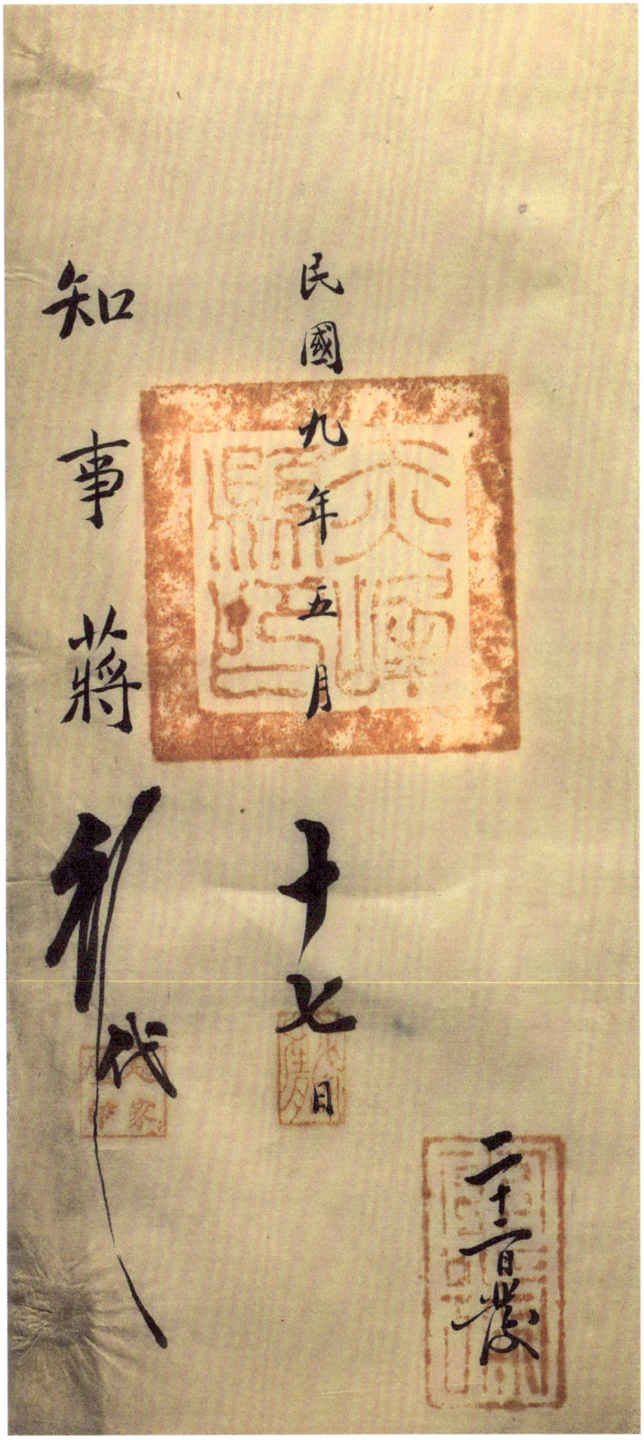
民國九年五月十七日

知事蔣

代

二十一日發

## 一三六 中國紅十字總會爲准予成立中國紅十字會赤峰分會附送章程事致赤峰縣公署公函（1920 年 6 月 1 日）

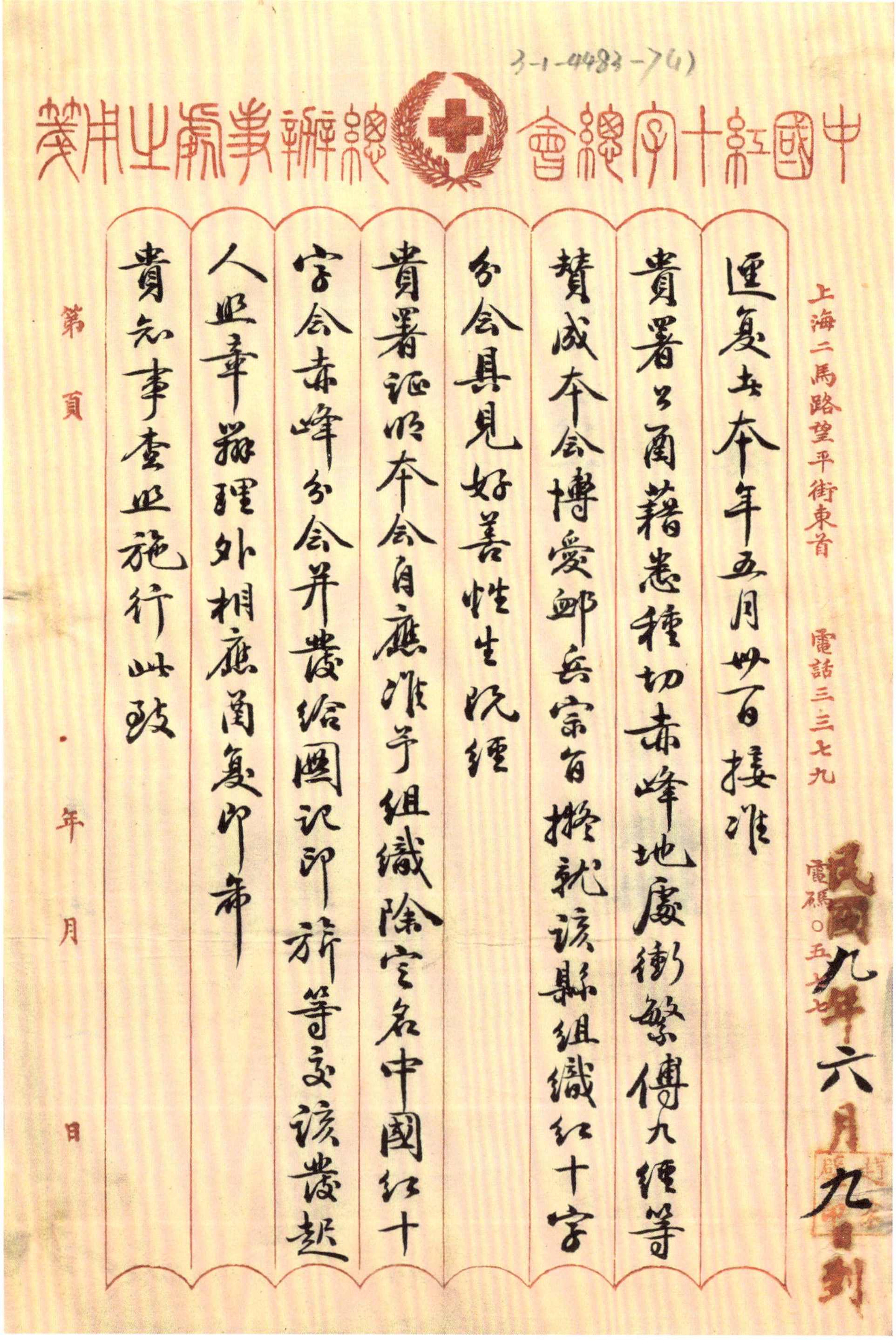

3-1-0483-7(1)

中國紅十字總會總辦事處用箋

上海二馬路望平街東首　電話三三七九　電碼〇五七七

逕復者本年五月卅日接准
貴署公函藉悉種切赤峰地處衝繁傅九經等
贊成本會博愛卹兵宗旨擬就該縣組織紅十字
分會具見好善性生既經
貴署證明本會自應准予組織除定名中國紅十
字會赤峰分會并發給圖記印旂等交該發起
人照章辦理外相應函復即希
貴知事查照施行此致

第　頁　年　月　日

民國九年六月九日到

## 一三六 中國紅十字總會爲准予成立中國紅十字會赤峰分會附送章程事致赤峰縣公署公函（1920年6月1日）

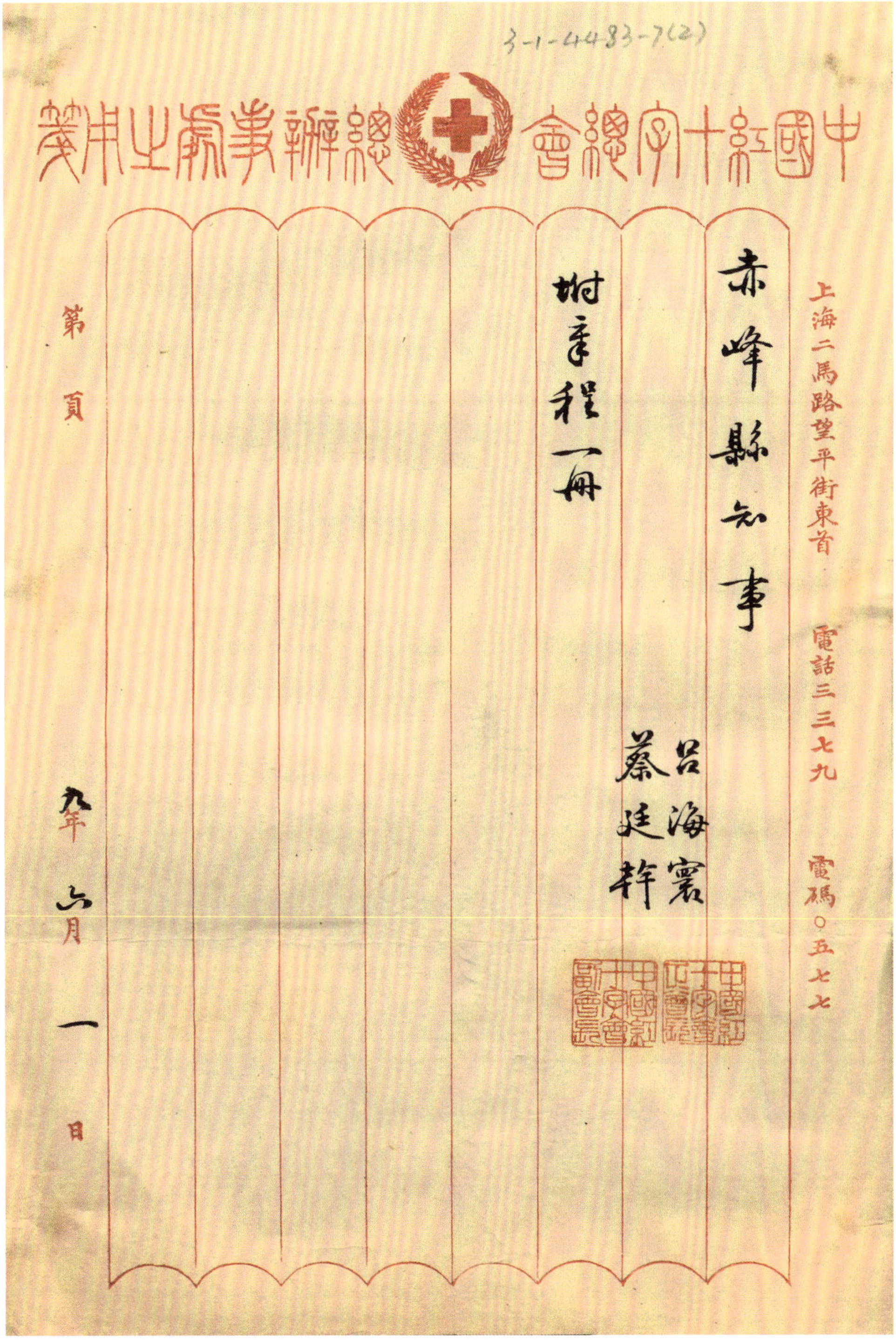
3-1-4483-7(2)

中國紅十字總會總辦事處公用箋

上海二馬路望平街東首 電話三三七九 電碼〇五七七

赤峰縣知事

附章程一冊

呂海寰
蔡廷幹

中國紅十字會會長
中國紅十字會副會長

第 頁

九年六月一日

## 一三七 熱河都統公署爲詳覆收成及民食情形事致赤峰縣公署電報（1920年9月16日）

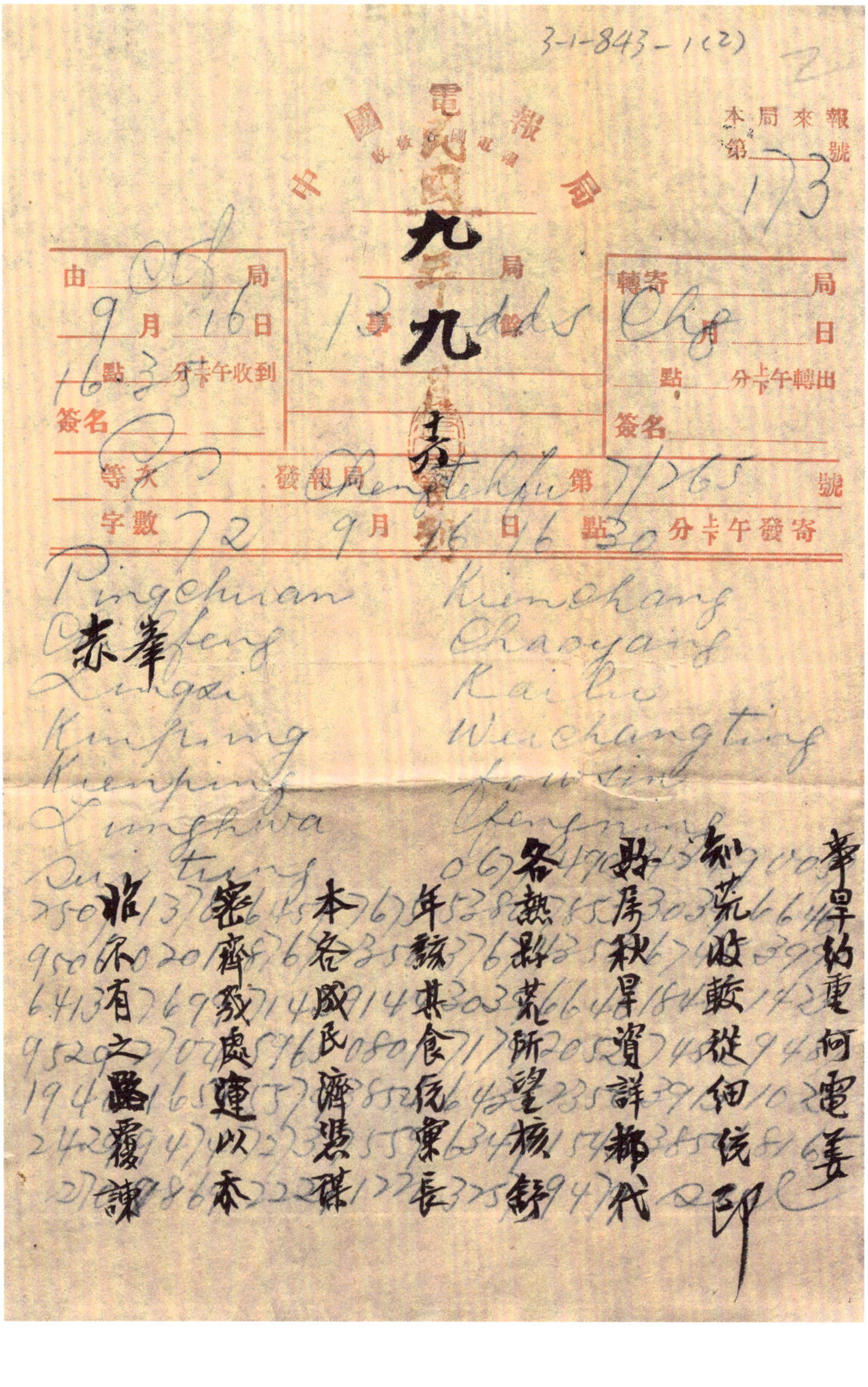

## 一三八 赤峰縣公署爲秋收六成民食無缺事致熱河都統公署電報稿（1920 年 9 月 17 日）

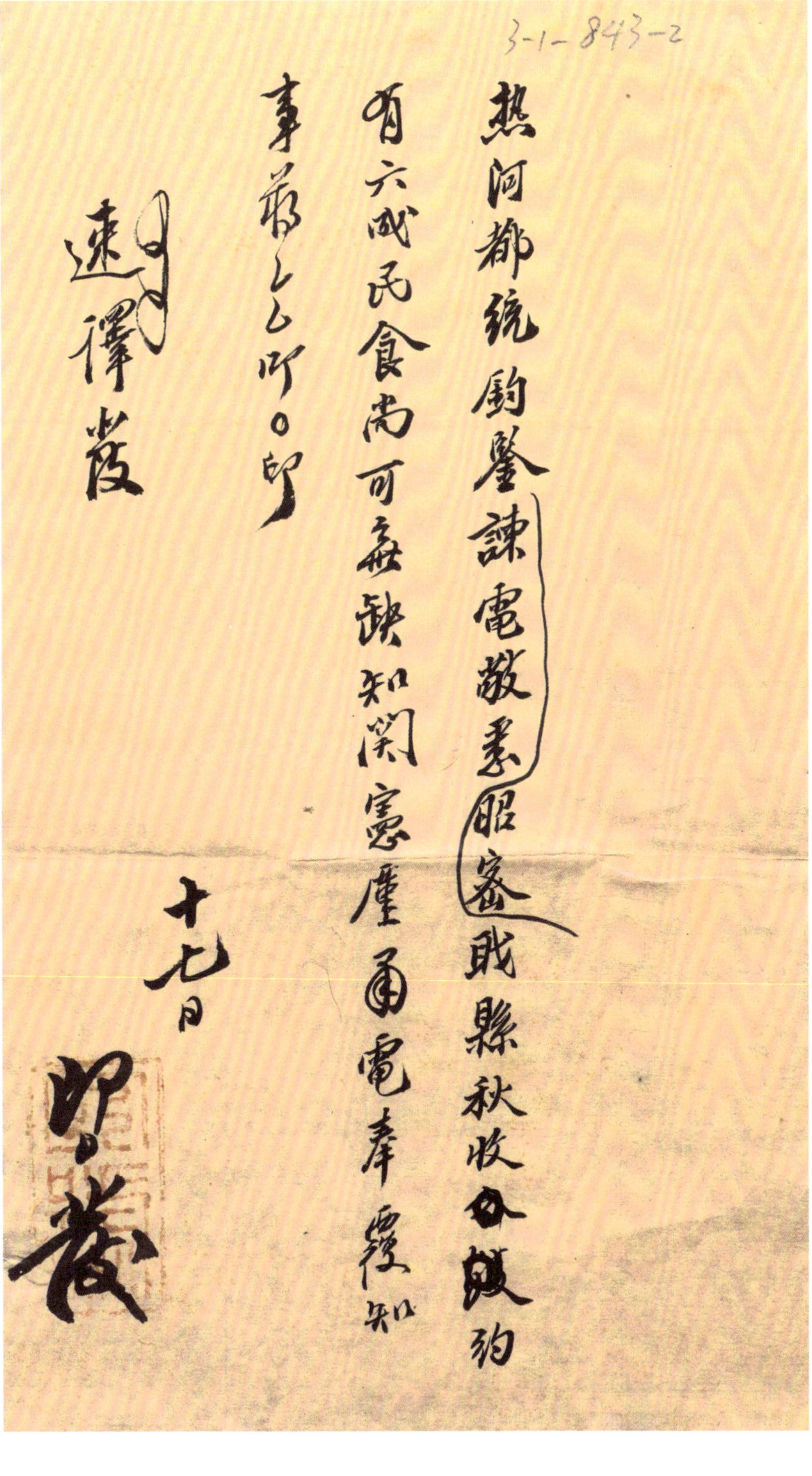
3-1-843-2

熱河都統鈞鑒諫電敬悉照密敝縣秋收六成約
有六成民食尚可無缺知關憲廑用電奉覆知
事蔣△△叩印
速譯發
十七日
照發

## 一三九　赤峰縣公署爲嚴定功過賞罰以振興警務事致各區巡官等訓令稿（1920 年 9 月 20 日）

3-1-3337-1(1-6)

赤峰縣公署訓令

右令仰五區巡官各分駐所巡長遵

爲訓令事。照得設警原以衛民，古者巡先除暴。縣境幅員遼闊，前因地廣警單，緝匪動虞，思遂審度本縣事勢，擬簡章、籌辦鄉團，俾鄉民守望相助，結成團風氣，去冬各鄉鎮警成立，三緝捕頗稱得力，地方漸獲安寧，並經本知事將警察得力之各該巡官長均經分別隨案呈請獎勵各在案。乃近月以來，各區迭報案件，層見迭出，匪犯逃付案鮮獲，各該巡官長等中誤，其緝捕者固屬不乏之人，而玩忽因循、毫無振作者亦殊多有，似此廢弛警務，實屬有忝厥職

## 一三九 赤峰縣公署爲嚴定功過賞罰以振興警務事致各區巡官等訓令稿（1920年9月20日）

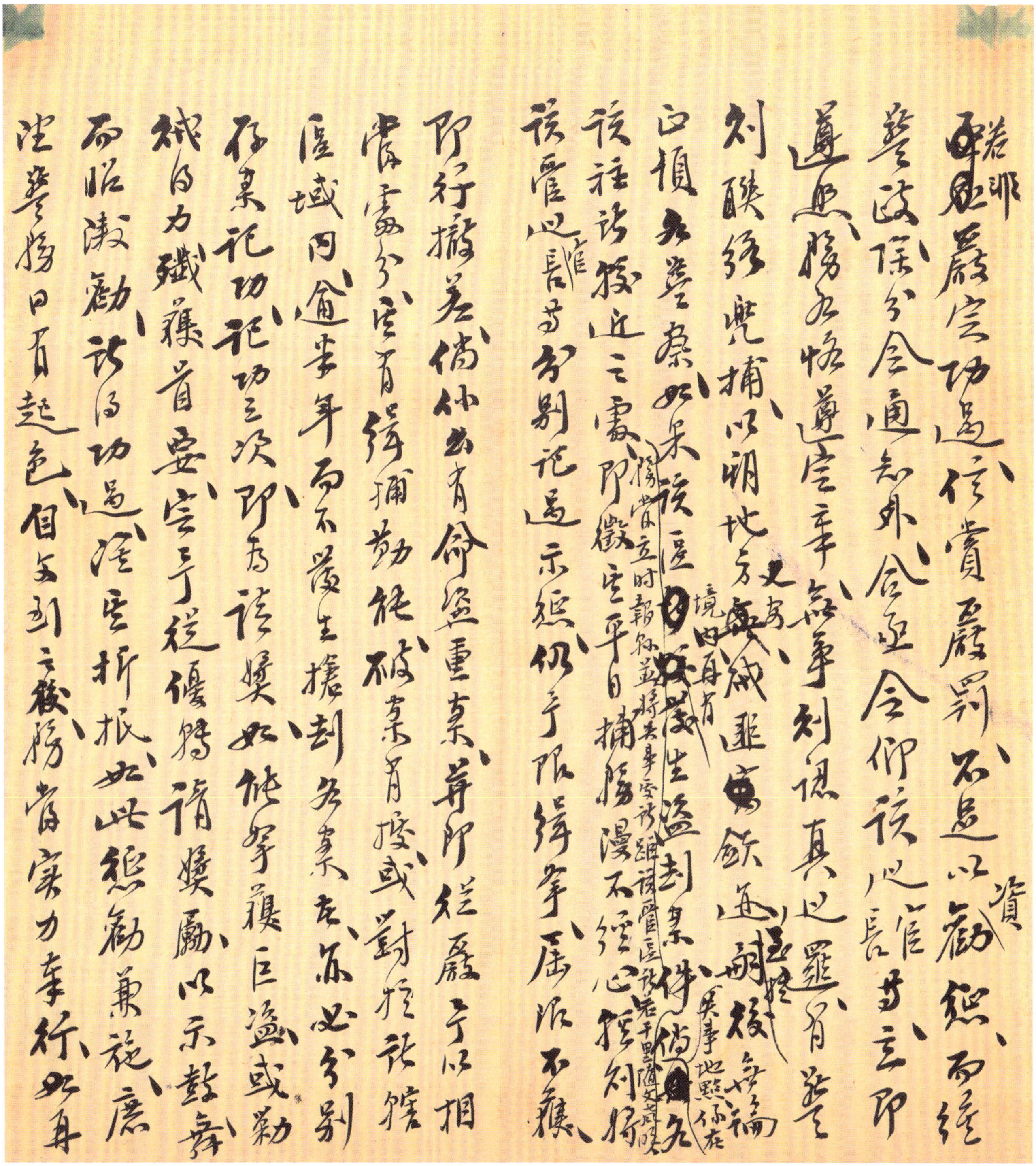
為[illegible]嚴定功過、信賞嚴罰、不足以勸懲、而經
警政。除分令通知外，合亟令仰該巡官長等立即
遵照，務須恪遵定章，[illegible]剴切[illegible]羅[illegible]警
[illegible]捕以明地方[illegible]
[illegible]警察，如果該區發生盜劫案件，[illegible]
該[illegible]之處，即[illegible]平日捕務漫不經心，[illegible]將
該區巡長等分別記過示懲，仍予限緝拿，屆限不獲，
即行撤差。倘仍出有命盜重案，并即從嚴予以相
當處分。至有緝捕勤能、破案有據，或對於轄
區域內逾半年而不發生搶劫各案者，亦必分別
存案記功。記功三次，即為請獎。如能拿獲巨盜，或勤
械自力殲獲首要，定予從優請獎勵，以示鼓舞
而昭激勸。該[illegible]功過，準是折抵。如此懲勸兼施，庶
冀警務日有起色。自文到之日，務當實力奉行，如再

一三九　赤峰縣公署爲嚴定功過賞罰以振興警務事致各區巡官等訓令稿（1920年9月20日）

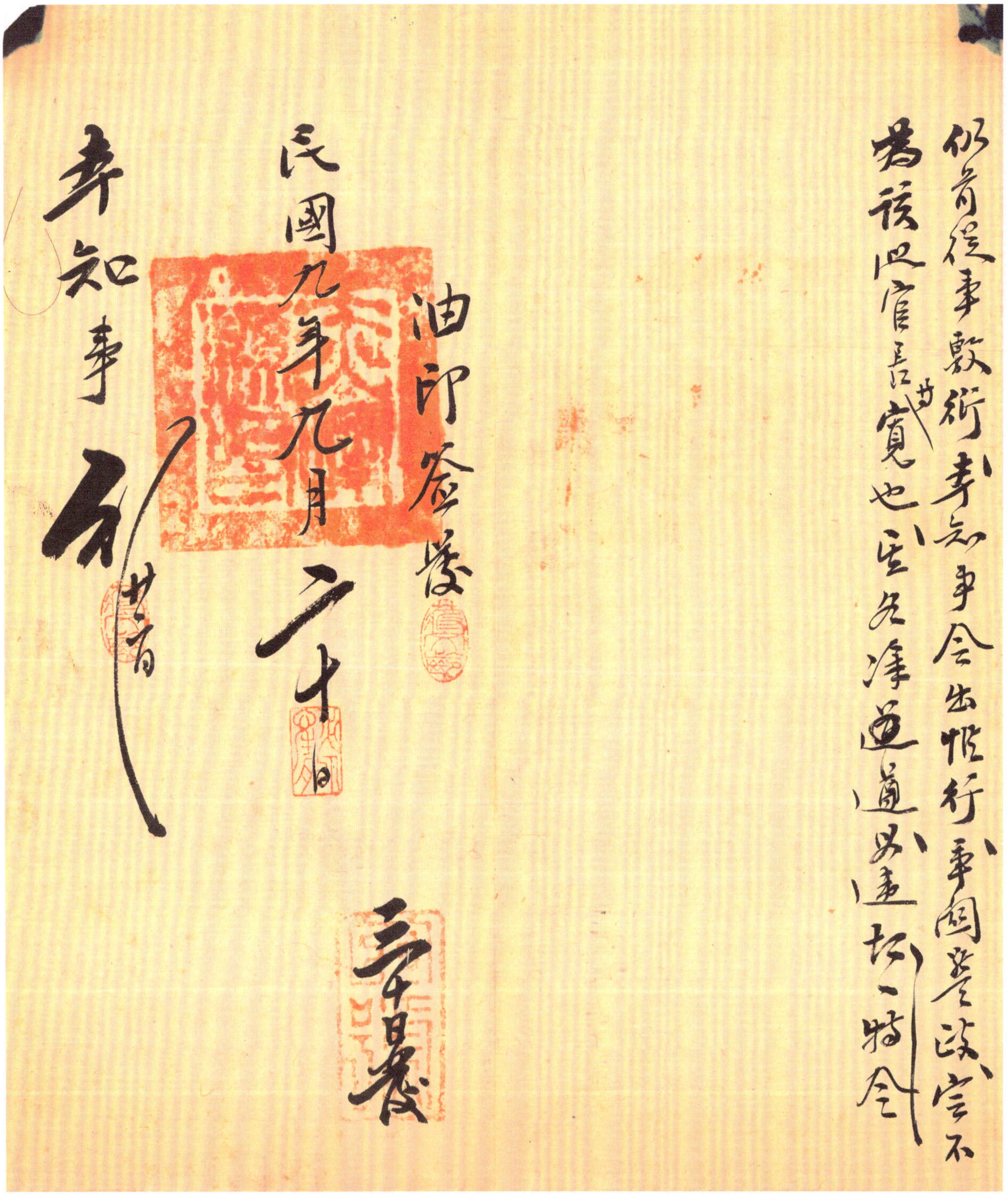

## 一四〇　熱河道道尹公署爲酌量聘用直隸工業專門學校畢業生事致赤峰縣公署訓令（1920年10月27日）

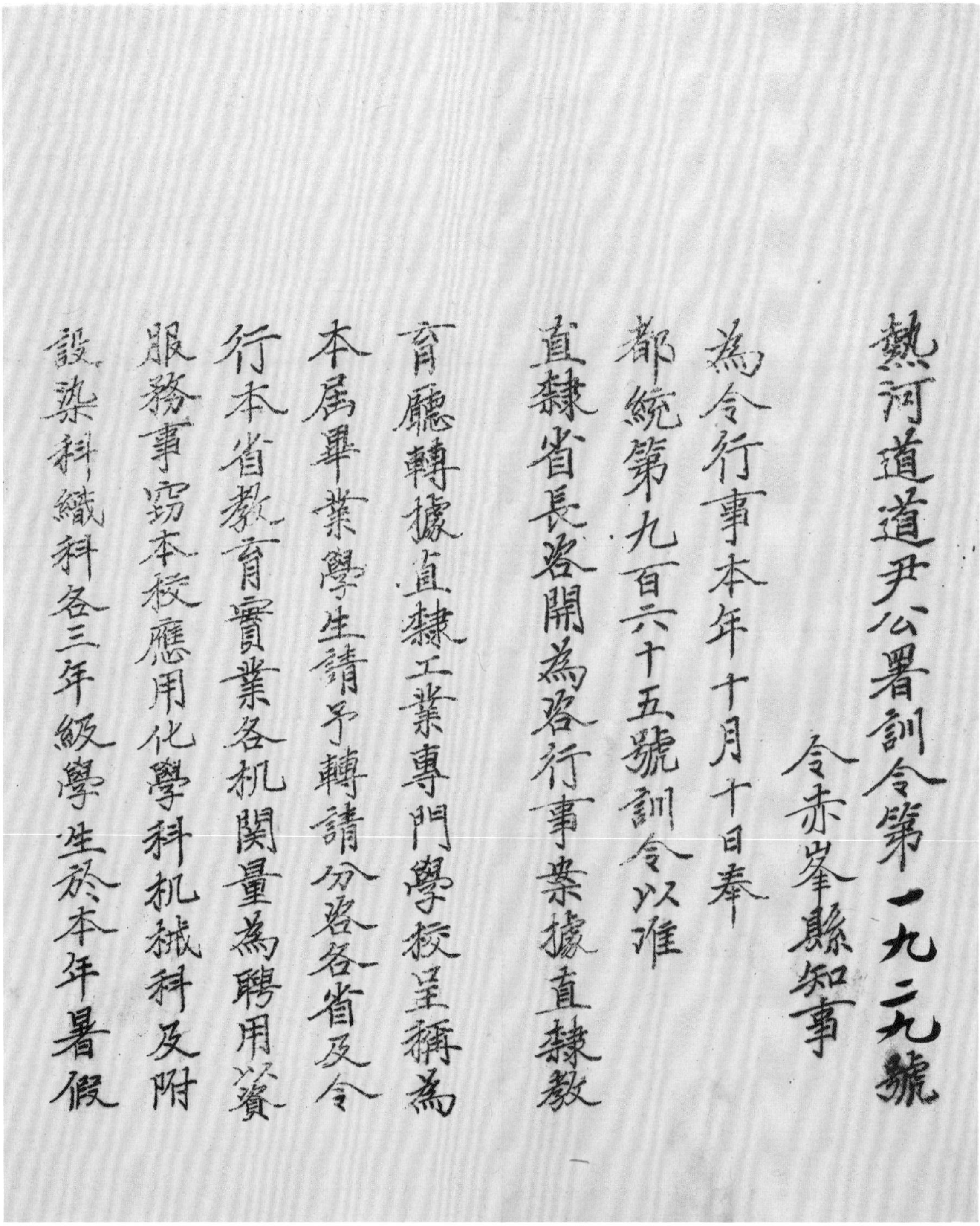

熱河道道尹公署訓令第一九二九號

令赤峯縣知事

為令行事本年十月十日奉

都統第九百六十五號訓令以准

直隸省長咨開為咨行事案據直隸教

育廳轉據直隸工業專門學校呈稱為

本屆畢業學生請予轉請分咨各省及令

行本省教育實業各机關量為聘用資

服務事竊本校應用化學科机械科及附

設染科織科各三年級學生於本年暑假

## 一四〇　熱河道道尹公署爲酌量聘用直隸工業專門學校畢業生事致赤峰縣公署訓令（1920年10月27日）

肄業期滿舉行畢業試驗查其成績尚屬
優良業經呈報在案茲遵照教育部令民國
七年專門以上學校會議議決處置畢業生
辦法造具各生一覽表伏乞鈞廳轉予呈請
省長分别咨請
農商交通部暨各省區公署分派各實業工廠實地
練習並令行教育實業各机關量酌聘用以
資服務理合備文呈請鑒察施行等情據此
除咨行實業廳并通令各學校查照外理合
檢同原表一份呈請鑒核施行等情據此除

## 一四〇 熱河道道尹公署爲酌量聘用直隸工業專門學校畢業生事致赤峰縣公署訓令（1920年10月27日）

指令並分咨外相應檢同履歷表咨行貴都統
請煩查照核辦並希見覆施行此咨等因計
粘抄履歷表一份准此除咨覆外合並抄錄原
表令仰該道尹轉行教育實業各机關酌量
聘用以資服務可也此令 計抄表一份等因到
道除分行外合並抄錄原表令仰該知事轉行
教育實業各机關一体遵照如需前項教員
應即酌量聘用以資服務可也此令
計抄原表一紙

## 一四〇 熱河道道尹公署爲酌量聘用直隸工業專門學校畢業生事致赤峰縣公署訓令（1920 年 10 月 27 日）

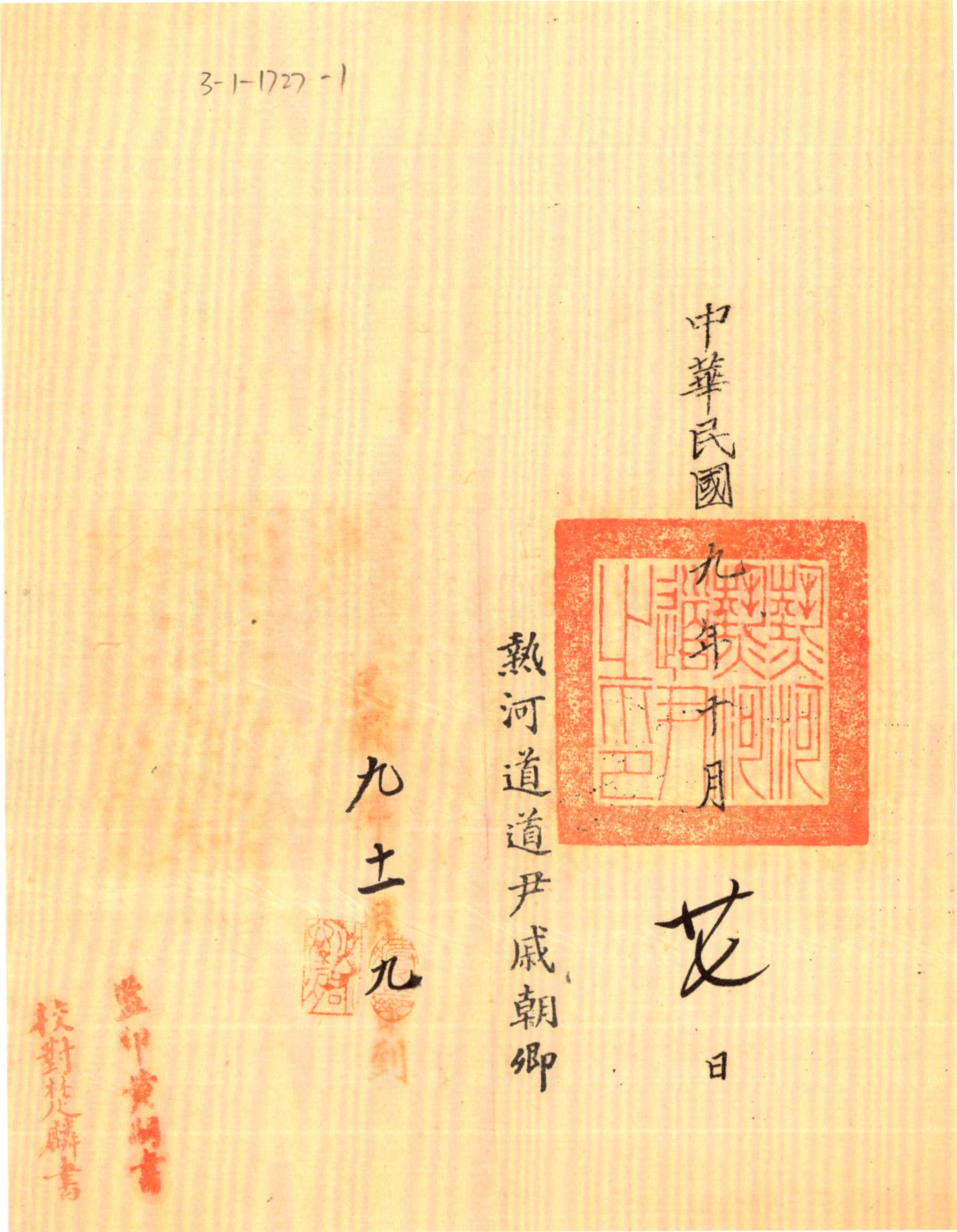

3-1-1727-1

中華民國九年十月　日

熱河道道尹戚朝卿

九土九

監印黄綱書

校對楊麟書

## 一四一 熱河都統公署爲民事訴訟嚴禁跪審事致赤峰縣公署訓令（1921年1月15日）

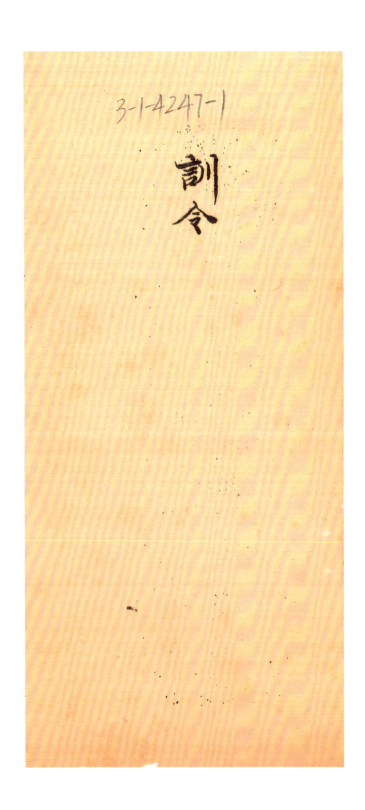

3-1-4247-1

訓令

## 一四一 熱河都統公署爲民事訴訟嚴禁跪審事致赤峰縣公署訓令（1921年1月15日）

熱河都統公署訓令第二十號

令赤峰縣知事蔣文齡

爲令行事案准

順直省議會咨開爲咨請事案據本會議員曹雲漢等

依省議會暫行法第二十五條之規定提出議案内稱慮自

共和成立以來司法改良對於肉刑跪審早經明令廢除而

各縣知事奉行者固不乏人乃竟有妄自尊大於民事訴訟

案審訊時仍沿用專制時代之跪審制每當開庭問案原

被累累跪堂前有如囚犯之狀遇有文明者不肯屈膝拜倒

而承審員雖不敢公然相責終表示一種不豫之色談判開

## 一四一 熱河都統公署爲民事訴訟嚴禁跪審事致赤峰縣公署訓令（1921年1月15日）

隱施以冷譏熱嘲不言而喻於一般鄉愚一到堂口司法警察即
高聲喝曰跪下跪下人民智識固蔽遂以視跪審為當然遇
有糾纏之案歷時稍久者則身膝跪成麻痺不能起立而
終有不能行走者此等慘無人道之遺風何可復見於共和國
家不但蹂躪人權且於司法前途大有妨礙亟應咨請省
區長官令行各縣凡民事訴訟案審訊時無論原被或
證人一律嚴禁跪審如再有玩視不遵者一經查出或被
紳民指控依虐待訴訟人之處分從嚴撤懲等情當於十
一月六日列入議事日表經會討論依法可決相應咨請貴都統
希即查照飭遵實為公便此咨等因准此查跪審刑訊早

一四一 熱河都統公署爲民事訴訟嚴禁跪審事致赤峰縣公署訓令（1921 年 1 月 15 日）

經明令廢止在案茲查該會所議大旨與部頒明令相符
除分行外合亟令仰該縣一体遵照此令

中華民國十年一月十五日

## 一四一 熱河都統公署爲民事訴訟嚴禁跪審事致赤峰縣公署訓令（1921年1月15日）

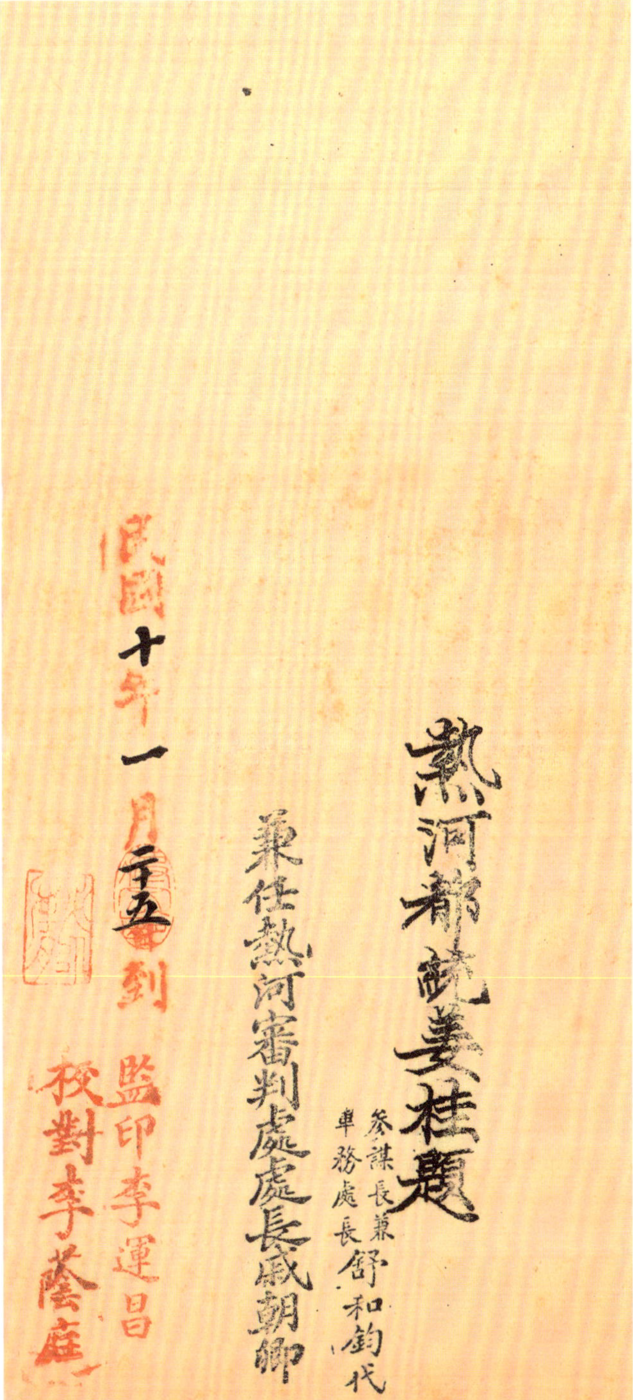
熱河都統姜桂題

參謀長兼軍務處長舒和鈞代

兼任熱河審判處處長戚朝卿

民國十年一月十五日到

監印李運昌

校對李蔭庭

## 一四二　赤峰縣警察所爲報送學齡兒童調查表事致赤峰縣公署呈（1921年1月27日）

3-1-3019-4(1-8)

呈

民國十年一月二十七日到

## 一四二 赤峰縣警察所爲報送學齡兒童調查表事致赤峰縣公署呈（1921年1月27日）

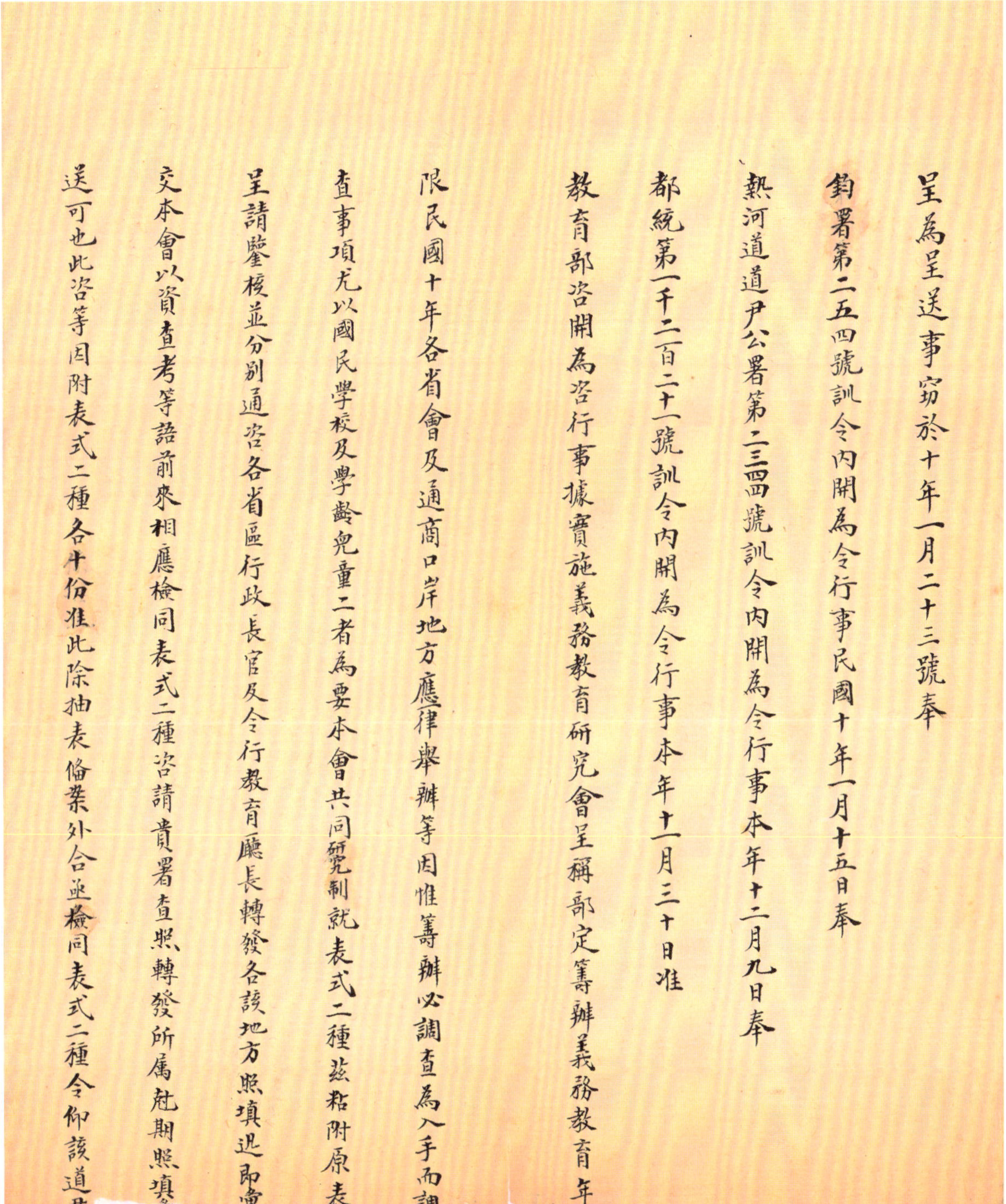

呈為呈送事竊於十年一月二十三號奉
鈞署第二五四號訓令內開為令行事民國十年一月十五日奉
熱河道道尹公署第二三四號訓令內開為令行事本年十二月九日奉
都統第一千二百二十一號訓令內開為令行事本年十一月三十日准
教育部咨開為咨行事據實施義務教育研究會呈稱部定籌辦義務教育年
限民國十年各省會及通商口岸地方應律舉辦等因惟籌辦必調查為入手而調
查事項尤以國民學校及學齡兒童二者為要本會共同覈制就表式二種茲粘附原表
呈請鑒核並分别通咨各省區行政長官及令行教育廳長轉發各該地方照填迅即彙
交本會以資查考等語前來相應檢同表式二種咨請貴署查照轉發所屬剋期照填
送可也此咨等因附表式二種各十份准此除抽表備案外合亟檢同表式二種令仰該道尹

## 一四二 赤峰縣警察所爲報送學齡兒童調查表事致赤峰縣公署呈（1921年1月27日）

轉發所屬各縣知事遵照尅期查填呈由該道尹彙送本署以憑轉咨切切勿延此令等因附表式二種到道除抽存備查並分行外合亟檢同前項表式二種令仰該知事遵照尅期查填呈送本署以憑彙呈轉咨勿延切切此令計發表式二種各一張等因奉此合亟照抄表式令仰該所長立即遵照發去學齡兒童調查表所列各項詳細調查填造四份尅日呈送來署以憑核轉勿稍違延切切此令計抄發學齡兒童調查表一張等因奉此遵即詳細調查按照表式填造學齡兒童調查表四分備文呈送懇請

核轉施行謹呈

赤峰縣行政公署

計呈送

學齡兒童調查表四份

## 一四二　赤峰縣警察所爲報送學齡兒童調查表事致赤峰縣公署呈（1921年1月27日）

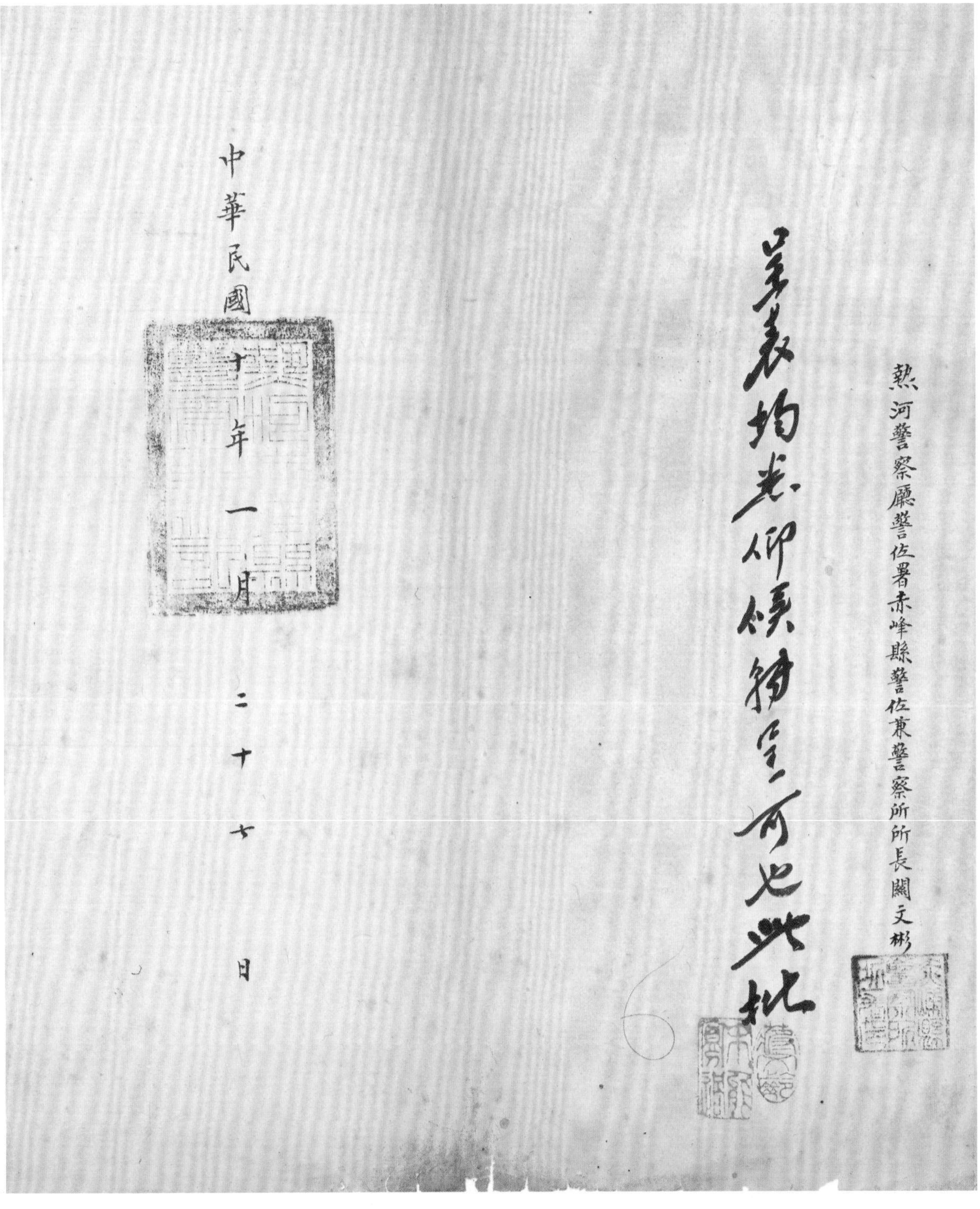

熱河警察廳警佐署赤峰縣警佐兼警察所所長關文彬

呈表均悉，仰候轉呈可也。此批

中華民國十年一月二十七日

## 一四二 赤峰縣警察所爲報送學齡兒童調查表事致赤峰縣公署呈（1921年1月27日）

3-1-3019-5(1-4)

### 熱河赤峯縣學齡兒童調查表

民國十年一月　日

| 項目 | | 區別 | | | | | |
|---|---|---|---|---|---|---|---|
| 就學 | 男 | 三千五百八十二人 | | | | | |
| | 女 | 一百三十二人 | | | | | |
| | 合計 | 三千七百一十四人 | | | | | |
| 不就學 | 男 | 八千三百六十四人 | | | | | |
| | 女 | 七千八百六十二人 | | | | | |
| | 合計 | 一萬六千二百二十六人 | | | | | |
| 總計 | | 一萬九千九百四十人 | | | | | |
| 就學比例 | 學齡兒童百人中就學數 | 一十九 | | | | | |
| | 學齡兒童百人中就學數 | | | | | | |
| | 學齡兒童百人中就學數 | | | | | | |
| 備查 | | | | | | | |

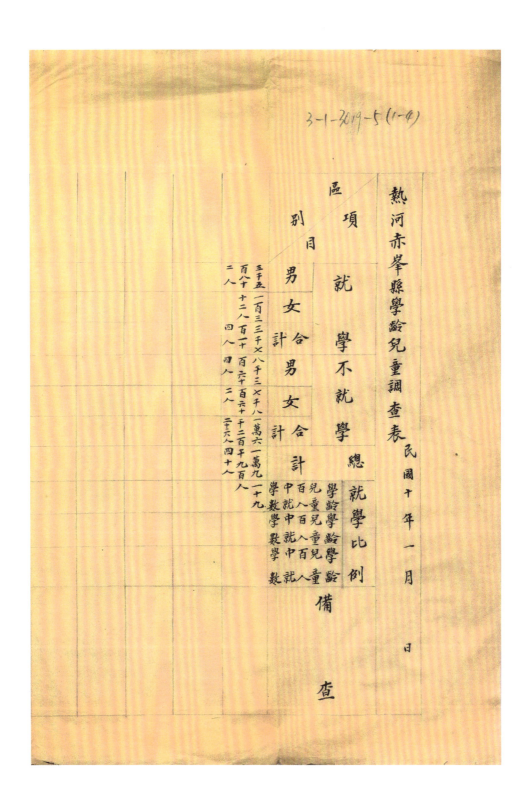

## 一四三　熱河道道尹公署爲催報春季雨雪量數統計表事致赤峰縣公署訓令（1921 年 4 月 6 日）

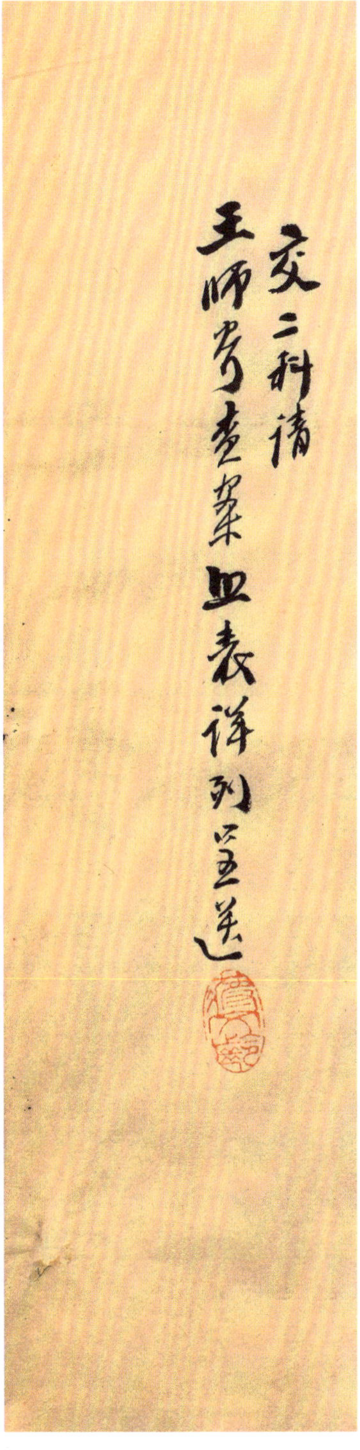
交二科請
王師爺查案並表詳列呈送

## 一四三 熱河道道尹公署爲催報春季雨雪量數統計表事致赤峰縣公署訓令（1921年4月6日）

3-1-4125-3

熱河道道尹公署訓令第六百四十二號

令赤峰縣知事

爲令催事案查前奉

都令准

内務部咨送調查各縣雨雪量數統計表及表例辦法一案業經抄發通行在案須知此表與農時水利關係甚鉅原訂三箇月彙報一次自應按季填報以憑彙編茲屆春季彙報之期合行令催仰該知事立即遵照前令辦理尅日呈送可也勿延切切此令

一四三 熱河道道尹公署爲催報春季雨雪量數統計表事致赤峰縣公署訓令（1921 年 4 月 6 日）

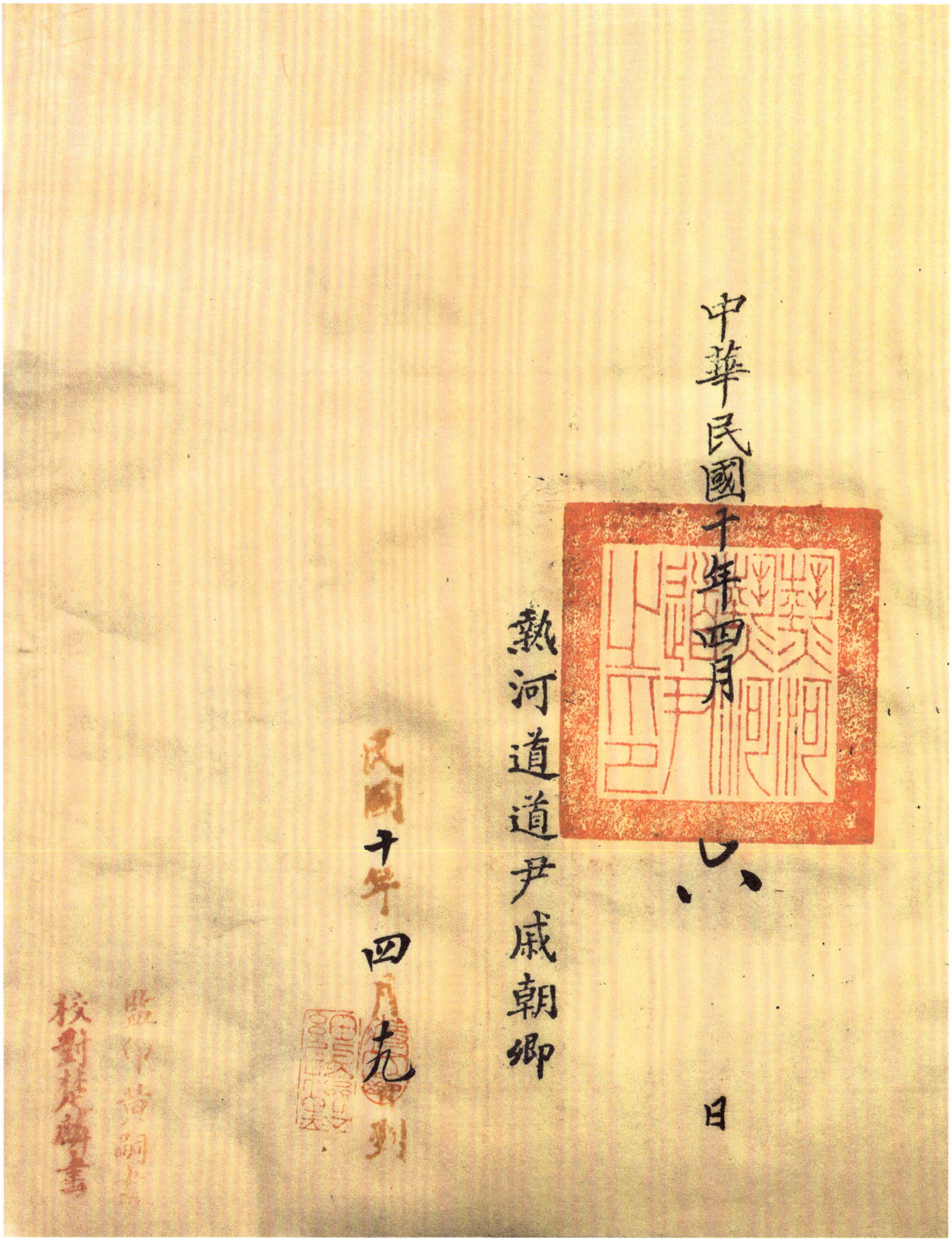
中華民國十年四月六日
熱河道道尹戚朝卿
民國十年四月九
監印黃嗣書
校對楚麟書

## 一四四　赤峰縣公署爲報送民國十年春季雨雪量數統計表事致熱河道道尹公署呈稿（1921年5月11日）

3-1-4125-4(1)

呈爲呈送事案奉

鈞署第六百四十二號訓令內開爲令催事云云

此令等因奉此遵即按照表例將本年春季

雨雪量數詳細填列一份理合備文呈送

鈞署鑒核彙轉謹呈

熱河道道尹咸

計呈送

十年春季雨雪量數統計表一紙

代理赤峰縣知事蔣〇〇

一四四　赤峰縣公署爲報送民國十年春季雨雪量數統計表事致熱河道道尹公署呈稿（1921 年 5 月 11 日）

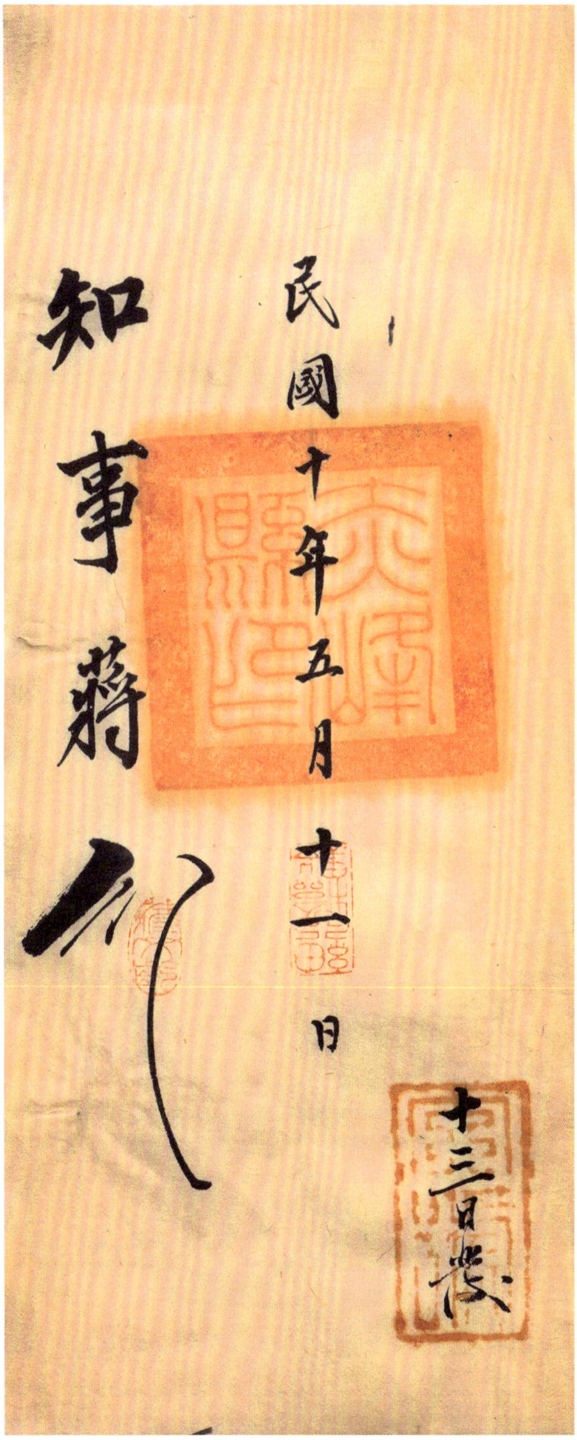

十三日發

民國十年五月十一日

知事蔣

## 一四四　赤峰縣公署爲報送民國十年春季雨雪量數統計表事致熱河道道尹公署呈稿（1921 年 5 月 11 日）

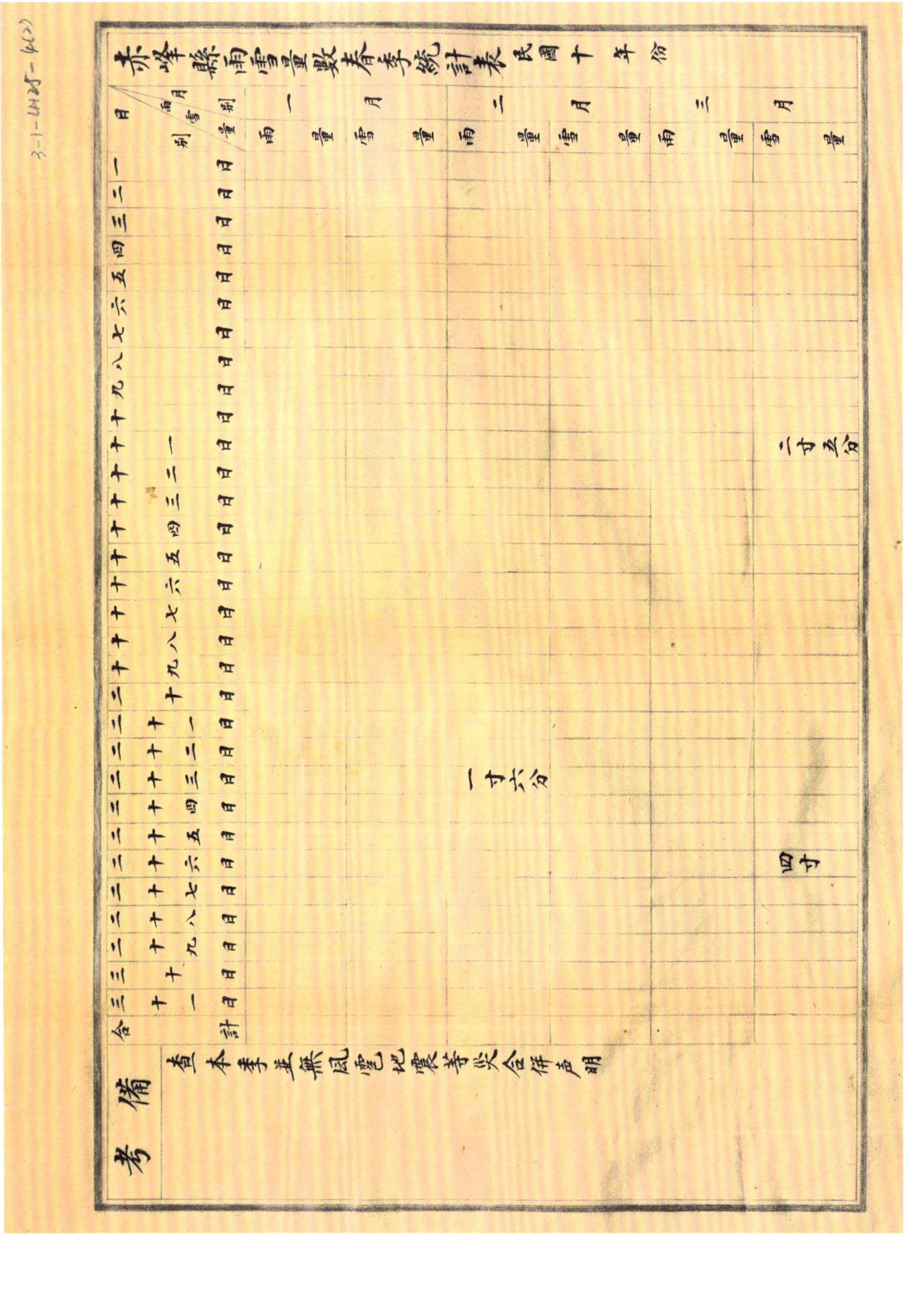

3-1-4435-6(2)

赤峰縣雨雪量數春季統計表　民國十年　份

| 日 \ 月 \ 雨雪別 \ 量 | 一月 雨量 | 一月 雪量 | 二月 雨量 | 二月 雪量 | 三月 雨量 | 三月 雪量 |
| --- | --- | --- | --- | --- | --- | --- |
| 一日 | | | | | | |
| 二日 | | | | | | |
| 三日 | | | | | | |
| 四日 | | | | | | |
| 五日 | | | | | | |
| 六日 | | | | | | |
| 七日 | | | | | | |
| 八日 | | | | | | |
| 九日 | | | | | | |
| 十日 | | | | | | |
| 十一日 | | | | | | 二寸五分 |
| 十二日 | | | | | | |
| 十三日 | | | | | | |
| 十四日 | | | | | | |
| 十五日 | | | | | | |
| 十六日 | | | | | | |
| 十七日 | | | | | | |
| 十八日 | | | | | | |
| 十九日 | | | | | | |
| 二十日 | | | | | | |
| 二十一日 | | | | | | |
| 二十二日 | | | | | | |
| 二十三日 | | | 一寸六分 | | | |
| 二十四日 | | | | | | |
| 二十五日 | | | | | | |
| 二十六日 | | | | | | 四寸 |
| 二十七日 | | | | | | |
| 二十八日 | | | | | | |
| 二十九日 | | | | | | |
| 三十日 | | | | | | |
| 三十一日 | | | | | | |
| 合計 | | | | | | |

備考：查本季並無風雹地震等災合併聲明

一四五　赤峰徵收局爲造送三月份漏税罰款數目清單事致赤峰縣公署咨（1921 年 4 月 7 日）

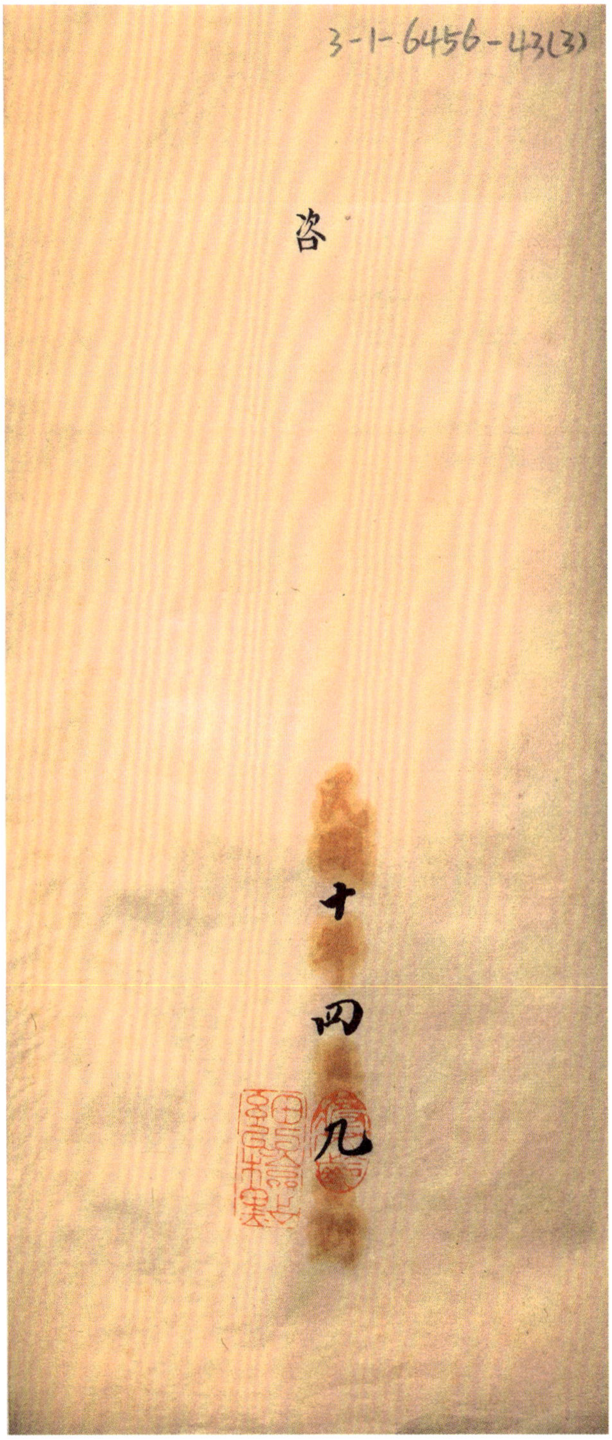
3-1-6456-43(3)

咨

民國十年四月九日

## 一四五 赤峰徵收局爲造送三月份漏稅罰款數目清單事致赤峰縣公署咨（1921 年 4 月 7 日）

爲咨送事案查敝局本年二月分罰款數目業經咨請
貴縣查照在案茲查三月分漏稅罰款數目共計大洋一百九十四元九角
八分九厘除呈報
財政廳備查外相應開單請煩
貴縣查照備案至紉公誼此咨
赤峯縣縣長蔣
計咨送
清單一紙
周啟曾

## 一四五　赤峰徵收局爲造送三月份漏税罰款數目清單事致赤峰縣公署咨（1921 年 4 月 7 日）

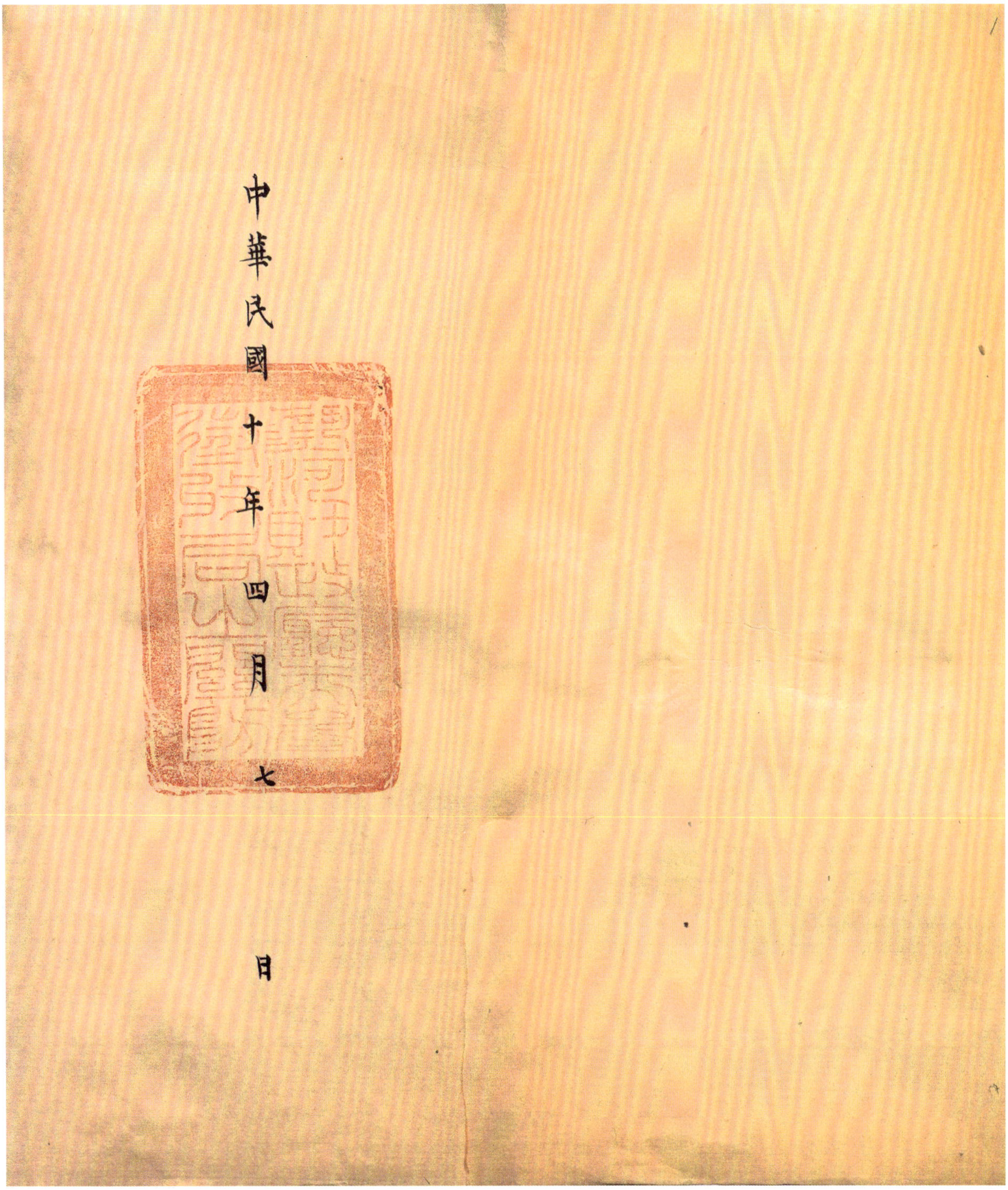
中華民國十年四月七日

## 一四五 赤峰徵收局爲造送三月份漏税罰款數目清單事致赤峰縣公署咨（1921 年 4 月 7 日）

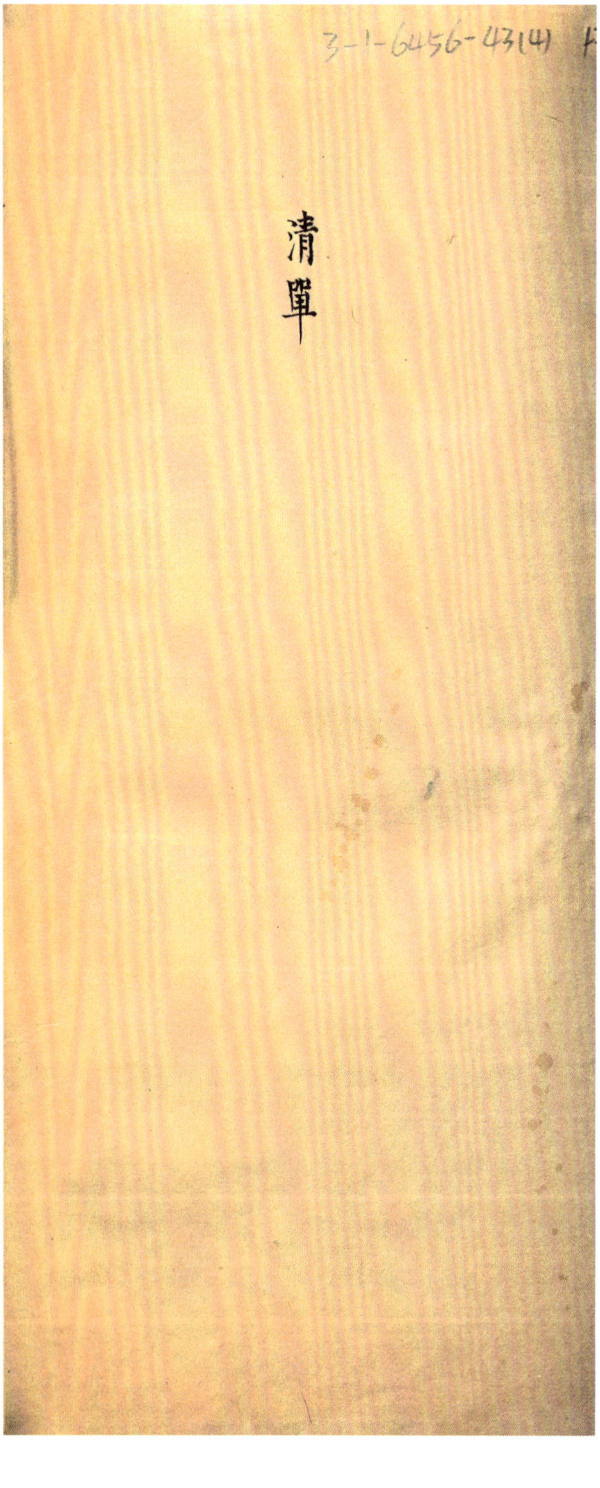
3-1-6456-43(4)

清單

## 一四五　赤峰徵收局爲造送三月份漏稅罰款數目清單事致赤峰縣公署咨（1921 年 4 月 7 日）

今將民國十年三月分敝局罰款數目姓名列後

計開

| 姓名 | 漏稅貨物 | 認罰倍數 | 罰款數目 |
| --- | --- | --- | --- |
| 馮禮 | 毛猪 應納正稅三元 | 六倍 | 一十八元 |
| 乾蔚豐 | 駝毛 應納正稅六元 | 五倍 | 三十元 |
| 復源隆 | 毛猪 應納正稅二元三角 | 七倍 | 一十六元一角 |
| 李貴 | 色叫驢三頭 應納正稅二元八角 | 六倍 | 一十六元八角 |
| 萬成店 | 雜木 應納正稅一元 | 四倍 | 四元 |
| 德聚店 | 羊皮 應納正稅一元七角六分 | 八倍 | 一十四元零八分 |
| 德元店 | 皮張 應納正稅三元一角六分一厘 | 十倍 | 三十一元六角一分 |

## 一四五　赤峰徵收局爲造送三月份漏稅罰款數目清單事致赤峰縣公署咨（1921年4月7日）

| | | | | |
|---|---|---|---|---|
| 賈翰元 | 毛豬 | 應納正税四角 | 五倍 | 二元 |
| 穆海 | 青叫驢 | 應納正税四角 | 十倍 | 四元 |
| 高永方 | 青叫驢 | 應納正税一元 | 四倍 | 四元 |
| 何文斌 | 皮毛 | 應納正税四元六角九分三厘 | 三倍 | 一十四元零七分九厘 |
| 趙喜珍 | 皮毛 | 應納正税三元零八分四厘 | 五倍 | 一十五元四角二分 |
| 德義隆 | 熟鐵器 | 應納正税一元三角五分 | 六倍 | 八元一角 |
| 程福山 | 馬驢 | 應納正税一元四角 | 八倍 | 一十一元二角 |
| 尹方 | 馬驢 | 應納正税八角 | 七倍 | 五元六角 |

## 一四六　李九齡等爲請准予設立第四區鄉農務分會事致赤峰縣公署呈（1921年4月25日）

3-1-1634-4(1)

第一科

呈

民國十年四月二十五日到

## 一四六　李九齡等爲請准予設立第四區鄉農務分會事致赤峰縣公署呈（1921年4月25日）

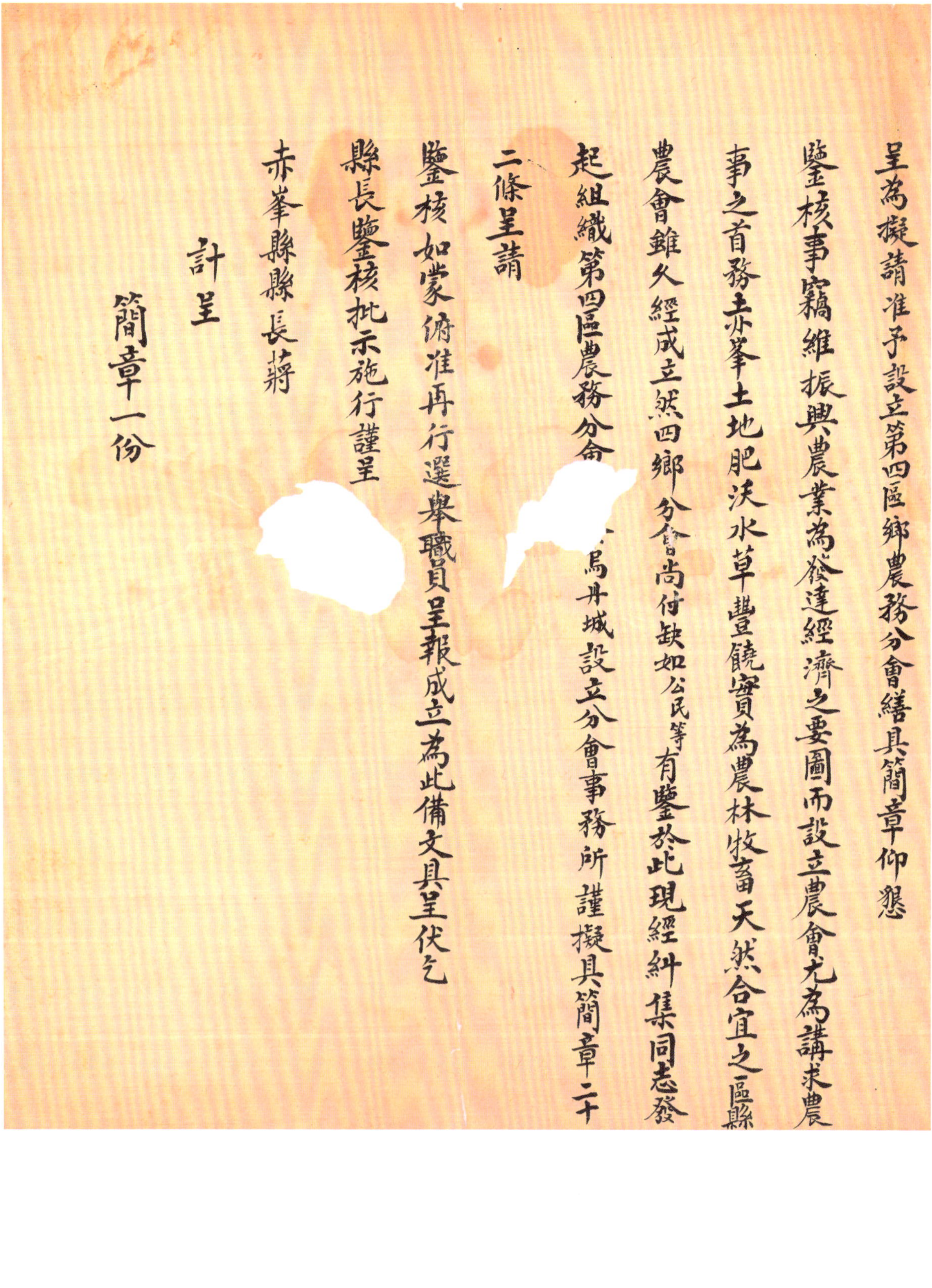

呈爲擬請准予設立第四區鄉農務分會繕具簡章仰懇
鑒核事竊維振興農業爲發達經濟之要圖而設立農會尤爲講求農
事之首務赤峯土地肥沃水草豐饒實爲農林牧畜天然合宜之區縣
農會雖久經成立然四鄉分會尚付缺如公民等有鑒於此現經糾集同志發
起組織第四區農務分會[illegible]烏丹城設立分會事務所謹擬具簡章二十
二條呈請
鑒核如蒙俯准再行選舉職員呈報成立爲此備文具呈伏乞
縣長鑒核批示施行謹呈
赤峯縣縣長蔣
計呈
簡章一份

一四六 李九齡等爲請准予設立第四區鄉農務分會事致赤峰縣公署呈（1921年4月25日）

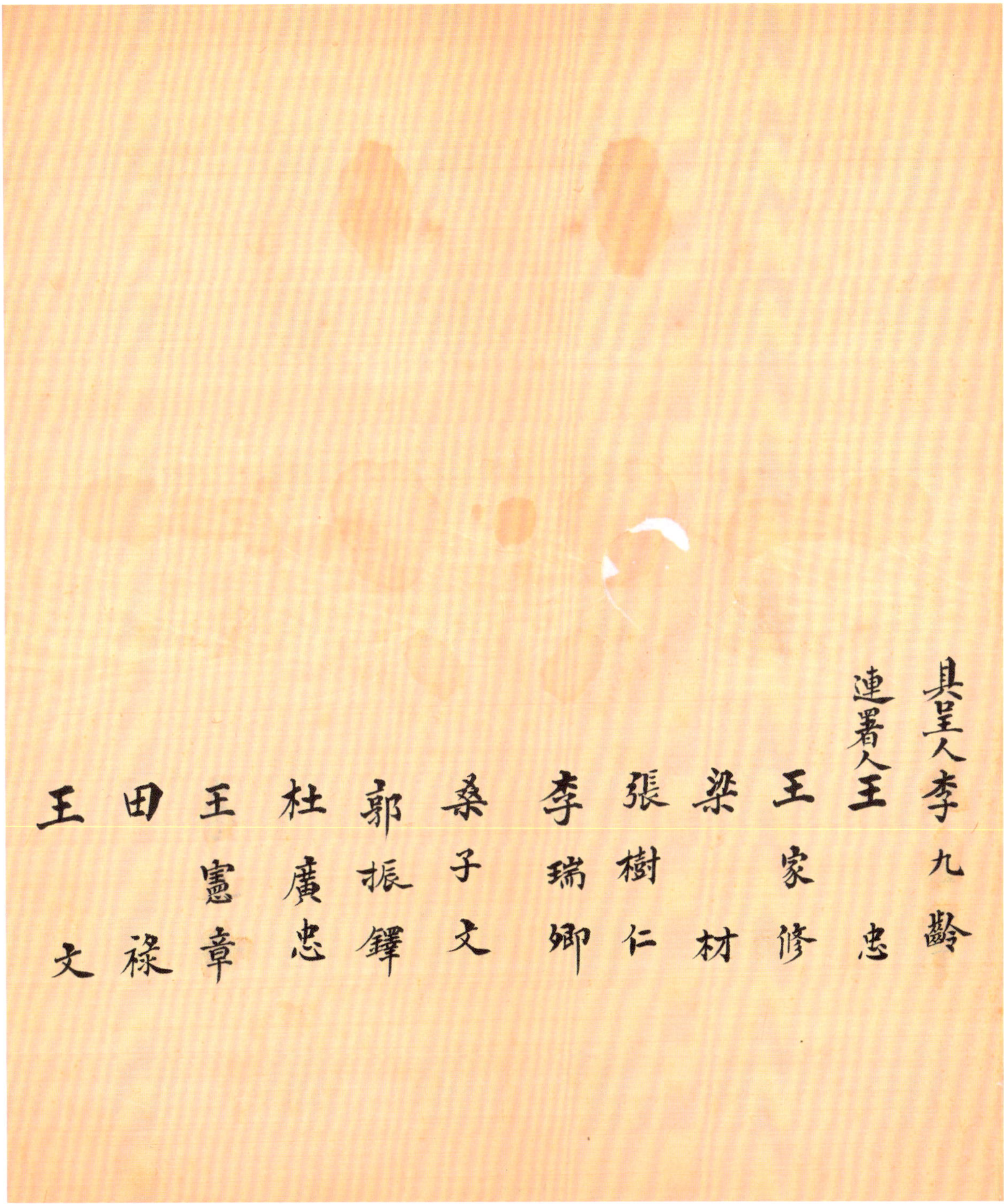

具呈人李九齡
連署人王忠
王家修
梁材
張樹仁
李瑞卿
桑子文
郭振鐸
杜廣忠
王憲章
田祿
王文

一四六 李九齡等爲請准予設立第四區鄉農務分會事致赤峰縣公署呈（1921年4月25日）

王得祿
趙峻業
任通禮
于金璋
劉青雲
張慶峯
李彬
李榮
王樹德
田萬良

# 一四六 李九齡等爲請准予設立第四區鄉農務分會事致赤峰縣公署呈（1921年4月25日）

呈悉。查本街縣農會雖經設立有年，而四五區鄉市
鄉分會迄未發擴充，以天然肥沃之區，未獲收發
達改良之效，良用喟然。今該公民等糾合同志，發
起提倡組織該區四鄉農會，本屬全縣市鄉之先
導，熱心公益，識堪嘉許。該擬簡章，核與部定農
會暫行規程及施行細則，亦均符合，妥實可行。仰速依法選舉
應即先予備案
正副會長，組織成立，呈請頒給圖記，委任陽充，並請特呈
備案，以維農政，而從速進行，切切此批。

中華民國十年四月二十五日

一四六　李九齡等爲請准予設立第四區鄉農務分會事致赤峰縣公署呈（1921年4月25日）

3-1-1634-4(2)

簡章

一四六　李九齡等爲請准予設立第四區鄉農務分會事致赤峰縣公署呈（1921年4月25日）

謹將赤峰縣第四區鄉農務分会章程簡章繕具清摺恭呈

鈞鑒

第一節　名稱

第一条　遵照部定農會暫行規程第二条定名為赤峰縣第四區鄉農務分會

第二節　宗旨

第二条　以圖農事之改良發達為宗旨

第三節　地址

第三条　本分會暫設在烏丹城舊巡警局院內

第四節　會員

## 一四六 李九齡等爲請准予設立第四區鄉農務分會事致赤峰縣公署呈（1921年4月25日）

第四条 會員不限額數凡本區紳民合列資格之一者皆得爲本会

會員但須品行端正年逾二十歲以上

一有農業之學識者

二有農業之經驗者

三有耕地牧場原野等土地者

四經營農業者

第五節 職权

第五條 選出 部章設正副会長各一人評議員四人調查員一人皆由

会員選舉之其選舉法另行規定会計兼書記一人由会長委任之

第六条 會長總理本会一切事務副会長協同会長辦理会務如会長

## 一四六 李九齡等爲請准予設立第四區鄉農務分會事致赤峰縣公署呈（1921年4月25日）

因公事故不能到会時得代行其職权評議員答復会長之諮詢監督会務執行之狀況調查員会計承会長之指揮分掌会務

第六節 任期

第七条 本分会各職員均以一年為任滿之期任滿後如再被選得連任惟雇員不在此限

第七節 事業

第八条 本分会以保護農事之責任無論何人縱畜放青或折毀田苗及偷窃禾穗等項經本分会依請地方長官飭警局隨時保護實力稽查一經查覺或被查獲送交主管長官照推廣林業章程罰辦

## 一四六　李九齡等爲請准予設立第四區鄉農務分會事致赤峰縣公署呈（1921年4月25日）

第九條　遇有荒歉旱澇本分會須開臨時會議共籌救濟之策呈請地
方長官採擇施行
第十條　遵照部章凡本會員務將本區村內荒廢地畝造冊報知本
會勸導設法開墾或種五穀或栽樹木各視土宜爲率其官荒
另議辦法以期廣闢地利
第十一條　凡地畝可用河水灌溉者本分會勸令修堤調渠灌溉庶
不致失自然之利
第十二條　查本區無主鹹窪沙漠之地可作農事試驗場者呈請地方
長官設立之其辦法須另定規則
第十三條　本分會遵照　部章凡農民關於農產事項或被勢豪家侵

一四六 李九齡等爲請准予設立第四區鄉農務分會事致赤峰縣公署呈（1921 年 4 月 25 日）

袤延之寬柳本分會查明屬實可代向地方官稟公申訴

第十四條　凡農民之侵佔經界踐踏禾苗等事致起爭端本分會有調處之責如有横不受調處者得呈請地方長官究辦

第八節　獎勵懲罰

第十五條　會員有實心任事辦有成效及創造農器改良農產種植良成績可稟准呈請地方長官轉詳農商部量核給獎以資鼓勵

第十六條　無論本境外境凡有深明農學之人皆以優誠爲聘一切改良之法相示者本分會得延請爲顧問

第十七條　無論何人不得以本會名義干涉農事以外之事違者共同議罰

第十八條　凡本會各員有侵吞會中公款者無論多寡除追繳原款外

## 一四六 李九齡等爲請准予設立第四區鄉農務分會事致赤峰縣公署呈（1921 年 4 月 25 日）

公同議罰

第十九条 會員曾犯破產律或刑事及遊蕩不事生產於本会名義有碍者，經查明屬实，須將其姓名註銷

第九節 會務

第二十条 每年以二月十月為定式開會之期，其他遇有特别事件決開臨時會，其招集方法及議事規則另行規定

第十節 經費

第二十一条 本分会開辦費暫由發起人担任，至於其常年會費由全体會員公同籌劃

第十一節 附則

一四六　李九齡等爲請准予設立第四區鄉農務分會事致赤峰縣公署呈（1921 年 4 月 25 日）

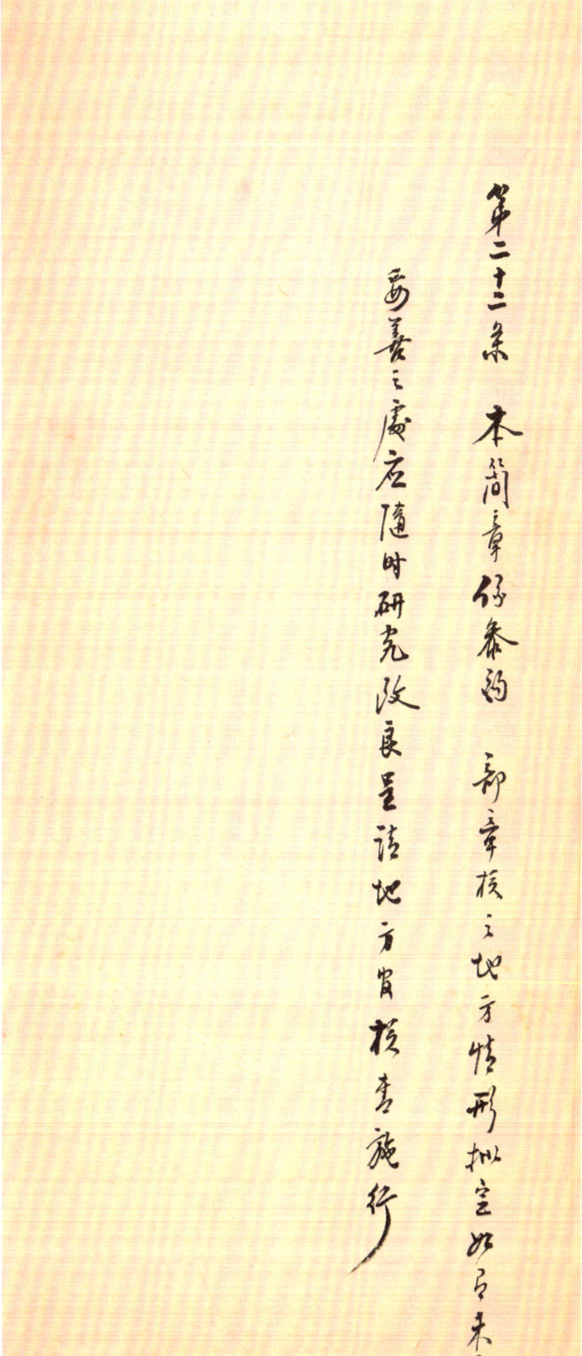
第二十二條　本簡章係參酌　部章按之地方情形擬定如有未盡妥善之處應隨時研究改良呈請地方官核查施行

## 一四七 李九齡等爲遵令更造第四區鄉農會簡章暨職員會員清册事致赤峰縣公署呈（1921 年 9 月）

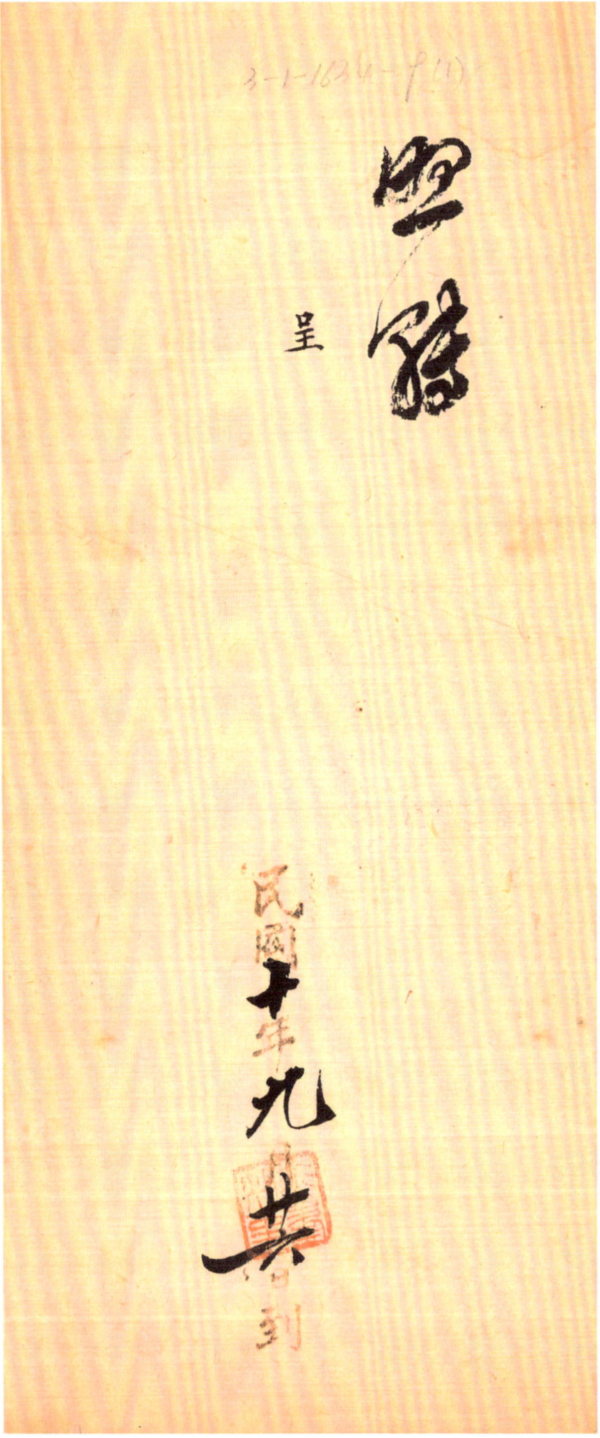

## 一四七 李九齡等爲遵令更造第四區鄉農會簡章暨職員會員清册事致赤峰縣公署呈（1921年9月）

具呈公民李九齡等

為呈送事本年八月七日奉

公署訓令第四二號内開為令行事案查接管卷内據該公民李九齡

等提倡組織鄉農會附送會員職員清册暨簡章等件請核轉一案當

經蔣前任轉呈在案兹於本年七月三十日奉

熱河道道尹公署第一二八四號指令内開呈册暨簡章均悉查該縣

第四區公民設立鄉農會係遵照農會暫行規程組織而成該會投票

選舉會長一人副會長一人并評議調查等員均屬相符又所擬簡章

並職員會員名册亦核與農會暫行規程尚無不合至該縣聲明將來

頒發該會圖記擬文曰赤峰縣第四區鄉農會之圖記亦係查照農會

規程施行細則第二條辦理惟查此項圖記係用陽文篆書其尺寸大

小應遵照前農林部所頒樣式由該知事刊發所稱是否與縣農會圖

一四七　李九齡等爲遵令更造第四區鄉農會簡章暨職員會員清册事致赤峰縣公署呈（1921年9月）

記相同查各種農會均為法團既定名為某縣某市某鄉農會圖記不必在形式之大小當然顯有分别除由本署查照前農林部暫行樣式發給照辦外至職員册内文牘庶務會計書記各員照章尚付缺如其封面均標題為農務會或農務分會務分兩字應删去且查此項職員會員名册均係違部之件應即加蓋該知事印信以昭慎重原件發還仰即轉行遵照所指各節另行更正各三份連同圖記篆文樣式一紙一併呈賫來署以憑轉請咨部備案勿延切切此令計發還原件各三份抄發圖記樣式一紙等因奉此除查案分别委任並照章刊發圖記外合亟檢發原件令仰該公民等立即遵照文内指示各節另行更正各四份迅速呈送來署以憑核轉勿再錯悞切切此令計發還原件各三份等因奉此遵即查照文内指示各節另行更正造具簡章清册各四份除發領委任圖記各件俟開辦另文呈報外理合將簡章清册並

一四七　李九齡等爲遵令更造第四區鄉農會簡章暨職員會員清册事致赤峰縣公署呈（1921 年 9 月）

圖記樣式一併備文呈送請

縣長鑒核存轉備案施行謹呈

赤峯縣縣長王

計呈

簡章四份　會員清册四份　職員清册四份　木質圖記樣式四份

中華民國十年九月　日

一四七　李九齡等爲遵令更造第四區鄉農會簡章暨職員會員清册事致赤峰縣公署呈（1921 年 9 月）

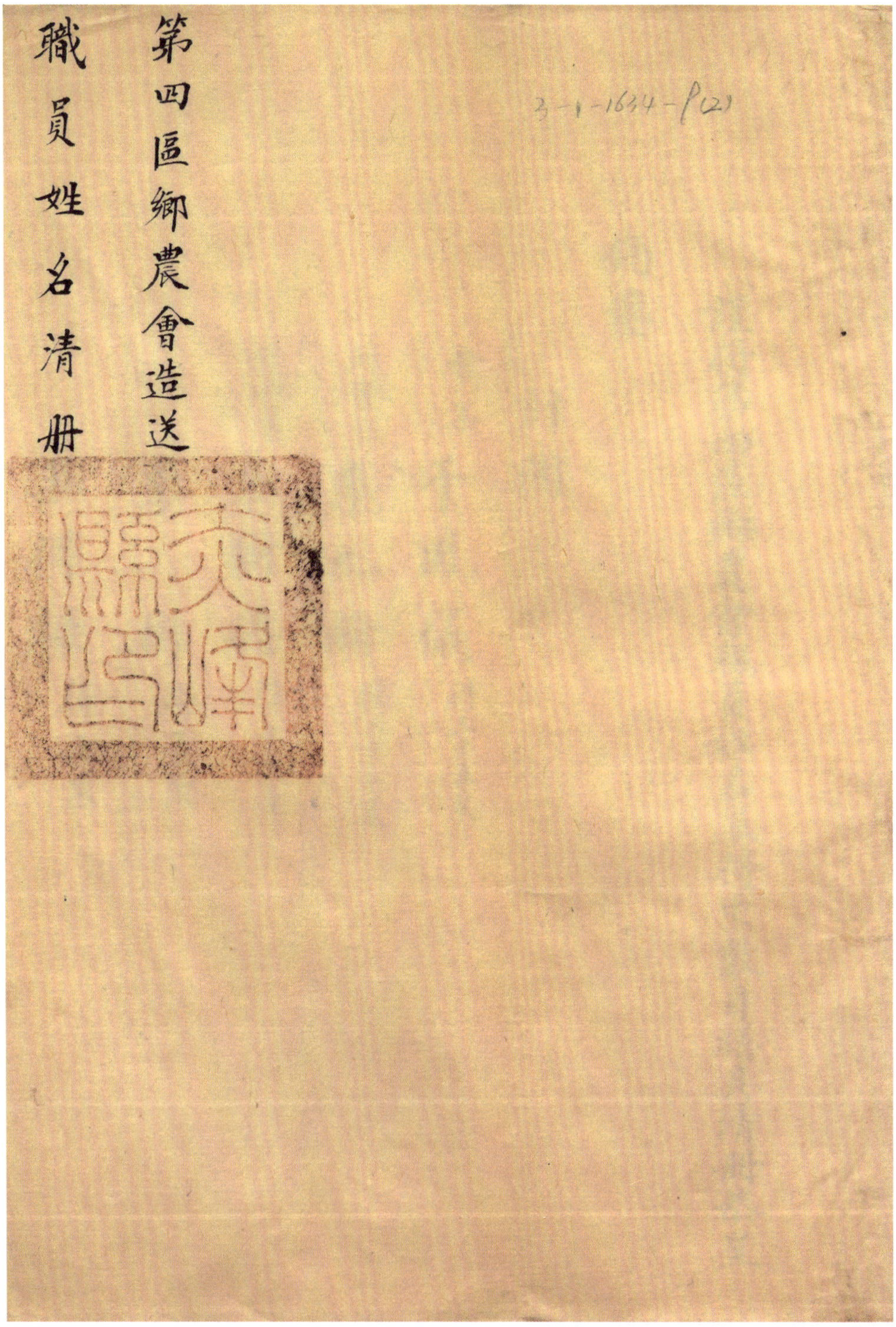

第四區鄉農會造送

職員姓名清册

3-1-1634-P(2)

## 一四七　李九齡等爲遵令更造第四區鄉農會簡章暨職員會員清册事致赤峰縣公署呈（1921年9月）



謹將第四區鄉農會職員姓名並得票數目繕具清册恭呈

鈞鑒

計開

會長　于鳳儀　得三十五票

副會長　李九齡　得二十三票

評議員　王樹德　得十六票

李彬　得十二票

王得祿　得十票

田祿 得十票

調查員 王永配 得三十七票

文牘 李彭如

庶務 張潤亭

會計 杜宗良

書記 郭蔭南

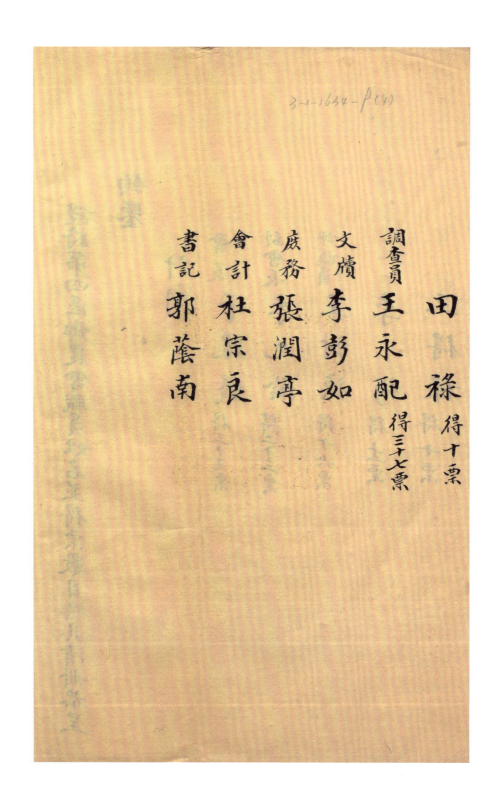

一四七 李九齡等爲遵令更造第四區鄉農會簡章暨職員會員清册事致赤峰縣公署呈（1921 年 9 月）

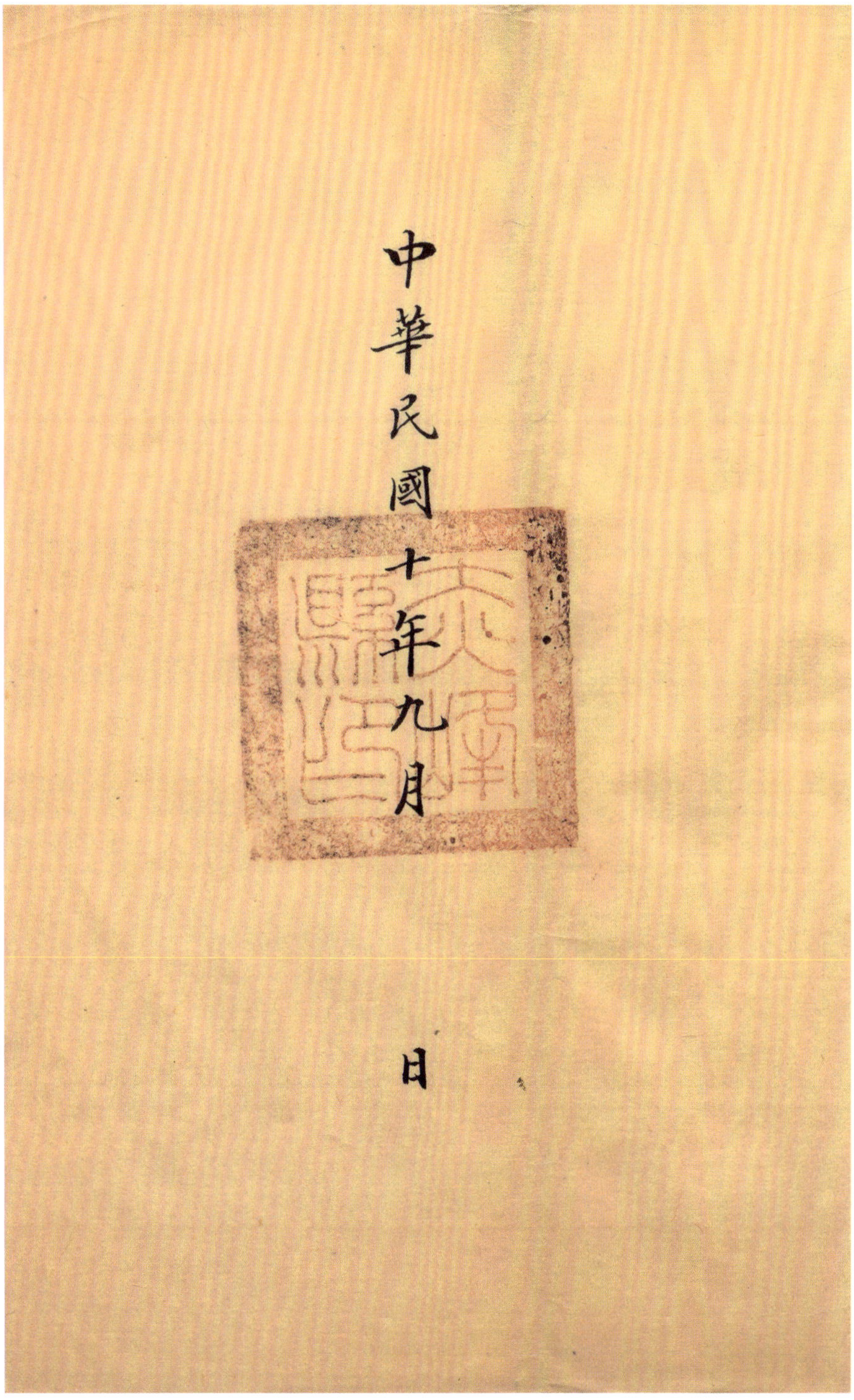

中華民國十年九月　日

一四七 李九齡等爲遵令更造第四區鄉農會簡章暨職員會員清册事致赤峰縣公署呈（1921 年 9 月）

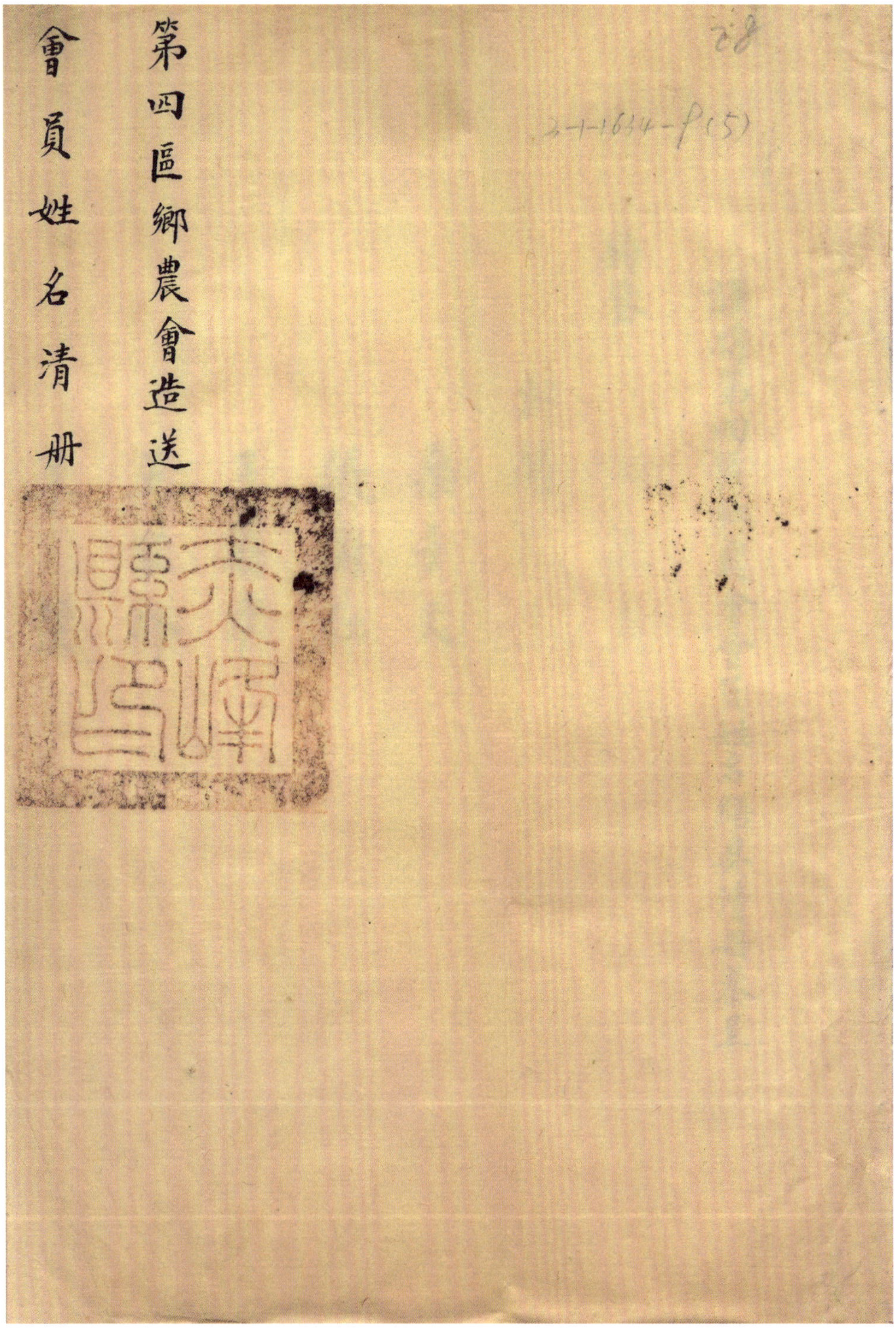
28

2-1-1644-8(5)

第四區鄉農會造送

會員姓名清册

一四七　李九齡等爲遵令更造第四區鄉農會簡章暨職員會員清册事致赤峰縣公署呈（1921 年 9 月）

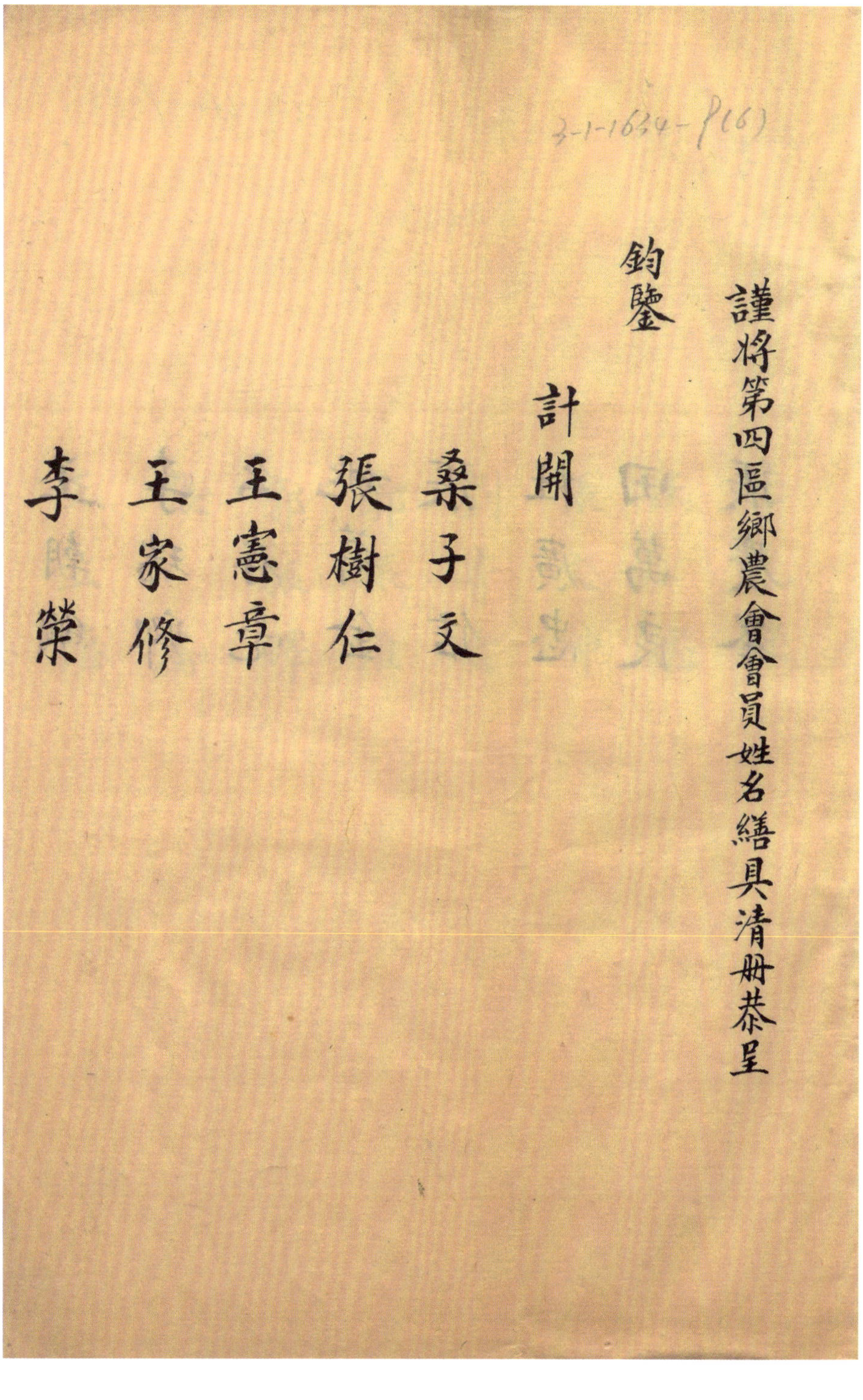

3-1-1634-P(6)

謹将第四區鄉農會會員姓名繕具清册恭呈

鈞鑒

計開

桑子文

張樹仁

王憲章

王家修

李榮

一四七 李九齡等爲遵令更造第四區鄉農會簡章暨職員會員清册事致赤峰縣公署呈（1921 年 9 月）



王朝綱
李瑞卿
么存亮
姚萬金
張　信
杜廣忠
田萬良
張慶峯

一四七　李九齡等爲遵令更造第四區鄉農會簡章暨職員會員清册事致赤峰縣公署呈（1921年9月）

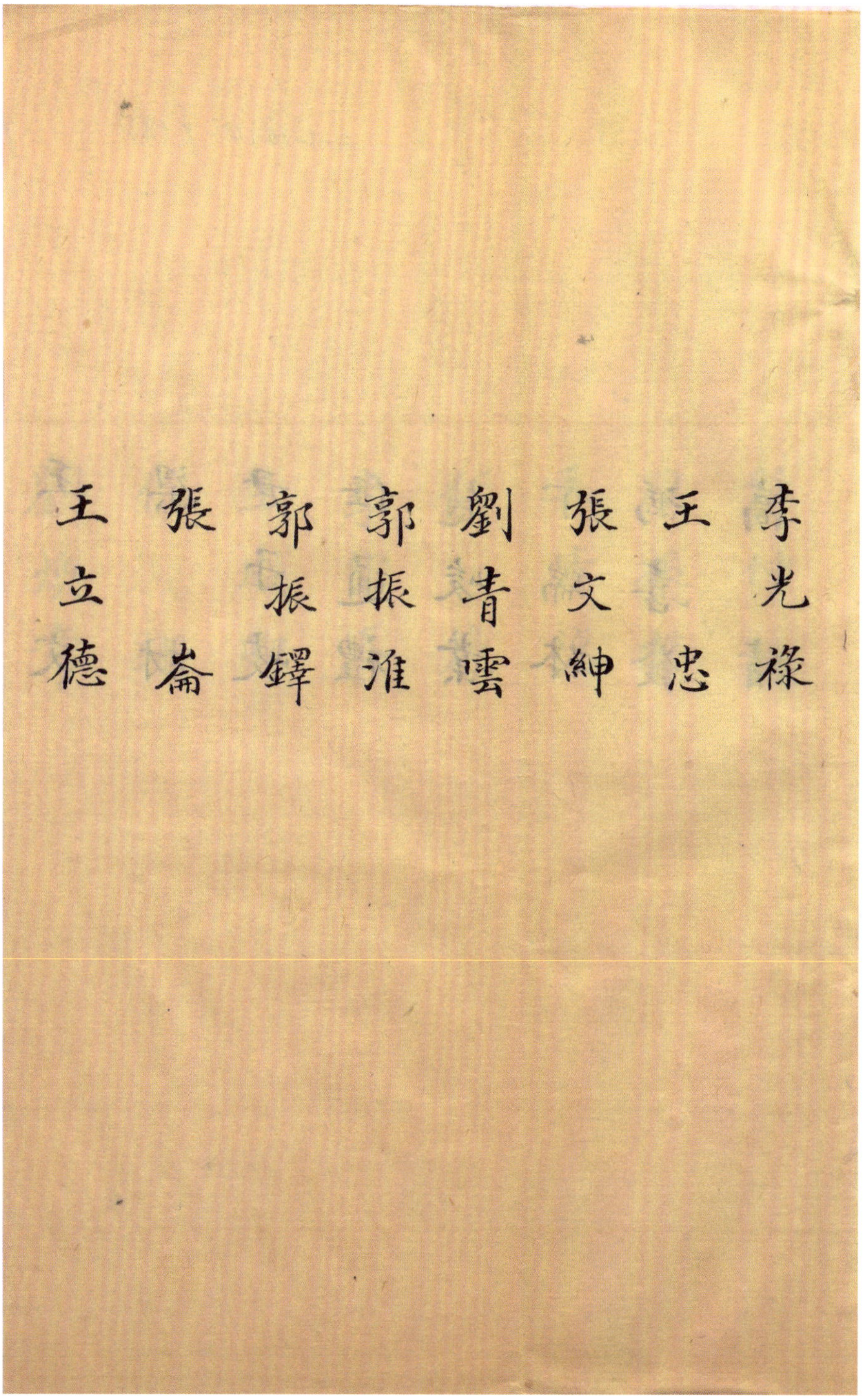

李光祿
王忠
張文紳
劉青雲
郭振淮
郭振鐸
張崙
王立德

一四七 李九齡等爲遵令更造第四區鄉農會簡章暨職員會員清册事致赤峰縣公署呈（1921年9月）



王文

梁材

尹子岐

任通禮

趙峻業

丁瑞林

馮喜發

高清

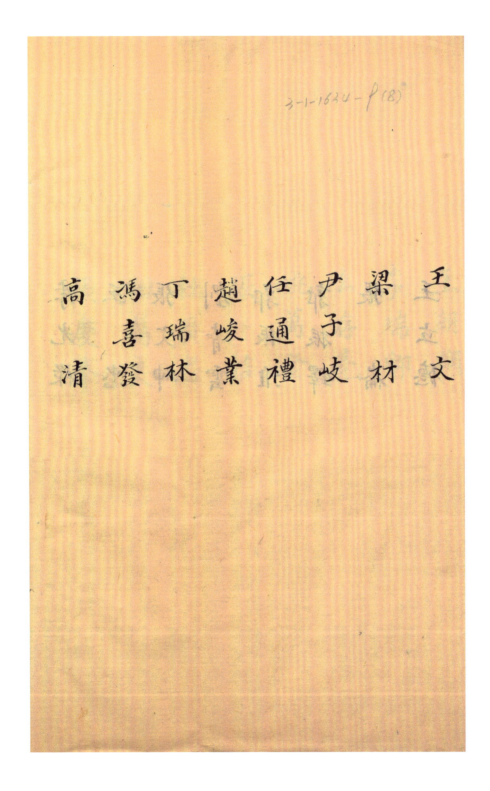

一四七 李九齡等爲遵令更造第四區鄉農會簡章暨職員會員清册事致赤峰縣公署呈（1921年9月）

任仲廷
刁振聲
王清德
任　廉
李富春
王殿卿
信　珊
劉煥章

## 一四七 李九齡等爲遵令更造第四區鄉農會簡章暨職員會員清册事致赤峰縣公署呈（1921年9月）

3-1-1634-8(8)

劉彩章
武鳳舉
梅在林
崔雲慶
欒連科
趙懷玉
李書田
劉廷福

## 一四七　李九齡等爲遵令更造第四區鄉農會簡章暨職員會員清册事致赤峰縣公署呈（1921 年 9 月）

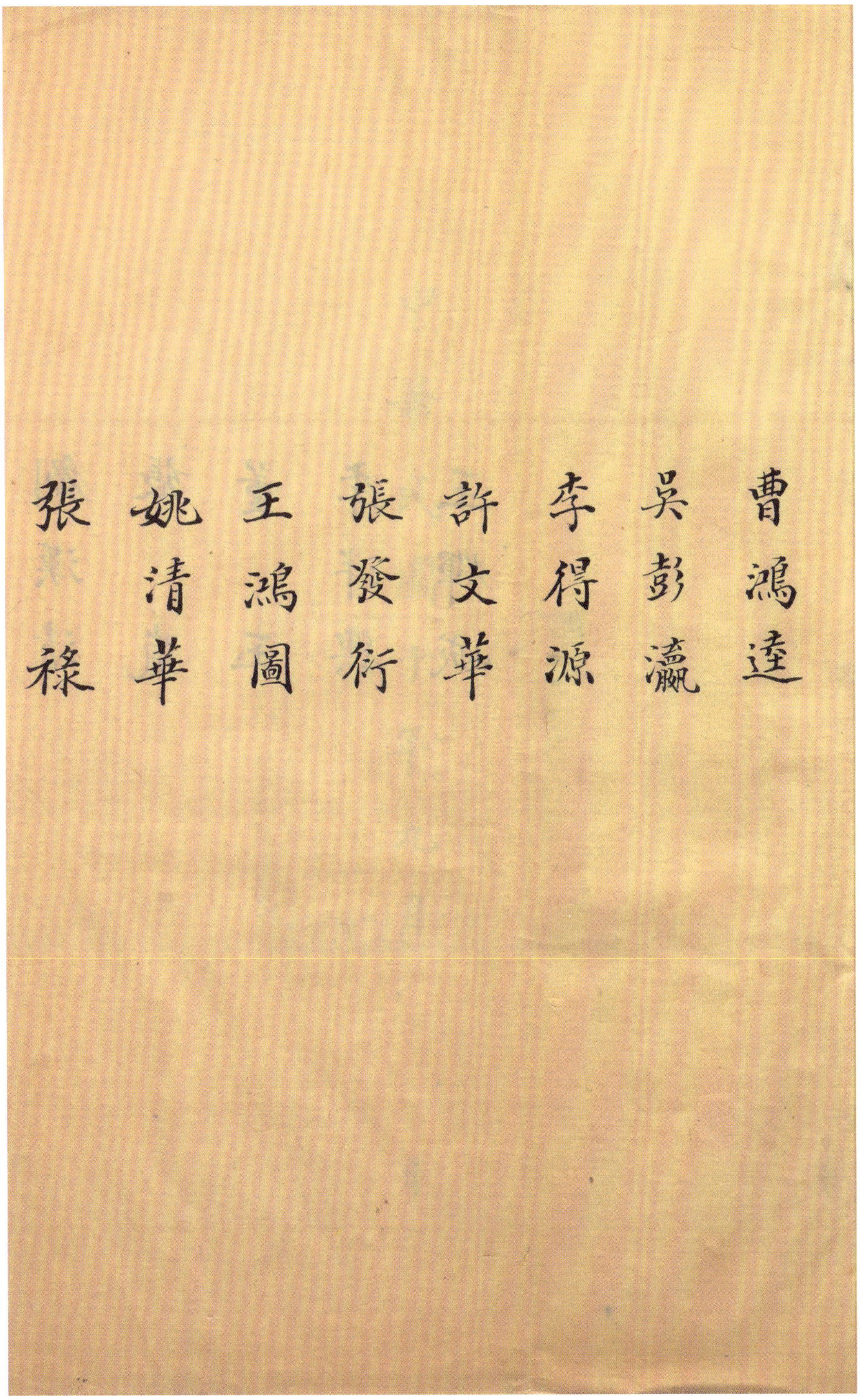

曹鴻逵
吳彭瀛
李得源
許文華
張發衍
王鴻圖
姚清華
張　祿

一四七　李九齡等爲遵令更造第四區鄉農會簡章暨職員會員清册事致赤峰縣公署呈（1921年9月）

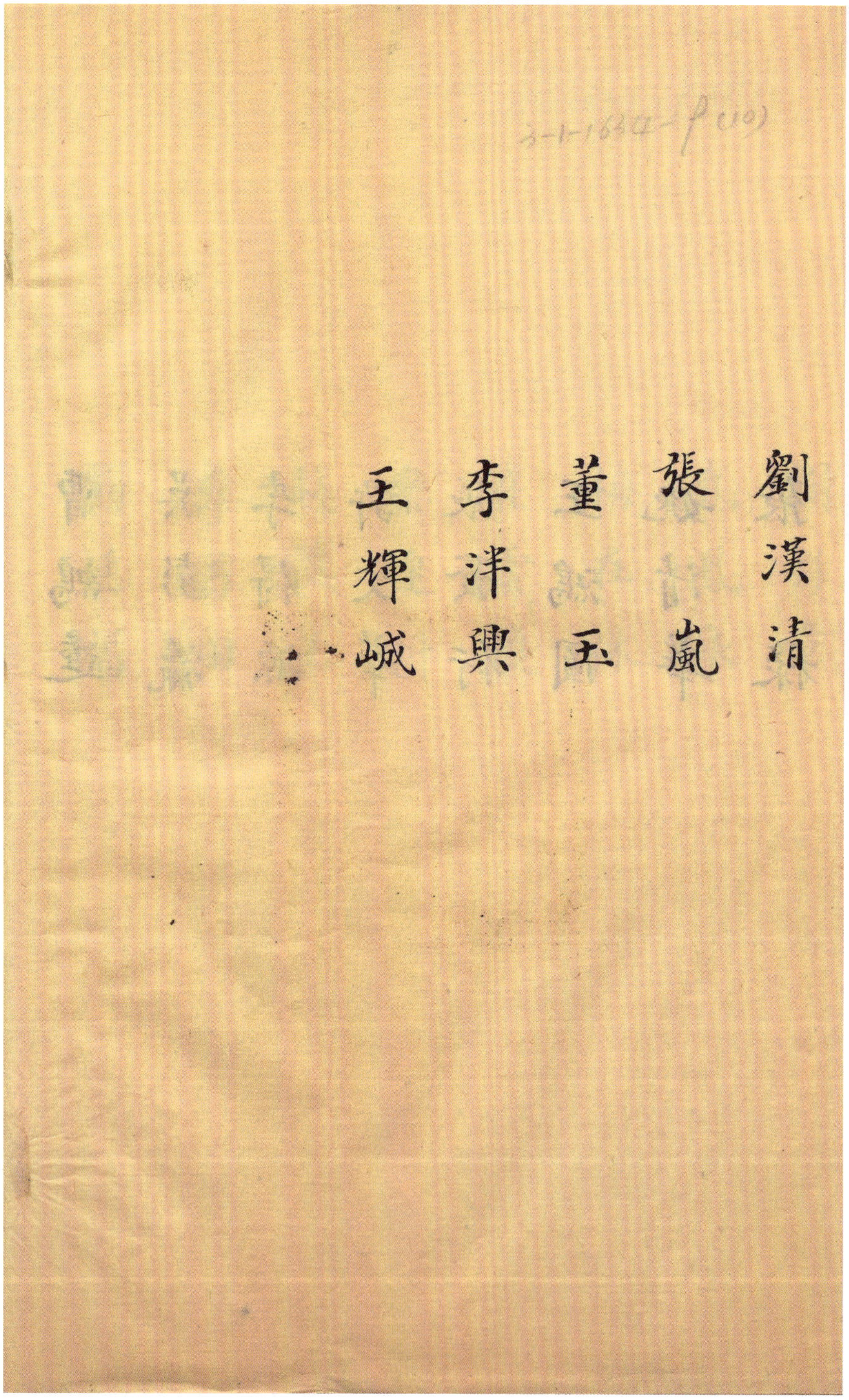
3-1-1630-p(10)

劉漢清
張嵐
董玉
李泮興
王輝峸

一四七　李九齡等爲遵令更造第四區鄉農會簡章暨職員會員清册事致赤峰縣公署呈（1921 年 9 月）

中華民國十年九月　　日

## 一四七 李九齡等爲遵令更造第四區鄉農會簡章暨職員會員清册事致赤峰縣公署呈（1921年9月）

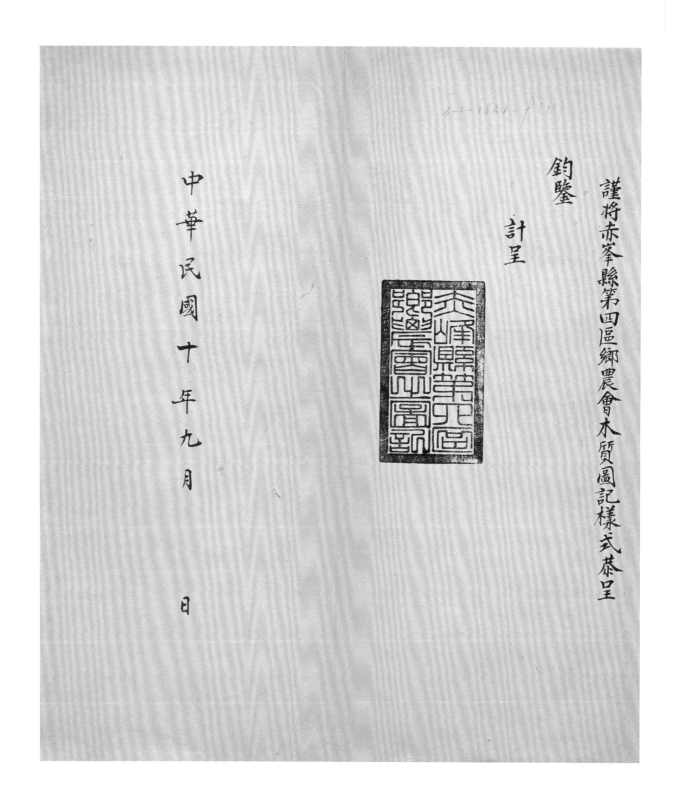

謹將赤峰縣第四區鄉農會木質圖記樣式恭呈

鈞鑒

計呈

中華民國十年九月　日

## 一四八　赤峰縣第四區鄉農會爲呈報開辦日期事致赤峰縣公署呈（1921年9月29日）

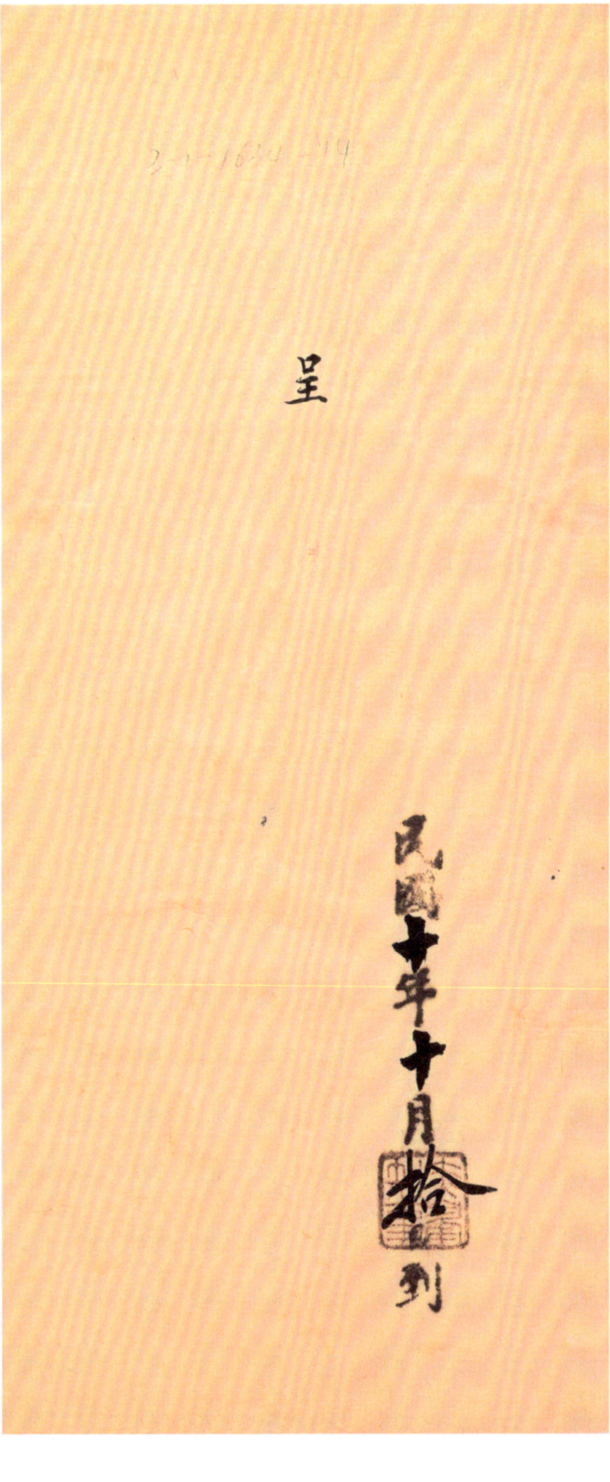

呈

民國十年十月拾

到

## 一四八　赤峰縣第四區鄉農會爲呈報開辦日期事致赤峰縣公署呈（1921年9月29日）

呈為呈報事竊遵照
部章呈請組織鄉農會等情荷蒙
公署核准訓示在案頒給委任圖記各件飭充開辦等因奉此
遵即採擇烏丹城鎮為適中地點創設會所謹擇於九月二
十七日啟用圖記敬謹任事理合將開辦日期備文呈報請
縣長鑒核施行謹呈
赤峰縣縣長王
赤峰縣第四區鄉農會

## 一四八 赤峰縣第四區鄉農會爲呈報開辦日期事致赤峰縣公署呈（1921年9月29日）

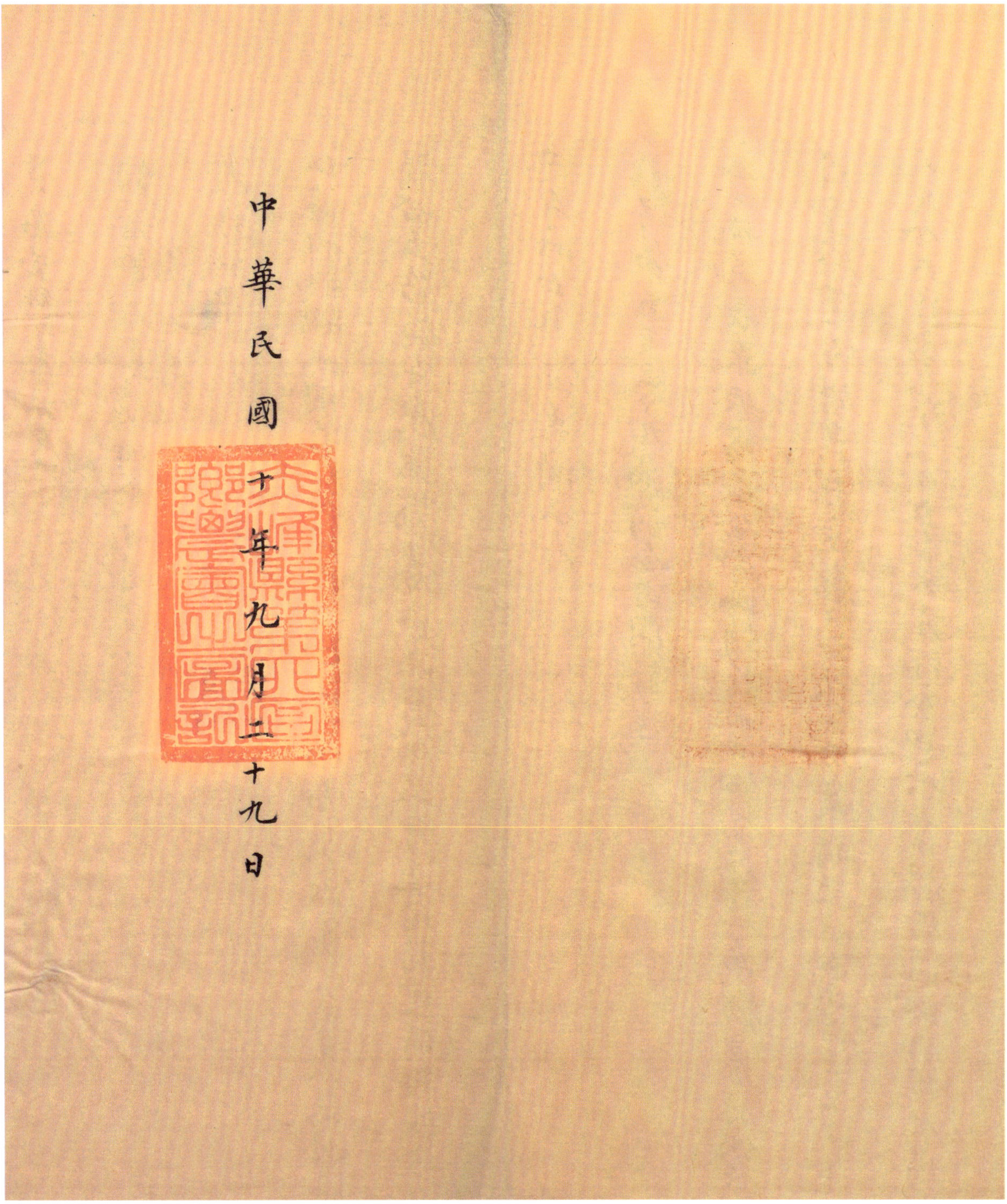
中華民國十年九月二十九日

## 一四九　赤峰縣公署爲呈解江蘇水灾捐款事致熱河道道尹公署呈稿（1921年5月10日）

3-1-417-12

呈爲呈解事。案奉
鈞署第二七七號訓令内開：以奉
都統轉准
江蘇李督軍、齊省長函開：蘇省江南各屬霪雨爲災，爲籌募義賑，附頒
捐册五份，飭即廣爲勸募，如集有成數，即連同捐册一併解繳，等
因，奉此，正在勸募間，又奉
鈞署第五百三十九號訓令内開：轉奉
江蘇省長兼賑務處會辦函頒捐册四份，亦飭趕爲勸募解繳，等
因，奉此，遵即併案趕速勸募，計募集捐款計票洋暨小洋
統共合大洋五十四元零五分六厘，除交由興業銀行匯解外，理合備

一四九　赤峰縣公署爲呈解江蘇水灾捐款事致熱河道道尹公署呈稿（1921年5月10日）

具文批連同捐冊呈解

鈞署核收轉解並請將解批印發批迴備案再所解賑款係併

案勸募所有捐助姓名均填列江蘇水災捐冊內其賑務處捐

冊四份則空未填列合請一併發繳合併聲明謹呈

熱河道道尹戚

計呈解

賑捐大洋五十四元零五分六厘

解批一紙

捐冊九份

代理赤峰縣知事蔣〇〇

一四九 赤峰縣公署爲呈解江蘇水災捐款事致熱河道道尹公署呈稿（1921年5月10日）

十日發

民國十年五月 日

知事蔣

一五〇 熱河道道尹公署爲捐款收訖轉解解批發還事致赤峰縣公署指令（1921年5月21日）

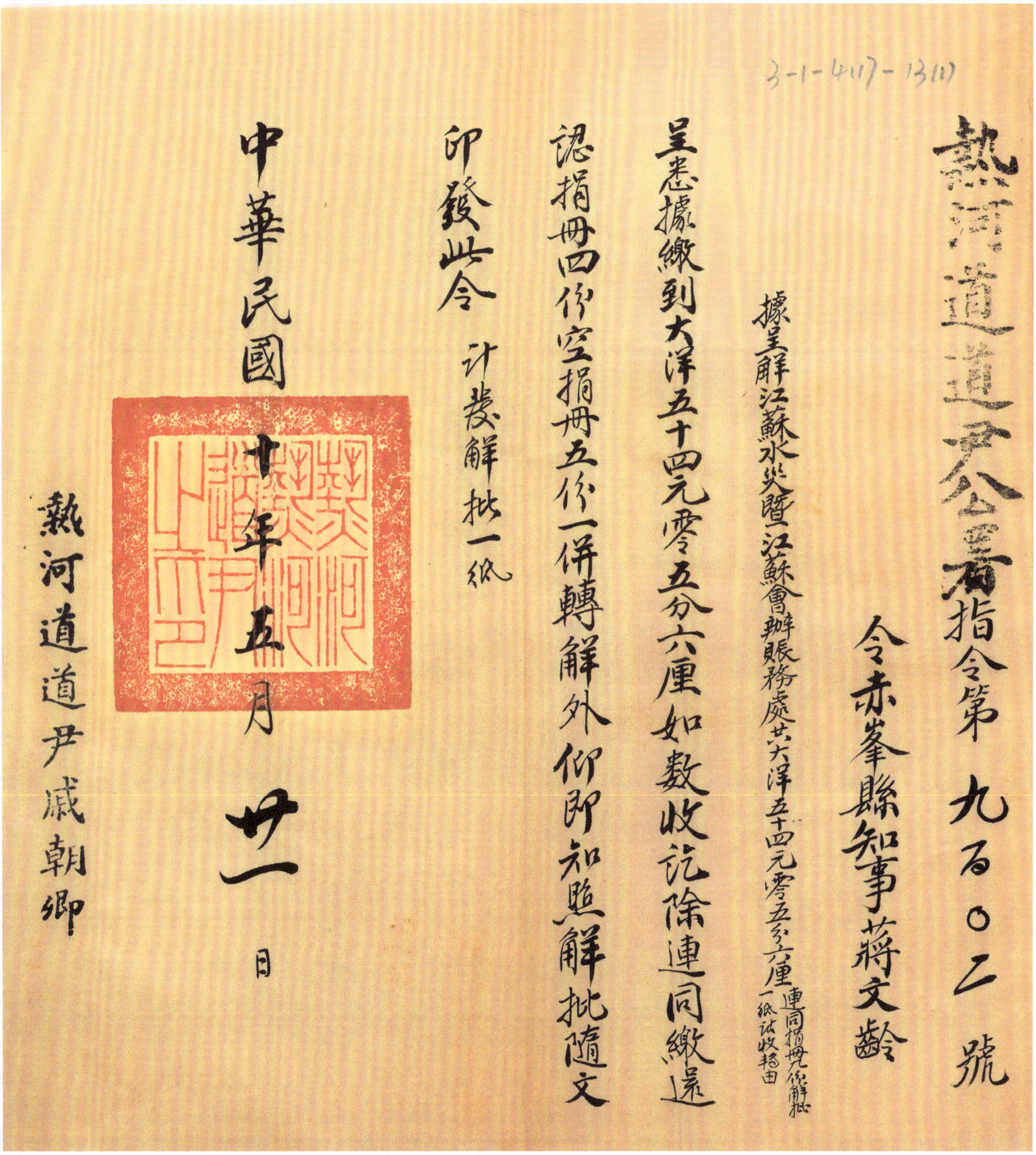

3-1-417-1311

熱河道道尹公署指令第九百〇二號

令赤峯縣知事蔣文龄

據呈解江蘇水災暨江蘇會辦賑務處共大洋五十四元零五分六厘連同捐冊九份解批一紙祈收轉由

呈悉。據繳到大洋五十四元零五分六厘，如數收訖，除連同繳還認捐冊四份、空捐冊五份一併轉解外，仰即知照。解批隨文印發。此令。

計發解批一紙

中華民國十年五月廿一日

熱河道道尹戚朝卿

一五〇 熱河道道尹公署爲捐款收訖轉解解批發還事致赤峰縣公署指令（1921年5月21日）

民國十年五月廿一日到

監印黃嗣書

校對楚麟書

一五〇 熱河道道尹公署爲捐款收訖轉解解批發還事致赤峰縣公署指令（1921 年 5 月 21 日）

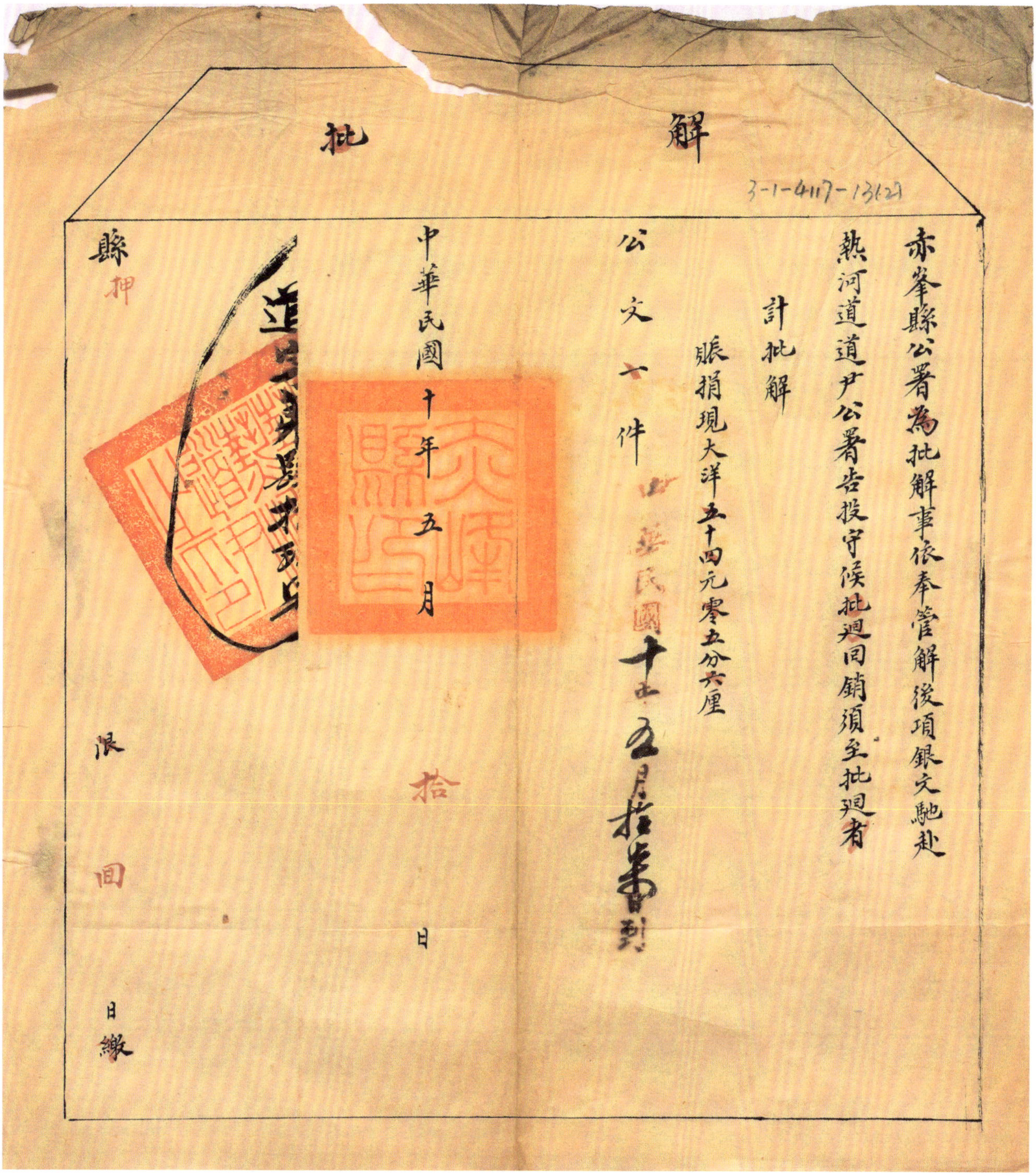

解 批

赤峰縣公署爲批解事依奉管解後項銀文馳赴
熱河道道尹公署告投守候批迴同銷須至批迴者
計批解
賑捐現大洋五十四元零五分六厘
公文一件
中華民國十年五月拾[illegible]日到
中華民國十年五月拾日
縣押
限回日繳

## 一五一　熱河道道尹公署爲抄發教會所設中等學校請求立案辦法仰轉行遵辦事致赤峰縣公署訓令（1921年5月12日）

3-1-3058-1(1-6)

熱河道道尹公署訓令第八百六十號

令赤峯縣知事

為令行事本年四月二十二日奉

都統第三百五十一號訓令内開為令行事本

年四月十三日以准

教育部咨開為咨行事查各國教會在我

國各處所設中等學校甚多熱心興學殊堪

嘉許惟辦法或未盡遵照部章程度遂難

一律且未經本部立案學生畢業後不能與

其他公私立學校學生受同等之待遇滋足

## 一五一 熱河道道尹公署爲抄發教會所設中等學校請求立案辦法仰轉行遵辦事致赤峰縣公署訓令（1921年5月12日）

惜爲茲由本部訂定教會所設中等學校
請求立案辦法六條以資遵守除抄附外相
應咨請轉飭各教會中等學校遵照辦理
此咨附件等因准此除分行外合亟抄錄附
件令仰該道尹通飭各縣知事轉行所屬
地方各教會查照嗣後如設立中等學校務
遵部定辦法辦理此令計抄發附件等因
到道除分行外合亟抄發前項附件令仰該
知事轉行所屬地方各教會查照嗣後如設
立中等學校務遵部定辦法辦理切切此令

## 一五一　熱河道道尹公署爲抄發教會所設中等學校請求立案辦法仰轉行遵辦事致赤峰縣公署訓令（1921年5月12日）

計抄發附件

中華民國十年五月十二日

熱河道道尹戚朝卿

一五一 熱河道道尹公署爲抄發教會所設中等學校請求立案辦法仰轉行遵辦事致赤峰縣公署訓令（1921 年 5 月 12 日）

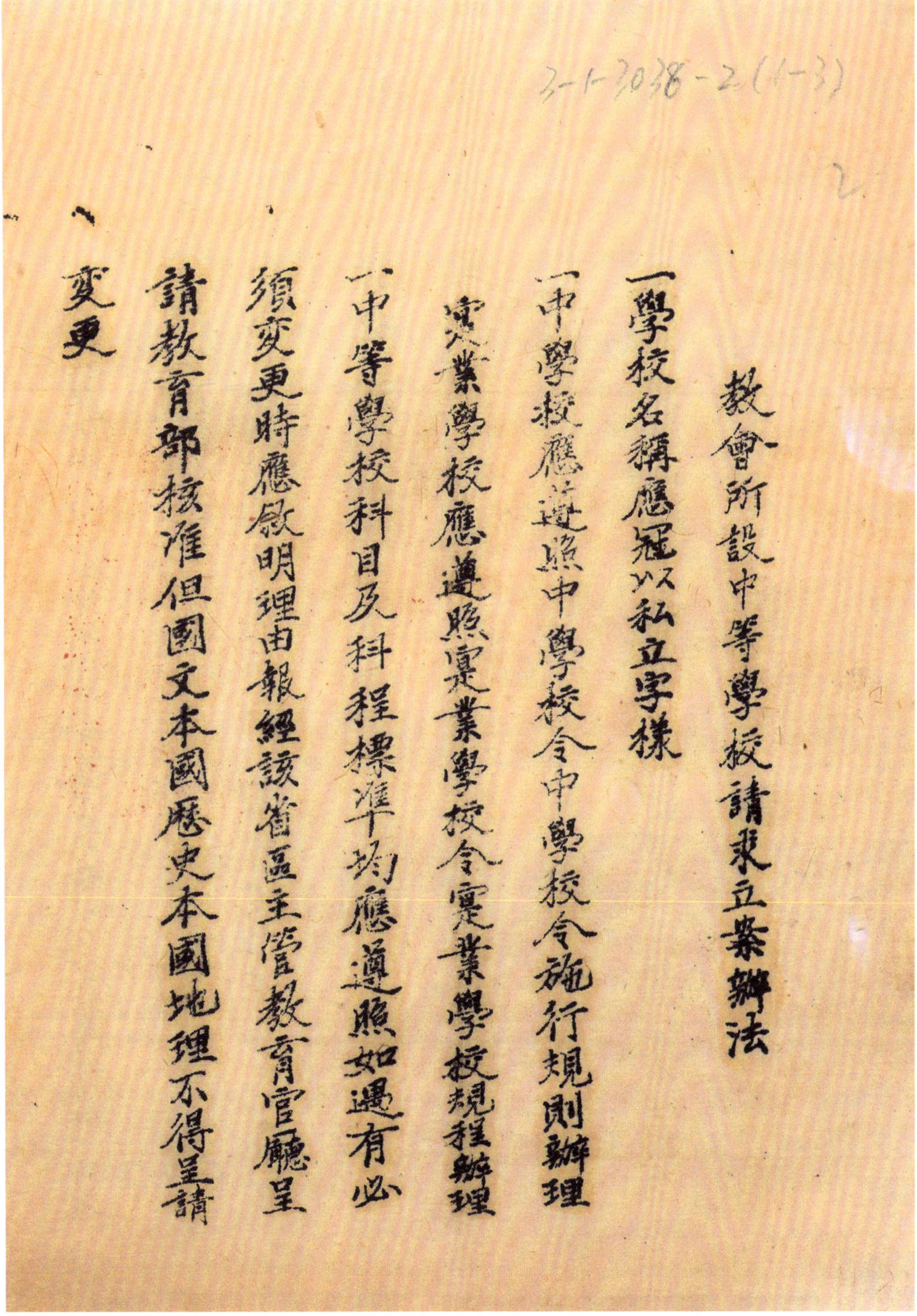

3-1-7038-2(1-3)

2

教會所設中等學校請求立案辦法

一學校名稱應冠以私立字樣

一中學校應遵照中學校令中學校令施行規則辦理

實業學校應遵照實業學校令實業學校規程辦理

一中等學校科目及科程標準均應遵照如遇有必須變更時應敘明理由報經該管區主管教育官廳呈請教育部核准但國文本國歷史本國地理不得呈請變更

## 一五一 熱河道道尹公署爲抄發教會所設中等學校請求立案辦法仰轉行遵辦事致赤峰縣公署訓令（1921年5月12日）

一關於學科内容及教授方法不得含有傳教性質
一對於校内學生無論信教與否應予以同等待遇
一違反以上各條者概不准予立案即已經立案如有中途變更者得將立案取消

一五二　熱河全區警務處爲嚴飭所屬警隊加緊堵擊聽候調遣協助軍隊剿匪事致赤峰縣公署訓令（1921 年 10 月 5 日）

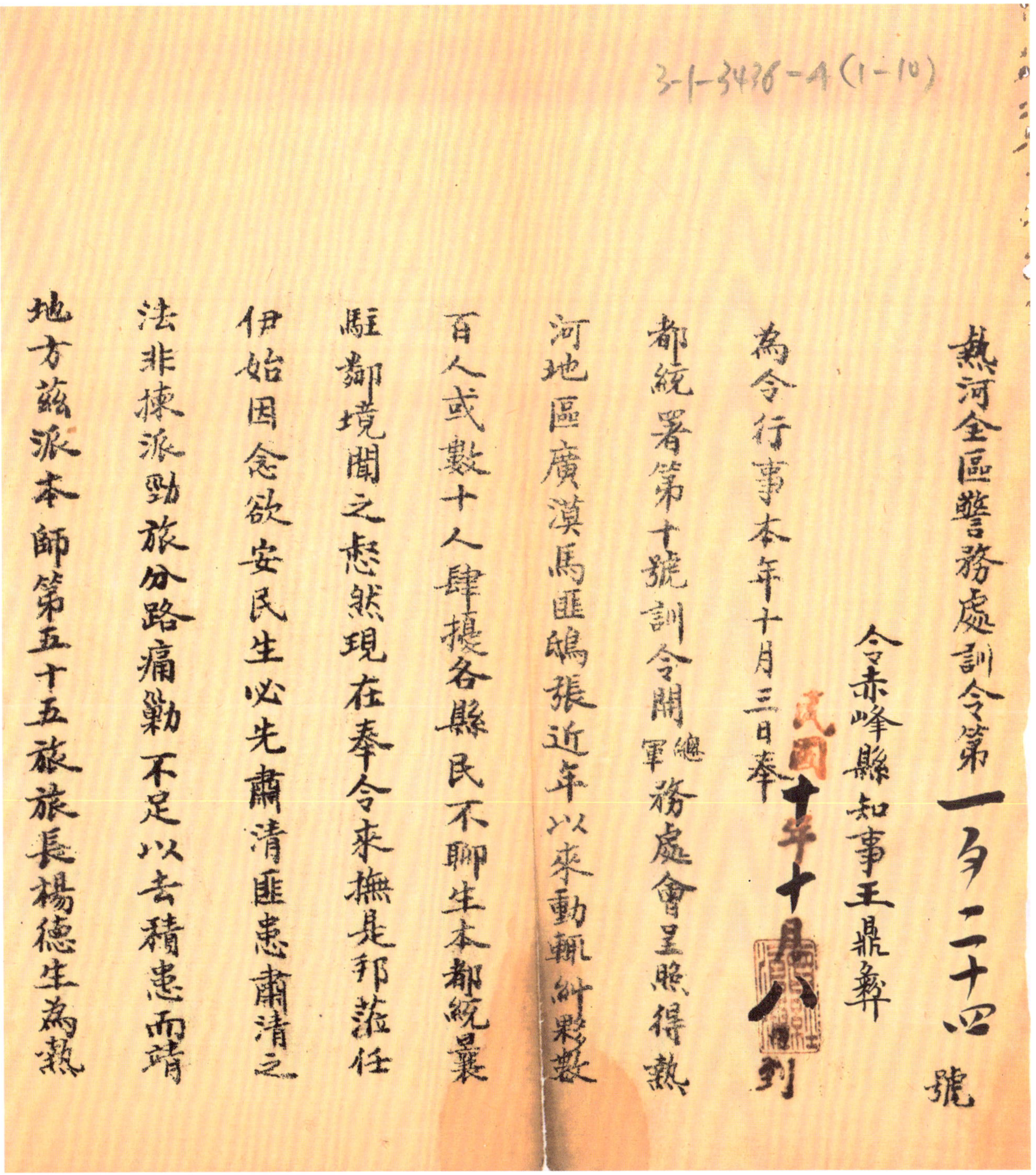
3-1-3436-4(1-10)

熱河全區警務處訓令第一千二十四號

令赤峰縣知事王鼎彝

為令行事本年十月三日奉

都統署第十號訓令開總軍務處會呈照得熱河地區廣漠馬匪鴟張近年以來動輒糾夥數百人或數十人肆擾各縣民不聊生本都統曩駐鄰境聞之慼然現在奉令來撫是邦蒞任伊始因念欲安民生必先肅清匪患肅清之法非揀派勁旅分路痛勦不足以去積患而靖地方茲派本師第五十五旅旅長楊德生為熱

民國十年十月八日到

## 一五二 熱河全區警務處爲嚴飭所屬警隊加緊堵擊聽候調遣協助軍隊剿匪事致赤峰縣公署訓令（1921 年 10 月 5 日）

屬勦匪總司令督帶騎兵四營擔任肅清建
凌平泉各縣盜匪本師騎兵團長鍾萬福為
熱屬西路勦匪副司令督帶騎兵三營擔任
肅清赤圍林經各縣盜匪本師礮兵團長史
魁元為熱屬東路勦匪副司令督帶騎兵兩
營擔任肅清阜新綏東各縣盜匪朝陽縣
境盜匪專由殷鎮守使督飭警備隊勦務
盡各該司令所至地方得隨時調遣附近駐
紮軍警各縣知事並應飭各該縣預備巡警
一體堵擊聽候各司令調遣指揮其西路副

## 一五二 熱河全區警務處爲嚴飭所屬警隊加緊堵擊聽候調遣協助軍隊剿匪事致赤峰縣公署訓令（1921年10月5日）

司令亦聽總司令調遣其餘未經調遣仍
駐原防各隊均應一體防擊掃清匪患所有
出發軍隊經過之處均應恪守紀律需用
民間物品一律照市價給付不得稍有騷擾
除分行並另發布告飭縣張貼外合亟令仰
該處長立即分飭所屬一體遵照此令等因
奉此查此次分路派勦各該縣均應仰體
憲帥救民水火一勞永逸之德意務各嚴飭所
屬警隊加緊堵擊聽候調遣指揮即無匪患各
縣亦應飭警一體嚴堵以防逸匪竄逃除分

## 一五二　熱河全區警務處爲嚴飭所屬警隊加緊堵擊聽候調遣協助軍隊剿匪事致赤峰縣公署訓令（1921年10月5日）

行外合亟令仰該知事轉飭警察所一體遵

照此令

中華民國十年十月五日

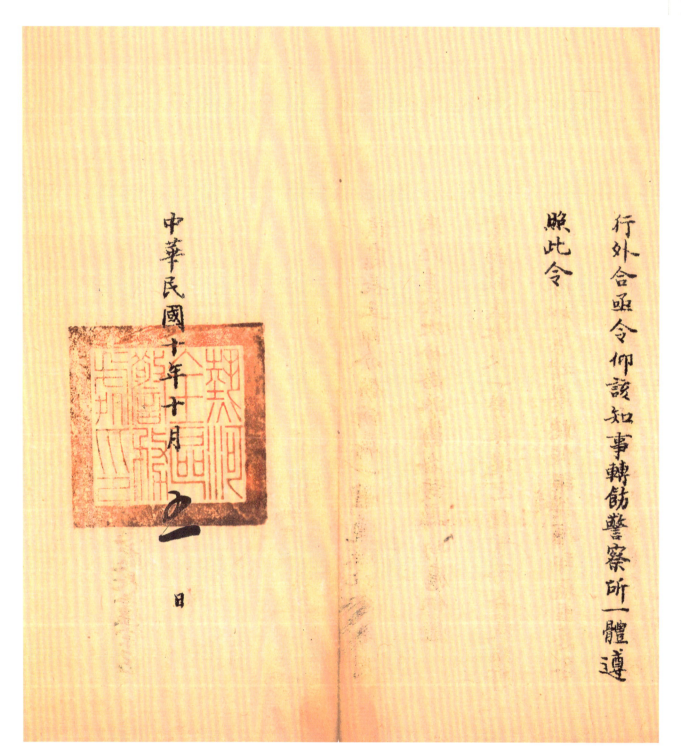

一五二　熱河全區警務處爲嚴飭所屬警隊加緊堵擊聽候調遣協助軍隊剿匪事致赤峰縣公署訓令（1921 年 10 月 5 日）

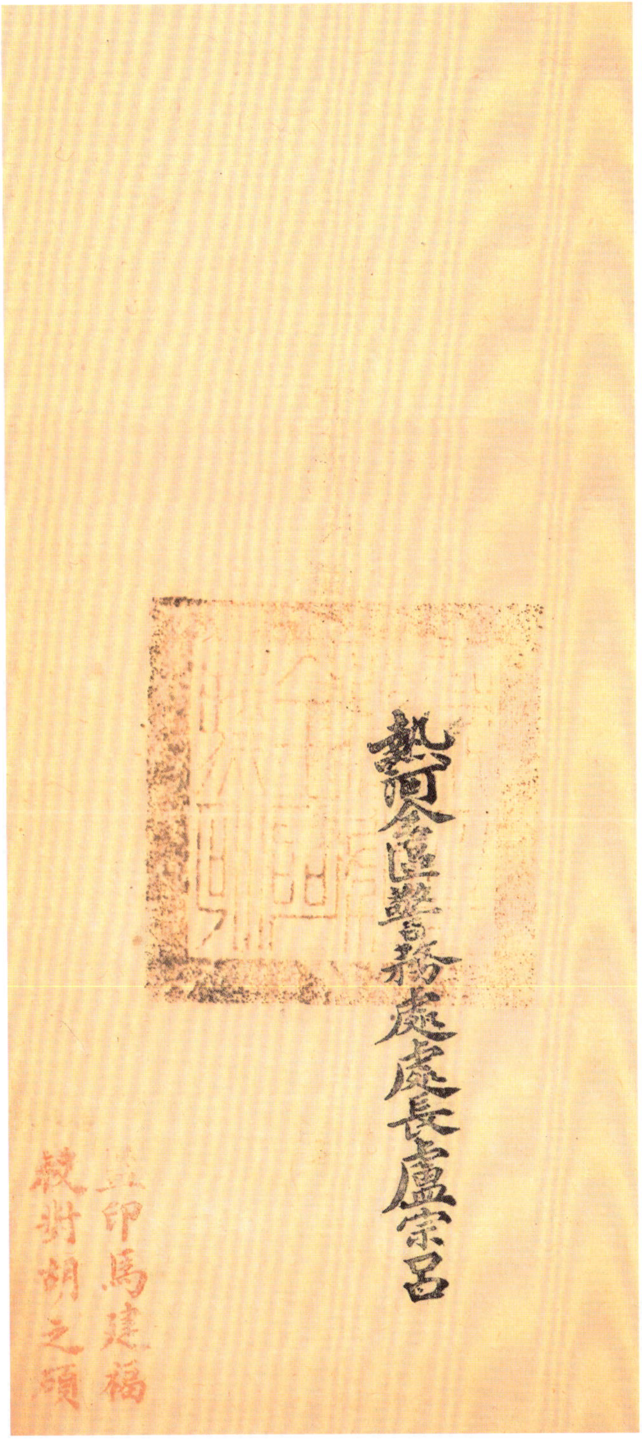

一五三　西路剿匪司令鍾萬福爲通知縣警協助剿匪并選派嚮導事致赤峰縣公署公函（1921 年 10 月 12 日）

一五三　西路剿匪司令鍾萬福爲通知縣警協助剿匪并選派嚮導事致赤峰縣公署公函（1921 年 10 月 12 日）

逕啟者案以本團長現奉
都帥委任為西路剿匪司令擔負肅清赤圍林經
各縣盜匪任務所有陸防及地方警察預警各隊自
應協力援助以靖地方本司令刻已督帶所部各營
陸續到赤尅日分路出發為此函請
貴公署希通知所屬警察預警各隊協剿防堵以
免此擊彼竄並揀選武力精強之警察隊百人以作
本隊嚮導預備整齊聽候調遣務靖匪氛而清地面
至紉公誼此致
赤峰縣知事公署

## 一五三 西路剿匪司令鍾萬福爲通知縣警協助剿匪并選派嚮導事致赤峰縣公署公函（1921年10月12日）

西路勦匪司令鍾萬福

中華民國十年十月十二日

## 一五四 赤峰縣警察所爲呈覆選派嚮導暨調集警隊協助剿匪情形事致赤峰縣公署呈（1921年10月12日）

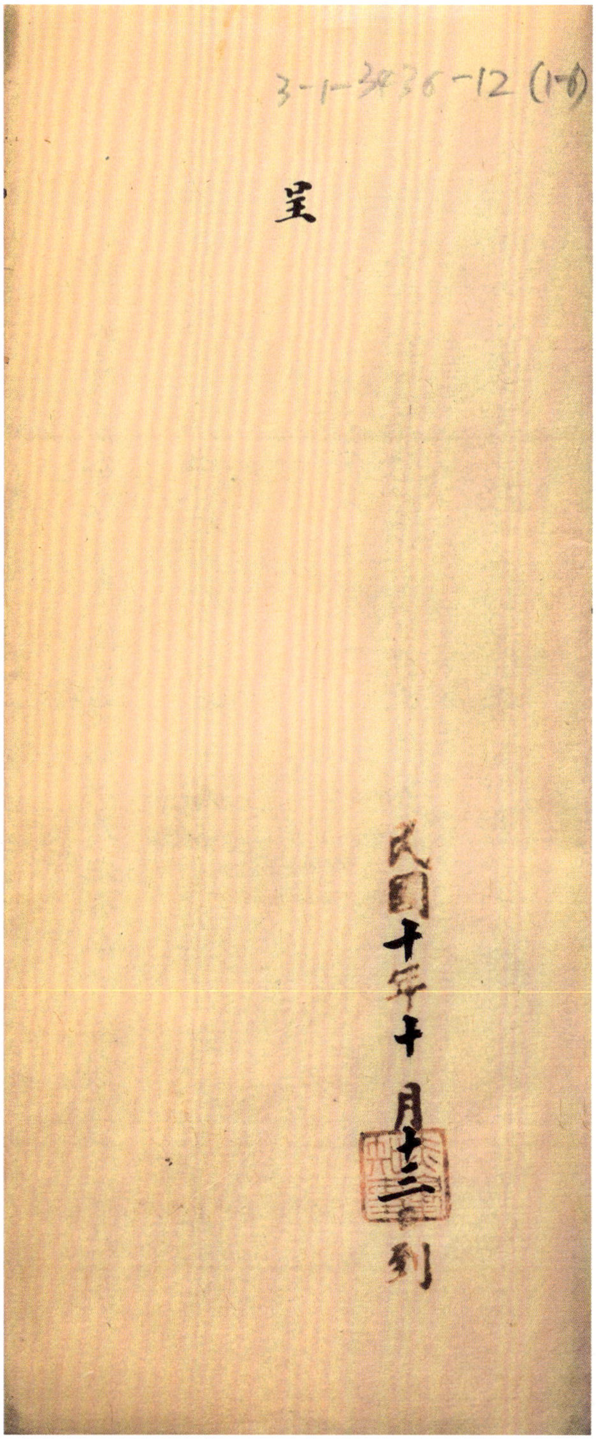
3-1-3436-12(1-1)

呈

民國十年十月十二日到

## 一五四 赤峰縣警察所爲呈覆選派嚮導暨調集警隊協助剿匪情形事致赤峰縣公署呈（1921年10月12日）

呈為呈覆事案奉

鈞署訓令內開為令行事案准西路勦匪司令函開逕啟者案以本團長現奉

都帥委任為西路勦匪司令擔負肅清赤圍林經各縣盜匪任務所有陸防及

地方警察預警各隊自應協力援助以靖地方本司令刻已督帶所部各營陸

續到赤尅日分路出發為此函請貴公署希通知所屬警察預警各隊協勦防堵

以免此擊彼竄并揀選武力精强之警察隊百人以作本隊嚮導預備整齊聽候調

遣務靖匪氛而清地面至紉公誼等因准此合亟令仰該所長迅速飭令所屬各區警

察及預備各警一體遵照嚴整防務協力堵擊併揀選幹警百人以作嚮導而便進勦切

切此令等因奉此所長遵即分令三隊趕緊來赤以作嚮導並令五區預警協勦防堵以

免此擊彼竄惟第三隊駐紮烏丹距街一百八十里此選第四隊駐紮大廟距街一百四十

## 一五四　赤峰縣警察所爲呈覆選派嚮導暨調集警隊協助剿匪情形事致赤峰縣公署呈（1921年10月12日）

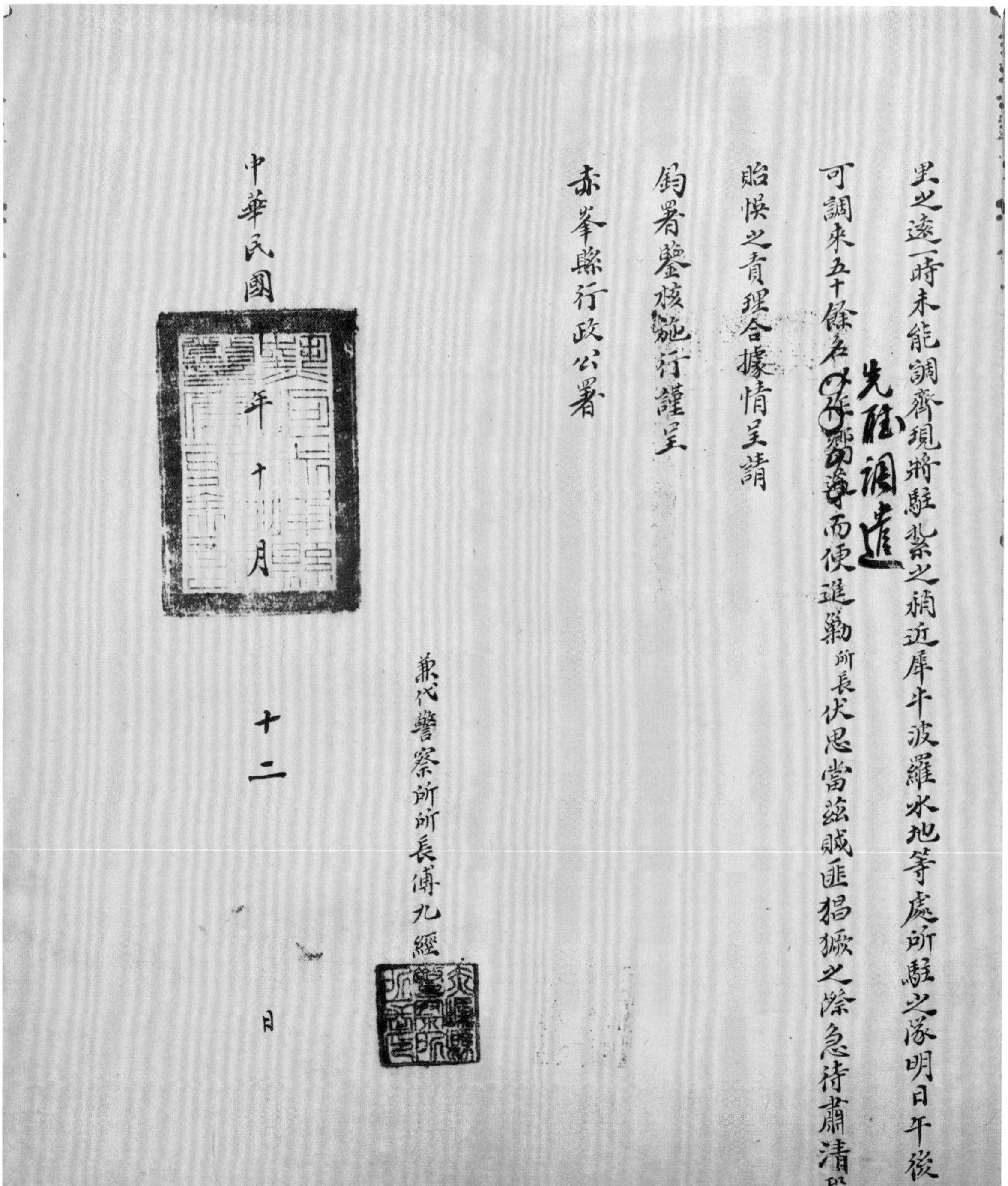
畀之遠一時未能調齊現將駐紮之梢近犀牛波羅水地等處所駐之隊明日午後尚
可調來五十餘名以隨鄉導先隨調遣而便進剿所長伏思當茲賊匪猖獗之際急待肅清恐負
貽悞之責理合據情呈請
鈞署鑒核施行謹呈
赤峰縣行政公署
兼代警察所所長傅九經
中華民國十年十月十二日

## 一五五　熱河都統公署爲限期將銀錢商號發行之私帖角票一律完全收清事致赤峰縣公署訓令（1921年10月22日）

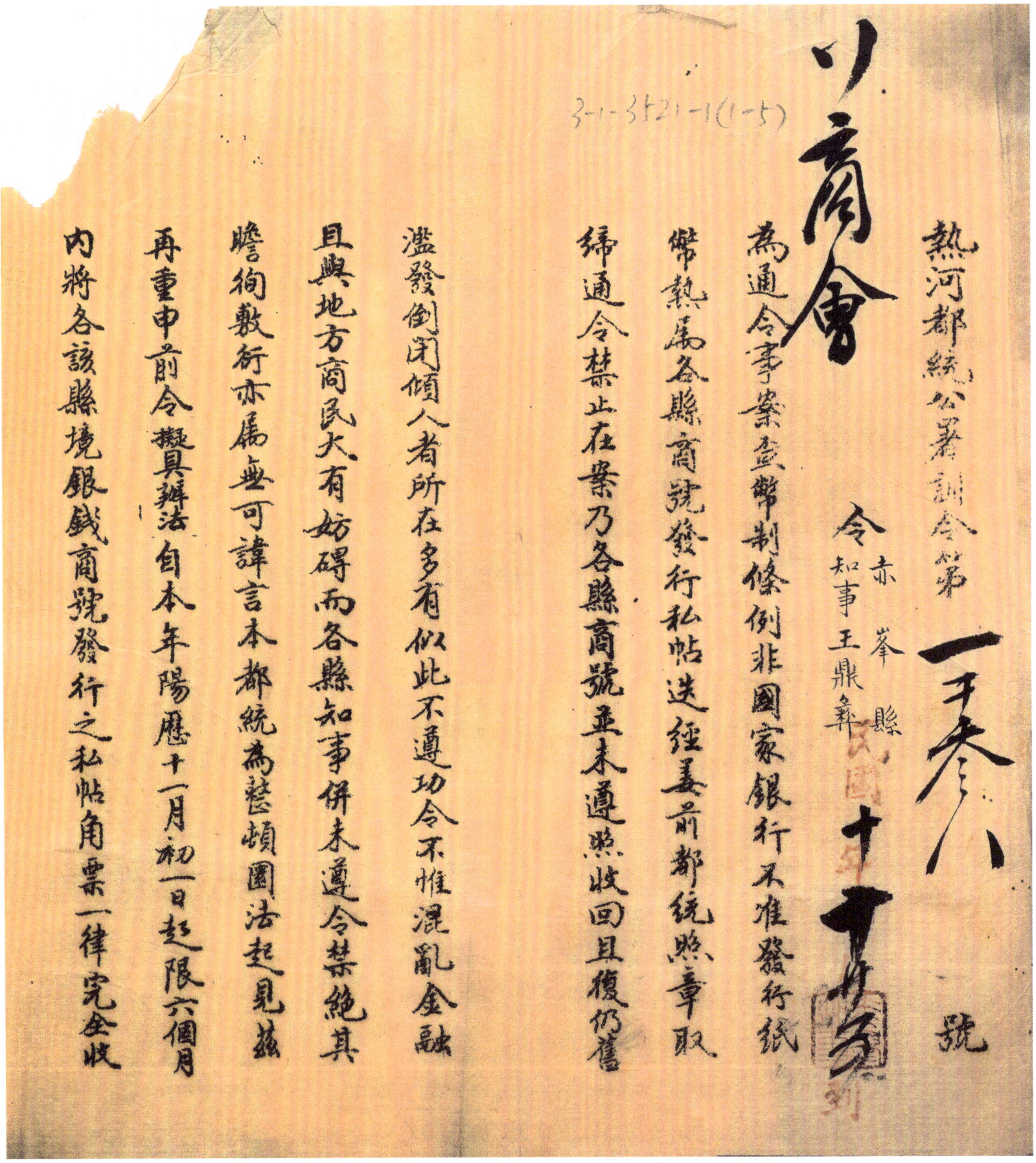

熱河都統公署訓令第一千叁八號

令赤峰縣知事王鼎彝

為通令事案查幣制條例非國家銀行不准發行紙幣熱屬各縣商號發行私帖迭經姜前都統照章取締通令禁止在案乃各縣商號並未遵照收回且復仍舊濫發倒閉傾人者所在多有似此不遵功令不惟混亂金融且與地方商民大有妨碍而各縣知事併未遵令禁絕其瞻徇敷衍亦屬無可諱言本都統為整頓圜法起見茲再重申前令擬具辦法自本年陽曆十一月初一日起限六個月內將各該縣境銀錢商號發行之私帖角票一律完全收

一五五　熱河都統公署爲限期將銀錢商號發行之私帖角票一律完全收清事致赤峰縣公署訓令（1921 年 10 月 22 日）

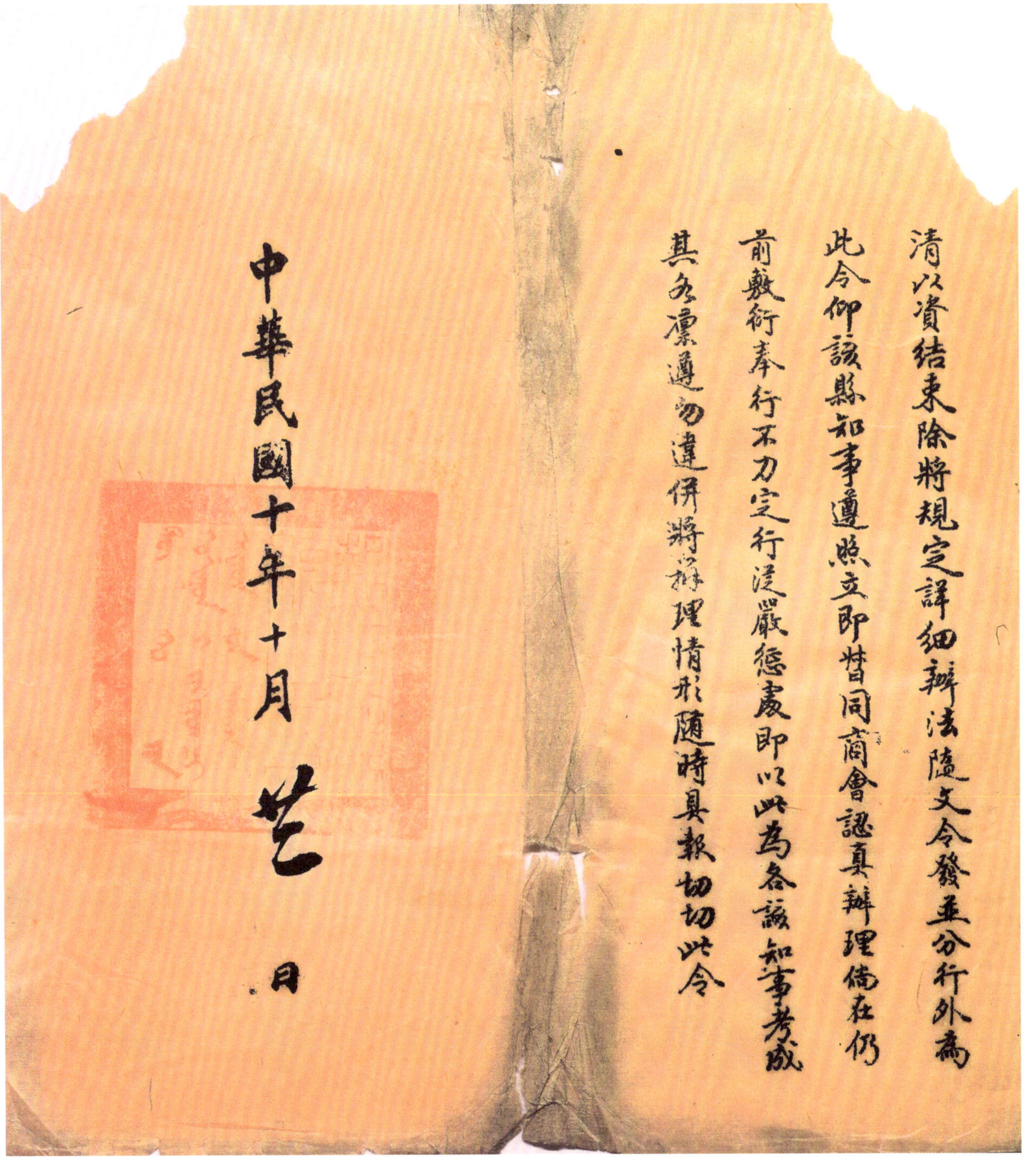
清以資结束除將規定詳細辦法隨文令發並分行外爲
此令仰該縣知事遵照立即督同商會認真辦理倘在仍
前敷衍奉行不力定行從嚴懲處即以此爲各該知事考成
其各凜遵勿違併將辦理情形隨時具報切切此令

中華民國十年十月廿二日

一五五　熱河都統公署爲限期將銀錢商號發行之私帖角票一律完全收清事致赤峰縣公署訓令（1921年10月22日）

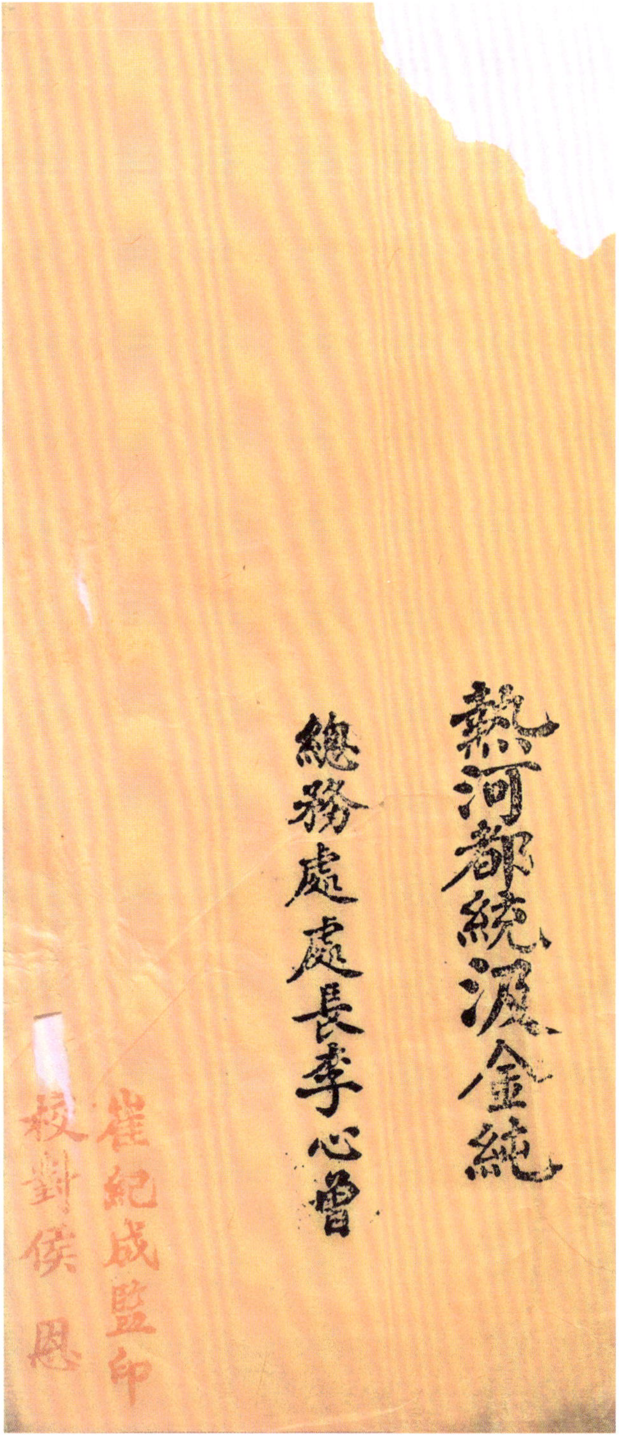

熱河都統汲金純
總務處處長李心曾
崔紀成監印
校對侯恩

## 一五六 赤峰縣商會爲造送全境商號發行私帖數目清摺事致赤峰縣公署公函（1921 年 12 月 3 日）

3-1-3521-18(87-94)

公函

## 一五六　赤峰縣商會爲造送全境商號發行私帖數目清摺事致赤峰縣公署公函（1921 年 12 月 3 日）

赤峰商會公函

逕啟者案准

貴公署函開案奉

都統公署第一千零八號訓令內開為通令事案查幣制條例非國家銀行不准發行紙幣熱屬各縣商號發行私帖迭經姜前

都統照章取締通令禁止在案乃各縣商號並未遵照收回且復仍舊濫發倒閉傾人者所在多有似此不遵功令不惟混亂金融且於地方商民大有妨碍而各縣知事併未遵令禁絕其瞻徇敷衍亦屬無可諱言本都統為整頓圜法起見茲再重申前令擬具辦法自本年陽歷十一月初一日起限六個月內將各該縣境銀錢

一五六　赤峰縣商會爲造送全境商號發行私帖數目清摺事致赤峰縣公署公函（1921年12月3日）

商號發行之私帖角票一律完全收清以資結束除將規定詳細辦法隨文令發并分行外爲此令仰該縣知事遵照立即督同商會認真辦理倘在仍前敷衍奉行不力定行從嚴懲處即以此爲各該知事考成其各凜遵勿違併將辦理情形隨時具報切切此令附發辦法一紙等因奉此相應抄錄辦法函請貴會查照辦理并分飭烏丹各分會一體照辦仍希先將境內發行紙幣商號若干家某家共發行某種紙幣若干詳細查明於二十日內函覆來署以便轉呈併將辦理情形隨時函報是所至盼此致計函送私帖辦法一紙等因准此查赤街發行紙幣者有蔚興永敬和裕廣億永三義亨四家除將詳查各家發行紙幣數目另開清摺並分函

一五六　赤峰縣商會爲造送全境商號發行私帖數目清摺事致赤峰縣公署公函（1921 年 12 月 3 日）

烏丹商會照辦外所有調查數目擬合函報
貴公署查核轉報實紉公誼此致
赤峰縣行政公署
計函送
清摺一紙
會長劉廣順
劉廣順印
副會長張文齡
張文齡印
中華民國十年十二月三日
熱河赤峰縣商會鈐記

# 一五六 赤峰縣商會爲造送全境商號發行私帖數目清摺事致赤峰縣公署公函（1921年12月3日）

作稿底

3-1-3521-70（303-319）

## 赤峯縣全境商號發行私帖調查表

| 地名 | 商號名稱 | 私帖種類 | 總數 |
| --- | --- | --- | --- |
| 本城 | 廣億永 | 銅元票 | 六萬一千六百元 |
| | 三義亨 | 同元票 | 六萬一千二百元 |
| | 敬和裕 | 銅元票 | 六萬四千元 |
| | 蔚興永 | 小洋票 | 二千五百元 |
| | | 銅元票 | 六百八十萬枚 |
| | | 錢票 | 折同元十五萬枚 |
| 烏丹城 | 聚發號 | 角票 | 九百五十元 |
| | 三和興 | 角票 | 二百一十四元 |
| | 德利興 | 憑帖 | 二千五百一十吊 |
| | 福元德 | 憑帖 | 四百一十四吊五百文 |
| | 瑞成祥 | 憑帖 | 三千吊 |
| | | 角票 | 五千元 |
| | 郎蓀局 | 角票 | 三百元 |
| | 祥成棧 | 憑帖 | 五貳百四十二吊文 |

一五六 赤峰縣商會爲造送全境商號發行私帖數目清摺事致赤峰縣公署公函（1921年12月3日）

| | | |
|---|---|---|
| 福盛染 | 憑帖 | 一萬四千吊 |
| | 角票 | 三千元 |
| 福義增 | 憑帖 | 九千吊 |
| | 角票 | 二千四百元 |
| 福陞德 | 憑帖 | 六千吊 |
| | 角票 | 三千五百元 |
| 福慶隆 | 憑帖 | 二仟四百吊 |
| | 角票 | 六千元 |
| 福聚和 | 憑帖 | 二千吊 |
| | 角票 | 一千三百元 |
| 會源發 | 憑帖 | 三千六百吊 |
| | 角票 | 三千五百元 |
| 德順長 | 憑帖 | 四千二百吊 |
| | 角票 | 一千六百元 |
| 聚德永 | 憑帖 | 三十四千吊 |
| 成發永 | 角票 | 一千三百元 |

一五六　赤峰縣商會爲造送全境商號發行私帖數目清摺事致赤峰縣公署公函（1921年12月3日）

| | | |
|---|---|---|
| 永順成店 | 錢帖 | 九千吊 |
| | 角票 | 三千五百元 |
| 德興太 | 憑帖 | 一萬吊 |
| | 角票 | 三千九百九十元 |
| 榮發合 | 憑帖 | 叁千八百吊 |
| | 角票 | 弍千七百元 |
| 福盛成 | 憑帖 | 四千四百五十吊 |
| | 角票 | 四千八百五十元 |
| 永德成 | 角票 | 二千二百五十九元九角 |
| 吉慶昌 | 憑帖 | 三千六百吊 |
| | 角票 | 弍千元 |
| 益成號 | 憑帖 | 六千五百吊 |
| | 角票 | 一千元 |
| 福德成 | 角票 | 三千元 |
| 福盛和 | 憑帖 | 八千五百吊 |
| | 角票 | 三千元 |

一五六　赤峰縣商會爲造送全境商號發行私帖數目清摺事致赤峰縣公署公函（1921年12月3日）

| | | |
|---|---|---|
| 福德慶湡 | 帖 | 二百六十吊 |
| 角 | 票 | 九百元 |
| 德陞合湡 | 帖 | 九百五十吊 |
| 三義棧湡 | 帖 | 二千七百六十八吊 |
| 角 | 票 | 二千元 |
| 永德昌湡 | 帖 | 一百八十二吊二百文 |
| 利升祥角 | 票 | 叁千五百元 |
| 永盛梁湡 | 帖 | 九千五百吊 |
| 角 | 票 | 三千元 |
| 瑞盛永湡 | 帖 | 二千二百吊 |
| 益合成湡 | 帖 | 五千吊 |
| 角 | 票 | 二千元 |
| 榮增德湡 | 帖 | 一千五百卅吊 |
| 榮陞号湡 | 帖 | 一千五百吊 |
| 角 | 票 | 一千元 |
| 三合永湡 | 帖 | 八千二百吊 |

一五六 赤峰縣商會爲造送全境商號發行私帖數目清摺事致赤峰縣公署公函（1921年12月3日）

角票一千八百元

福盛合 凴帖 二百吊

蔚盛和 凴帖 二千吊

角票 一千五百元

福興隆 凴帖 三千七百五十吊

角票 四十元

德盛永 角票 一千五百元

福源玉 角票 一百卅三元

益和泉 凴帖 一千五百五十吊

聚升染 凴帖 三百八十五吊

同 元票 一千〇七十五元

角票 二千二百五十元

公主陵納大廟

增慶成 小洋票 四百卅元

義興成 小洋票 五百九十元

萬順和 小洋票 二十五元五角

德益合 小洋票 五百五十元

## 一五六　赤峰縣商會爲造送全境商號發行私帖數目清摺事致赤峰縣公署公函（1921年12月3日）

恒豫號　小洋　票　三百四十五元
玉和永　小洋　票　二百九十元
佐盛堂　小洋　票　二十一元五角
聚佐興　小洋　票　六百四十元
永德成　小洋　票　八百四十元
榮慶德　小洋　票　五百零九元
亨太棧　小洋　票　卅三元八角
義生堂　小洋　票　四十八元六角
慶祥號　小洋　票　五百卅元
福厚長　小洋　票　八十元
益昇東　小洋　票　五百元
源遠東　小洋　票　一千八百零一元四角
洪生長　小洋　票　一千二百四十五元
義和恒　小洋　票　七十元
德義興　小洋　票　一百四十元

公主陵約
扎兰營子

福和成　小洋　票　一千八百四十元

一五六　赤峰縣商會爲造送全境商號發行私帖數目清摺事致赤峰縣公署公函（1921 年 12 月 3 日）

廣順祥　小洋票　一千七百四十元

招蘇約　三億永　小洋票　二千弍百元

聚清隆　少洋票　一千一百元

公家地約　永和佳　小洋票　四千五百廿五元

天增泉　小洋票　五百元

步屯约　啟昌源　角票　二萬元

志遠堂　錢角票　三千元

公家地約　聚興隆　錢帖　五百七十六吊

角票　四百五十六元

廣億公　私帖　一千七百五十吊五百文

角票　一百八十四元六角

泰合昌　私帖　二千五百吊

角票　一萬一千六百三十二元

翁牛特旗约　益慶昌　角票　一千五百元

聚昌隆　角票　七百四十元

廣億永　角票　四十元

一五六 赤峰縣商會爲造送全境商號發行私帖數目清摺事致赤峰縣公署公函（1921年12月3日）

協和裕 角票九百元

義成祥 角票二百八十七元

聚盛昌 角票五十元

廣順興 角票四十一元

聚順永 角票十五元

廣億棧 角票一百五十元

公主陵仍 三億興 角票二百元

廣義和 角票一千四百八十七元

說明

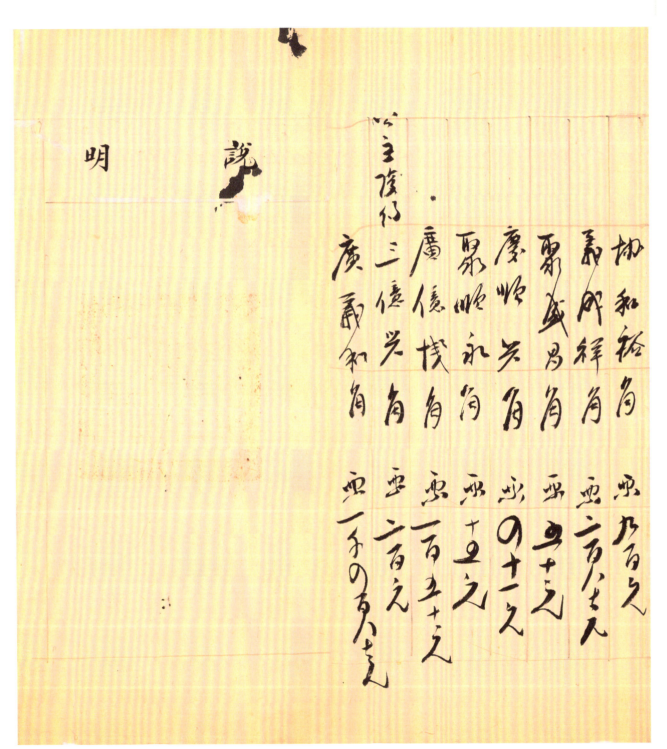

一五六　赤峰縣商會爲造送全境商號發行私帖數目清摺事致赤峰縣公署公函（1921 年 12 月 3 日）

中華民國十年十二月　　日

一五七　敬和裕執事人龐遇春等爲統限十一年四月底將私帖掃數收清繳銷事致赤峰縣公署限狀（1921年12月）

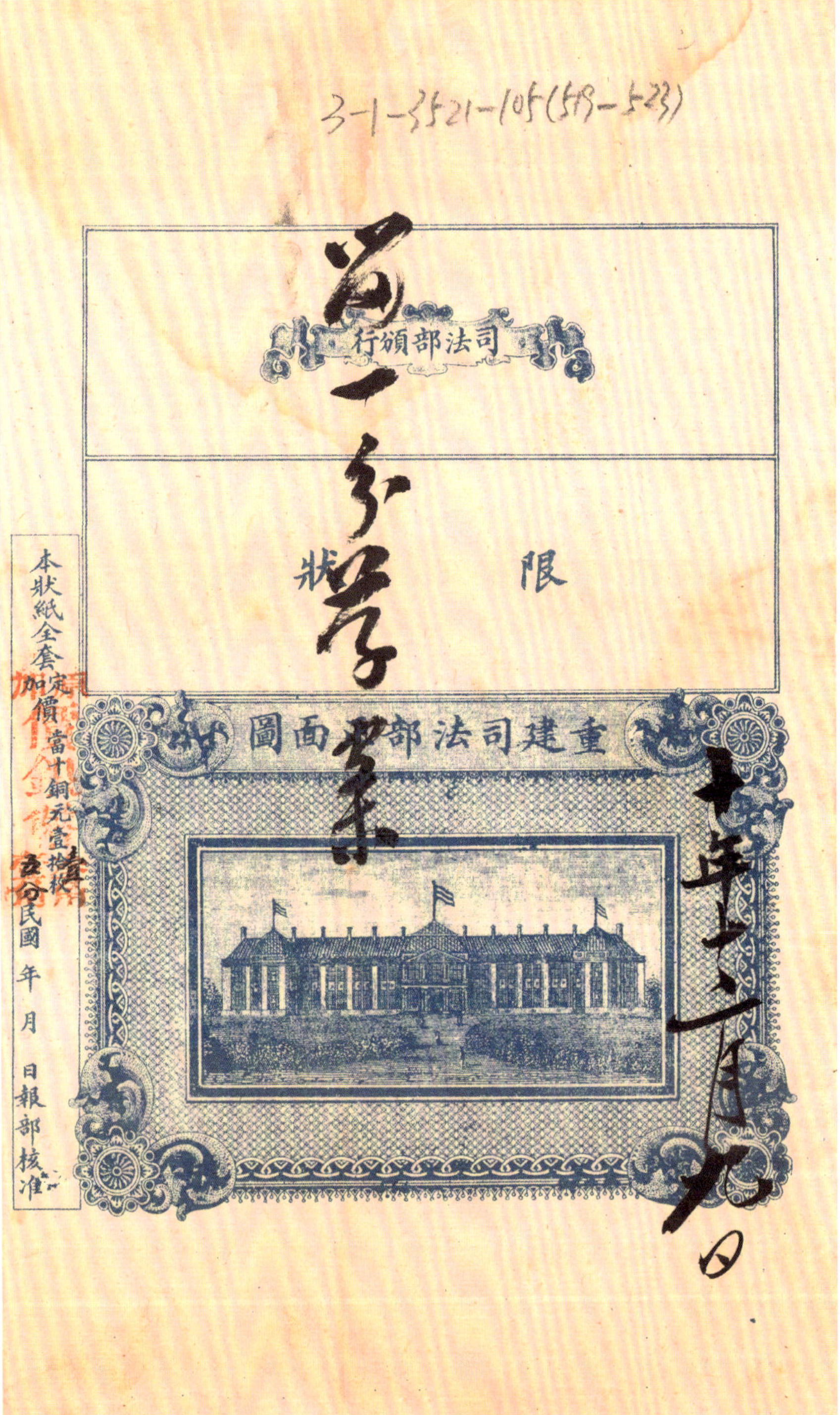
3-1-3521-105(519-523)

司法部頒行

限狀

重建司法部面圖

本狀紙全套定價當十銅元壹拾枚

加價

民國　年　月　日報部核准

# 一五七 敬和裕執事人龐遇春等爲統限十一年四月底將私帖掃數收清繳銷事致赤峰縣公署限狀（1921 年 12 月）

## 注意事項

一限狀凡經官判定給予限期者用之

一凡為變更日期及指定日期之聲請應敘明聲請之原因并其日期

一民事上訴期間在各級審判廳自送達判詞或決定之翌日起或公示後八日起二十日以內在縣知事公署自牌示或諭知判決之翌日起二十日以內得提出上訴狀於原審判衙門轉送上級審判衙門如有遷赴上訴審投遞上訴狀者得除去在途之日計算凡逾期不上訴者原審判即為確定但因天災或意外事變之障碍致逾期者准其聲請回復原狀經認為有理由者仍予受理

一刑事上訴期間在各級審判廳自宣示判詞之日起十日以內如係闕席判決自送達判決副本之翌日起或公示後八日起二十日以內陳遞上訴狀於原檢察廳稟請轉送上級檢察廳在縣知事公署自牌示判決之翌日起十四日以內向第二審審判衙門上訴或稟請原縣知事公署轉送上訴狀於第二審審判衙門凡遷赴上訴審陳遞上訴狀者得除去在途之日計算逾期不上訴者原審判即為確定但因天災或意外事變之障礙致逾期者准其聲請回復原狀經認為有理由者仍予受理

一訴訟狀紙共分十四種(一)民事訴狀(二)刑事訴狀凡民事原告刑事告訴人或告發人於第一審審判衙門陳訴者用之(三)民事辯訴狀(四)刑事辯訴狀凡民事被告刑事被告於各審判衙門辯訴者用之(五)民事上訴狀(六)刑事上訴狀凡民事刑事控訴上告抗告者用之(七)民事委任狀(八)刑事委任狀凡民事訴訟刑事訴訟時委任代理人者用之(九)限狀凡經官判定給予限期者用之(十)交狀凡關係案內之財產物件人畜等經官判交者用之(十一)領狀凡發下案內之財產物件人畜及一切贓物等具領時用之(十二)保狀凡民事刑事具保時用之(十三)結狀凡民事刑事具甘結時用之(十四)和解狀凡民事兩相和解者原被兩造均得用之

## 禁例

此種狀面係由司法部專製除特准外各審判衙門不許私自印刷

此種狀面並狀心表面判明定價及加價外不准額外需索其各省報部核准之加價並應由各該省高等審判廳照核准數目於表面加價字樣下加印數目戳記其餘經手各廳縣不得自行加戳或填寫數目其未經詳准加價之各省應由各該省高等審判廳或審判處於加價字樣下印一無字戳記以杜流弊

一五七　敬和裕執事人龐遇春等爲統限十一年四月底將私帖掃數收清繳銷事致赤峰縣公署限狀（1921年12月）

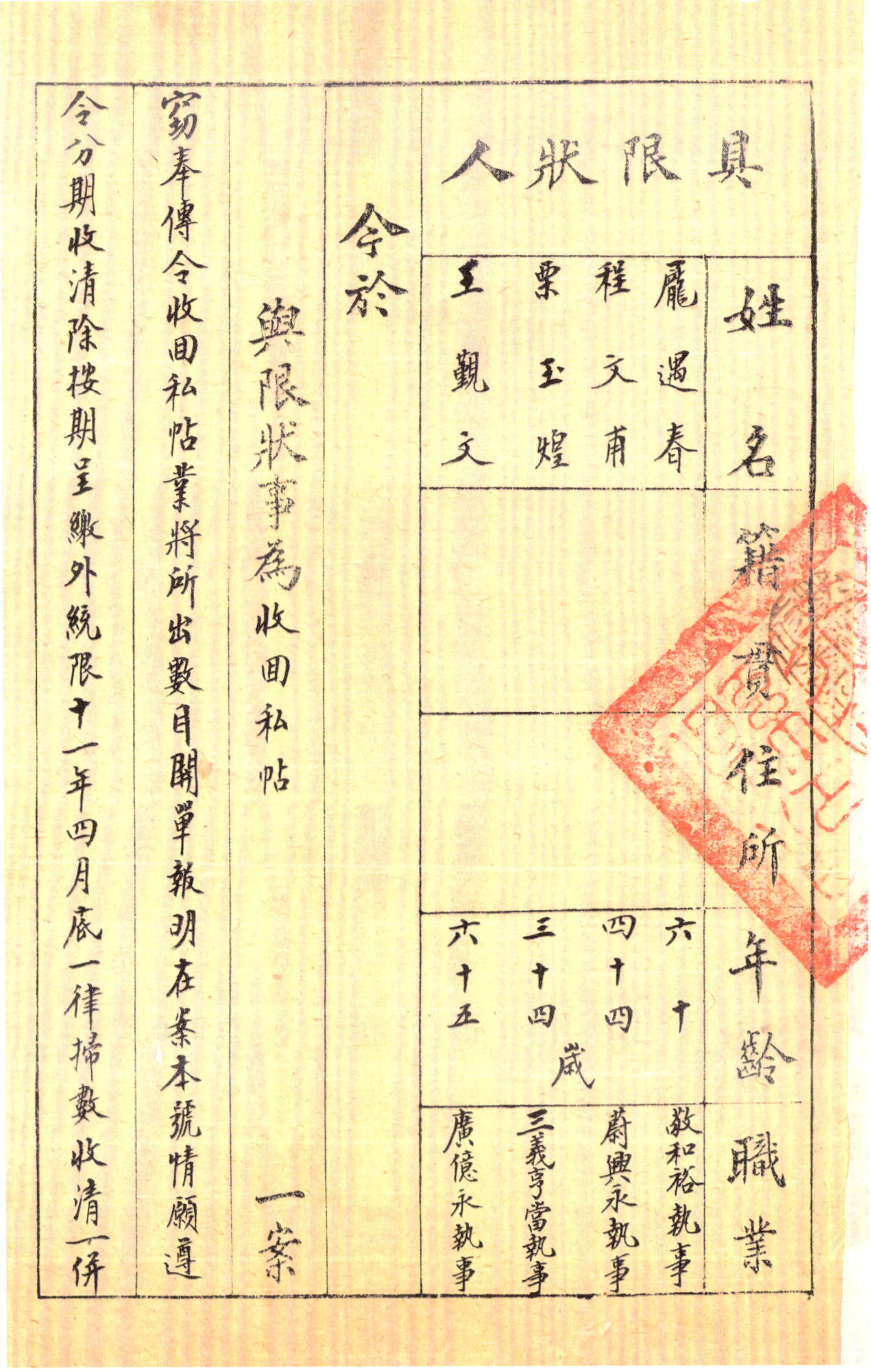

具限狀人

| 姓名 | 籍貫住所 | 年齡 | 職業 |
|---|---|---|---|
| 龐遇春 | | 六十 | 敬和裕執事 |
| 程文甫 | | 四十四 | 蔚興永執事 |
| 栗玉煌 | | 三十四歲 | 三義亨當執事 |
| 王覲文 | | 六十五 | 廣億永執事 |

今於

與限狀事爲收回私帖　一案

竊奉傳令收回私帖業將所出數目開單報明在案本號情願遵

令分期收清除按期呈繳外統限十一年四月底一律掃數收清一併

## 一五七　敬和裕執事人龐遇春等爲統限十一年四月底將私帖掃數收清繳銷事致赤峰縣公署限狀（1921 年 12 月）

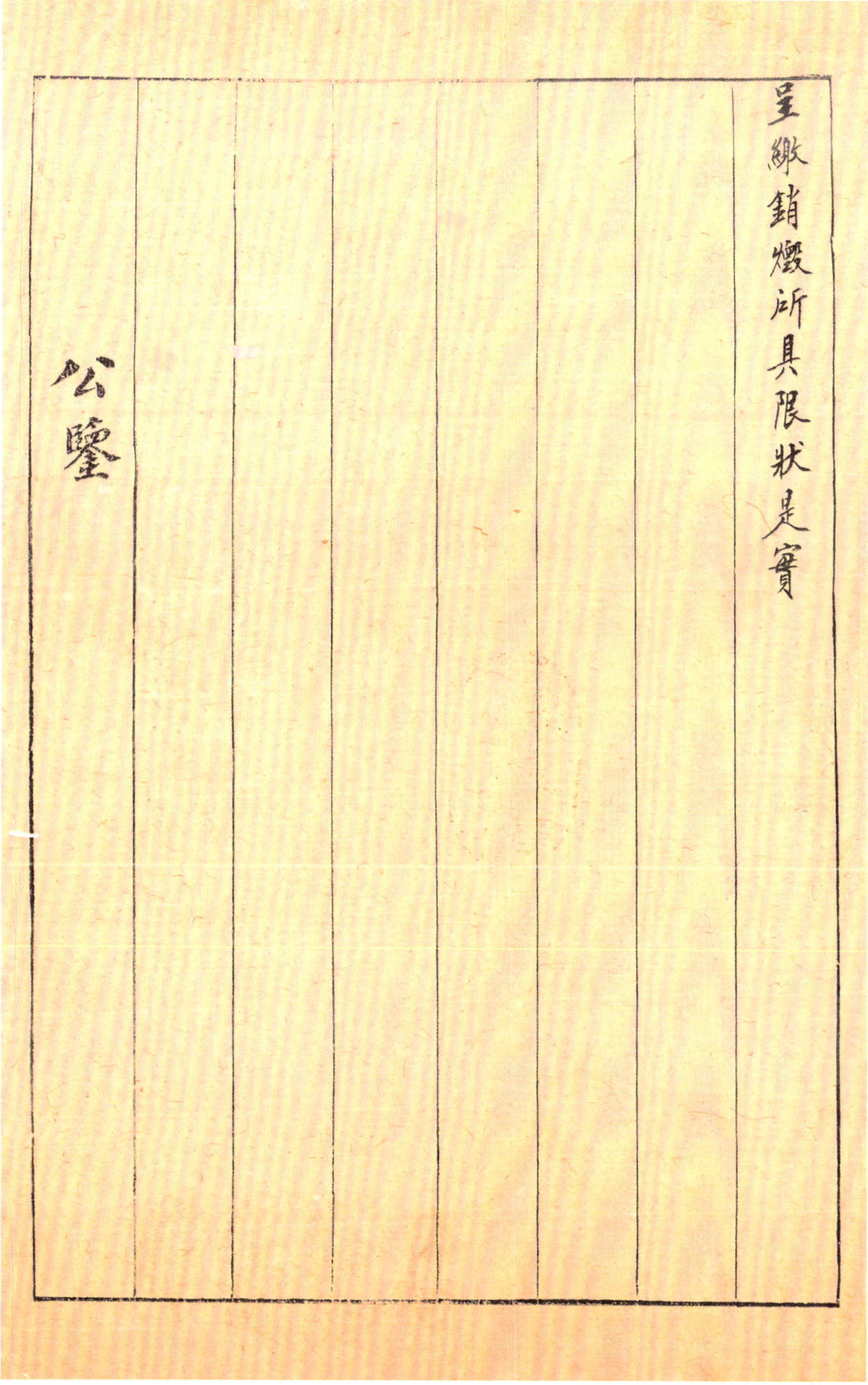
呈繳銷燬所具限狀是實

公鑒

一五七　敬和裕執事人龐遇春等爲統限十一年四月底將私帖掃數收清繳銷事致赤峰縣公署限狀（1921 年 12 月）

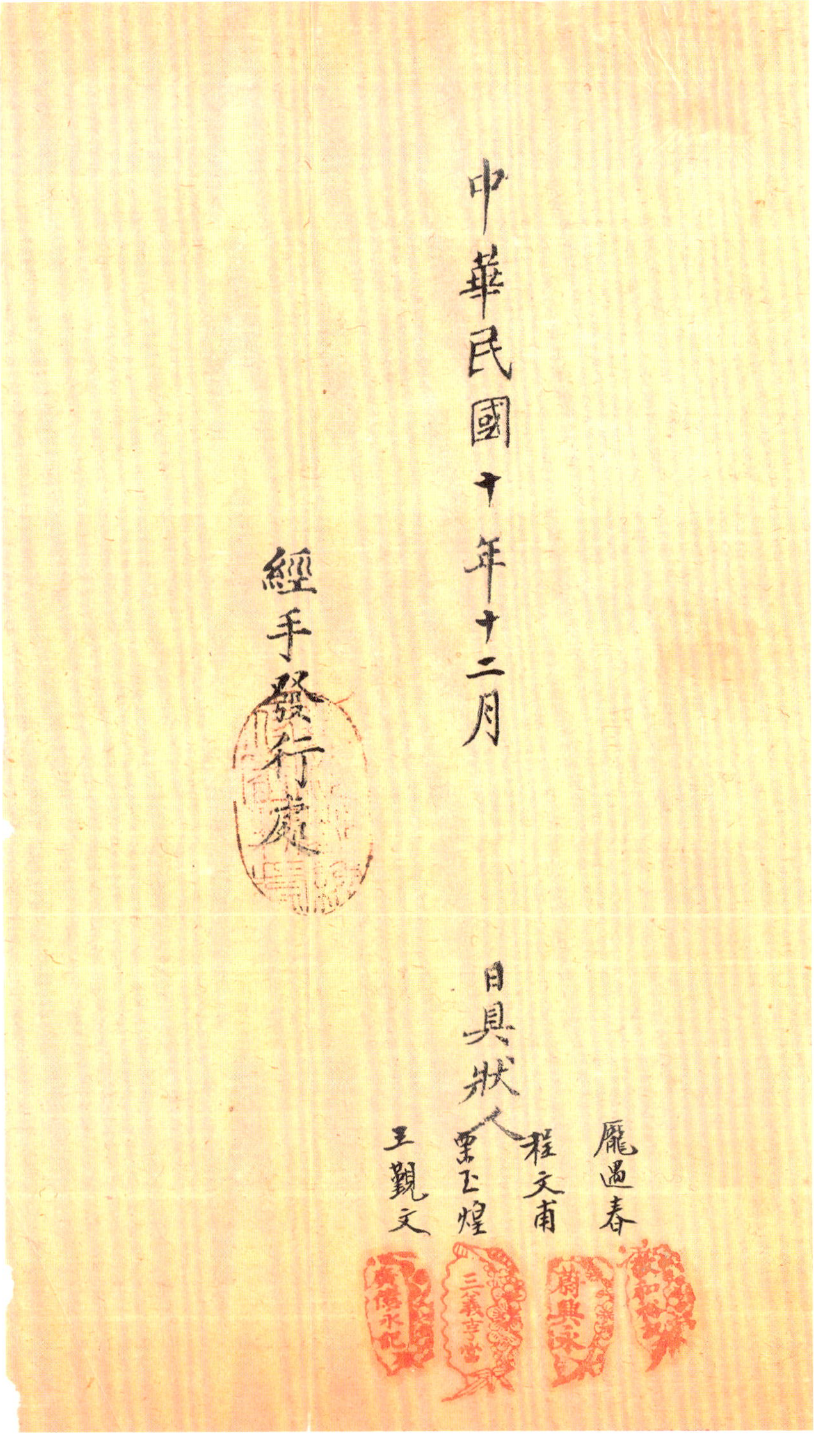

中華民國十年十二月　日具狀人　龐遇春　程文甫　董玉煌　王觀文

經手發行處

一五八 蔚興永執事人程文甫爲第一期應收回私帖收齊注銷交案事致赤峰縣公署交狀（1921 年 12 月）

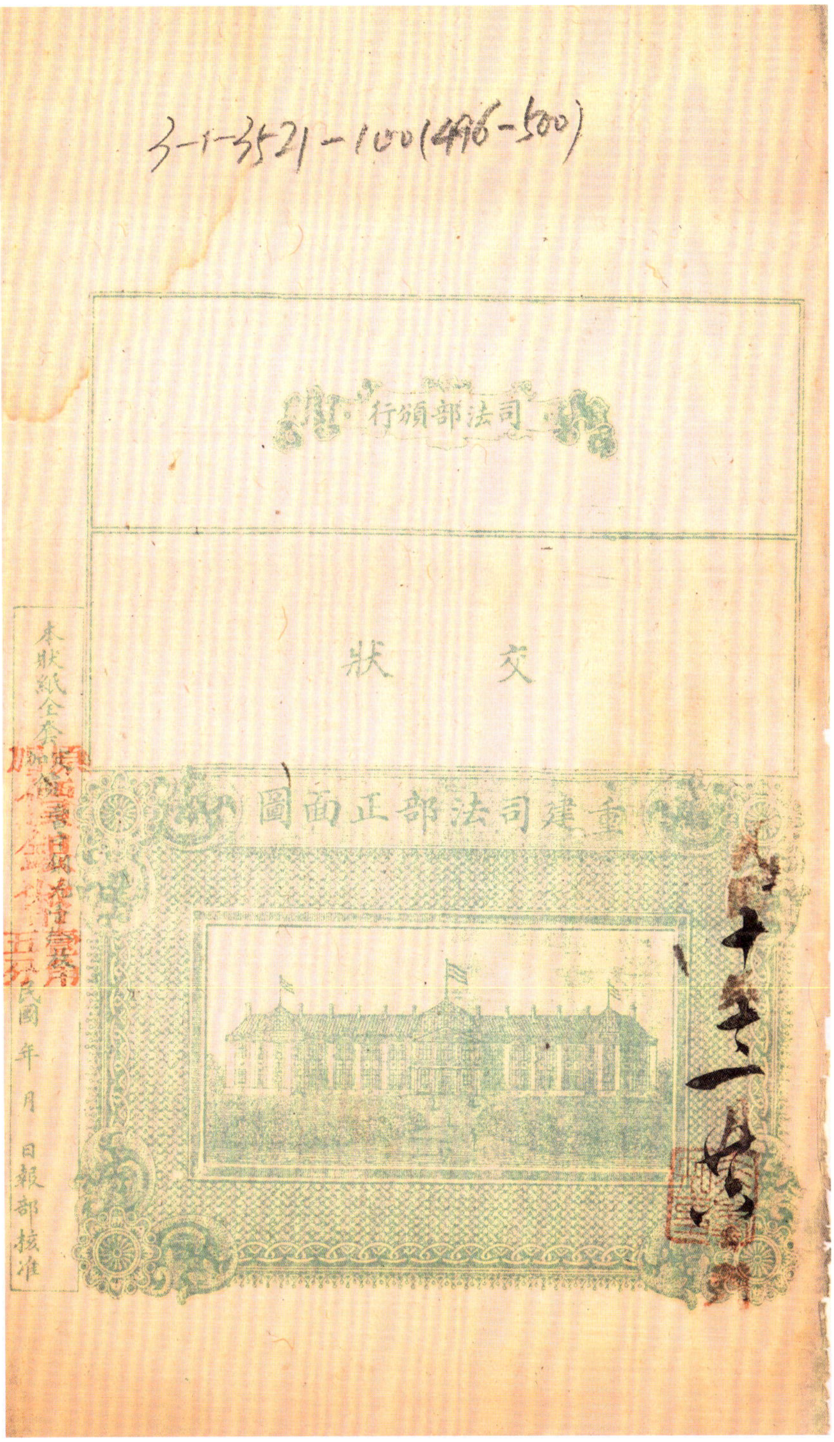
3-1-3521-100(496-500)

司法部頒行

交 狀

重建司法部正面圖

本狀紙全套

民國 年 月 日報部核准

## 一五八 蔚興永執事人程文甫爲第一期應收回私帖收齊注銷交案事致赤峰縣公署交狀（1921年12月）

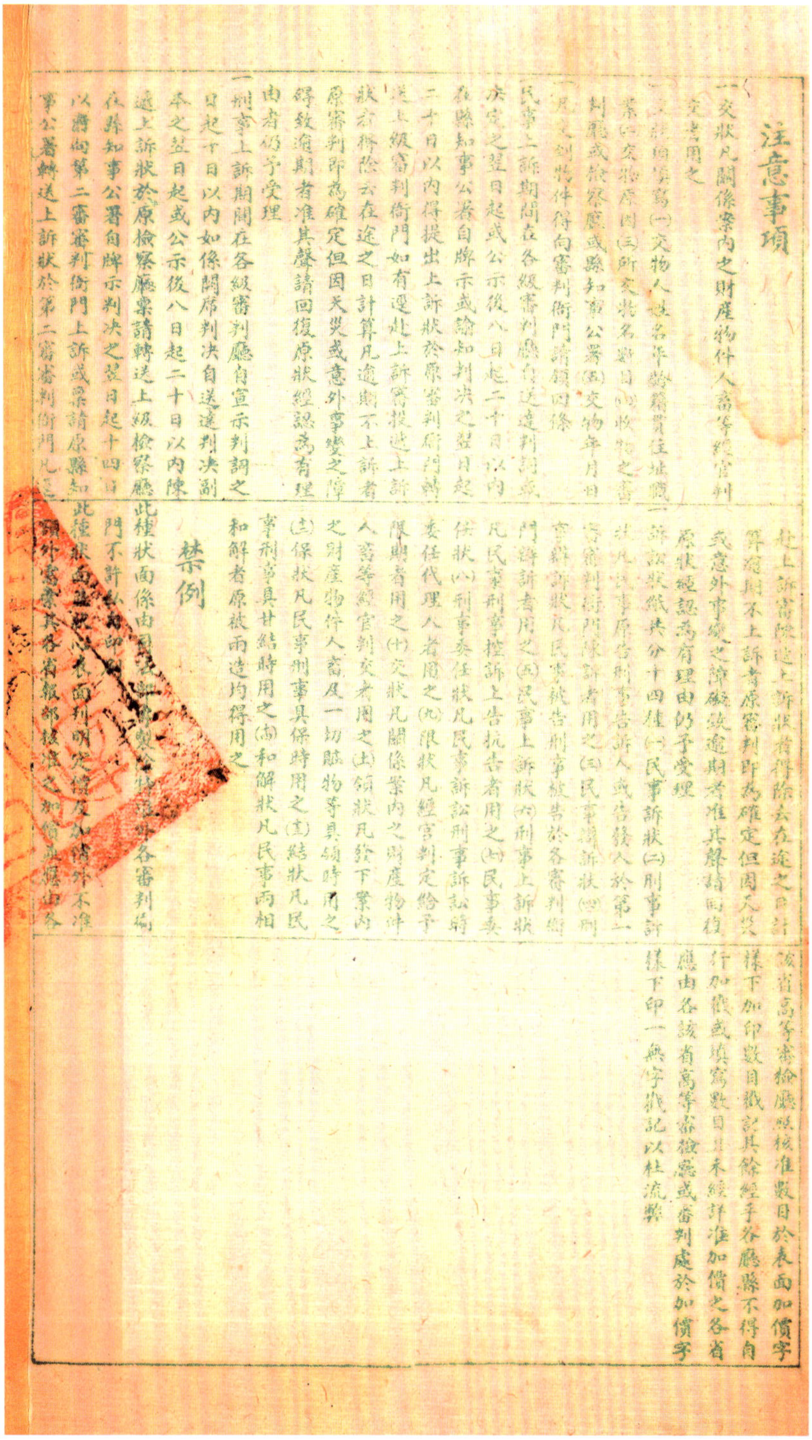

注意事項

一交狀凡關係案內之財產物件人畜等經官判定者用之

一狀內須寫(一)交物人姓名年齡籍貫住址職業(二)交物原因(三)所交物名數目(四)收物之審判廳或檢察廳或縣知事公署(五)交物年月日

一凡交到物件得向審判衙門請領回條

一民事上訴期間在各級審判廳自送達判詞或決定之翌日起或公示後八日起二十日以內在縣知事公署自牌示或諭知判決之翌日起二十日以內得提出上訴狀於原審判衙門轉送上級審判衙門如有逕赴上訴審投遞上訴狀者將除去在途之日計算凡逾期不上訴者原審判即為確定但因天災或意外事變之障礙致逾期者准其聲請回復原狀經認為有理由者仍予受理

一刑事上訴期間在各級審判廳自宣示判詞之日起十日以內如係闕席判決自送達判決副本之翌日起或公示後八日起二十日以內陳遞上訴狀於原檢察廳稟請轉送上級檢察廳在縣知事公署自牌示判決之翌日起十四日以內向第二審審判衙門上訴或稟請原縣知事公署轉送上訴狀於第二審審判衙門凡逕赴上訴審衙門遞上訴狀者得除去在途之日計算逾期不上訴者原審判即為確定但因天災或意外事變之障礙致逾期者准其聲請回復原狀經認為有理由仍予受理

一訴訟狀紙共分十四種(一)民事訴狀(二)刑事訴狀凡民事原告刑事告訴人或告發人於第一審審判衙門陳訴者用之(三)民事辯訴狀(四)刑事辯訴狀凡民事被告刑事被告於各審判衙門辯訴者用之(五)民事上訴狀(六)刑事上訴狀凡民事刑事控訴上告抗告者用之(七)民事委任狀(八)刑事委任狀凡民事訴訟刑事訴訟時委任代理人者用之(九)限狀凡經官判定給予限期者用之(十)交狀凡關係案內之財產物件人畜等經官判交者用之(十一)領狀凡發下案內之財產物件人畜及一切贓物等具領時用之(十二)保狀凡民事刑事具保時用之(十三)結狀凡民事刑事具甘結時用之(十四)和解狀凡民事兩相和解者原被兩造均得用之

禁例

此種狀面係由[illegible]製發[illegible]各審判衙門不許私自印[illegible]此種狀面[illegible]表面判明定價及加價外不准額外需索其各省報部核准之加價應由各該省高等審檢廳照核准數目於表面加價字樣下加印數目戳記其餘經手各廳縣不得自行加戳或填寫數目其未經詳准加價之各省應由各該省高等審檢廳或審判處於加價字樣下印一無字戳記以杜流弊

一五八 蔚興永執事人程文甫爲第一期應收回私帖收齊注銷交案事致赤峰縣公署交狀（1921年12月）

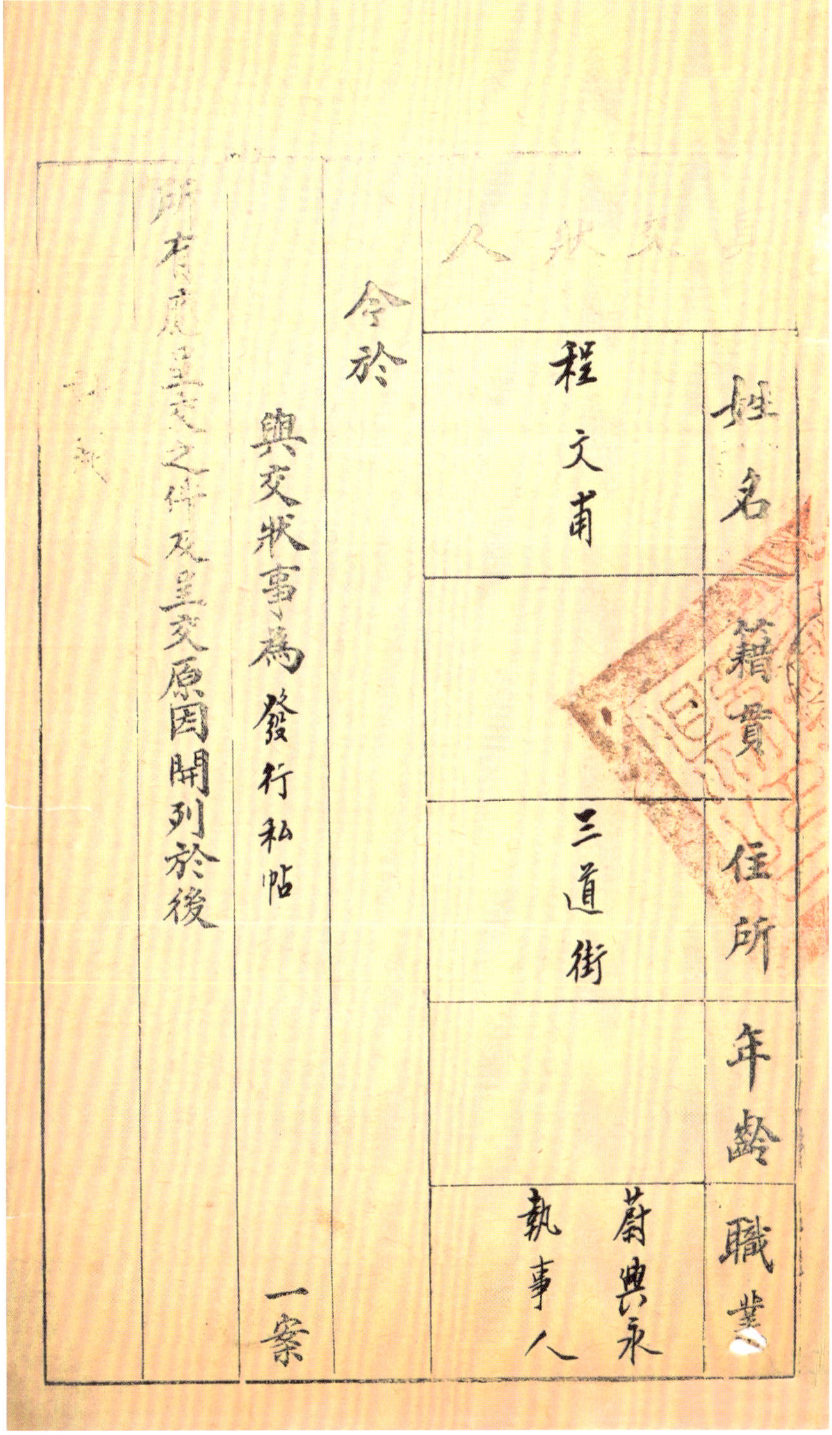
具交狀人

| 姓名 | 籍貫 | 住所 | 年齡 | 職業 |
|---|---|---|---|---|
| 程文甫 | | 三道街 | | 蔚興永執事人 |

令於
與交狀事爲發行私帖　一案
所有應呈交之件及呈交原因開列於後
計開

## 一五八　蔚興永執事人程文甫爲第一期應收回私帖收齊注銷交案事致赤峰縣公署交狀（1921 年 12 月）

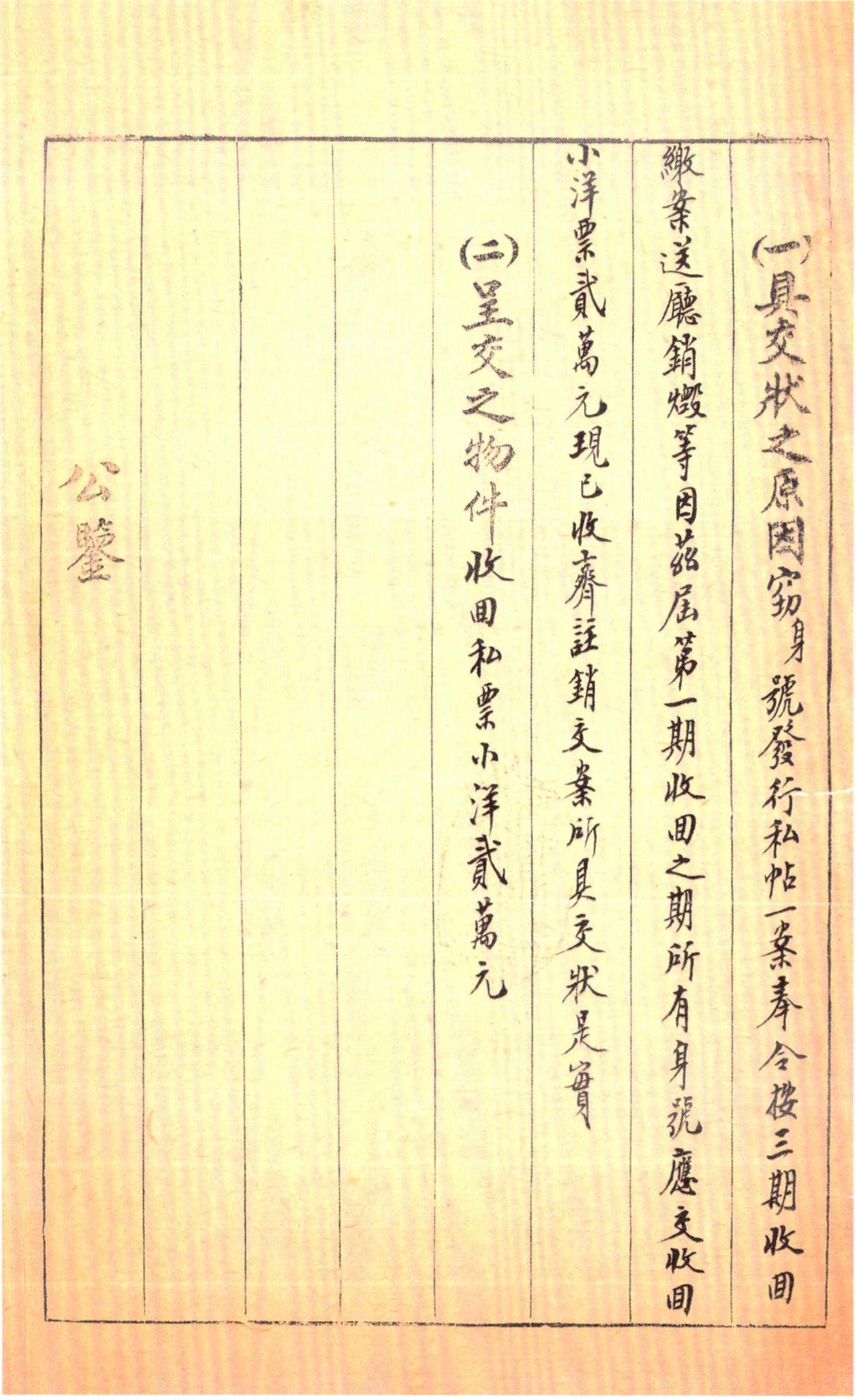
（一）具交狀之原因　竊身號發行私帖一案奉令按三期收回繳案送廳銷燬等因茲屆第一期收回之期所有身號應交收回小洋票貳萬元現已收齊註銷交案所具交狀是實
（二）呈交之物件　收回私票小洋貳萬元
公鑒

一五八　蔚興永執事人程文甫爲第一期應收回私帖收齊注銷交案事致赤峰縣公署交狀（1921 年 12 月）

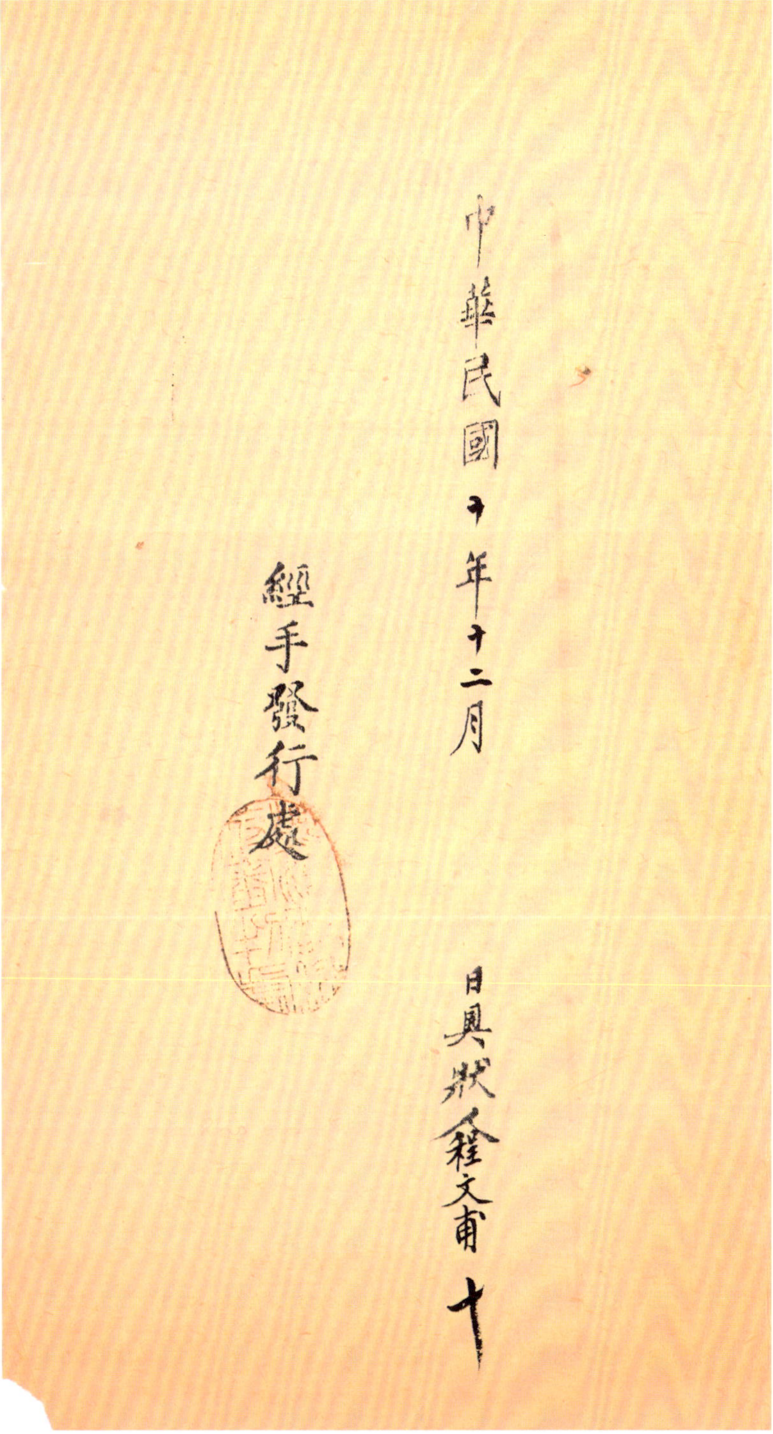
中華民國十年十二月　日具狀人程文甫 十

經手發行處

## 一五九 赤峰徵收局爲更换新斗事致赤峰縣公署咨（1921年12月26日）

## 一五九　赤峰徵收局爲更换新斗事致赤峰縣公署咨（1921年12月26日）

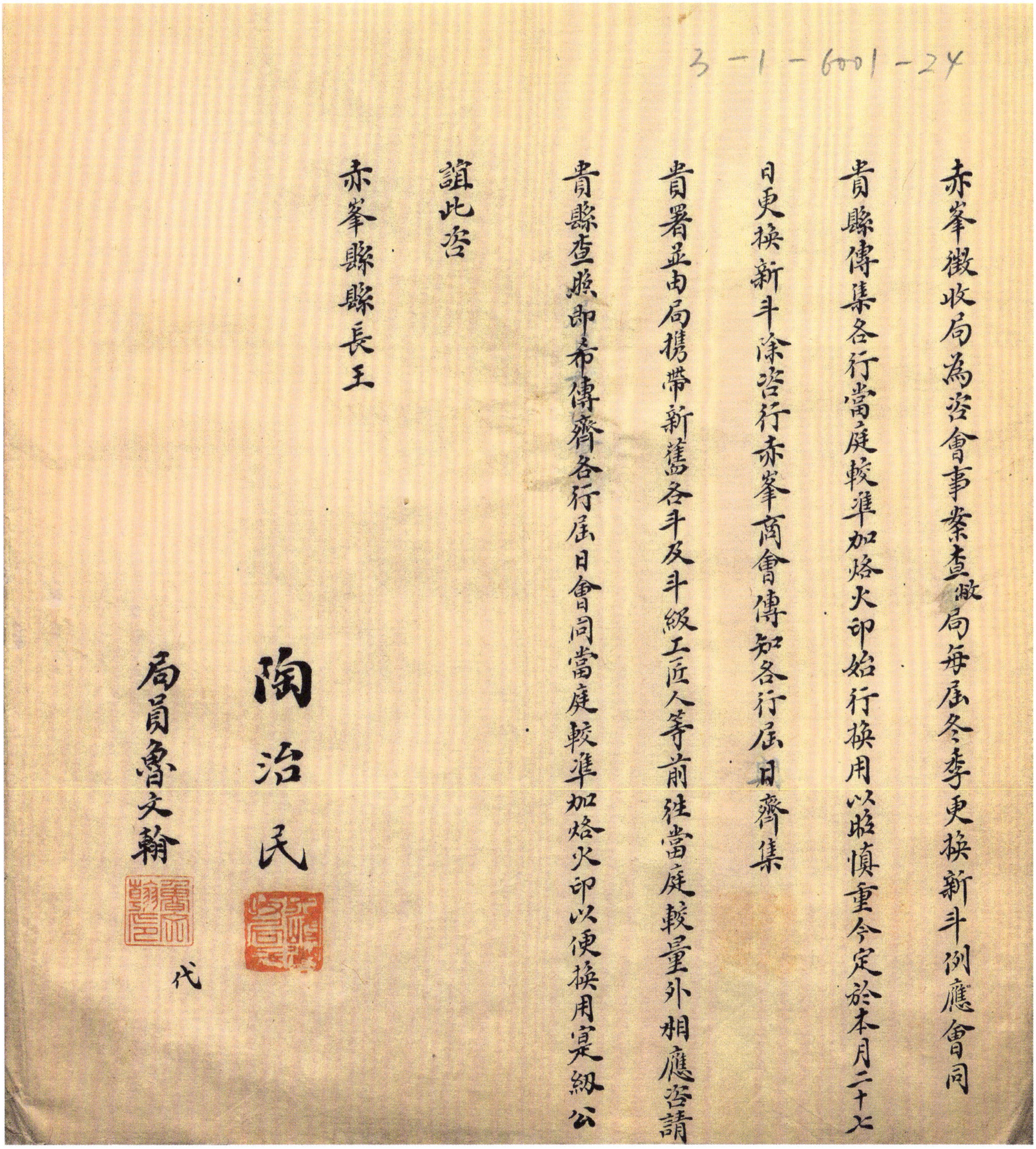

3-1-6001-24

赤峯徵收局為咨會事案查敝局每屆冬季更换新斗例應會同
貴縣傳集各行當庭較準加烙火印始行换用以昭慎重今定於本月二十七
日更换新斗除咨行赤峯商會傳知各行屆日齊集
貴署並由局携帶新舊各斗及斗級工匠人等前往當庭較量外相應咨請
貴縣查照即希傳齊各行屆日會同當庭較準加烙火印以便换用寔紉公
誼此咨
赤峯縣縣長王

陶治民

局員魯文翰　代

## 一五九　赤峰徵收局爲更換新斗事致赤峰縣公署咨（1921 年 12 月 26 日）

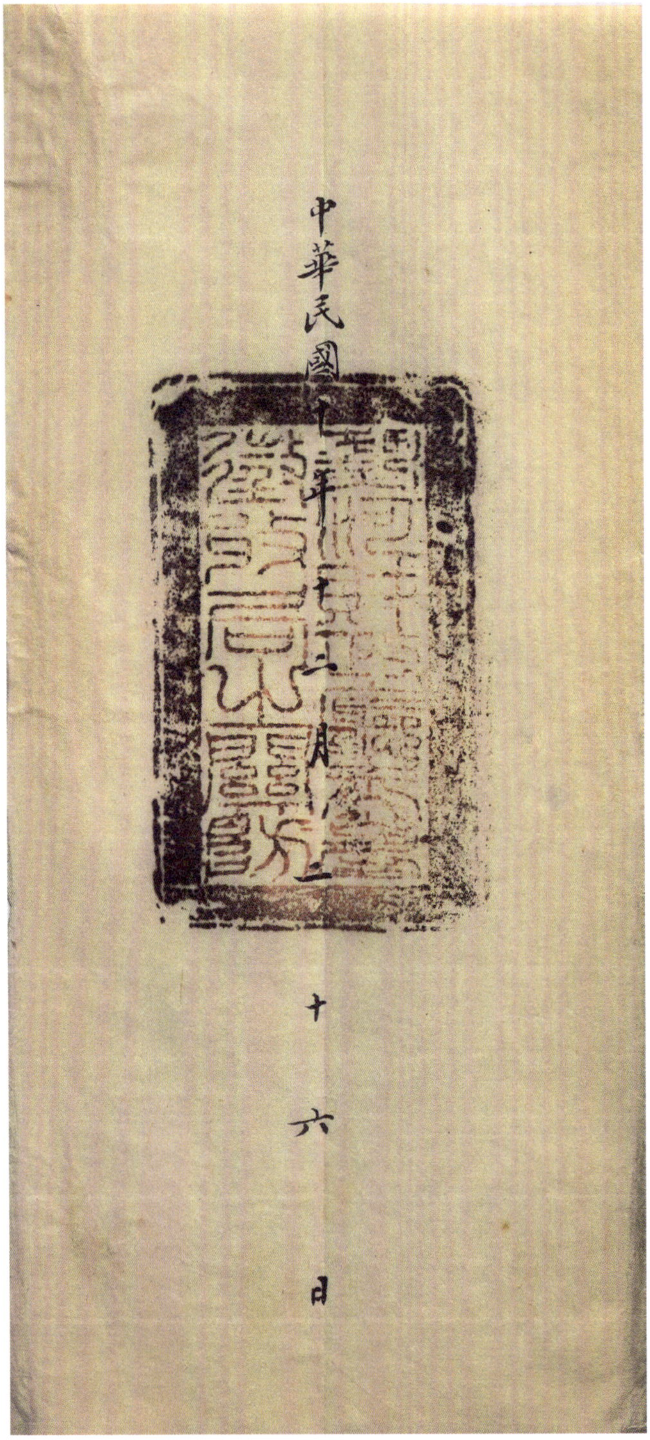
中華民國十年十二月二十六日

一六〇　赤峰縣公署爲差法警李厚禄傳集各鋪人等會校糧斗事傳票（1921 年 12 月 27 日）

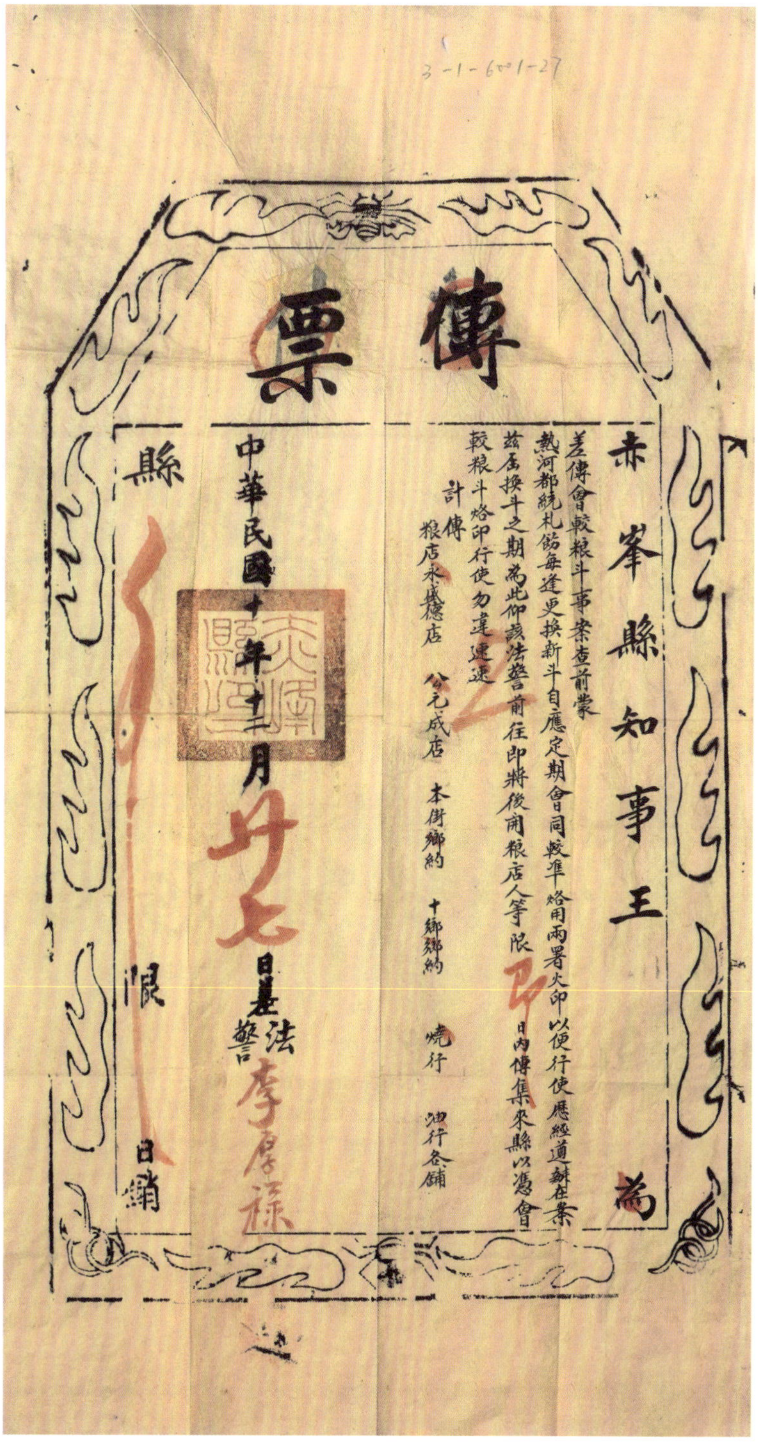

3-1-6001-27

傳票

赤峯縣知事王　爲

差傳會較粮斗事案查前蒙

熱河都統札飭每逢更換新斗自應定期會同較準烙用兩署火印以便行使歷經遵辦在案

茲届換斗之期爲此仰該法警前往即將後開粮店人等限即日內傳集來縣以憑會

較粮斗烙印行使勿違速速

計傳

粮店永盛德店　公元成店　本街鄉約　十鄉鄉約　燒行　油行各鋪

中華民國十年十二月廿七日　差法警李厚禄

縣　限　日銷

# 一六一 會校糧斗點單（1921年12月27日）

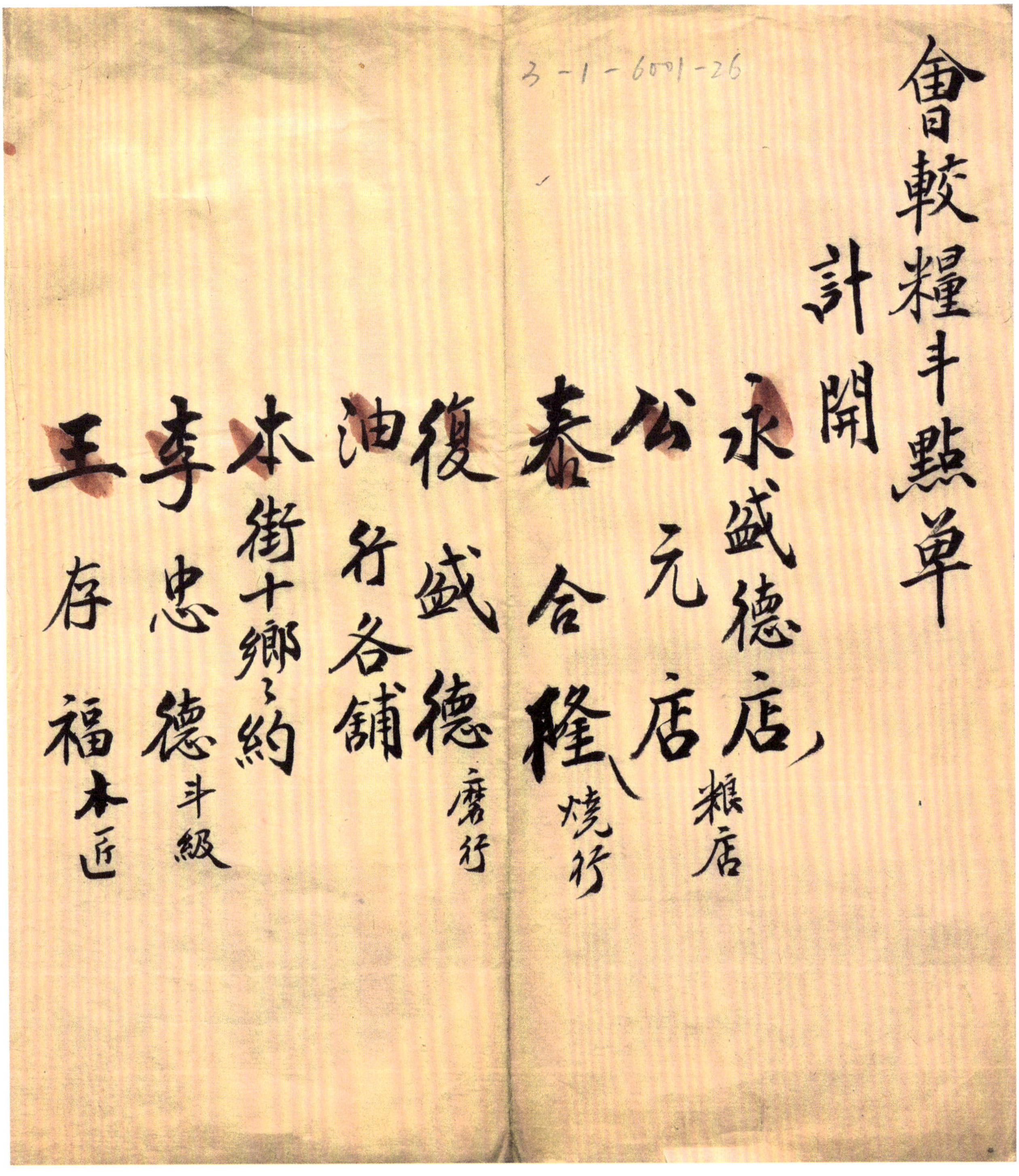

3-1-6001-26

會較糧斗點單

計開

永盛德店 糧店

公元店

春合隆 燒行

復盛德 磨行

油行各舖

本街十鄉鄉約

李忠德 斗級

王存福 木匠

## 一六一 會校糧斗點單（1921年12月27日）

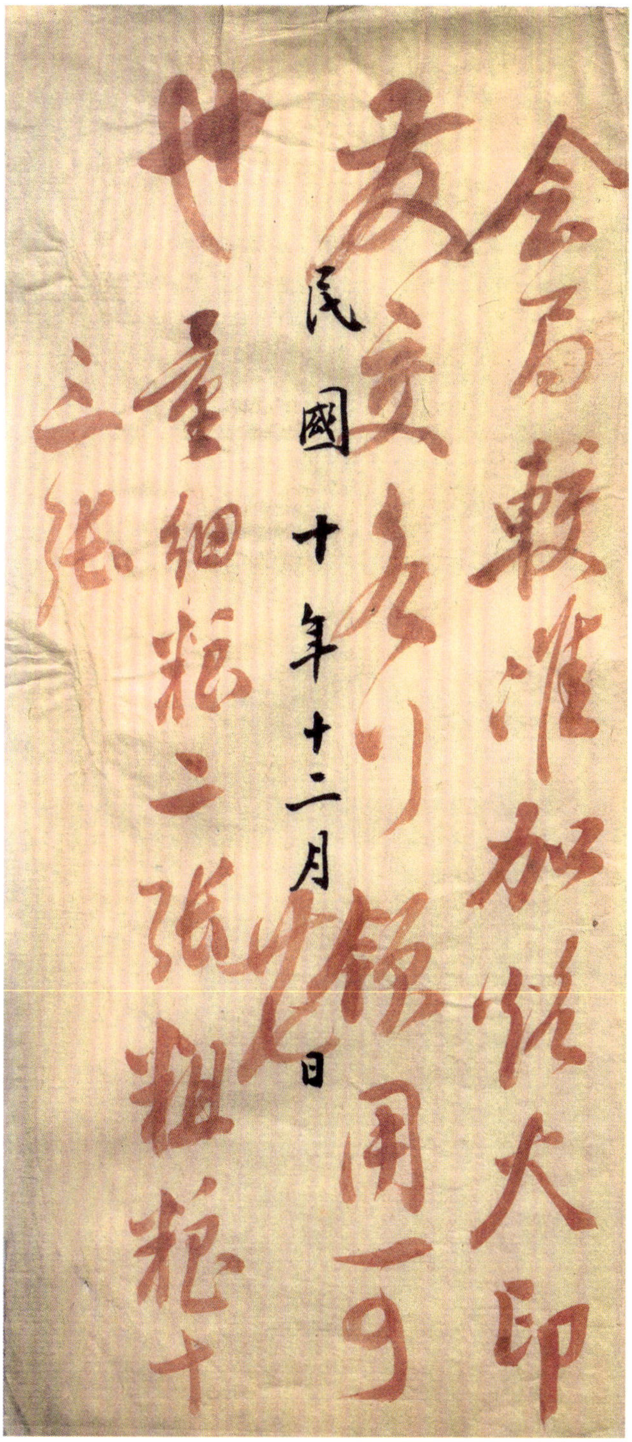
會局較准加蓋大印
發交各行領用一百
廿
民國十年十二月廿七日
[illegible]細糧二張粗糧十
之張

一六二 赤峰縣商會爲依法改選會長副會長事致赤峰縣公署公函（1921 年 12 月 26 日）



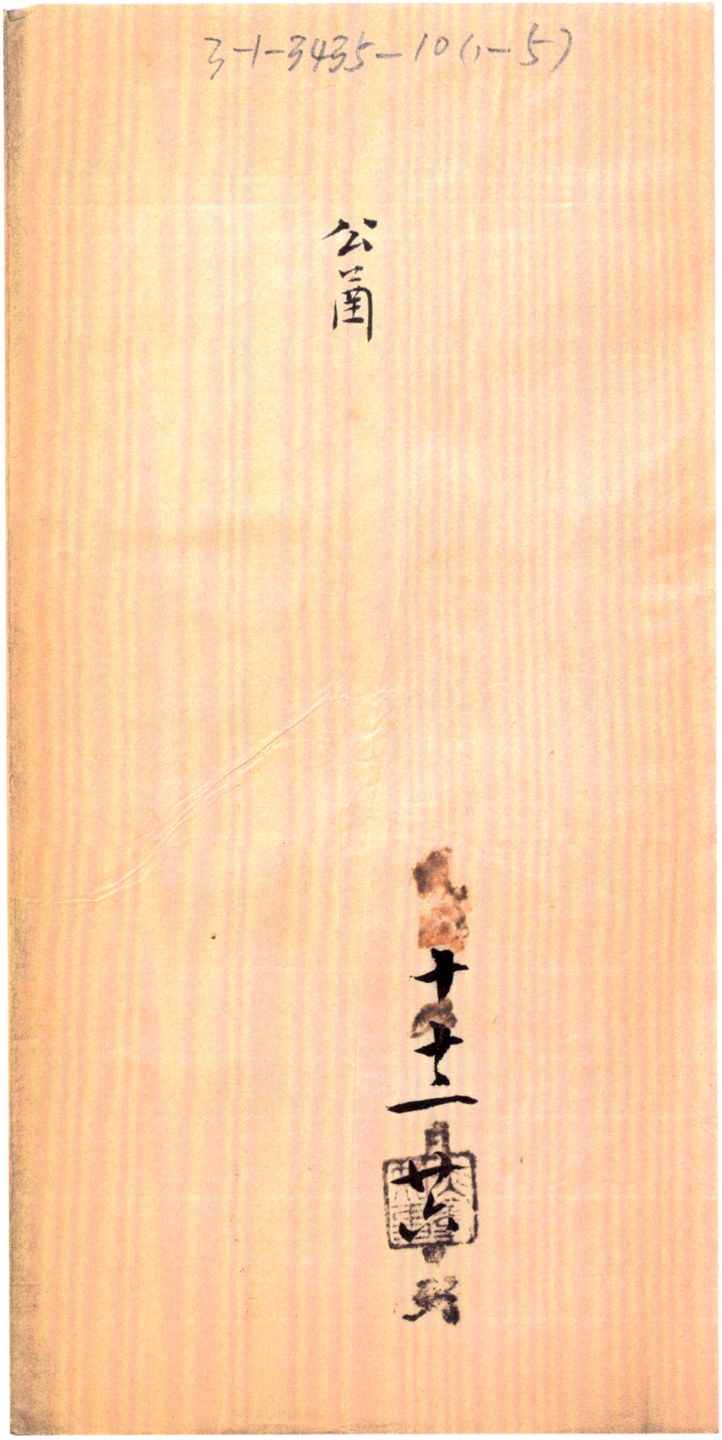
3-1-3435-10(1-5)

公函

## 一六二　赤峰縣商會爲依法改選會長副會長事致赤峰縣公署公函（1921年12月26日）

赤峰商會公函

逕啟者敝會會長副會長任期屆滿於十二月二十四日依法改選喬鍾傑被選為會長支棟被選為副會長於十二月二十六日就職除另文函請洛部立案外相應函知

貴公署知照此致

赤峰縣公署

## 一六二 赤峰縣商會爲依法改選會長副會長事致赤峰縣公署公函（1921年12月26日）

會長喬鍾傑

副會長支棟

支棟之印

中華民國十年十二月二十六日

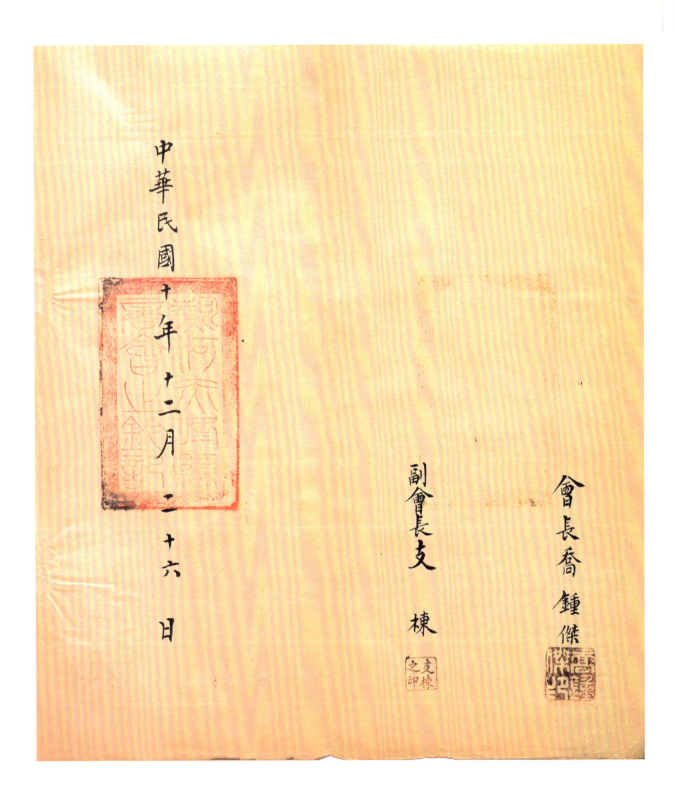

一六三 退會商號代表鮑熹等爲呈訴退出商會各緣由事致赤峰縣公署陳明書（1921 年 12 月 28 日）

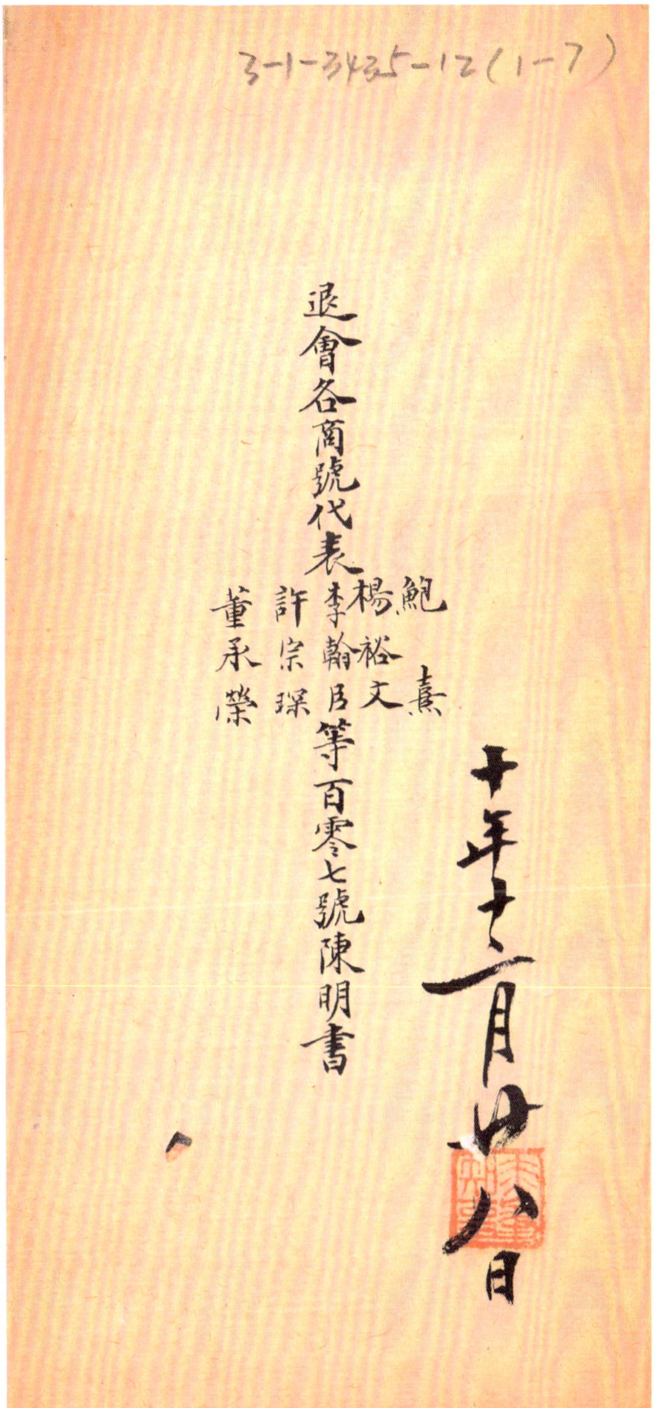
3-1-3425-12(1-7)

退會各商號代表鮑熹
楊裕文
李翰臣
許宗璟
董秉榮等百零七號陳明書

十年十二月廿八日

## 一六三　退會商號代表鮑熹等爲呈訴退出商會各緣由事致赤峰縣公署陳明書（1921 年 12 月 28 日）

敬陳者查民國約法第六條載人民有集會結社之自由四
年頒布商會法亦無强制入會不准退會之規定商等
對舊有商會組織各事鄉約輪班行頭預議反抗
都令警欵集中其收支欵目從未依法清算核實報銷張
貼廣告商等弗表同意解散則必取多數請
部核准手續未免繁難推翻則指責事實起訴爭執
感情益滋抵齟再四籌議只有退會一途或可化扞格於
無形該會倘集思廣益毅然改良則同一地方營業具在
自有共相維持之一日至警欵向出商家商等願就力之
所能爲直接

一六三　退會商號代表鮑熹等爲呈訴退出商會各緣由事致赤峰縣公署陳明書（1921年12月28日）

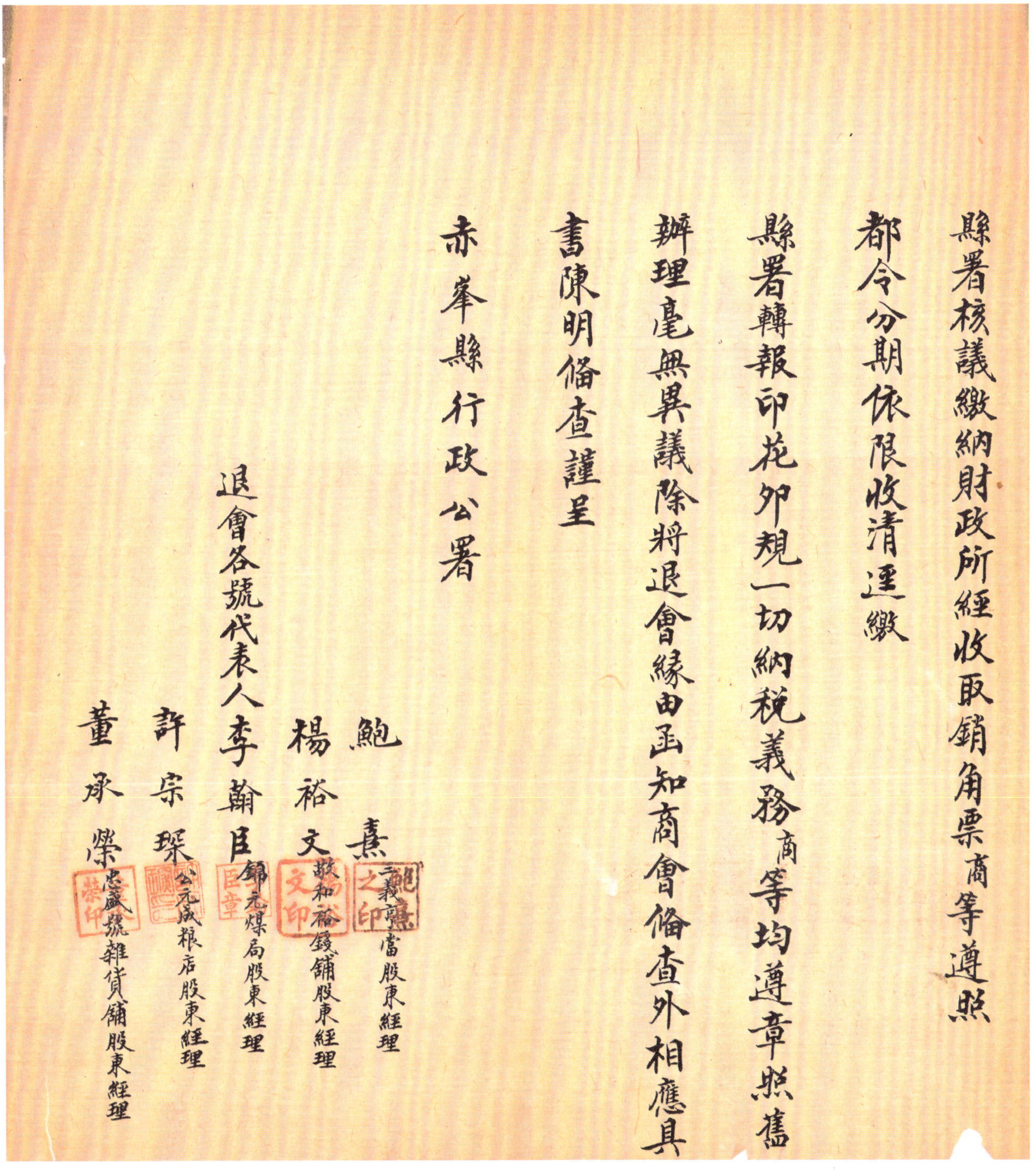
縣署核議繳納財政所經收取銷角票商等遵照
都令分期依限收清運繳
縣署轉報印花卯規一切納稅義務商等均遵章照舊
辦理毫無異議除將退會緣由函知商會備查外相應具
書陳明備查謹呈
赤峰縣行政公署
退會各號代表人
鮑熹（三義當股東經理）
楊裕文（敬和裕錢鋪股東經理）
李翰臣（鄣元煤局股東經理）
許宗琛（公元成糧店股東經理）
董承榮（忠盛號雜貨舖股東經理）

## 一六三 退會商號代表鮑熹等爲呈訴退出商會各緣由事致赤峰縣公署陳明書（1921 年 12 月 28 日）

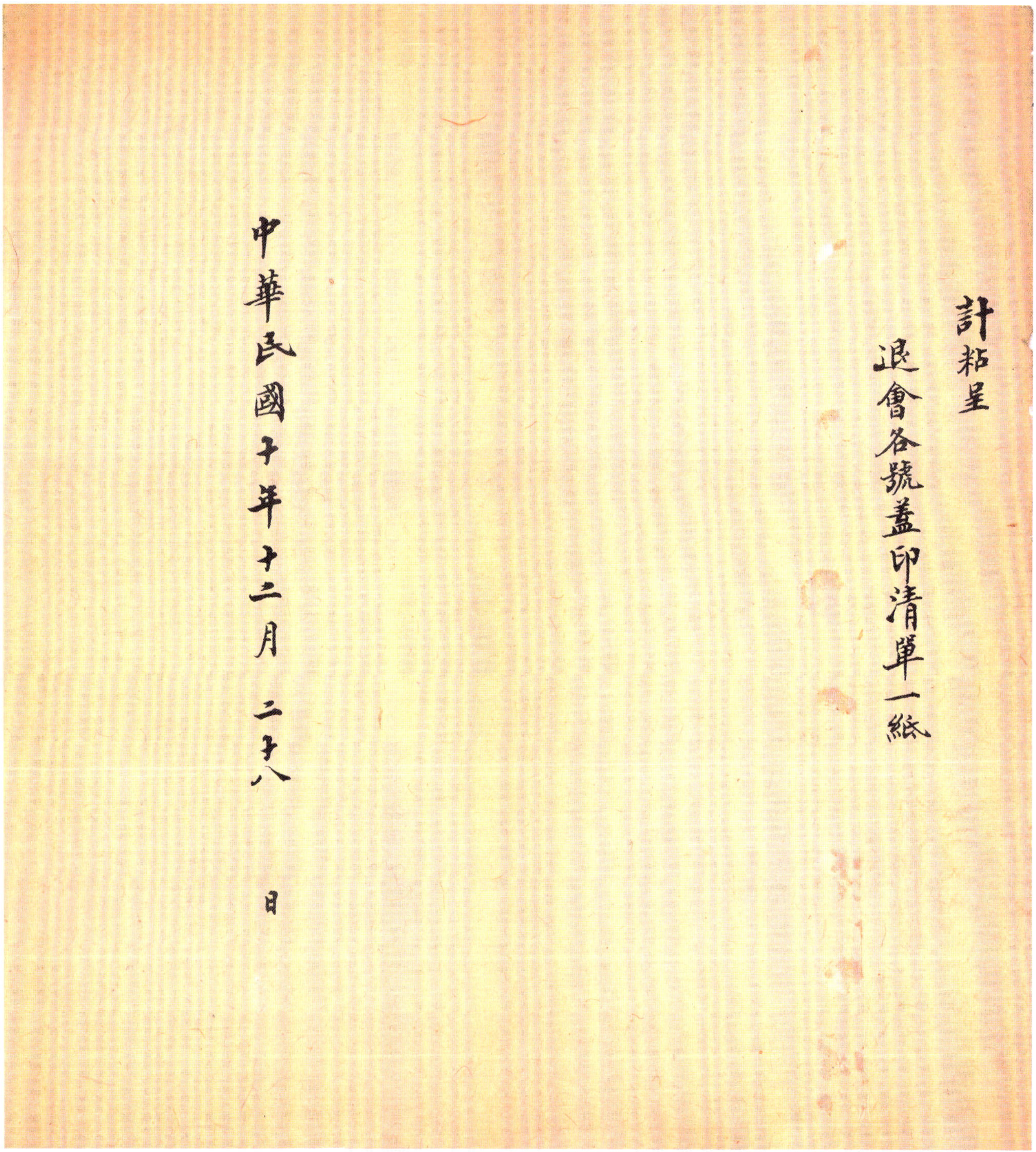
計粘呈
退會各號蓋印清單一紙

中華民國十年十二月二十八日

一六四　烏丹城商務會爲懇轉請興業銀行於烏丹設立分號事致赤峰縣公署呈（1922年1月）

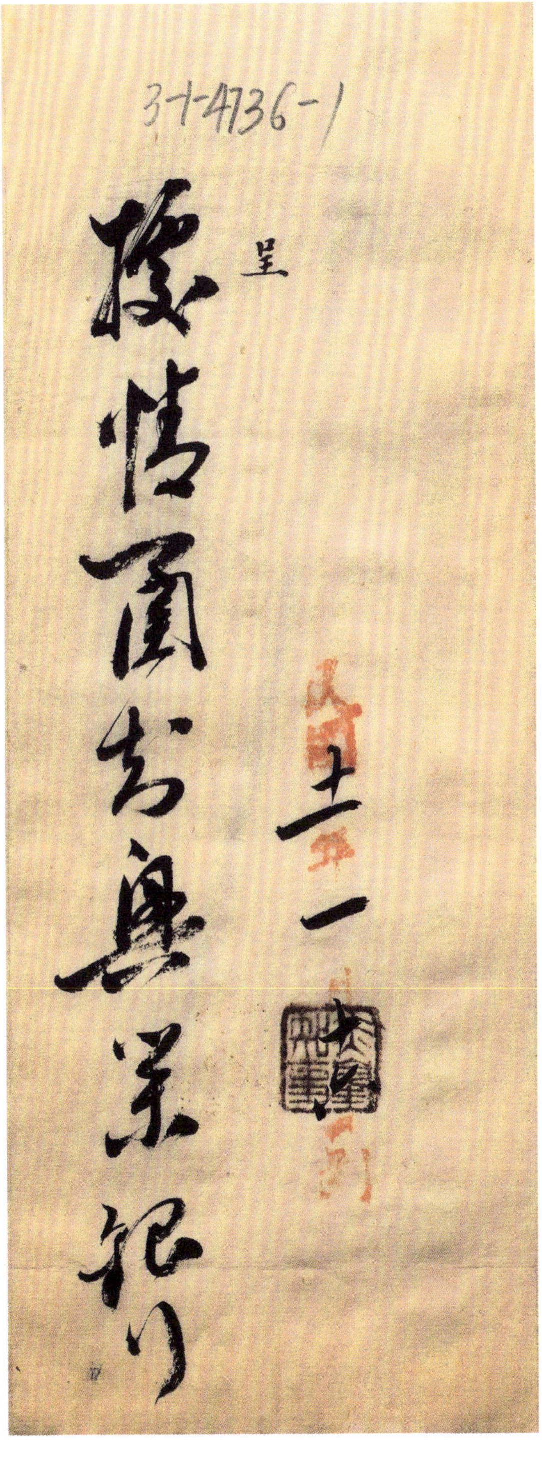

## 一六四 烏丹城商務會爲懇轉請興業銀行於烏丹設立分號事致赤峰縣公署呈（1922年1月）

呈為呈請分設銀行發行官鈔以維市面而便民商事竊緣烏丹
地屬邊陲向來真銀現錢輸入者少外走者多惟以各商號之發
行紙帖角票週轉市面一行禁止則斷絕來往相沿已久莫可如
何近功令森嚴凡紙帖角票限期收清頭期應繳三分之一業已
呈送在案目下錢根即異常緊急交易諸多不便至二期再勒收
三分之一總然能符功令而市面交往不通矣情因以票收票票
日收而日少若無他項鈔票輸入終有週轉不動之日比如人之
一身無血脉則枯市面無銀錢流通又安望活動敝會討論再三
無法接濟亦惟有懇請興業銀行來烏設一分號一則放借貸以
通有無一則行官鈔以救濟金融庶於公私兩有裨益故此不揣

## 一六四　烏丹城商務會爲懇轉請興業銀行於烏丹設立分號事致赤峰縣公署呈（1922年1月）

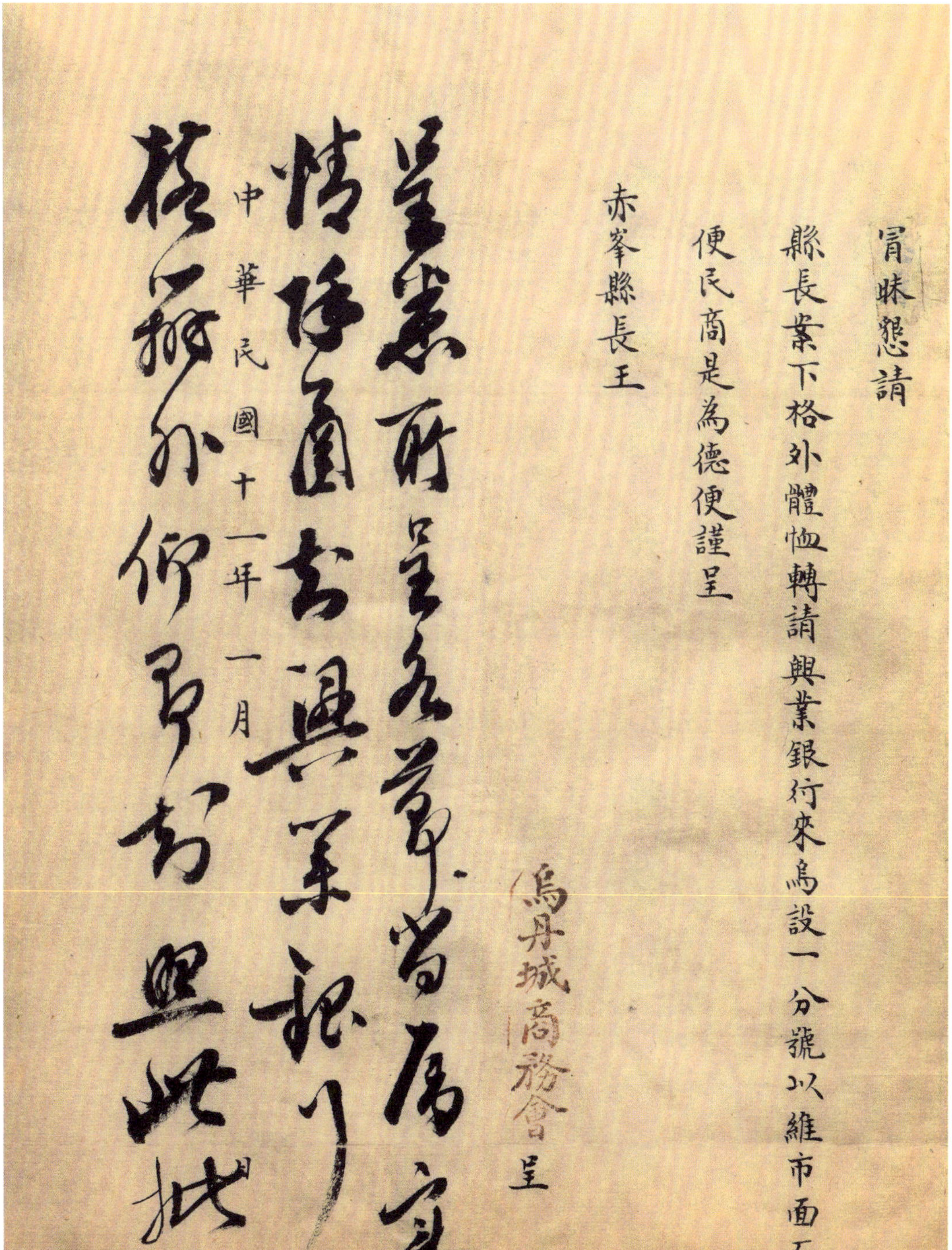

冒昧懇請
縣長案下格外體恤轉請興業銀行來烏設一分號以維市面而
便民商是爲德便謹呈
赤峰縣長王
烏丹城商務會呈

呈悉所呈各節當屬實情候函商興業銀行核辦外仰即知照此批
中華民國十一年一月　日

## 一六五　赤峰徵收局爲劉光閣試采煤礦請領小礦業暫行執照事致熱河財政廳呈稿（1922年1月8日）



呈為請領小鑛業暫行執照事竊於十年十二月二十四日據鑛商劉光閣
呈請願在赤峯縣東鄉東元寶山試採煤鑛面積共十畝並隨呈繳
到呈文費大洋三十元註册費大洋二十元第一期鑛區稅大洋一元
五角說明表二紙等情呈報前來當即令委魯局員文翰親往履
勘去後茲據該員覆稱遵即馳往該商所報之東元寶山鑛區照
依原呈小鑛說明表逐加履勘均屬相符其中並無妨害糾葛
情事局長覆核無異應即照章轉請
俯准頒發
農商部所頒小鑛業暫行執照以便試採而安商業除將呈文費
大洋三十元註册費大洋二十元第一期鑛區稅大洋一元五角共

## 一六五　赤峰徵收局爲劉光閣試采煤礦請領小礦業暫行執照事致熱河財政廳呈稿（1922年1月8日）

五十一元五角如數交付赤峯興業銀行匯呈繳外理合檢同原呈

小礦說明表備文呈請

廳憲鑒核示遵施行謹呈

熱河財政廳廳長欒

計呈送　現洋五十一元五角　滙票一件

小礦說明表一紙

中華民國十一年一月八日

局長陶

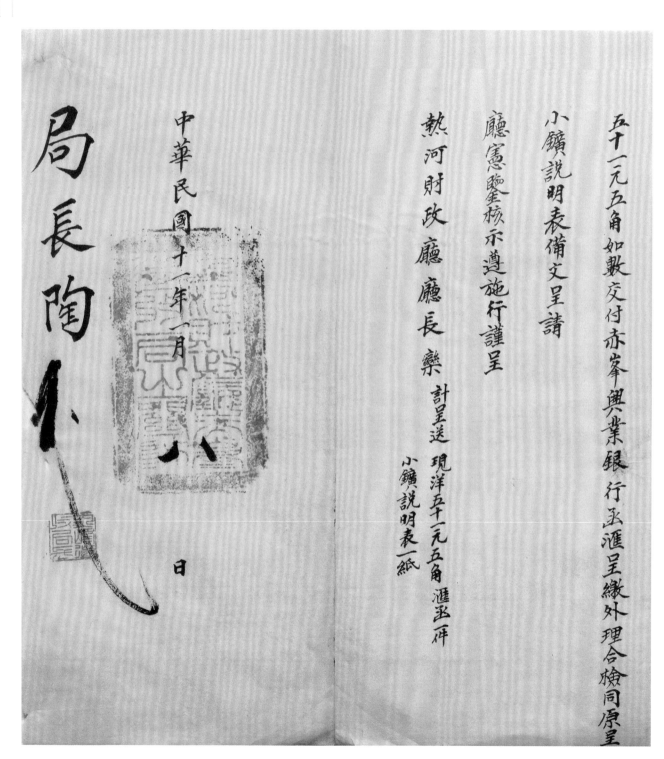

## 一六五　赤峰徵收局爲劉光閣試采煤礦請領小礦業暫行執照事致熱河財政廳呈稿（1922年1月8日）



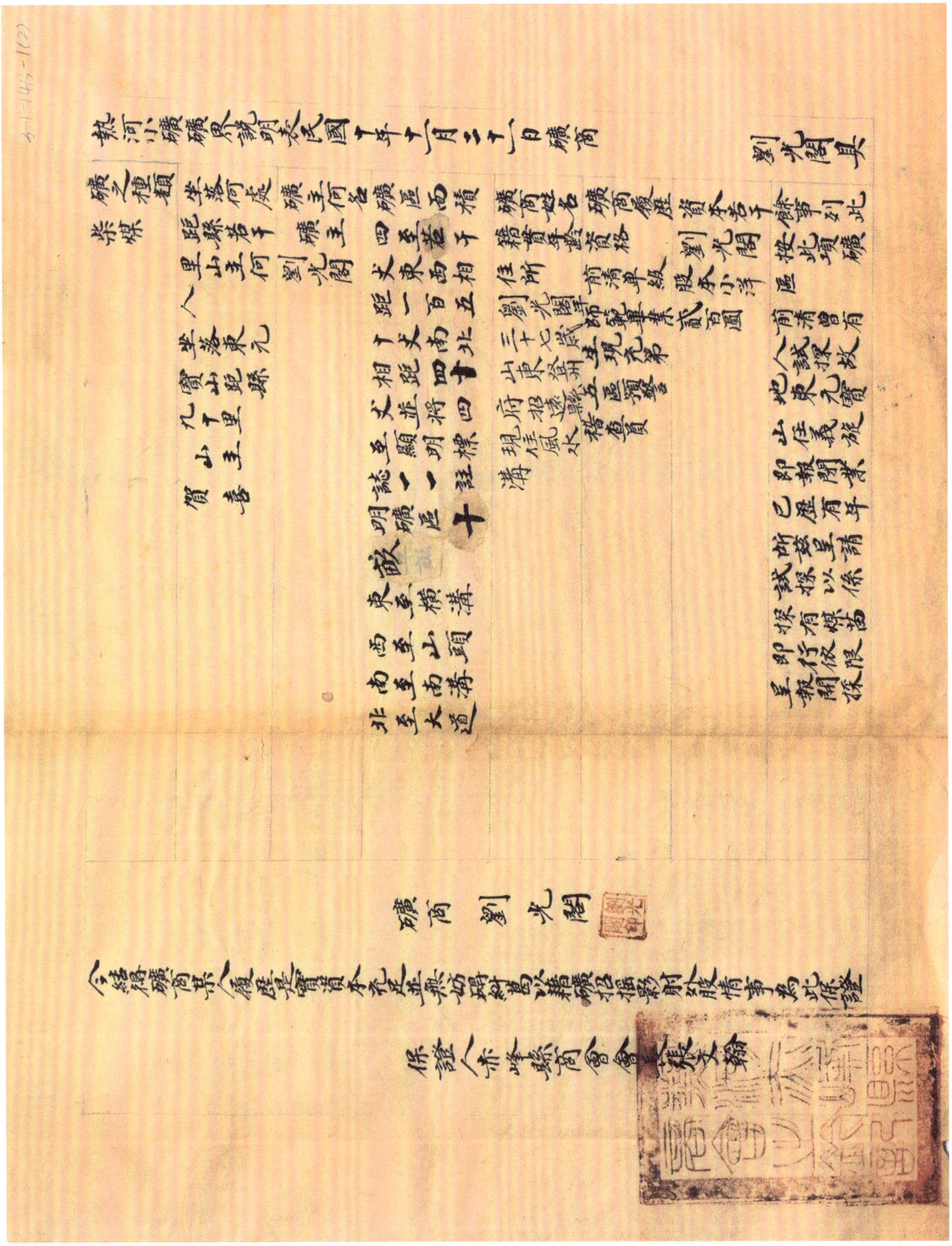

熱河小礦礦界說明表　民國十年十一月二十一日礦商　劉光閣具

礦之種類　柴煤

坐落何處距縣若干里山主何人　坐落東凡實山距縣九十里山主賀喜

礦主何名　礦主劉光閣

礦區面積四至若干丈東西相距一百五十丈南北相距四十丈並將四至顯明標誌一一註明　礦區十畝東至橫溝西至山頭南至南溝北至大道

礦商姓名籍貫年歲住所　劉光閣年三十七歲山東登州府招遠縣現住風水溝

礦商履歷資格　前清畢業師範畢業生現充第五區警察稽查員

資本若干　劉光閣股本小洋貳百圓

餘事列此　按此項礦區前清曾有人試採故地東凡實山任意旋即報開業已歷有年所茲呈請試採以條採有煤苗即行依限呈報開採

礦商　劉光閣

今結得礦商某人履歷是實資本充足並無勾串洋股以及私招礦股影射等情事為此保證

保證人赤峰縣商會會長孫文翰

收字第八十一

3-1-1413-4

熱河財政廳訓令第二三二號

令赤峰徵收局長陶汝民

呈一件爲據據商劉光閣呈請試採赤峰鈔東九寶山小煤礦附送說明表請鑒核由

呈表均悉核閱來表尚興武相符惟畫小礦

不分探採風領照後即須實行施工探採一俟

見煤應即照章衲稅該礦商劉光閣請領

赤峰孙東九寶山小礦既經該局長派委勘

明並無違碍纠葛情事自應作于發照節

隨令填發熱字第四十四號小礦執照一紙仰

即查收抄發各領仍繳將原工見煤日期

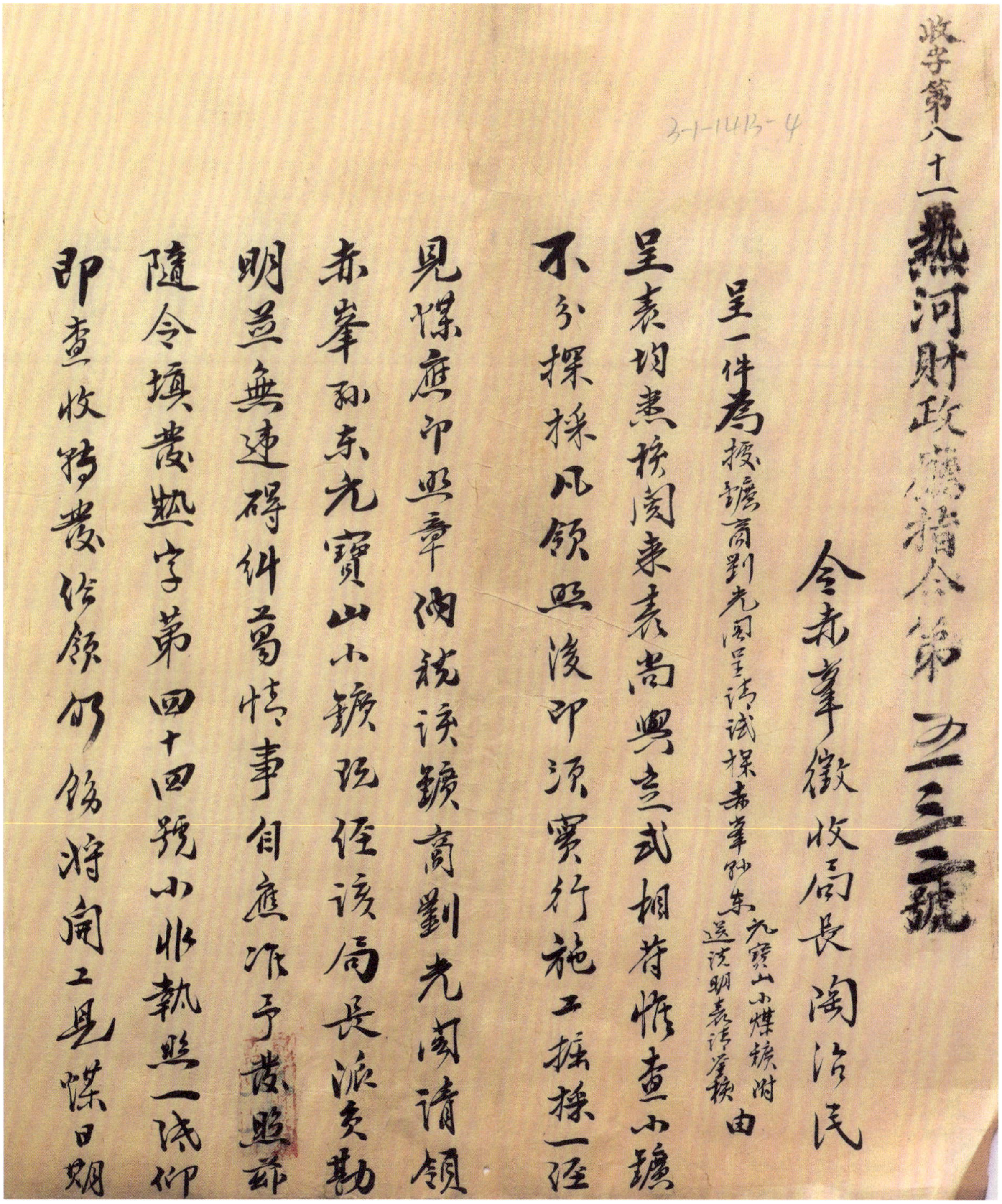

一六六 熱河財政廳爲准發劉光閣小礦執照事致赤峰徵收局指令（1922年2月2日）

報由該局轉呈再查呈文註冊各費共大洋
五十一元五角如數照收表存此令
計發小礦執照一張 係第四十四號

中華民國十一年二月 二 日

中華[illegible]十一年二月八日

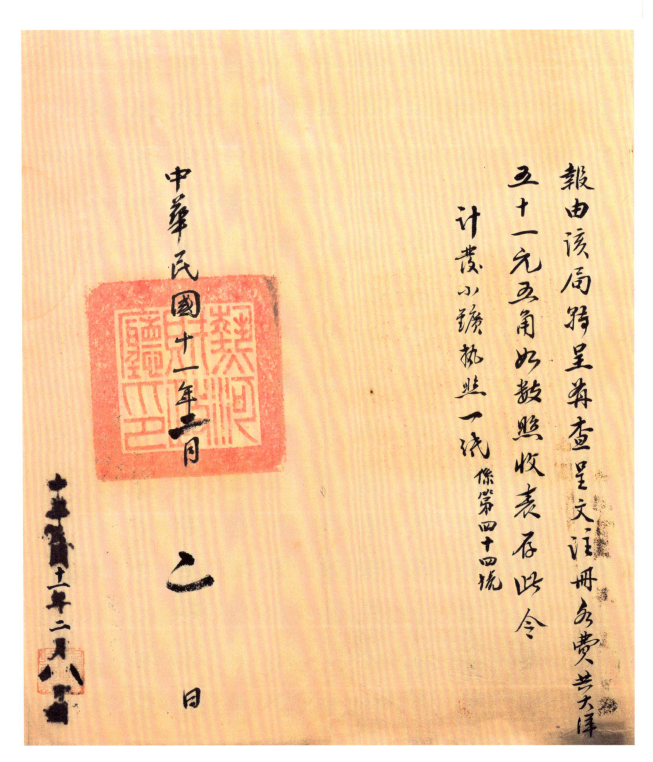

一六六 熱河財政廳爲准發劉光閣小礦執照事致赤峰徵收局指令（1922年2月2日）

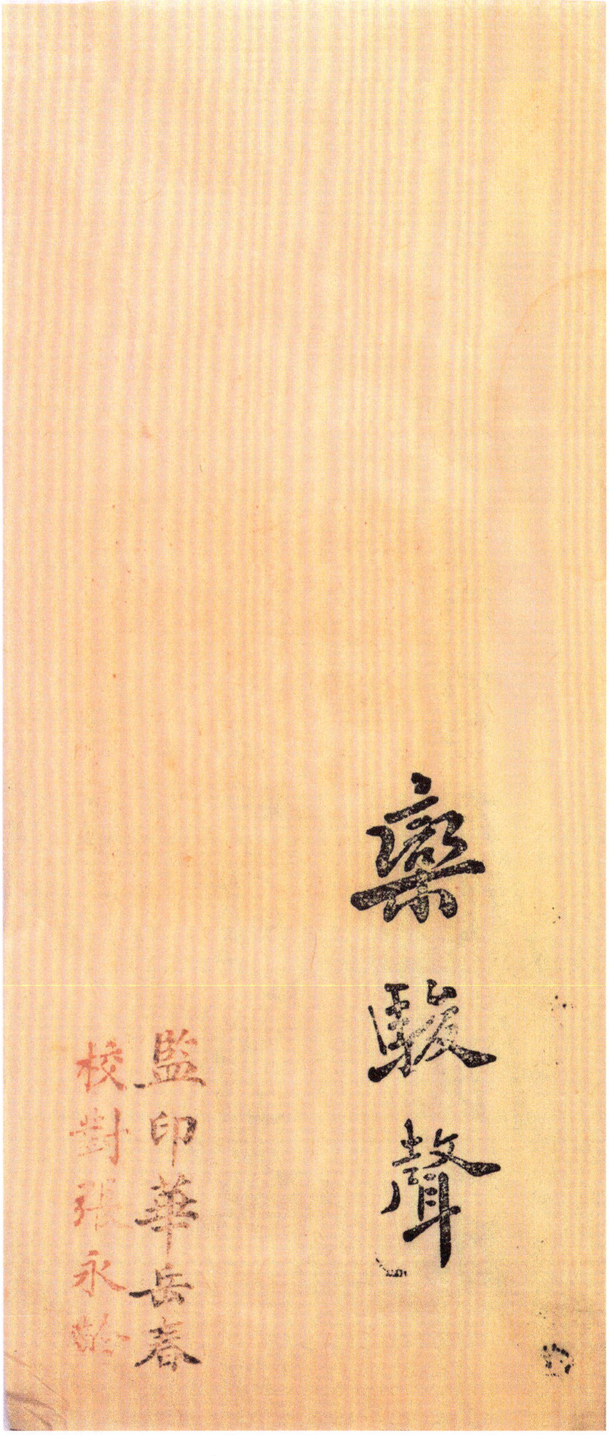
齊駿聲

監印華岳春
校對張永齡

一六七　赤峰縣地方捐局爲無力抗争商會亟請交代可否先行代征捐款懇轉呈批示事致赤峰縣公署呈（1922年1月21日）

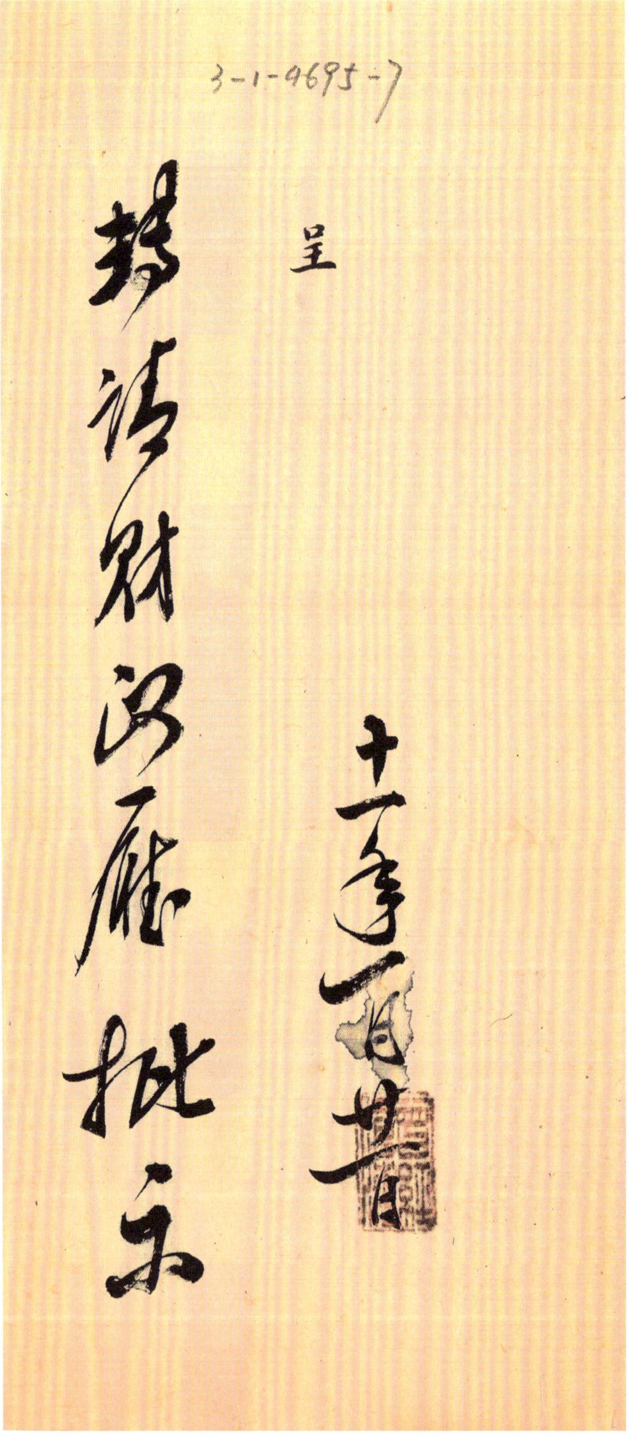
3-1-4695-7

十一年一月廿一日

呈

懇請財政廳批示

## 一六七　赤峰縣地方捐局爲無力抗爭商會亟請交代可否先行代征捐款懇轉呈批示事致赤峰縣公署呈（1922年1月21日）

呈為呈請事　委員等於民國七年九月間承本街紳學界公推蒙
李前任委辦地方捐局到差奉公按月報銷均有成案民國十一年一月
十五日本街碾房三慶成志興隆兩家抗納油粮出街公益捐款再四勸
導堅執弗聽萬不得已呈請
鈞署傳究商會正會長喬鍾傑副會長文棟招集在會各鋪於二
十日一律閉門停止營業幸賴退會當錢店貨燒碾各商號照常
買賣軍警認真彈壓秩序尚能維持委員等識力薄弱為辦
地方事致令强有力之商會會長糾衆閉門擾亂治安興言及此惶
悚無地日昨邀集紳學同人核議將局內收支賬簿款項查點清楚
亟請交代無論如何誓不敢再與强暴會長盲從商人争是非較短

## 一六七 赤峰縣地方捐局爲無力抗争商會亟請交代可否先行代征捐款懇轉呈批示事致赤峰縣公署呈（1922年1月21日）

長也惟案關呈准可否先請
鈞署代徵抑或歸併財政所勸學所徵收之處理合呈請
鈞署查核轉呈批示遵行委員等不勝迫切待命之至謹呈
赤峰縣公署
赤峰縣地方捐局主任委員董承榮（印：董承榮印）
總查委員王文堪（印：王文堪印）

一六七　赤峰縣地方捐局爲無力抗争商會亟請交代可否先行代征捐款懇轉呈批示事致赤峰縣公署呈（1922 年 1 月 21 日）

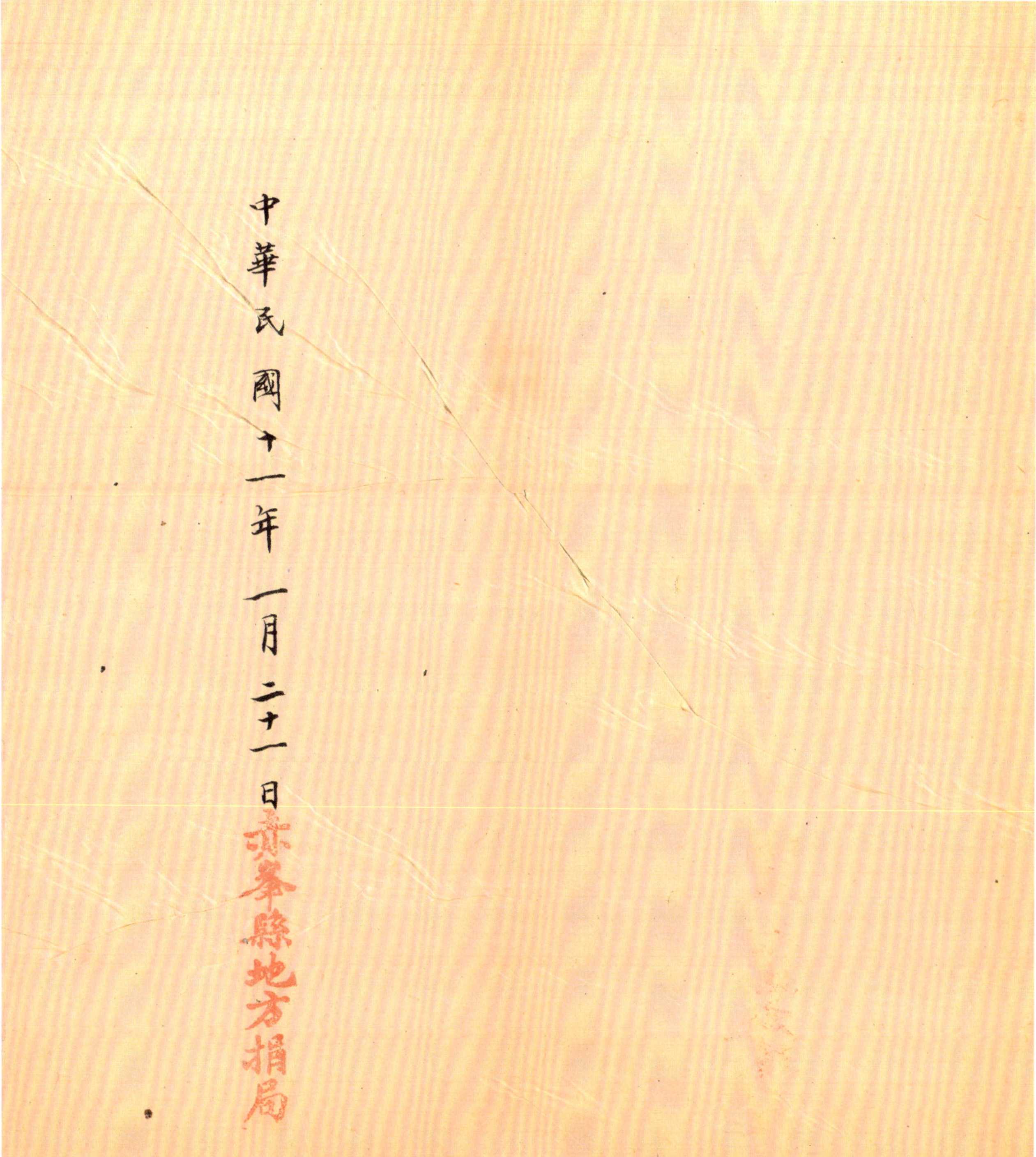
中華民國十一年一月二十一日
赤峰縣地方捐局

## 一六八　熱河道道尹公署爲厦門關查獲國民黨證書誓約仰遵照嚴密查禁事致赤峰縣公署訓令（1922年2月23日）

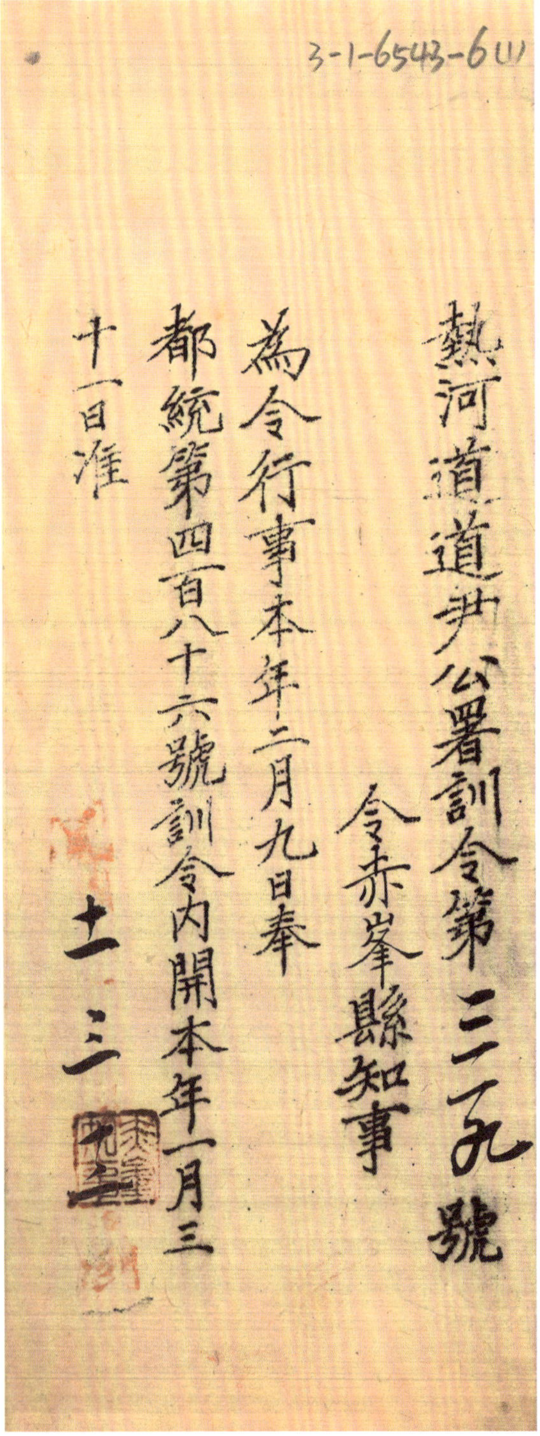

3-1-6543-6(1)

熱河道道尹公署訓令第三五號
令赤峰縣知事
為令行事本年二月九日奉
都統第四百八十六號訓令內開本年一月三
十一日准
廿三

## 一六八　熱河道道尹公署爲厦門關查獲國民黨證書誓約仰遵照嚴密查禁事致赤峰縣公署訓令（1922年2月23日）

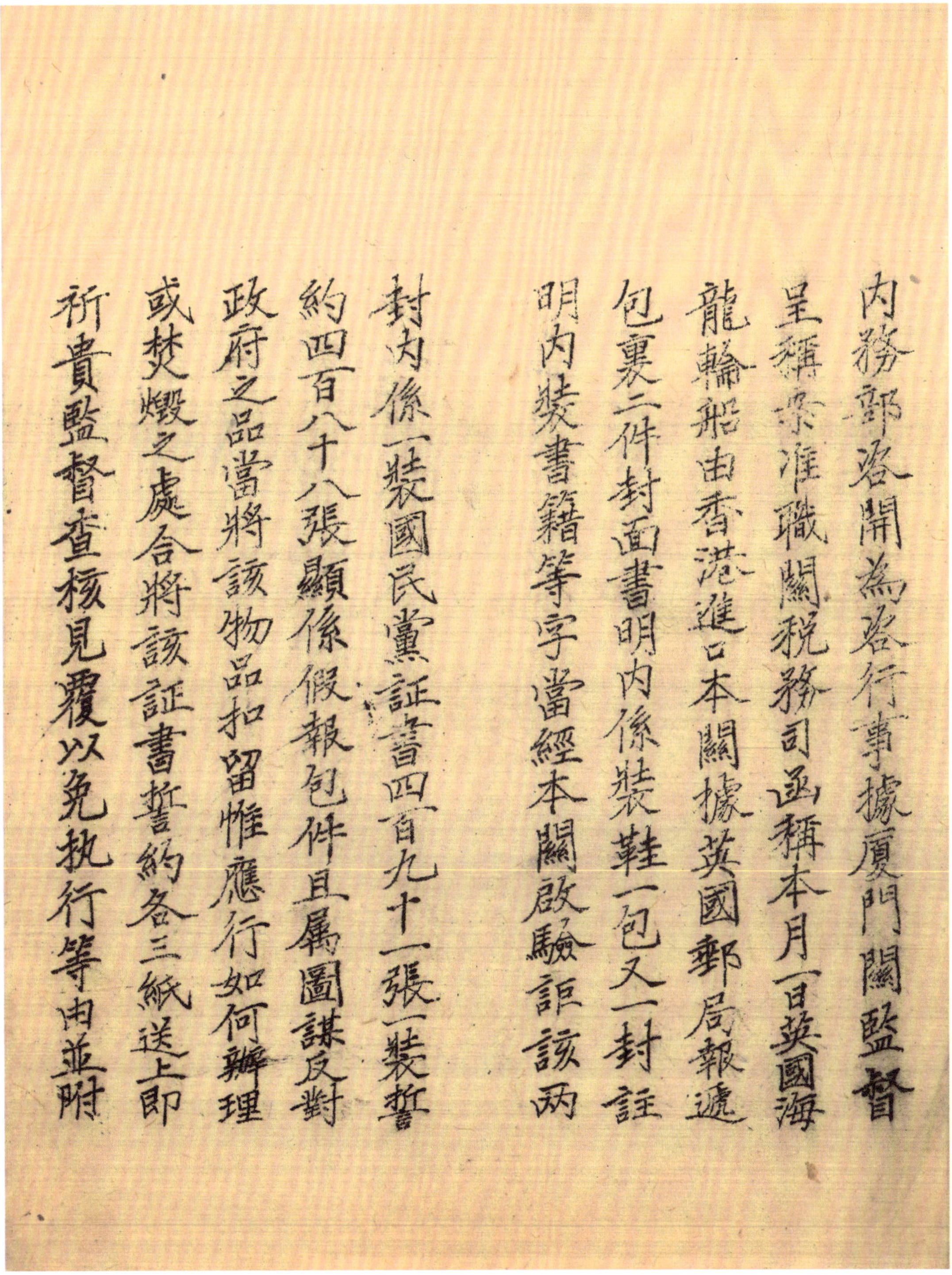
内務部咨開爲咨行事據厦門關監督
呈稱案准職關稅務司函稱本月一日英國海
龍輪船由香港進口本關據英國郵局報遞
包裹二件封面書明内係裝鞋一包又一封註
明内裝書籍等字當經本關啓驗詎該兩
封内係一裝國民黨証書四百九十一張一裝誓
約四百八十八張顯係假報包件且屬圖謀反對
政府之品當將該物品扣留惟應行如何辦理
或焚燬之處合將該証書誓約各三紙送上即
祈貴監督查核見覆以免執行等由並附

## 一六八　熱河道道尹公署爲厦門關查獲國民黨證書誓約仰遵照嚴密查禁事致赤峰縣公署訓令（1922 年 2 月 23 日）

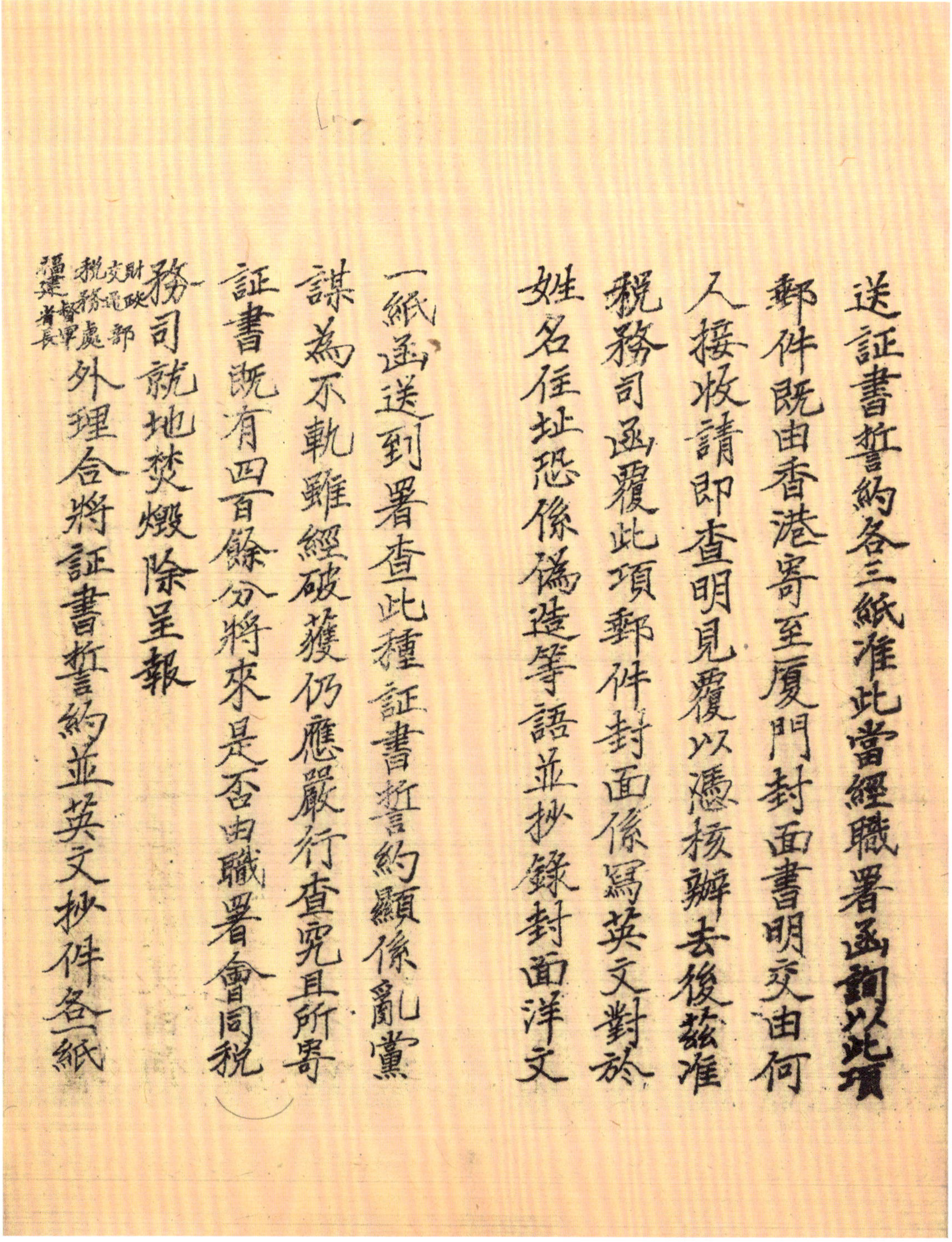

送証書誓約各三紙准此當經職署函詢以此項
郵件既由香港寄至厦門封面書明交由何
人接收請即查明見覆以憑核辦去後茲准
稅務司函覆此項郵件封面係寫英文對於
姓名住址恐係僞造等語並抄錄封面洋文
一紙函送到署查此種証書誓約顯係亂黨
謀爲不軌雖經破獲仍應嚴行查究且所寄
証書既有四百餘分將來是否由職署會同稅
務司就地焚燬除呈報
財政部
交通部
稅務處
福建督軍
省長
外理合將証書誓約並英文抄件各一紙

## 一六八 熱河道道尹公署爲厦門關查獲國民黨證書誓約仰遵照嚴密查禁事致赤峰縣公署訓令（1922年2月23日）

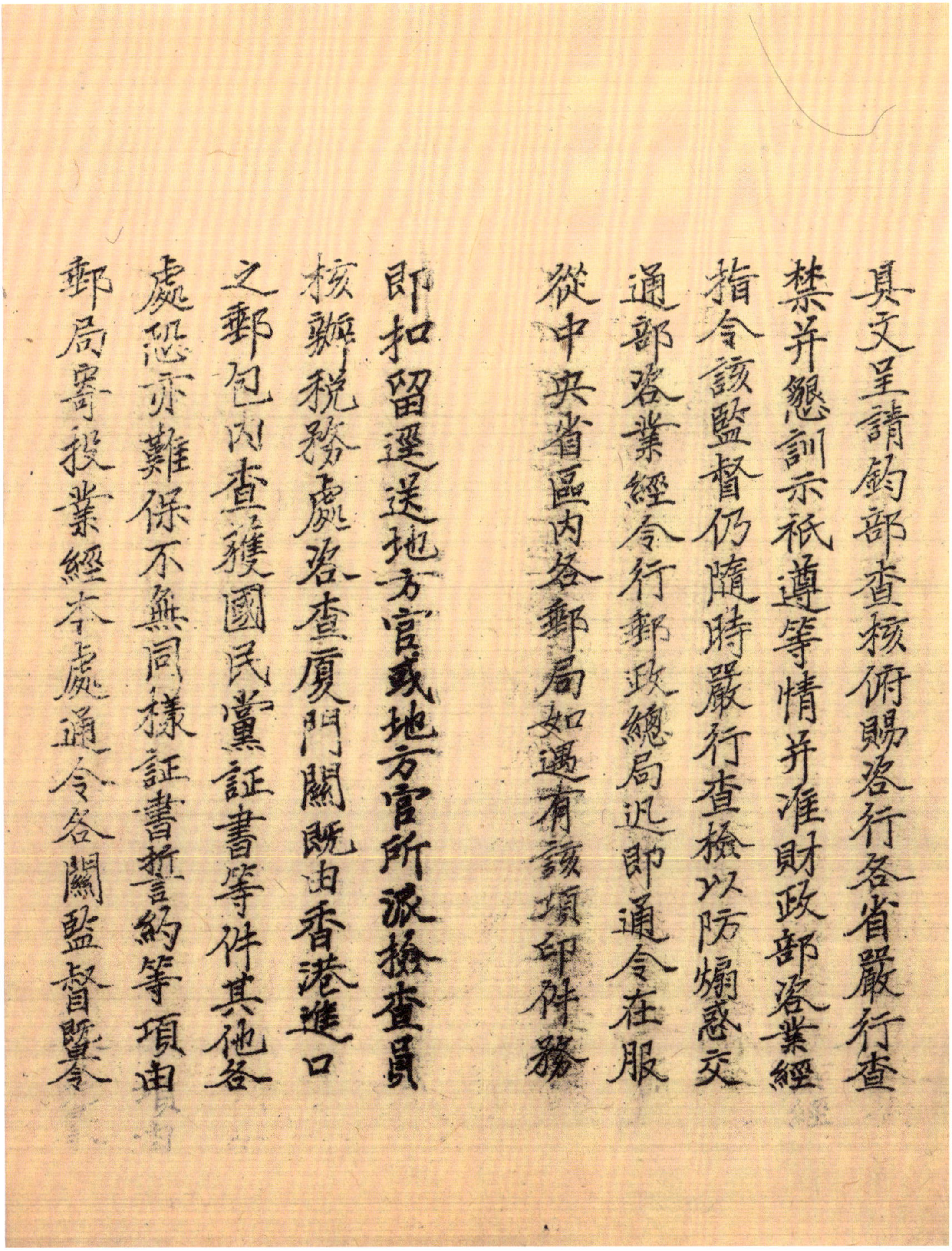
具文呈請鈞部查核俯賜咨行各省嚴行查
禁并懇訓示祇遵等情并准財政部咨業經
指令該監督仍隨時嚴行查檢以防煽惑交
通部咨業經令行郵政總局迅即通令在服
從中央省區內各郵局如遇有該項印件務
即扣留還送地方官或地方官所派檢查員
核辦税務處咨查厦門關既由香港進口
之郵包內查獲國民黨証書等件其他各
處恐亦難保不無同樣証書誓約等項由
郵局寄投業經本處通令各關監督暨本

## 一六八　熱河道道尹公署爲厦門關查獲國民黨證書誓約仰遵照嚴密查禁事致赤峰縣公署訓令（1922 年 2 月 23 日）

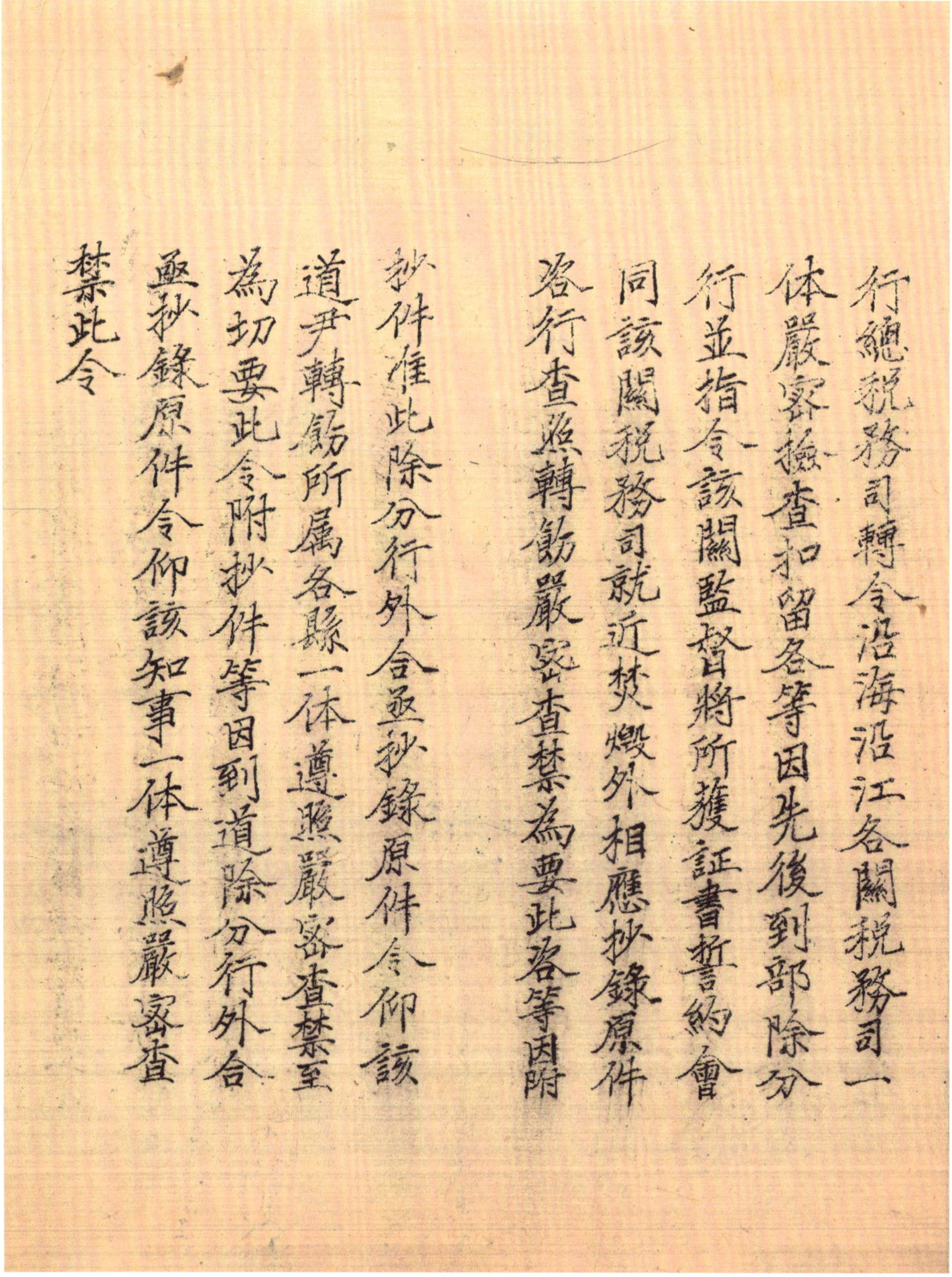
行總稅務司轉令沿海沿江各關稅務司一
体嚴密檢查扣留各等因先後到部除分
行並指令該關監督將所獲証書誓約會
同該關稅務司就近焚燬外相應抄錄原件
咨行查照轉飭嚴密查禁爲要此咨等因附
抄件准此除分行外合亟抄錄原件令仰該
道尹轉飭所屬各縣一体遵照嚴密查禁至
爲切要此令附抄件等因到道除分行外合
亟抄錄原件令仰該知事一体遵照嚴密查
禁此令

一六八　熱河道道尹公署爲厦門關查獲國民黨證書誓約仰遵照嚴密查禁事致赤峰縣公署訓令（1922年2月23日）

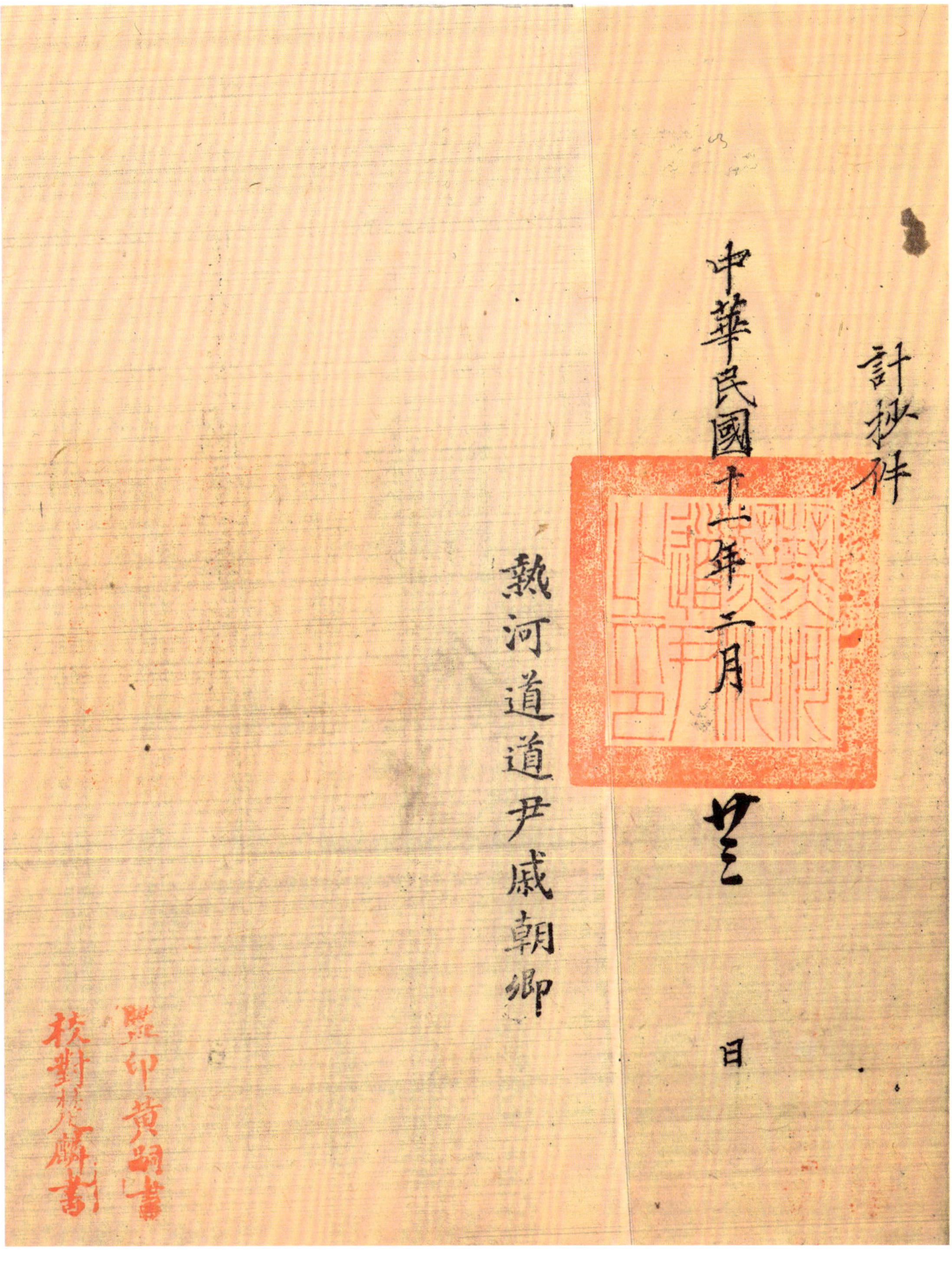
計抄件

中華民國十一年二月廿三日

熱河道道尹戚朝卿

監印黄嗣書

校對林人麟書

一六八　熱河道道尹公署爲厦門關查獲國民黨證書誓約仰遵照嚴密查禁事致赤峰縣公署訓令（1922年2月23日）

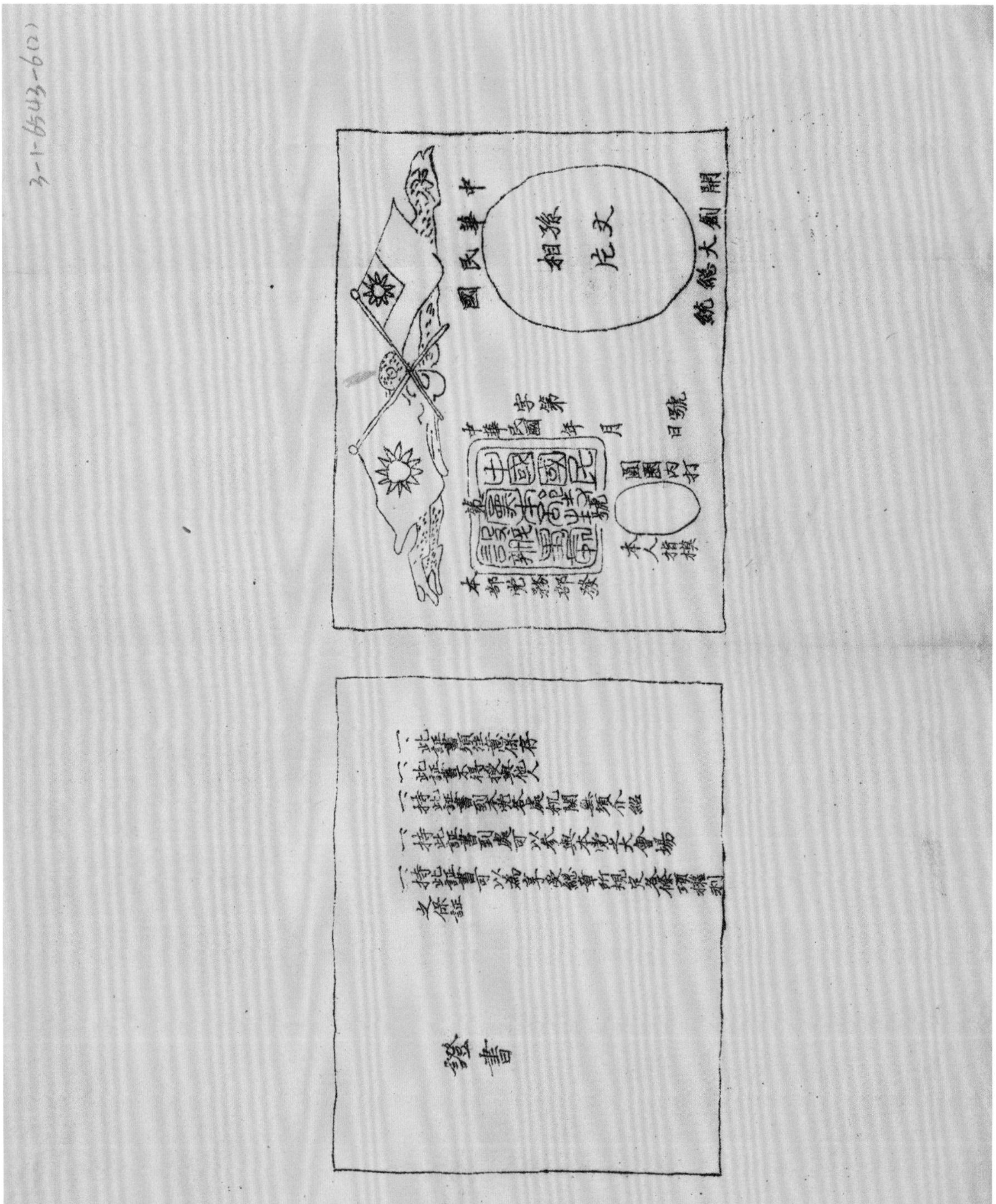

## 一六八　熱河道道尹公署爲廈門關查獲國民黨證書誓約仰遵照嚴密查禁事致赤峰縣公署訓令（1922 年 2 月 23 日）

誓約　第

立誓約人　爲救中國危亡拯生民困苦願犧牲一己之身命自由
權利附從　孫先生建設民國實行三民主義創立五權憲法使政治修
明生民樂利措國基於鞏固維世界之和平特誠謹矢誓如左

一　實行宗旨
二　服從命令
三　盡忠職務
四　嚴守秘密
五　誓共生死

從茲永守此約至死不渝如有貳心甘受極刑 〇 本人蓋左手中指摸處

籍貫　省　縣
年歲
職業
經歷
入黨　部及所在地
介紹人
主盟人

中華民國　年　月　日

印　第　號

民國　年　月　日給

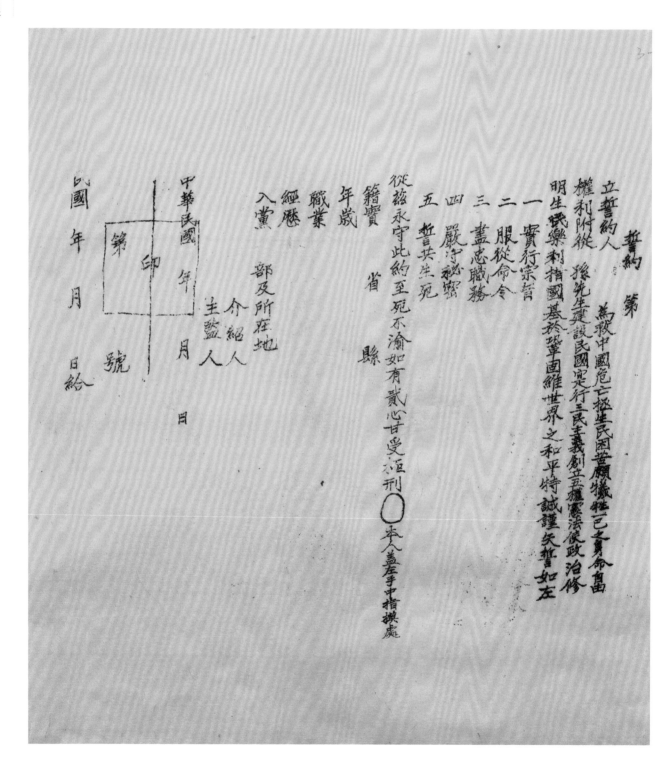

## 一六八　熱河道道尹公署爲厦門關查獲國民黨證書誓約仰遵照嚴密查禁事致赤峰縣公署訓令（1922 年 2 月 23 日）

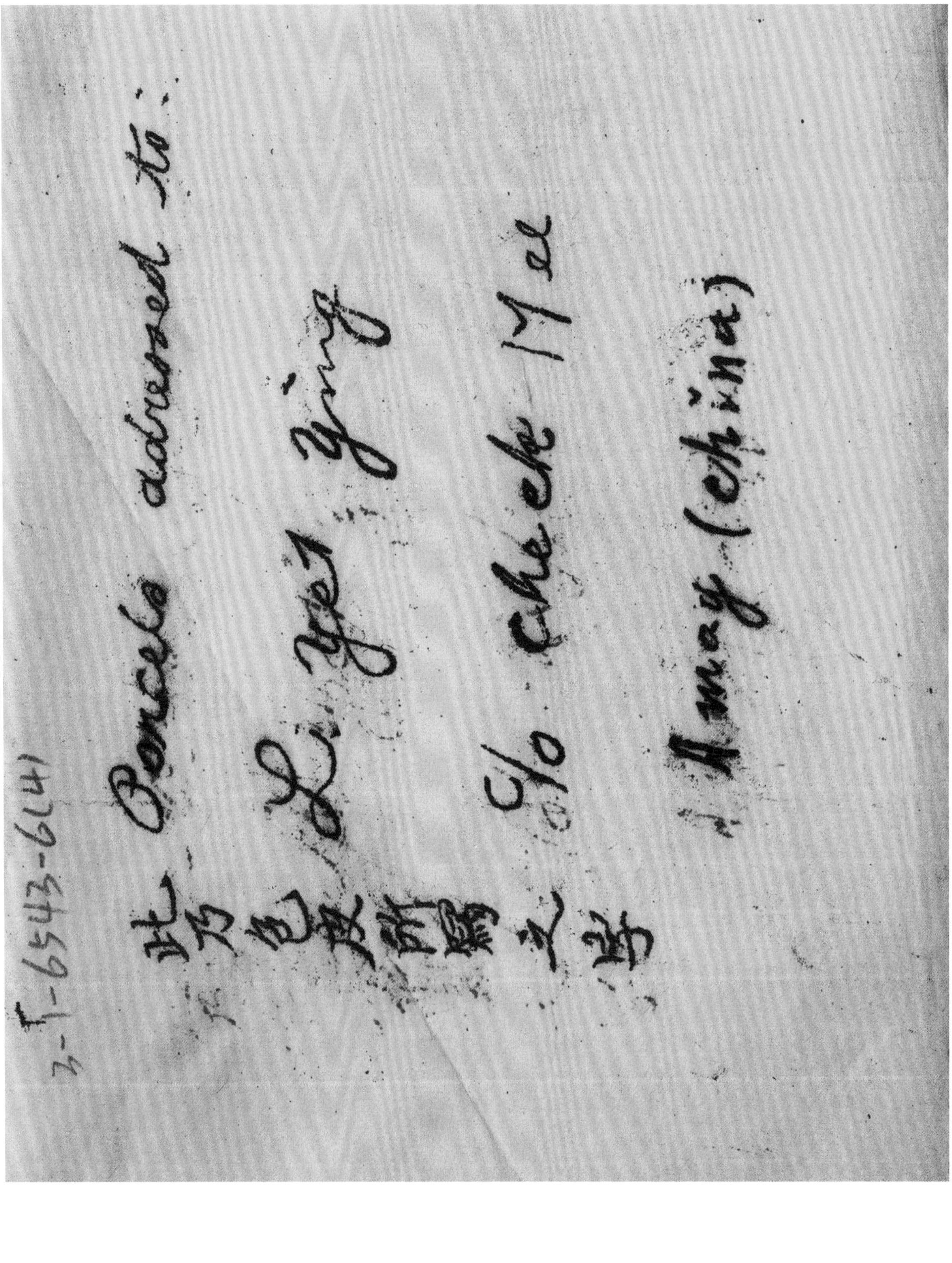

3-1-6543-6(41)

此乃包裹所屬之字

Parcels addressed to:

Li Yei Jing

C/o Check Mae

Amoy (China)

## 一六九 赤峰縣公署爲嚴行查禁開設烟館售運大烟事致赤峰縣警察所訓令（1922年2月26日）

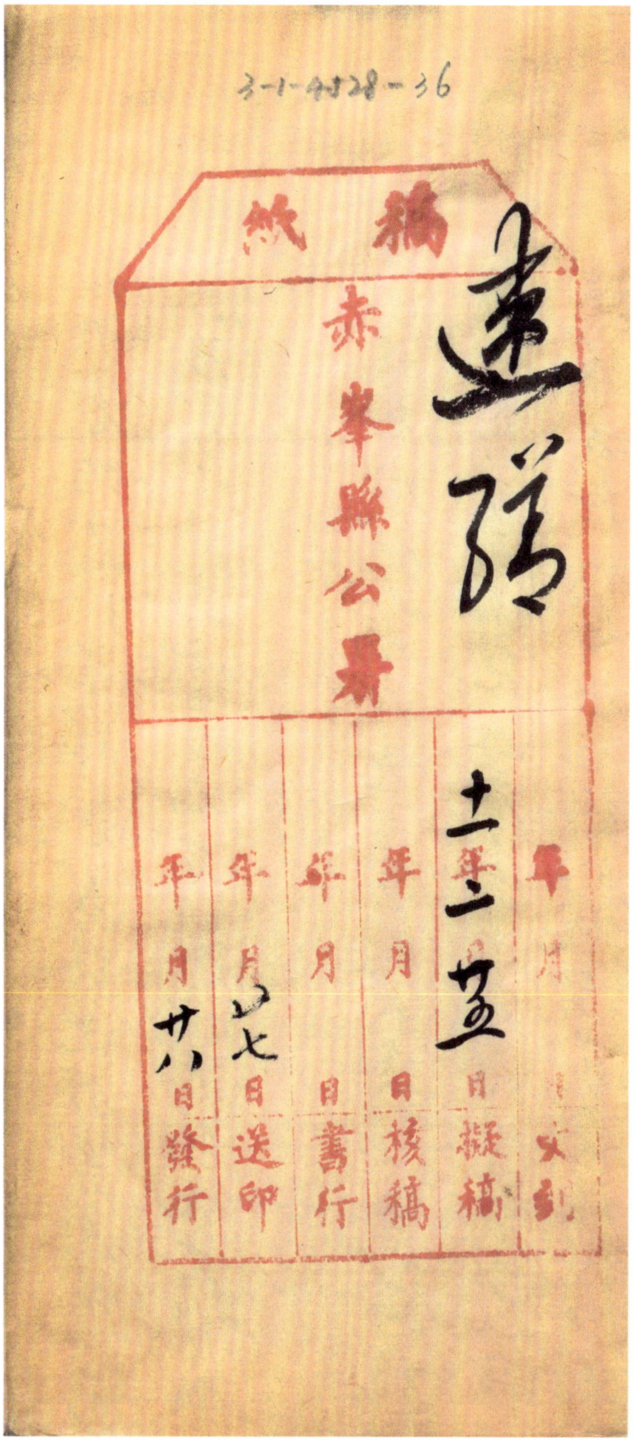
3-1-4528-36

稿紙

赤峰縣公署

速發

年月日收文

十一年二月廿五日擬稿

年月日核稿

年月日書行

年月廿七日送印

年月廿八日發行

一六九　赤峰縣公署爲嚴行查禁開設烟館售運大烟事致赤峰縣警察所訓令（1922年2月26日）

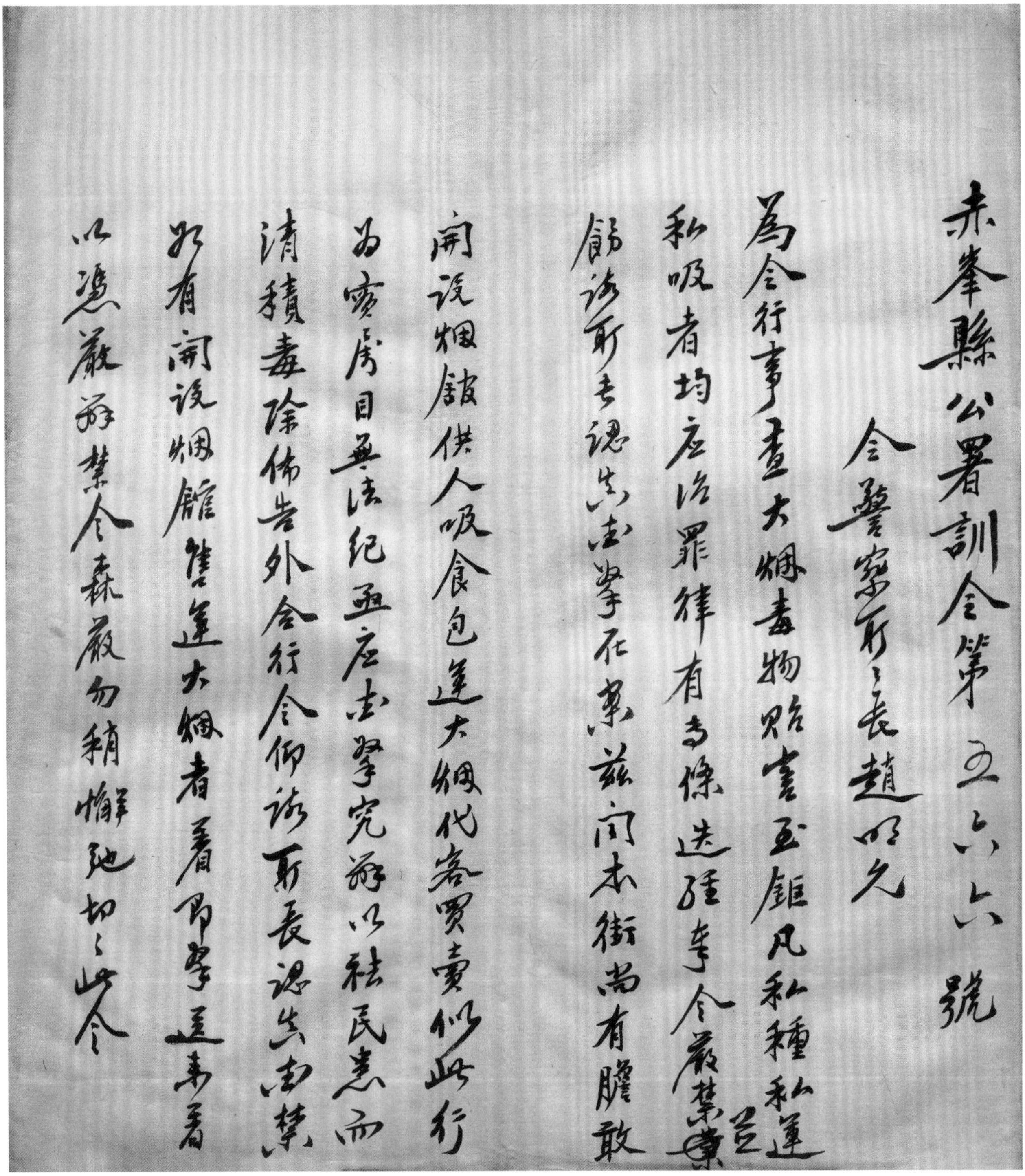
赤峰縣公署訓令第五六六號
令警察所所長趙明久
為令行事查大烟毒物貽害亞鉅凡私種私運
私吸者均應治罪律有專條迭經本令嚴禁並
飭該所長認真查拏在案茲聞本街尚有膽敢
開設烟館供人吸食包運大烟代客買賣似此行
為實屬目無法紀亟應查拏究辦以袪民患而
清積毒除佈告外合行令仰該所長認真查禁
所有開設烟館售運大烟者着即拏送來署着
以憑嚴辦禁令森嚴勿稍懈弛切切此令

一六九　赤峰縣公署爲嚴行查禁開設烟館售運大烟事致赤峰縣警察所訓令（1922 年 2 月 26 日）

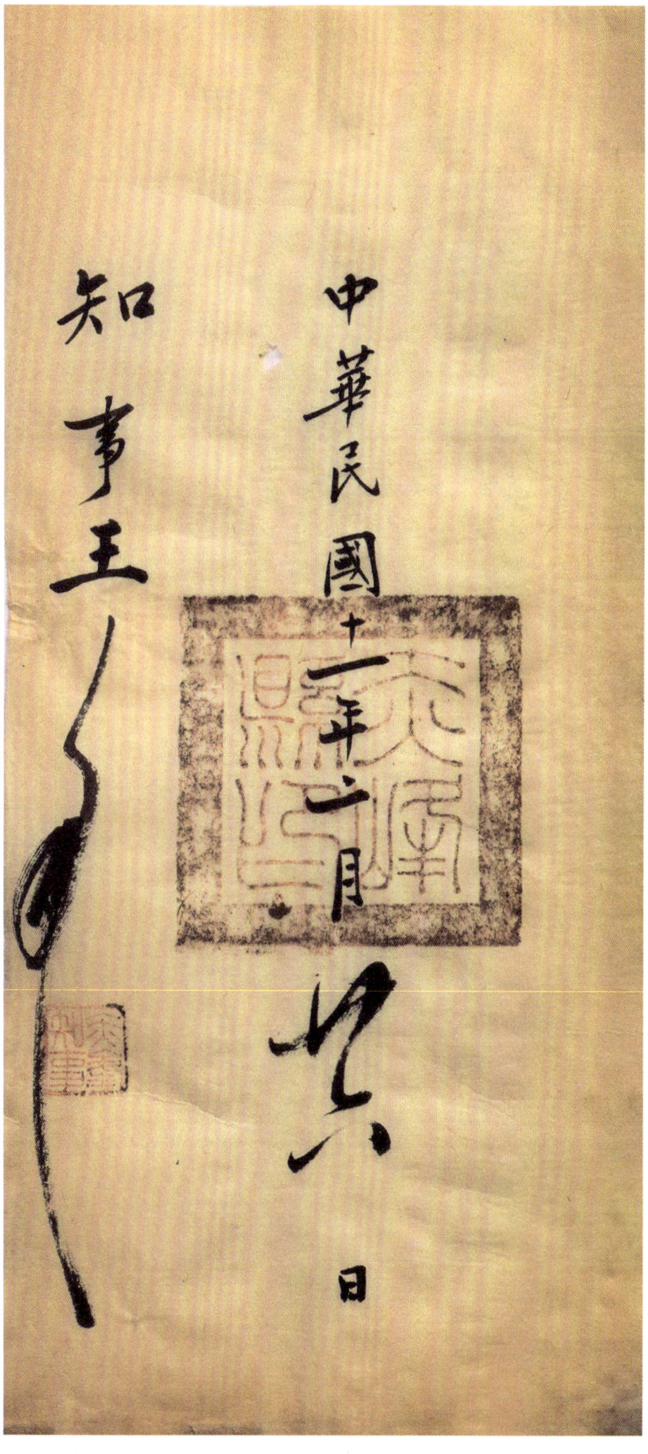
中華民國十一年二月廿六日

知事王

## 一七〇 公家地約公民劉光閣等爲懇請於南清溝梁等要路設所駐警以保治安事致赤峰縣公署呈（1922年3月）

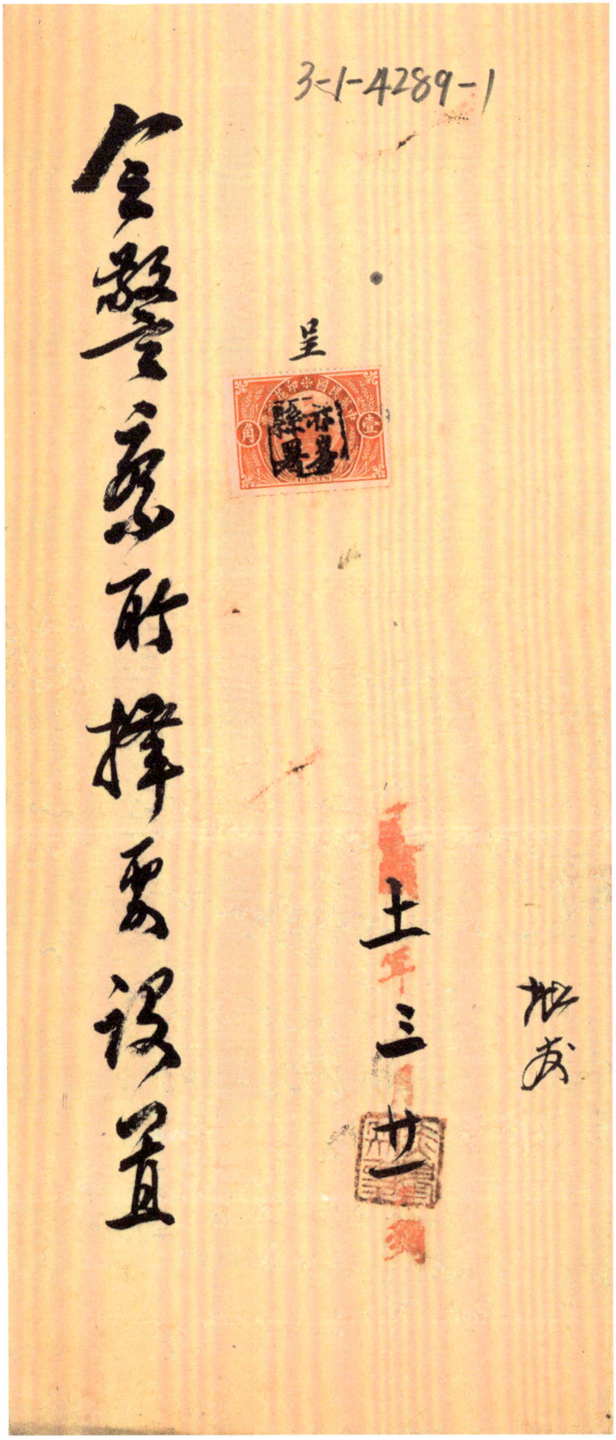
3-1-4289-1
呈
令警察所擇要設置
十一 三 廿一
批發

## 一七〇 公家地約公民劉光閣等爲懇請於南清溝梁等要路設所駐警以保治安事致赤峰縣公署呈（1922年3月）

具呈人公家地約公民劉光閣、朱憲章、宋喜等為賊匪蠭起懇
恩設法保衛以免擾害而保治安事。竊查去歲馬賊四起，曾蒙
仁明洞鑒地方情形，改編遊擊馬隊，擇要駐守堵截，經飭令第
二遊擊隊前往南清溝、房身等處駐紮，以斷賊匪來往去路。彼
時該處只因房屋不便，該董隊長又因與水地敬昌源相交至厚，
是以主持暫退居水地，言及俟該處備妥房屋，當即前來等語。
嗣經該處已將房屋備妥，該隊長支吾終未前往。公民等因思
南清溝房身村一帶向為賊匪往來要路，去歲二月間經老文字、
廷字等二十餘賊在房身村搶刦來往車輛，並綁去晉昌源白
掌柜；六月間又綁搶相距四里葦塘村之永和德；八月間又將附近
之河南營子燒搶，相距六里燒鍋地村住民王亮亦被强搶；今歲
又在該梁路刦沈德牛車，幸經王巡官巡邏相逢，當經將該車

## 一七〇 公家地約公民劉光閣等爲懇請於南清溝梁等要路設所駐警以保治安事致赤峰縣公署呈（1922年3月）

所失之大布等貨打回近日又被馬賊將已退巡官滕榮打斃似此該梁坡不時過賊皆因該處路通南北東西大為建綏開各縣赴赤必經之路往來携款客商甚多每逢賊入赤境先至此梁搶刦若非設所常備堵截難保治安我

仁憲洞明地方情形早經飭令遊擊隊駐紮此處奈因該隊長藉口房屋不便退入水地查該水地村一則距街太近又非賊匪往來之路毫無設立警所之必要際此地廣警單之時擇要駐守尚恐不及豈能以有限之警察置諸於無關緊要之地前次駐紮水地者皆因該隊長只全情面不顧地方餉經該隊方離南清溝而該附近一帶多被賊匪强搶近聞警察復行改組擇要設所諒該南清溝葦塘川一帶久稱馬賊要路諒在 仁明洞鑒之中去歲改編遊擊隊時曾經公衆推舉該南清溝梁葦塘川一帶向為要路設所

一七〇 公家地約公民劉光閣等爲懇請於南清溝梁等要路設所駐警以保治安事致赤峰縣公署呈（1922年3月）

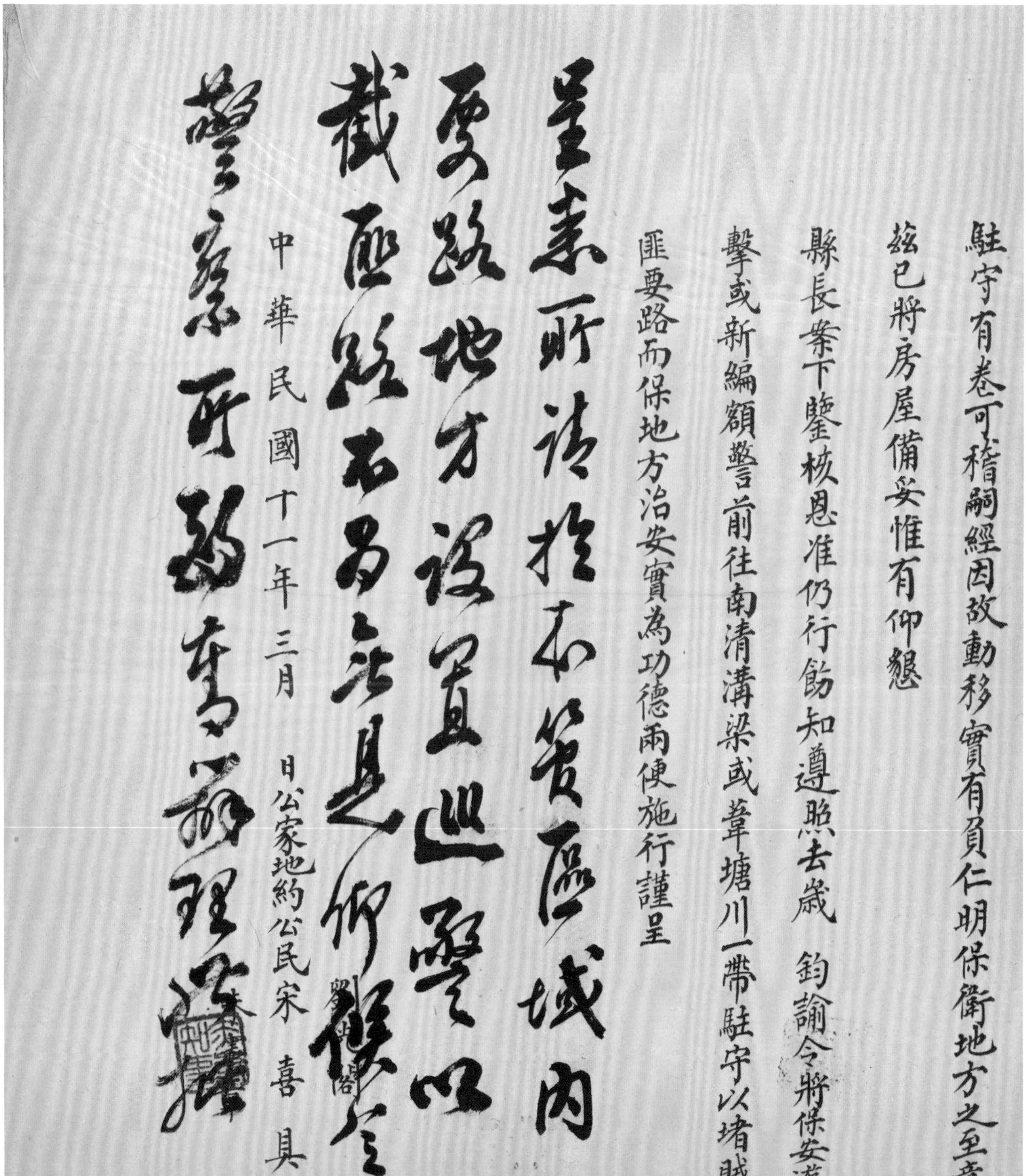

駐守有卷可稽嗣經因故動移實有負仁明保衛地方之至意茲已將房屋備妥惟有仰懇
縣長案下鑒核恩准仍行飭知遵照去歲 鈞諭令將保安遊擊或新編額警前往南清溝梁或葦塘川一帶駐守以堵賊匪要路而保地方治安實為功德兩便施行謹呈

呈悉所請擬在管區域內要路地方設置巡警以截匪蹤而固治是仰候令警察所酌奪辦理此批

中華民國十一年三月 日公家地約公民宋喜 劉光閣 具

## 一七一　熱河都統公署爲查禁携帶現金現洋出境事致赤峰縣公署電報（1922年5月11日）

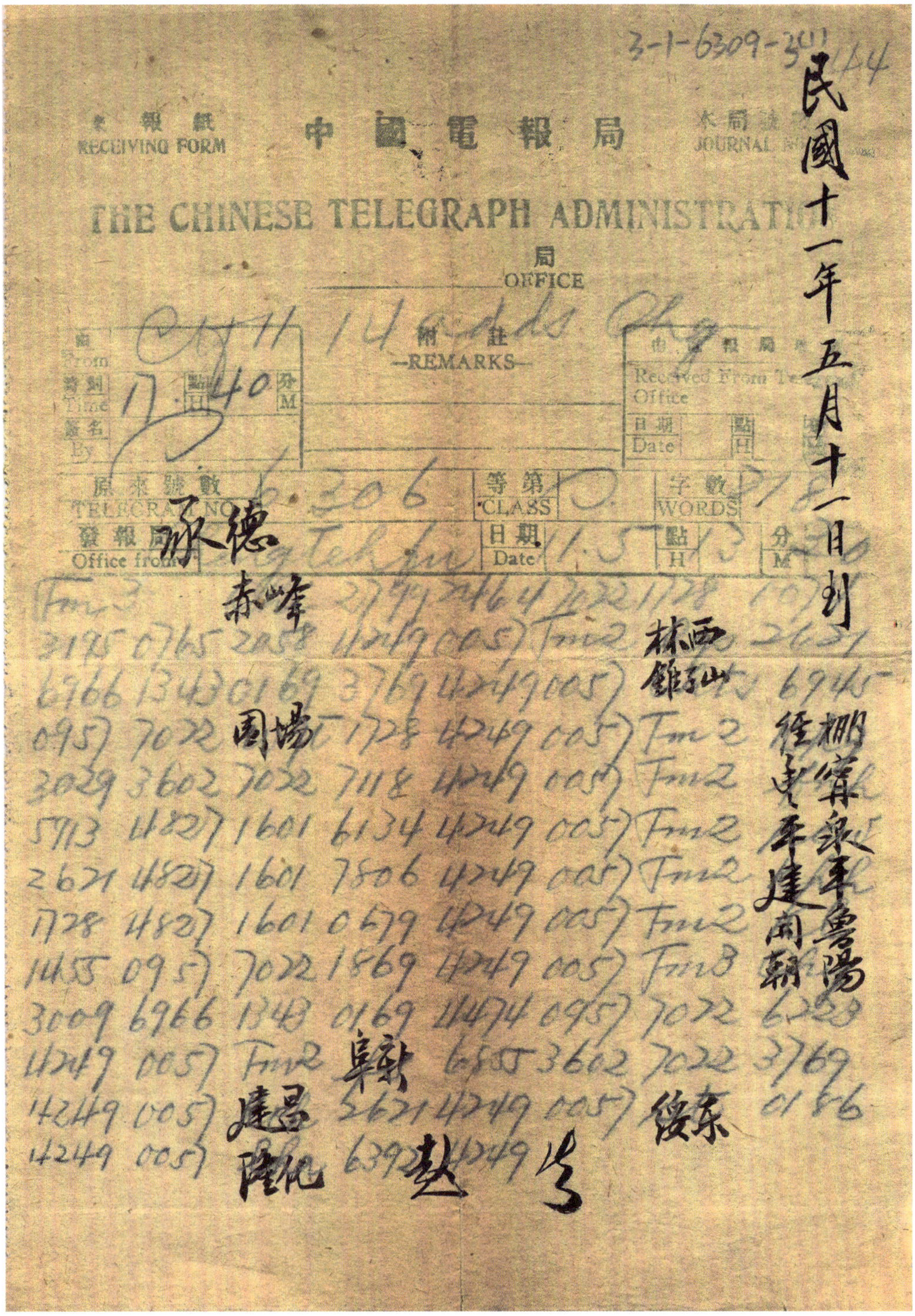
3-1-6309-341

民國十一年五月十一日到

來報紙 RECEIVING FORM　中國電報局　本局號數 JOURNAL No.

THE CHINESE TELEGRAPH ADMINISTRATION

局 OFFICE

由 From　時刻 Time　點 H　分 M　簽名 By

附註 —REMARKS—

由　報局 Received From Telegraph Office　日期 Date　點 H

原來號數 TELEGRAM No.　6306　等第 CLASS　字數 WORDS

發報局 Office from　承德　日期 Date　11.5　點 H　分 M

## 一七一　熱河都統公署爲查禁携帶現金現洋出境事致赤峰縣公署電報（1922年5月11日）

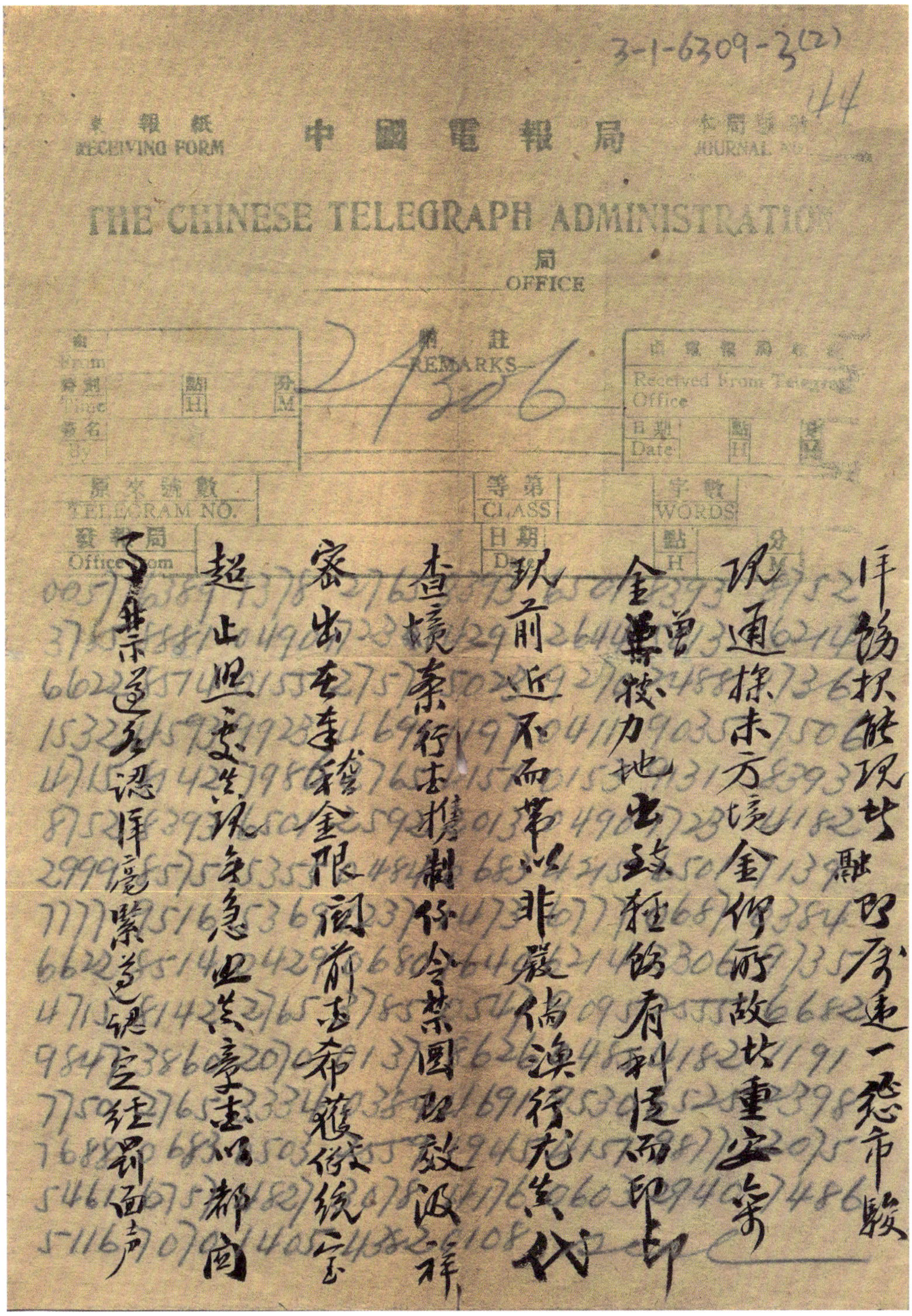

3-1-6309-3(2)

44

收報紙 RECEIVING FORM　中國電報局　來報號數 JOURNAL No.

THE CHINESE TELEGRAPH ADMINISTRATION

局 OFFICE

由 From　時刻 Time　點 H　分 M　簽名 By

附註 REMARKS　21306

由電報局接來 Received from Telegraph Office　日期 Date　點 H　分 M

原來號數 TELEGRAM NO.　等第 CLASS　字數 WORDS

發報局 Office from　日期 Date　點 H　分 M

一七二 赤峰縣公署爲携帶現款出境者予以限制事致赤峰縣警察所訓令稿（1922年5月12日）

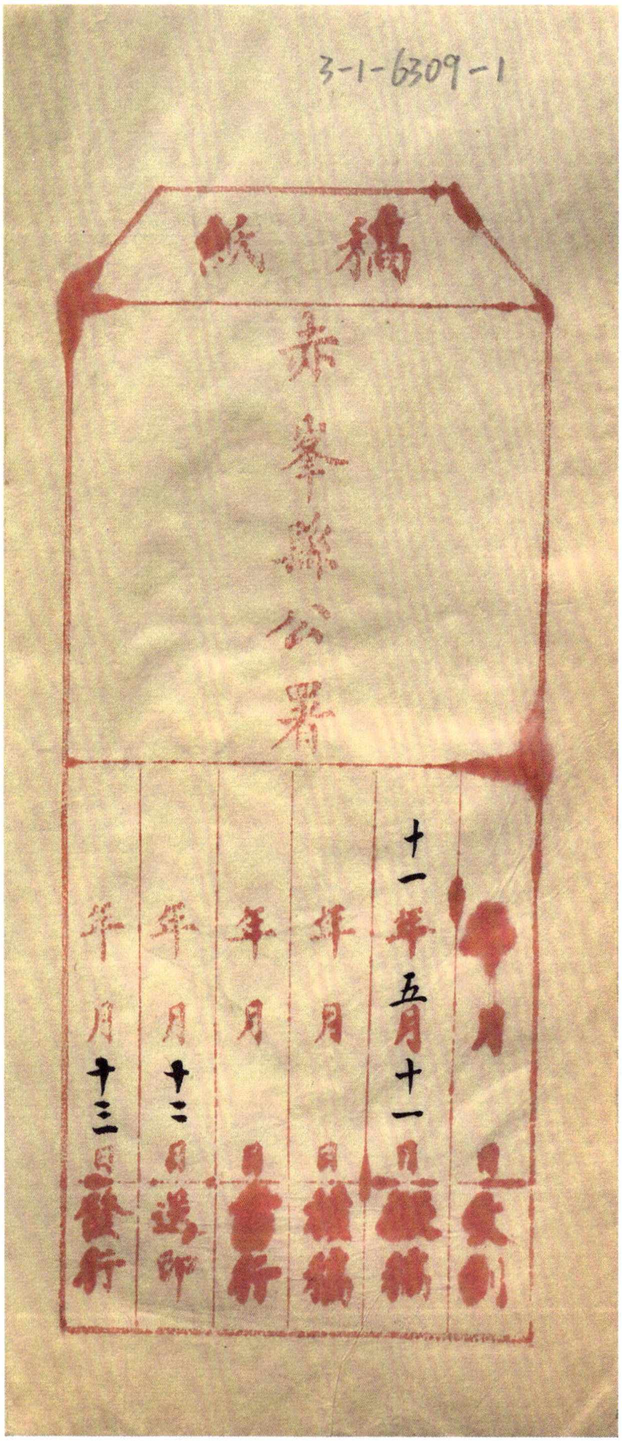
3-1-6309-1
稿紙
赤峰縣公署
月 日 交到
十一年五月十一日擬稿
年 月 日核稿
年 月 日會行
年 月 十二日送印
年 月 十三日發行

一七二　赤峰縣公署爲携帶現款出境者予以限制事致赤峰縣警察所訓令稿（1922年5月12日）

赤峰縣公署訓令第二〇號

令警察所長趙明允

爲令行事。本年五月十一日奉

熱河都統汲　真電內開：超察云云而安市面等因。奉

此。查此案，前奉令飭，當經令行該所查禁在案。茲

復奉電前因，合亟令仰該所長立即遵照先令文電

事理，認真稽查，凡携帶現款出境者，予以限制。倘

有故違定章者，即行扣送案懲辦，以維金融，切切。此令。

一併查出

## 一七二 赤峰縣公署爲携帶現款出境者予以限制事致赤峰縣警察所訓令稿（1922年5月12日）

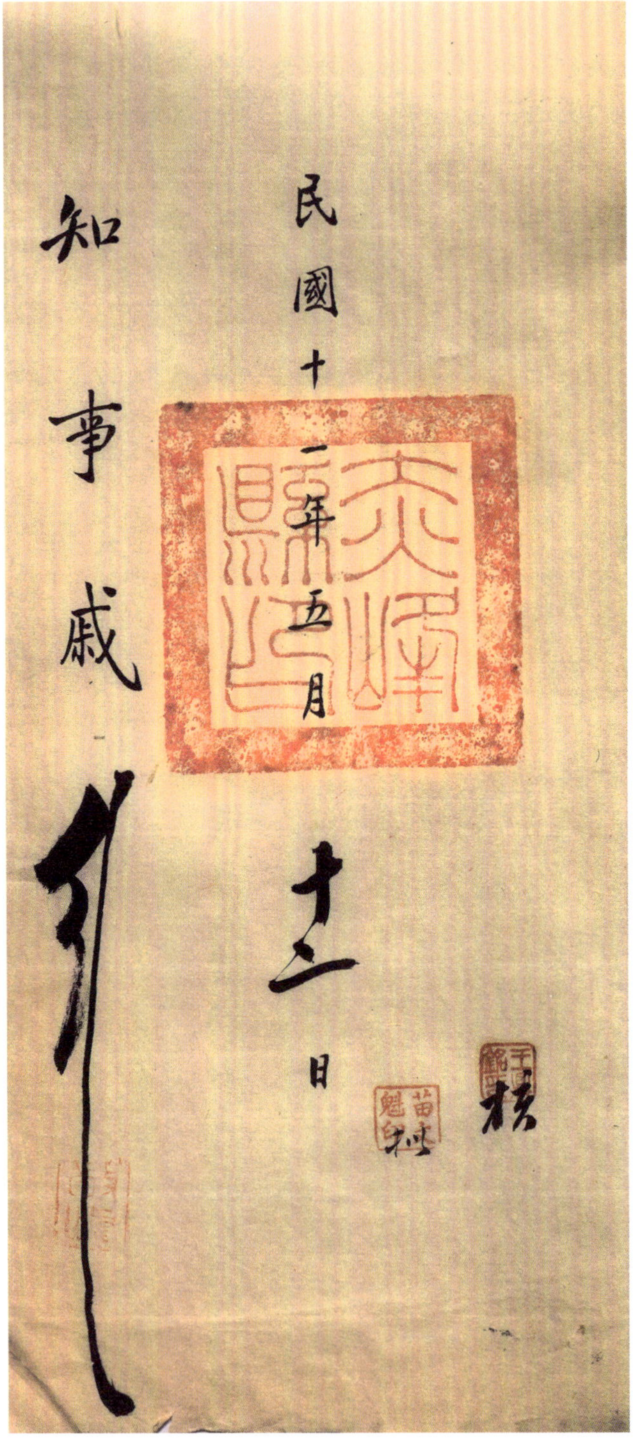
核

民國十一年五月十二日

知事戚

一七三　赤峰縣公署爲商民携帶現洋出境勿逾規定數目事致赤峰縣商會公函稿（1922 年 5 月 12 日）

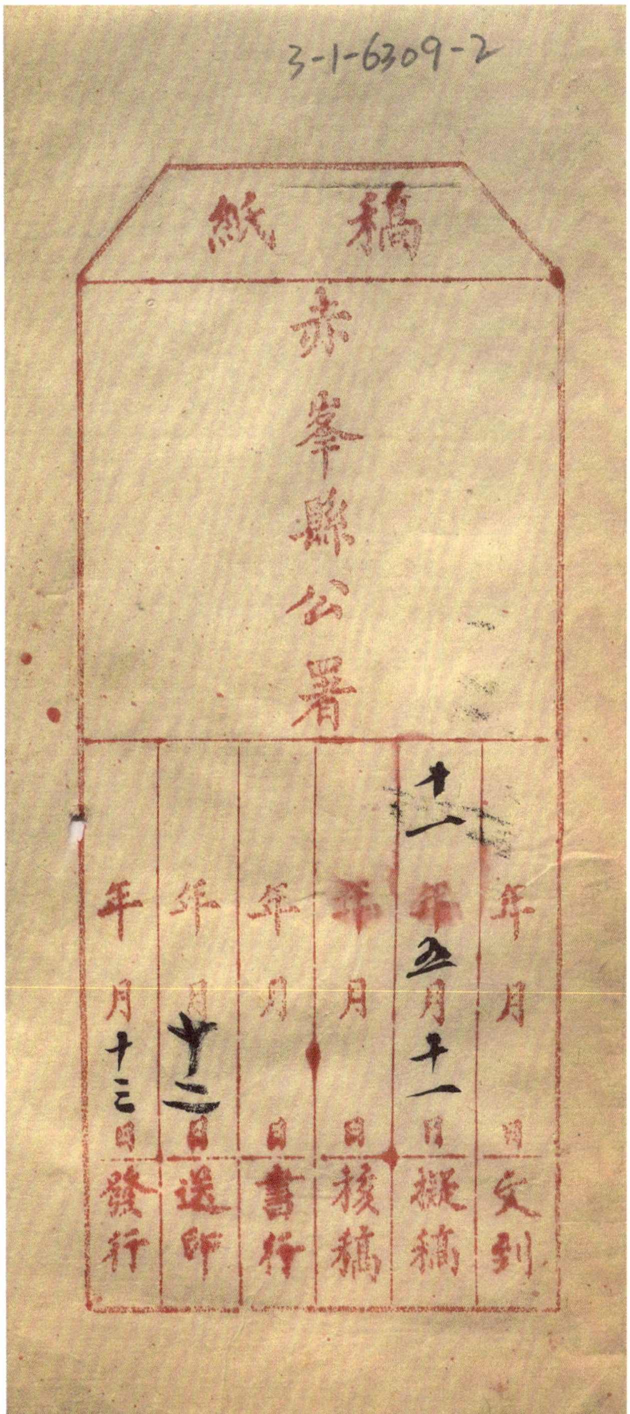
3-1-6309-2

稿紙

赤峯縣公署

| 文到 | 擬稿 | 核稿 | 書行 | 送印 | 發行 |
| --- | --- | --- | --- | --- | --- |
| 年月日 | 十一年五月十一日 | 年月日 | 年月日 | 年月十二日 | 年月十二日 |

一七三　赤峰縣公署爲商民携帶現洋出境勿逾規定數目事致赤峰縣商會公函稿（1922年5月12日）

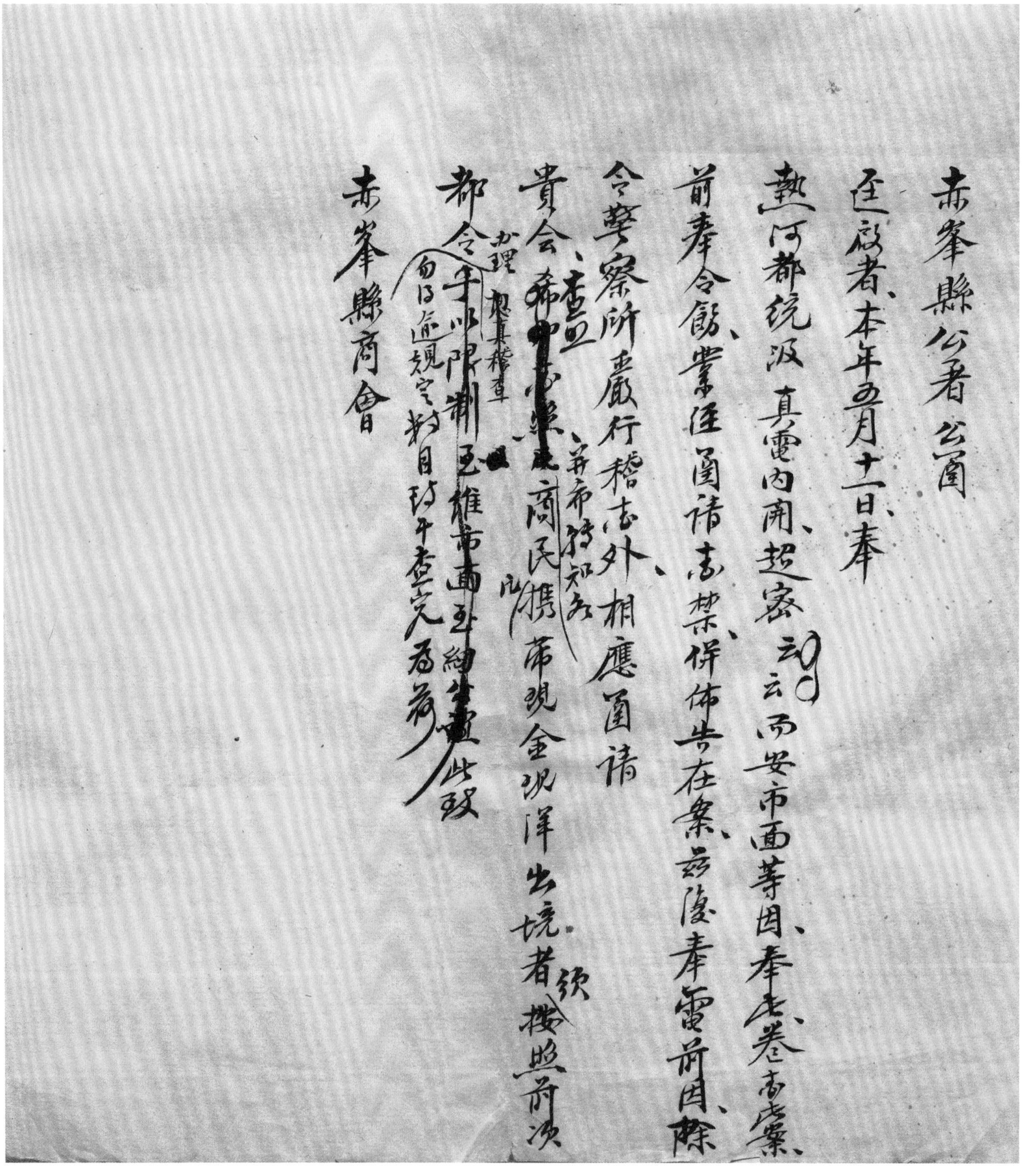
赤峰縣公署　公函

逕啓者，本年五月十二日奉

熱河都統汲　真電内開：超密。[illegible]云，而安市面等因。奉此，卷查案

前奉令飭，業經函請查禁，併佈告在案。茲復奉電前因，除

令警察所嚴行稽查外，相應函請

貴會查照，[illegible]并希轉知各商民，凡携帶現金現洋出境者，須按照前次

都令，予以限制，以維市面，[illegible]辦理，想其稽查，勿得逾規定數目，致干查究爲荷。此致

赤峰縣商會

## 一七三　赤峰縣公署爲商民携帶現洋出境勿逾規定數目事致赤峰縣商會公函稿（1922 年 5 月 12 日）

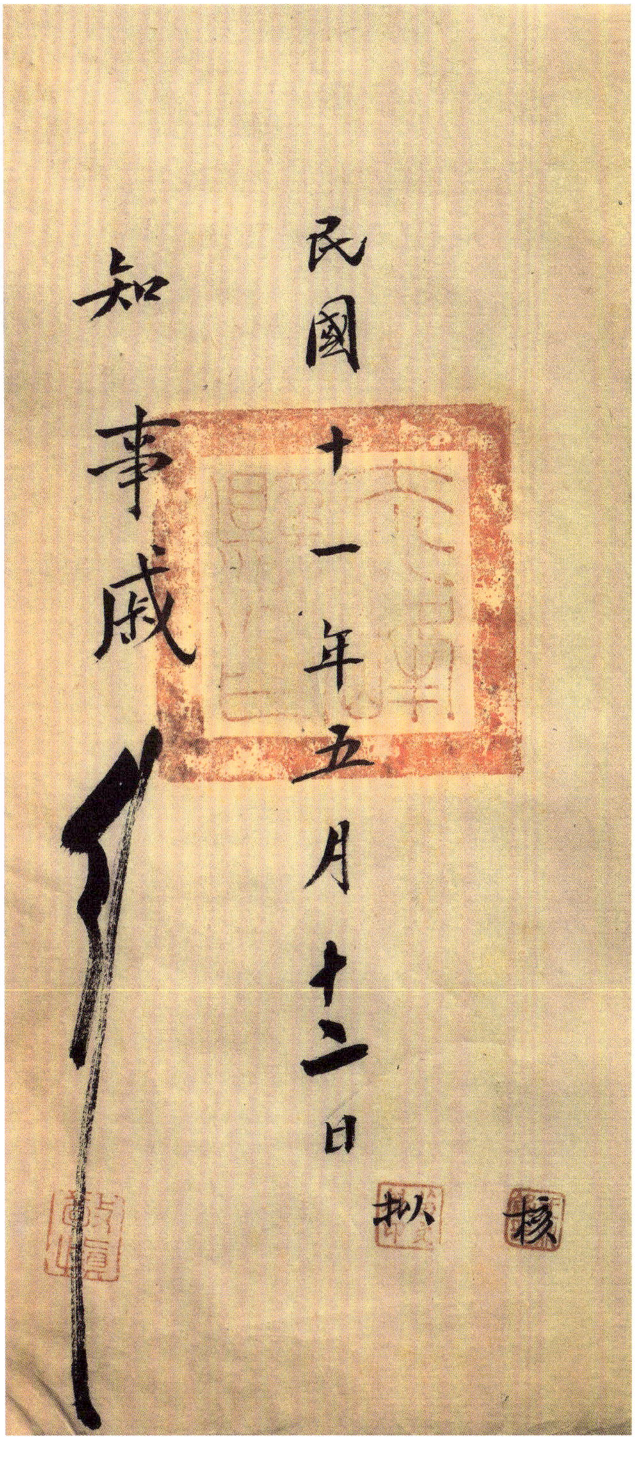
民國十一年五月十二日
知事戚
擬
核

一七四　熱河陸軍第一混成旅爲傳知軍衣莊軍警等做軍衣須有戳記或保條事致赤峰縣公署公函（1922年5月15日）

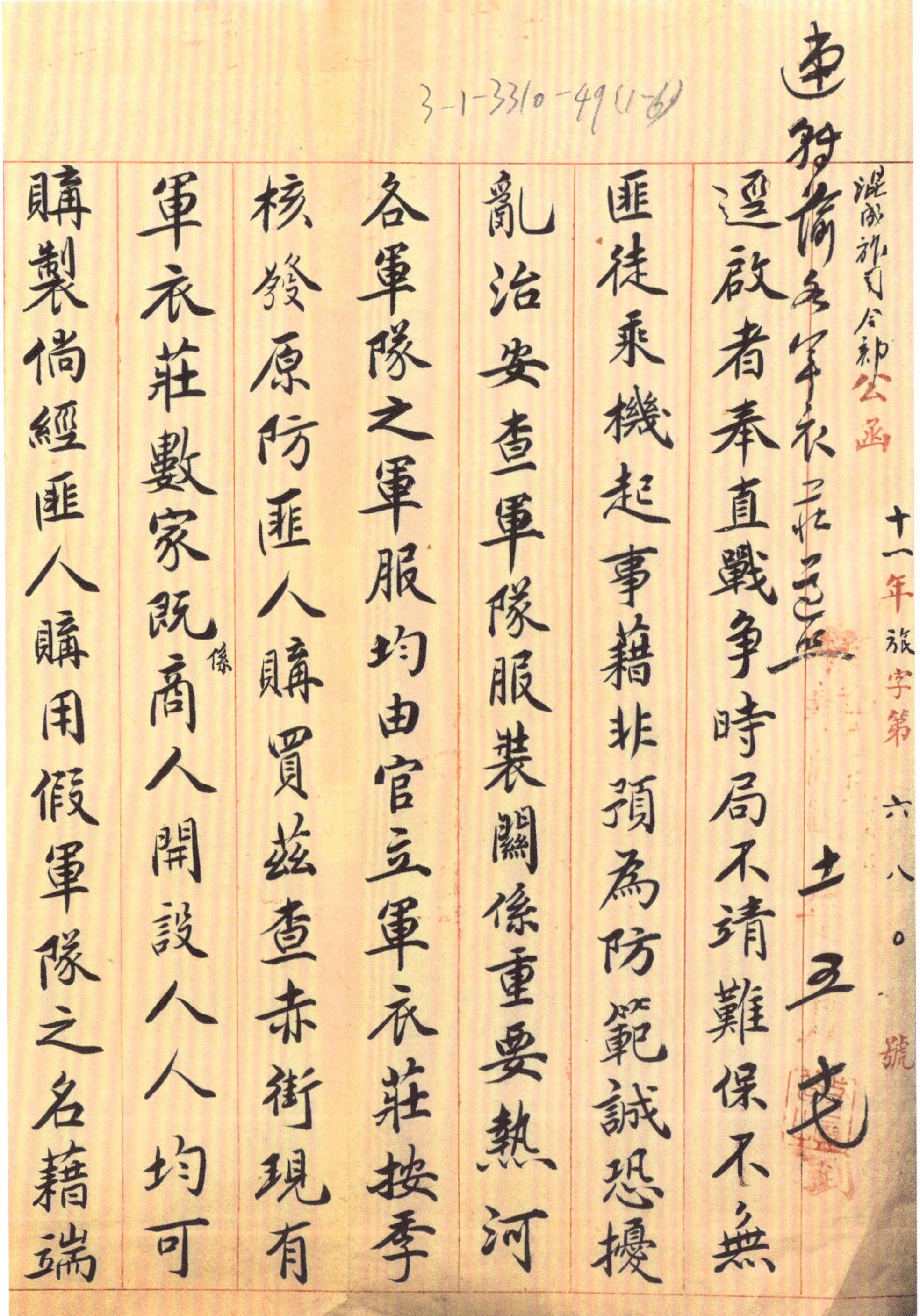

3-1-3310-49(1-6)

速飭諭各軍衣莊遵照

混成旅司令部公函　十一年　旅字第　六八〇　號

逕啟者奉直戰爭時局不靖難保不無匪徒乘機起事藉非預爲防範誠恐擾亂治安查軍隊服裝關係重要熱河各軍隊之軍服均由官立軍衣莊按季核發原防匪人購買茲查赤街現有軍衣莊數家既係商人開設人人均可購製倘經匪人購用假軍隊之名藉端

## 一七四　熱河陸軍第一混成旅爲傳知軍衣莊軍警等做軍衣須有戳記或保條事致赤峰縣公署公函（1922年5月15日）

滋事到處騷擾魚目混珠若不設法嚴
禁不但於我軍隊有碍即于地方治安
貽害非淺相應函達
貴署希即查照赶速傳知各該商號嗣
後無論軍警保甲如做軍衣者非有本
機關戳記不准私自賣給如無戳記亦
必有商號之保條作質如此辦理庶足以
昭慎重而免後患仍祈

## 一七四　熱河陸軍第一混成旅爲傳知軍衣莊軍警等做軍衣須有戳記或保條事致赤峰縣公署公函（1922年5月15日）

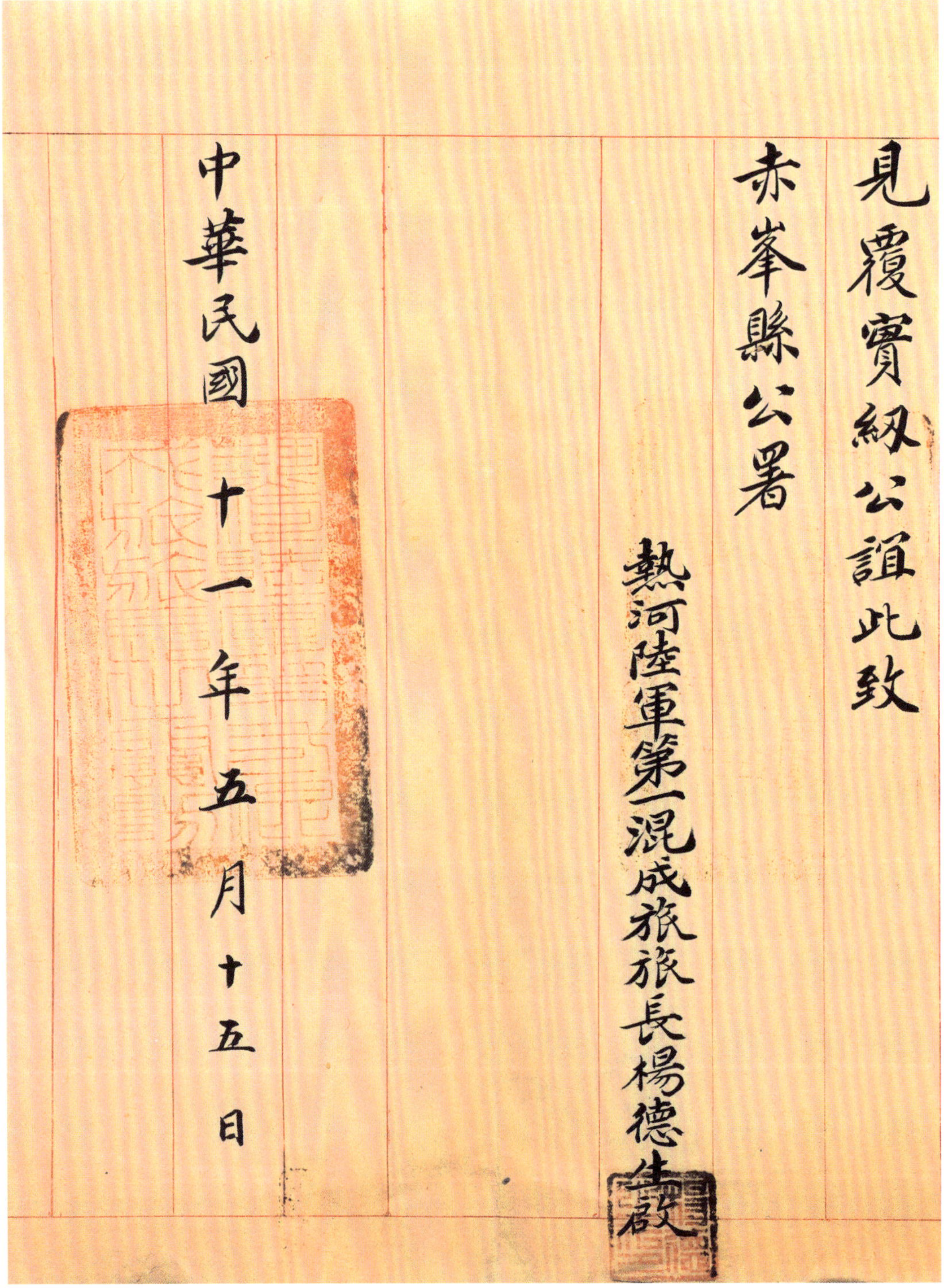

見覆實紉公誼此致

赤峰縣公署

熱河陸軍第一混成旅旅長楊德生啟

中華民國十一年五月十五日

一七五 熱河剿匪總司令部、赤峰縣公署爲維持治安事布告稿（1922年5月19日）

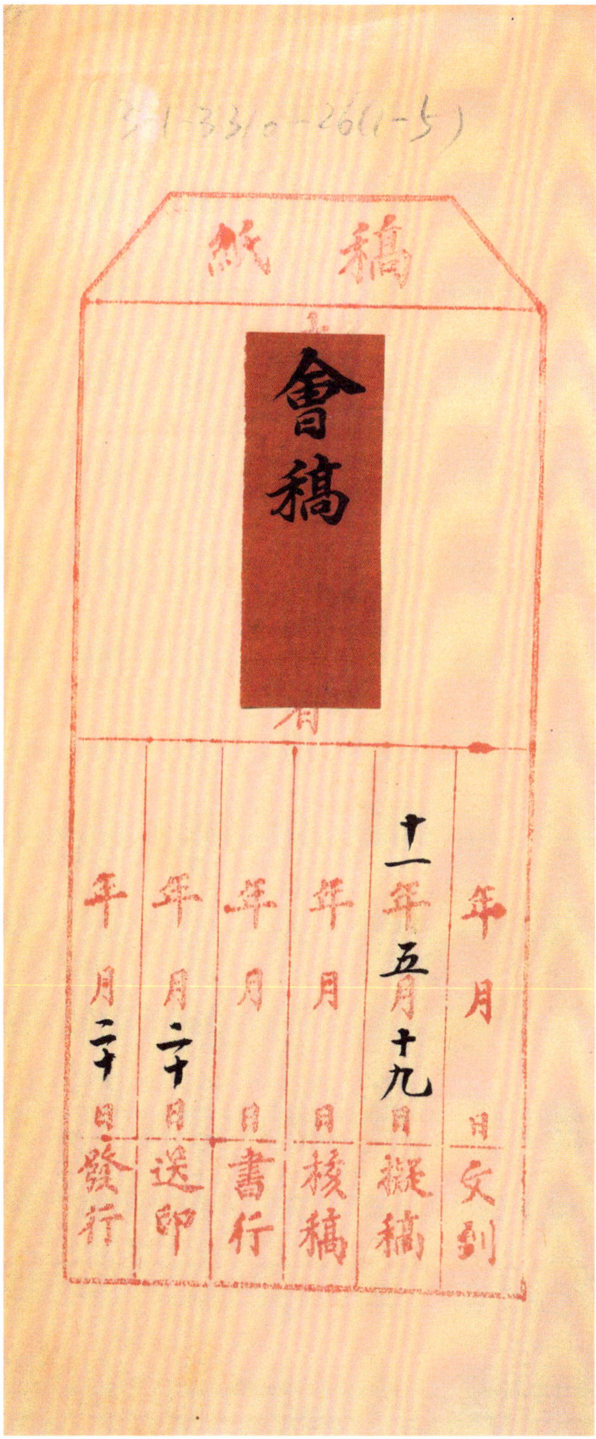
稿紙

會稿

| 發行 | 送印 | 書行 | 核稿 | 擬稿 | 文到 |
|---|---|---|---|---|---|
| 年月二十日 | 年月二十日 | 年月日 | 年月日 | 十一年五月十九日 | 年月日 |

一七五　熱河剿匪總司令部、赤峰縣公署爲維持治安事布告稿（1922年5月19日）

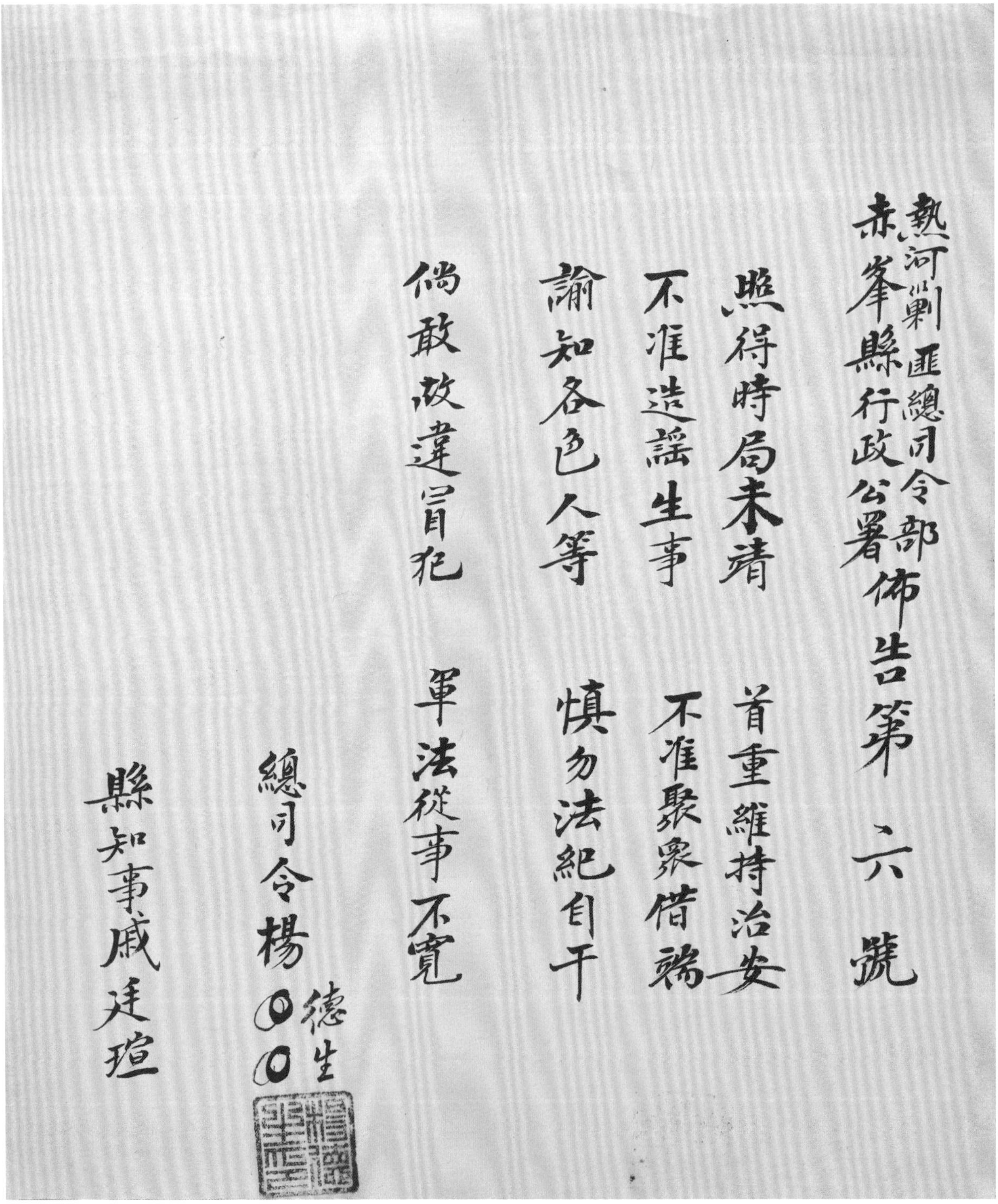

熱河剿匪總司令部
赤峰縣行政公署佈告第　六號
照得時局未清　首重維持治安
不准造謠生事　不准聚衆借端
諭知各色人等　慎勿法紀自干
倘敢故違冒犯　軍法從事不寬
總司令楊○○德生
縣知事戚廷瑄

一七五 熱河剿匪總司令部、赤峰縣公署爲維持治安事布告稿（1922年5月19日）

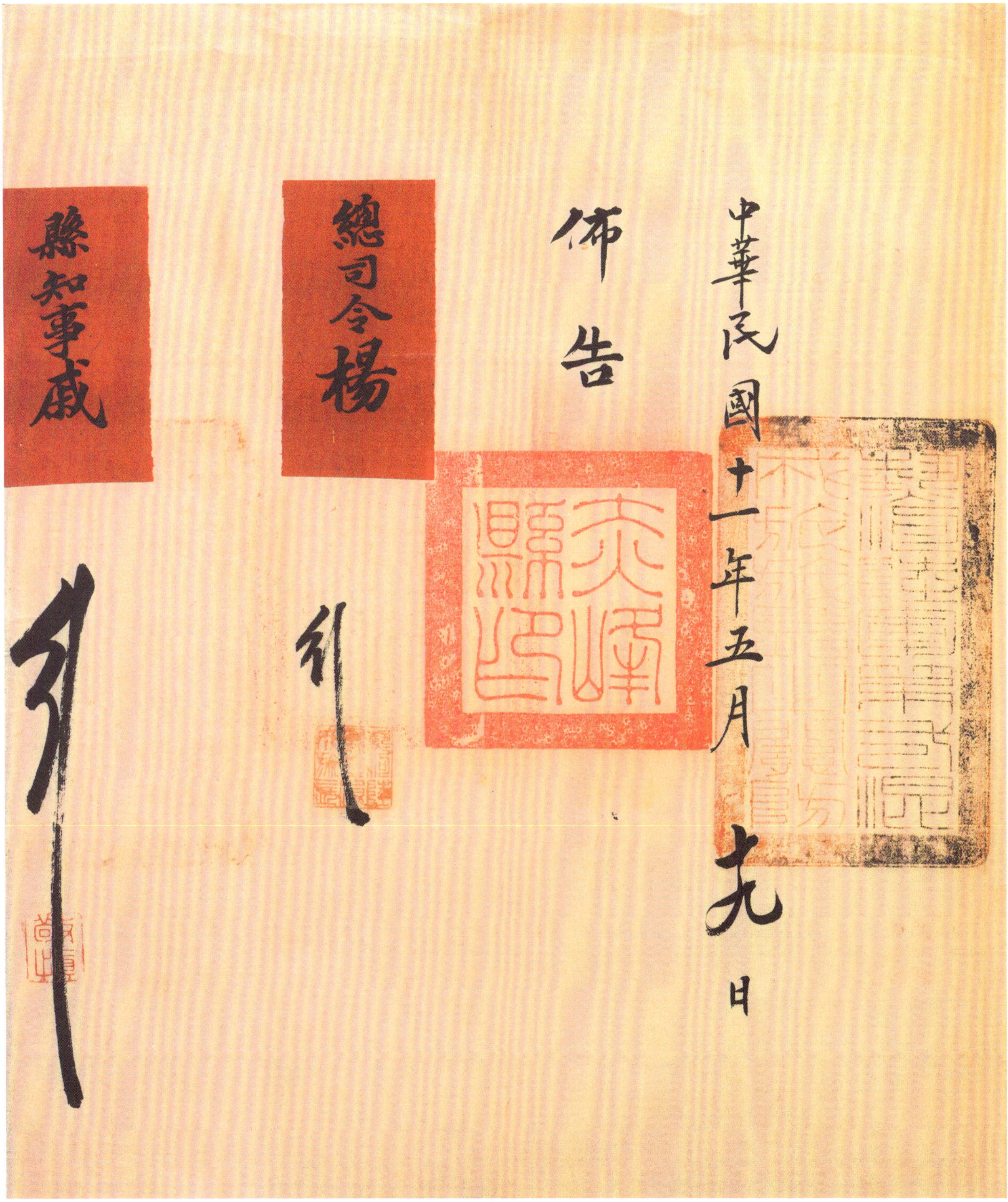

## 一七六 赤峰縣公署爲保護往來商旅事致赤峰縣警察所訓令稿（1922 年 5 月 27 日）

3-1-310-331(1-5)

稿紙

赤峰縣公署

文到 年月日

擬稿 十一年五月廿七日

核稿 年月日

書行 年月日

送印 年月廿九日

發行 年月日

## 一七六 赤峰縣公署爲保護往來商旅事致赤峰縣警察所訓令稿（1922年5月27日）

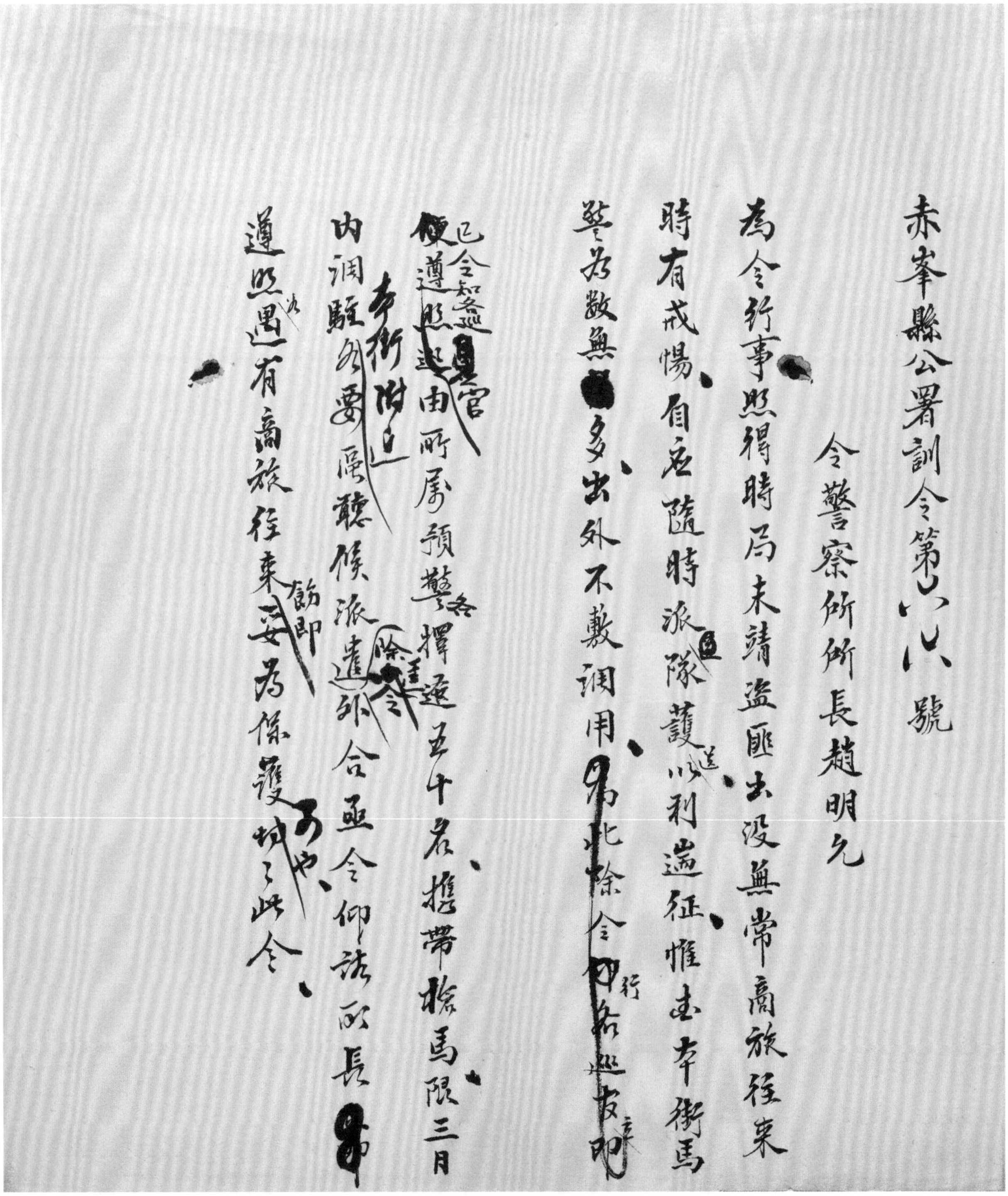
赤峰縣公署訓令第八八號
令警察所所長趙明允
為令行事照得時局未靖盜匪出沒無常商旅往來
時有戒惕、自應隨時派隊護送以利遄征、惟本縣衙馬
警為數無多、出外不敷調用、為此除令仰各巡官
便遵照迅由所屬預擇選五十名攜帶槍馬限三月
內調駐本街附近外要隘聽候派遣外合亟令仰該所長
遵照如遇有商旅往來即飭妥為保護切切此令、

一七六　赤峰縣公署爲保護往來商旅事致赤峰縣警察所訓令稿（1922 年 5 月 27 日）

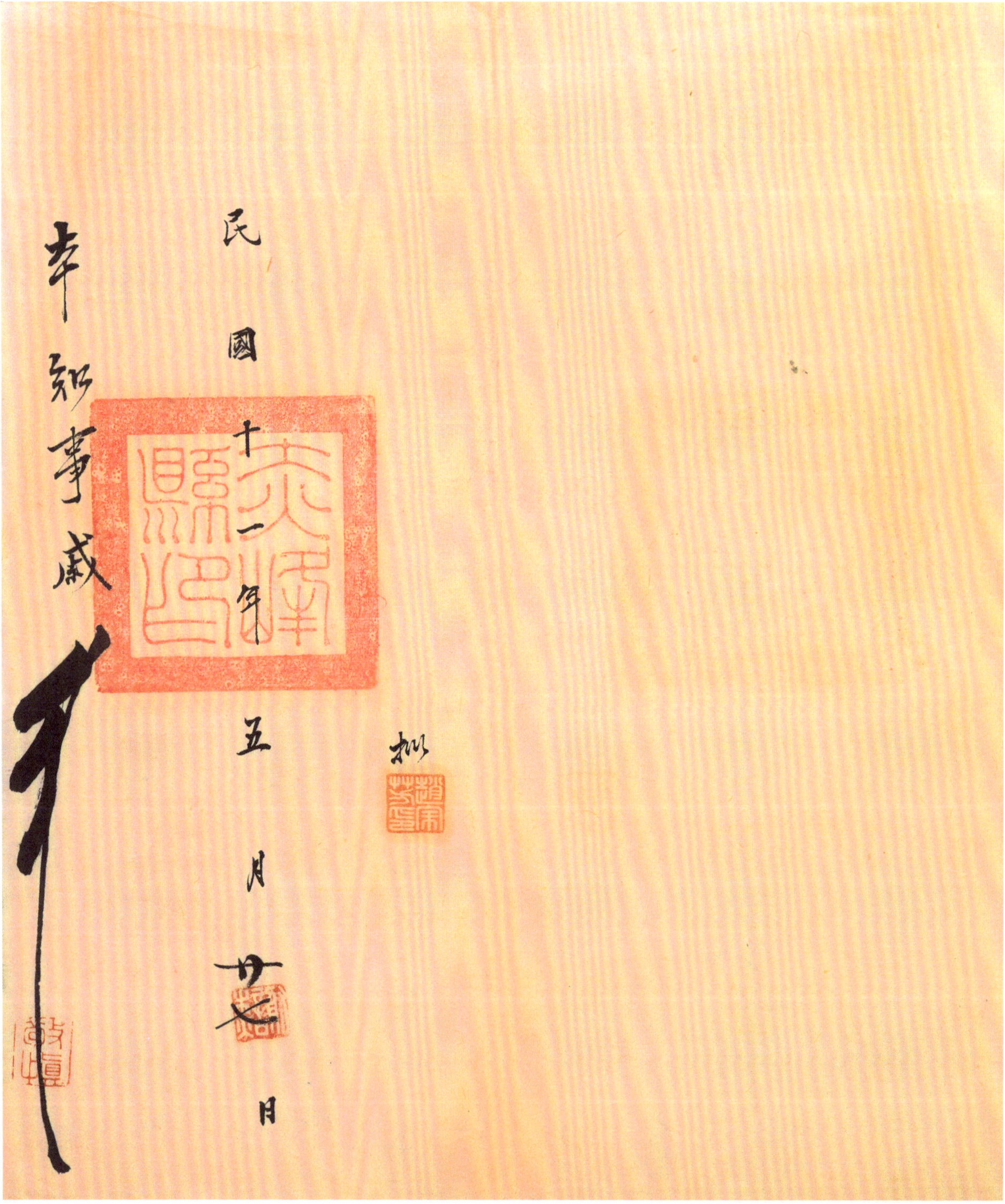
擬

民國十一年五月廿七日

奉知事戚

## 一七七 赤峰縣第五區巡警局爲遴選馬户聽候調用事致赤峰縣公署呈（1922年5月）

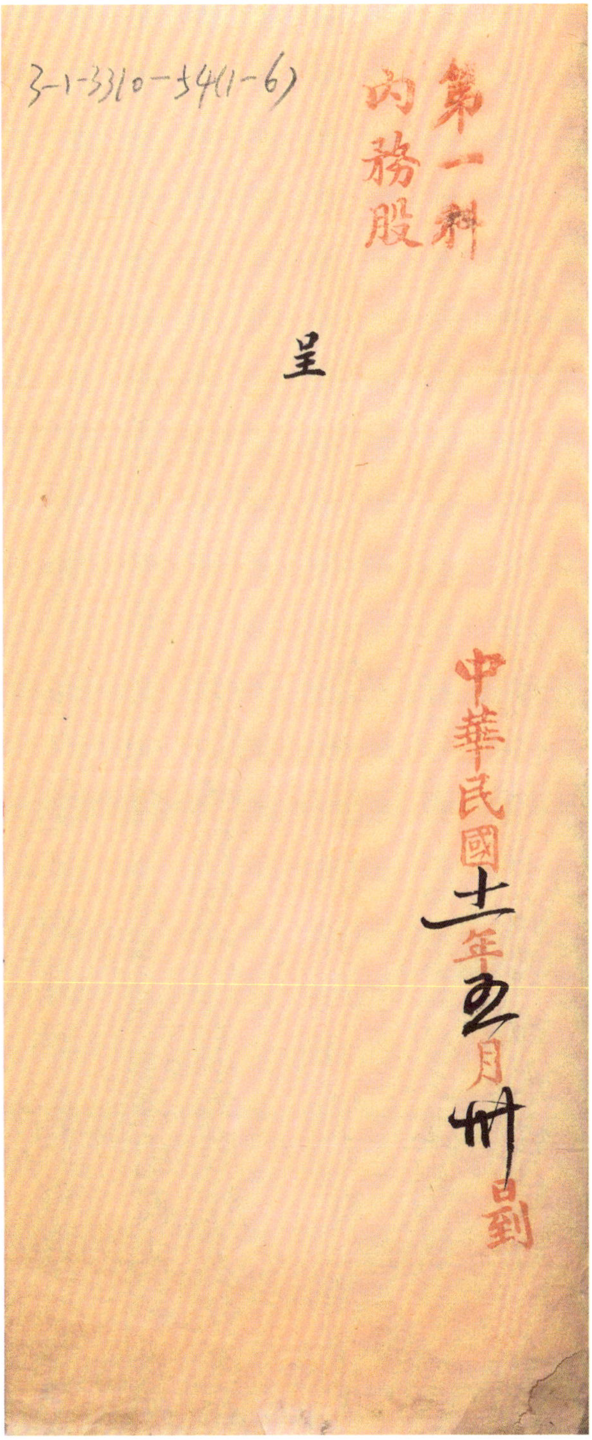
3-1-3310-54(1-6)

第一科
内務股

呈

中華民國十一年五月卅日到

## 一七七　赤峰縣第五區巡警局爲遴選馬户聽候調用事致赤峰縣公署呈（1922年5月）

呈為呈覆事竊蒙
鈞署訓令內開遴選精壯槍馬户五十名前往八里鋪村聽候
調用等情巡官遵即調到巡長安冠卿董萬鎰宋克恭趙品
章等遴選精壯馬户五十人現已齊集梁底炮手營子一帶遊
擊並聽候調用惟八里鋪村相距五區遥遠須因馬賊出没
無常時常竄入境內是以各馬户恐患生肘腋未敢遠離
暫行在炮手營子左右遊擊聽候調用如蒙有　指揮之
處定即遵諭前往决不遺悞為此備文呈明
縣長鑒核飭遵施行再該區撤水坡村馬户林有
十大分村馬户吕懷東此次均行抗違不服調用合併聲明
謹　呈
赤峯縣縣長戚

## 一七七　赤峰縣第五區巡警局爲遴選馬户聽候調用事致赤峰縣公署呈（1922年5月）

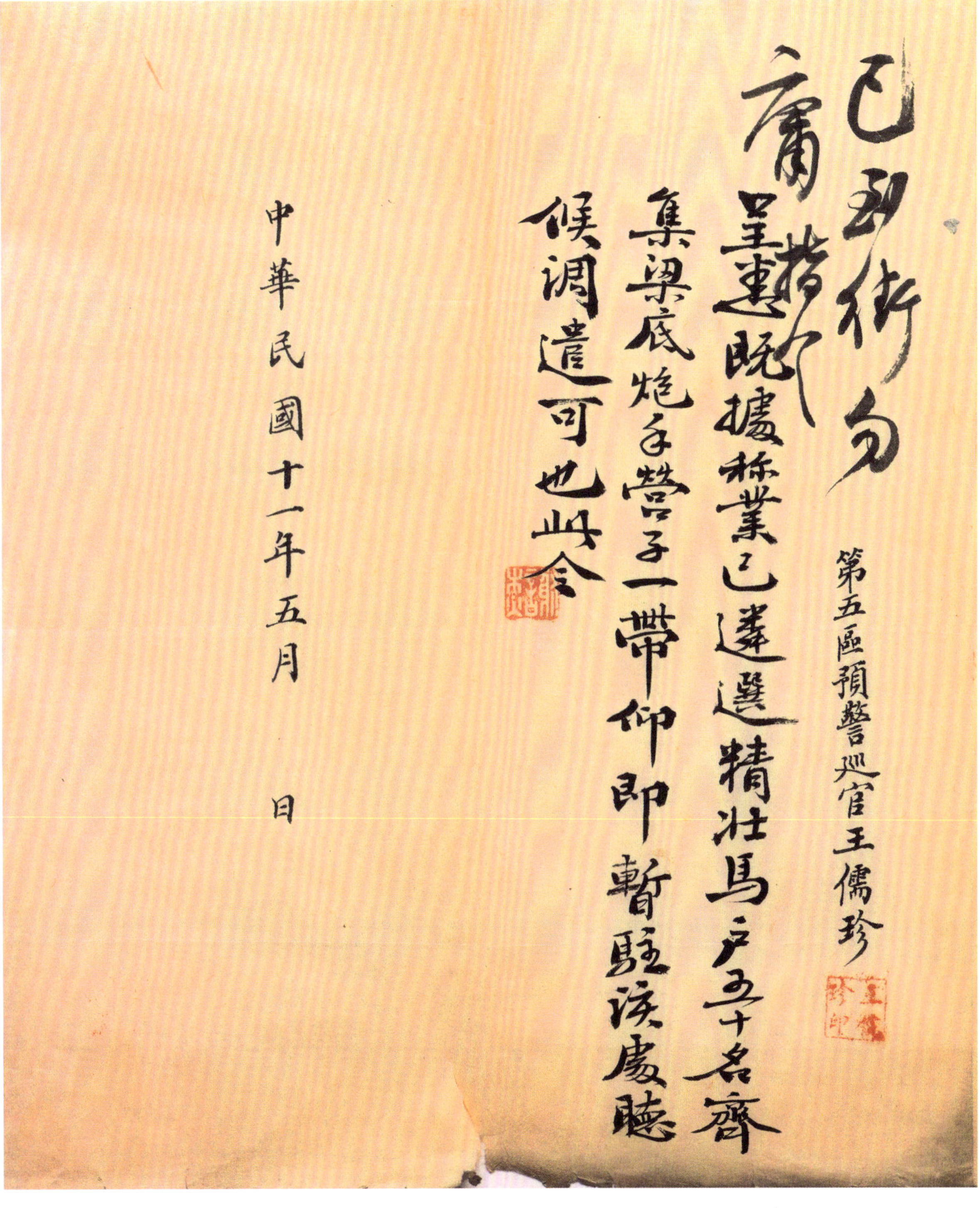

第五區預警巡官王儒珍

已到街句

廣指令

呈悉。既據稱業已遴選精壯馬户五十名齊集梁底炮手營子一帶，仰即暫駐該處聽候調遣可也。此令

中華民國十一年五月　日

## 一七八 赤峰縣第一區巡警局爲因區境不靖未能遵令調動事致赤峰縣公署呈（1922 年 6 月）

3-1-3310-51(1-6)

第一科
內務股

呈

赤峰縣第一區巡警局之圖記

中華民國十一年六月三日

劉

## 一七八　赤峰縣第一區巡警局爲因區境不靖未能遵令調動事致赤峰縣公署呈（1922年6月）

呈為呈覆事案奉　憲令現在時為未靖盜賊出沒無常商旅往來時有戒惕自
應隨時派隊護送以利遄行惟查本街馬警為數無多出外不敷調用為此令仰該
巡官即便遵照迅由所屬預警揀選五十名攜帶槍馬限三日內調駐二十里鋪聽候派
遣勿延切切此令等因奉此巡官　遵即速傳各分駐所警兵奈遠者未能傳到惟大溝畫
匠溝門四分地三處共揀選二十餘名當即率同赴防不意蒼頭填盛甲山等處賊匪乘
机肆起又兼區境通圍場大道奉軍逃兵絡繹不絕沿路搶刮本處商民再三懇留在
此防堵幾日適值本月端陽節日奉軍四五十名在畫匠溝門村因搶掠槍傷二人業經
鄉牌呈報在案又探平境下水地一帶有票匪一百餘名在該處盤踞距區境不過四五十
里因此未敢擅離理合備文呈覆恭請
縣長案下核奪施行
謹　呈
縣　長　戚

## 一七八　赤峰縣第一區巡警局爲因區境不靖未能遵令調動事致赤峰縣公署呈（1922年6月）

呈悉既據稱該巡官因境通圍場大道奉軍逃兵滋擾被商民懇留在本區防堵未敢擅離各節如果屬實情尚可原姑准暫緩調動以重地方

仰即遵照此令

已未銜旬廣指令

中華民國十一年六月　日

赤峰縣第一區預警巡官莊法臣

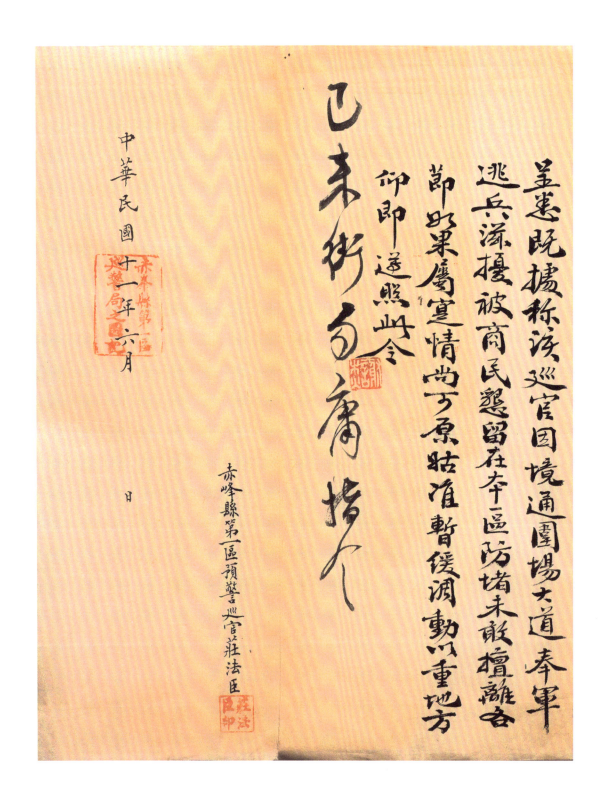

## 一七九 中國紅十字會赤峰分會爲附設臨時救濟婦孺院請予保護事致赤峰縣公署公函（1922年6月8日）

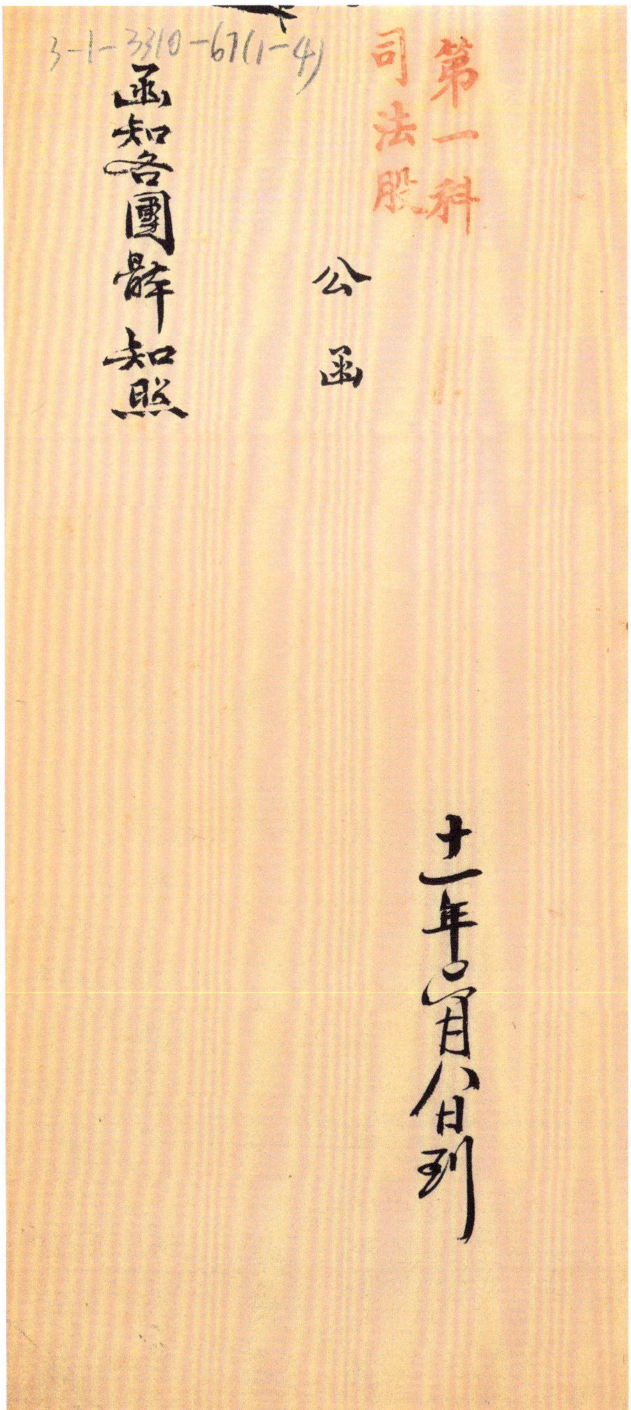
3-1-3310-67(1-4)

第一科
司法股

公函

十一年六月八日到

函知各團體知照

## 一七九　中國紅十字會赤峰分會爲附設臨時救濟婦孺院請予保護事致赤峰縣公署公函（1922年6月8日）

中國紅十字會赤峰分會公函　第拾號

逕啟者現值戰局已息所遺奉眷及男女孩提住宿飲食毫無依靠敝分會覩斯現象奇慘堪憐公同彙議擬暫就孤兒院地點預設臨時救濟婦孺院一切食用供給俱由敝分會發領俟道路平定奉眷回籍即行終止現由孤兒院經理人傅國輿由河北救來男大三名男小三名女大五口女小三口除俟後再救人數多寡隨時報告外理合先將附設臨時救濟婦孺院名稱暨公懇保護情形函達

貴公署通知各界人等一體周知可也此請

赤峰縣縣長戚

分會長喬鍾傑

理事長陳錫蕃

一七九 中國紅十字會赤峰分會爲附設臨時救濟婦孺院請予保護事致赤峰縣公署公函（1922年6月8日）

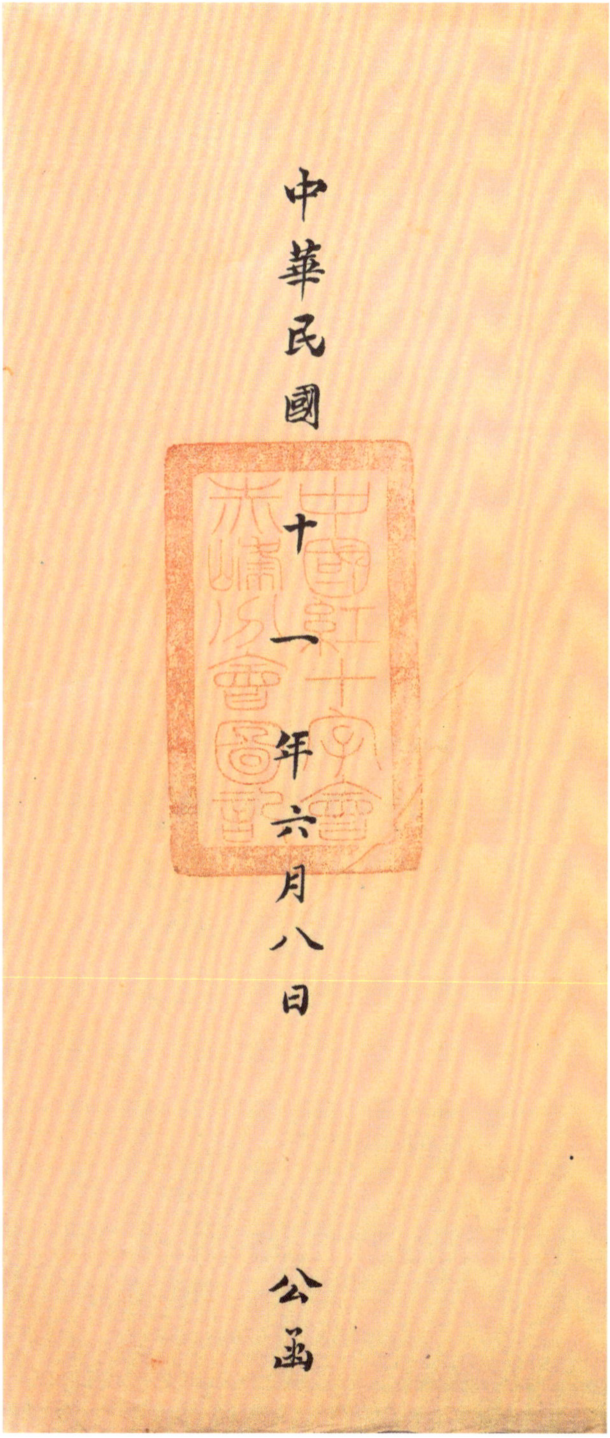

中華民國十一年六月八日

公函

## 一八〇 公家地約南四牌鄉約劉會榮爲各村遭受兵匪劫掠情形事致赤峰縣公署稟（1922年6月）

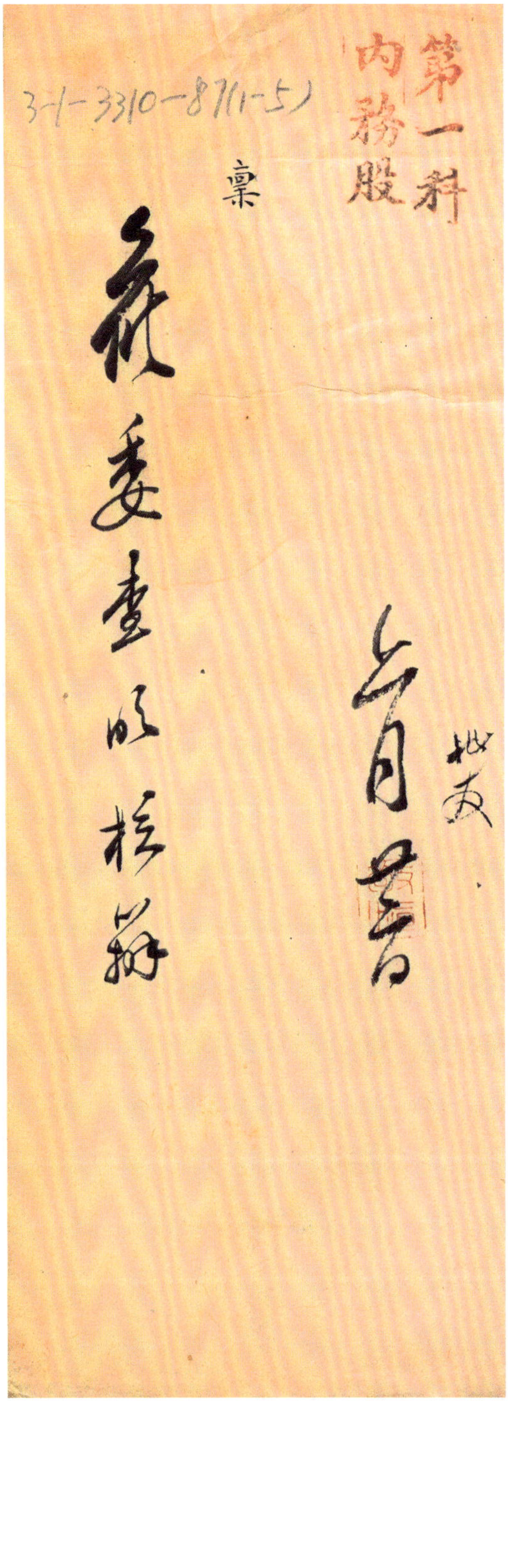
3-1-3310-87(1-5)
第一科
內務股
稟
縣委查明核辦
批交

## 一八〇　公家地約南四牌鄉約劉會榮爲各村遭受兵匪劫掠情形事致赤峰縣公署禀（1922年6月）

具禀公家地約南四牌鄉約劉會榮為禀明事竊於本年陰曆五月初六日、楊旅長由赤

出街路經本管之興隆窪村該隊兵等在村食用搔擾不堪飯後將家具碎毀無存臨行

將村中牛隻五條馬三匹驢三頭大車一輛並各家單裌衣服全行搶去裹去村人孟廣東及

孟廣元之工人王姓二名至今並未回歸亦毫無信息又至前溝村仍前蹂躪搔擾搶去

牛隻兩條毛驢兩頭馬一匹又至劉家店搔擾不堪於初十日 汲都統大隊在鄉約所管之

玉皇廟馬家店王家店東八家一帶等處擾害尤甚並在玉皇廟村搶牛兩條又本月二十一

日窜來馬賊六十餘人竄至八家村將槍馬戶孫成業劉才王合三人勒錢若干復至興隆

窪村搶刦不堪再鄉約本村劉家店四套牛車一輛及所管之東八家西八家五套牛車兩

輛均係陰曆五月初間蒙飭義勝營號帶來案拉運奉軍至今均未歸來合併聲明鄉

間所遭刦害是以來案禀明

縣長案下查核施行

一八〇　公家地約南四牌鄉約劉會榮爲各村遭受兵匪劫掠情形事致赤峰縣公署禀（1922年6月）

稟悉。候會同熱河災區善後局委員調查明確，再憑核奪辦。此批

中華民國十一年六月　　日

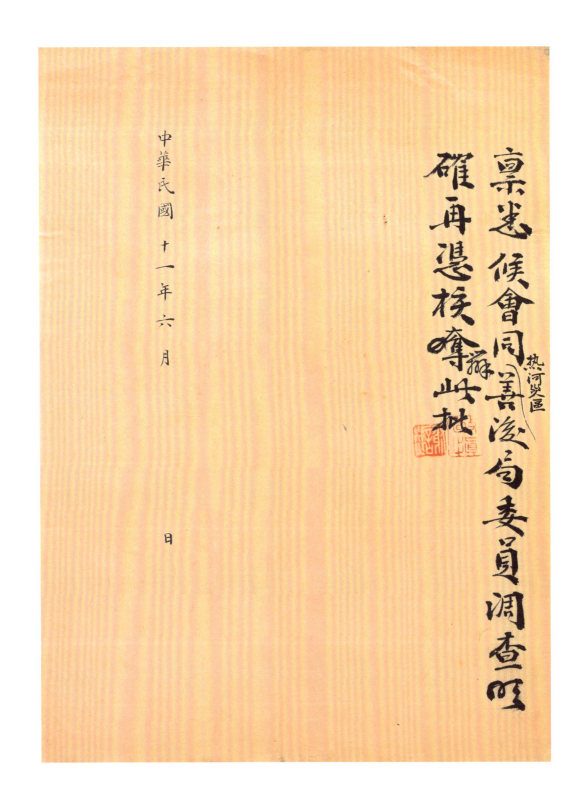

## 一八一　赤峰縣公署、馮委員爲具報辦理資送奉籍眷屬詳細情形事致熱河災區善後局呈稿（1922年7月9日）

3-1-3405-28(1-8)

呈爲會報辦理資送奉籍眷屬詳細情形並送冊摺請
仰祈
鑒核事竊 知事 前奉
憲台電飭會同 委員 調查奉籍眷屬資送回籍
等因遵將辦理情形並啟行日期以及取道開魯道至通遼先行緣由電呈
在案溯自此次奉軍失利所有奉軍眷屬隨
湯前都統流落鄉間者九十五人由圍場郝錐子山逃已來
赤者四十二人駐赤陸軍混成旅奉人眷屬四人由鄉間隱
匿續行報到者十七人除鍾團長茶福項營長朝陽眷
屬共壹百人爲有資力可以自辦旅費外其餘之一百四十四人均係

## 一八一　赤峰縣公署、馮委員爲具報辦理資送奉籍眷屬詳細情形事致熱河災區善後局呈稿（1922年7月9日）

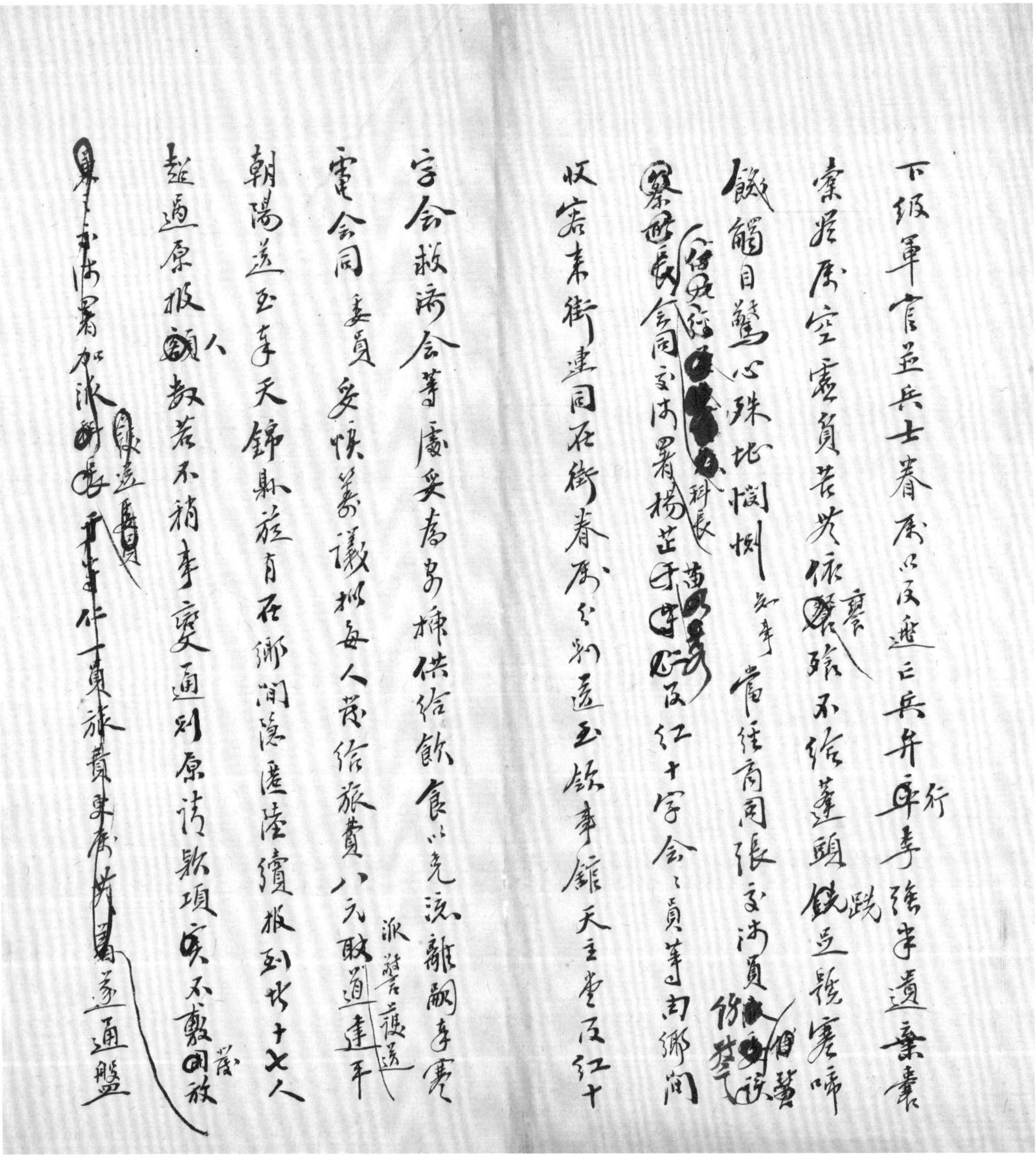
下級軍官並兵士眷屬以及逃亡兵弁平亭行張字遺棄囊
橐坍屋空處貧苦無依饔飧不給蓬頭跣足號寒啼
饑觸目驚心殊堪憫惻知事當經商同張委沐賢偕警[illegible]
察所長偕[illegible]科長會同委沐署楊芷汀[illegible]及紅十字會會員等由鄉間
收容來衙連同在衙眷屬分别送至歙事館天主堂及紅十
字會救濟會等處妥爲安插供給飲食以免流離[illegible]寒
電會同委員妥慎籌議擬每人發給旅費八元取道達平派駐營護送
朝陽送至李天錦縣旅育在鄉間隱匿陸續報到共十七人
起過原報額數若不稍事變通則原請款項實不敷開放
是以商同委員加派科長[illegible]遣員[illegible]作一萬旅費[illegible]通盤

一八一　赤峰縣公署、馮委員爲具報辦理資送奉籍眷屬詳細情形事致熱河災區善後局呈稿（1922年7月9日）

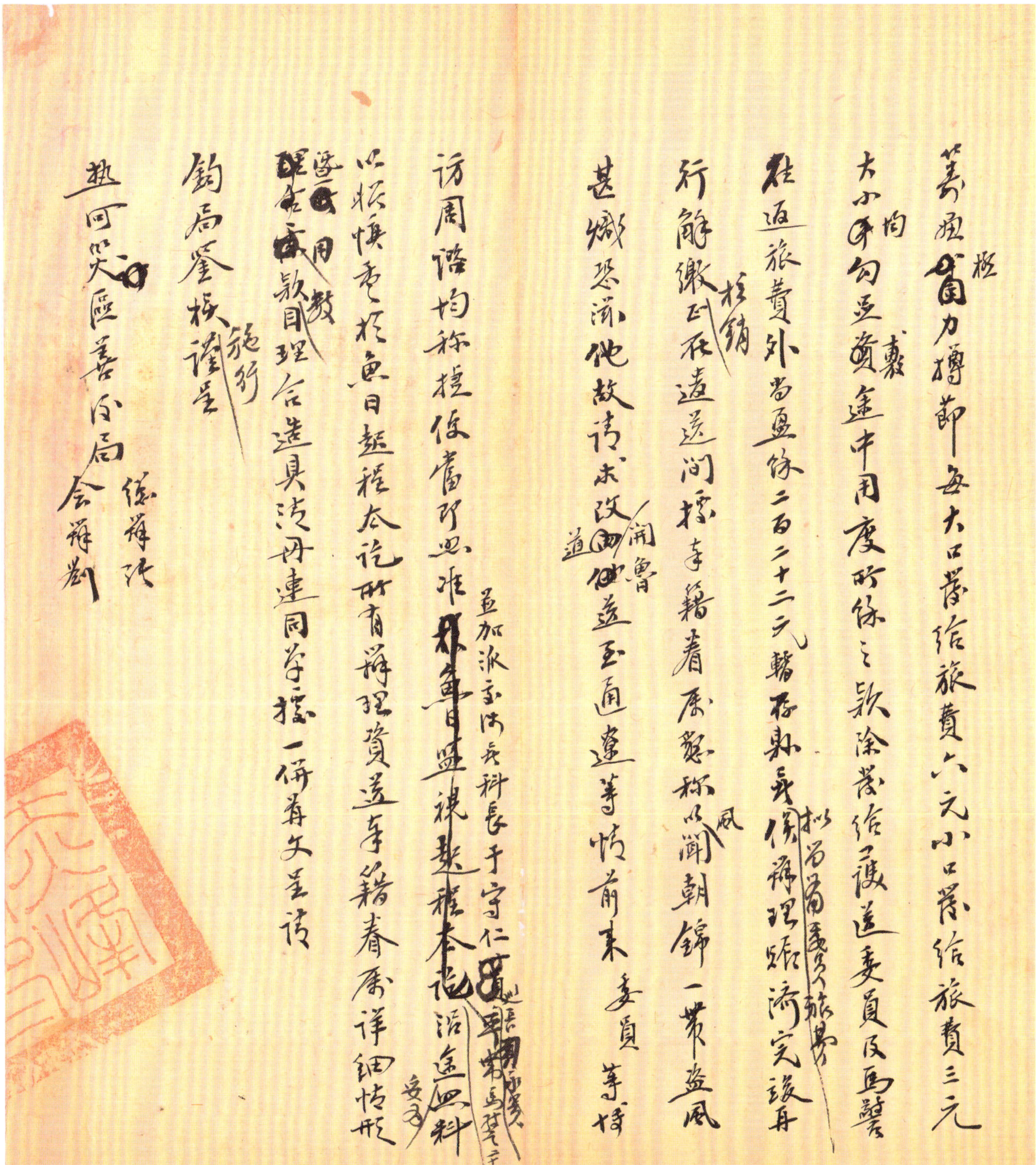
蒙當局力撙節每大口發給旅費六元小口發給旅費三元
大小口均足資途中用度所餘之款除發給護送委員及馬警
往返旅費外尚盈餘二百二十二元轄存縣署俟辦理賑濟完竣再
行解繳在途遄間據奉籍眷屬聲稱以潮朝錦一帶盜風
甚熾恐滋他故請求改由魯道通遼等情前來委員等
訪周諮均稱係當時實情准
以昭慎重於魚日起程所有辦理資送奉籍眷屬詳細情形
理合造具清冊連同字據一併備文呈請
鈞局鑒核施行謹呈
熱河災區善後局
會辦劉
總辦馮

## 一八一 赤峰縣公署、馮委員爲具報辦理資送奉籍眷屬詳細情形事致熱河灾區善後局呈稿（1922 年 7 月 9 日）

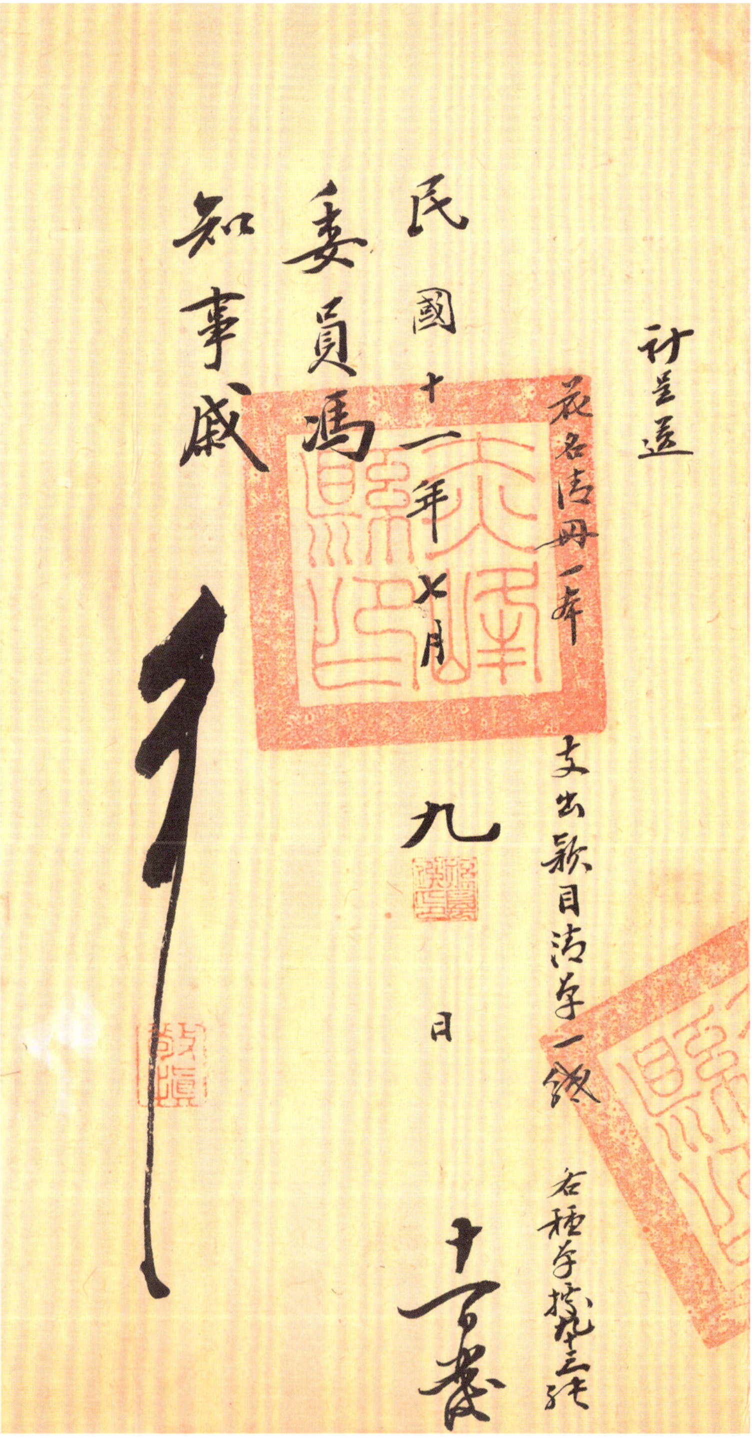
計呈送
花名清冊一本
支出款目清冊一紙
右種冊據抄三張
民國十一年七月九日
十日發
委員馮
知事戚

## 一八一　赤峰縣公署、馮委員爲具報辦理資送奉籍眷屬詳細情形事致熱河灾區善後局呈稿（1922年7月9日）

3-1-3405-44(1-3)

清草

## 一八一　赤峰縣公署、馮委員爲具報辦理資送奉籍眷屬詳細情形事致熱河災區善後局呈稿（1922年7月9日）

謹將資送奉軍眷屬需用款項數目開具清單恭呈

鑒核

計開

一奉軍眷屬男女大二百二十三、小二十一口，每口發給川資大洋六元、三元，共計八百〇一元

一大小車共十八輛，內計六套車四輛，車夫四名；三套車八輛，車夫八名；四套車三輛，車夫六名；五套車三輛，車夫五名，共計五十九套，車夫二十三名。每套價五元，車夫每名資費五元，共發大洋四百一十元

一長警往返川資共大洋二百十六元

一于委員往返川資大洋三十元

一車棚蓆麻繩木桿等物共價大洋二十二元

以上共支大洋一千四百七十八元，由原奉發撥一千七百元項開支外，尚餘二百二十二元

## 一八一　赤峰縣公署、馮委員爲具報辦理資送奉籍眷屬詳細情形事致熱河災區善後局呈稿（1922年7月9日）

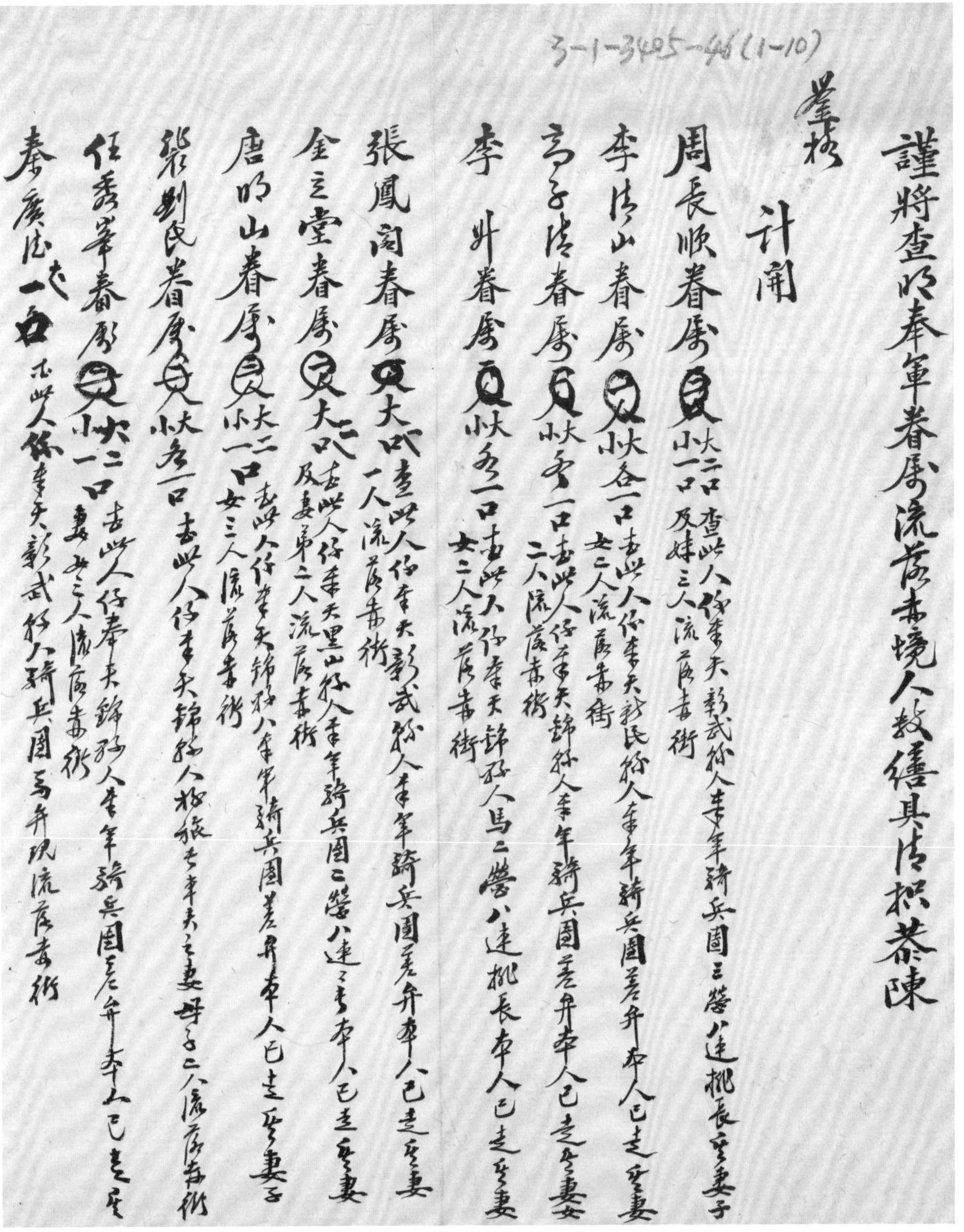
3-1-3405-46(1-10)

謹將查明奉軍眷屬流落赤境人數繕具清摺恭陳

鑒核

計開

周長順眷屬男大二口小一口 查此人係奉天彰武縣人奉軍騎兵團三營八連排長其妻子及妹三人流落赤街

李清山眷屬男大小各一口 查此人係奉天新民縣人奉軍騎兵團差弁本人已走其妻女二人流落赤街

高子清眷屬男大小各一口 查此人係奉天錦縣人奉軍騎兵團差弁本人已走其妻女二人流落赤街

李升眷屬男大小各一口 查此人係奉天錦縣人馬二營八連排長本人已走其妻女二人流落赤街

張鳳閣眷屬男大一口 查此人係奉天彰武縣人奉軍騎兵團差弁本人已走其妻一人流落赤街

金玉堂眷屬男大二口 查此人係奉天黑山縣人奉軍騎兵團二營八連司書本人已走其妻及妻弟二人流落赤街

唐明山眷屬男大二口小一口 查此人係奉天錦縣人奉軍騎兵團差弁本人已走其妻子女三人流落赤街

張劉氏眷屬男大小各一口 查此人係奉天錦縣人楊旅長之車夫之妻母子二人流落赤街

任喜峰眷屬男大二口小一口 查此人係奉天錦縣人奉軍騎兵團差弁本人已走其妻女二人流落赤街

李廣臣一口 查此人係奉天彰武縣人騎兵團馬弁現流落赤街

## 一八一 赤峰縣公署、馮委員爲具報辦理資送奉籍眷屬詳細情形事致熱河灾區善後局呈稿（1922年7月9日）

鍾玉山 大一口 查此人係奉天遼陽人騎兵團當差

賀趙井 眷屬男大三小一口 查此人係奉天彰武縣人奉軍騎兵團差弁本人已走至妻父及子四人流落赤街

項洪才 大一口 查此人係奉天盤山縣人騎兵一營稽查現流落赤街

張書田 大一口 查此人係奉天盤山縣人騎兵一營馬弁現流落赤街

唐石川 眷屬男大五小一口 查此人係奉天黑山縣人騎兵團家孫官本人已走至妻子女及親屬等共六人流落赤街

于寅長 眷屬男大二口 查此人係奉天盤山縣人步兵第十二團一營三連連長本人已走至妻及僕二人流落赤街

張允章 大一口 係奉天法庫縣人爲一營四連一排副目現流落赤街

胡寶才 大一口 係奉天錦縣人混成旅護兵現流落赤街

陳興如 眷屬男大二口 查此人係奉天北鎮縣人騎兵一營差弁

趙祥民 眷屬男大二口 查此人係奉天盤山縣人奉軍騎兵營稽查

馬海龍 大一口 查此人係直隸任邱縣人鍾司令差弁現流赤街

徐秀福 大一口 係奉天遼陽縣人騎兵團火夫流落赤街

于佐廷 大一口 係奉天錦縣人騎兵團車夫現流赤街

侯羽華林 大一口 係奉天黑山縣人現任混成旅軍械官

## 一八一 赤峰縣公署、馮委員爲具報辦理資送奉籍眷屬詳細情形事致熱河災區善後局呈稿（1922年7月9日）

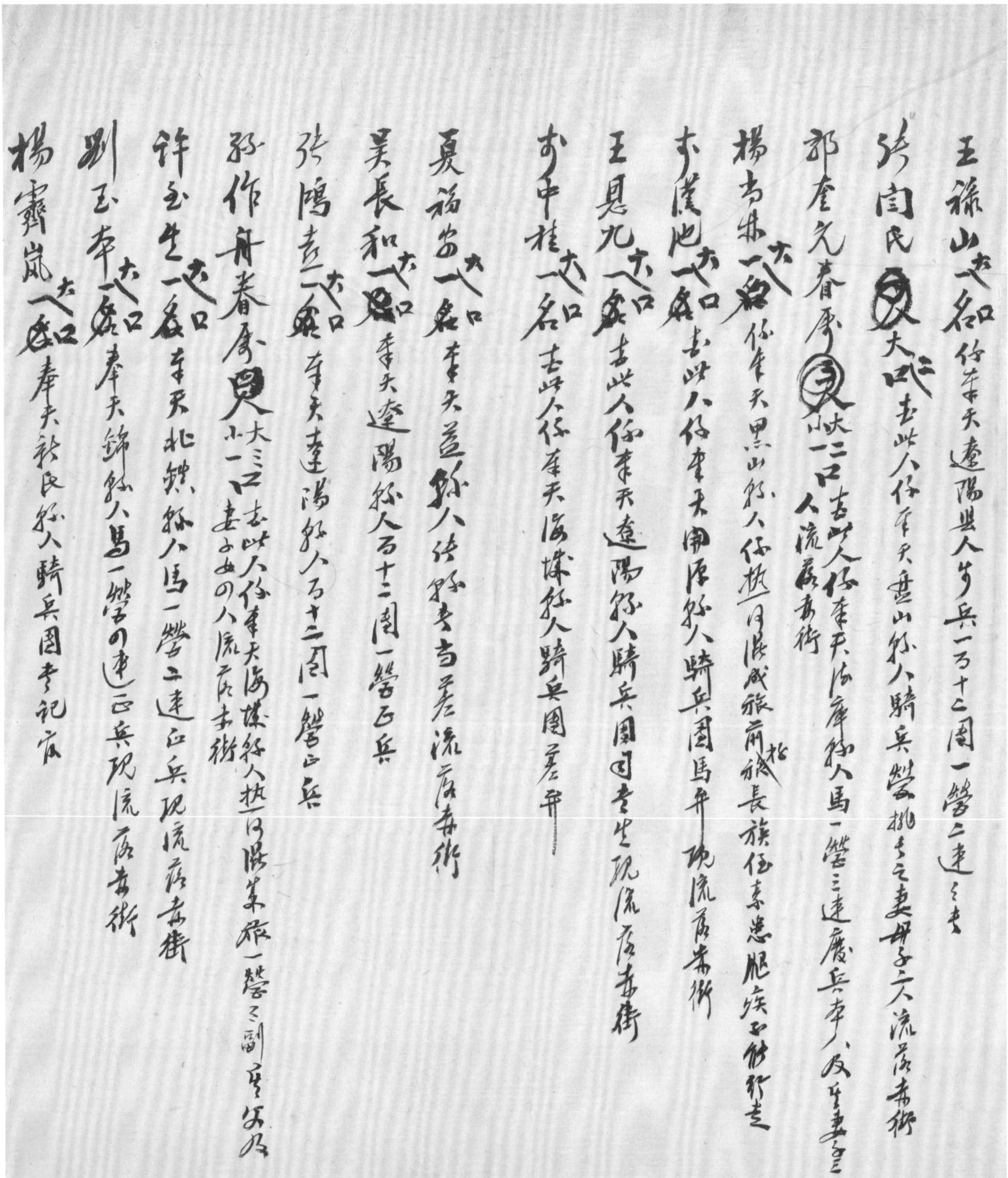

王祿山 大一名口 係奉天遼陽县人步兵一百十二團一營二連〻長

張閻氏 大二口 查此人係奉天無山縣人騎兵營 挑去之妻母子二人流落赤街

郭奎元 春厚 大一小一 二口 查此人係奉天海龍縣人馬一營三連廣兵本人及其妻子三人流落赤街

楊尚林 大一名 係奉天黑山縣人係挑同服成旅前北旅長族任素患腿疾不能行走

李殿池 大一名口 查此人係奉天開原縣人騎兵團馬弁現流落赤街

王恩九 大一名口 查此人係奉天遼陽縣人騎兵團司書生現流落赤街

李中桂 大一名口 查此人係奉天海城縣人騎兵團差弁

夏福安 大一名口 奉天蓋縣人係縣專差流落赤街

吳長和 大一名口 奉天遼陽縣人百十二團一營正兵

張鴻喜 大一名口 奉天遼陽縣人百十二團一營正兵

孫作舟 春厚 大三小一口 查此人係奉天海城縣人挑同服某旅一營三副官及 妻子女四人流落赤街

許玉生 大一名口 奉天北鎮縣人馬一營二連正兵現流落赤街

劉玉本 大一名口 奉天錦縣人馬一營四連正兵現流落赤街

楊霽嵐 大一名口 奉天新民縣人騎兵團書記官

## 一八一 赤峰縣公署、馮委員爲具報辦理資送奉籍眷屬詳細情形事致熱河災區善後局呈稿（1922年7月9日）

尹祝臣 大一口 查此人係奉天台安縣人騎兵團書生現流落赤街

田在中 大一口 查此人係奉天遼陽縣人騎兵團正兵現流落赤街

修漢臣 大一口 查此人係奉天黑山縣人騎兵團正兵現流落赤街

吴海青 眷屬 大二小一口 查此人係奉天海城縣人馬三營護兵本人已走其妻子三人流落赤街

閆濟峯 眷屬 大小各一口 查此人係奉天法庫縣人騎兵二十八團弁目本人已走其妻子二人流落赤街

姜侍峯 眷屬 大三小二口 查此人係奉天海城人馬三營副官本人已走其母及妻子五人流落赤街

王永恩 眷屬 大三小一口 查此人係熱河阜新人馬三營護兵其妻子四人流落赤街

李長清 眷屬 大小各一口 查此人係奉天錦縣人馬一營馬弁本人已走其妻子二人流落赤街

馬興楼 眷屬 大二口 查此人係奉天海城縣人馬一營二連排長本人已走其妻子二人流落赤街

甄洪生 眷屬 大二口 查此人係奉天海城縣人騎兵二十八團一營二連正兵本人已走其妻流落赤街

馬凌雲 眷屬 大五口 查此人係奉天錦縣人騎兵團二營副官本人已走其妻子家丁五人流落赤街

趙德山 眷屬 大二口 查此人係奉天北鎮縣人馬一營四連二排副目本人已走其妻流落赤街

張自祥 眷屬 大二口 查此人係奉天黑山人縣馬一營四連二排排長本人已走其妻流落赤街

王搾民 眷屬 大二口 查此人係奉天遼陽縣人□成旅馬營□弁本人及嫂二人流落赤街

## 一八一　赤峰縣公署、馮委員爲具報辦理資送奉籍眷屬詳細情形事致熱河災區善後局呈稿（1922年7月9日）

劉本生　大口一名　奉天海城縣人　馬三營大夫流落赤街
紀守信　大口一名　奉天盤山縣人　騎兵團司書生現流落赤街
郝善山　大口一名　奉天黑山縣人　騎兵團馬弁現流落赤街
孟雨林　大口一名　奉天海城縣人　馬一營三連司書生現流落赤街
史興周　大口一名　奉天海城縣人　步兵百十二團正兵流落赤街
于鳳鳴　大口一名　奉天錦縣人　步兵百十一團正兵流落赤街
谷連生　大口一名　奉天錦縣人　騎兵一營一連正兵現流落赤街
李子明　大口一名　奉天錦縣人　騎兵一營四連馬夫流落赤街
王玉亭　大口一名　奉天彰武縣人　馬一營二連正兵現流落赤街
佟和富　大口一名　奉天北鎮縣人　馬一營四連一排正兵現流落赤街
孫玉豐　大口一名　奉天北鎮縣人　騎兵一營二連正兵現流落赤街
高長山　大口一名　奉天黑山縣人　騎兵一營二連正兵現流落赤街
王林興春家屬　大八口　小一口　共四人係奉天遼中縣人騎兵一營馬醫長長妻子僕役九人流落赤街
朱石林　大口一名　奉天黑山縣人　馬三營副官護兵現流落赤街

## 一八一 赤峰縣公署、馮委員爲具報辦理資送奉籍眷屬詳細情形事致熱河災區善後局呈稿（1922年7月9日）

王旭东 大一口 係奉天盖山縣人騎兵一營二連正兵現流落赤街

薛慶久眷屬共大二口 查此人係奉天新民縣人馬一營發餉官其妻二人流落赤街

李賀堂眷屬共大二口小一口 奉天黑山縣人馬二營三連連長本人已走其妻子三人流落赤街

孫奎臣眷屬共大小各二口 奉天黑山縣人馬二營六連排長本人已走其妻子女四人流落赤街

孫榮 大一口 奉天黑山縣人馬一營護兵現流落赤街

趙子川 大一口 奉天黑山縣人馬一營護兵現流落赤街

孫振國 大一口 奉天遼陽縣人熱河護軍混成旅司務長

羅王民 大一口 奉天錦縣人係步兵百十二團一營二連[illegible]女僕

蔣福臣 大一口 奉天錦縣人百十二團十連副兵

鍾福廷 大一口 奉天遼陽縣人騎兵二十八團書差

劉德華 大一口 奉天遼陽縣人騎兵二十八團書差

一八一　赤峰縣公署、馮委員爲具報辦理資送奉籍眷屬詳細情形事致熱河災區善後局呈稿（1922年7月9日）

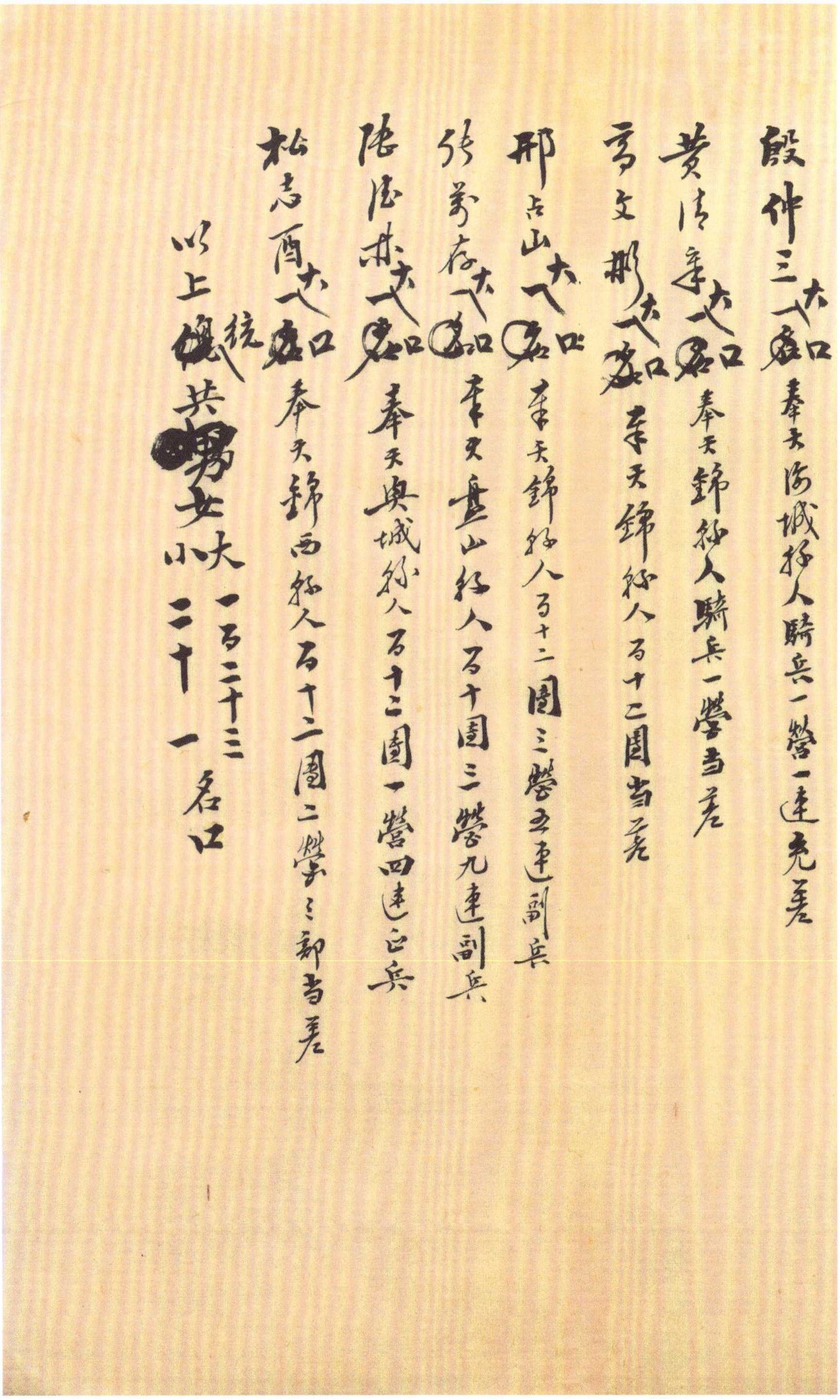

殷作三　大一名口　奉天海城縣人騎兵一營一連充差
黄清年　大一名口　奉天錦縣人騎兵一營當差
高文彬　大一名口　奉天錦縣人百十二團當差
邢占山　大一名口　奉天錦縣人百十二團三營五連副兵
張萬春　大一名口　奉天盤山縣人百十團三營九連副兵
張德林　大一名口　奉天興城縣人百十二團一營四連正兵
杜志酉　大一名口　奉天錦西縣人百十二團二營三部當差
以上統共男女　大一百二十三　小二十一　名口

一八二　赤峰縣勸學所爲擬合并學校撙節經費用以成立學務委員會事致赤峰縣公署呈（1922 年 10 月）

一八二　赤峰縣勸學所爲擬合并學校撙節經費用以成立學務委員會事致赤峰縣公署呈（1922 年 10 月）

呈爲呈請准予成立學務委員會脩案核轉以促教育進行事竊奉
鈞署第二五五號訓令内開依奉
熱河道道尹公署第九百三十三號訓令内開令各縣施行義務教育程序
並令尅日遴選學務委員組織委員會等因奉此遵即遴選委員組織成立
脩文呈請一案蒙
鈞署第六號指令　批示查教育經費支絀萬分學務委員應暫從緩設等
因所長　厠身學界數載於茲經費支絀亦所深悉但教育進行雖賴教員
熱誠教授然實力盡職者固屬不少而因循託懶者尤不乏人非常川不時查
視萬難收效縱敝所　每届春秋開學之後查視一次乃過輒如故敷衍仍恒鞭
長莫及覺查難周況查我赤幅幀遼濶東西相距三百餘里南北相距四百
餘里兼之山川錯綜賊匪猖狂查視既多室碍不查又恐流於腐敗所長　分
有攸關不得不於無可進行之中遵照部章組織委員設一維持之法伏

一八二　赤峰縣勸學所爲擬合并學校撙節經費用以成立學務委員會事致赤峰縣公署呈（1922 年 10 月）

思既設一學校必得一學校之利益與其有名無實多而寡效莫如少而精
良此次經勸學員赴鄉查視學務所有西鄉畫匠溝村學校並大溝村學
校均係地僻村稀學童無幾賊匪出沒無恒時常盤據無論富家子弟
不敢就學即貧家兒童亦畏若避罷擬將此二處歸併猴頭溝村學校
合而為一甚屬相宜又如北鄉東毛波羅學校僻居深山陡澗之中旁無通
衢之處學校雖設而學童均無擬與小八段合併尤屬適當再有勸學所
附設之國民學校地點雖當街心四圍均係商戶莫謂商號無子弟求學即
或有之亦民戶兒童寥寥無多加之該校與第四國民學校偪近擬將該學
校與第四合併不惟可節須（許）多經費而且可稱名實相符總計以上四校歷
年需款約共千有餘元以此原有之款作為委員經費挹彼注茲組織較
易如此變通辦法庶不致以有用之款虛靡於無益之地一舉而數得於教育
進行不無少補是否有當理合備文呈請

## 一八二　赤峰縣勸學所爲擬合并學校撙節經費用以成立學務委員會事致赤峰縣公署呈（1922 年 10 月）

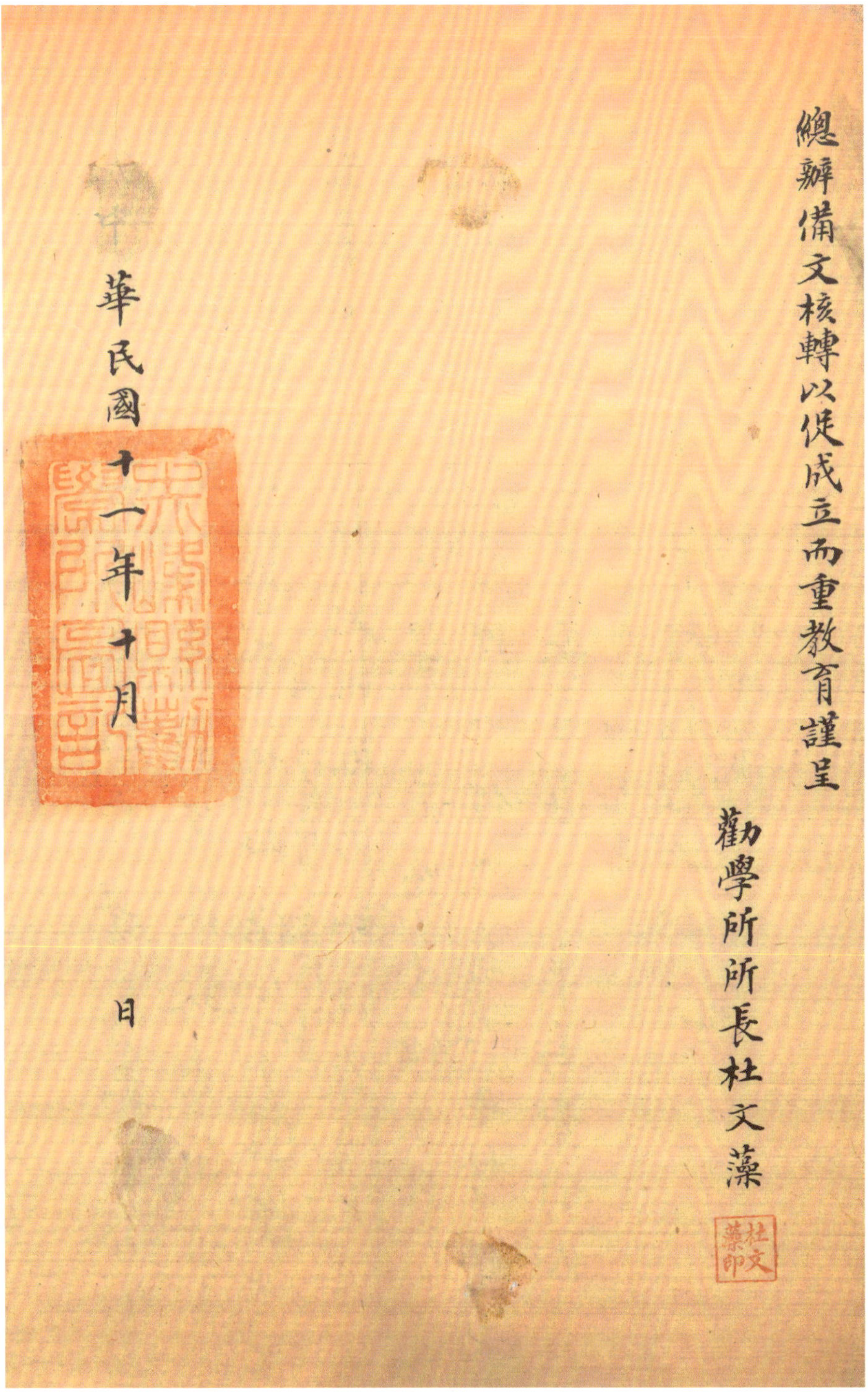

總辦備文核轉以促成立而重教育謹呈

勸學所所長杜文藻

杜文藻印

華民國十一年十月　日

一八二 赤峰縣勸學所爲擬合并學校撙節經費用以成立學務委員會事致赤峰縣公署呈（1922年10月）

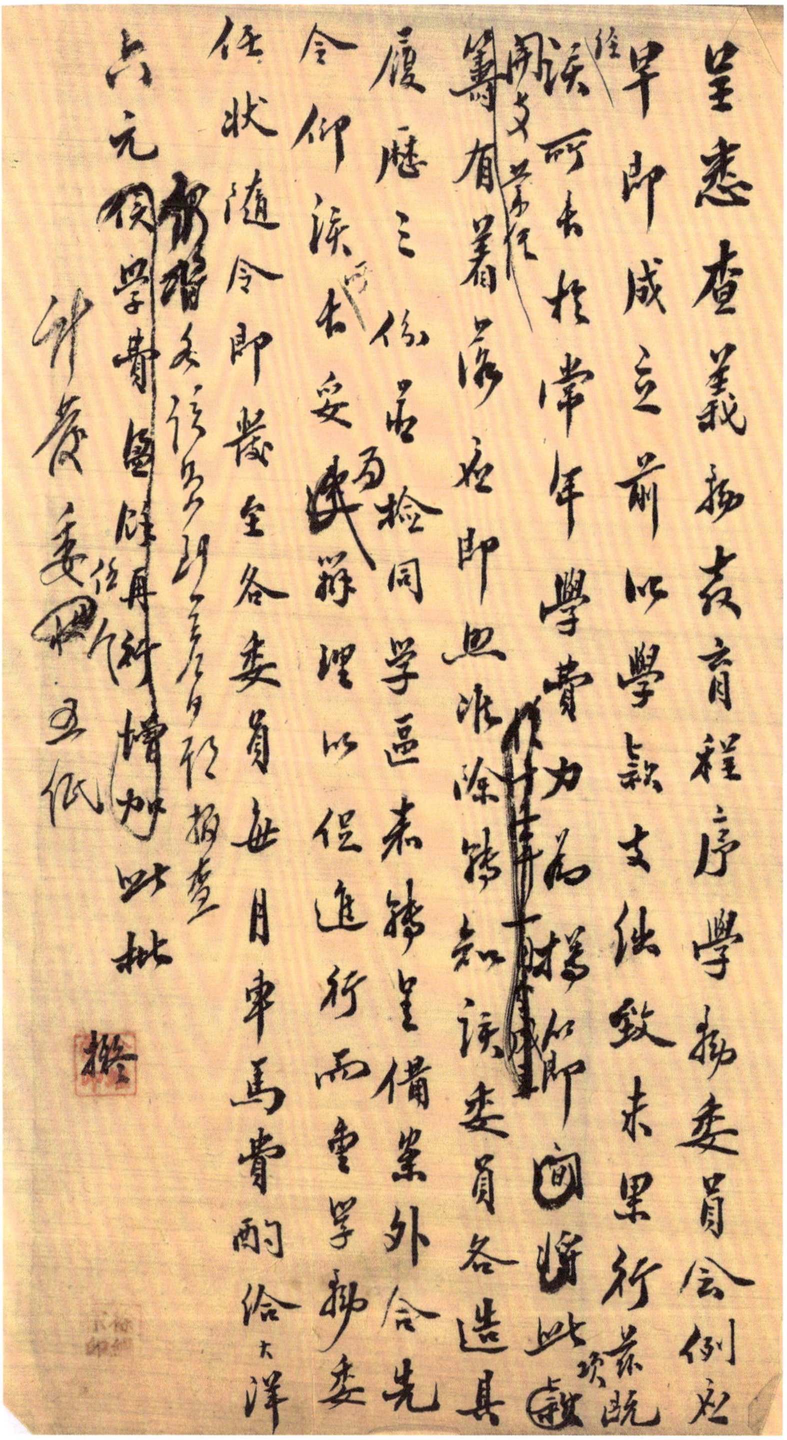
呈悉查義務教育程序學務委員会例應
早即成立前以學款支绌致未果行茲既
該所長於常年學費力為撙節即函將此款項
籌有着落應即照准除飭知該委員各造具
履歷三份呈送檢同學區表飭呈備案外合先
令仰該所長妥速籌辦理以促進行而重學務委
任狀隨令即發至各委員每月車馬費酌給大洋
六元俟學費盈餘再行增加此批

一八三　赤峰縣公署爲准予開設公司收買全境猪羊小腸事致魁記執事人劉樹論（1922年10月22日）

一八三　赤峰縣公署爲准予開設公司收買全境猪羊小腸事致魁記執事人劉樹論（1922 年 10 月 22 日）

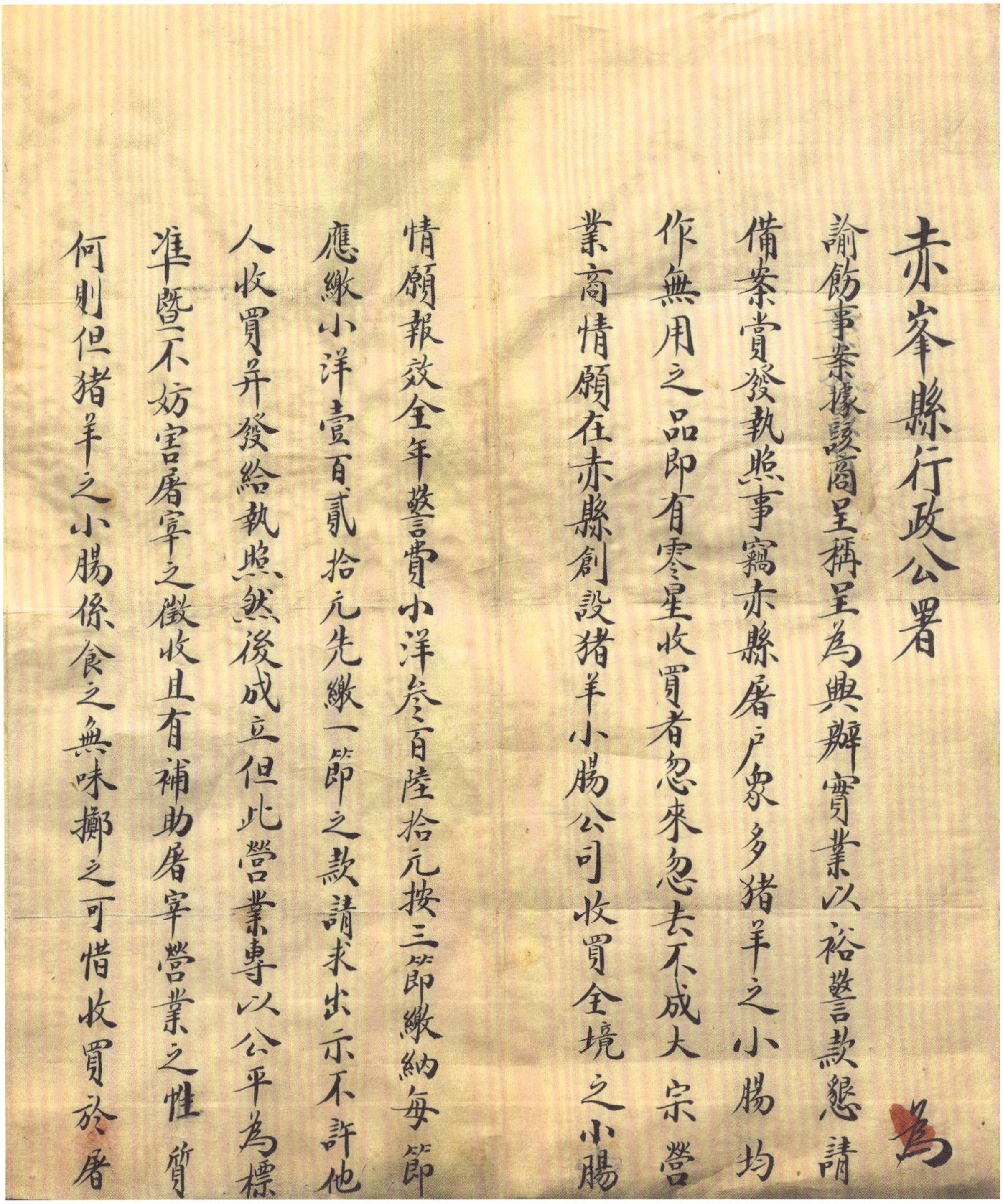
赤峯縣行政公署　為
諭飭事案據該商呈稱呈為興辦實業以裕警款懇請
備案賞發執照事竊赤縣屠户衆多猪羊之小腸均
作無用之品即有零星收買者忽來忽去不成大宗營
業商情願在赤縣創設猪羊小腸公司收買全境之小腸
情願報效全年警費小洋叁百陸拾元按三節繳納每節
應繳小洋壹百貳拾元先繳一節之款請求出示不許他
人收買并發給執照然後成立但此營業專以公平為標
準暨不妨害屠宰之徵收且有補助屠宰營業之性質
何則但猪羊之小腸係食之無味擲之可惜收買於屠

## 一八三 赤峰縣公署爲准予開設公司收買全境猪羊小腸事致魁記執事人劉樹諭（1922年10月22日）

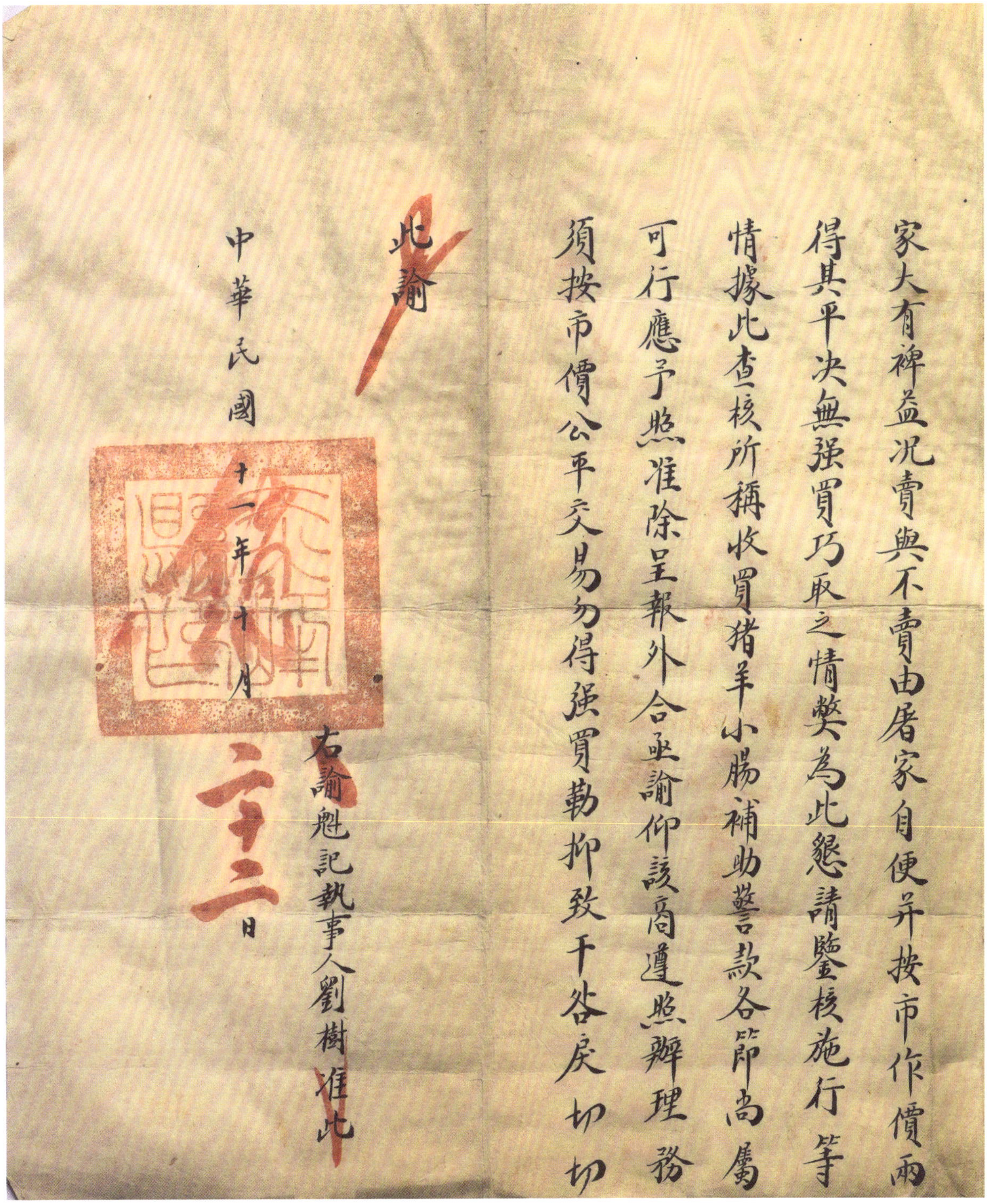

家大有裨益況賣與不賣由屠家自便并按市作價兩得其平決無强買巧取之情弊為此懇請鑒核施行等情據此查核所稱收買猪羊小腸補助警款各節尚屬可行應予照准除呈報外合亟諭仰該商遵照辦理務須按市價公平交易勿得强買勒抑致干咎戾切切

此諭

右諭魁記執事人劉樹准此

中華民國十一年十月二十二日

## 一八四 商民郭品仁等爲擬設立公益官秤煤廠取締私秤請酌核示遵事致赤峰縣公署呈（1923 年 1 月）

3-1-4525-12

第二科
財政股

呈

十二
一
卅

批发

## 一八四　商民郭品仁等爲擬設立公益官秤煤廠取締私秤請酌核示遵事致赤峰縣公署呈（1923 年 1 月）

具呈商民郭品仁邢瑞山為遵批呈明請酌核示遵事竊商等呈請設
立公益官秤煤廠取締私秤以除積弊等情於案業蒙批准轉呈
熱河列憲核准復蒙
鈞批呈悉查該商等設立煤廠現據商會函稱各商號以煤炭一項為
日用要需若設立專廠抽收秤捐既於地方發生障碍復與商民增加負
擔紛紛來會請求請即照舊辦理以紓民力等語查該商等前擬抽收
秤捐簡章究竟與地方商民有無障碍仰即與商會接洽妥協再行呈
明核辦此批等因奉此商　即遵批赴商會接洽該會並未言出弊利
之真象竟以煤店邀集牛車店阻撓與商會無涉等語揆其情形有
袒弊却情之私大反興利除弊得失自有悲喜難昭公允既經如此商

## 一八四　商民郭品仁等爲擬設立公益官秤煤廠取締私秤請酌核示遵事致赤峰縣公署呈（1923年1月）

等不能相强只得回歸另行計議今議得開設公益煤廠繳驗官秤
開據聯單歸為自用與煤店無涉如有因秤不公來廠使用官秤者
仍按每百斤抽收秤費銅元二枚不得多收分文開據聯單執照並本
廠每月收費多寡按月呈報來縣仍以六成歸官四成歸廠費業經投
具說帖呈明商會該會今已樂從所有赤街各鋪煤市均因店行使用
詭秤把持市面奪去煤市之車馱買賣互爭上下以只煤市蕭條奈煤市
經紀亦欲使用官秤交納秤費奉佈告之日施行現有煤市經紀楊寶有代
表前來特此呈明復有煤店於今陰歷十二月初五日被二道街燒鍋醴泉
通買得錦成店煤二車過秤被醴泉通查出第三秤短煤二十斤報知
煤店行頭事未終結特此報知為此叩乞

## 一八四 商民郭品仁等爲擬設立公益官秤煤廠取缔私秤請酌核示遵事致赤峰縣公署呈（1923 年 1 月）

縣長案下恩准酌核示遵 如蒙允准商等即將所修之秤十桿交

縣較驗以便佈告週知施行

呈悉仰候函行商會查明與確有地

方有無窒碍候函覆再行核

辦此批

中華民國十一年一月　　日

郭品仁

邢瑞山

## 一八五　秦王島駐華英美烟公司爲紙烟需納之赤街地方捐究係何種捐款事致赤峰縣公署函（1923年2月27日）

3-1-6077-63(2)

县長大人座前敬啟者茲查於本月十四號敝赤峯經理維新烟公司信內統來　貴公署諭帖一件內囑令　敝該經理速將民國十一年內在赤峯本街所賣之各種紙烟完納赤街地方捐等語均悉惟查赤峯本街地點自數年前已經　貴政府開放通商埠按中外約章無論土子或洋子口紙烟於通商埠地點銷售盖應免徵各項捐稅再者　敝公司每往　貴城發

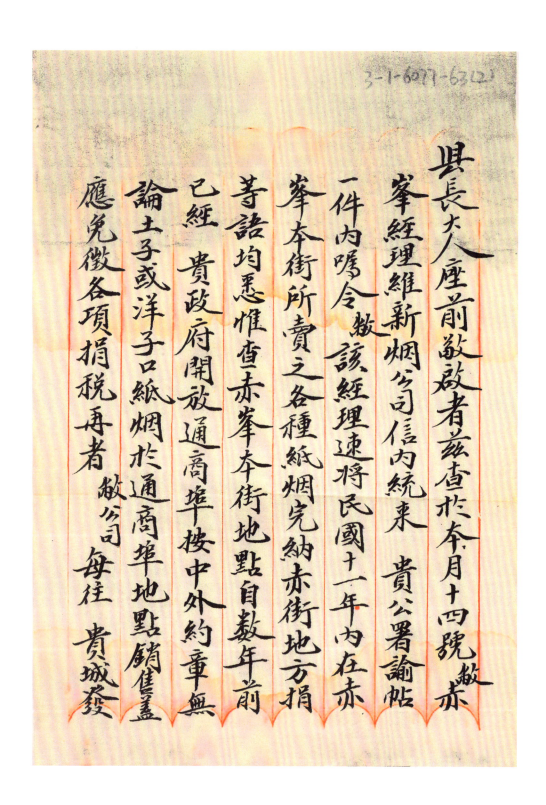

## 一八五　秦王島駐華英美烟公司爲紙烟需納之赤街地方捐究係何種捐款事致赤峰縣公署函（1923 年 2 月 27 日）



去烟時已有　貴北京全國紙菸捐務總局發
出免税公函一件指明其貨係運至赤峯本
街通商華銷售也然可不知　貴諭帖内所喝
完納之地方捐係何項捐何人徵收捐款歸於何
處懇祈示知以便照示禀報敝總行核奪
特此佈覆
順侯
升安
秦王島駐華英美烟公司經理盧克爾鞠躬
西曆一仟九百二十三年二月二十七號

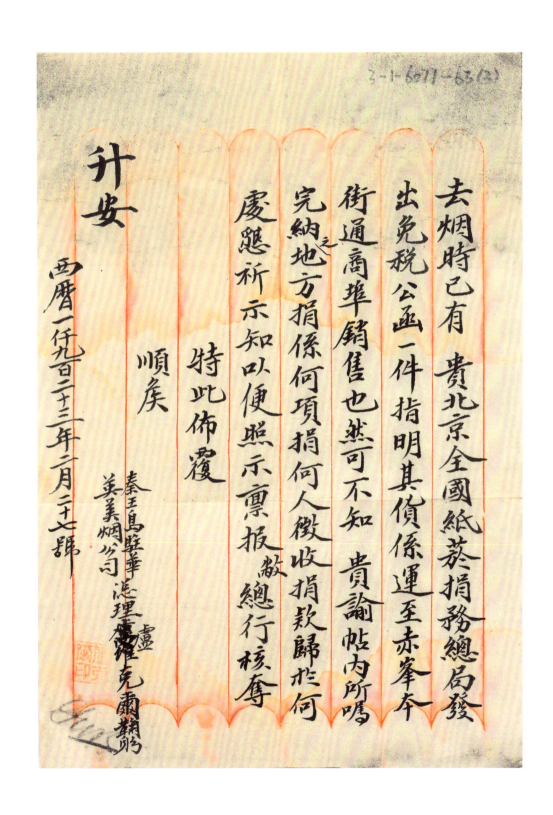

## 一八六 赤峰縣公署爲每年籌撥國幣二百元補助留法學生毛韶青事致赤峰縣財政所訓令（1923年6月2日）

3-1-1317-1

訓令

## 一八六　赤峰縣公署爲每年籌撥國幣二百元補助留法學生毛韶青事致赤峰縣財政所訓令（1923年6月2日）

赤峰縣公署訓令第一四八號

令財政所所長徐維宗

為令行事案奉

熱河都統公署第一千四百四十八號訓令内開為令行事

政務廳第三科案呈本年三月二十九日據赤峰縣籍留法

學生毛韶青呈稱為懇給予津貼完成學業事竊學生毛

韶青係本道赤峰縣籍先曾畢業於保定府育德中學校深

感家道之寒微無力繼學適蔡元培李石曾諸先生於育德中

學校内有留法預備班之設生遂考入此班肄業畢業之後

負笈遠來冀以工作之資進而研究高深之學術他日得以反

一八六　赤峰縣公署爲每年籌撥國幣二百元補助留法學生毛韶青事致赤峰縣財政所訓令（1923年6月2日）

哺祖邦慰父老之渴望孰憶歐戰以還形勢陡變即以法國而
論生活日益昂騰而工資以故学校費用視前亦曾倍蓰工薪
所餘僅資糊口已維艱儲欵求学之熱望殆成泡影矣伏念
駒光不待倏尔白頭爲学及時言之生畏且生厠身異國目覩
列強之物質文明造成此如錦如荼之歐土回首祖邦實深駭惕
爲我國計誠宜急起直追借國補救於萬一第改革之方人才是
賴此近年來我國之所以不惜金錢廣派留学之至意也川湘
晉魯秦閩諸省對於留法勤工儉学生已按國家派留学生
方法準與補助求学問題至此都已解決即綏遠道亦早批
準該道学生之請求年撥津貼俾成学業熱河道之留

## 一八六 赤峰縣公署爲每年籌撥國幣二百元補助留法學生毛韶青事致赤峰縣財政所訓令（1923年6月2日）

法國者只学生一人前具各省道都批准請求曾於民國十年
十二月間具呈鈞座臚陳一切計已蒙亮詧惟是日月云亡歲不
我與用敢再為懇求如蒙俯賜成全請年惠賞款八百元為
海外求学之費異日学成寸進當有以報我公樂育人才之盛
意也肅此謹呈等情附呈履歷表一紙據此查此案前於民
國十年十二月間曾准
巴黎華法教育會並據該生先後函呈到署迭令前热河
道尹會同財政廳議復在案茲據前情當在令行該道廳
併案核議去後茲據該道廳会呈以庫款艱窘該生毛韶
青請求補助之款實係無法籌付擬請令飭該生原籍地方

一八六　赤峰縣公署爲每年籌撥國幣二百元補助留法學生毛韶青事致赤峰縣財政所訓令（1923年6月2日）

官由十一年分起就地方款内每年籌撥國幣二百元以資補助
等情議复前來除指令外合亟令仰該縣知事遵照由十一年
分起每年籌撥國幣二百元匯寄
巴黎華法教育會轉給該生毛韶青具領並將籌寄情形
呈報備查切切此令計抄發毛韶青履歷一紙等情奉此合亟
令仰該所長遵照由十一年分起每年籌撥國幣二百元匯寄
巴黎華法教育会轉給該生毛韶青具領並將籌給情形
呈報本署以憑轉呈備案切切此令

## 一八六　赤峰縣公署爲每年籌撥國幣二百元補助留法學生毛韶青事致赤峰縣財政所訓令（1923年6月2日）

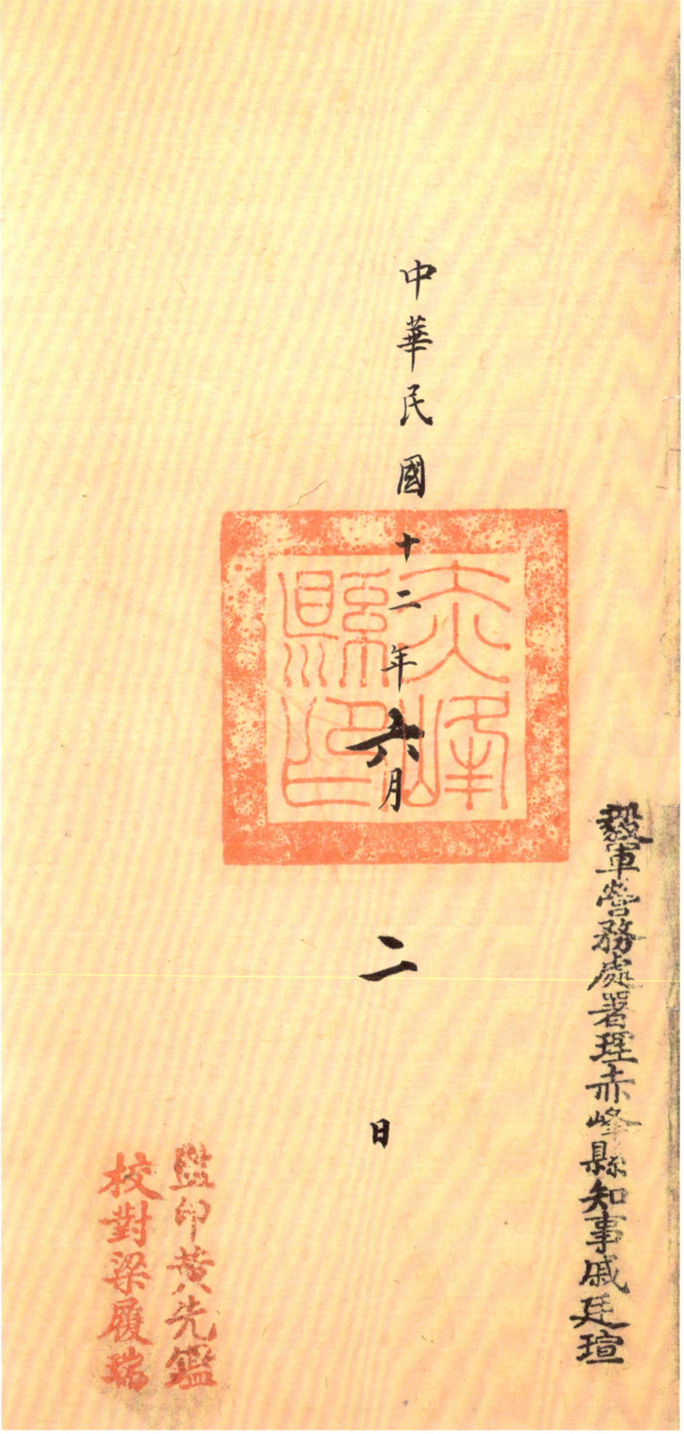
毅軍營務處署理赤峰縣知事咸廷瑄

中華民國十二年六月二日



監印黄先鑑

校對梁履端

一八七　外交部特派熱河交涉員公署爲日領館聲稱有日人被學生圍毆請切實查勘事致赤峰縣公署公函（1923 年 6 月 3 日）

3-1-2940-7(1-9)

公函

## 一八七　外交部特派熱河交涉員公署爲日領館聲稱有日人被學生圍毆請切實查勘事致赤峰縣公署公函（1923年6月3日）

外交部熱河交涉署公函十二年癸字第四十二號

逕啟者本月二日午後一時據日本領館館員北村來署聲稱日人馬場渡邊因往娘娘廟觀覽香火會場遇見一羣學生在後追擲砂土詈罵辱打種種欺侮幸邦人急於逃脫始免意外似此暴力行為應請即時查懲等語敝署長得報恐會場仍有日人再起衝突當即派員馳往會場看視一面知照警局速往彈壓去後旋接日本領事平塚照會內稱敬啟者六月二日在本地本邦商民馬場係同渡邊敏雄兩名來館訴稱該邦人等於本日午前十一時許在本街西首娘娘廟以參觀會場之狀況目的於該廟附近散步中偶遇在同會場參集中之本地貴國學生等數十名並有教習和識者引率指導對於前記馬場渡邊兩名將其抵制日貨還我旅大否認二十一條等記載之旗幟大舉振翳並加詈罵任意謗譏或由背後揮以棍棒或突然投以土塊瓦礫一切惡行迫害交加

一八七　外交部特派熱河交涉員公署爲日領館聲稱有日人被學生圍毆請切實查勘事致赤峰縣公署公函（1923年6月3日）

該兩名即由該廟繞至六道街又轉至三道街彼衆仍然陸續追踪及至街口指導者始下喝令遂一律散退矣當时馬場等以彼我之衆寡分明雖反抗亦必無効且易惹起大事因慮及此遂忍受而逃歸云云查前記學生等之暴行在馬場等之衣服並携帶之照像機器等件上次第驗之土塊瓦礫痕跡尤存歷歷可見足徵事實明瞭不謬也查貴国學生等對於本邦良民竟於白晝故意恣事如前記之凌辱加之而弗已且貴国教習等對此不能制止更於其暴行爲之聲援指導本領事對於此點斷難默視也查以上行爲不但違背於貴我條約之明文且实破壞日華兩国親善之根本而無疑因此本領事深抱遺憾者也尚望對於本案之事实從速查明務將主謀學生等舉出刑誡並於指導之教習等予以處分俟有结果還祈照復本館是所切盼爲此照會希即查照等因並據該館警察署長谷

# 一八七　外交部特派熱河交涉員公署爲日領館聲稱有日人被學生圍毆請切實查勘事致赤峰縣公署公函（1923年6月3日）

龍藏函稱據渡邊所說肇事之時尚有瑞發祥銀樓之人在內用棍幫打應請一併查出
懲辦等語到署查敝署前以學生提倡抵制日貨集會講演結隊遊行與地方安寧國
際關係均屬重要迭經函達
貴縣查照設法勸導嚴加保衛在案此次肇事地點係在何處究因何事致起衝突學生共有若
干均係何校學生有無教員帶領經過路線均係何名鬧事之時有無崗警在場
彈壓教員學生與鬧事者是何姓名學生以外有無閒人攙雜其間案關日領提
起交涉之件應由
貴縣查照上述各節速往肇事地點切實勘查繪具圖說連同調查詳情尅日一併呈
復來署以憑核奪除派員分頭調查及俟領館對於瑞發祥銀樓之事補具公文另函
知照外相應函達

## 一八七　外交部特派熱河交涉員公署爲日領館聲稱有日人被學生圍毆請切實查勘事致赤峰縣公署公函（1923年6月3日）

貴縣查照速辦爲要此致

赤峰縣縣長戚

中華民國十二年六月三日

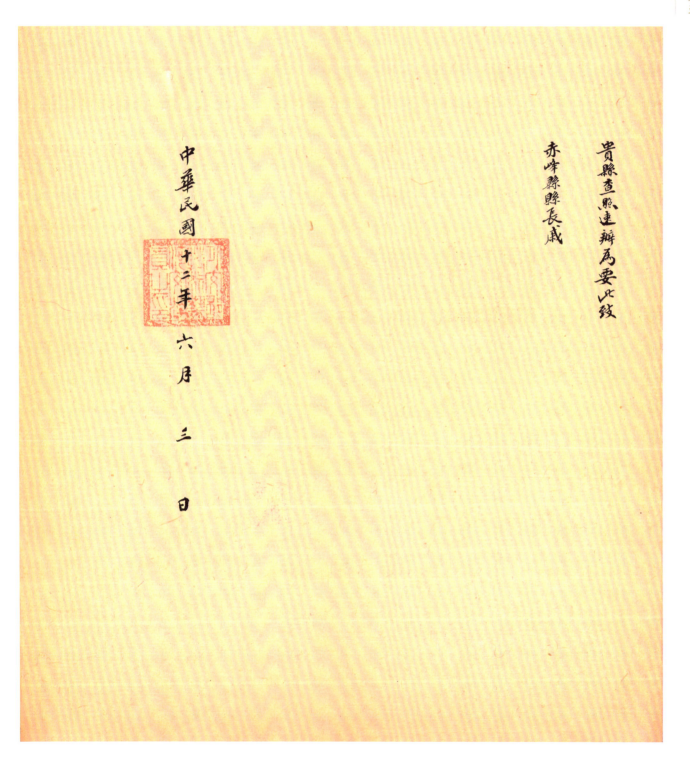

## 一八八 赤峰縣警察所爲并無學生打罵日人事致赤峰縣公署呈（1923年6月6日）

3-1-2940-9(1-10)

呈

# 一八八　赤峰縣警察所爲并無學生打罵日人事致赤峰縣公署呈（1923年6月6日）

呈爲呈覆事。案奉

鈞署第八四五號訓令内開：爲令行事。案准

外交部熱河交涉署第四十二號公函内開：逕啓者，本月二日午後一時，據日本領館館員北村來署聲稱：日

人馬場渡邊因往娘娘廟觀覽香火會場，遇見一群學生在後追擲砂土，詈罵辱打，種種欺侮弊邦人，急

於逃脱，始免意外。似此暴力行爲，應請即時查懲等語。嗣署長得報，恐會場仍有日人再起衝突，當即

派員馳往會場看視，一面知照警局速往彈壓。去後旋接日本領事平塚照會内稱：敬啓者，六月二日

在本地本邦商民馬場保同渡邊敏雄兩名來館訴稱：該邦人等於本日午前十一時許，在本街西首娘

娘廟以參觀會場之狀況目的，於該廟附近散遊中，偶遇在同會場參集中之本地之貴國學生等數

十名，并有教習和識者引率指導，對於前記馬場、渡邊二名，將其抵制日貨、還我旅大、否認二十一條等

記載之旗幟，大舉振颺，并加詈罵，任意謗譏，或由背後揮以棒棍，或哭然投以土塊瓦礫，一切惡行迫

## 一八八　赤峰縣警察所爲并無學生打罵日人事致赤峰縣公署呈（1923年6月6日）

害又加該兩名即由該廟繞至六道街又轉至三道街彼衆仍然陸續追蹤及至街口指導者始下號令遂
一律散退矣當時馬場等以彼我之衆寡分明雖反抗亦必無效且易惹起大事因慮及此遂忍受而
逃歸云云查前記學生等之暴行在馬場之衣服并携帶之照像機器等件上次第驗之土塊瓦礫
痕跡尤存歷歷可見足徵事實明瞭不謬也查貴國學生等對於本邦良民竟於白晝故意恣
事如前記之凌辱加之而弗已且貴國教習等對此不能制止更於其暴行爲之聲援指導本領事
對於此點斷難默視也查以上行爲不但違背於貴我條約之明文且實破壞日華兩國親善之根
本而無疑因此本領事深抱遺憾者也尚望對於本案之事實從速查明務將主謀學生等舉出
訓誡并於指導之教習等予以處分俟有結果還祈照復本館是所切盼專此照會希即查明等
因并據該館警察署長谷龍藏面稱據渡邊所說肇事之時尚有瑞發祥銀樓之人在內用棍幫打
應請一併查出懲辦等語到署查敝署前以學生提倡抵制日貨集會講演結隊遊行與地方安寧

## 一八八 赤峰縣警察所爲并無學生打罵日人事致赤峰縣公署呈（1923年6月6日）

國際關係均屬重要迭經函達貴縣查照設法勸導嚴加保衛在案此次肇事地點係在何處究
因何事致起衝突學生共有若干均係何校學生有無教員帶領經過路線均係何名鬧事之時有無
崗警在場彈壓教員學生與聞其事者是何姓名學生以外有無閑人攙雜其間案關日領提起
交涉之件應由貴縣查照上述各節速往肇事地點切實勘查繪具圖說連同調查詳情尅日
一併呈復來署以憑核奪除派員分頭調查及俟領館對於瑞發祥銀樓之事補具公文另函知照外
相應函達貴縣查照速辦為要此致等因准此合亟令仰該所長立即遵照按照函稱各節詳細查明
確并速往肇事地點切實勘查繪具圖說連同調查詳情尅日一併呈覆來署以憑核轉案關交涉
勿稍延緩切切此令等因奉此遵查前據該巡官劉玉慶報告是日娘娘廟起集香火會場人民屬集有
日人馬場等二名在會內照像已照一幅該日人又擬在廟外照像有小學生在旁圍觀共舉旗幟礙碍鏡
頭使其不得照像日人遂往六道街去訖又由三道街轉至廟後有衆人跟隨日人觀看情形并無涉及打

## 一八八 赤峰縣警察所爲并無學生打罵日人事致赤峰縣公署呈（1923年6月6日）

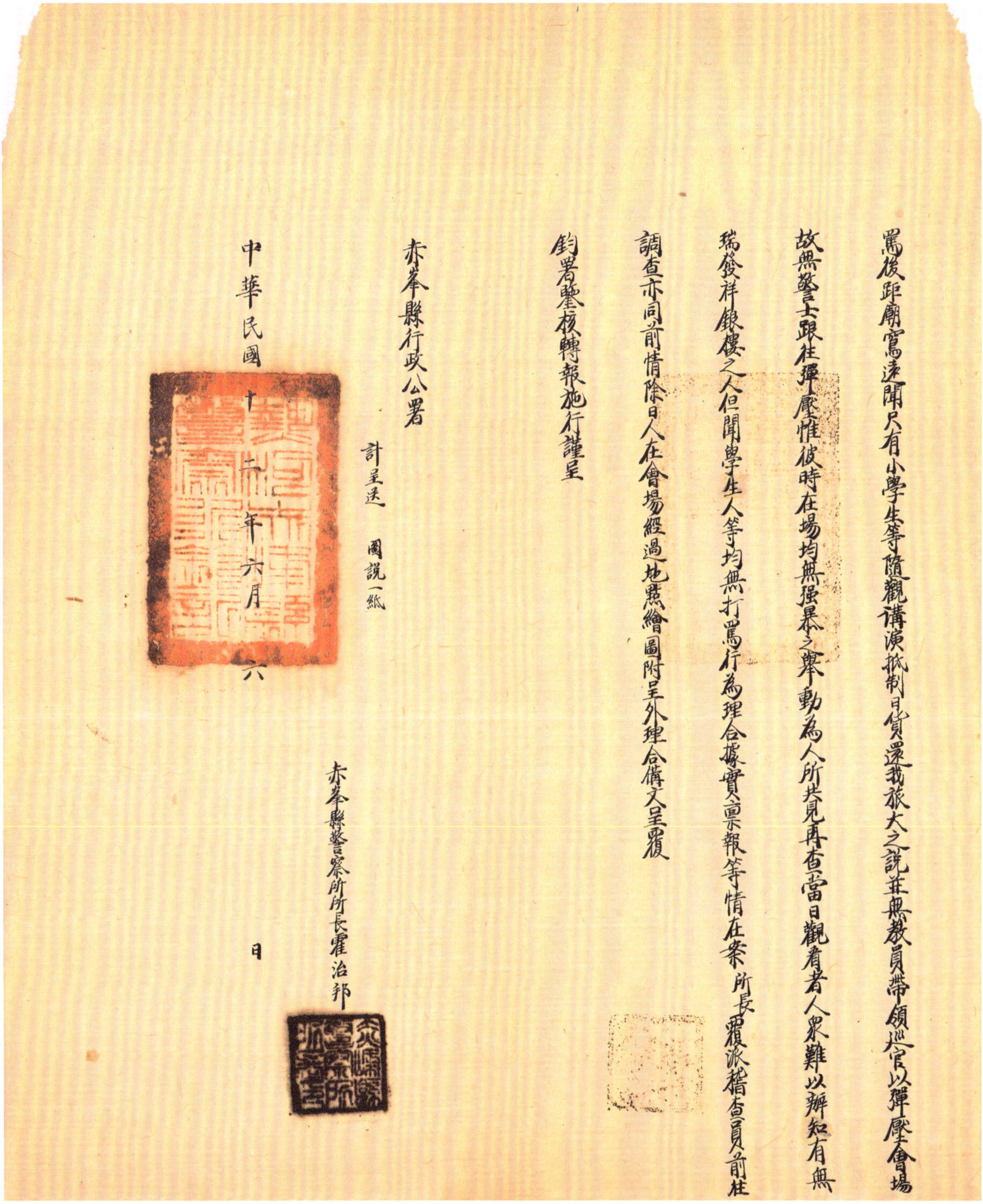

罵後距廟宮逺聞只有小學生等隨觀講演抵制日貨還我旅大之説並無教員帶領巡官以彈壓會場故無警士跟往彈壓惟彼時在場均無强暴之舉動為人所共見再查當日觀看者人衆難以辨知有無瑞發祥銀樓之人但聞學生人等均無打罵行為理合據實具稟報等情在案所長覆派稽查員前往調查亦同前情除日人在會場經過地點繪圖附呈外理合備文呈覆

鈞署鑒核轉報施行謹呈

赤峯縣行政公署

計呈送 圖説一紙

中華民國十二年六月六日

赤峯縣警察所所長霍治邦

一八八 赤峰縣警察所爲并無學生打罵日人事致赤峰縣公署呈（1923年6月6日）

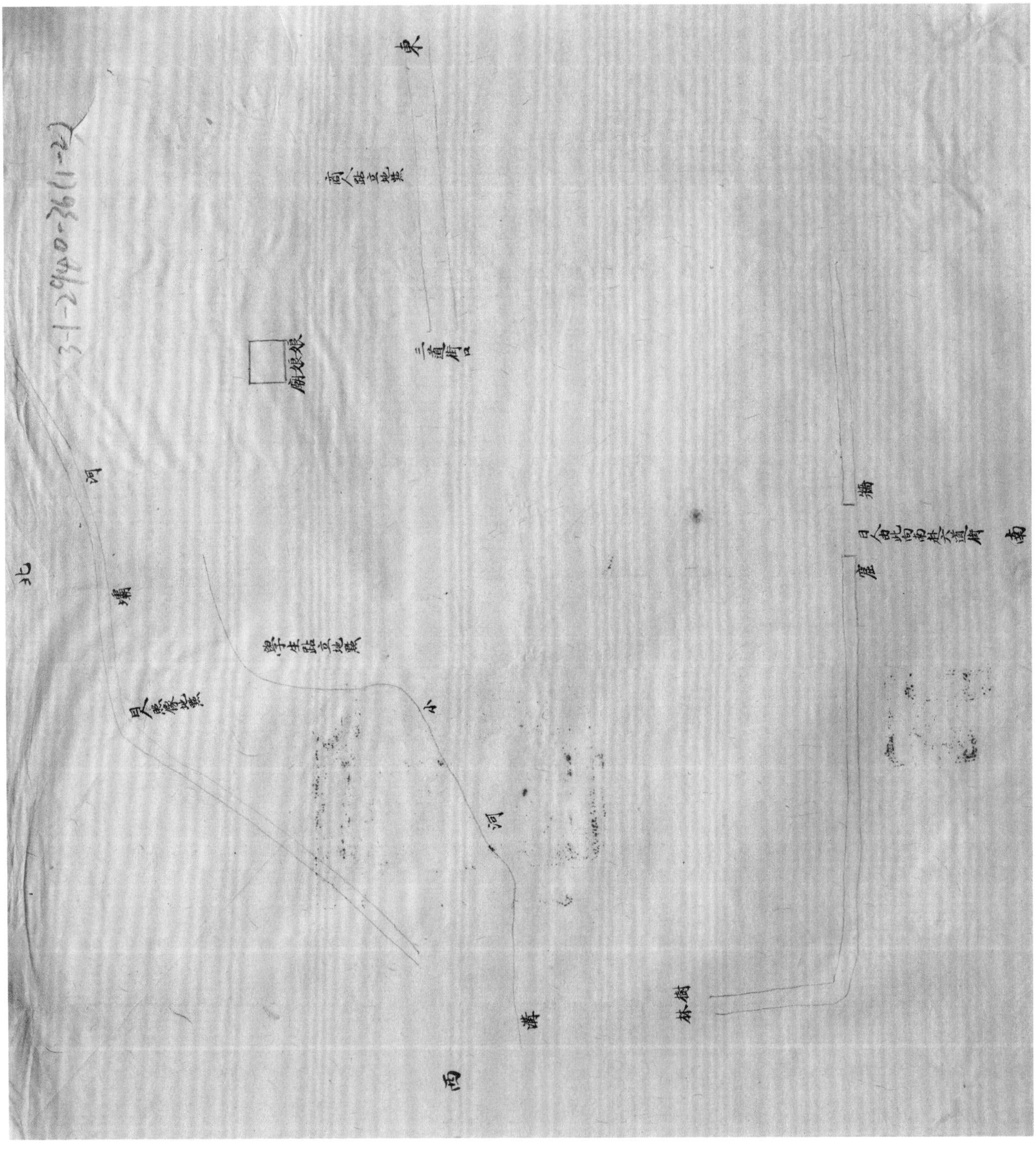

## 一八九　前熱河全境團練總局局長楊裕文等爲藉資公債創辦赤峰中學事致赤峰縣公署呈（1923年6月5日）

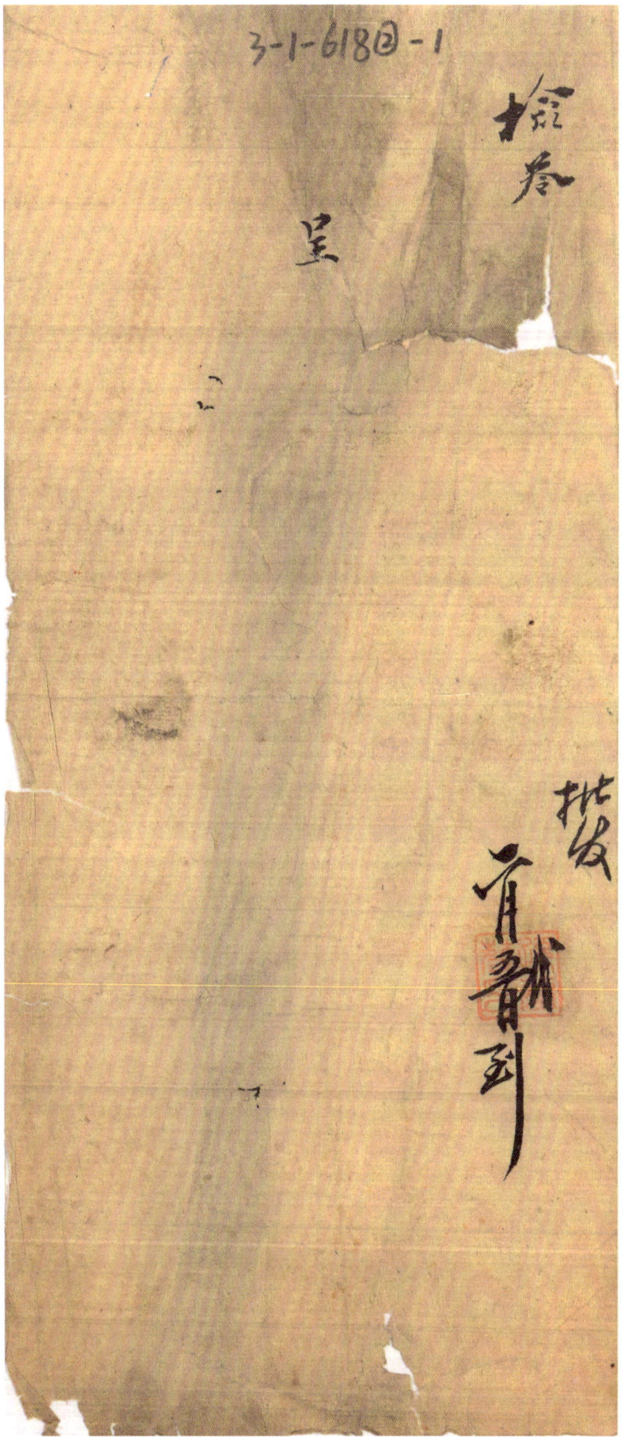
3-1-618②-1
呈

## 一八九 前熱河全境團練總局局長楊裕文等爲藉資公債創辦赤峰中學事致赤峰縣公署呈（1923年6月5日）

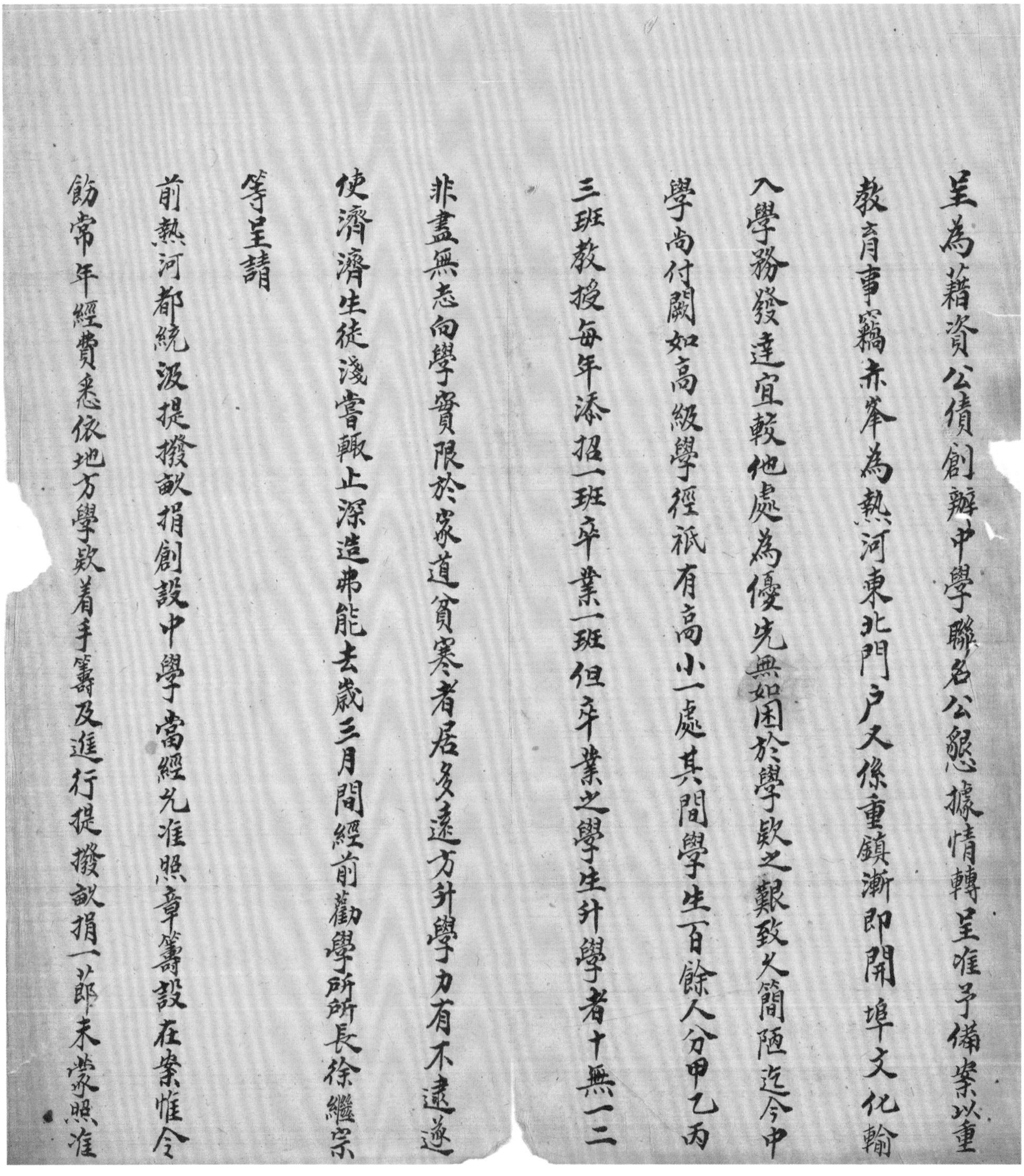

呈為藉資公債創辦中學聯名公懇據情轉呈准予備案以重
教育事竊赤峯為熱河東北門户又係重鎮漸即開埠文化輸
入學務發達宜較他處為優先無如困於學欵之艱致久簡陋迄今中
學尚付闕如高級學校祇有高小一處其間學生百餘人分甲乙丙
三班教授每年添招一班卒業一班但卒業之學生升學者十無一二
非盡無志向學實限於家道貧寒者居多遠方升學力有不逮遂
使濟濟生徒淺嘗輒止深造弗能去歲三月間經前勸學所所長徐繼宗
等呈請
前熱河都統汲提撥畝捐創設中學當經允准照章籌設在案惟令
飭常年經費悉依地方學欵着手籌及進行提撥畝捐一節未蒙照准

## 一八九 前熱河全境團練總局局長楊裕文等爲藉資公債創辦赤峰中學事致赤峰縣公署呈（1923年6月5日）

以致事遂中輟伏思學校者實人才之淵藪也人才輩出地方乃能發達我赤
之學務若任久於閉塞尚謀及人才輩出地方發達是猶欲進步自裹其
足者然公民等有鑒於此始復公同協商賡續籌設中學預算常年
經費如諸加撙節大洋五千元即足敷用擬將十一年公債四萬八千元作
為中學底款所獲之利息大洋三千五百餘元作為中學常年
經費餘虧一千餘元當國庫支絀之際因敢比承德中學純係國款暨朝
陽中學半由國助請即由敝縣車牌捐提歸國有之七成內或照數撥補抑
或令飭分撥幾成一邑注間該校之經費即足如此辦理事舉而民不擾不另
籌款而中學立况我赤中學果速創設即與承朝兩縣之中學勢成鼎足
灤豐隆平凌阜綏開等縣之高小卒業生固已得就便分升承朝各

一八九　前熱河全境團練總局局長楊裕文等爲藉資公債創辦赤峰中學事致赤峰縣公署呈（1923年6月5日）

中學而林圍建等縣之高小卒業生亦幸得就便升入赤峰中學于統十
五屬之莘莘學子共有進身之階悉乏向隅之歎一縣設校數縣蒙庥想
亦熱垣
各列大憲所樂為也不然舍此機緣茲正值民生疲敝商業蕭條欲速設
校另行籌款恐我赤中學終無成立之一日所有擬將十一年公債提作中學
底款所獲利息作為中學常年經費暨經費虧款請由車牌捐撥助各
緣由理合聯名備文呈請
縣長鑒核據情轉呈如蒙
俞允使我赤中學早日成立統城鄉各校之青年子弟均勉造成材是
皆我

一八九　前熱河全境團練總局局長楊裕文等爲藉資公債創辦赤峰中學事致赤峰縣公署呈（1923年6月5日）

縣長之鴻錫至銜感之私當不止身受者已也謹呈

赤峰縣縣長戚

前熱河全境團練總局局長楊裕文

赤峰商會商事公斷處處長支棟

赤峰商會會長朱寶琮

前赤峰董事會總董張文相

翁牛特旗右翼協理鮑熹

赤峰財政所所長徐繼宗

赤峰高等小學校長王者弼

赤峰勸學所所長杜文藻

## 一八九　前熱河全境團練總局局長楊裕文等爲藉資公債創辦赤峰中學事致赤峰縣公署呈（1923年6月5日）

赤峯財政所檢查員王文堪

赤峯財政所檢查員姚光弼

赤峯水會會長許宗琛

前赤峯勸學所總董李翰臣

前赤峯地方捐局主任董承榮

前赤峯董事會總董張振鐸

前順直省議會議員喬鍾傑

赤峯農務會會長王修業

赤峯回教俱進會會長石振文

前赤峯董事會董事王顗堪

一八九　前熱河全境團練總局局長楊裕文等爲藉資公債創辦赤峰中學事致赤峰縣公署呈（1923年6月5日）

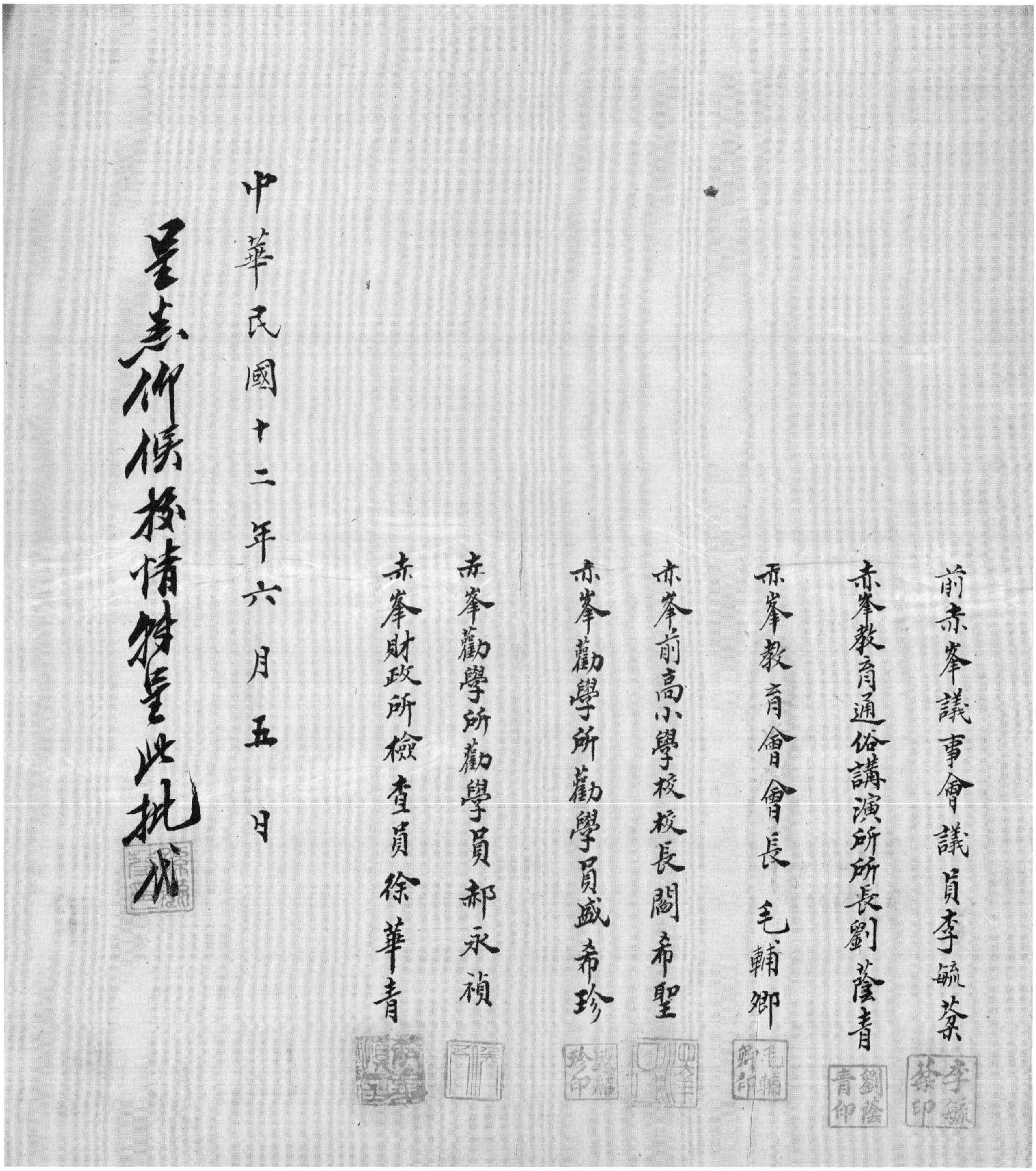

前赤峯議事會議員李毓棻
赤峯教育通俗講演所所長劉蔭青
赤峯教育會會長毛輔卿
赤峯前高小學校校長闞希聖
赤峯勸學所勸學員盛希珍
赤峯勸學所勸學員郝永禎
赤峯財政所檢查員徐華青

中華民國十二年六月五日

呈悉仰候據情轉呈此批

## 一九〇 赤峰縣公署爲抄送被灾烟户清單請覆勘事致赤峰縣禁烟覆查委員長李□□公函（1923年9月15日）

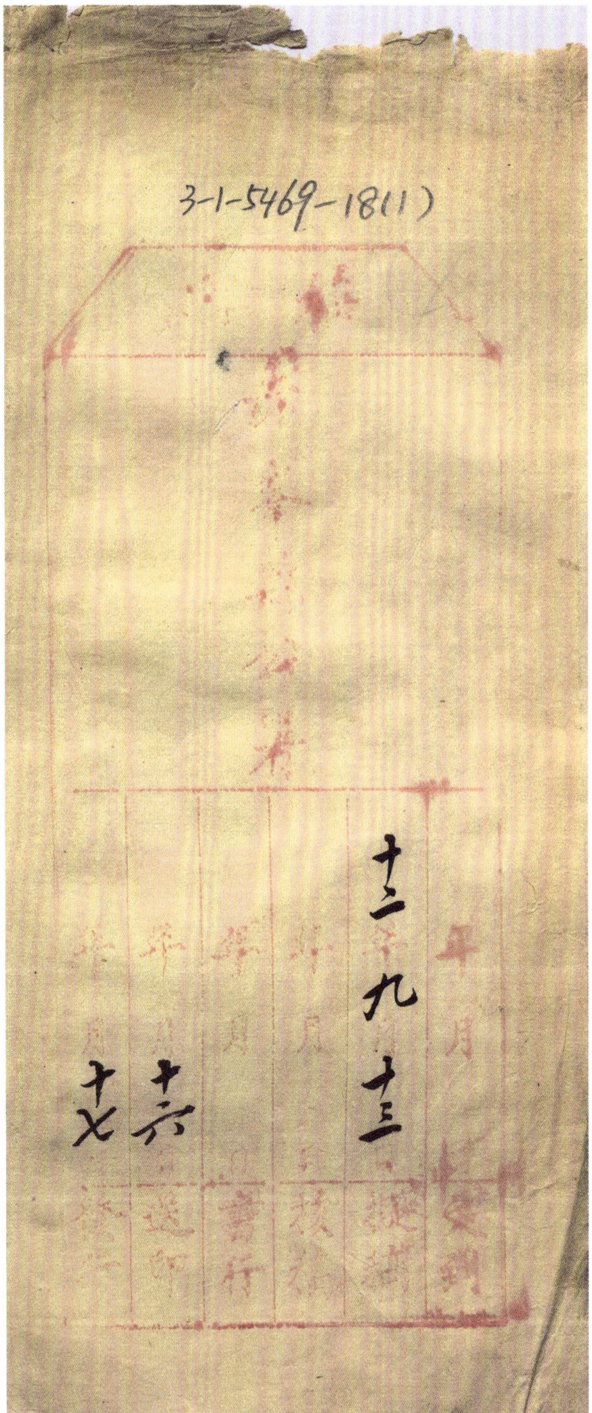

## 一九〇 赤峰縣公署爲抄送被灾烟户清單請覆勘事致赤峰縣禁烟覆查委員長李□□公函（1923年9月15日）

逕啓者，案查石家地約被災烟地業經開具清單函請
查照勘驗在案。茲據松蘇約種戶侯歡等呈報所種烟
苗被雹成災或被水沖刷，請予勘驗等情前來。除批示外，相應將被
災各烟戶開列清單函請
貴委員長查照，派員覆勘，以昭核實，至紉公誼。此致
赤峰縣禁烟覆查委員長李
附送清單一紙

一九〇　赤峰縣公署爲抄送被灾烟户清單請覆勘事致赤峰縣禁烟覆查委員長李□□公函（1923 年 9 月 15 日）

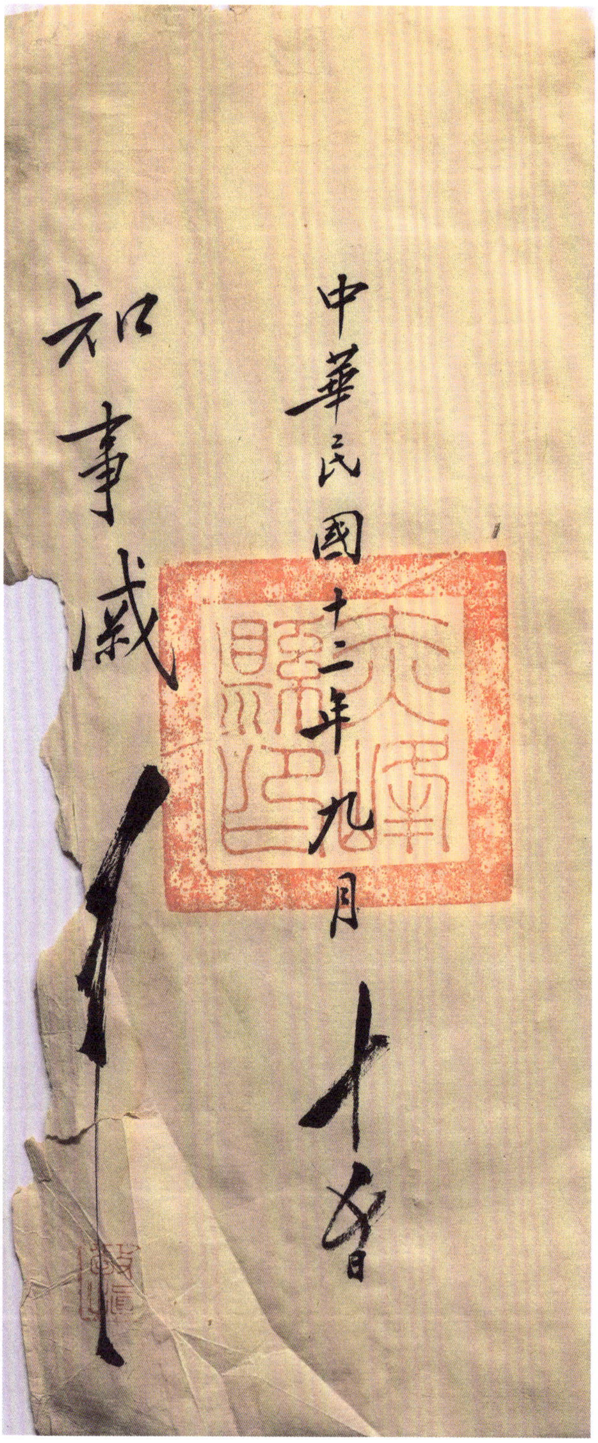

一九〇 赤峰縣公署爲抄送被灾烟户清單請覆勘事致赤峰縣禁烟覆查委員長李□□公函（1923年9月15日）

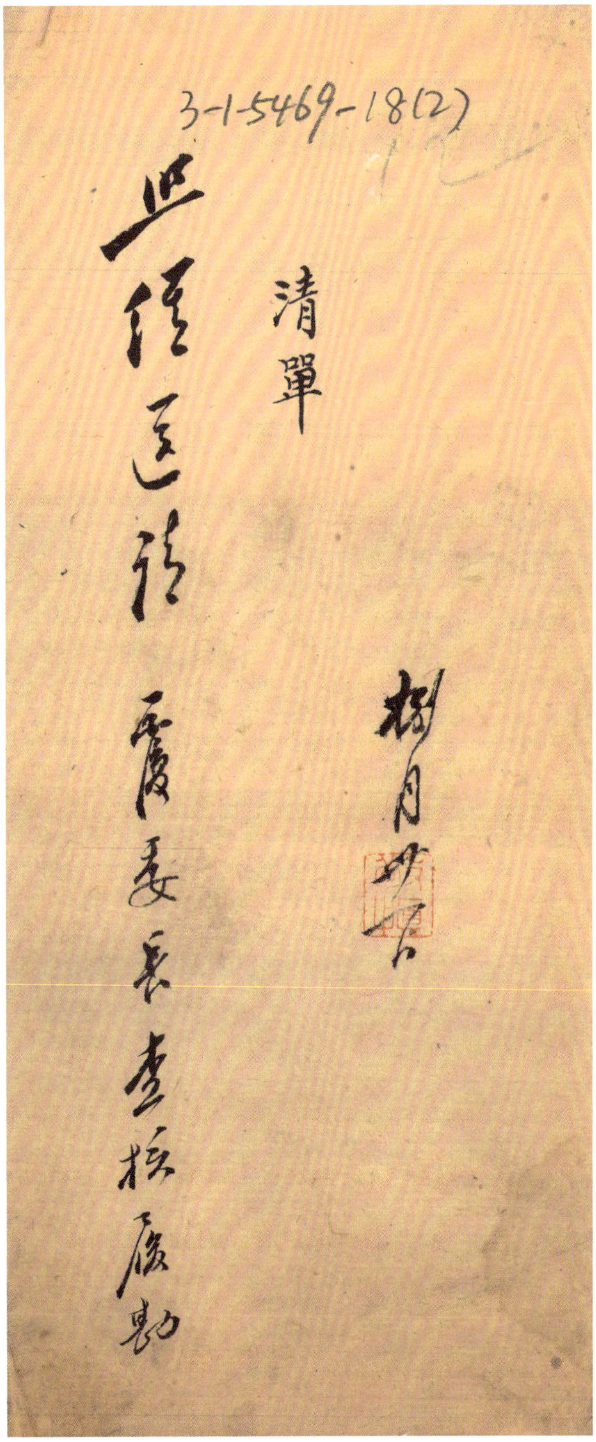
3-1-5469-18(2)

照錄送請

覆委長李核覆勘

清單

## 一九〇　赤峰縣公署爲抄送被灾烟户清單請覆勘事致赤峰縣禁烟覆查委員長李□□公函（1923年9月15日）

謹將被災各户開具清單恭呈
鑒核

札拉營子
楊占文 八分
孟喜 一畝二分
楊德振 一畝二分
楊清和 一畝四分
苗旺 一分
陳德恩 九分
李錫三 五畝二分
蒙古營子
徐金祥 二畝

小五十家子
吳自德 一畝六分
邢萬才 一畝三分
苗振才 一畝
波泗潮臘
潘珍 二畝
李永明 六分
潘成俊 一畝三分
王恩德 一畝五分
王恩榮 二畝八分

## 一九〇　赤峰縣公署爲抄送被灾烟户清單請覆勘事致赤峰縣禁烟覆查委員長李□□公函（1923年9月15日）

趙廣輝　一畝五分
趙廣生　七分
趙有鳳　三分
苗振祥　三畝
張鳳　二分
陳廣居　四畝八分
梁鳳祥　四分
梁鳳鳴　八分
啦嘛地
王朝卿　二分
王朝卿　一畝五分
小陳家營子

劉和　七分
潘瑞　一畝三分
王恩元　三分
劉建功　二畝
張玉　一分
二台吉營子
鮑亮　二畝一分
傅連喜　一畝八分
傅連生　二畝四分
曹家灣子
高占有　一畝六分
傅裕昌　三分

## 一九〇　赤峰縣公署爲抄送被灾烟户清單請覆勘事致赤峰縣禁烟覆查委員長李□□公函（1923年9月15日）

張典　一畝五分　　國占有　三分

大陳家營子

王臣　五分

盛世富　三畝　　耿棠　一畝三分

解九豐　一畝　　張忠　四分

盛世恩　二分　　梁鳳綱　二分

辛珍　八分　　張蓬萊　四畝二分

大五家村

陳琨　一畝二分　　唐琢　一畝六分

陳坦　一畝　　唐振生　八分

竇文生　八分　　徐明　六分

英金玉　六分　　徐振生　一畝五分

李國治　一畝　　徐振才　三分

一九〇 赤峰縣公署爲抄送被災烟户清單請覆勘事致赤峰縣禁烟覆查委員長李□□公函（1923年9月15日）

徐珍 一分
高亭 五分
高義 四分
高法 七分
高義 六分
高玉慶 六分
高玉海 四分
于德福 一畝
王繼儉 三分
唐義 一畝二分

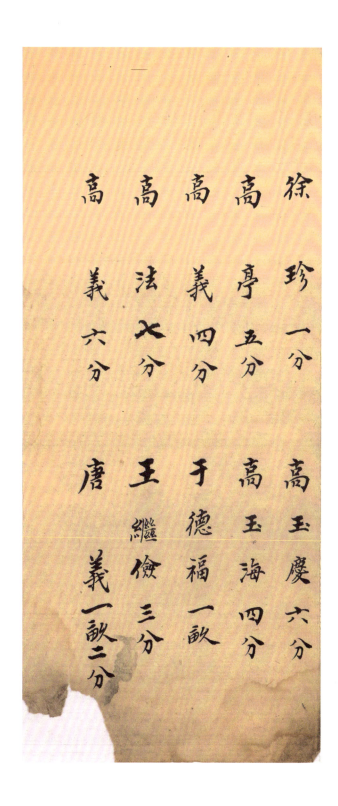

## 一九一　熱河都統公署爲憲法公布依法舉辦慶典事致赤峰縣公署電報（1923年10月2日）

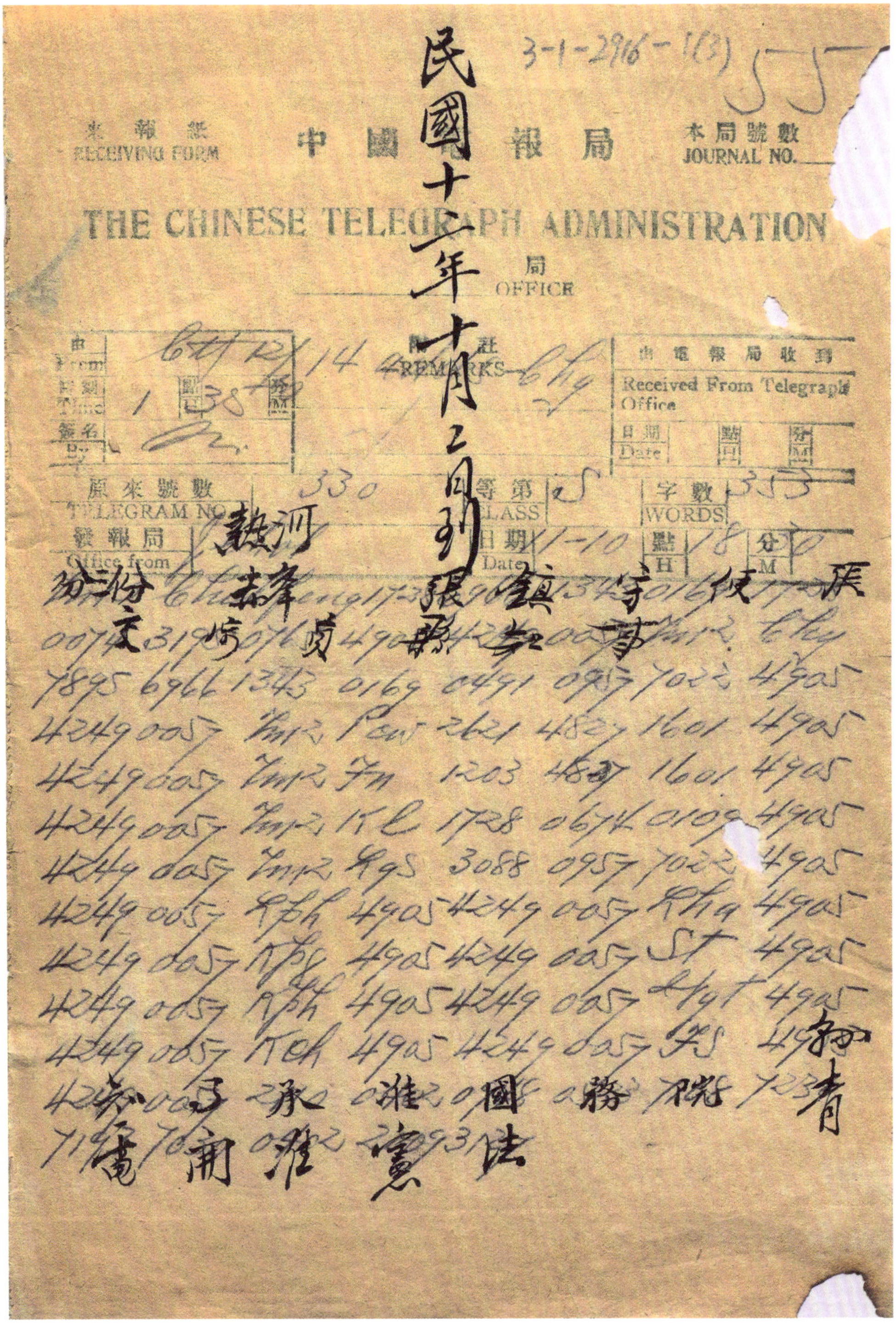
3-1-2916-1(3)
555
民國十二年十月二日到
來報紙 RECEIVING FORM
中國電報局
本局號數 JOURNAL NO.
THE CHINESE TELEGRAPH ADMINISTRATION
局 OFFICE
由 From
日期 Time
簽名 By
附註 REMARKS
由電報局收到 Received From Telegraph Office
日期 Date　點 H　分 M
原來號數 TELEGRAM NO.　330
等第 CLASS
字數 WORDS　555
發報局 Office from　熱河
日期 Date　1-10
點 H　18
分 M

一九一 熱河都統公署爲憲法公布依法舉辦慶典事致赤峰縣公署電報（1923年10月2日）

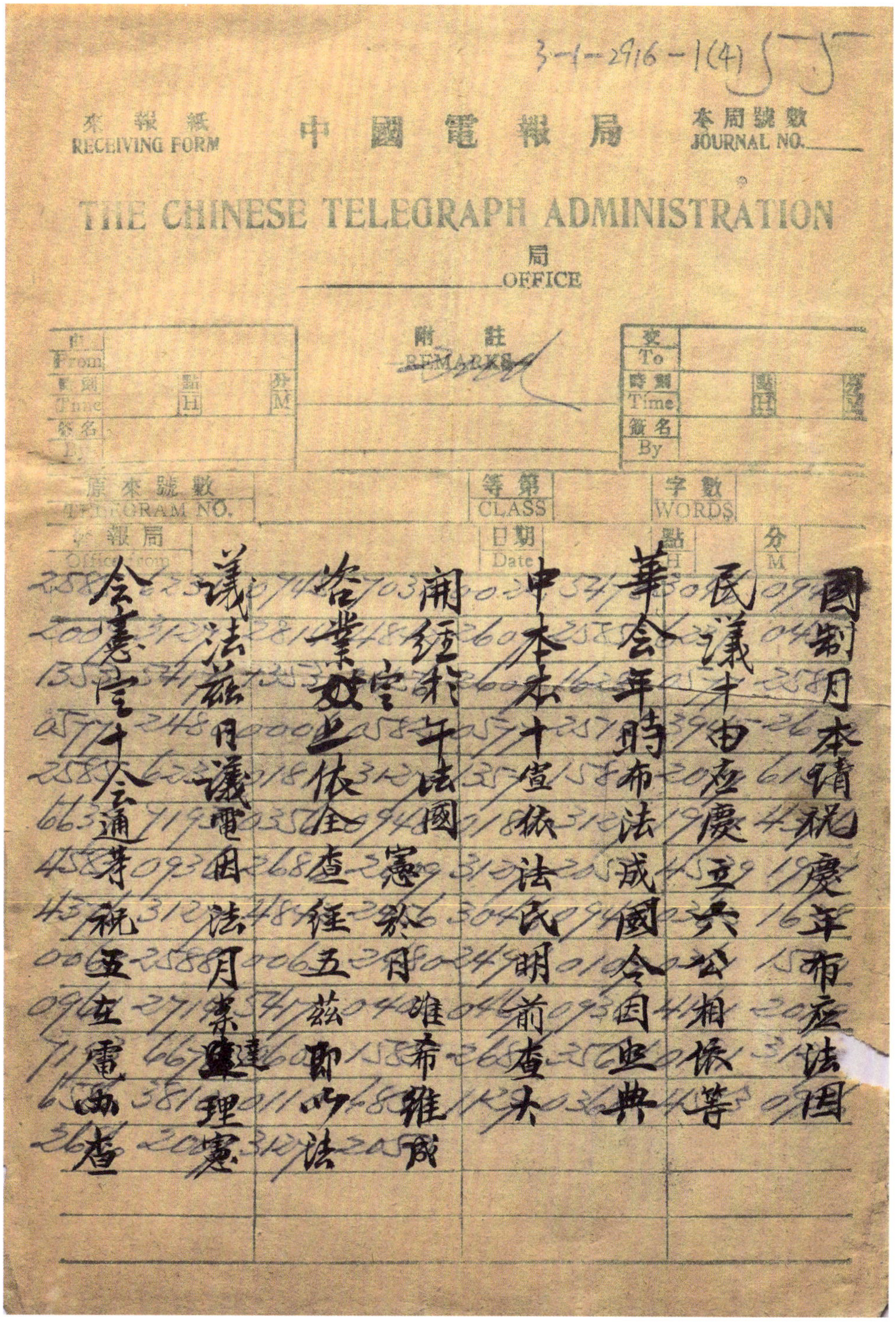
3-1-2916-1(4) 55

來報紙 RECEIVING FORM

中國電報局

本局號數 JOURNAL NO.

THE CHINESE TELEGRAPH ADMINISTRATION

局 OFFICE

由 From　時刻 Time　點 H　分 M　簽名 By

附註 REMARKS

交 To　時刻 Time　點 H　分 M　簽名 By

原來號數 TELEGRAM NO.　等第 CLASS　字數 WORDS

來報局 Office from　日期 Date　點 H　分 M

國制月本精祝慶年布应法因

民議十由应慶立六公相依等

華会年時布法成國今因必典

中本本十宣依法民明前查大

開經於年法國憲於月雖希維成

咨業如正依全查經五茲即此法

議法茲月議電因法月業達理憲

会憲宣十公通等祝五在電函查

一九一 熱河都統公署爲憲法公布依法舉辦慶典事致赤峰縣公署電報（1923年10月2日）

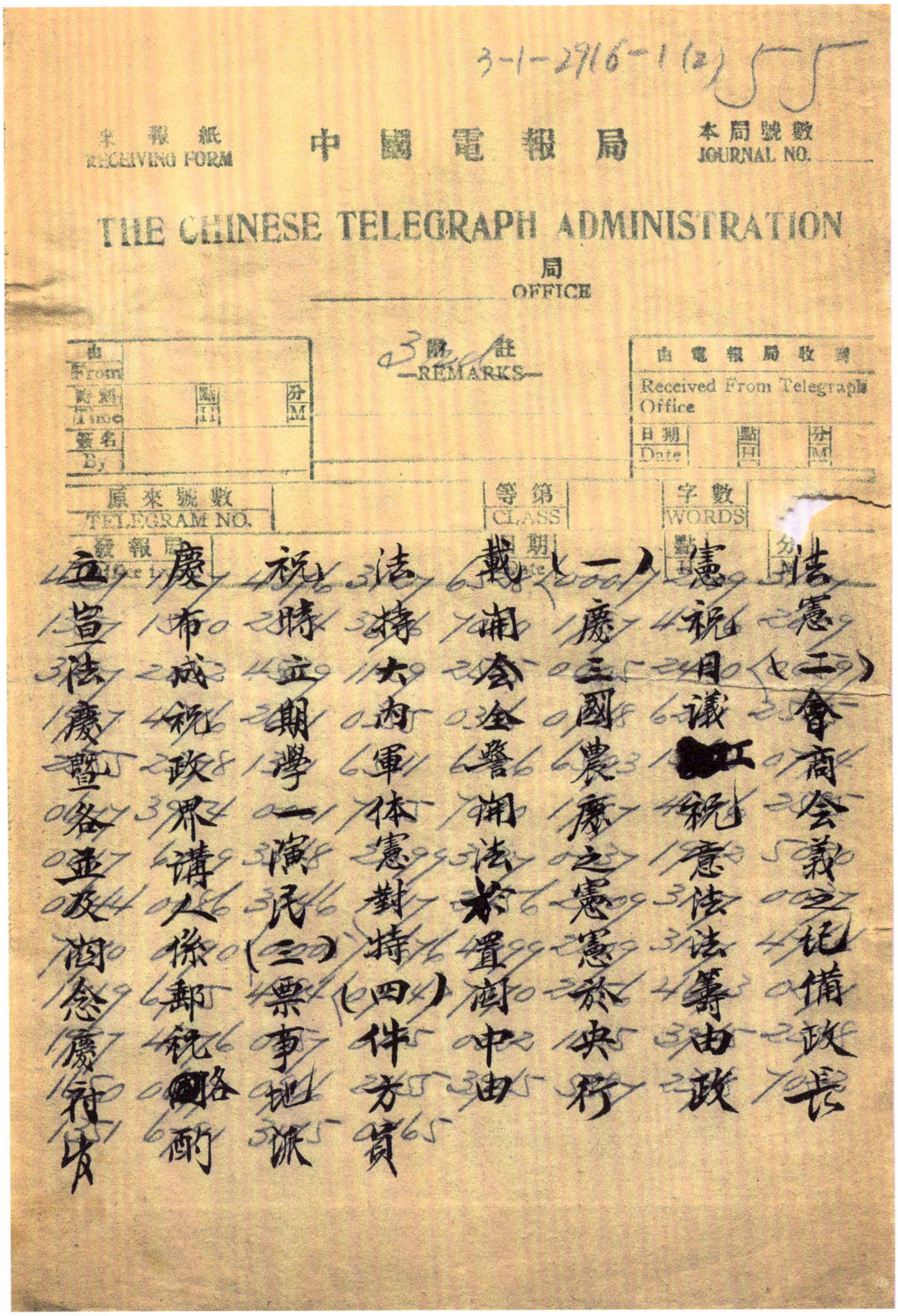

3-1-2916-1(2) 55

來報紙 RECEIVING FORM　中國電報局　本局號數 JOURNAL NO.

THE CHINESE TELEGRAPH ADMINISTRATION

局 OFFICE

由 From　時刻 Time　點 H　分 M　簽名 By

附註 REMARKS

由電報局收到 Received From Telegraph Office　日期 Date　點 H　分 M

原來號數 TELEGRAM NO.　等第 CLASS　字數 WORDS

發報局 Office　日期 Date　點 H　分 M

法憲（二）會商会義之託備政長
憲祝月議祝意法法籌由政
（一）慶三國農慶之憲憲於央行
載開会全警開法於置府中由
法特大內軍体憲對特（四）件方貨
祝時立期學一演民（三）票事地派
慶布成祝政界講人係郵祝路酌
立旨法慶暨各並及國念慶行肯

一九一 熱河都統公署爲憲法公布依法舉辦慶典事致赤峰縣公署電報（1923年10月2日）

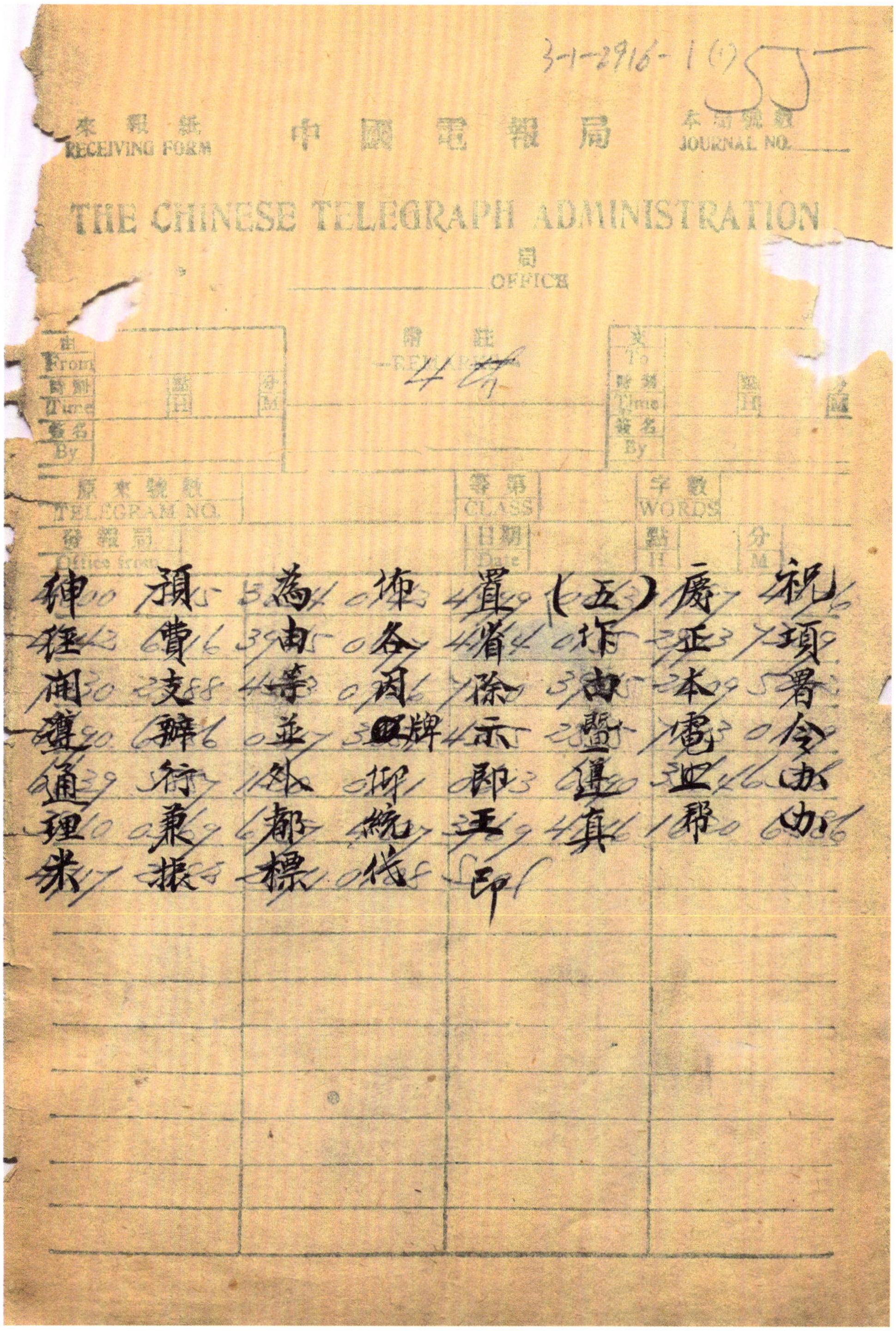
3-1-2916-1(9) 55

來報紙 RECEIVING FORM 中國電報局 本局號數 JOURNAL NO.

THE CHINESE TELEGRAPH ADMINISTRATION

局 OFFICE

出 From 時期 Time 點 H 分 M 簽名 By

備註 REMARKS 4在

交 To 時期 Time 點 H 分 M 簽名 By

原來號數 TELEGRAM NO. 等第 CLASS 字數 WORDS

發報局 Office from 日期 Date 點 H 分 M

紳須爲佈置（五）慶祝
經費由各省作正項
閑支等因除由本署
遵辦並牌示暨電令
通行外仰即遵照办
理兼都統王真帮办
米振標代印

一九二 赤峰縣公署爲造送慶祝憲法會費用清單事致熱河都統公署、財政廳呈稿（1923 年 11 月 22 日）

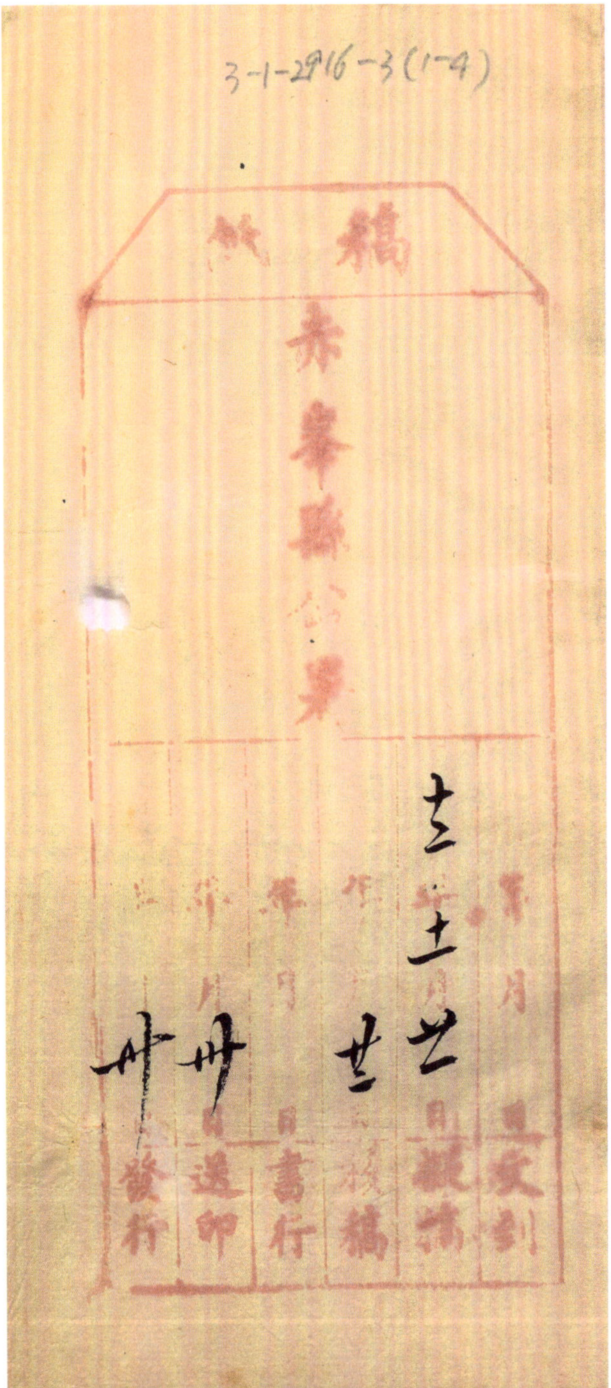
3-1-2916-3(1-4)

稿紙

赤峰縣公署

| 交到 | 擬稿 | 核稿 | 書行 | 送印 | 發行 |
|---|---|---|---|---|---|
| 年 月 日 | 十一年 十一月 廿一日 | 年 月 廿一日 | 年 月 日 | 年 月 卅日 | 卅 |

## 一九二　赤峰縣公署爲造送慶祝憲法會費用清單事致熱河都統公署、財政廳呈稿（1923年11月22日）

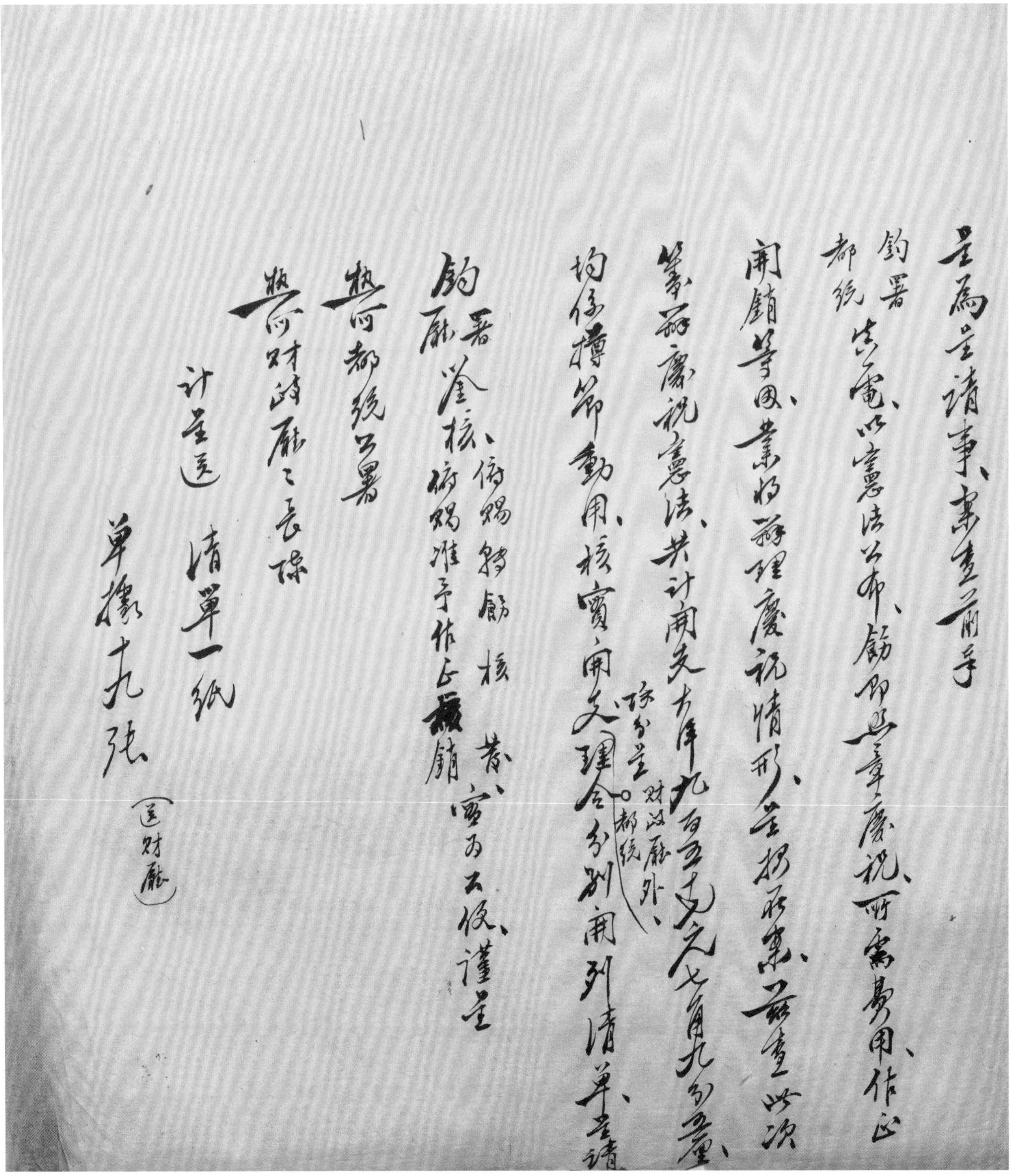

呈爲呈請事，案查前奉
鈞署
都統先電，以憲法公布，飭即照章慶祝，所需費用作正開銷等因，業將辦理慶祝情形呈報在案。茲查此次籌辦慶祝憲法，共計用大洋九百五十元七角九分整，均係撙節動用，核實開支。理合分別開列清單，除分呈
都統
財政廳外，呈請
鈞署鑒核，俯賜轉飭核銷
鈞廳鑒核，俯賜准予作正開銷，實爲公便。謹呈
熱河都統公署
熱河財政廳廳長張
計呈送清單一紙
單據十九張
（送財廳）

一九二 赤峰縣公署爲造送慶祝憲法會費用清單事致熱河都統公署、財政廳呈稿（1923 年 11 月 22 日）

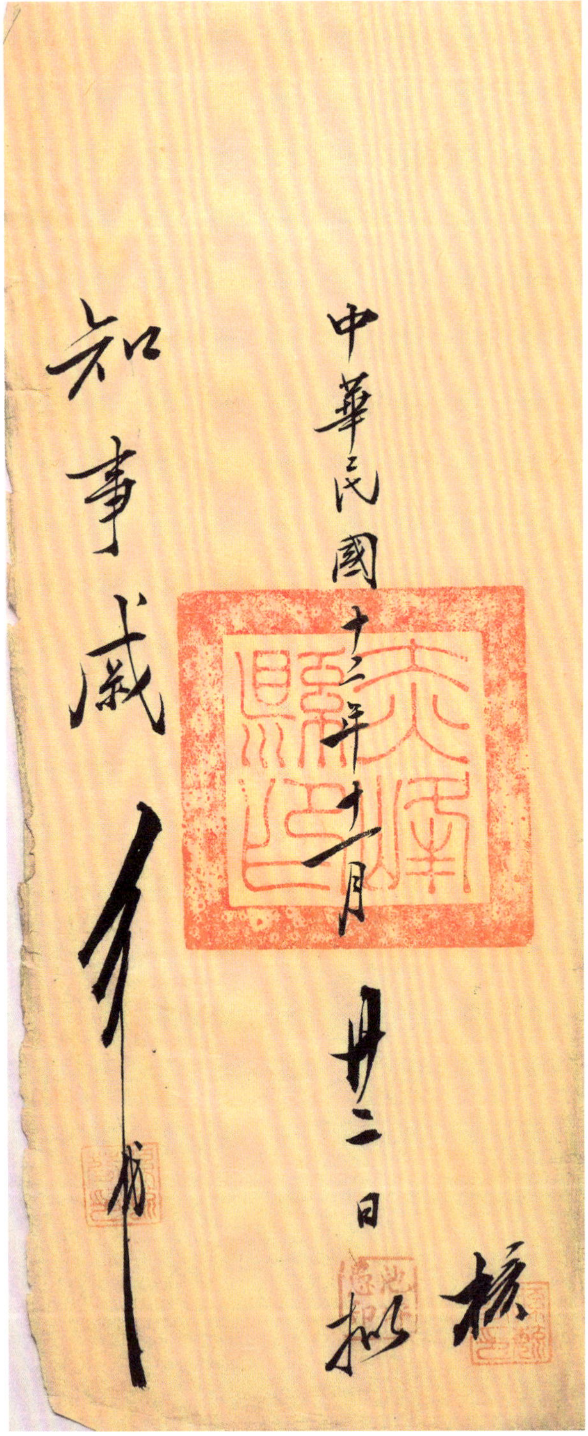
核
中華民國十二年十一月廿二日擬
知事戚

一九二　赤峰縣公署爲造送慶祝憲法會費用清單事致熱河都統公署、財政廳呈稿（1923 年 11 月 22 日）

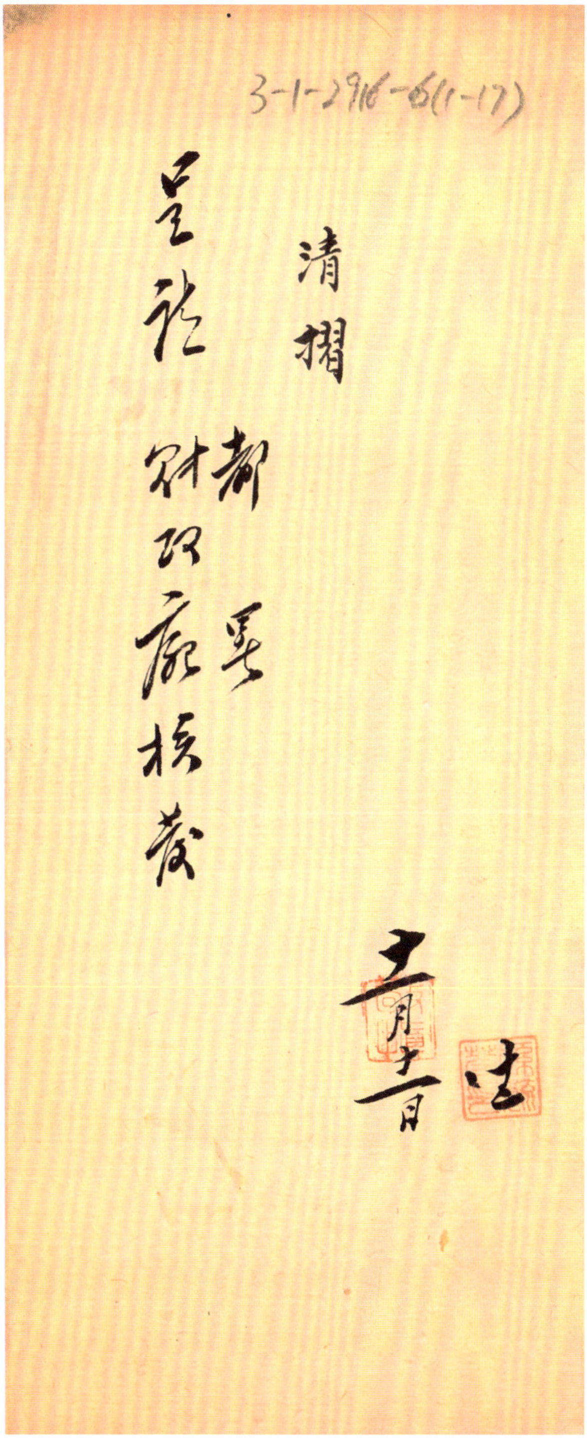
3-1-2916-6(1-17)

清摺

呈祈

都署

財政廳核發

十一月二十二日

送

## 一九二　赤峰縣公署爲造送慶祝憲法會費用清單事致熱河都統公署、財政廳呈稿（1923年11月22日）

謹將慶祝憲法會一切費用開列清單恭呈

鑒核

計開

宴會費

一籌備員招待員前後數日飯費大洋三十九元三角九分六厘

一官紳軍警外賓宴會八大盤參席大洋壹百五十六元合拾二棹大洋一拾三圓

一商界暨學生宴會八碟面席大洋貳百二十八元六角一百二十七棹大洋一元八角合

一回教教員宴會八八全席一棹合大洋四元三角九分

一回教學生宴會八碟面席大洋二十五元六角一分拾四棹大洋一元八角合內有小菜四角一分

一軍樂隊暨戲上飯錢大洋二十八元九角五分

一壓街衛隊飯錢大洋拾七元零一分

一少林會飯錢大洋九元八角一分

一九二　赤峰縣公署爲造送慶祝憲法會費用清單事致熱河都統公署、財政廳呈稿（1923 年 11 月 22 日）

一賠償各飯園損壞器具大洋二元一角

一宴會用燒酒大洋九元八角 柒拾斤 一角四分合

以上宴會共用大洋五百二十一元六角六分六厘

設備費

一小紅手燈籠八百個大洋八十元

一懷花二千朵大洋二十四元七角

一卧匾三塊大洋六元

一官憲牌燈一對大洋二元

一牌樓三座影壁一個大洋一十五元

一看台八間大洋一十二元

一戲台一座大洋一十元

一平棚掛簷一十九間大洋二十八元

## 一九二　赤峰縣公署爲造送慶祝憲法會費用清單事致熱河都統公署、財政廳呈稿（1923年11月22日）

一烟花大洋二十三元七角

一懸花大洋三元三角七分

一萬國旗大洋二元七角四分七厘

一紅白烛一百零三斤大洋三十三元九角九分 大洋三角三分合

一旗子公燈大洋四元六角五分二厘

一遊行旗子紙錢大洋五元

一招待員徽章用紅細布五尺大洋四角

一棚匠飯錢大洋二十元零七角一分四厘

一棚匠酒錢大洋八元七角八分

一拉杆子車錢大洋一十元

一抬杆子工錢大洋二元一角九分八厘

一燈口燈罩大洋五元六角零五厘

一九二　赤峰縣公署爲造送慶祝憲法會費用清單事致熱河都統公署、財政廳呈稿（1923年11月22日）

以上設備費大洋三百零八元八角五分六厘

茶水費

一茶葉大洋三元八角一分

一茶館水錢大洋二元

一債水火壺大洋三元五角

一看水火壺工錢大洋一元一角五分四厘

一木炭五十七斤大洋一十一元五角三分二厘

以上茶水費大洋二十一元九角九分六厘

雜費

一信封信紙大洋四元一角

一印刷費大洋一十元零四角八分

一蔴繩紅繩等錢大洋三元九角零四厘

## 一九二 赤峰縣公署爲造送慶祝憲法會費用清單事致熱河都統公署、財政廳呈稿（1923年11月22日）

一洋烛煤油大洋四元八角
一糊窗户紙面錢大洋五元八角六分四厘
一胰子手巾抹布等費共大洋四元六角五分
一洋鉄壺水筲圖記等費大洋二元一角四分三厘
一警兵飯費大洋二元三角零八厘
一戲台吹手八名工錢大洋一十三元一角九分
一戲台飯錢大洋一十一元八角六分八厘
一戲台唱手人工大洋八元八角
一拉大衣箱車脚大洋一元一角
一看戲台人工大洋二元二角八分
一厨房土坯大洋四元四角五分
一墊院人工大洋六元八角五分

一九二 赤峰縣公署爲造送慶祝憲法會費用清單事致熱河都統公署、財政廳呈稿（1923年11月22日）

一戲台零用大洋四元九角八分
一烟捲燒餅洋火等錢大洋六元五角四分
一將軍轎夫飯錢大洋二元四角二分
一筆錢大洋二角
一賞夫役大洋一元六角五分
一茶碗四十五個大洋二元七角
以上雜項費用大洋一百零五元二角七分七厘
右四項共計大洋九百五十七元七角九分五厘
入財政所大洋二百七十元
入財政所小洋五十元合大洋二十七元四角七分二厘
二項共入大洋二百九十七元四角七分二厘
除還淨欠大洋六百六十元零三角二分三厘

一九二 赤峰縣公署爲造送慶祝憲法會費用清單事致熱河都統公署、財政廳呈稿（1923 年 11 月 22 日）

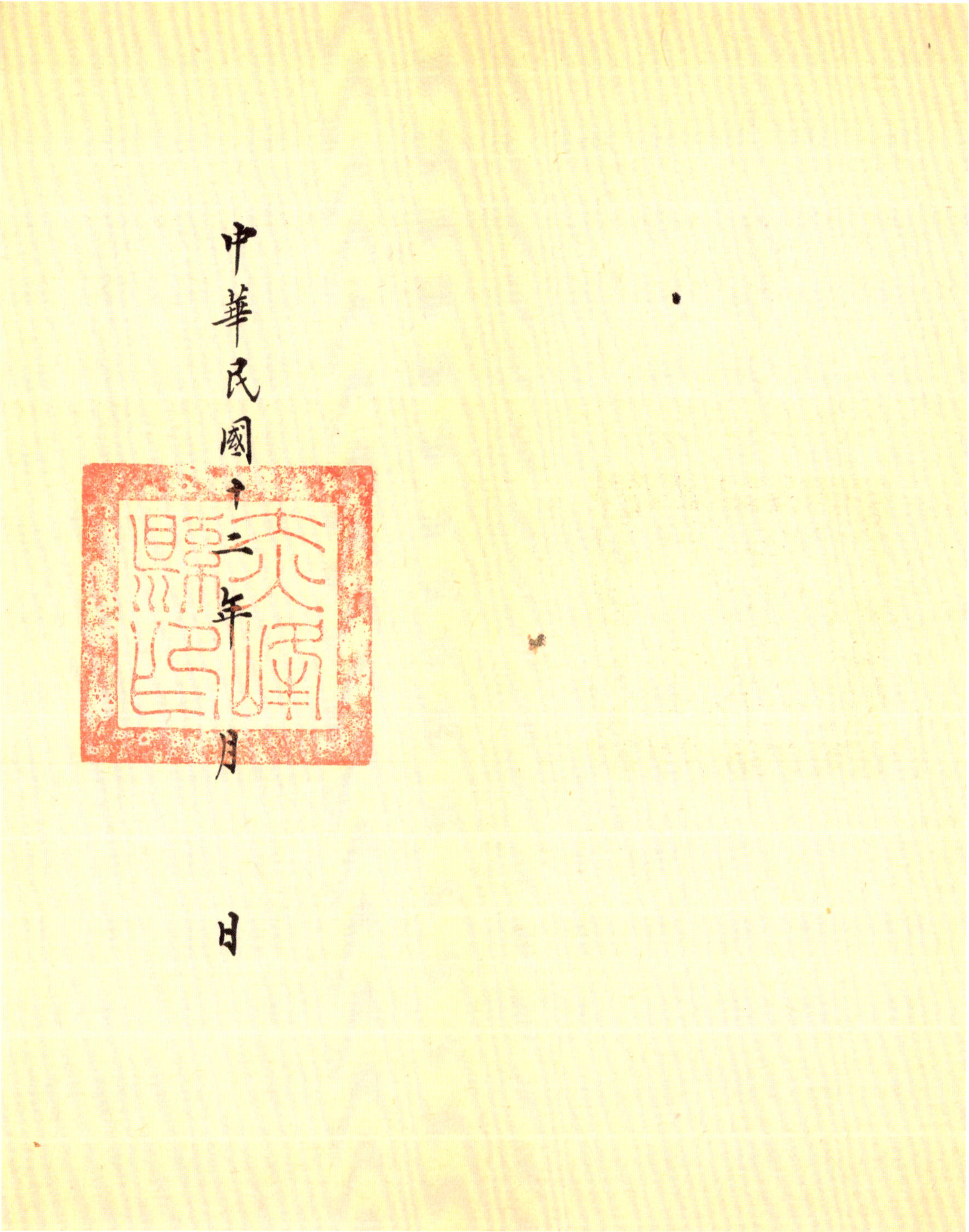

中華民國十二年 月 日

## 一九三　外交部特派熱河交涉員公署爲不准義國人費拉扎納在赤設立震義銀行事致赤峰縣公署訓令（1923 年 11 月 4 日）

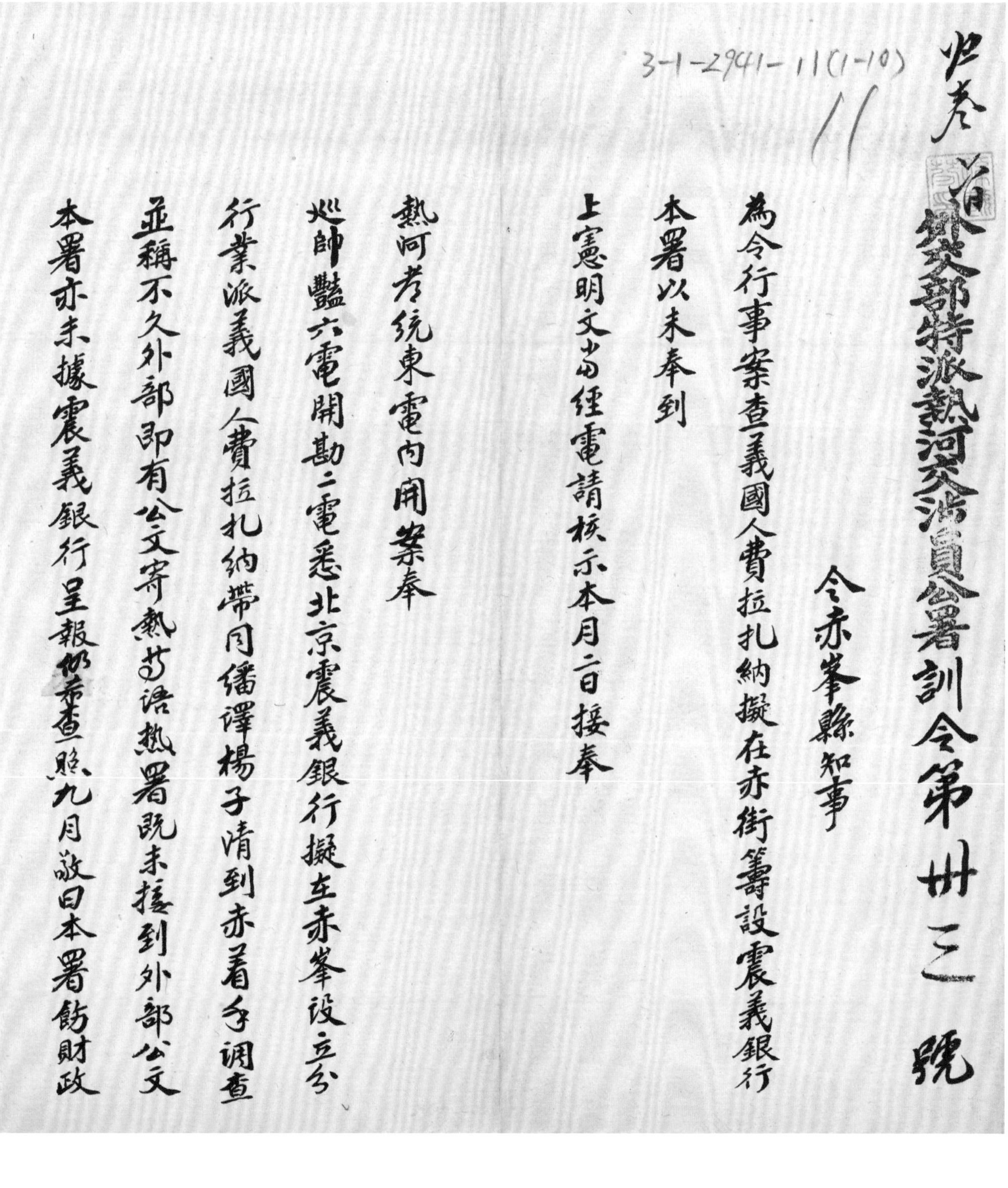

外交部特派熱河交涉員公署訓令第卅三號

令赤峯縣知事

為令行事案查義國人費拉扎納擬在赤街籌設震義銀行

本署以未奉到

上憲明文當經電請核示本月二日接奉

熱河都統東電内開案奉

巡帥豔六電開勘二電悉北京震義銀行擬在赤峯設立分

行業派義國人費拉扎納帶同繙譯楊子清到赤着手調查

並稱不久外部即有公文寄熱等語熱署既未接到外部公文

本署亦未據震義銀行呈報業飭查照九月敬日本署飭財政

## 一九三 外交部特派熱河交涉員公署爲不准義國人費拉扎納在赤設立震義銀行事致赤峰縣公署訓令（1923 年 11 月 4 日）

廳電除熱河興業銀行例准發行紙幣此外無論中外何種銀
行一律不准在熱設立銀行發行紙幣官廳並不准擅予備案
此次義人費拉扎納是否爲震義京行所派正在詢查如
非該行所派或無外部護照即行扣留否亦不准在赤逗
遛希即轉飭該交涉員及赤峯縣遵照辦理並將辦理情形
電復等因查此案前據該交涉員電呈到署當經電復並
轉請核示在案茲奉前因正核辦間又奉巡帥卅電開頃據王
財政廳長面陳據赤峯縣咸知事電稱頃有義商費拉扎納
來赤籌設震義分銀行知事已遵照有電嚴辭拒絕惟該
商仍擬進行並據稱已由該商總行呈請義使咨達外部会

一九三　外交部特派熱河交涉員公署爲不准義國人費拉扎納在赤設立震義銀行事致赤峰縣公署訓令（1923 年 11 月 4 日）

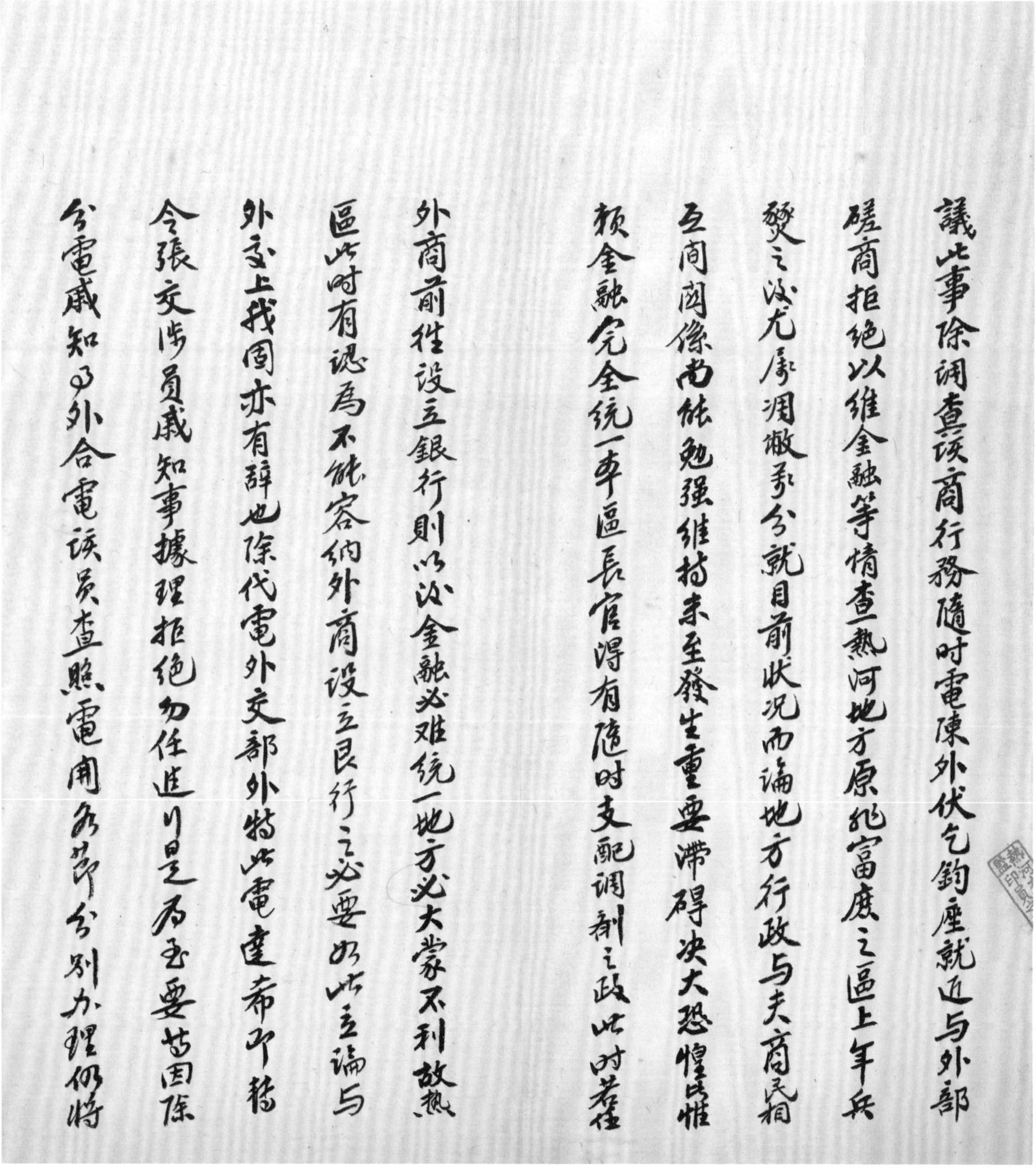
議此事除詷查該商行務隨时電陳外伏乞鈞座就近与外部
磋商拒绝以维金融等情查熱河地方原非富庶之區上年兵
發之後尤屬凋敝第今就目前狀况而論地方行政与夫商民相
互間關係尚能勉强维持未至發生重要滞碍决大恐慌者惟
賴金融完全统一本區長官得有隨时支配调剂之政此时若准
外商前往設立銀行則此後金融必难统一地方必大蒙不利故熱
區此时有認爲不能容納外商設立銀行之必要如此立論与
外交上我國亦有辞也除代電外交部外特此電達希即轉
令張交涉員咸知事據理拒绝勿任進行是爲至要等因除
分電咸知事外合電該員查照電開各節分别办理仍將

## 一九三 外交部特派熱河交涉員公署爲不准義國人費拉扎納在赤設立震義銀行事致赤峰縣公署訓令（1923年11月4日）

辦理詳細情形電復以憑轉請核辦並因到署查此項關係熱
區地方金融何等重大該震義並不查閱赤峰有無設立分
行之必要事前亦未呈請
中央政府及
熱河當局來文通知該義國人率爾來赤無怪外面物議
繁興難保日久不生枝節應由該知事趕緊勸令該義人
早日出境以免滋生事端除電復外合亟令仰該知事查照
上述電開各節酌奪情形辦理並隨時呈報以憑核轉
此令

一九三　外交部特派熱河交涉員公署爲不准義國人費拉扎納在赤設立震義銀行事致赤峰縣公署訓令（1923年11月4日）

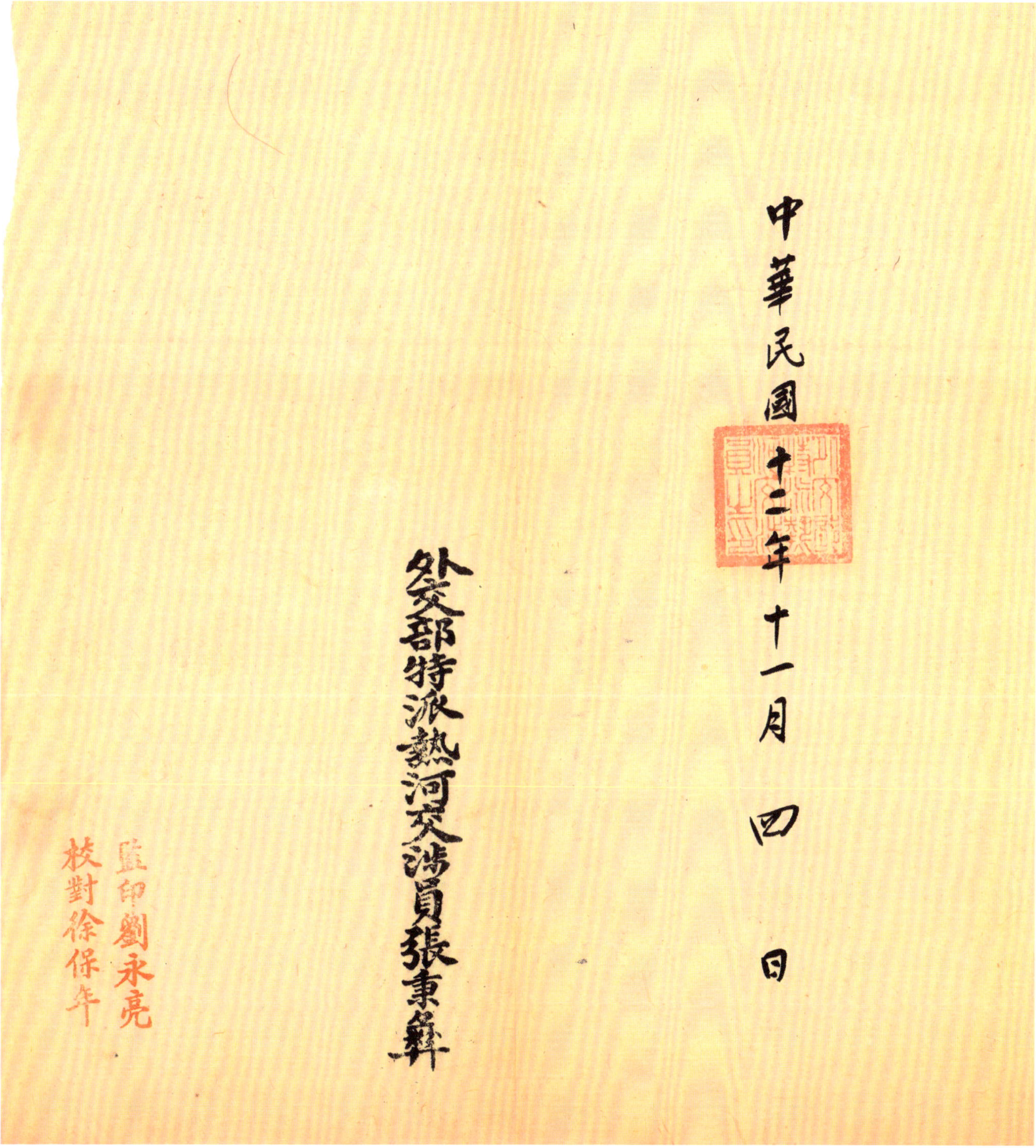
中華民國十二年十一月四日

外交部特派熱河交涉員張秉彝

監印劉永亮

校對徐保年

一九四 赤峰縣公署爲無商入股費拉扎納不能在赤設立震義銀行事致熱河都統公署、財政廳電報稿（1923 年 11 月 14 日）

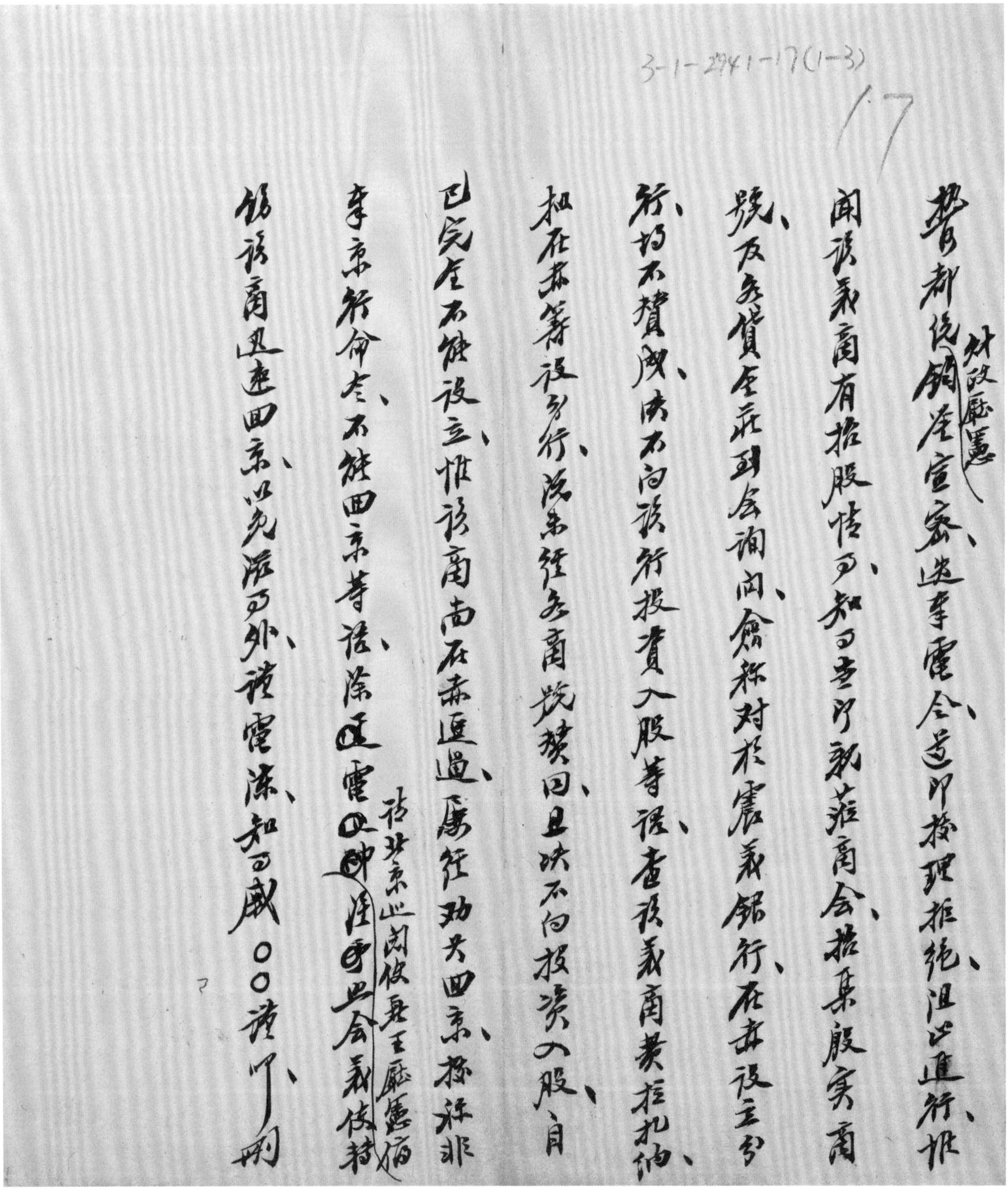
督都統、財政廳鑒、宣密、迭奉電令、飭即按理拒絕阻止進行、並
聞該義商有招股情事、知事即邀新莊商會、招集殷實商
號及各貨金莊到会詢問、僉稱對於震義銀行在赤設立分
行、均不贊成、決不向該行投資入股等語、查該義商費拉扎納
擬在赤籌設分行、號召各商號、經各商號拒絕、且決不向投資入股、自
已完全不能設立、惟該商尚在赤逗遛、屢經勸其回京、據稱非
奉京行命令、不能回京等語、除逕電請北京巡閱使兼王廳長宿外、
飭該商迅速回京、以免滋生外議、謹電陳、知事威〇〇謹叩、刪

一九四 赤峰縣公署爲無商入股費拉扎納不能在赤設立震義銀行事致熱河都統公署、財政廳電報稿（1923年11月14日）

中華民國十二年十一月 日
知事戚

## 一九五 益生祥執事人劉和軒等爲决不投資入股震義銀行請予備案事致赤峰縣公署呈（1923年11月）

3-1-2941-34(1-9)

呈

## 一九五 益生祥執事人劉和軒等爲决不投資入股震義銀行請予備案事致赤峰縣公署呈（1923 年 11 月）

34

呈為呈請事竊查北京震義銀行派員來赤招集商股設立分行等因商等絕不贊成決不向該行投資入股外間謂商等有入股之說均係無稽謠言誠恐傳聞失實有損商等名譽是以不揣冒昧來轅聯名呈懇伏乞

縣長大人鈞鑒俯賜准予備案實為公便施行謹呈

益生祥執事人 劉和軒

協同五執事人 李藩臣

寶成興執事人 袁景卿

中和永執事人 高煥臣

蔚興永執事人 程雨亭

慶裕豐執事人 戴耀如

## 一九五 益生祥執事人劉和軒等爲决不投資入股震義銀行請予備案事致赤峰縣公署呈（1923年11月）

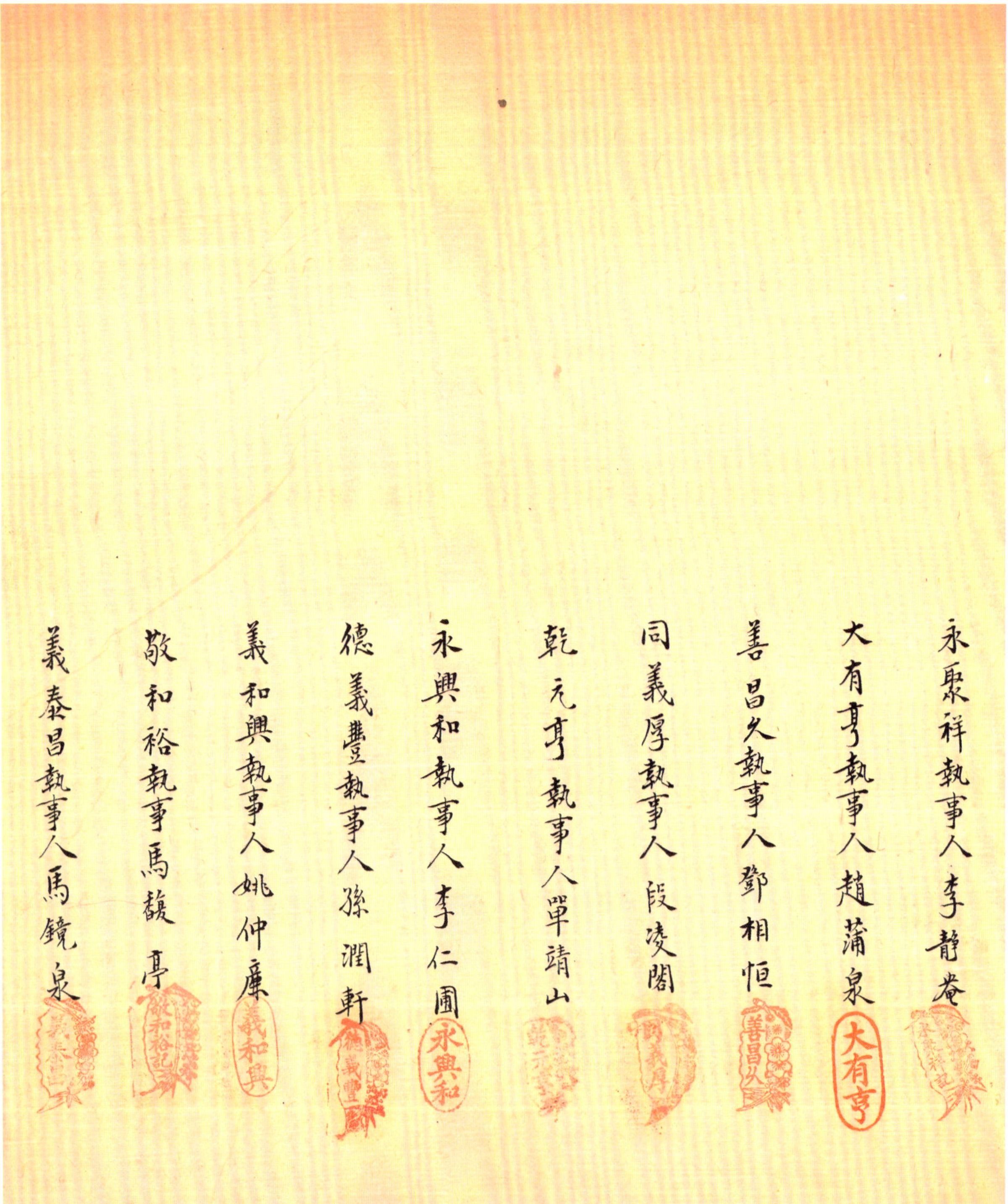

永聚祥執事人李靜菴
大有亨執事人趙蒲泉
善昌久執事人鄧相恒
同義厚執事人段凌閣
乾元亨執事人單靖山
永興和執事人李仁圃
德義豐執事人孫潤軒
義和興執事人姚仲廉
敬和裕執事馬馥亭
義泰昌執事人馬鏡泉

## 一九五　益生祥執事人劉和軒等爲决不投資入股震義銀行請予備案事致赤峰縣公署呈（1923年11月）

元恒潤執事人呂竹村
源生晋執事人連茂卿
富有恒執事人龐文閣
福德永執事人梁明遠
東生裕執事人范酉齋
福泉達執事人李翰臣
蔚興和執事人曹玉如
三義亨執事人趙子寬

一九五 益生祥執事人劉和軒等爲决不投資入股震義銀行請予備案事致赤峰縣公署呈（1923 年 11 月）



中華民國十二年十一月 日

## 一九六　赤峰縣公署爲凡外國教堂、旅行教士及游歷外人均應派隊保護事致各區正預各警隊訓令稿（1923 年 12 月 30 日）

3-1-3677-1(1-5)

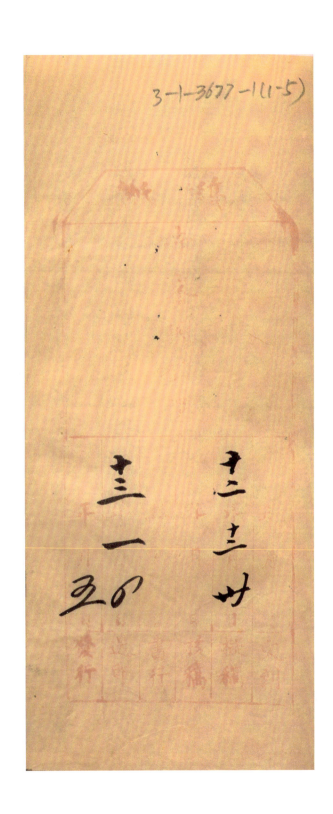

十二 十二 卅

十三 一 五

## 一九六　赤峰縣公署爲凡外國教堂、旅行教士及游歷外人均應派隊保護事致各區正預各警隊訓令稿（1923年12月30日）

赤峰縣公署訓令第一二二六號

令各區正預各警隊長

爲通令事。案查迭奉

都統訓令，對於外人生命財產，飭令妥爲保護等因。

所有各區警察駐在地或附近之處設有外人教堂、

因宜認真保護，即教士如有旅行，及有外人游歷

經過，各營防區亦均應由駐防警隊派警妥爲保

護，以免疏虞。除分行外，合亟令仰該區長立即

遵照，嗣後對於外國教堂務須切實保衛，凡教

士如有旅行及游歷外人經過，均應派隊妥爲

一九六　赤峰縣公署爲凡外國教堂、旅行教士及游歷外人均應派隊保護事致各區正預各警隊訓令稿（1923 年 12 月 30 日）

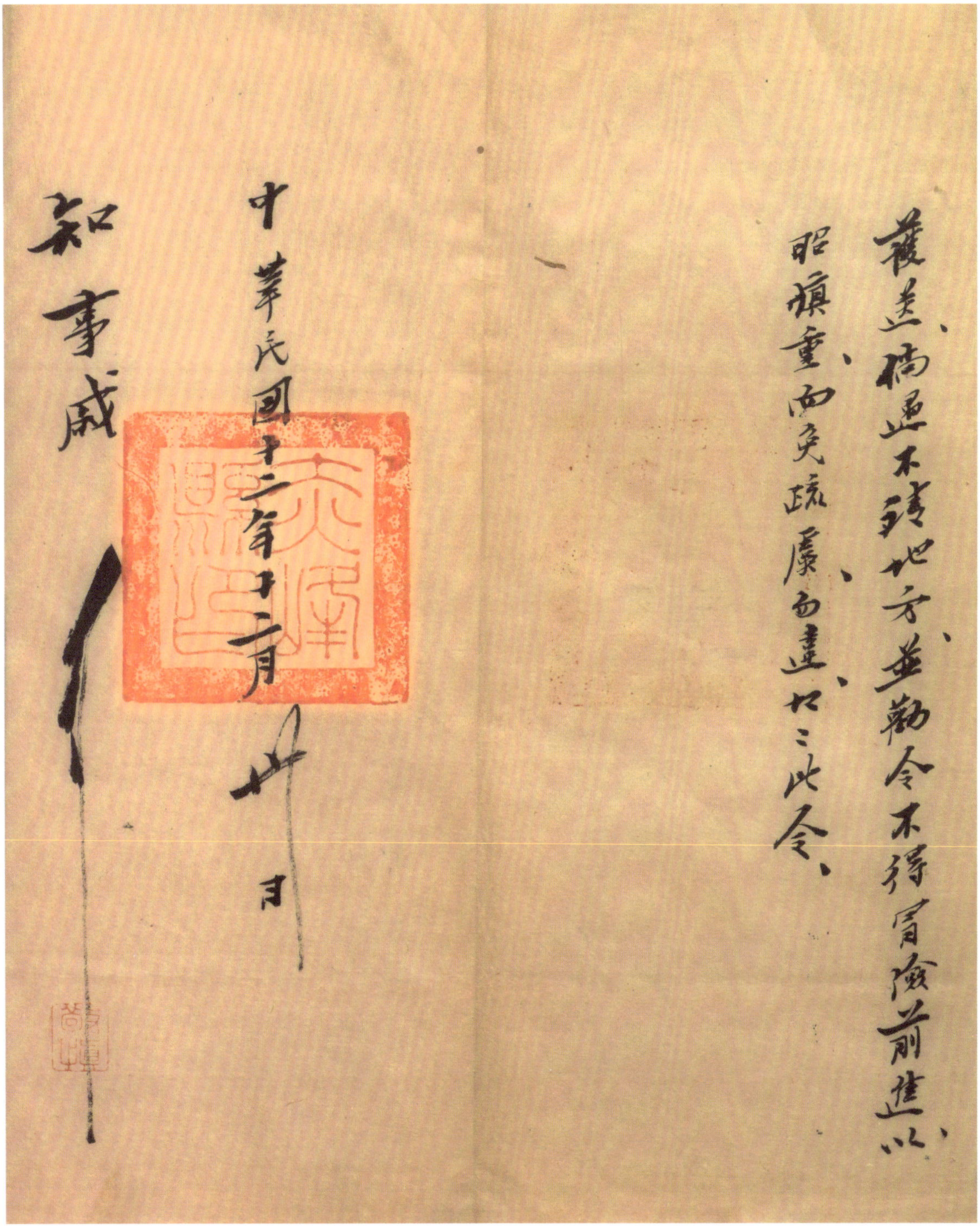
護送、倘遇不靖地方，並勒令不得冒險前進，以
昭愼重，而免疏虞，毋違，切切，此令。

中華民國十二年十二月卅日

知事戚

一九七　赤峰縣公署爲查驗民户槍支事致委員、各巡官隊長、各鄉約等委任令稿、訓令稿、諭稿（1924 年 3 月 13 日）

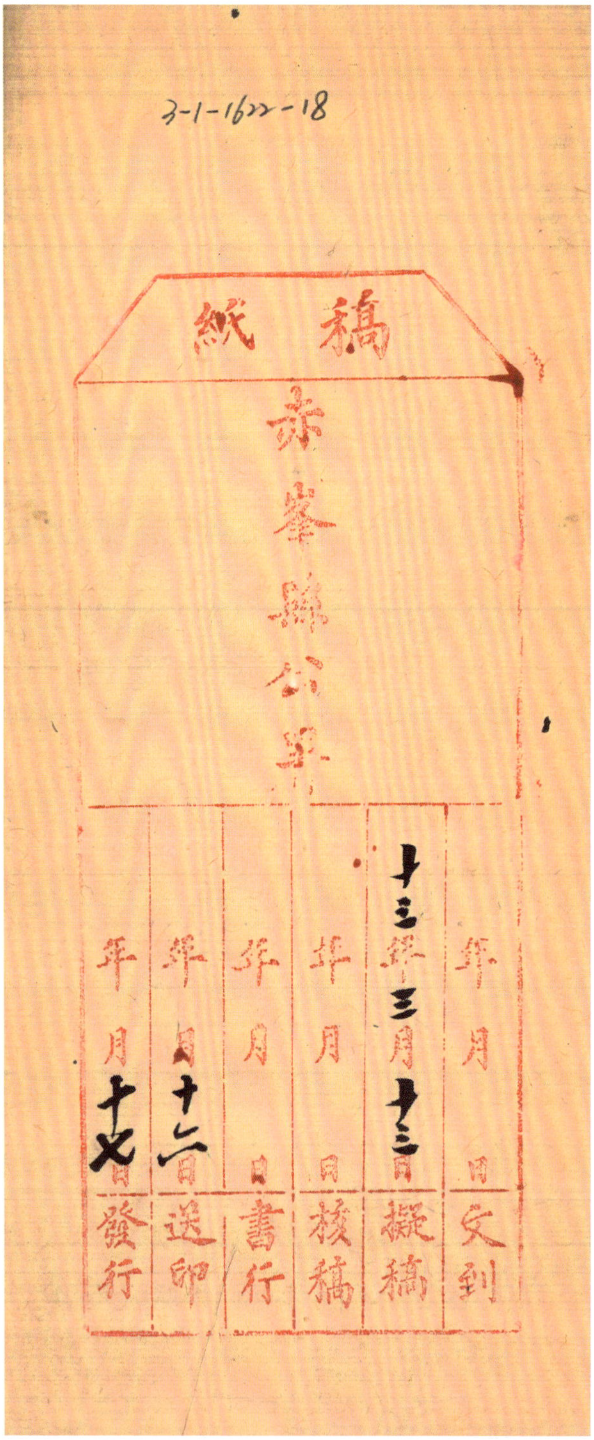
3-1-1622-18

稿紙

赤峯縣公署

| 文到 | 擬稿 | 核稿 | 書行 | 送印 | 發行 |
|---|---|---|---|---|---|
| 年月日 | 十三年三月十三日 | 年月日 | 年月日 | 年月十六日 | 年月十七日 |

## 一九七　赤峰縣公署爲查驗民户槍支事致委員、各巡官隊長、各鄉約等委任令稿、訓令稿、諭稿（1924年3月13日）

赤峰縣公署委任令第　示文　號
令委員
爲令委事。查縣屬地面遼闊，村屯零畸，鄉間恒有三五家聚
成一村者，本年自兵匪交亂不寧，是以各民户多有自備槍械，以
防流匪。官廳因其自衛計，亦未查禁，延日久弊生，難保無不
肖之徒假藉自衛，私運濟匪情事。前經本前任擬訂查驗
槍枝簡章，呈奉
督軍署核准在案。現值本年各鄉之際，自應照章查
驗，以杜流弊，而資防範。除出示佈告並通令區頭各莊一律遵
照辦理外，合將槍枝執照、註冊簿及火印圖章，令發仰該

一九七　赤峰縣公署爲查驗民户槍支事致委員、各巡官隊長、各鄉約等委任令稿、訓令稿、諭稿（1924年3月13日）

員並此、前往四鄉各莊、會同各地方鄉長等、挨鄉民住户
所存槍枝、一律查驗編號、烙印證明、發給執照、隨時呈報
來縣、以憑考察、該員務須慎重辦理、毋負委任、切切此令、
計發大印一顆　槍枝執照　張　證明書　本
赤峰縣公署訓令第六五號
令各巡警分隊長
爲令行事、查縣屬地面遼闊、山林深密、向爲匪藪淵源、積年未
除委員前往會同辦理外、合亟令仰該巡官隊長並迅
即將該鄉民住户、並各花户、將所存槍枝、無論舊有新

一九七　赤峰縣公署爲查驗民户槍支事致委員、各巡官隊長、各鄉約等委任令稿、訓令稿、諭稿（1924年3月13日）

飭一律就近送交該段會同委員查驗編號烙印註冊發給
執照以憑考察倘仍違不報驗一經查出或被告發即以私
藏軍械論（除將槍枝沒收外并）按律懲辦決不寬貸為要切切此令
為諭飭事查我縣地面遼闊……以杜流弊而清盜源除出
示佈告並分諭外合亟諭仰該鄉約等遵照即轉諭各民
戶凡存有槍枝者無論舊有新置赶緊一律就近送交該段
查驗編號烙印註冊發給執照以憑考察倘有違不呈驗一
經查出或被告發即以私藏軍械論（除將槍枝沒收外并）按律懲辦決不寬貸
為要切切特諭
右諭各鄉約 准此

一九七　赤峰縣公署爲查驗民户槍支事致委員、各巡官隊長、各鄉約等委任令稿、訓令稿、諭稿（1924年3月13日）

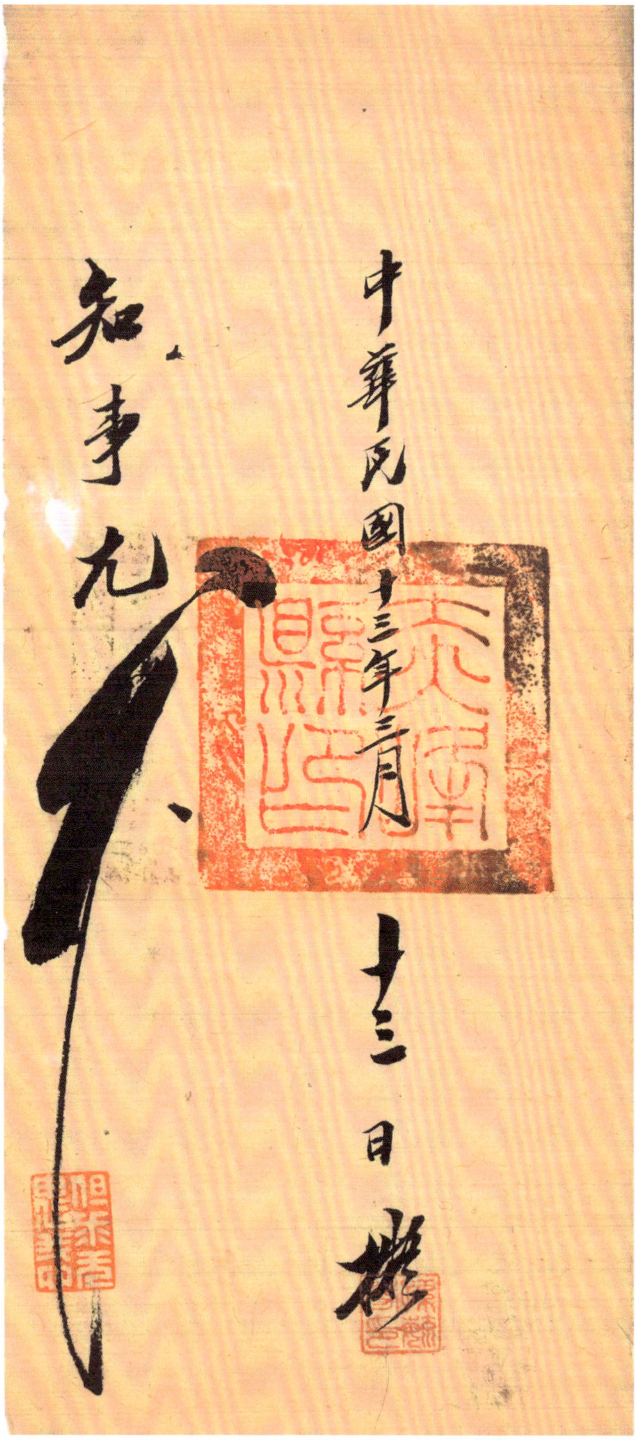

中華民國十三年三月十三日

知事尤

一九八　公民馬漢琳等爲設立第二區鄉農分會事致赤峰縣公署呈（1924年3月28日）

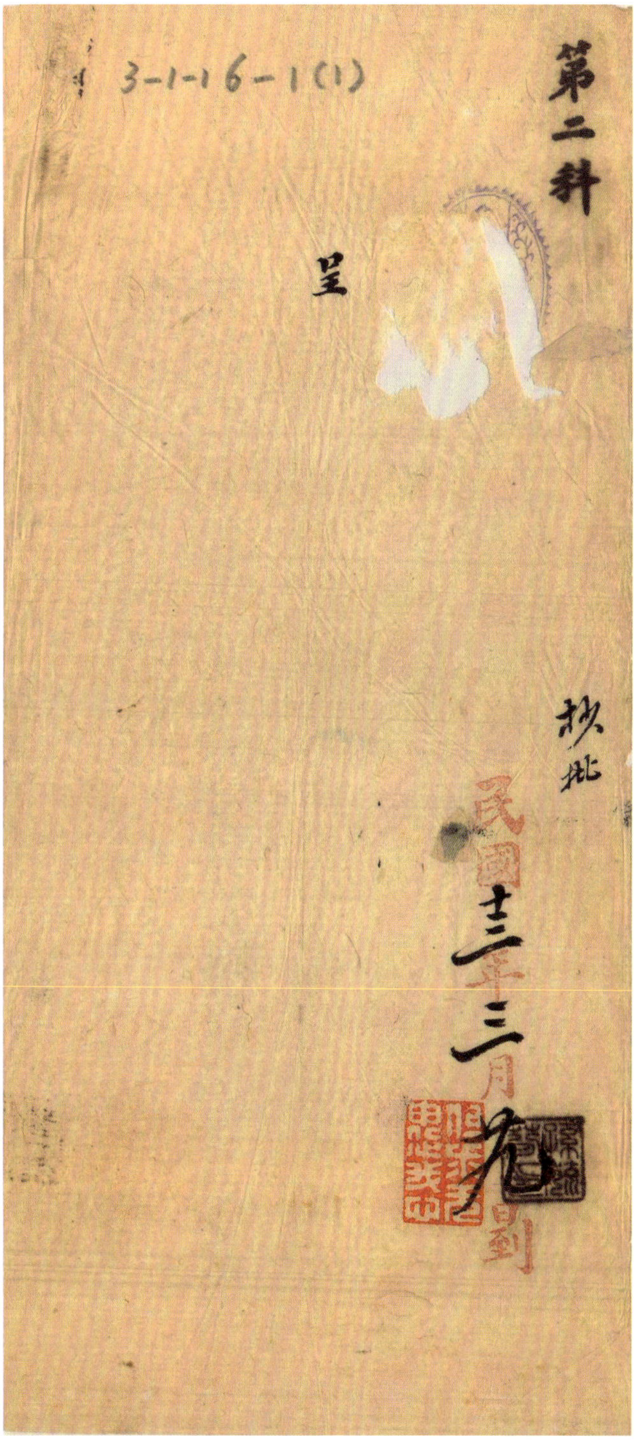
3-1-16-1(1)

第二科

呈

抄批

民國十三年三月　日到

## 一九八　公民馬漢琳等爲設立第二區鄉農分會事致赤峰縣公署呈（1924年3月28日）

呈為懇請准予設立第二區鄉農分會繕具簡章仰祈

鑒核事竊維振興農業為發達經濟之要圖而設立農會尤為講求農事之首務赤峰地土肥沃水草豐饒實為農林牧畜天然適宜之區是以第四第五各區均已設立農會預資講究公民　等有鑒於此現經糾集同志發起組織第二區農務分會即於公主陵約天義隆村設立分會事務所為此擬具簡章二十二條具文呈請

鈞署鑒核候批准設後再行照章選舉職員呈報成立謹呈

赤峰縣縣長尤

計呈

簡章一分

## 一九八　公民馬漢琳等爲設立第二區鄉農分會事致赤峰縣公署呈（1924年3月28日）

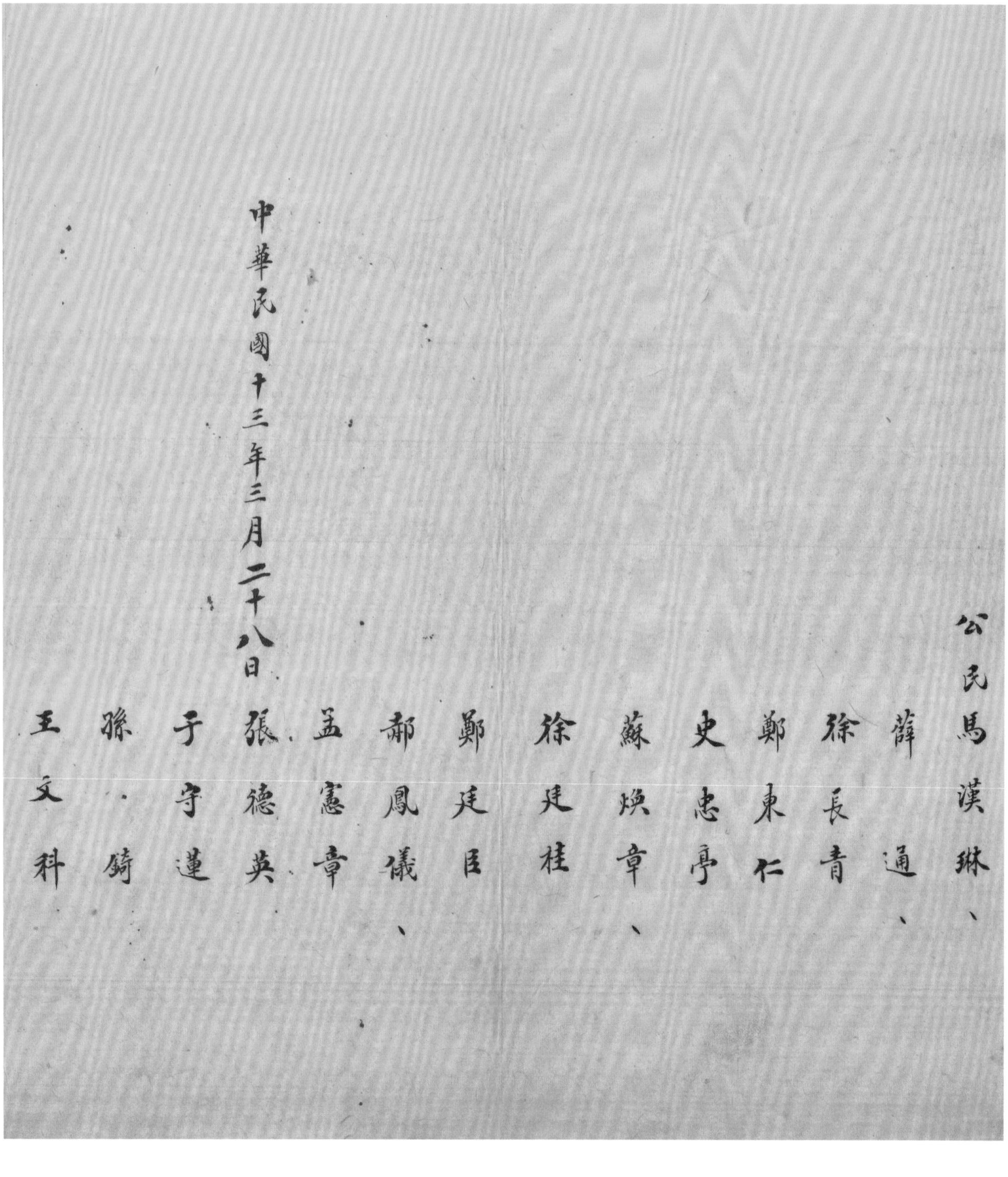
公民馬漢琳、
薛通、
徐長青
鄭東仁
史忠亭
蘇煥章、
徐廷桂
鄭廷臣
郝鳳儀、
孟憲章
中華民國十三年三月二十八日
張德英
于守蓮
孫錡
王文科

一九八　公民馬漢琳等爲設立第二區鄉農分會事致赤峰縣公署呈（1924 年 3 月 28 日）

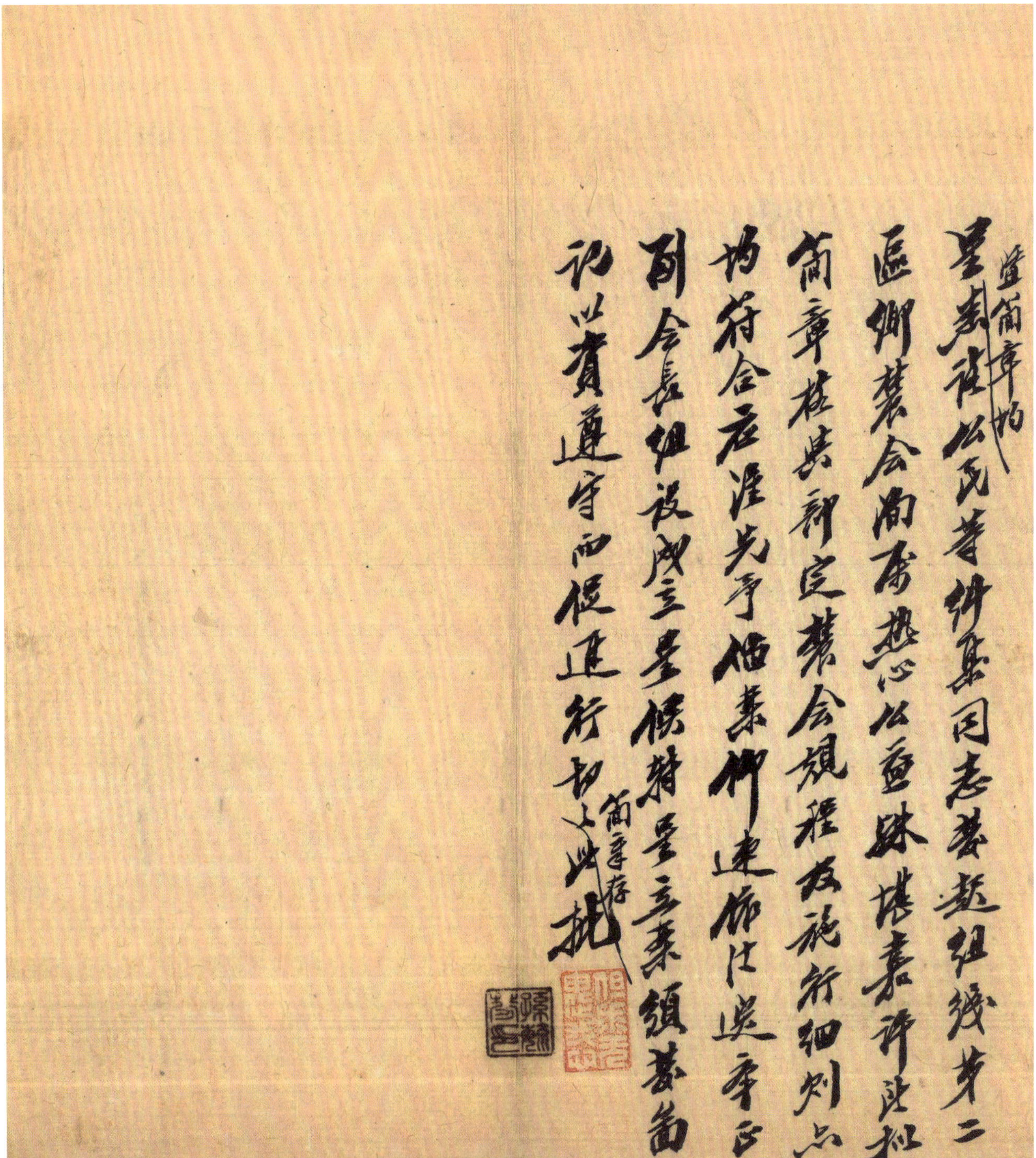

簡章附

呈悉。該公民等糾集同志發起組織第二區鄉農分會，尚屬熱心公益，殊堪嘉許。所擬簡章，核與新定農會規程及施行細則亦均符合。應准先予備案，仰速依法選舉正副會長，組設成立，呈候轉呈立案頒發鈐記，以資遵守，而促進行。切切。此批。

簡章存

一九八 公民馬漢琳等爲設立第二區鄉農分會事致赤峰縣公署呈（1924年3月28日）

3-1-16-1(2)

簡章

## 一九八　公民馬漢琳等爲設立第二區鄉農分會事致赤峰縣公署呈（1924年3月28日）

謹將赤峰縣第二區鄉農會草擬簡章繕具清摺恭呈

鈞鑒

第一節　名稱

第一條　遵照　部定農會暫行規程第二條定名為赤峰縣第二區鄉農會

第二節　宗旨

第二條　以圖農事之改良發達為宗旨

第三節　地址

第三條　本會暫設在公主陵約天義隆村

第四節　會員

第四條　會員不限額數凡本區紳民有左列資格之一者皆得為本會會員但須品行端正年逾二十歲以上

一九八 公民馬漢琳等爲設立第二區鄉農分會事致赤峰縣公署呈（1924年3月28日）

一有農業之學識者

二有農業之經驗者

三有耕地牧場原野等土地者

四經營農業者

第五節 職權

第五條 遵照部章設會長副會長各一人評議員四人調查員一人皆由會員選舉之其選舉法另行規定文牘庶務會計書記各一人由會長委任之

第六條 會長總理本會一切事務副會長協同會長辦理會務如會長因有事故不能到會時得代行其職權評議員答覆會長之諮詢監督會務執行之狀況調查員會計承會長之指揮分掌會務

一九八 公民馬漢琳等爲設立第二區鄉農分會事致赤峰縣公署呈（1924年3月28日）

第六節 任期

第七條 本會各職員均以一年為任滿之期任滿後如再被選均得連任惟僱員不在此限

第七節 事業

第八條 本會有保護農事之責任無論何人縱畜放青或折毀田苗及偷竊禾穗等事經本會陳情地方長官飭警察隨時保護實力稽查一經發覺或被查獲送交主管長官照推廣林業章程罰辦

第九條 遇有荒歉旱澇本會須開臨時會議共籌救濟之策呈請地方長官採擇施行

第十條 遵照部章凡各會員務將各該村内荒廢地畝造冊報知本會勸導設法開墾或種五穀或栽樹木各視土宜為率其官荒另議辦法以期廣闢地利

一九八　公民馬漢琳等爲設立第二區鄉農分會事致赤峰縣公署呈（1924年3月28日）

第十一條　凡地畝有可用河水灌溉者本會勸令修壩調渠灌溉庶不致失
自然之利
第十二條　查有無主鹼窪沙漠之地可作農事試驗場者呈請地方長官設
立之其辦法須另定規則
第十三條　本會遵照　部章凡農民關於農産事項或被勢豪侵奪致有冤
抑本會查明屬實可代向地方官秉公申訴
第十四條　凡農民有侵占經界踐踏禾苗等事致起爭端本會有調處之責
如刁横不調處者得呈請地方長官酌辦
第八節　奬勵懲罰
第十五條　會員有實心任事辦有成效及創造農器改良農産確有成績可
驗者呈請地方長官轉詳農商部鑒核給奬以資鼓勵
第十六條　無論本境外境凡有深明農學之人肯以化鹼爲腴一切改良之

## 一九八 公民馬漢琳等爲設立第二區鄉農分會事致赤峰縣公署呈（1924 年 3 月 28 日）

法相示者本會得延請為顧問

第十七條 無論何人不得以本會名義干涉農事以外之事違者共同議罰

第十八條 凡本會各員有侵吞會中公款者無論多寡除追繳原數外共同議罰

第十九條 會員曾犯破產律或刑事及遊蕩不事生產於本會名譽有碍者既經查明屬實須將其姓名註銷

第九節 會期

第二十條 每年以二月十月為正式開會之期其他遇有特別事件須開臨時會其招集方法及議事規則另行規定

第十節 經費

第二十一條 本會開辦費暫由發起人担任墊辦其常年會費由全體會員公同籌劃

一九八　公民馬漢琳等爲設立第二區鄉農分會事致赤峰縣公署呈（1924年3月28日）

第十一節　附則

第二十三條　本簡章係參酌　部章核之地方情形擬定如有未盡妥善之處應隨時改良呈請地方官核奪施行

中華民國十三年三月　日

一九九　公民鄭東仁等爲遵批選舉第二區鄉農分會會長附送會員職員清册事致赤峰縣公署呈（1924 年 4 月 16 日）

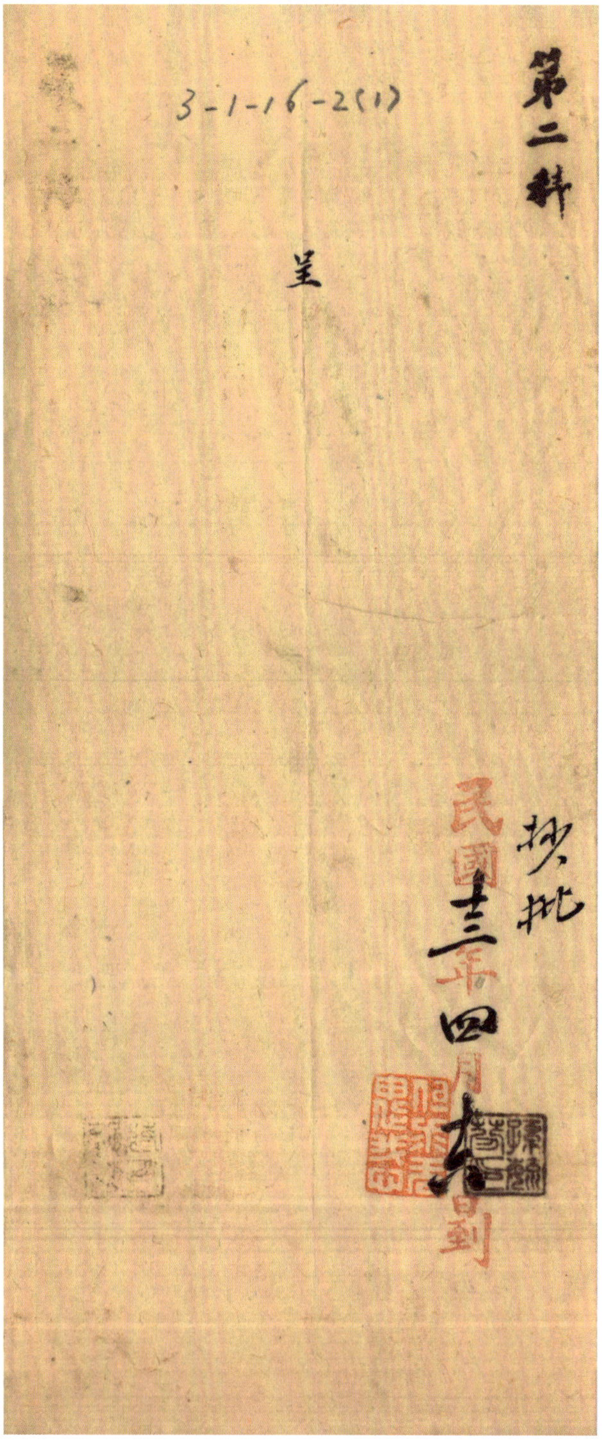
3-1-16-2(1)
第二科
呈
抄批
民國十三年四月十六日到

## 一九九　公民鄭東仁等爲遵批選舉第二區鄉農分會會長附送會員職員清册事致赤峰縣公署呈（1924年4月16日）

具呈本縣第二區公民鄭東仁等為遵批選舉會長附送職員清册仰祈
鑒核事竊公民等擬在第二區組織鄉農會以資振興農業等情業經呈請核辦
在案兹奉
鈞署批示内開呈暨簡章均悉該公民等糾集同志發起組織第二區鄉農會洵屬
熱心公益殊堪嘉許所擬簡章核與部定農會規程及施行細則亦均符合應准先予
備案仰速依法選舉正副會長組設成立呈候轉呈立案頒發圖記以資遵守而促進
行切切簡章存此批等因奉此遵即招集會員於本年四月八日在本區天義隆村
依法選舉照章逐次投票具第一次投票計馬漢琳得四十二票已過全體會員半數應
充正會長薛通得三十一票應充副會長第二次投票計蘇煥章得二十三票徐鏡堂得二
十票郝鳳儀得十九票孫錡得十七票應充評議員第三次投票計史忠亭得四十

## 一九九　公民鄭東仁等爲遵批選舉第二區鄉農分會會長附送會員職員清册事致赤峰縣公署呈（1924年4月16日）

六票應充調查員除將全體會員職員姓名造具清冊隨文呈送外理合將選舉日期及

職員所得票數備文呈請

鈞署鑒核俯賜轉呈備案發給委狀圖記俾資遵守以便開辦實為公便謹呈

赤峯縣縣長尤

計呈送　會員清冊四份　職員清冊四份

呈暨清冊均悉本府照轉惟查前奉

都統轉准

農商部咨開鄉農會應收圖記公費每年五元

會長副會長證書公費每年八元仰即將應繳

公費每年十三元即日呈繳來府以憑轉請核

定暨清冊存此批

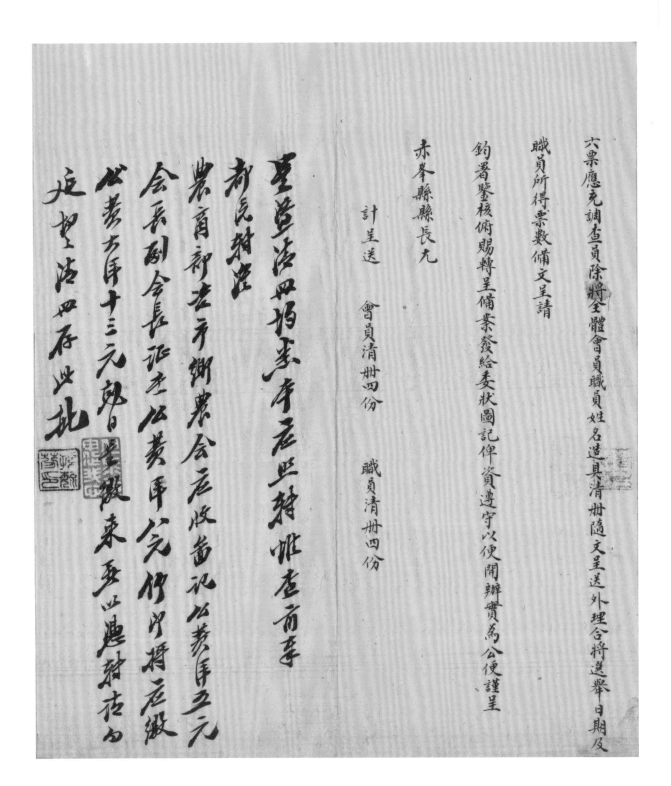

一九九　公民鄭東仁等爲遵批選舉第二區鄉農分會會長附送會員職員清册事致赤峰縣公署呈（1924年4月16日）

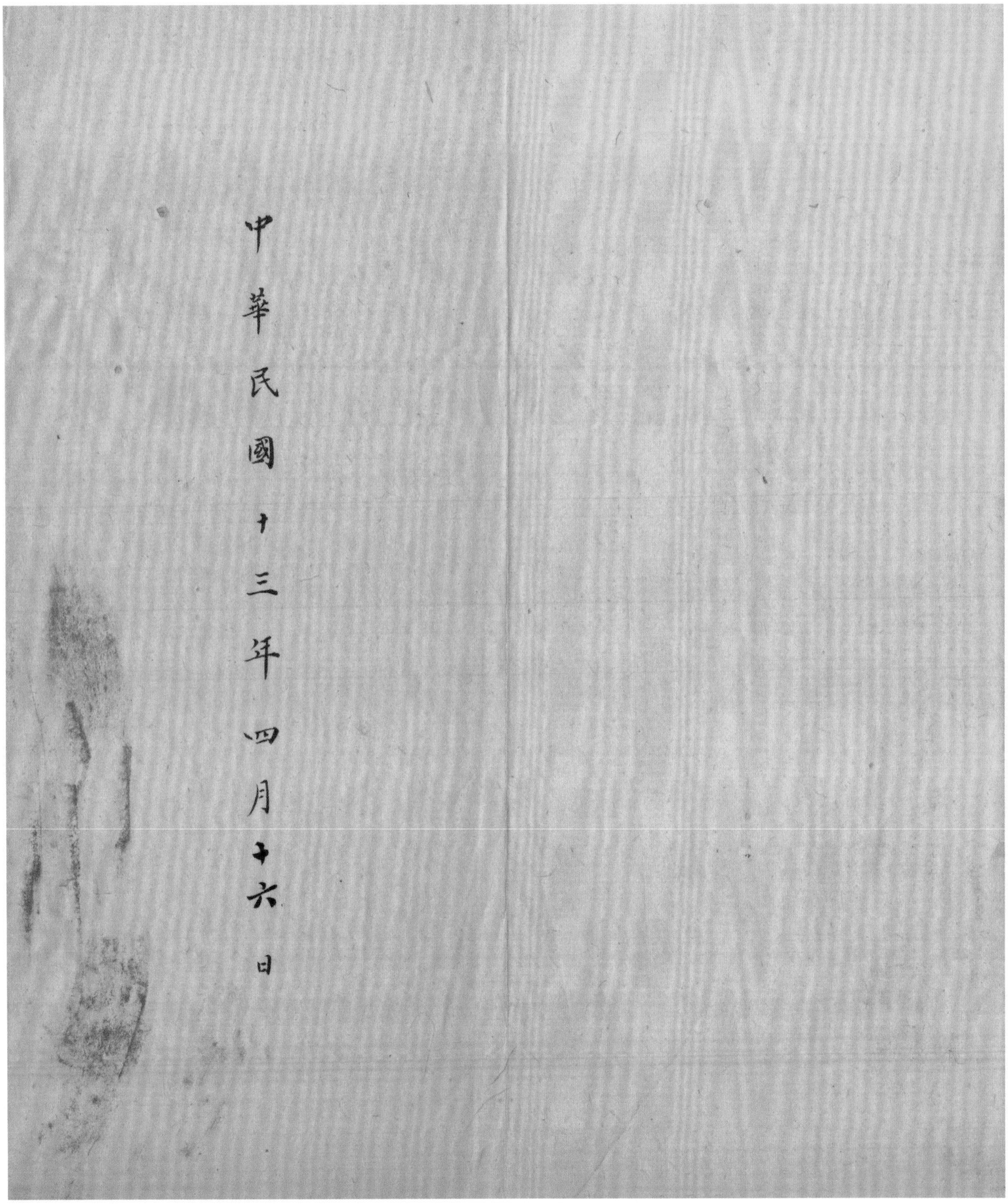

中華民國十三年四月十六日

一九九　公民鄭東仁等爲遵批選舉第二區鄉農分會會長附送會員職員清册事致赤峰縣公署呈（1924 年 4 月 16 日）

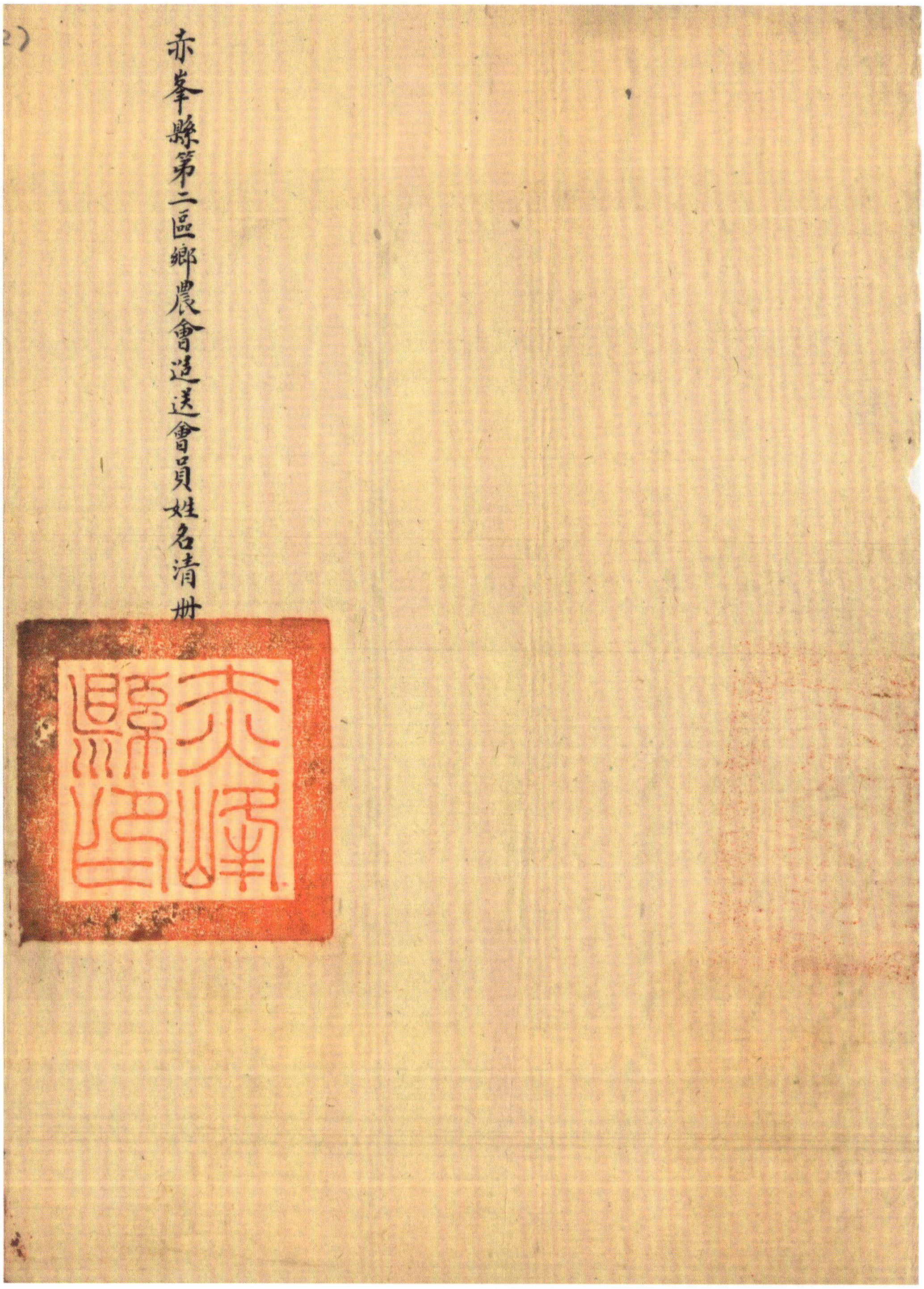
赤峯縣第二區鄉農會造送會員姓名清册

一九九 公民鄭東仁等爲遵批選舉第二區鄉農分會會長附送會員職員清册事致赤峰縣公署呈（1924 年 4 月 16 日）

3-1-16-2(

一九九　公民鄭東仁等爲遵批選舉第二區鄉農分會會長附送會員職員清册事致赤峰縣公署呈（1924 年 4 月 16 日）

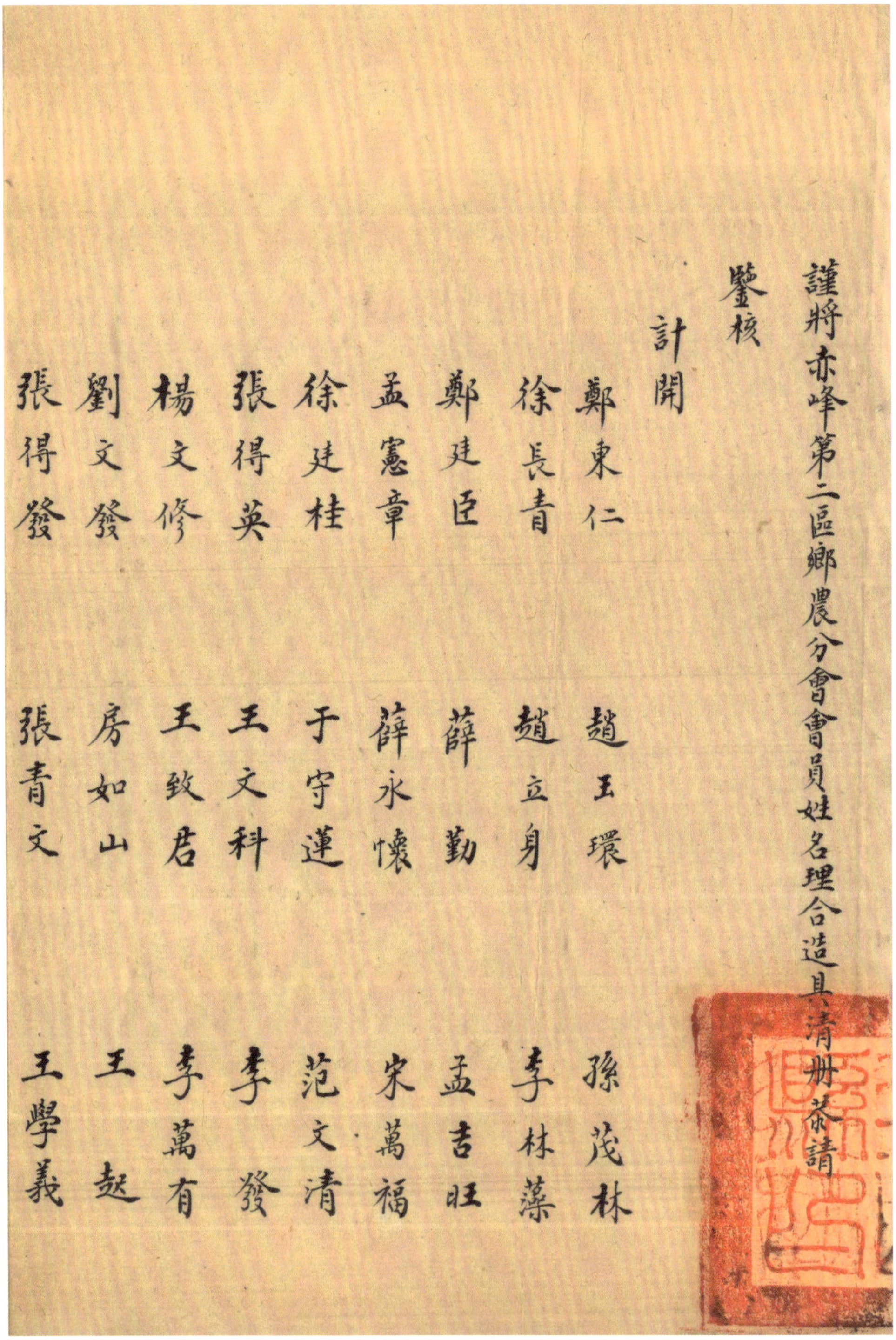

謹將赤峰第二區鄉農分會會員姓名理合造具清册恭請

鑒核

計開

鄭東仁　趙玉環　孫茂林

徐長青　趙立身　李林藻

鄭廷臣　薛勤　孟吉旺

孟憲章　薛永懷　宋萬福

徐廷桂　于守蓮　范文清

張得英　王文科　李發

楊文修　王致君　李萬有

劉文發　房如山　王趙

張得發　張青文　王學義

一九九　公民鄭東仁等爲遵批選舉第二區鄉農分會會長附送會員職員清册事致赤峰縣公署呈（1924 年 4 月 16 日）

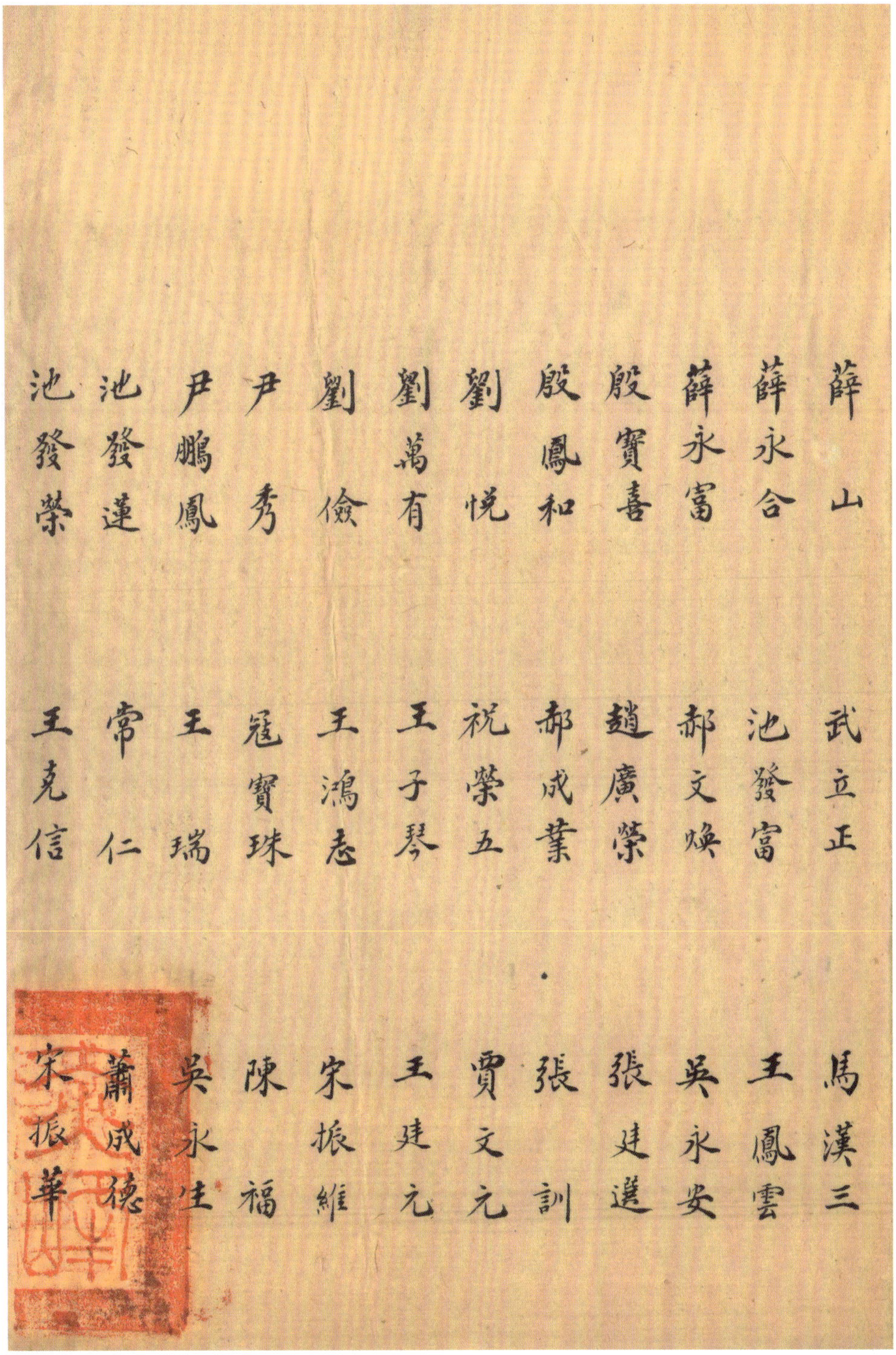

薛山　薛永合　薛永富　殷寶喜　殷鳳和　劉悅　劉萬有　劉儉　尹秀　尹鵬鳳　池發蓮　池發榮

武立正　池發富　郝文煥　趙廣榮　郝成業　祝榮五　王子琴　王鴻志　寇寶珠　王瑞　常仁　王克信

馬漢三　王鳳雲　吳永安　張建選　張訓　賈文元　王建元　宋振維　陳福　吳永生　蕭成德　宋振華

一九九　公民鄭東仁等爲遵批選舉第二區鄉農分會會長附送會員職員清册事致赤峰縣公署呈（1924年4月16日）

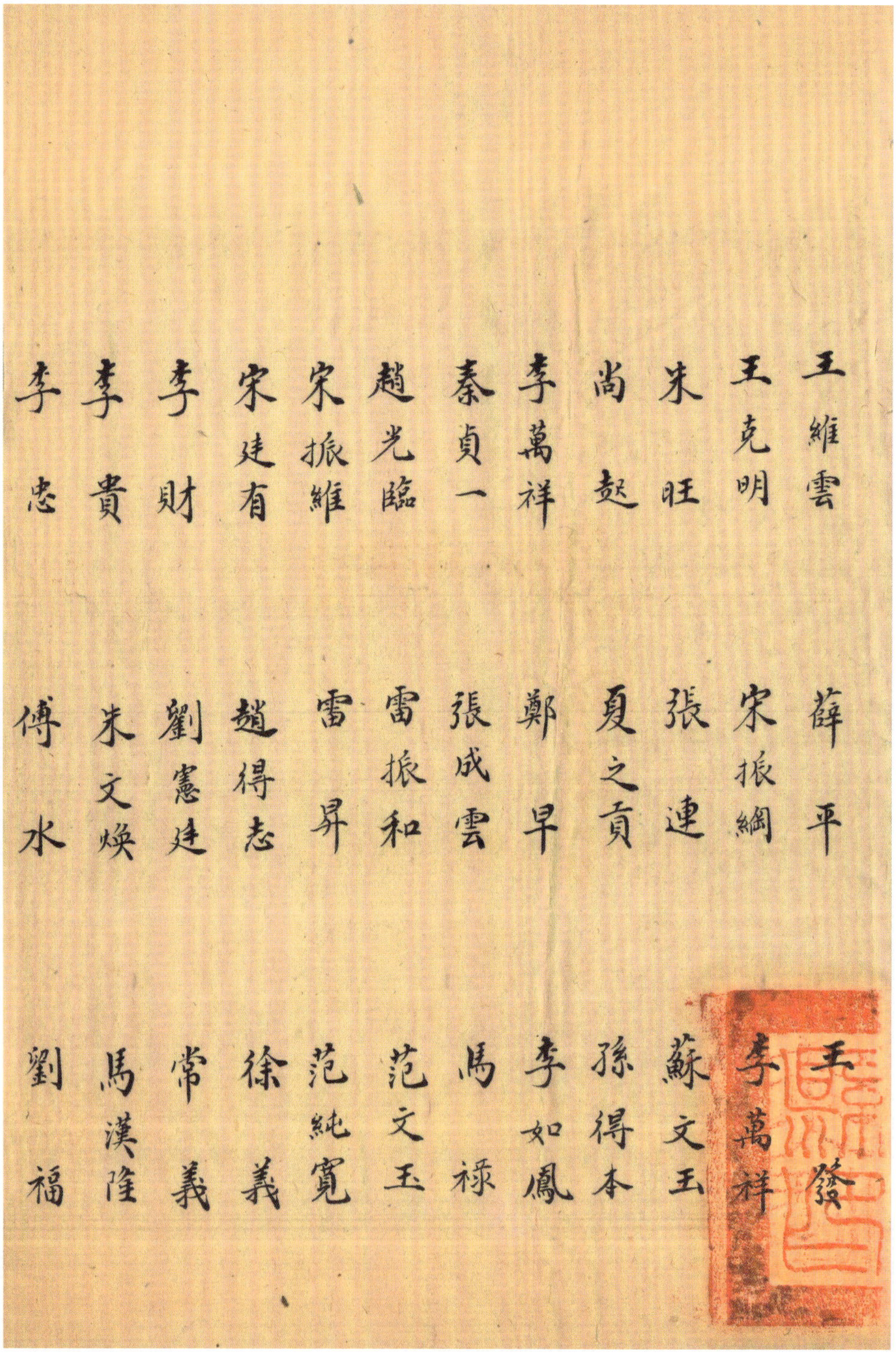

王維雲　王克明　朱旺　尚起　李萬祥　秦貞一　趙光臨　宋振維　宋廷有　李財　李貴　李忠

薛平　宋振綱　張連　夏之貢　鄭旱　張成雲　雷振和　雷昇　趙得志　劉憲廷　朱文煥　傅水

王發　李萬祥　蘇文玉　孫得本　李如鳳　馬祿　范文玉　范純寬　徐義　常義　馬漢隆　劉福

一九九　公民鄭東仁等爲遵批選舉第二區鄉農分會會長附送會員職員清册事致赤峰縣公署呈（1924年4月16日）

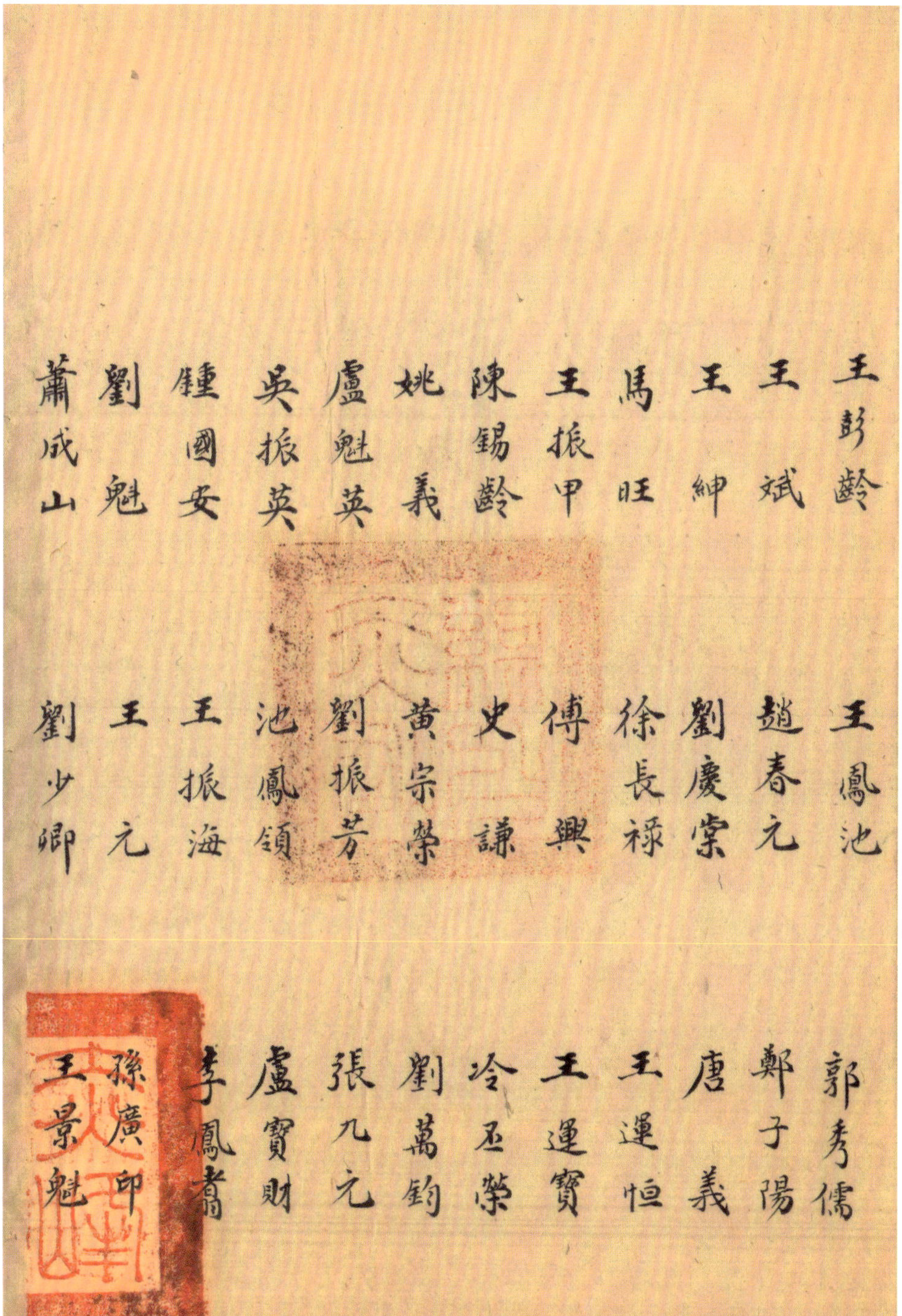
王彭齡
王斌
王紳
馬旺
王振甲
陳錫齡
姚義
盧魁英
吳振英
鍾國安
劉魁
蕭成山

王鳳池
趙春元
劉慶棠
徐長祿
傅興
史謙
黄宗榮
劉振芳
池鳳領
王振海
王元
劉少卿

郭秀儒
鄭子陽
唐義
王運恒
王運寶
冷丕榮
劉萬鈞
張九元
盧寶財
李鳳齋
孫廣印
王景魁

一九九　公民鄭東仁等爲遵批選舉第二區鄉農分會會長附送會員職員清册事致赤峰縣公署呈（1924 年 4 月 16 日）

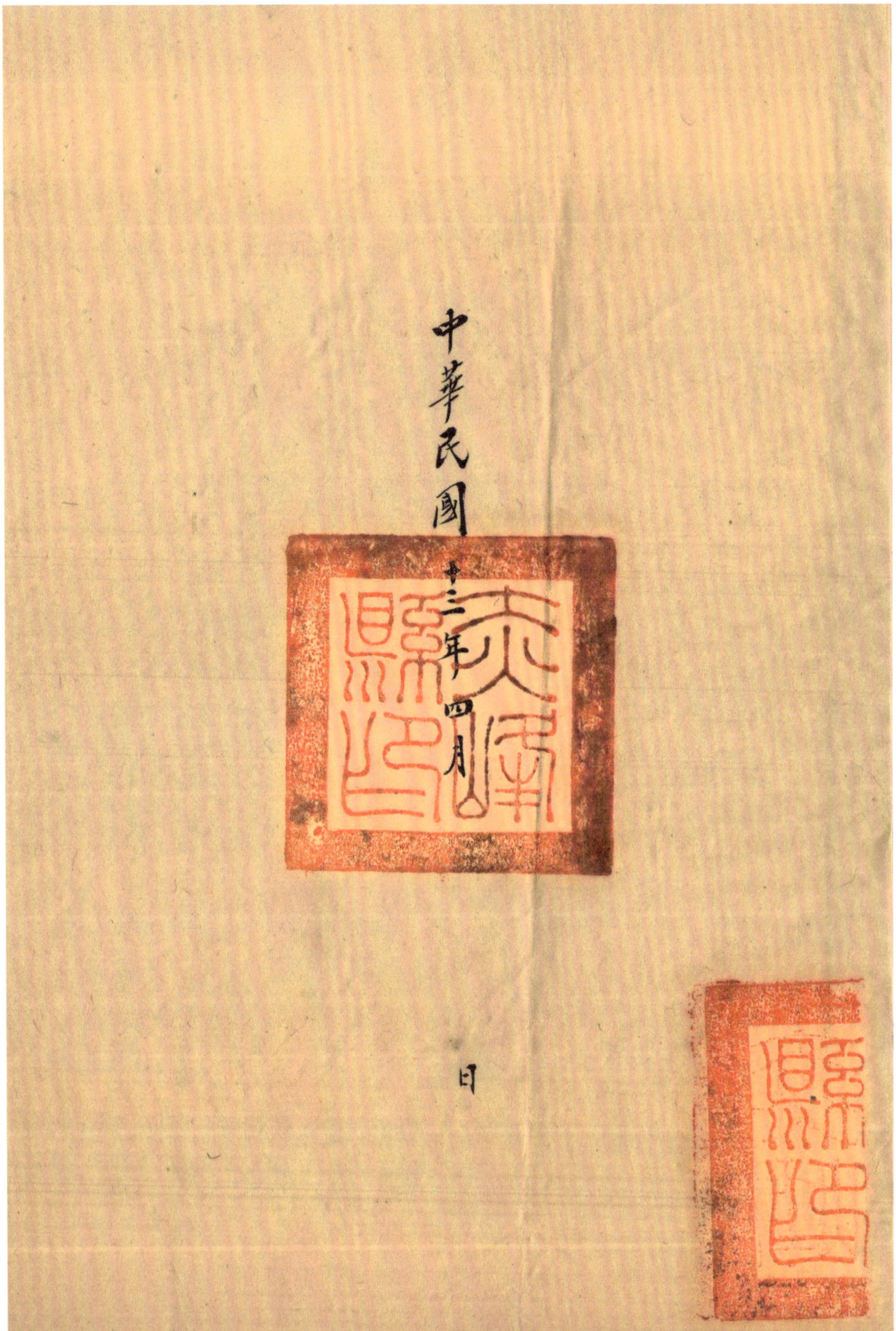

中華民國十三年四月　日

一九九 公民鄭東仁等爲遵批選舉第二區鄉農分會會長附送會員職員清册事致赤峰縣公署呈（1924 年 4 月 16 日）

3-1-16-2(3)

赤峰縣第二區鄉農會造送職員姓名清册

## 一九九　公民鄭東仁等爲遵批選舉第二區鄉農分會會長附送會員職員清册事致赤峰縣公署呈（1924年4月16日）

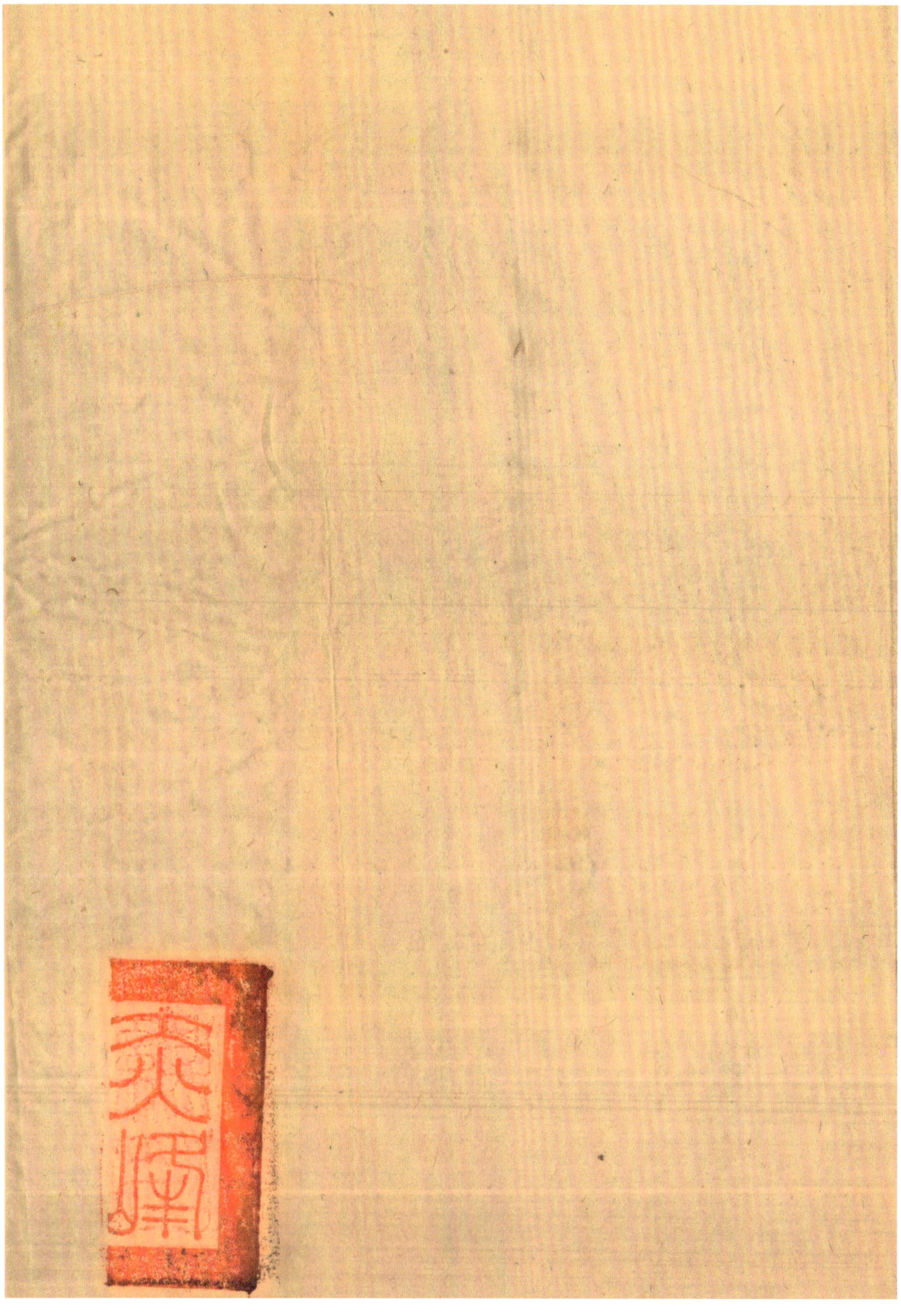

## 一九九　公民鄭東仁等爲遵批選舉第二區鄉農分會會長附送會員職員清册事致赤峰縣公署呈（1924 年 4 月 16 日）

謹將赤峰第二區鄉農分會職員姓名及所得票數理合造具清册恭請

鑒核

計開

正會長馬漢琳　得四十二票

副會長薛　通　得三十一票

評議員蘇焕章　得二十三票

徐鏡堂　得二十票

郝鳳儀　得十九票

孫　錡　得十七票

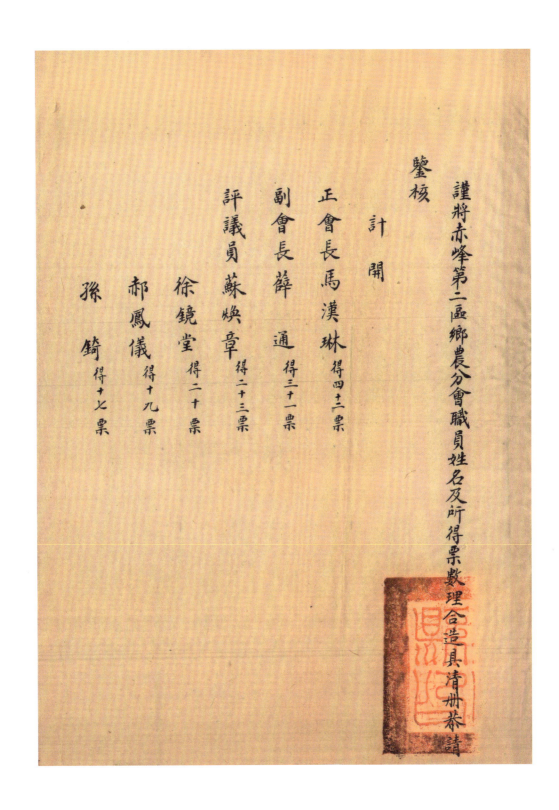

一九九 公民鄭東仁等爲遵批選舉第二區鄉農分會會長附送會員職員清册事致赤峰縣公署呈（1924年4月16日）

調查員史忠亭 得四十六票
文牘蘇懷國
庶務鄭廷臣
會計王文科
書記鄭東仁

## 一九九 公民鄭東仁等爲遵批選舉第二區鄉農分會會長附送會員職員清册事致赤峰縣公署呈（1924年4月16日）

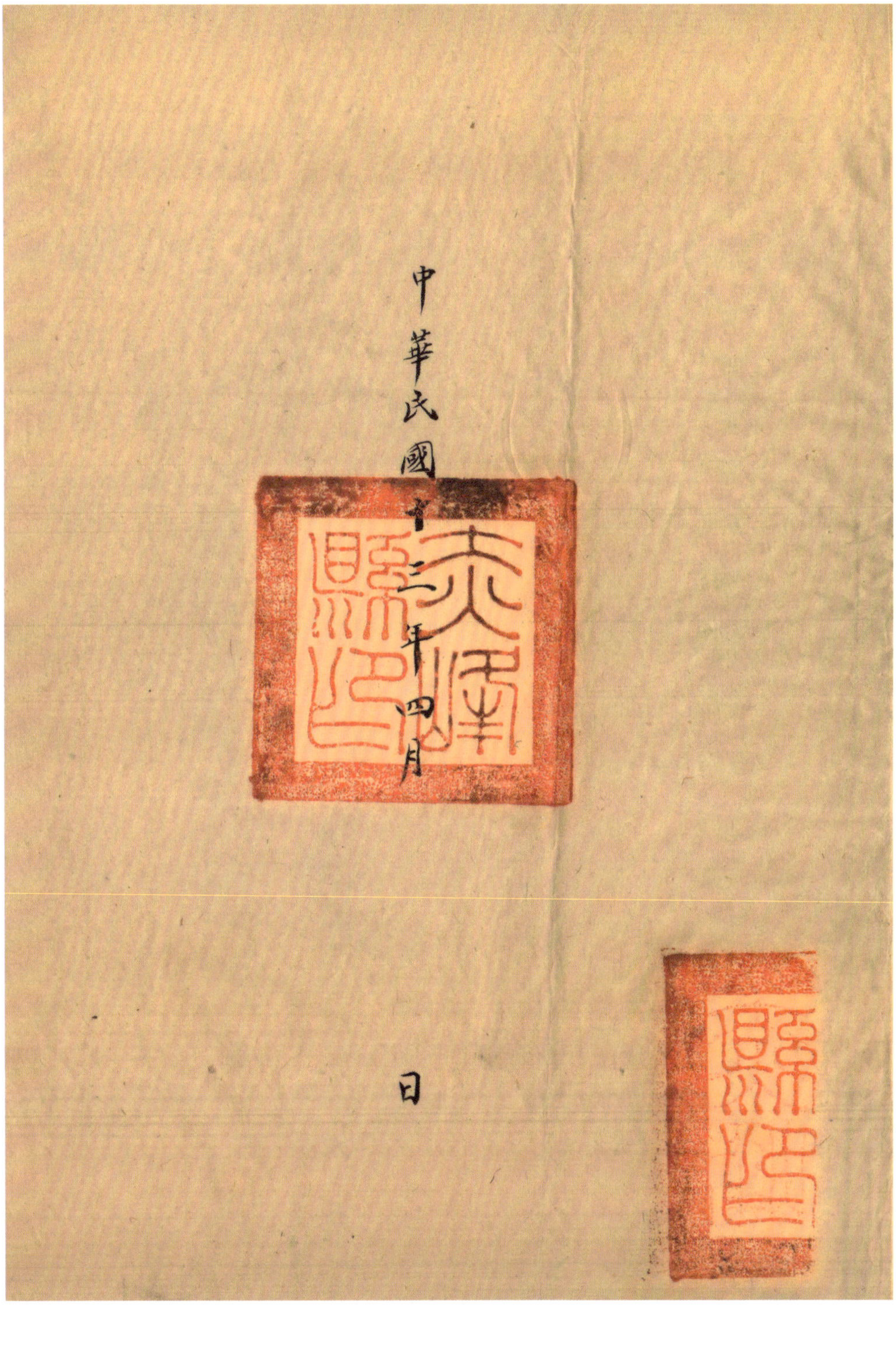
中華民國十三年四月 日

## 二〇〇　熱河道道尹公署爲赤峰縣第二區組設鄉農分會事致赤峰縣公署指令（1924年8月22日）

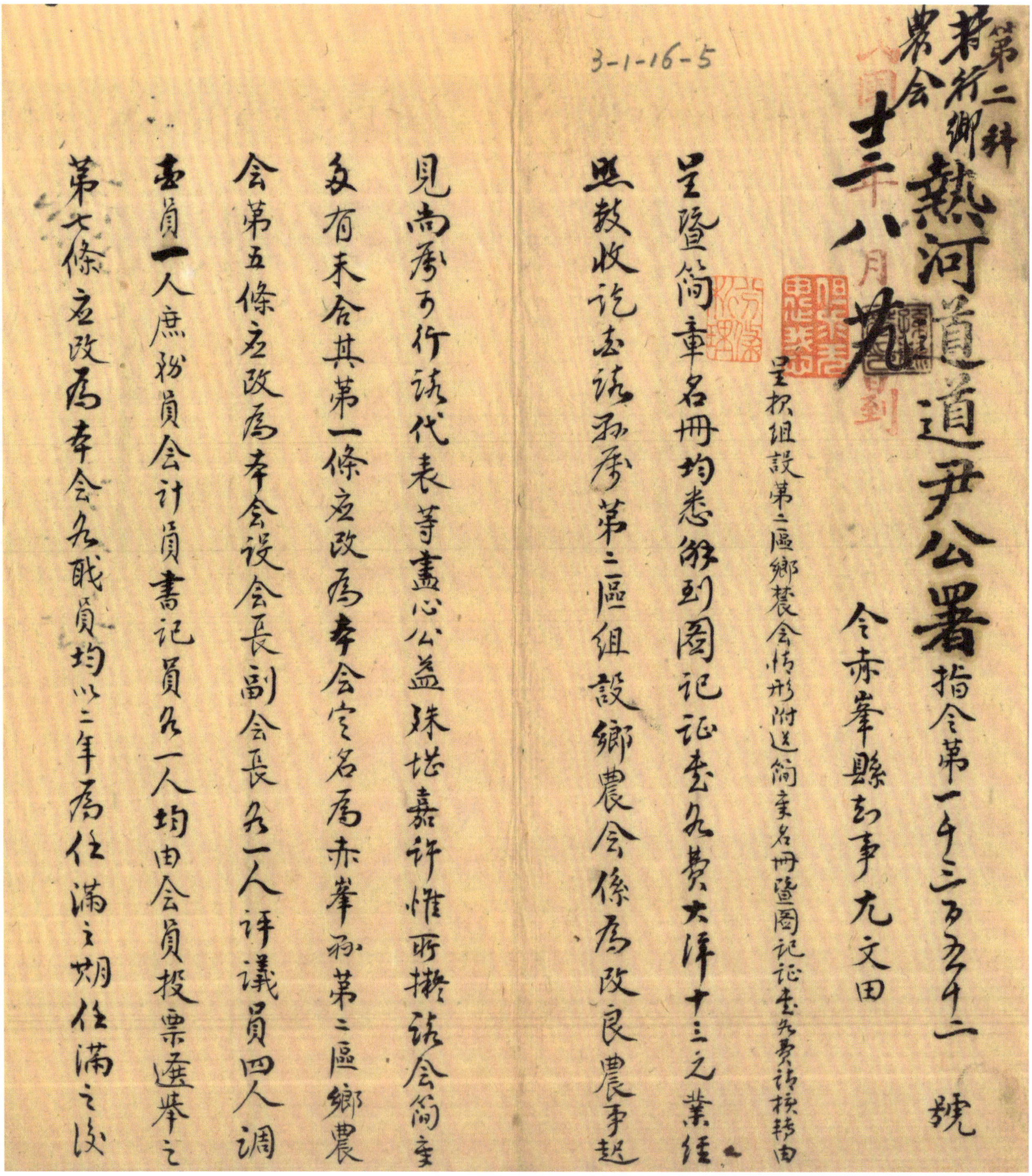

3-1-16-5

第二科

鄉農会

熱河道道尹公署指令第一千三百五十二號

令赤峯縣知事尤文田

呈報組設第二區鄉農会情形附送簡章名冊暨圖記証壹分費請核轉由

呈暨簡章名冊均悉解到圖記証壹分費大洋十三元業經
照數收訖查該縣第二區組設鄉農会係為改良農事起
見尚屬可行該代表等盡心公益殊堪嘉許惟所擬該会簡章
各有未合其第一條應改為本会定名為赤峯縣第二區鄉農
会第五條應改為本会設会長副会長各一人評議員四人調
查員一人庶務員会計員書記員各一人均由会員投票選舉之
第七條應改為本会各職員均以二年為任滿之期任滿之後

二〇〇　熱河道道尹公署爲赤峰縣第二區組設鄉農分會事致赤峰縣公署指令（1924年8月22日）

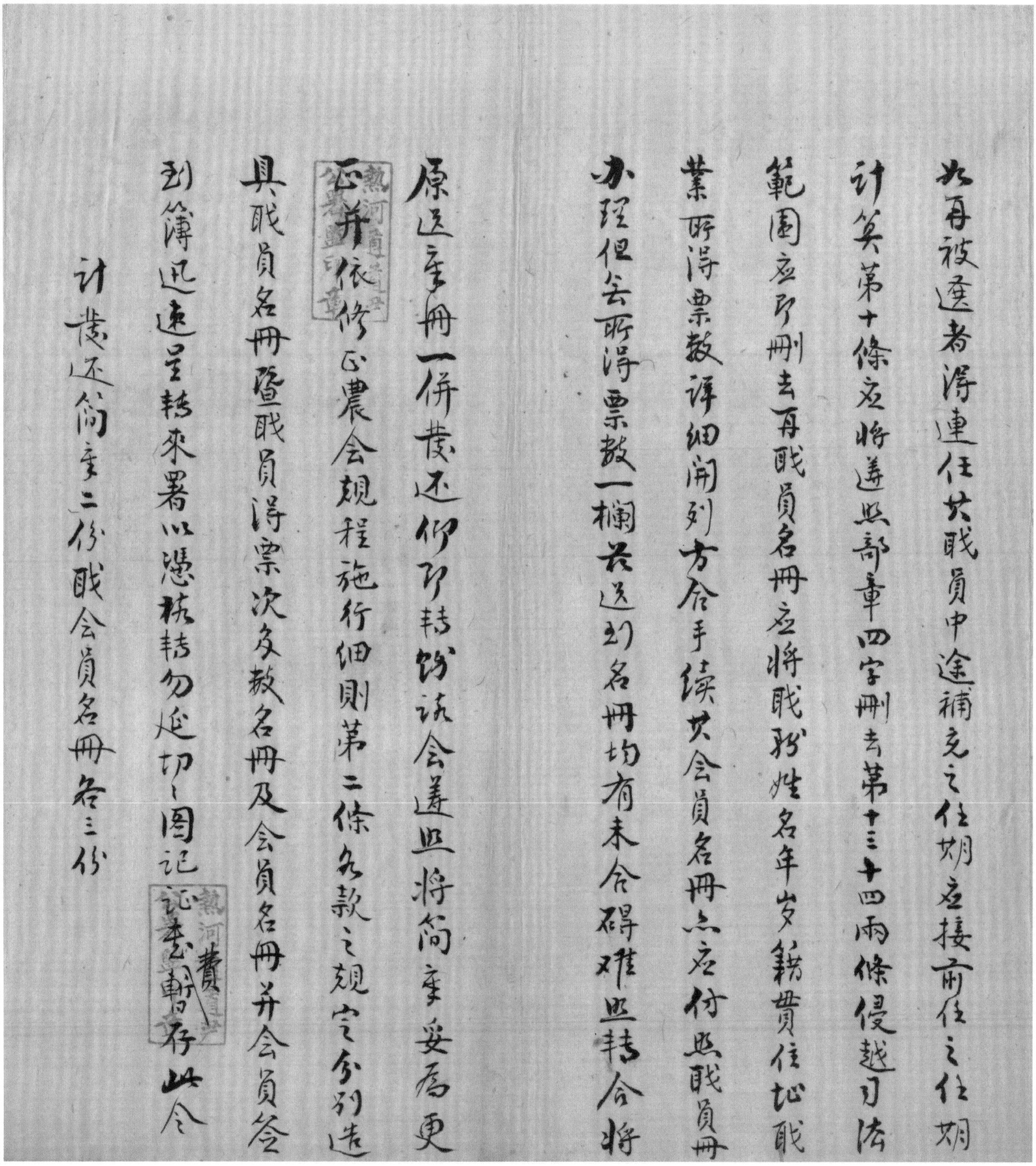
如有被選者得連任其職員中途補充之任期應接前任之任期
計算第十條應將遵照部章四字刪去第十三十四兩條侵越司法
範圍應即刪去再職員名冊應將職務姓名年歲籍貫住址職
業所得票數詳細開列方合手續其會員名冊亦應付照職員冊
辦理但查所得票數一欄前送到名冊均有未合礙難照轉合將
原送章冊一併發還仰即轉飭該會遵照將簡章妥為更
正并依修正農會規程施行細則第二條各款之規定分別造
具職員名冊暨職員得票次多數名冊及會員名冊并會員簽
到簿迅速呈轉來署以憑核轉勿延切切圖記暫存此令
計發還簡章二份職會員名冊各三份

二〇〇　熱河道道尹公署爲赤峰縣第二區組設鄉農分會事致赤峰縣公署指令（1924年8月22日）

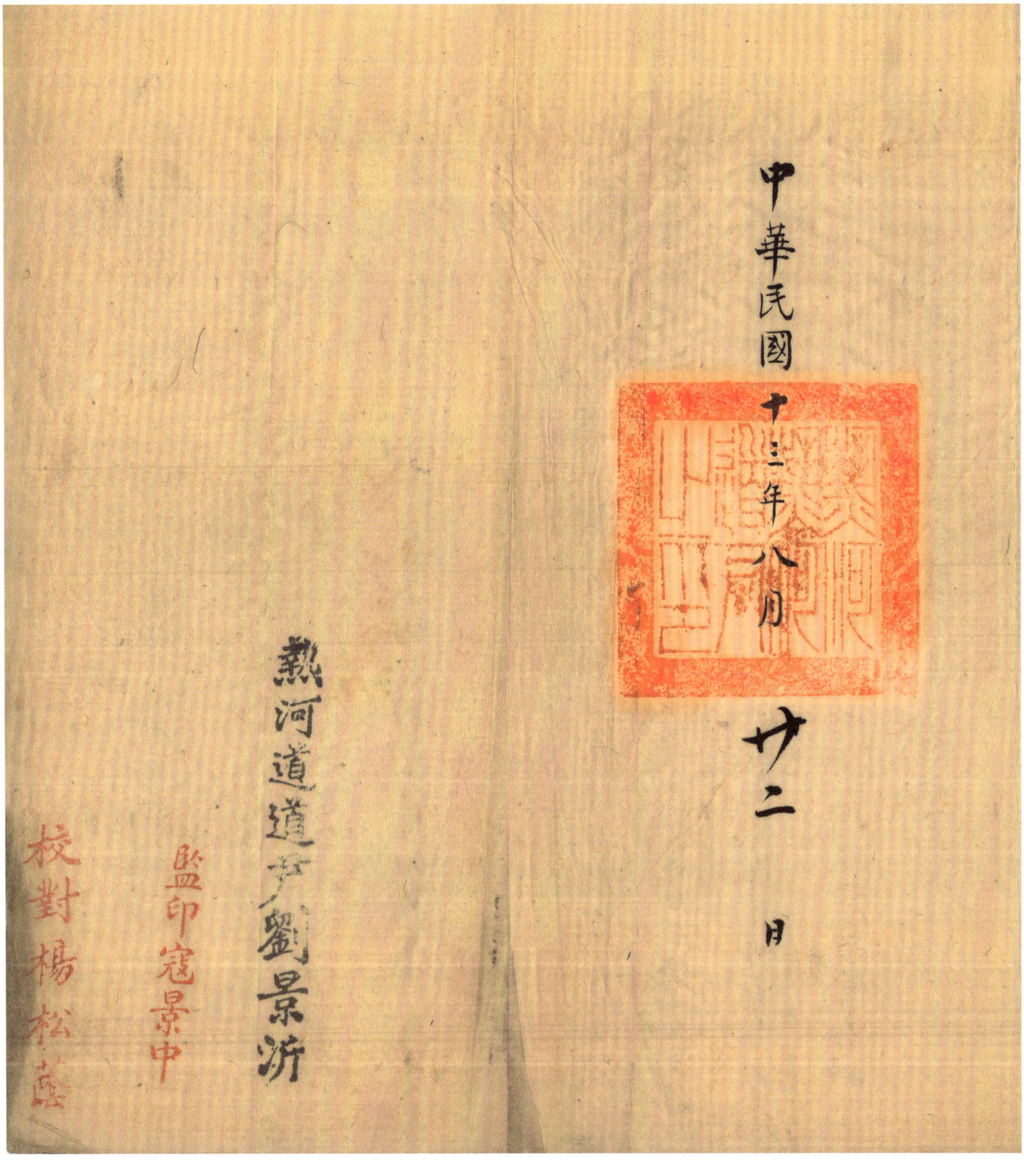
中華民國十三年八月廿二日

熱河道道尹劉景沂

監印寇景中

校對楊松蓀

## 二〇一 熱河都統公署爲飭警保護承朝承赤汽車路綫事致赤峰縣公署訓令（1924年4月16日）

3-1-1099-1

第一科

行警以保

藏

熱河都統公署訓令第一千零五十六號

民國十三年四月十九日到

令赤峯縣知事

為令行事政務廳第二科案呈據京熱長途汽車

創辦人胡魁文張魁安等呈稱為京熱通行汽車漸

著成效擬推廣熱河承朝承赤兩路線開始營業恭

懇俯准立案事竊商等擬辦京熱汽車業經呈报鈞

署在案行駛以來行旅頗多交通稱便惟由熱東至朝

陽北至赤峯均相距數百里路途往返需時向於商人

販運官紳旅行俱感困難商等現已添購汽車一輛

由平泉凌源直達朝陽一輛經隆化圍場直達赤峯

二〇一 熱河都統公署爲飭警保護承朝承赤汽車路綫事致赤峰縣公署訓令（1924年4月16日）

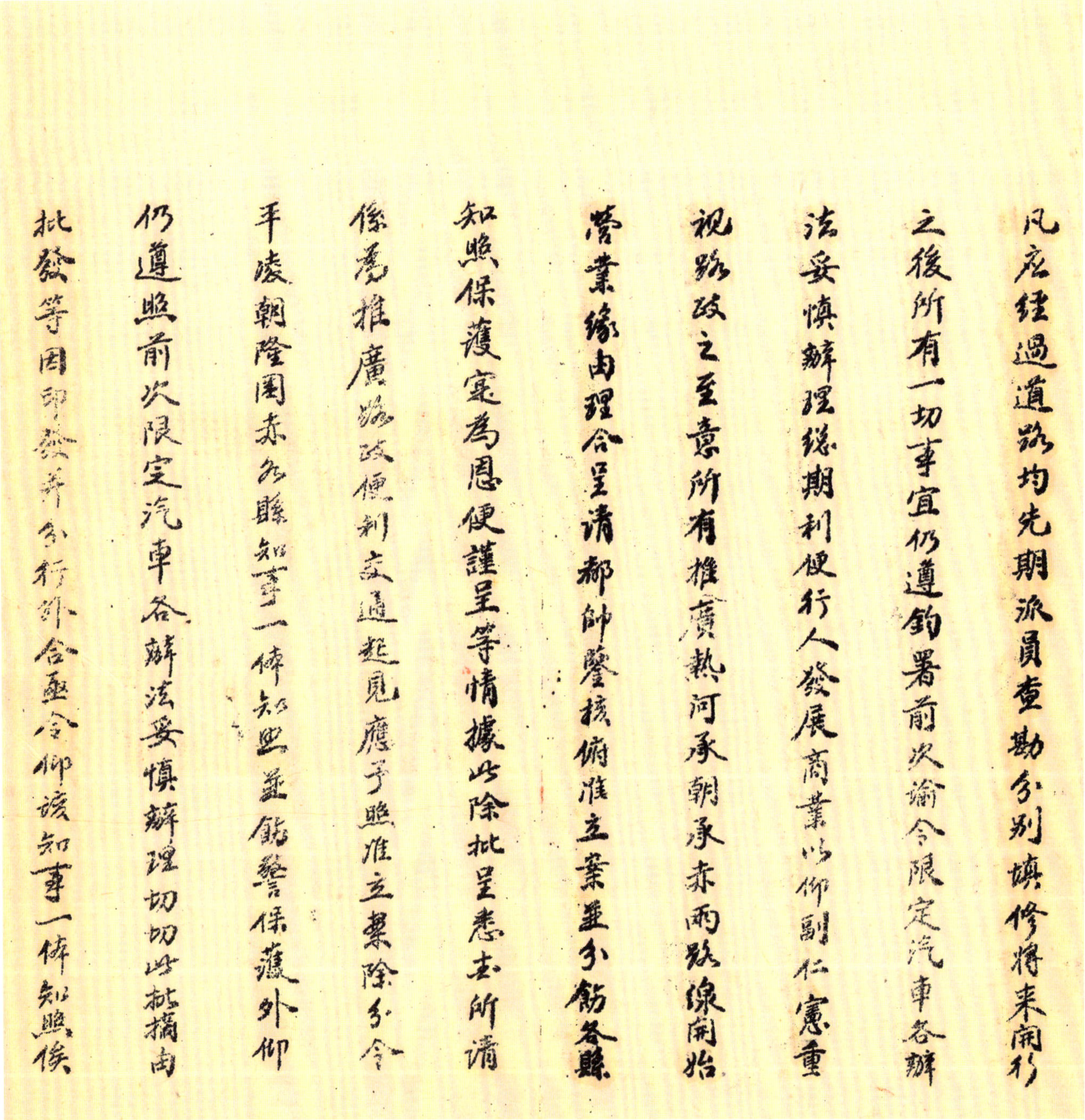
凡應經過道路均先期派員查勘分別填修將來開行
之後所有一切事宜仍遵鈞署前次諭令限定汽車各辦
法妥慎辦理總期利便行人發展商業以仰副仁憲重
視路政之至意所有推廣熱河承朝承赤兩路線開始
營業緣由理合呈請都帥鑒核俯准立案並分飭各縣
知照保護寔為恩便謹呈等情據此除批呈悉查所請
係為推廣路政便利交通起見應予照准立案除分令
平凌朝隆圍赤各縣知事一體知照並飭警保護外仰
仍遵照前次限定汽車各辦法妥慎辦理切切此批摘由
批發等因印發並分行外合亟令仰該知事一體知照俟

二〇一 熱河都統公署爲飭警保護承朝承赤汽車路綫事致赤峰縣公署訓令（1924年4月16日）

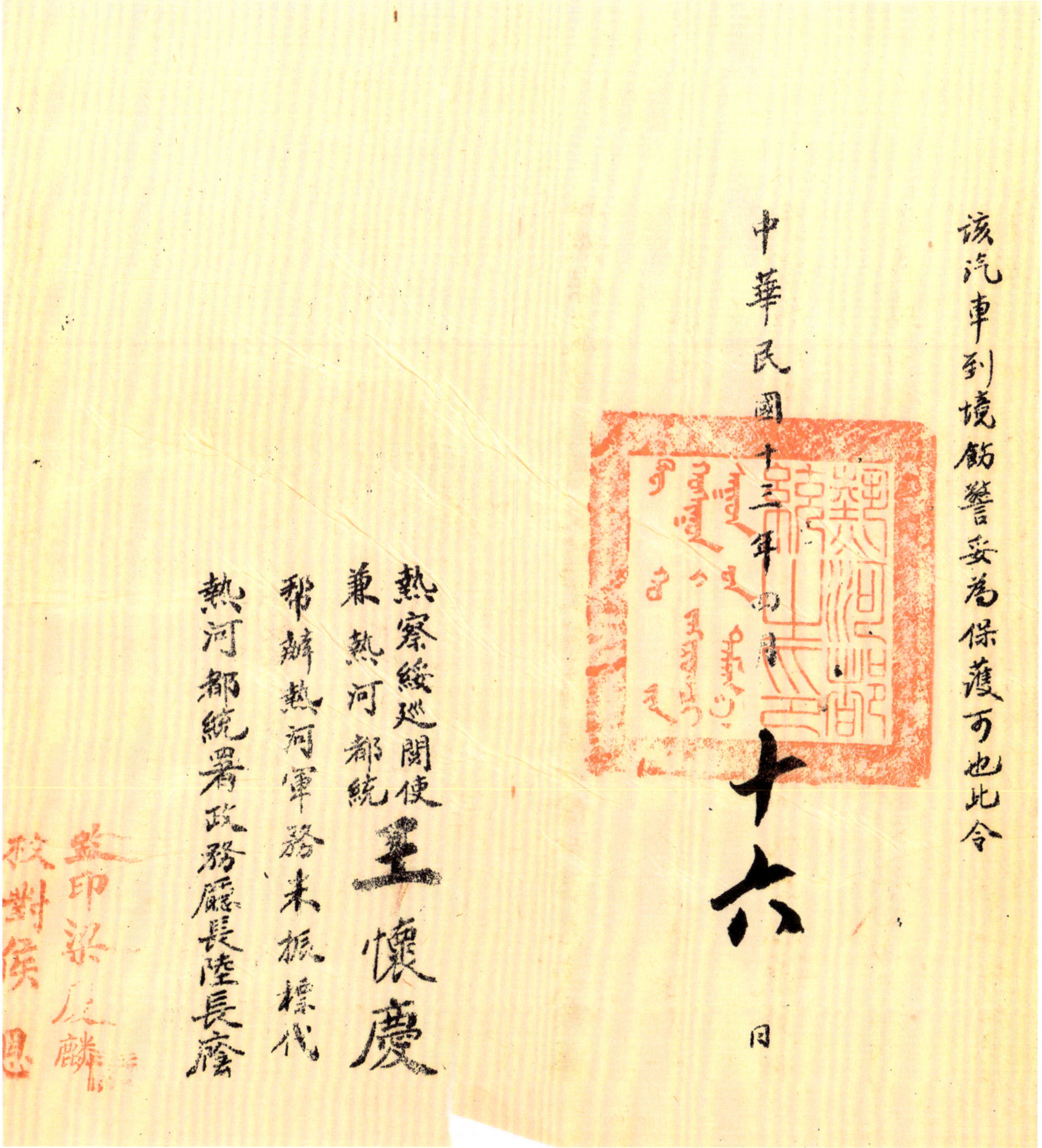

該汽車到境飭警妥爲保護可也此令

中華民國十三年四月十六日

熱察綏巡閱使
兼熱河都統 王懷慶
幫辦熱河軍務米振標代
熱河都統署政務廳長陸長蔭

監印梁應麟
校對侯恩

## 二〇二　赤峰縣公署爲承朝承赤兩路綫開通汽車俟到境妥爲保護事致赤峰縣警察所訓令稿（1924年4月22日）

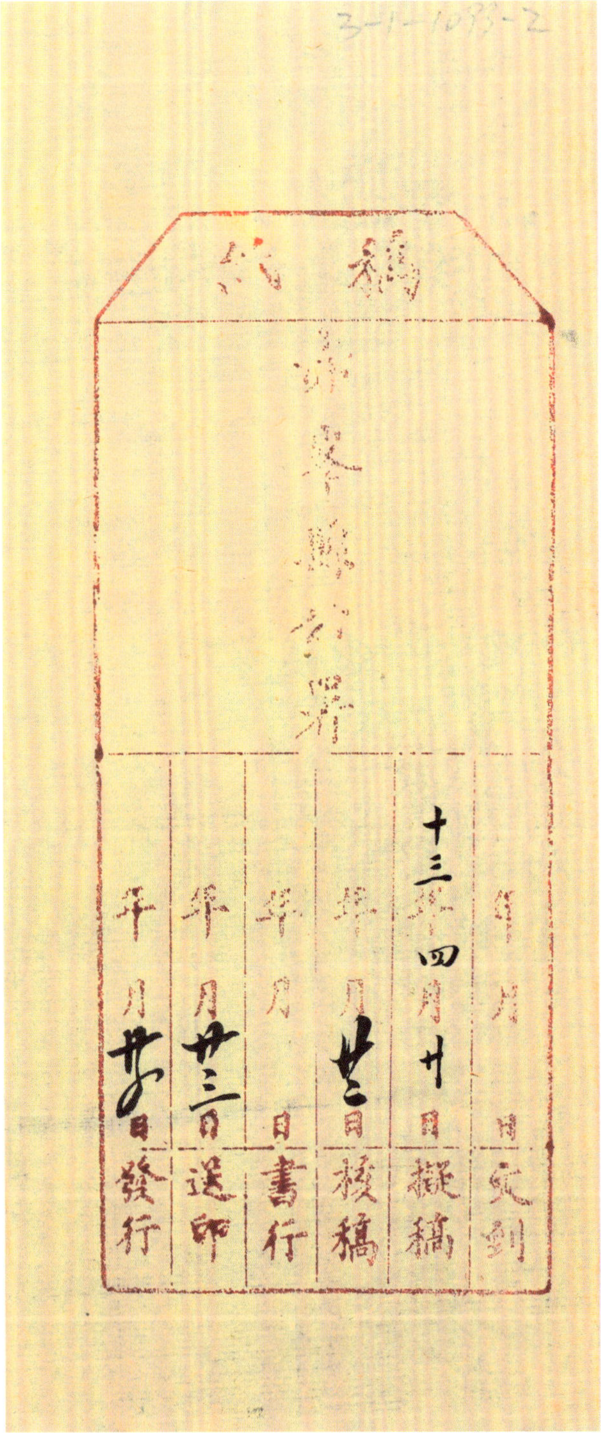

3-1-1033-2

稿代

赤峰縣公署

| 發行 | 送印 | 書行 | 核稿 | 擬稿 | 交到 |
| --- | --- | --- | --- | --- | --- |
| 年月廿四日 | 年月廿三日 | 年月日 | 年月廿一日 | 十三年四月廿日 | 年月日 |

## 二〇二　赤峰縣公署爲承朝承赤兩路綫開通汽車俟到境妥爲保護事致赤峰縣警察所訓令稿（1924年4月22日）

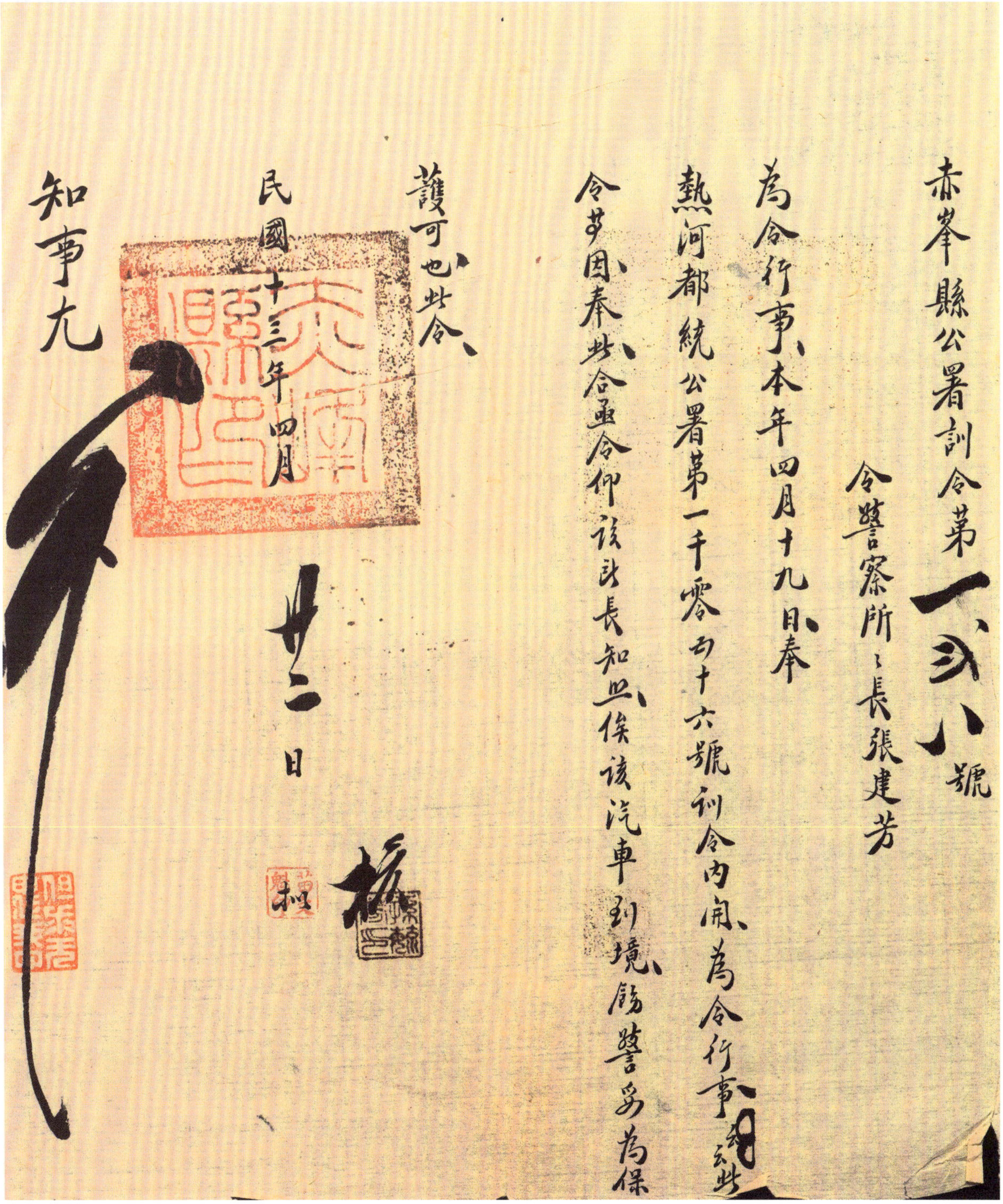

赤峯縣公署訓令第一[illegible]八號

令警察所所長張建芳

爲令行事。本年四月十九日奉

熱河都統公署第一千零五十六號訓令內開：爲令行事，云云。此

令。等因。奉此，合亟令仰該所長知照，俟該汽車到境，飭警妥爲保

護可也。此令。

民國十三年四月廿二日

知事九

## 二〇三 街民楊允中爲請禁止掘坑做坯傾倒灰土事致赤峰縣公署呈（1924年4月17日）

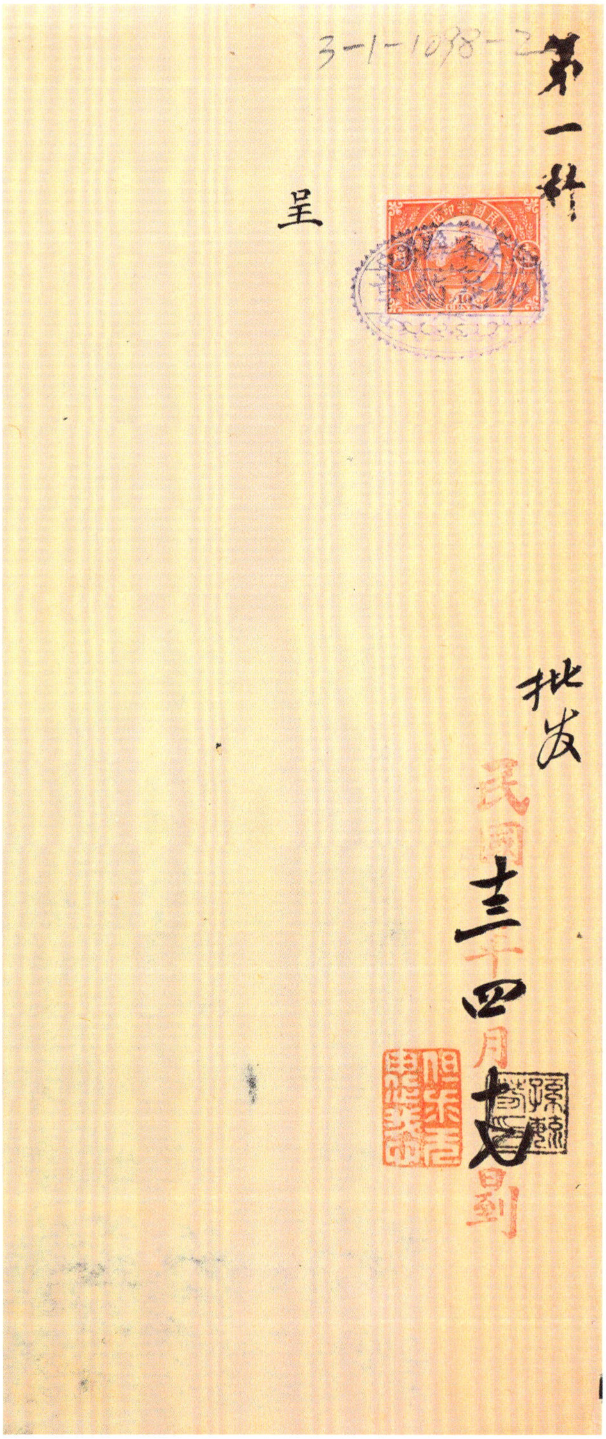
3-1-1038-2

第一件

呈

批發

民國十三年四月十七日到

## 二〇三 街民楊允中爲請禁止掘坑做坯傾倒灰土事致赤峰縣公署呈（1924年4月17日）

具呈街民楊允中為掘坑積土妨害公安呈請查驗禁止事竊民向在本城三官廟西居住開設中順店生理店後不及半里即係河身宅東南北胡同通衹大道先年好利顧己之徒見宅後河邊土厚任自挖坑掘阱托坯變賣民雖鄰近適未明於禍害有惧呈請示禁殆於民國十一年六月間河水漲泛浪激抵臨洶湧沖過致將民家及 縣公署頭道街天益店東九神祠胡同等處淹毁迨後息寧始曉委被掘挖所害蹈即注意防範茲爾托坯之夫以謂河邊為己地不顧公共之利害仍復掘臨托坯並有商户各家傾倒灰土灘水情不適赴河邊近置宅後東面確悉水流順地一朝堆積重大河漲水勢出圻定必返沖街市此關公共之利害固非箇人之私曲為此據情呈請

縣長鈞鑒查驗俯賜布告禁止以免臨害而資公安施行

呈悉准予佈告嚴禁以維公安此批

## 二〇三　街民楊允中爲請禁止掘坑做坯傾倒灰土事致赤峰縣公署呈（1924年4月17日）

中華民國十三年四月　　日

## 二〇四 赤峰縣公署爲禁止掘坑做坯傾倒灰土事布告稿（1924年4月24日）

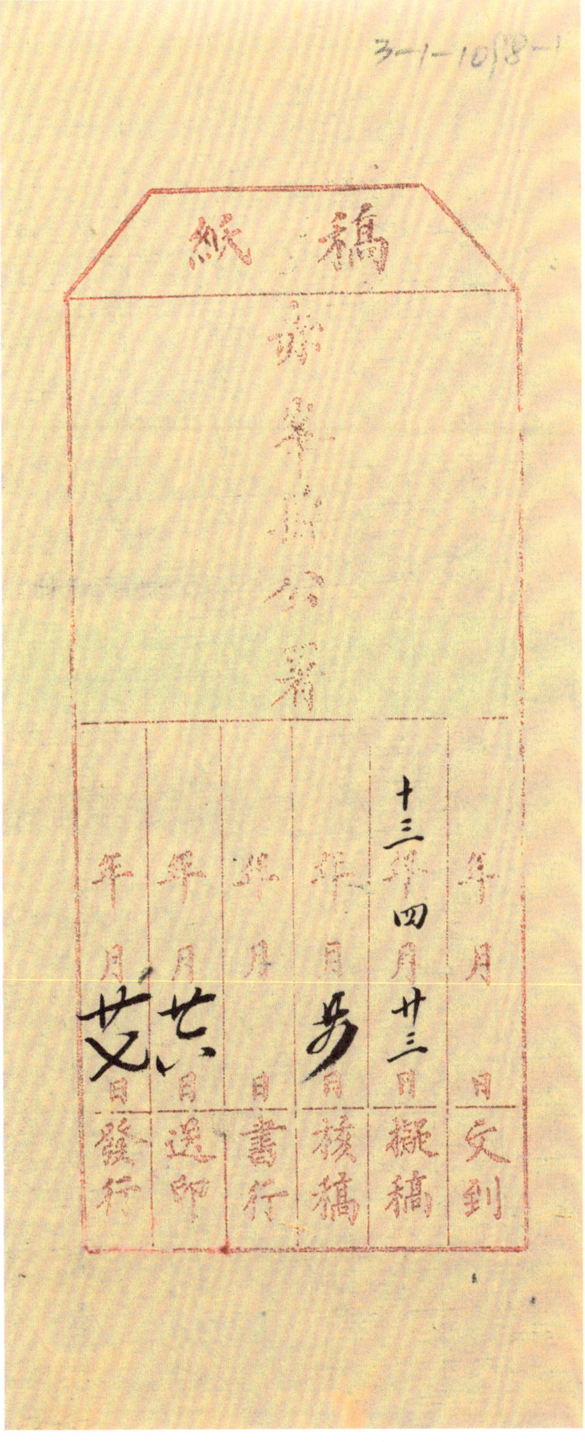

3-1-1018-1

稿紙

赤峯縣公署

| 文到 | 擬稿 | 核稿 | 書行 | 送印 | 發行 |
| --- | --- | --- | --- | --- | --- |
| 年月日 | 十三年四月廿三日 | 年月廿四日 | 年月日 | 年月廿六日 | 年月廿五日 |

## 二〇四　赤峰縣公署爲禁止掘坑做坯傾倒灰土事布告稿（1924年4月24日）

赤峯縣公署佈告第八號

爲佈告事、案據本街民人楊允中呈稱：爲掘坑積土、妨害公安、云施行等情、據此查核所呈、係屬實情、除飭警隨時查禁外、合亟佈告嚴禁、仰闔邑商民人等一体知悉、自示之後、該處不准再行傾倒灰土及挖坑作坯、以維公安、倘有不遵、一經查出、或被告發、定即拘案從重懲辦、決不寬貸、其各凜遵勿違、切切、特此佈告、

## 二〇四 赤峰縣公署爲禁止掘坑做坯傾倒灰土事布告稿（1924年4月24日）

民國十三年四月廿四日

知事九

核

## 二〇五　熱河全區警務處爲查禁種烟事致赤峰縣公署訓令（1924年5月8日）

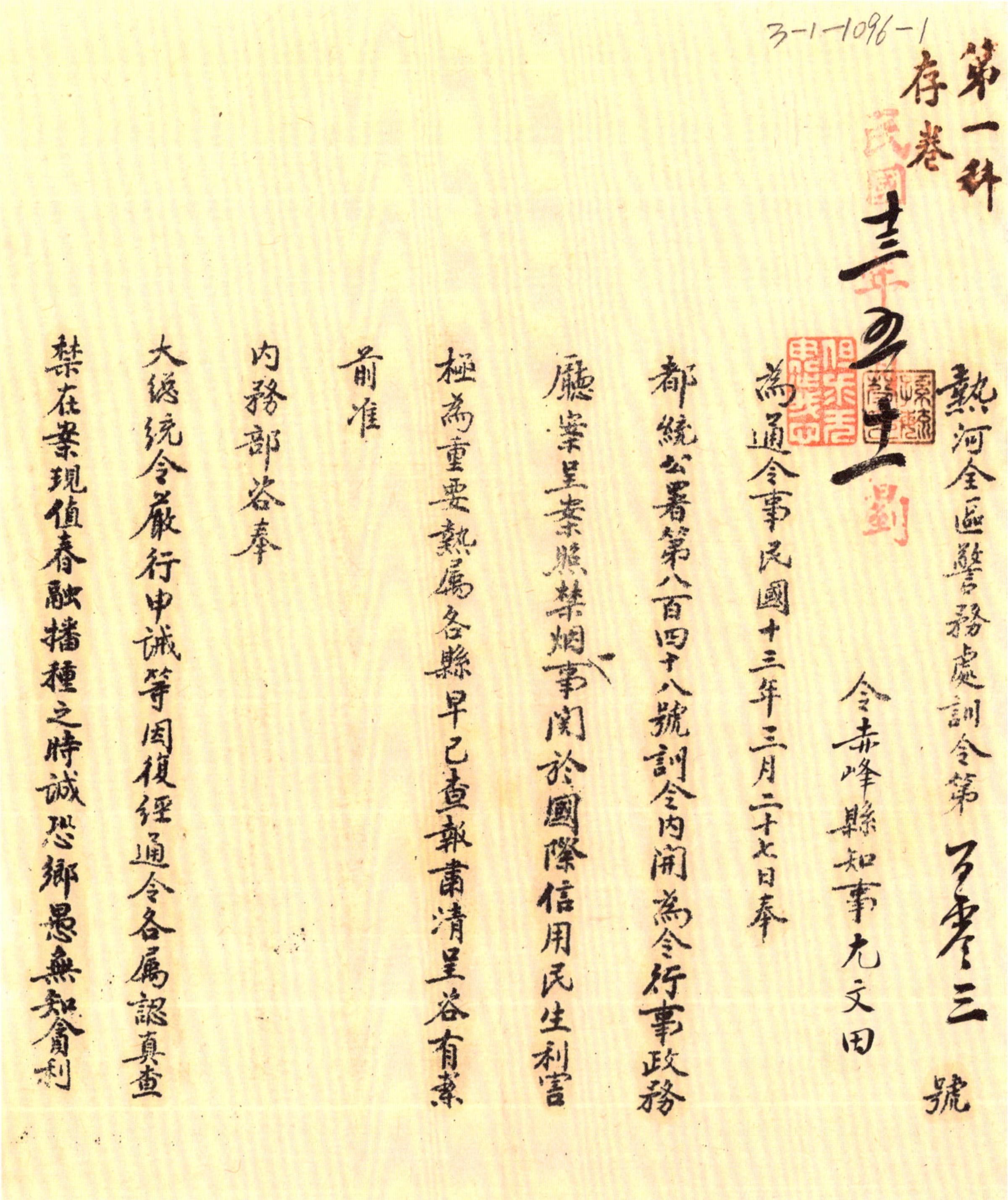

3-1-1096-1

第一件
存卷

十三　五　十一

熱河全區警務處訓令第万零三號

令赤峰縣知事尢文田

為通令事民國十三年三月二十七日奉

都統公署第八百四十八號訓令內開為令行事政務

廳案呈案照禁烟事關於國際信用民生利害

極為重要熱屬各縣早已查報肅清呈咨有案

前准

內務部咨奉

大總統令嚴行申誡等因復經通令各屬認真查

禁在案現值春融播種之時誠恐鄉愚無知貪利

二〇五　熱河全區警務處爲查禁種烟事致赤峰縣公署訓令（1924年5月8日）

私種有犯刑章亟應重申前令嚴密查防由地方
官預先剴切曉諭人民及早布種五穀以重農時
幸勿以身嘗試致蹈法網除分行外合亟檢發撰
就簡明佈告令仰該處長遵照認真辦理切勿
視為具文迅將前項布告張貼通衢俾資衆覽
並飭所屬一律遵照認真查禁仍將查禁情
形隨時具報查核切切此令計發布告二張等因奉
此除將布告發交熱河警察廳張貼通衢俾資
衆覽並分行外合亟令仰該知事轉行警察所一
體遵照認真查禁仍將查禁情形隨時具報以憑

## 二〇五 熱河全區警務處爲查禁種烟事致赤峰縣公署訓令（1924年5月8日）

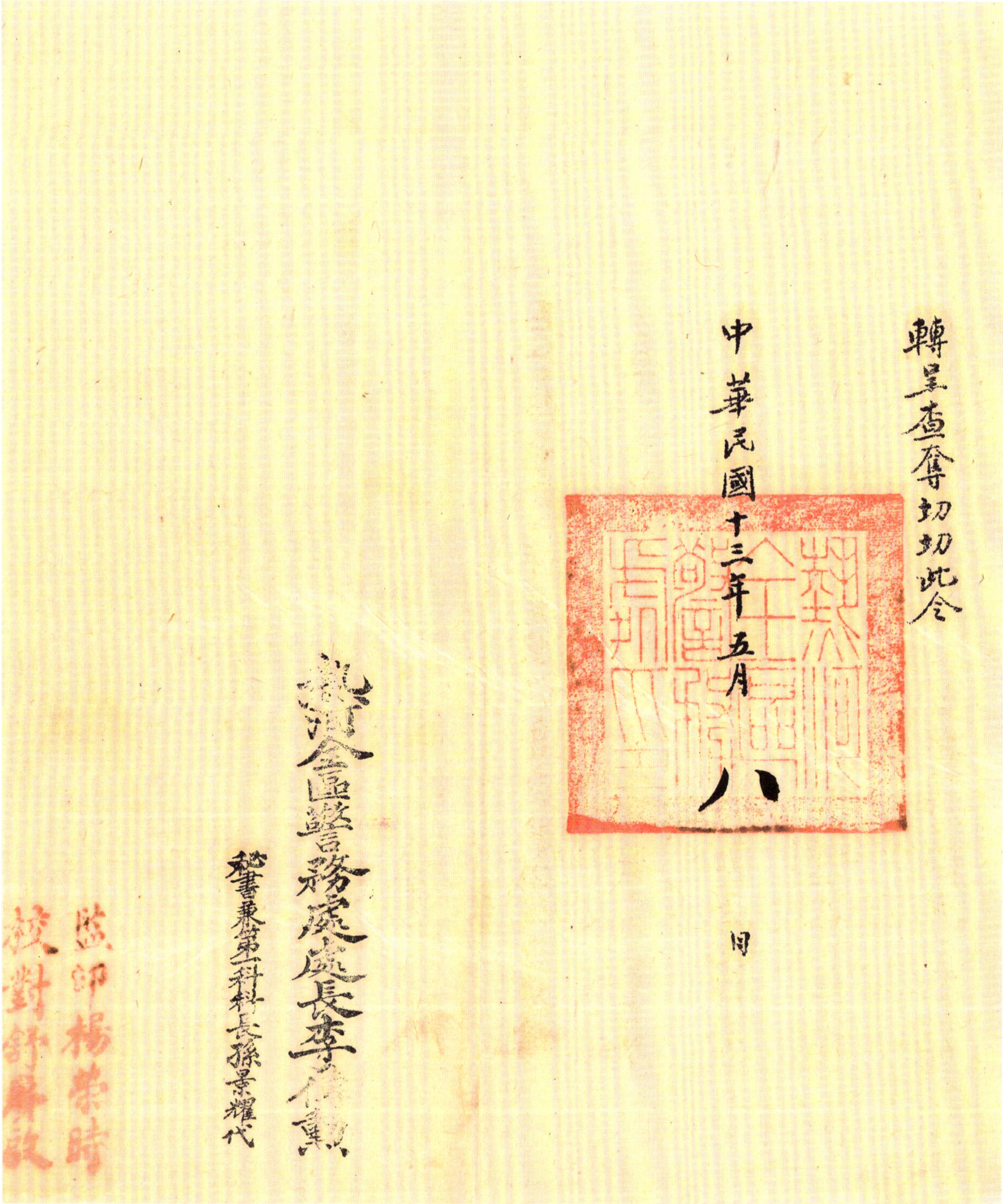

轉呈查奪切切此令

中華民國十三年五月八日

熱河全區警務處處長李

秘書兼第一科科長孫景耀代

監印楊榮時

校對舒屏政

## 二〇六　熱河全區警務處爲調查每年所需嗎啡及他項麻醉藥品數量事致赤峰縣公署訓令（1924年7月18日）

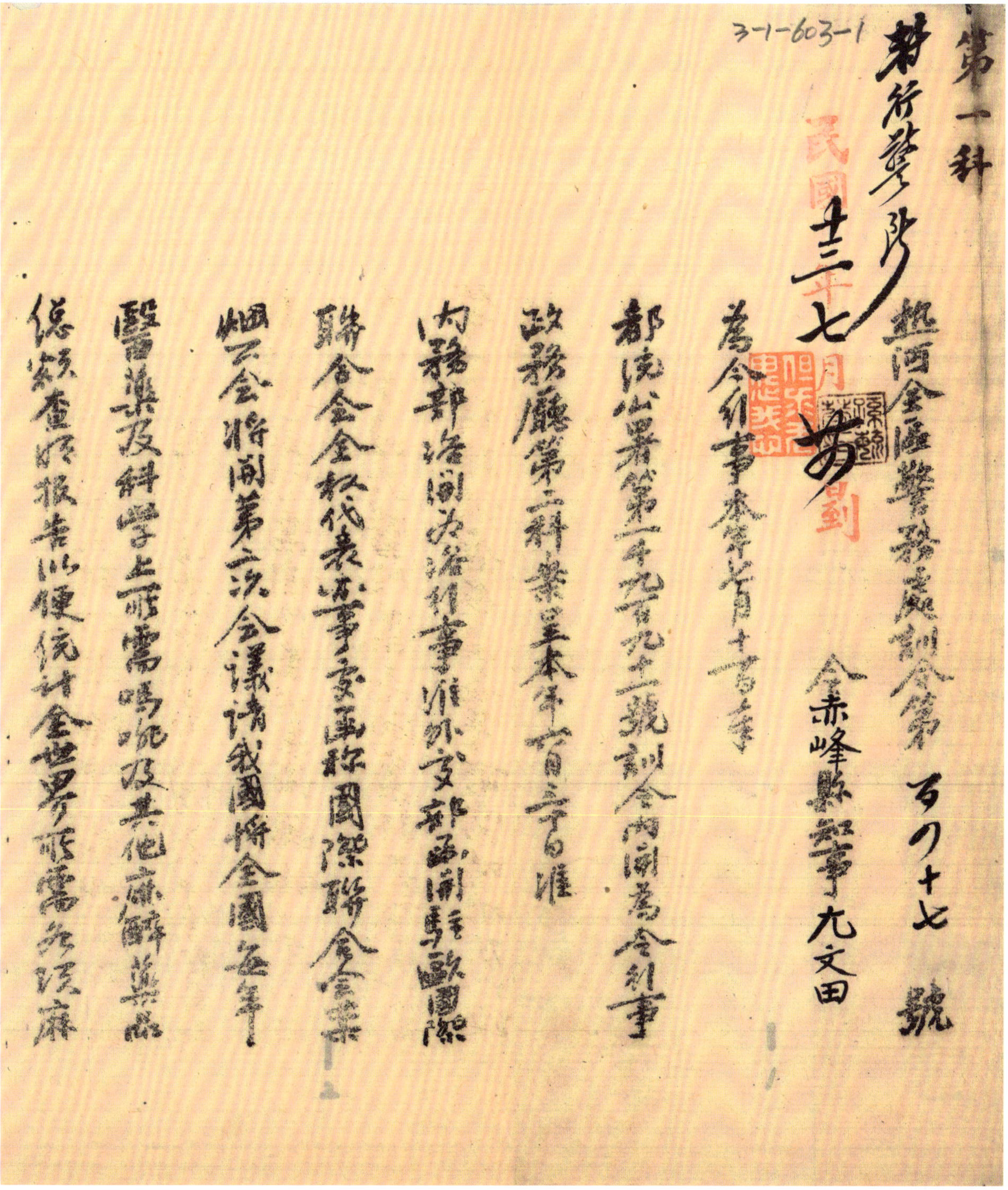

3-1-603-1

第一科

民國十三年七月　日到

熱河全區警務處訓令第五〇十七號

令赤峰縣知事九文田

爲令行事。本年七月十六日奉

都統公署第一千九百九十二號訓令內開：爲令行事，

政務廳第二科案呈，本年七月六日准

內務部咨開：案准外交部函開：准駐歐國際

聯合會全權代表處函稱：國際聯合會第

四次全會將開第六次會議，請我國將全國每年

醫藥及科學上所需嗎啡及其他麻醉藥品

總數查明報告，以便統計全世界所需各項麻

## 二〇六　熱河全區警務處爲調查每年所需嗎啡及他項麻醉藥品數量事致赤峰縣公署訓令（1924年7月18日）

醉品從款等因到部查嗎啡及其他之麻醉藥
品既爲醫藥治療所必需此項統計於我國全
國醫藥所需關係至大應請轉飭警察廳
分向全區各醫院藥房配藥師牙醫獸醫
等處詳確調查每年所需嗎啡及他項
麻醉藥品數量分款填報送部以爲統計全
國醫藥所需總數之根據惟此事前准國
際聯合會屢函外部轉洽到部且禁烟公會
開會爲期甚近所需報告請於本年八月以內
洽送到部以期無誤開會日期相應咨請查照

## 二〇六 熱河全區警務處爲調查每年所需嗎啡及他項麻醉藥品數量事致赤峰縣公署訓令（1924年7月18日）

辦理此咨等因准此合亟令仰該處查照轉
飭警察廳暨通行各縣警察所一體遵照
迅即分向全縣各醫院藥房配藥師牙醫
獸醫等處詳確調查每處每年所需嗎啡
及他項麻醉藥品數量分類填報此令期
甚迫所需報告限於本年七月底務須呈送
該處彙齊核轉本署以憑彙轉切速勿延
如經調查並無前項藥品亦須呈報聲明
勿得延擱不復係即遵照此令等因奉此除
分行外合亟令仰該知事轉行警察所一體遵

## 二〇六 熱河全區警務處爲調查每年所需嗎啡及他項麻醉藥品數量事致赤峰縣公署訓令（1924年7月18日）

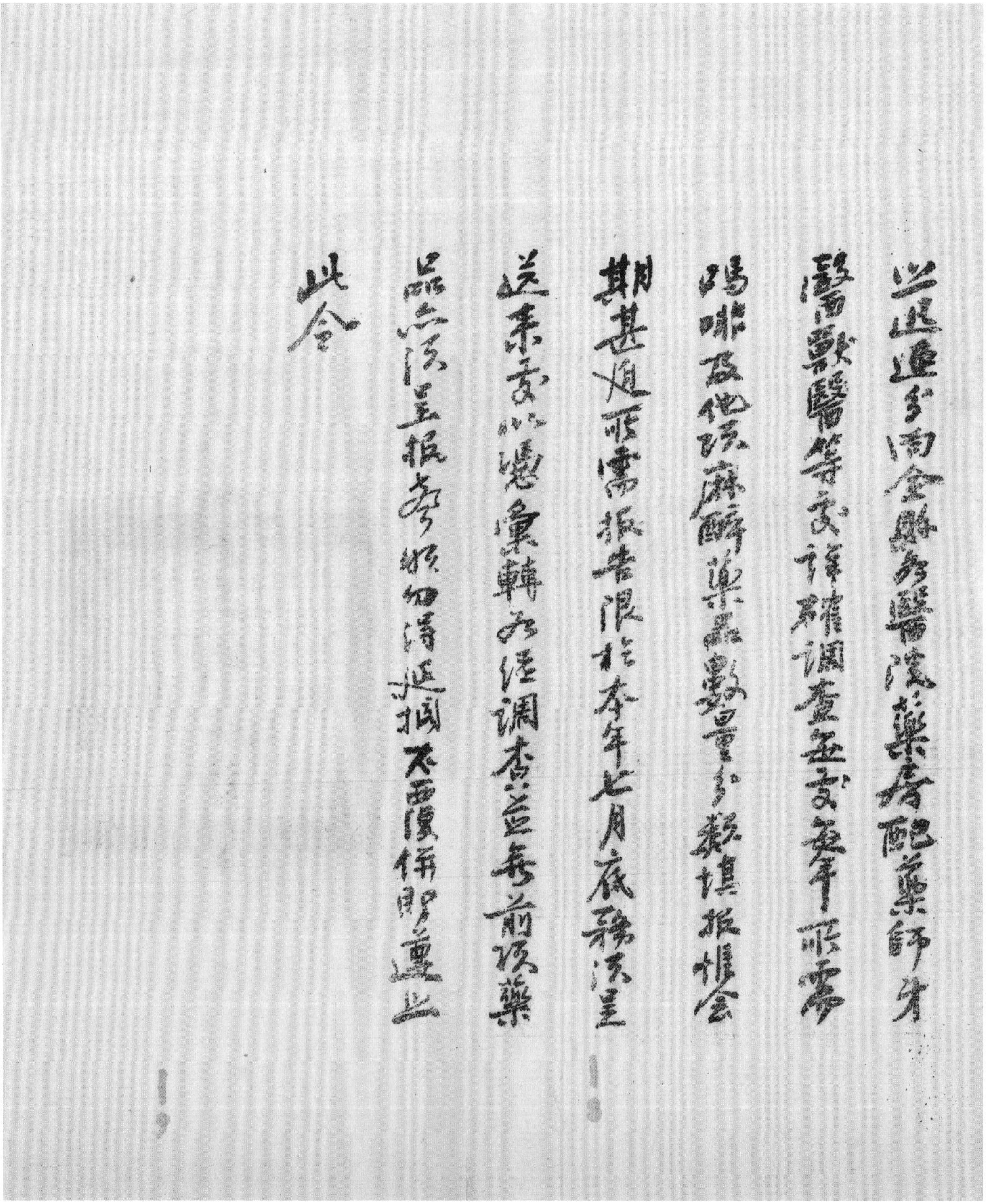

除通令外仰全縣各醫院藥房配藥師牙
醫獸醫等處詳確調查每處每年所需
嗎啡及他項麻醉藥品數量多寡填報惟會
期甚迫所需報告限於本年七月底務須呈
送來處以憑彙轉如經調查並無前項藥
品亦須呈報本處切勿稍延擱大要須併即遵照
此令

## 二〇六　熱河全區警務處爲調查每年所需嗎啡及他項麻醉藥品數量事致赤峰縣公署訓令（1924 年 7 月 18 日）

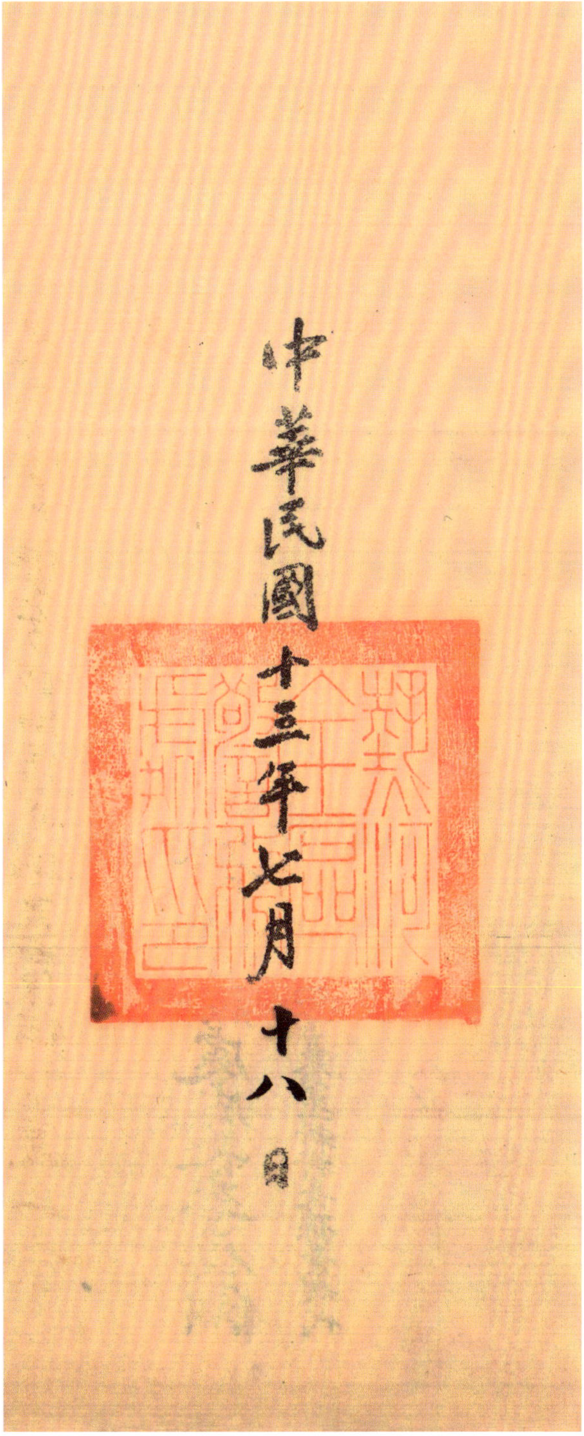
中華民國十三年七月十八日

## 二〇七　赤峰縣公署爲調查每年所需嗎啡及他項麻醉藥品數量事致赤峰縣警察所訓令稿（1924年7月30日）

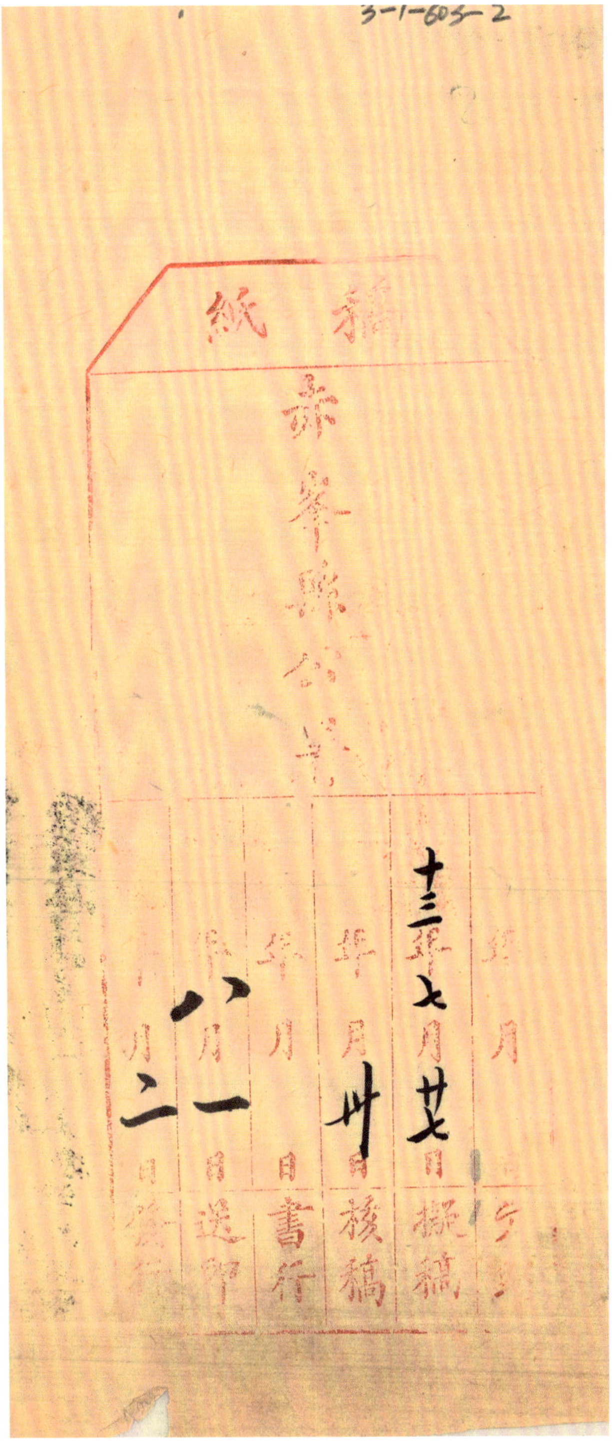
3-1-603-2

稿紙

赤峰縣公署

| 擬稿 | 核稿 | 書行 | 送印 | 發行 |
|---|---|---|---|---|
| 十三年七月廿七日 | 年月卅日 | 年月日 | 年八月一日 | 年月二日 |

## 二〇七　赤峰縣公署爲調查每年所需嗎啡及他項麻醉藥品數量事致赤峰縣警察所訓令稿（1924年7月30日）

赤峰縣公署訓令第三二八號

令警察所所長張建芳

為令行事。本年七月二十四日奉

熱河全區警務處第百四十七號訓令内開：為令行事

本年七月十一日奉

都統公署第一千九百九十一號訓令内開：為令行事。

政務廳第二科案呈：本年六月三十日准

内務部咨開：為咨行事。准外交部函開：駐歐國際聯

合會全權代表辦事處函稱：國際聯合會禁烟公會咨開

第二次會議，請我國將全國每年醫藥及科學上所需

## 二〇七　赤峰縣公署爲調查每年所需嗎啡及他項麻醉藥品數量事致赤峰縣警察所訓令稿（1924 年 7 月 30 日）

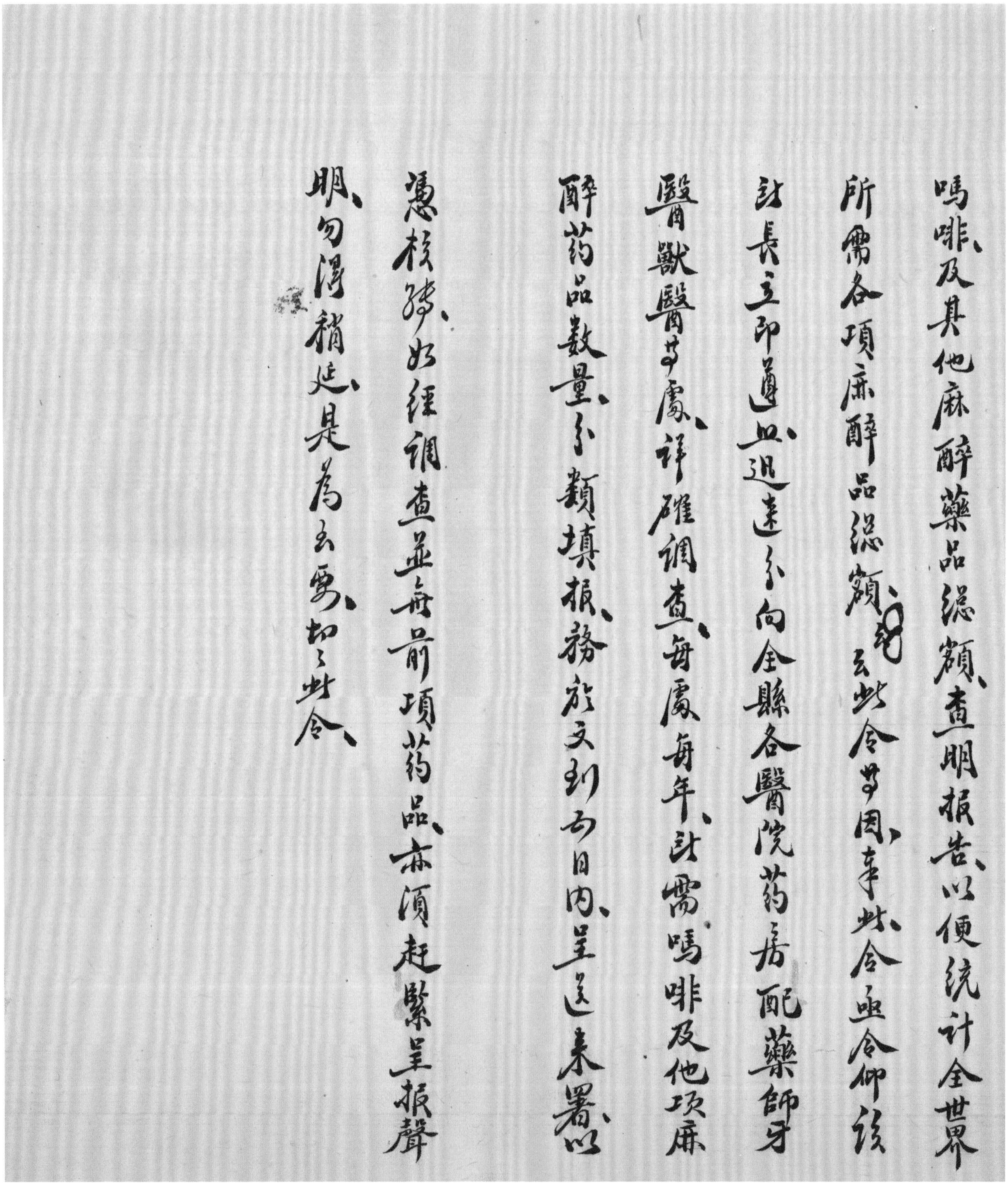

嗎啡、及其他麻醉藥品總額、查明報告、以便統計全世界所需各項麻醉品總額、云此令等因、奉此、合亟令仰該所長立即遵照、迅速分向全縣各醫院藥房配藥師牙醫獸醫等處、詳確調查、每處每年、所需嗎啡及他項麻醉藥品數量、分類填報、務於文到五日內、呈送來署、以憑核轉、如經調查並無前項藥品、亦須趕緊呈報聲明、勿得稍延、是為至要、切切此令、

## 二〇七　赤峰縣公署爲調查每年所需嗎啡及他項麻醉藥品數量事致赤峰縣警察所訓令稿（1924年7月30日）

3
民國十三年七月卅日
知事尤

二〇八　赤峰縣警察所爲報送每年所需嗎啡及他項麻醉藥品數量調查表事致赤峰縣公署呈（1925年3月4日）

3-1-603-4
第一科
呈　221
民國十四年三月四日

## 二〇八　赤峰縣警察所爲報送每年所需嗎啡及他項麻醉藥品數量調查表事致赤峰縣公署呈（1925年3月4日）

呈爲呈報事竊奉

鈞署令開迅將全境各醫院葯房配葯師牙醫獸醫等處每處每年所需嗎啡及他項麻醉葯品數量分數填報來署以便轉報等因奉此　所長遵即飭令所屬調查去訖茲已調查完竣理合繕具調查表一紙備文呈報

鑒核轉報謹呈

赤峯縣知事張

計呈送

調查表一紙

赤峯縣警察所所長邱鍾華

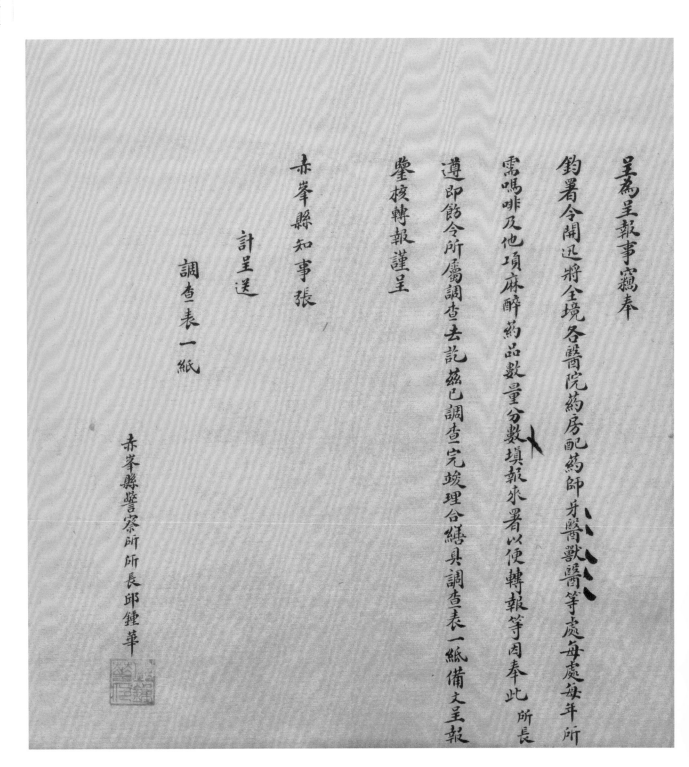

## 二〇八 赤峰縣警察所爲報送每年所需嗎啡及他項麻醉藥品數量調查表事致赤峰縣公署呈（1925年3月4日）

中華民國十四年三月 四日

## 二〇八　赤峰縣警察所爲報送每年所需嗎啡及他項麻醉藥品數量調查表事致赤峰縣公署呈（1925年3月4日）



8

閱

赤峯縣全境各葯房配葯師并醫獸醫等處每處每年所需嗎啡及他項麻醉葯品數量表

| 名號 | 嗎啡數量 | 他項麻醉葯品數量 |
| --- | --- | --- |
| 松州醫院 | 每年約三打 | 謹慎麻葯約四磅 |
| 中國軍警醫院 | | 謹慎麻葯約一磅 |
| 日商仁義堂 | 每年約四打 | 謹慎麻葯約四磅 |
| 十字會醫院 | 每年約二打 | 毒質麻葯約二磅 |
| 總計 | 九、 | 十一、 |
| 備考 | 謹查全境并醫獸醫等並無使用嗎啡麻藥等毒質葯品合併聲明 | |

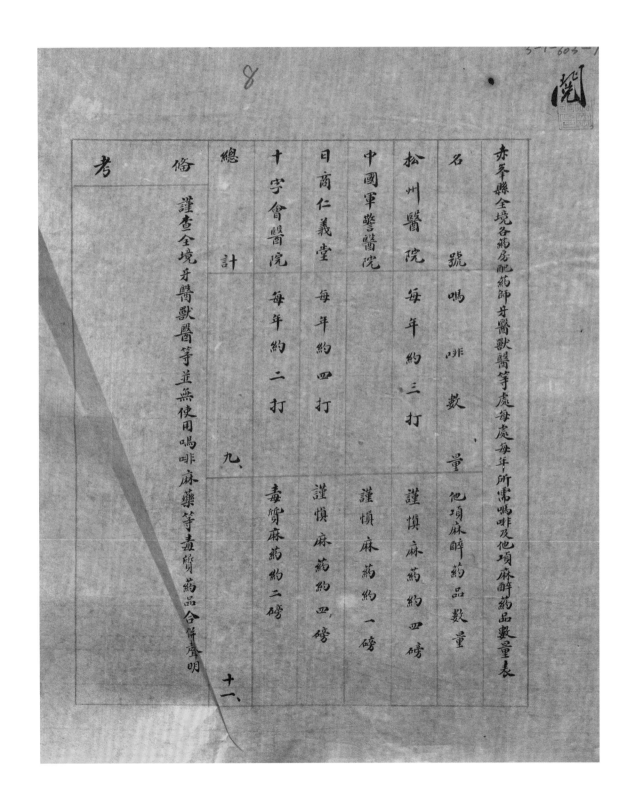

二〇九　赤峰縣知事苗迺秀爲奉委任職請頒印記事致鎮威軍第六軍軍長許□□呈稿（1924 年 10 月 9 日）



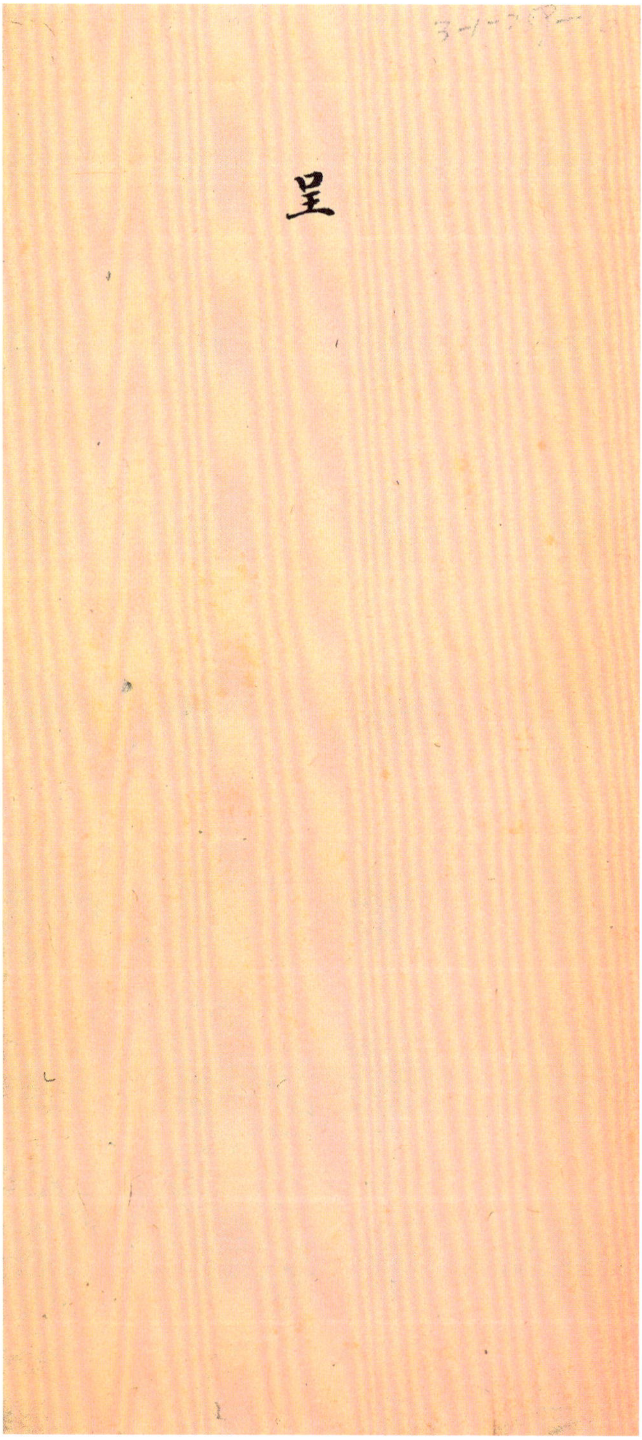
呈

## 二〇九 赤峰縣知事苗迺秀爲奉委任職請頒印記事致鎮威軍第六軍軍長許□□呈稿（1924年10月9日）

呈為呈請頒發印記以便接替而昭信守事竊查案奉
鈞部委任令第一號内開令委迺秀為赤峰縣知事此令等
因奉此接奉之下不勝惶懼矧以當茲戎馬倉徨軍事倥偬
之際赤峰地介樞紐為攻守咸宜之區職務繁劇恐弗勝任
繼思安危所繫亦難卸仔肩職是不揣謭陋權為接替藉
竭棉薄惟查赤峰縣印記業被前尤知事攜逸對于職務
碍難執行為此呈請
軍長頒發印記以便執行職務而昭信守除俟奉到印記擇日
視事再另文呈報外所有請頒印記各緣由理合備文呈請
鑒核頒發施行謹呈

二〇九 赤峰縣知事苗迺秀爲奉委任職請頒印記事致鎮威軍第六軍軍長許□□呈稿（1924年10月9日）

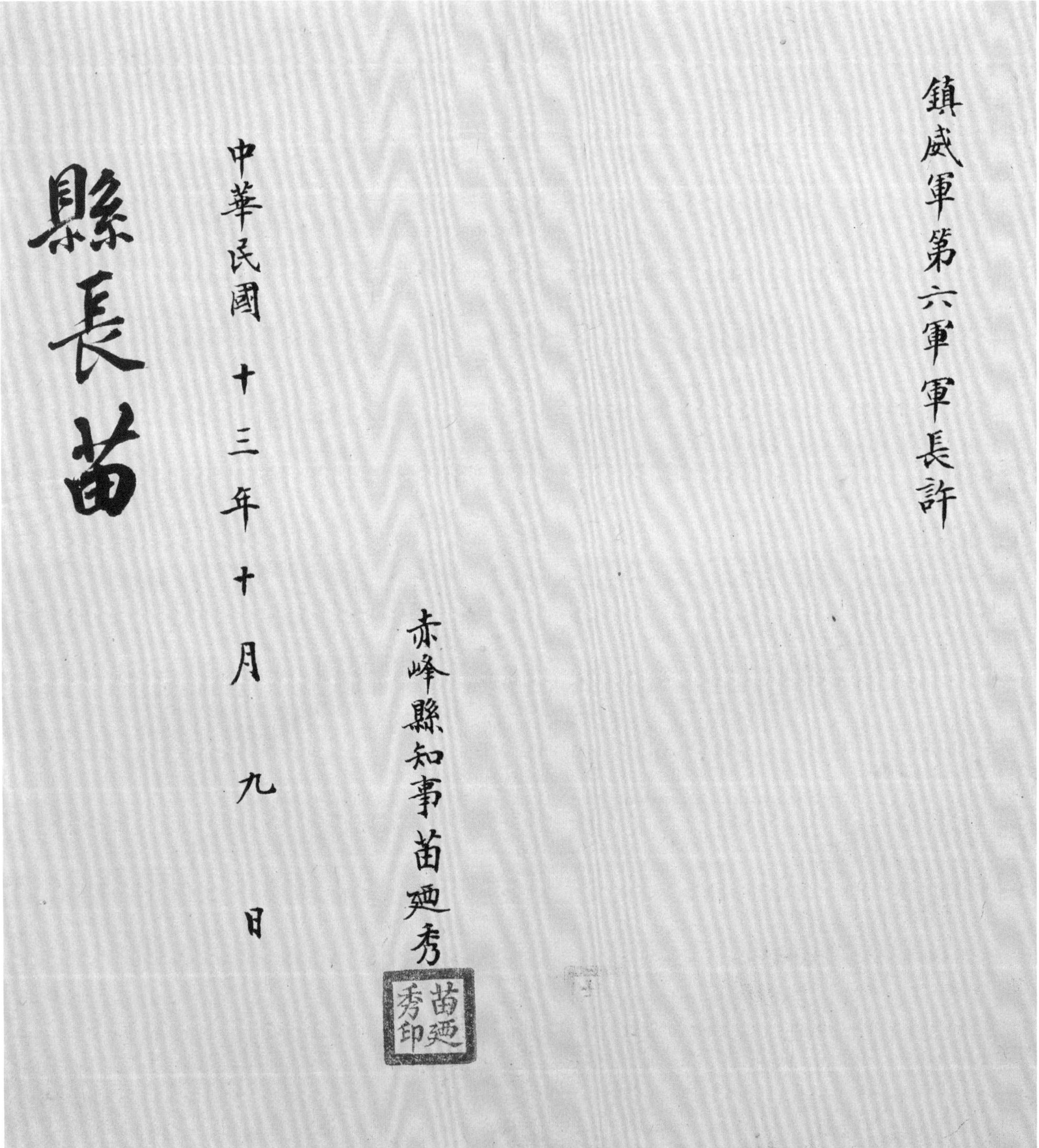
鎮威軍第六軍軍長許

赤峰縣知事苗迺秀

苗迺秀印

中華民國十三年十月九日

縣長苗

二一〇 赤峰縣公署爲敦促商民回歸安業事布告稿（1924年10月11日）

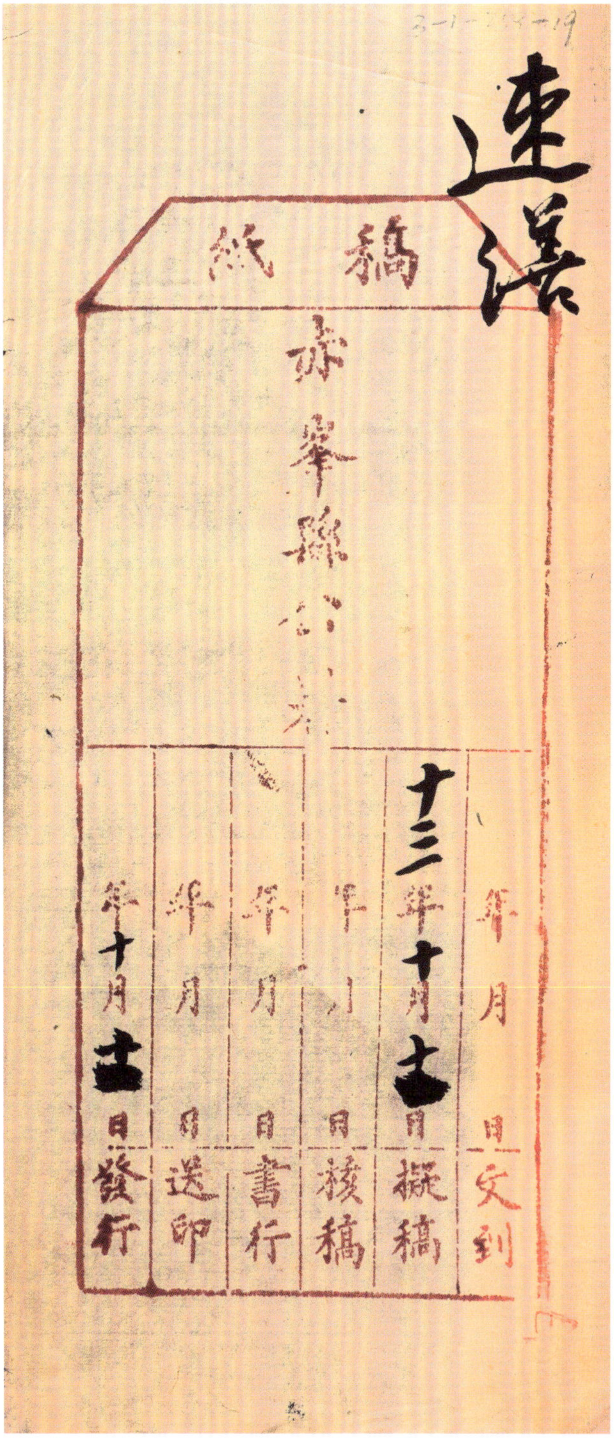

## 二一〇　赤峰縣公署爲敦促商民回歸安業事布告稿（1924年10月11日）

赤峰縣公署佈告第　　號

為佈告事照得本縣自發生軍事以來閤邑商務之精華已去大
半茲幸我
鎮威軍第六軍到此地方純為自治主義專以保衛地面為宗旨對
於人民皆以和平對待所有城內大小買賣一律照常開市皆係公
買公賣通用奉票至於署內一切內務行政司法行政再行從速
整理為此佈告閤屬商民人等知悉自示之後其有遷移者趕
緊仍舊搬回營業者或係車載或係騾駝儘可照常往來以其所
有易其所無如有軍人買物不遵法令者准其來署舉發自有
軍法處管理倘有任意高抬物價者一經查出或被告發定即從嚴

## 二一〇　赤峰縣公署爲敦促商民回歸安業事布告稿（1924年10月11日）

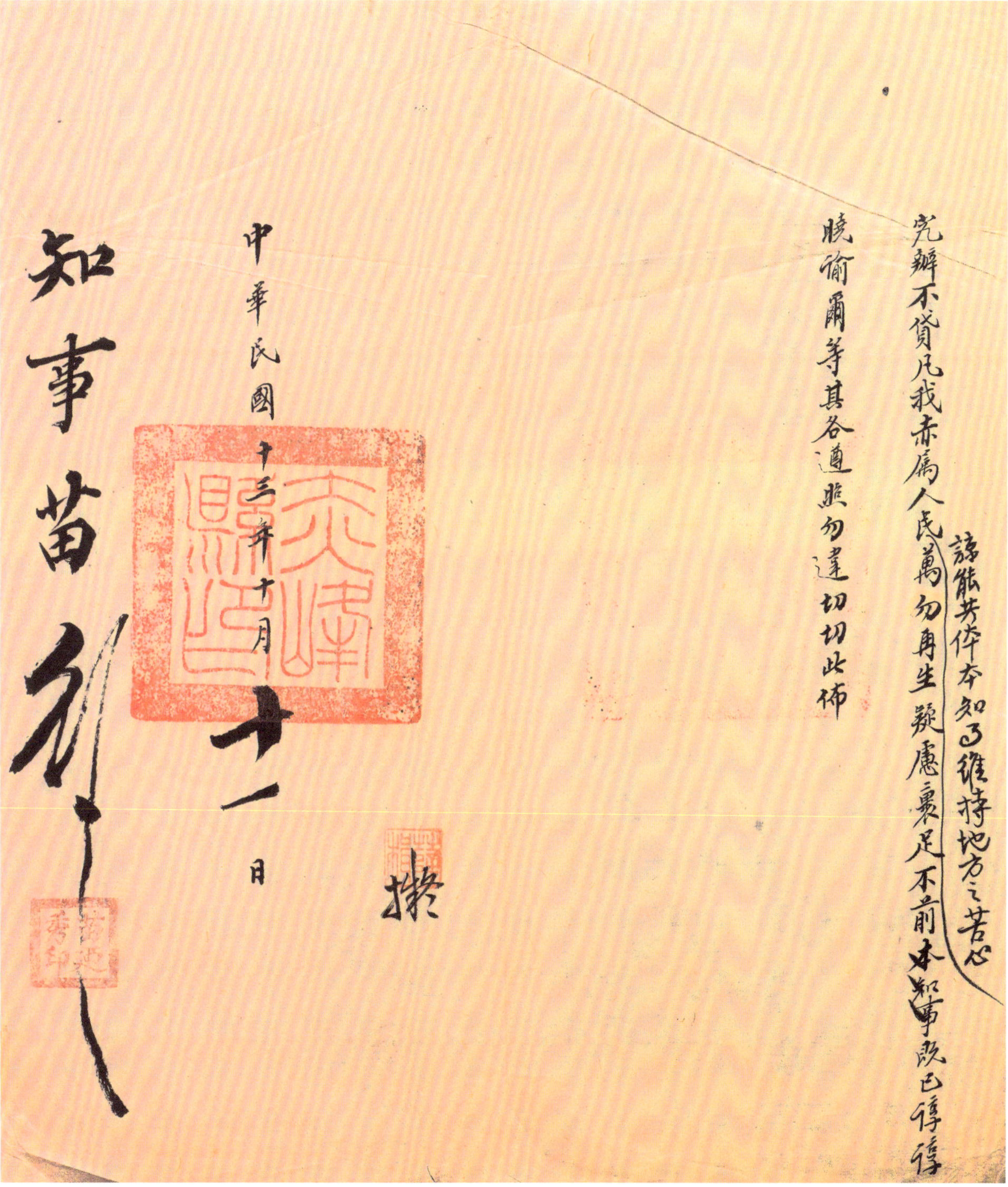

究辦不貸凡我赤屬人民萬勿再生疑慮裹足不前本知事既已諄諄

諒能共体本知事維持地方之苦心

曉諭爾等其各遵照勿違切切此佈

中華民國十三年十月十一日

知事苗

擬

## 二一一 赤峰縣公署爲新任知事馬錫祺接印視事事致赤峰縣財政所訓令（1924 年 11 月 1 日）

訓令

## 二一一　赤峰縣公署爲新任知事馬錫祺接印視事事致赤峰縣財政所訓令（1924 年 11 月 1 日）

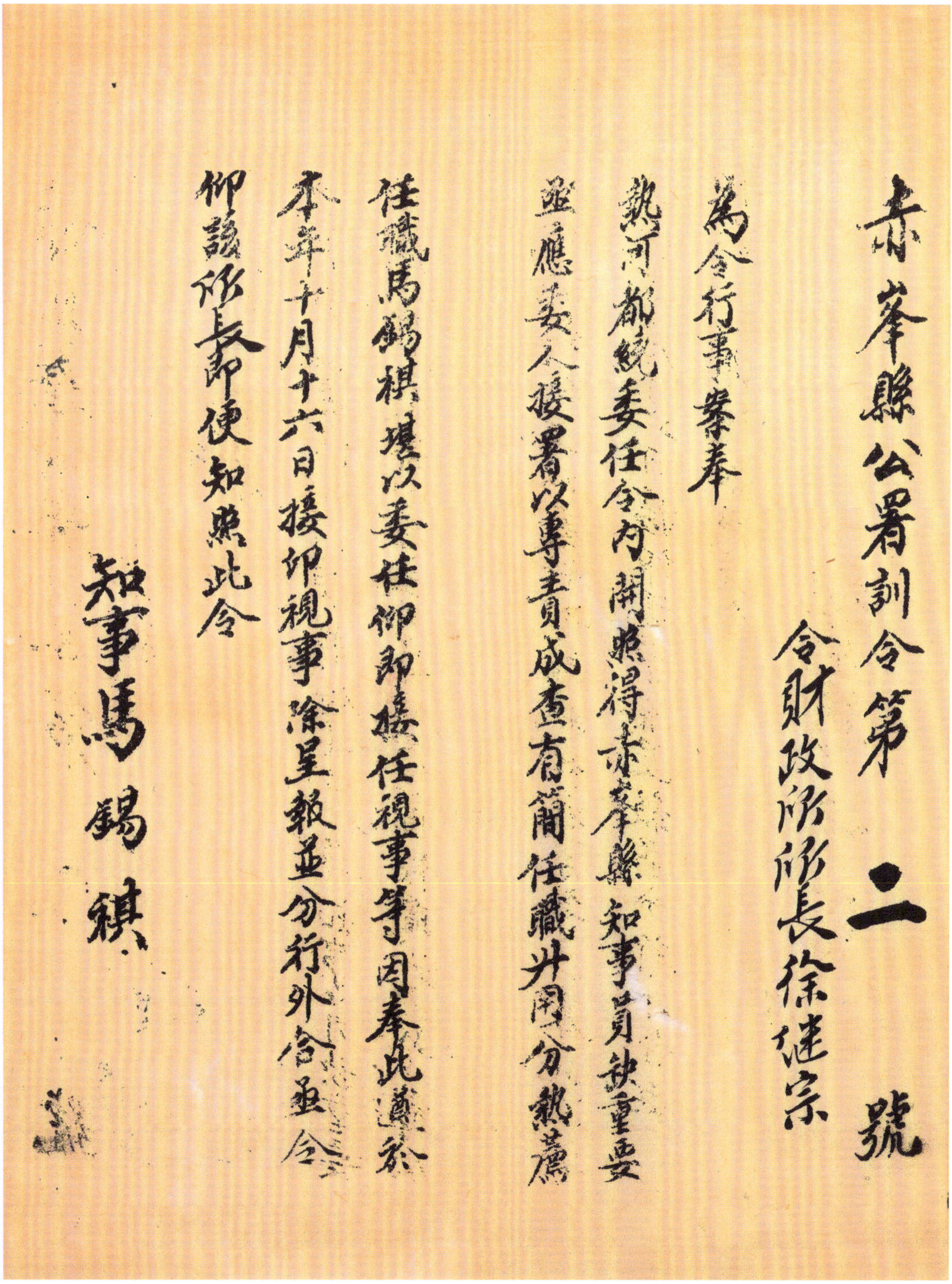

赤峯縣公署訓令第二號
令財政所所長徐維宗
爲令行事案奉
熱河都統委任令內開照得赤峯縣知事員缺重要
亟應委人接署以專責成查有簡任職升用分熱薦
任職馬錫祺堪以委任仰即接任視事等因奉此遵於
本年十月十六日接印視事除呈報並分行外合亟令
仰該所長即便知照此令
知事馬錫祺

二一一　赤峰縣公署爲新任知事馬錫祺接印視事事致赤峰縣財政所訓令（1924 年 11 月 1 日）

中華民國十三年十一月一日
赤峰縣印

## 二一二　赤峰縣公署爲新任知事楊裕文就職視事暫借用赤峰徵收局關防事致赤峰縣財政所訓令（1924年11月24日）

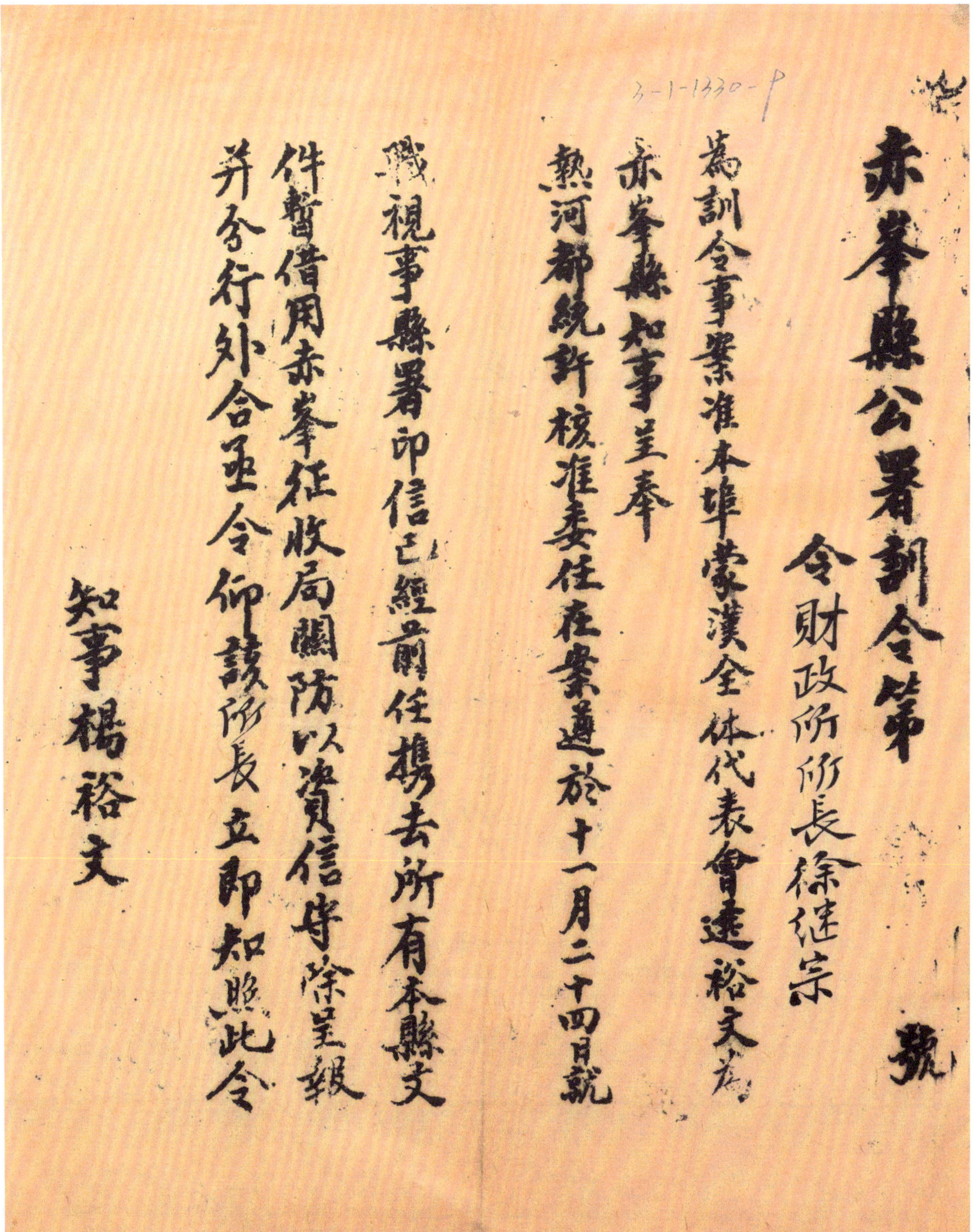

3-1-1330-P

赤峯縣公署訓令第　號

令財政所所長徐継宗

爲訓令事案准本埠蒙漢全体代表會選裕文爲
赤峯縣知事呈奉
熱河都統許核准委任在案遵於十一月二十四日就
職視事縣署印信已經前任携去所有本縣文件暫借用赤峯征收局關防以資信守除呈報并分行外合亟令仰該所長立即知照此令

知事楊裕文

二一二　赤峰縣公署爲新任知事楊裕文就職視事暫借用赤峰徵收局關防事致赤峰縣財政所訓令（1924 年 11 月 24 日）

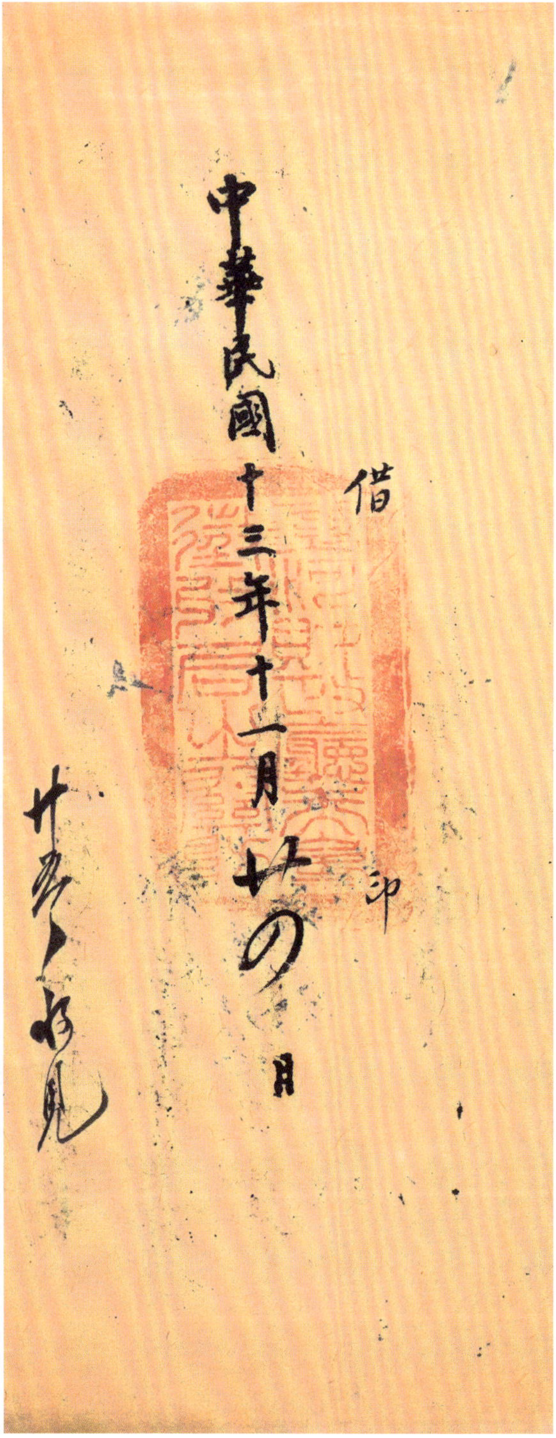

借印

中華民國十三年十一月廿四日

廿五日收見

## 二一三 烏丹警察分所爲詳報奉軍糾結土匪搶掠烏丹情形事致赤峰縣公署呈（1924年11月14日）

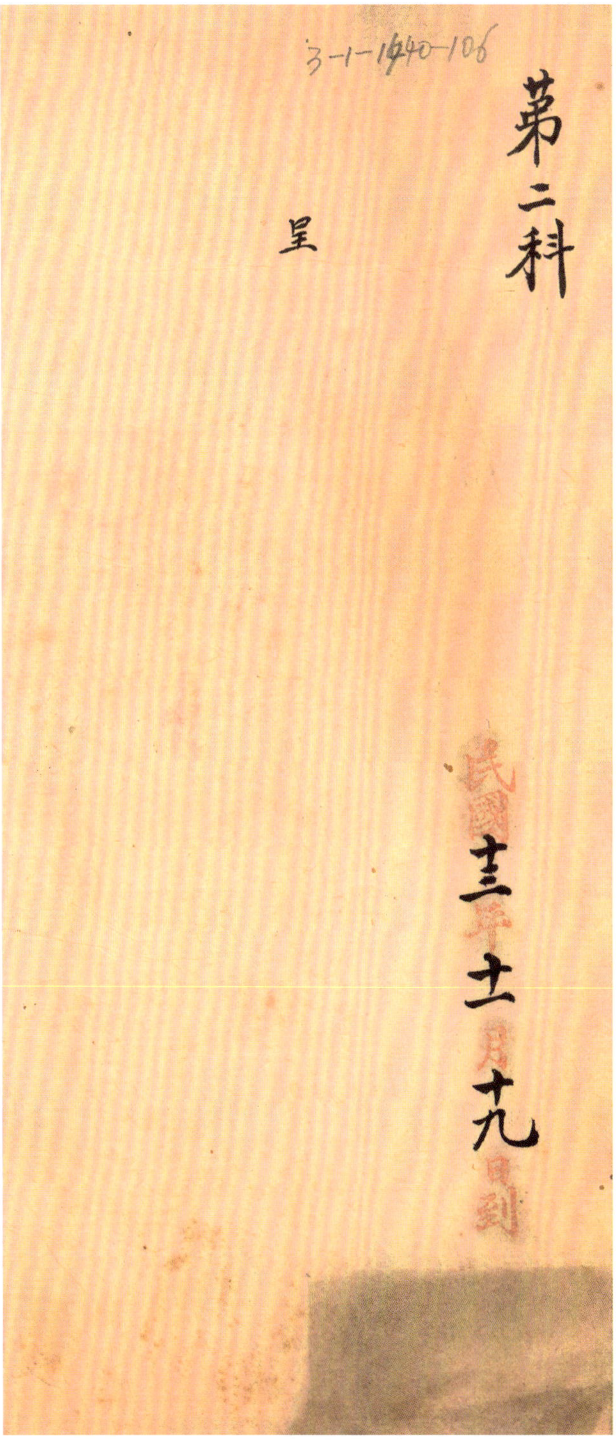
3-1-1640-106

第二科

呈

民國十三年十一月十九日到

## 二一三　烏丹警察分所爲詳報奉軍糾結土匪搶掠烏丹情形事致赤峰縣公署呈（1924年11月14日）

呈爲詳報烏丹被搶情形暨損失公款車牌報驗併打銷子彈數目懇乞鑒核存案備查註銷事竊於十月十六日早四鐘時分有擾敗之奉軍糾結大股土匪二百餘名攻取烏丹各處槍聲震動聞此槍鳴 分所長 即率步警三名挨次查卡督警擊射該賊已由東南小巷越墻進街並未知覺突視街心煙火驟起遂即返所正值分所被圍飭警痛擊斃賊二名因以賊衆警單兼以子彈壹百九十五粒完全打盡勢不能守幸商會接濟子彈三十粒奮勇衝擊且擊且退已退至東北要卡拒險抵禦俾該處一帶商號十餘家之衆毫未損失該賊於當日下午四鐘方始出街臨行綁去商民三十餘人 分所長 當率步警靖街安慰維持秩序查閱街市焚毁機關蒙鹽局征收局兩處商戶被焚共十四家至於被搶大小商戶輕重不等以普通計算受損失者亦不過十分之四查點分所槍枝子彈一切七窖埋槍枝並未損失所有原接子彈壹百九十五粒並商

## 二一三　烏丹警察分所爲詳報奉軍糾結土匪搶掠烏丹情形事致赤峰縣公署呈（1924 年 11 月 14 日）

會借給子彈三十粒均皆全數打盡惟有征收車捐款項自九月一日起至十月十五日止共征
收車捐車牌車照工本數目總計大洋九十壹元五角壹分貳厘六並四套以上車牌捌個三套
以下車牌柒個並報驗十一張一併搶去並將分所長衣服行李餉項卷宗以及警士行李等
搶掠一空彼際該賊令其隨從賊衆焚毀分所幸有分所之隣佑農民張富照等跪懇
央求既為錢財來烏未便焚燒房屋連累隣佑以故分所免焚除將車捐報驗貳十五
張一併隨文呈報外理合備文呈報懇乞
縣長鑒核存案備查註銷施行謹呈
縣　長　馬

## 二一三 烏丹警察分所爲詳報奉軍糾結土匪搶掠烏丹情形事致赤峰縣公署呈（1924年11月14日）

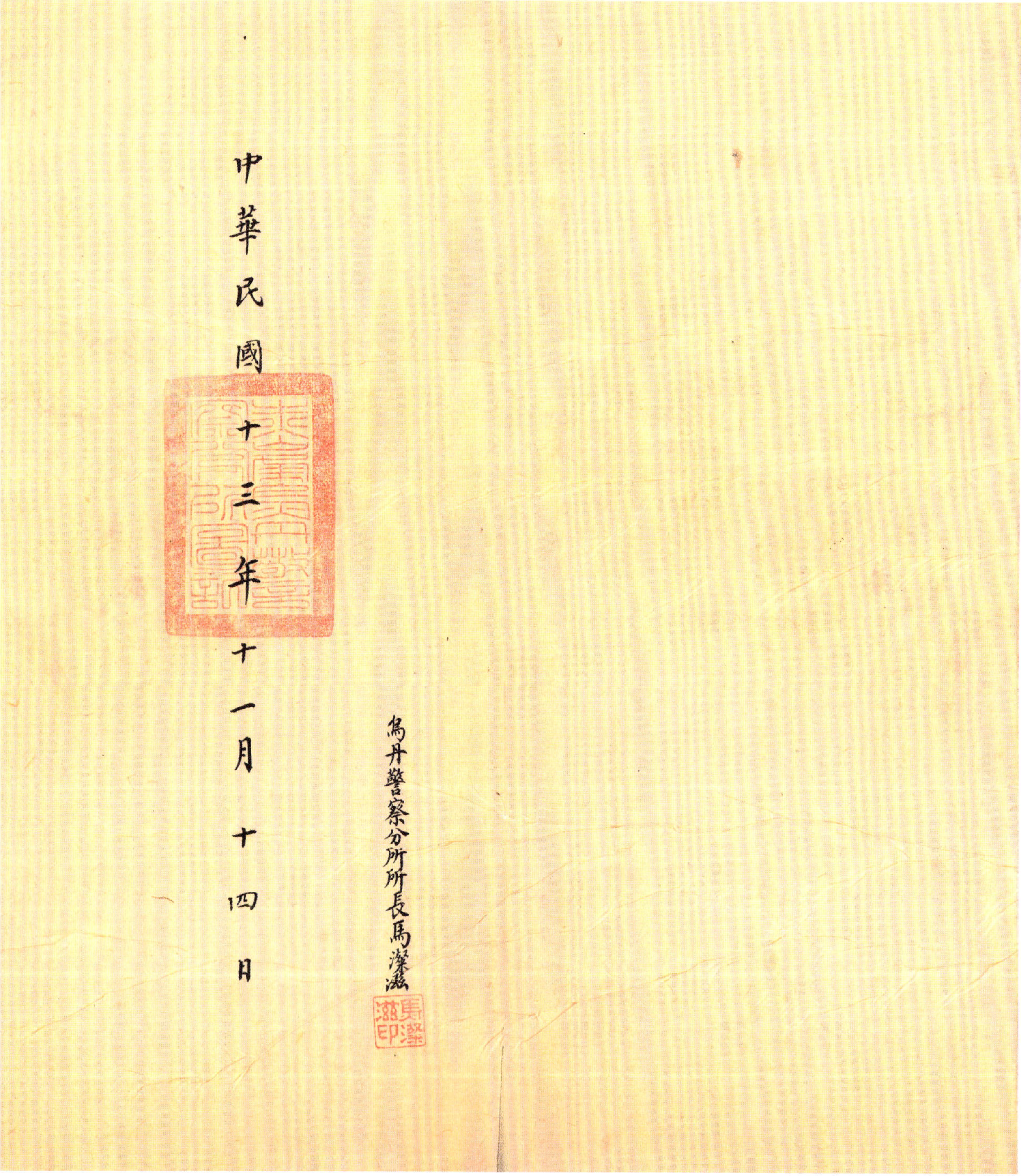
烏丹警察分所所長馬瀠滋
馬瀠滋印
中華民國十三年十一月十四日

## 二一四 熱河道道尹公署爲酌議糧價并嚴禁糧石運銷熱境之外事致赤峰縣公署訓令（1925年2月13日）

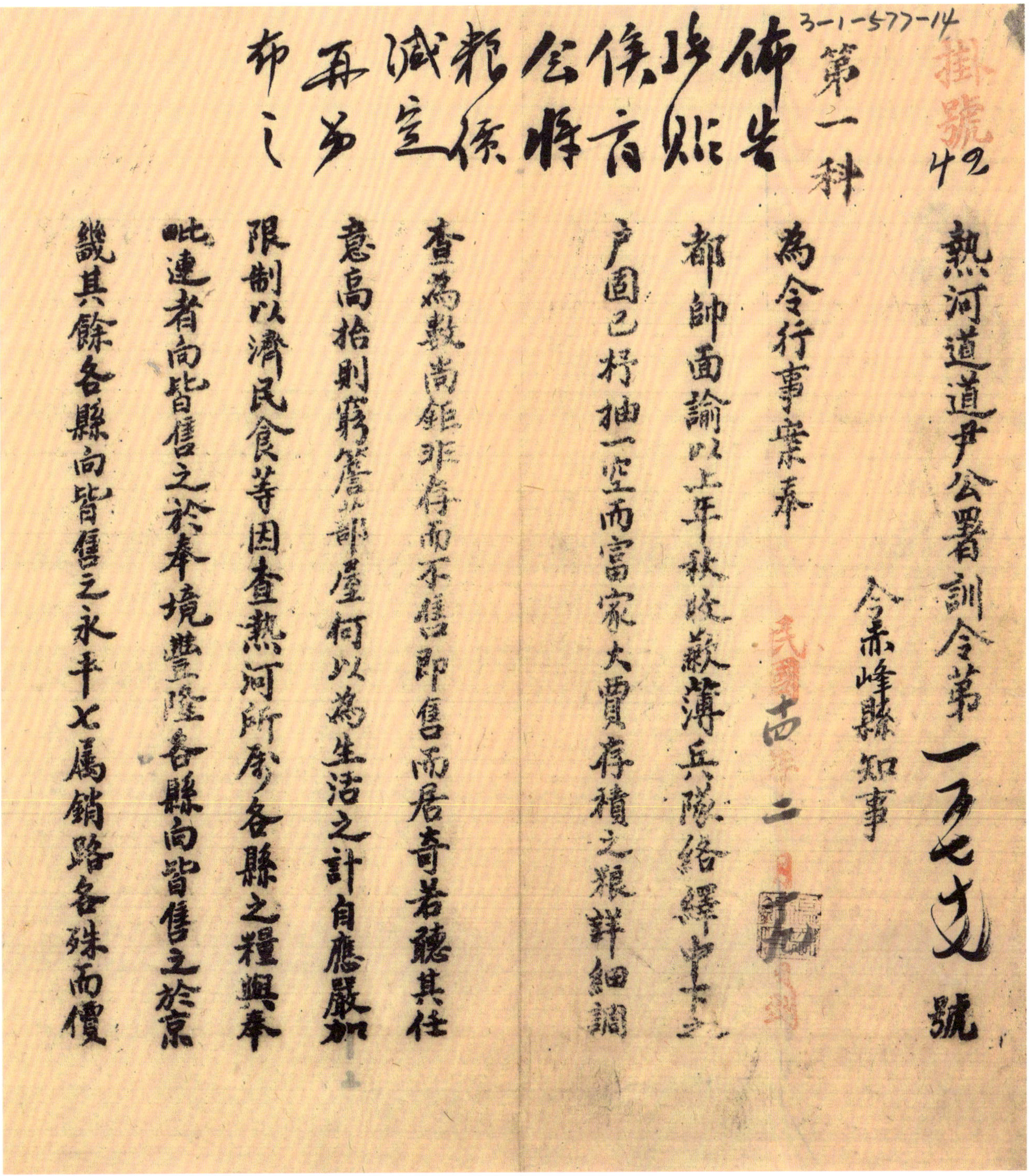

3-1-577-14

掛號42

第一科

佈告張貼俟商會將糧價減定再另布之

熱河道道尹公署訓令第一百七十九號

令赤峰縣知事

民國十四年二月十三日

為令行事案奉

都帥面諭以上年秋收歉薄兵隊絡繹中十之

户囿已杼抽一空而富家大賈存積之粮詳細調

查為數尚鉅非存而不售即售而居奇若聽其任

意高抬則窮簷蔀屋何以為生活之計自應嚴加

限制以濟民食等因查熱河所屬各縣之糧與奉

毗連者向皆售之於奉境豐隆各縣向皆售之於京

畿其餘各縣向皆售之永平七屬銷路各殊而價

## 二一四　熱河道道尹公署爲酌議糧價并嚴禁糧石運銷熱境之外事致赤峰縣公署訓令（1925年2月13日）

值亦因之不同上年各縣產之地寡食之者衆固無餘
糧可以外銷然以有餘補不足仍可約濟本地之用惟
商人富人之恒情每遇凶荒之歲反視如爲獲利之年
一存惻隱之心即有妨其生財之的非至極晚之時總
不肯售非得最高之價猶不肯售視災黎之痛
苦如視秦越人之肥瘠誠如
帥諭所云窮檐蔀屋何以生活況將來春賑因交通
不便、須多縻錢、如不速平糧價、則災民所得之惠終
被大戶大商於無形中攫之以去、有謂自去冬以來禁
車即不入市、若一平價、更必裹足、是市價雖平、無糧何

## 二一四 熱河道道尹公署爲酌議糧價并嚴禁糧石運銷熱境之外事致赤峰縣公署訓令（1925年2月13日）

濟此說商戶持之尤力其實不然糧車不至之故係受徵車之影響受盜匪之影響受金融之影響現在徵車已嚴禁盜匪已漸除金融已將恢復存糧者遇此等糧價尚不肯售更待何年一聞平價之令知不能任意而增自必逢擁而至此節殊無顧慮之必要除分行外合亟令仰該知事迅即召集各團體及當地士紳察酌地方情形將各項糧價酌中議定務照市價減而勿增分別列榜懸示通衢如有抗違不遵者即行罰辦如至夏歷四月後存糧之家勒掯不售者亦即呈明罰辦仍出示嚴禁糧石運銷熱境之外以免

二一四　熱河道道尹公署爲酌議糧價并嚴禁糧石運銷熱境之外事致赤峰縣公署訓令（1925年2月13日）

商賈從中取巧並將辦理情形及奉文先之糧價
數目現減定之糧價數目限文到十日內列表具
報以憑查核轉呈事関民食勿延切切此令

中華民國十四年二月十三日

熱河道道尹劉景沂

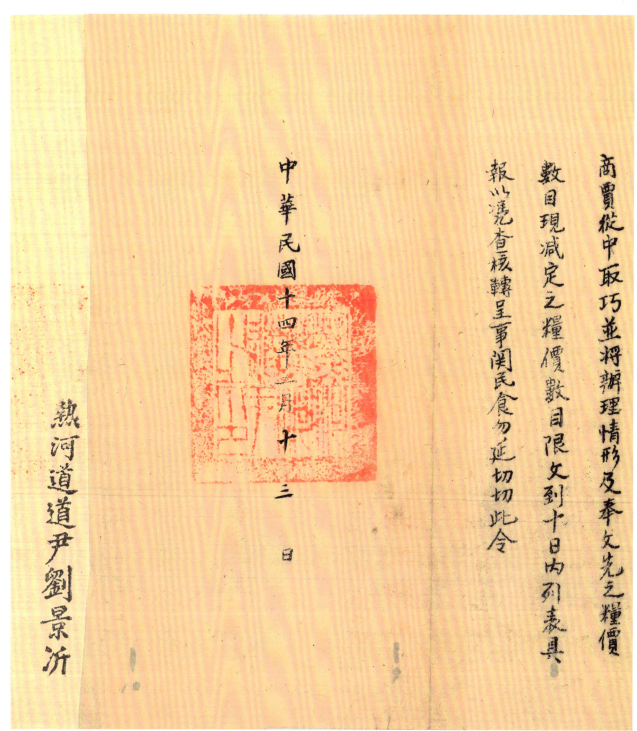

二一五　赤峯縣公署爲赤屬糧石不准運銷出境事布告稿（1925 年 2 月 24 日）

3-1-577-13

稿紙

赤峯縣公署

年月日交判

年月日擬稿

年月日核稿

年月日書行

年月日送印

年月日發行

## 二一五　赤峰縣公署爲赤屬糧石不准運銷出境事布告稿（1925年2月24日）

赤峰縣公署佈告第　五　號

為佈告事本年二月十九日奉

熱河道道尹公署第一百七十七號訓令內開為令行事茲

此令等因奉此除由本署召集各團体及當地士紳察酌

地方情形將各項粮價酌中議定再行佈告外合亟佈

告仰闔邑商民人等一体知悉自示之日凡我赤屬粮

石不准運銷出境以維民食倘有不遵一經查出或被告

發定行嚴懲不貸其各懔遵勿違切切此佈

二一五 赤峰縣公署爲赤屬糧石不准運銷出境事布告稿（1925年2月24日）

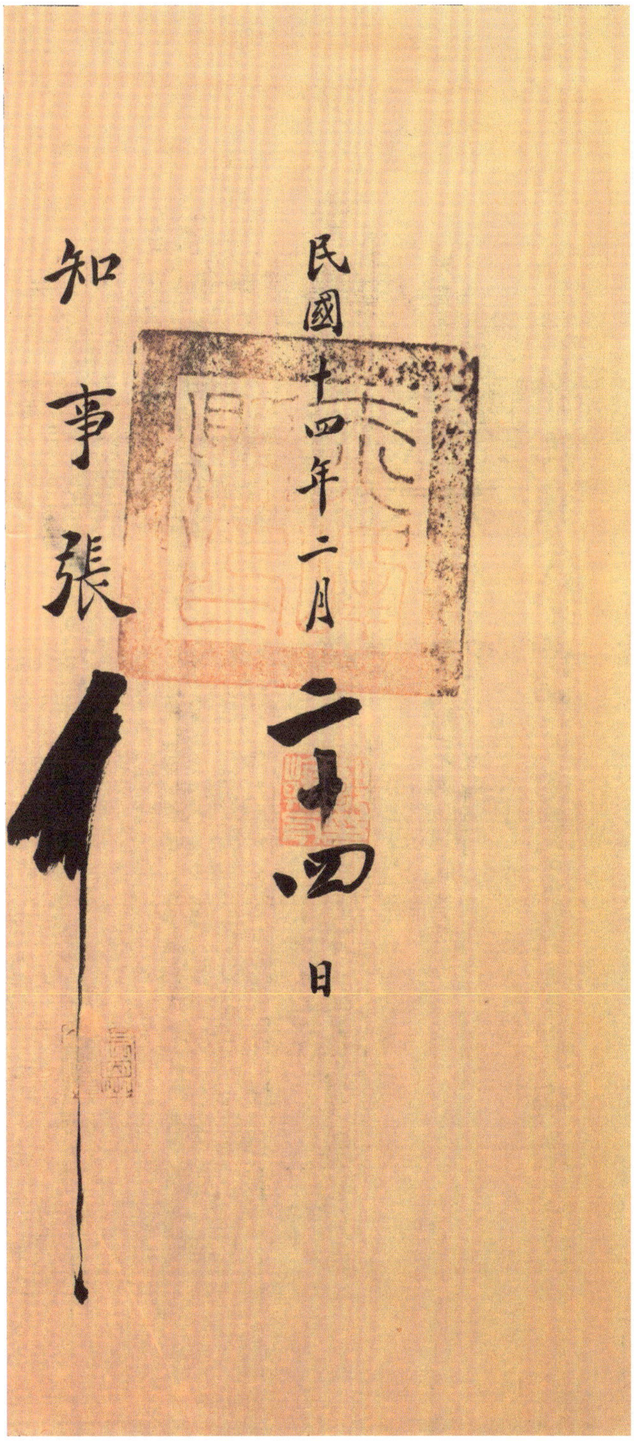
民國十四年二月二十四日
知事張

## 二一六 熱河全區警務處爲各縣警察實行聯防事致赤峰縣公署訓令（1925 年 3 月 2 日）

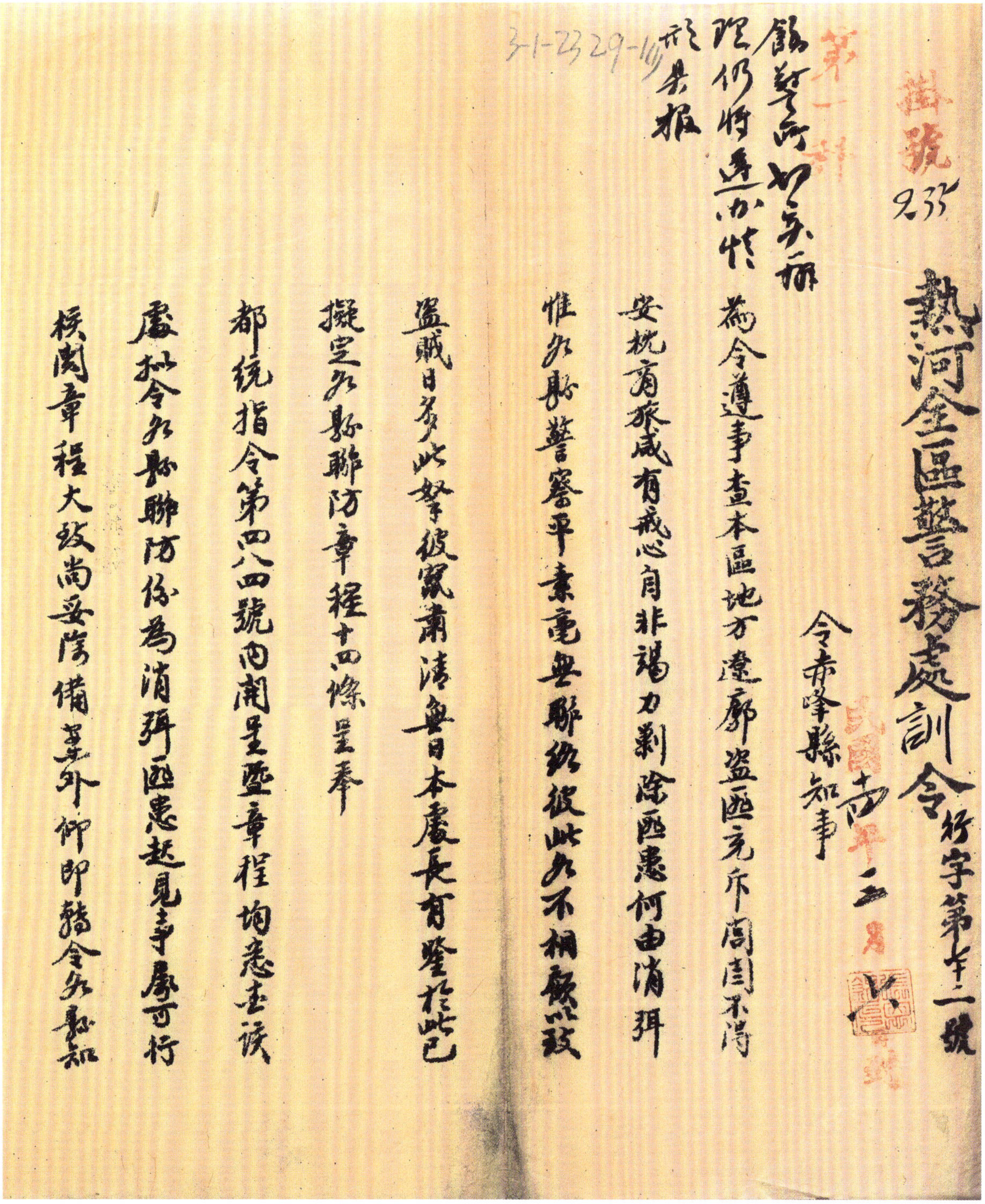
掛號 235

第一科

3-1-2329-16

飭警所切實辦理，仍將遵辦情形具報

熱河全區警務處訓令 行字第廿一號

令赤峰縣知事

爲令遵事：查本區地方遼廓，盜匪充斥，閭閻不得安枕，商旅咸有戒心，自非竭力剷除匪患，何由消弭盜賊。惟各縣警察平素毫無聯絡，彼此各不相顧，以致盜賊日多，此擊彼竄，肅清無日。本處長有鑒於此，已擬定各縣聯防章程十四條，呈奉都統指令第四八四號內開：呈暨章程均悉。該處擬令各縣聯防，係爲消弭匪患起見，事屬可行。核閱章程大致尚妥，應准備案。外仰即轉令各縣知

## 二一六　熱河全區警務處爲各縣警察實行聯防事致赤峰縣公署訓令（1925 年 3 月 2 日）

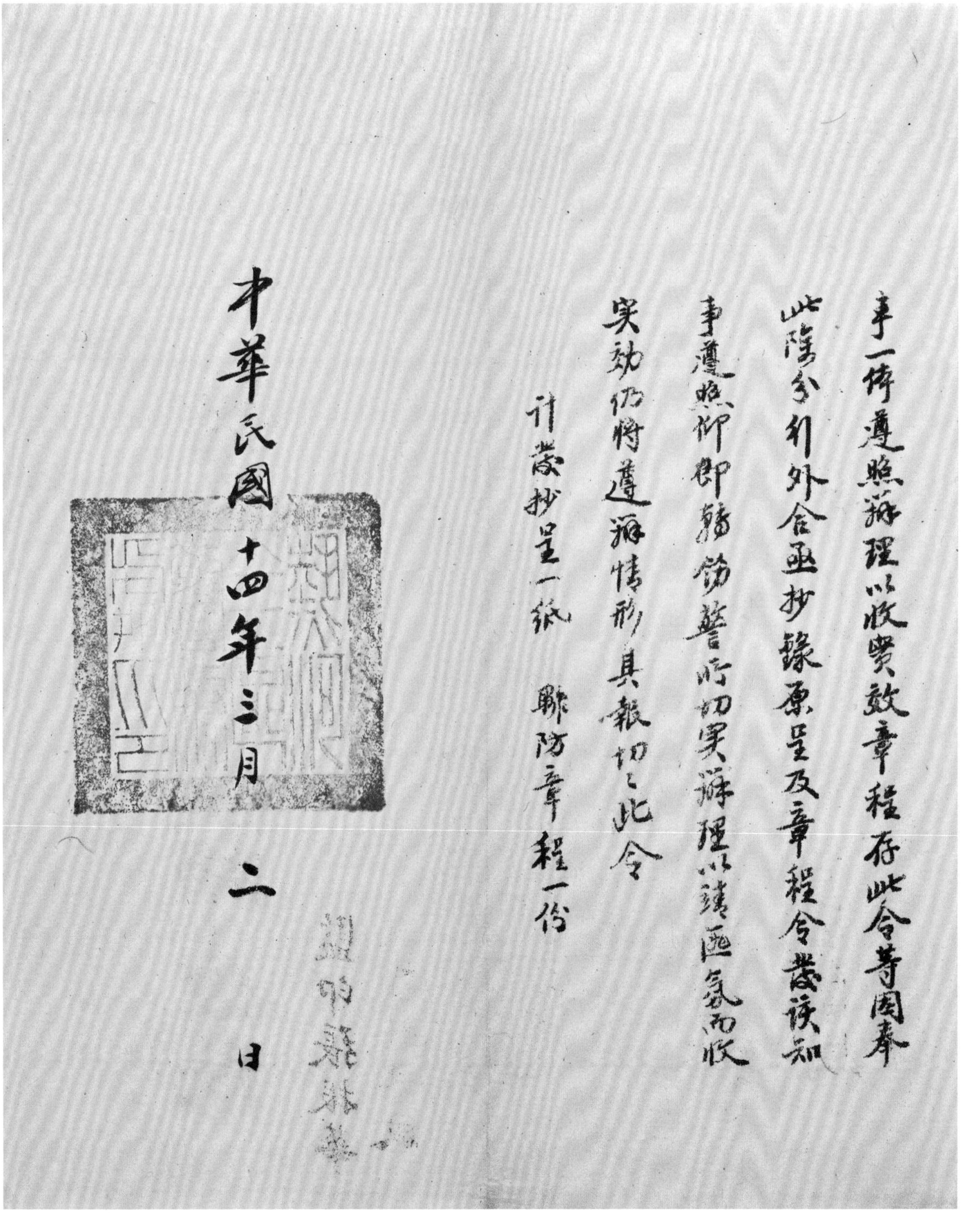

事一律遵照辦理以收實效章程存此令等因奉
此除分別外合亟抄錄原呈及章程令發該知
事遵照仰即轉飭警隊切實辦理以靖匪氛而收
實効仍將遵辦情形具報切切此令
計發抄呈一紙　聯防章程一份
中華民國十四年三月二日

## 二一六 熱河全區警務處爲各縣警察實行聯防事致赤峰縣公署訓令（1925年3月2日）

熱河都統公署參議
全區警務處處長錦鍾嶽
監印張振華
校對舒賡啟

## 二一六 熱河全區警務處爲各縣警察實行聯防事致赤峰縣公署訓令（1925年3月2日）

3-1-2329-4

抄呈

## 二一六 熱河全區警務處爲各縣警察實行聯防事致赤峰縣公署訓令（1925年3月2日）

呈爲酌擬各縣聯防章程以期消弭匪患仰祈
鑒核事竊查熱河地方毗連蒙疆向多盜匪加以兵燹連年失
業者衆遂致萑苻遍野搶劫時聞商民不得安居富庶何由
而致故欲謀保民之道必先求剿匪之方惟是幅幀遼廓山嶺
崎嶇盜賊出沒無常此處被害各縣警察爲數無多遇大
股剿捕即形棘手又況各縣畛域太分毫不聯絡對於隣縣
匪警視爲秦越人之不相關祇求其不竄入境內而首匪知分
而逐出境外爲止絶不敢越界窮追盜匪知其如此故每來則
匪去每去則匪來從未大受懲創官家之奔命已疲匪徒之横
行如故雖曰言剿匪而匪轉益多此職處之由來長体深慎

## 二一六 熱河全區警務處爲各縣警察實行聯防事致赤峰縣公署訓令（1925年3月2日）

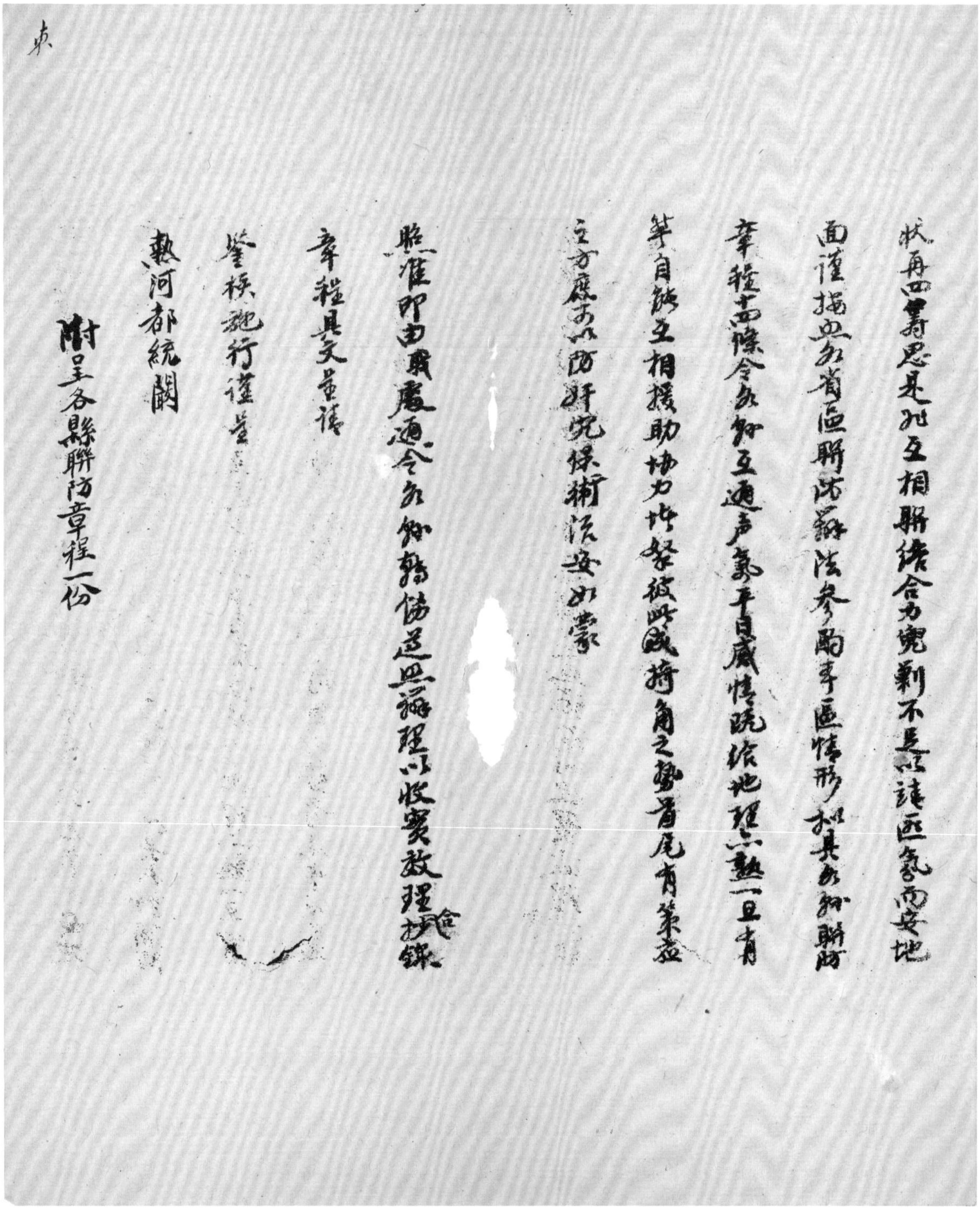
東

狀再四籌思是非互相聯絡合力兜剿不足以靖匪氛而安地
面謹擬具各首區聯防辦法參酌本區情形擬具各縣聯防
章程十五條令各縣互通聲氣平日感情疏絡地理亦熟一旦有
警自能互相援助協力兜拏彼此成犄角之勢首尾有策益
之方庶可以防奸宄保衛治安如蒙
照准即由職處通令各縣轉飭遵照辦理以收實效理合抄錄
章程具文呈請
鑒核施行謹呈
熱河都統闞
附呈各縣聯防章程一份

## 二一六 熱河全區警務處爲各縣警察實行聯防事致赤峰縣公署訓令（1925年3月2日）

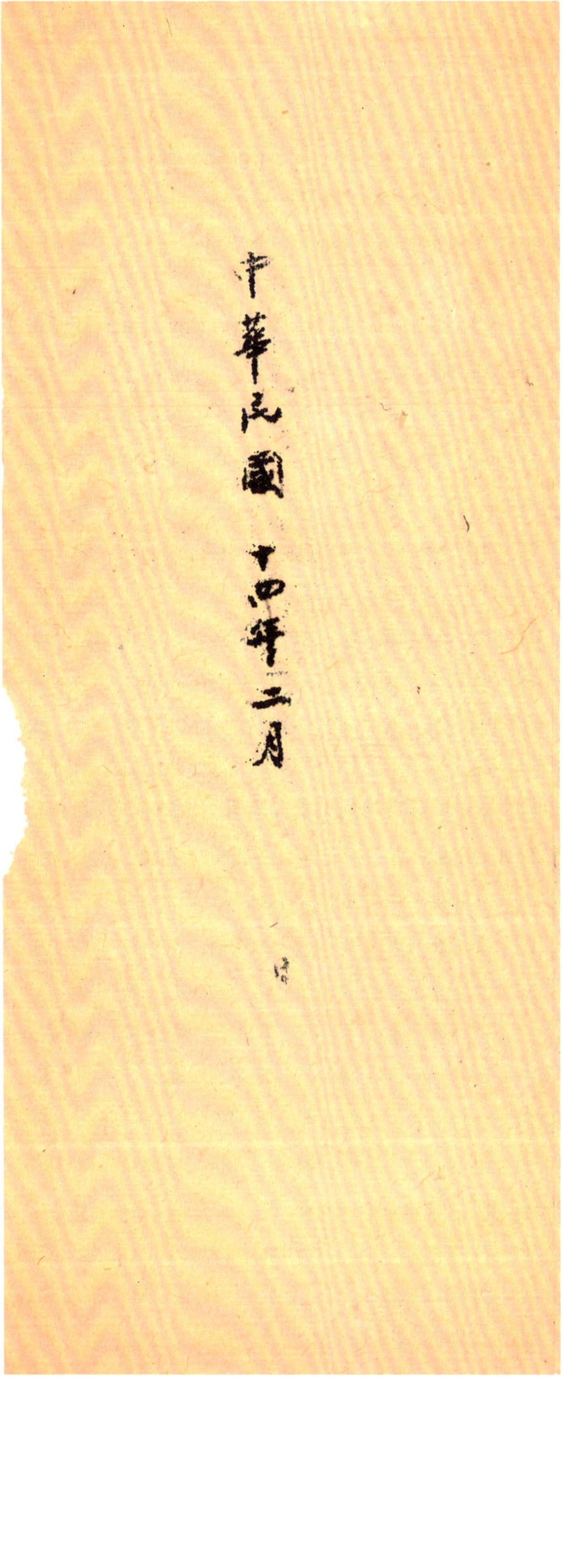
中華民國十四年三月

## 二一六 熱河全區警務處爲各縣警察實行聯防事致赤峰縣公署訓令（1925年3月2日）

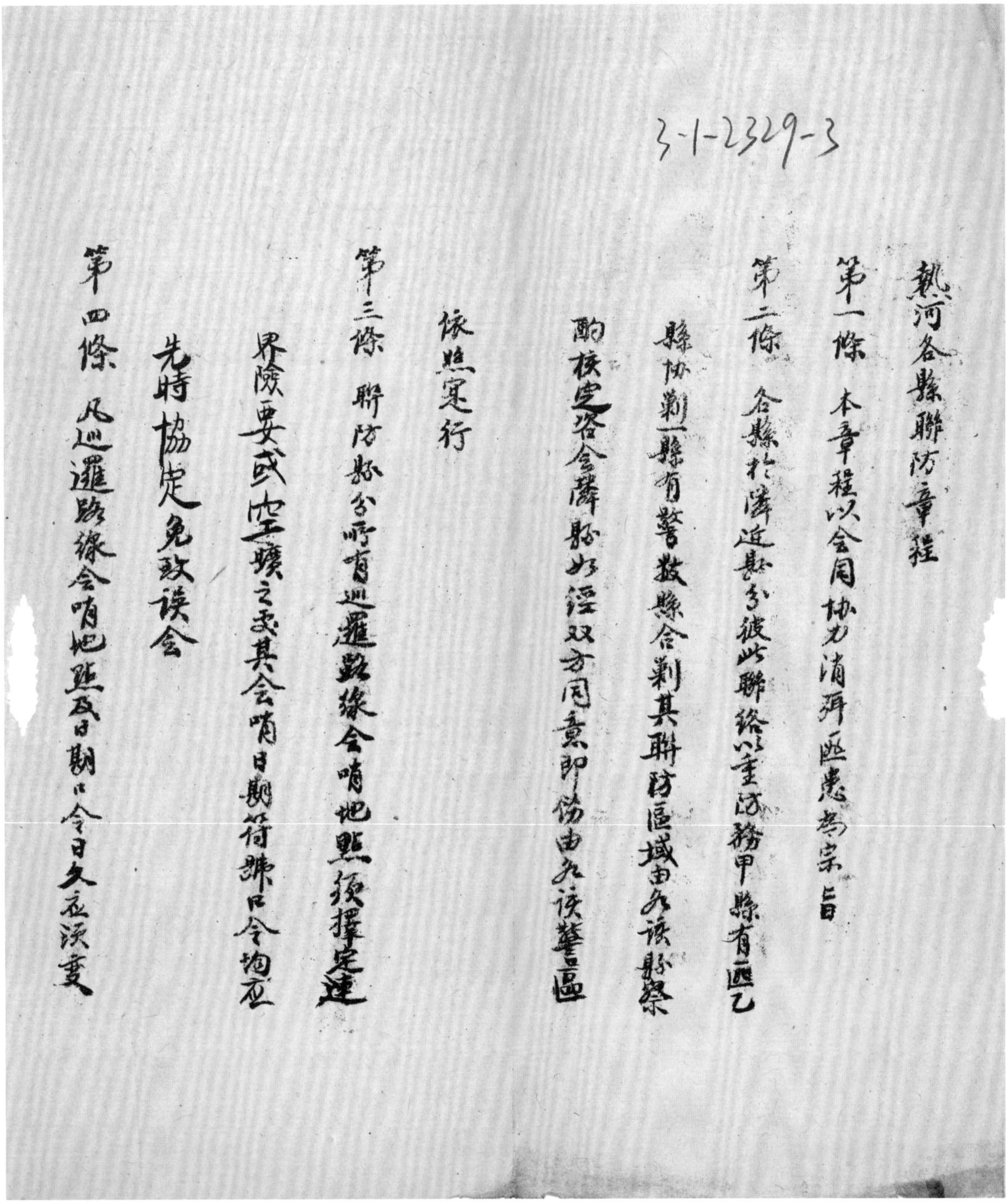

3-1-2329-3

熱河各縣聯防章程

第一條 本章程以會同協力清弭匪患為宗旨

第二條 各縣於隣近縣分彼此聯絡以重防務甲縣有匪乙縣協剿一縣有警數縣合剿其聯防區域由各該縣察酌核定咨會隣縣俟經双方同意即飭由各該警區依照定行

第三條 聯防縣分所有巡邏路線會哨地點須擇定連界險要或空曠之處其會哨日期符號口令均應先時協定免致誤會

第四條 凡巡邏路線會哨地點及日期口令日久應須變

## 二一六 熱河全區警務處爲各縣警察實行聯防事致赤峰縣公署訓令（1925年3月2日）



更時由各聯防長官臨時孟爲並呈報該縣知事

查核但須嚴守秘密勿令匪徒偵知

第五條 各縣會哨警官每次至少須在四人以上其會

哨長警之配置由各聯防區域長官自行規定之

第六條 凡聯防縣分須爲照各製會哨證書每逢會哨

時由各員加蓋名章互行交換以資考證即密訂

下次會哨之符號口令等項

第七條 凡聯防區域每十日內須巡邏二次會哨一次不得任

便減少

第八條 各聯防區域每逢十日須將巡邏會哨情形列表

## 二一六 熱河全區警務處爲各縣警察實行聯防事致赤峰縣公署訓令（1925年3月2日）

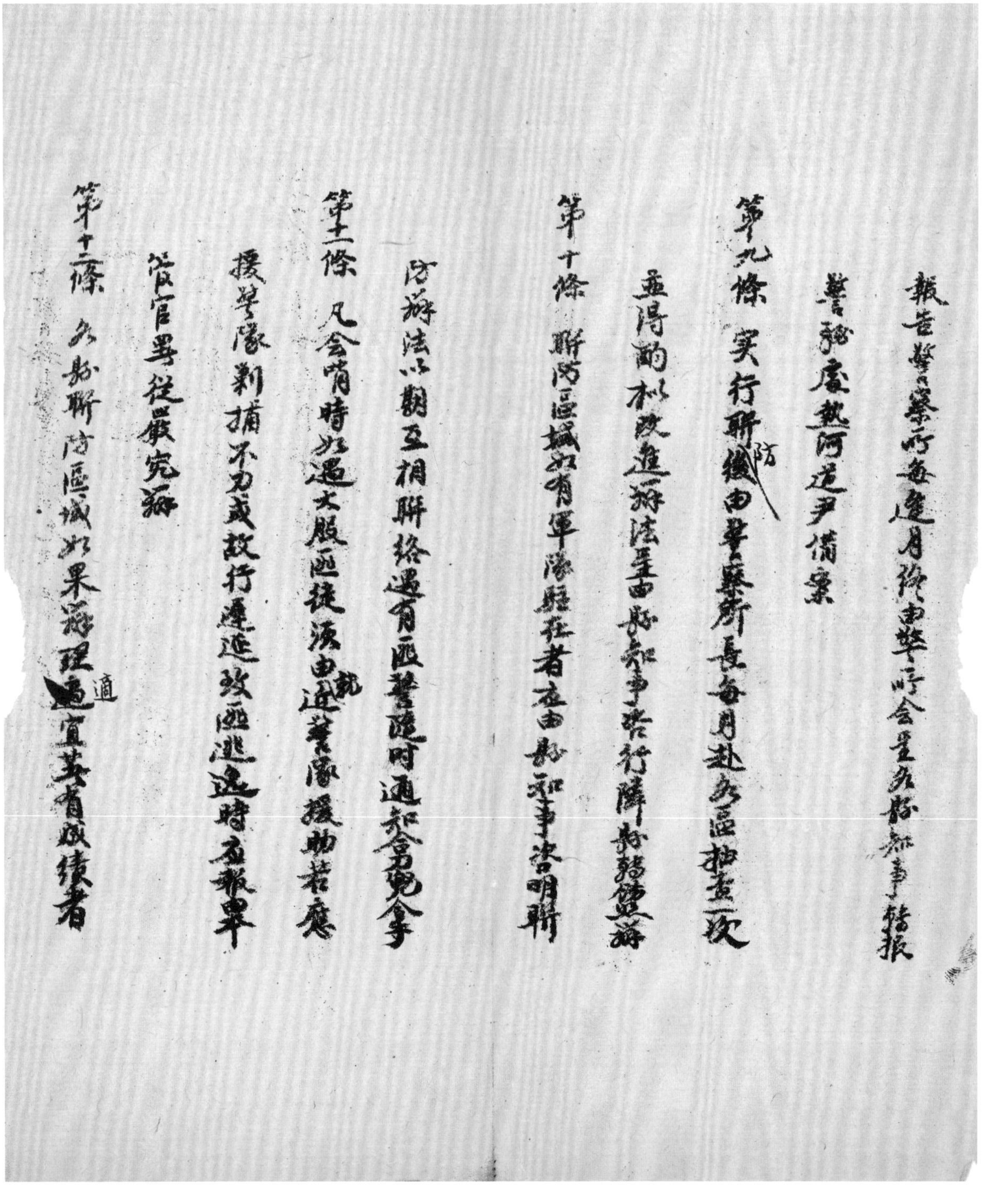
報告警察所每逢月終由警察所會呈各縣知事轉報
警務處熱河道尹備案
第九條 實行聯防後由警察所長每月赴各區抽查一次
並得酌核改進辦法呈由縣知事咨行鄰縣照辦
第十條 聯防區域如有軍隊駐在者應由縣知事咨明聯
防辦法以期互相聯絡遇有匪警隨時通知合力兜拿
第十一條 凡會哨時如遇大股匪徒須由就近警隊援助若應
援警隊剿捕不力或故行遲延致匪逃逸時應報縣
送官署從嚴究辦
第十二條 各縣聯防區域如果辦理適宜著有成績者

二一六 熱河全區警務處爲各縣警察實行聯防事致赤峰縣公署訓令（1925年3月2日）

呈由警務處彙核擇尤轉請　都統核奨以昭激勸

第十三條　各縣聯防施行細則由各縣參照地方情形另擬

呈由警務處查核

第十四條　本章程自奉核准之日施行

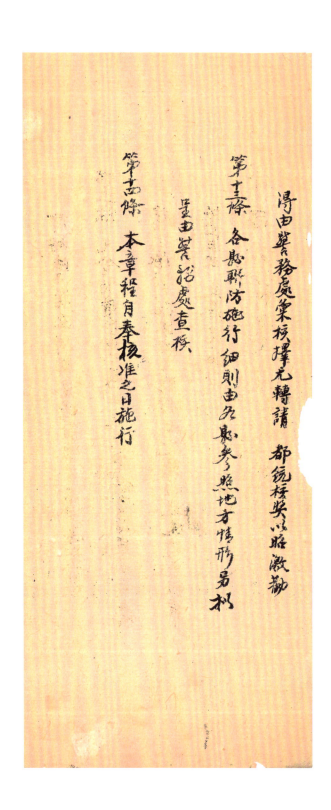

## 二一七　赤峰縣公署爲遵章實行聯防事致赤峰縣警察所訓令稿（1925年3月7日）

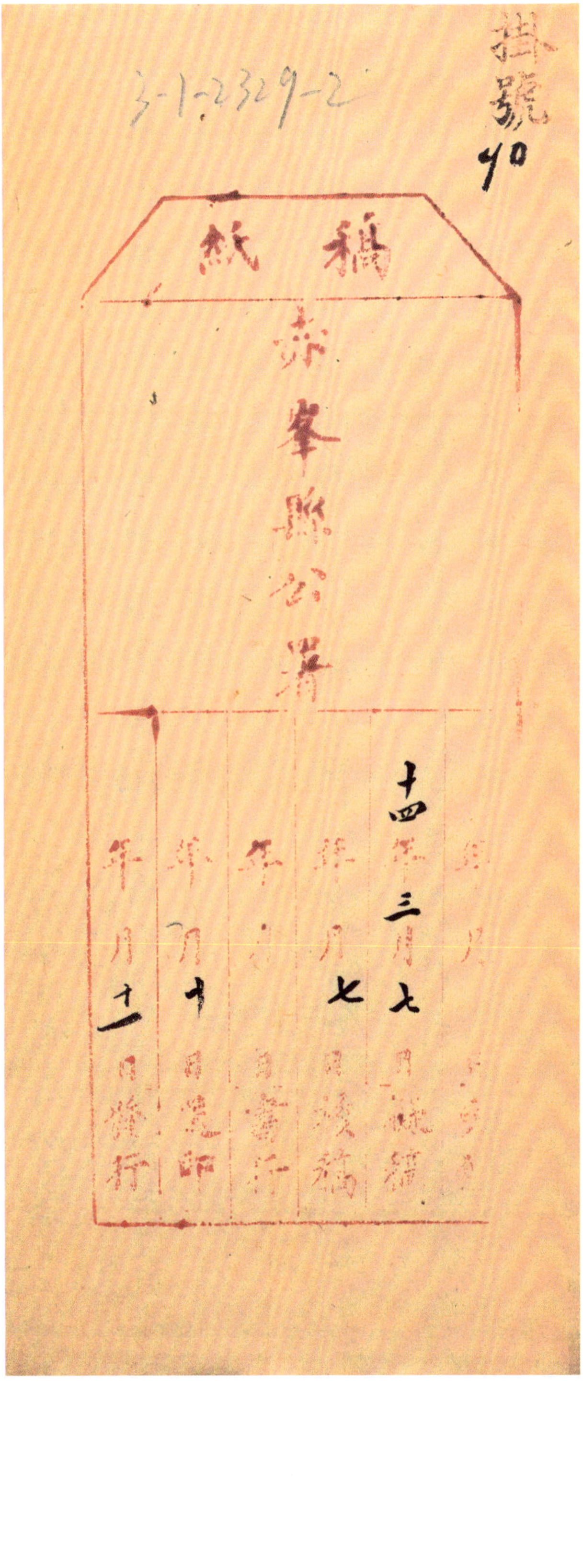
掛號 40

3-1-2329-2

稿紙

赤峯縣公署

年 月 日 [illegible]

十四年 三月 七日 擬稿

年 月 七日 核稿

年 月 日 畫行

年 月 十日 監印

年 月 十一日 發行

## 二一七 赤峰縣公署爲遵章實行聯防事致赤峰縣警察所訓令稿（1925年3月7日）

赤峰縣公署訓令第六〇號

令警察所所長邱鍾華

為令行事本年三月六日奉

熱河全區警務處行字第七十二號訓令内開為令遵事此

令計發抄呈一紙聯防章程一份等因奉此合亟抄錄原呈及章

程令仰該所長遵照聯防章程轉飭各區警察一体實力

奉行以靖匪氛而收實效仍將遵辦情形呈報來署以憑核

轉勿延切切此令

計抄發原呈壹紙　聯防章程一份

## 二一七　赤峰縣公署爲遵章實行聯防事致赤峰縣警察所訓令稿（1925年3月7日）

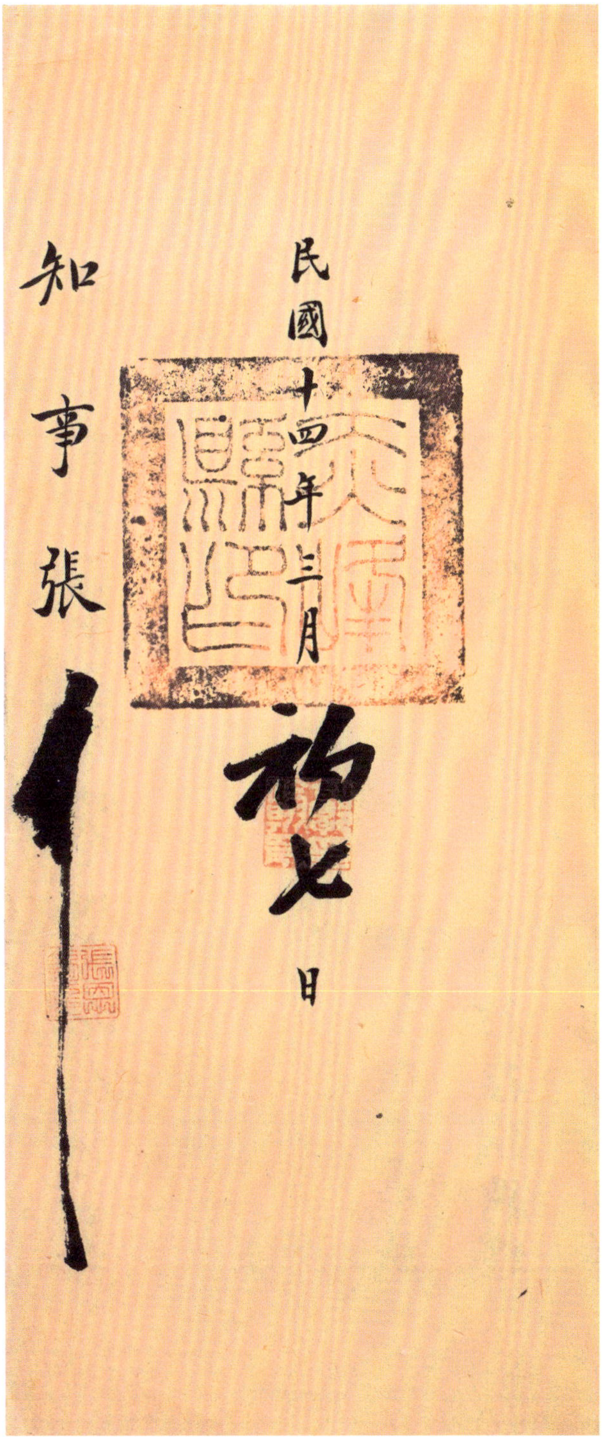
民國十四年三月初七日

知事張

二一八　熱河道道尹公署爲舉行植樹典禮事致赤峰縣公署訓令（1925 年 3 月 17 日）

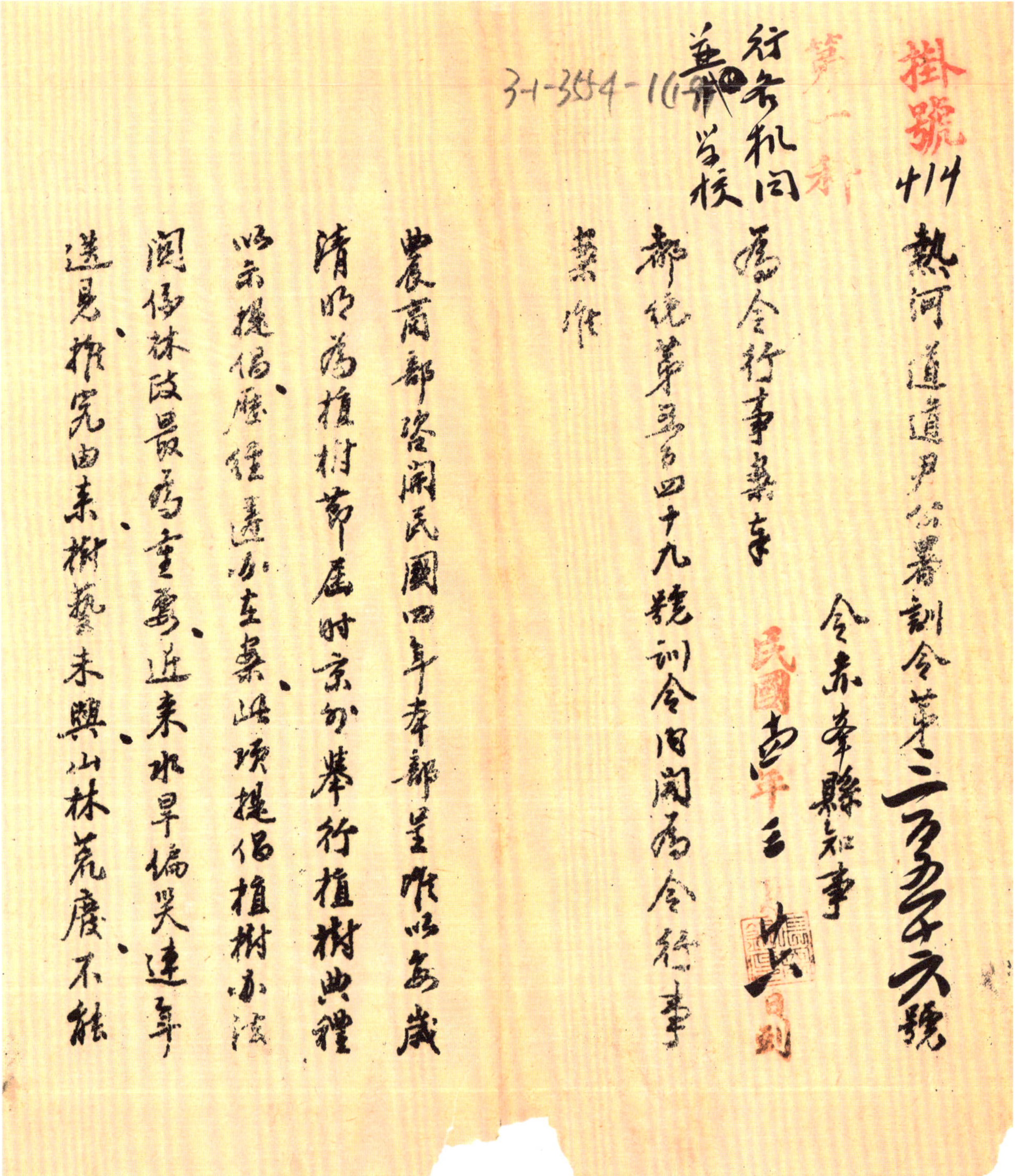

掛號 414

熱河道道尹公署訓令第二百五十六號

令赤峰縣知事

民國十四年三月十七日

第一科

行各机关学校

爲令行事。案奉

部總第五百四十九號訓令內開：爲令飭事。

案准

農商部咨開：民國四年奉部呈准以每歲

清明爲植樹節，屆時京外舉行植樹典禮

以示提倡，歷經遵辦在案。此項提倡植樹，亦以

關係林政最爲重要，近來水旱偏災，連年

迭見，推究由來，樹藝未興，山林荒廢，不能

## 二一八 熱河道道尹公署爲舉行植樹典禮事致赤峰縣公署訓令（1925年3月17日）

調和氣候、涵養水源，是其立國正宜及時振
廣種植以資補救。現屆本年植樹節近，除
京師由本部遵照辦理外，相應咨行貴都統
查照前案酌定地點，躬率僚屬手植良木，
並通飭所屬道縣及附近實業機關並各學
校一律舉辦，並認真勸導人民鼓勵種樹，以
溥林利而厚民生。如空氣稍溫暖或寒冷各
地樹木萌動為期稍有遲早，得於植樹節前
後酌量情形舉行栽植，以順時宜，總期植樹
普及，國民知所興起，林業前途實多利賴。

## 二一八　熱河道道尹公署爲舉行植樹典禮事致赤峰縣公署訓令（1925年3月17日）

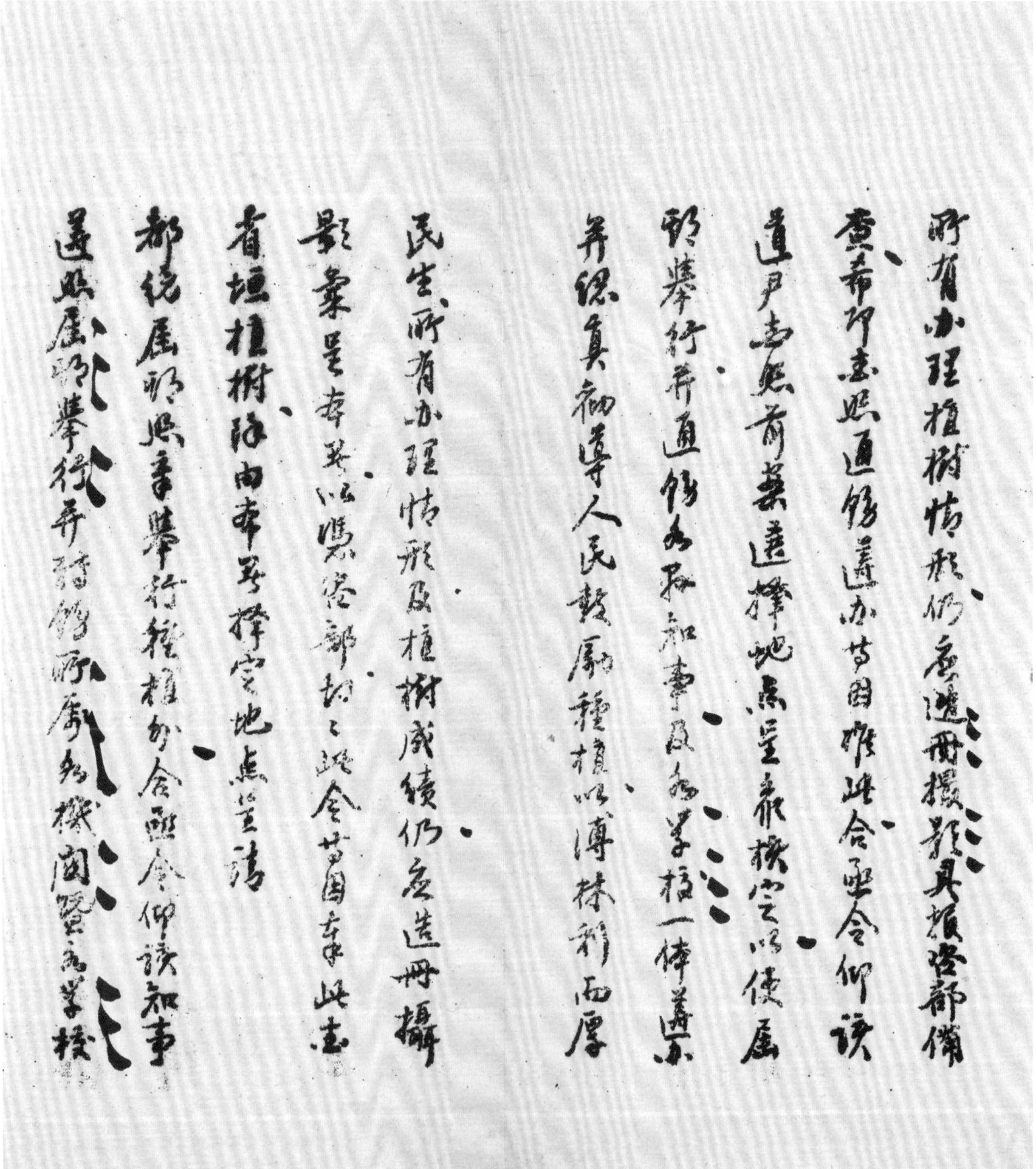
所有辦理植樹情形，仍應造冊攝影具報咨部備
查等因。奉此，遵即通飭遵辦。等因。准此，合亟令仰該
道尹查照前案，遴擇地點呈候核定，以便屆
期舉行，并通飭各縣知事及各學校一體遵照，
并須真勸導人民鼓勵種植，以溥林利而厚
民生。所有辦理情形及植樹成績，仍應造冊攝
影呈由該道彙核咨部。切切。此令。等因。奉此。查
首領植樹，除由本署擇定地點呈請
都統屆期照章舉行植樹外，合亟令仰該知事
遵照屆期舉行，并轉飭所屬各學校

## 二一八　熱河道道尹公署爲舉行植樹典禮事致赤峰縣公署訓令（1925年3月17日）

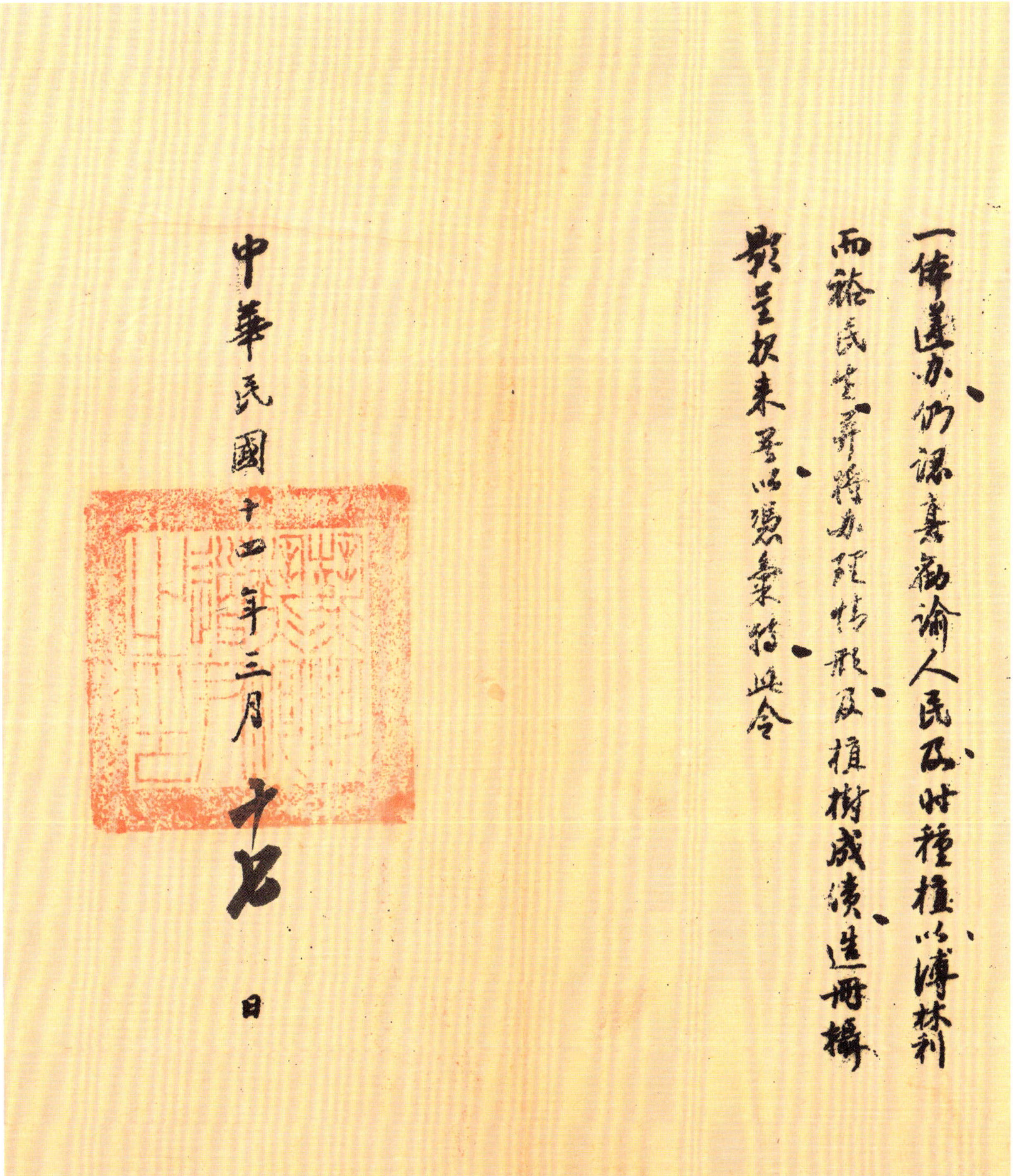

一體遵辦，仍須實力勸諭人民及時種植，以溥林利而裕民生，並將辦理情形及植樹成績造冊擲報呈核，來署以憑彙轉。此令

中華民國十四年三月十七日

二一八 熱河道道尹公署爲舉行植樹典禮事致赤峰縣公署訓令（1925年3月17日）

熱河道道尹劉景沂
監印寇景中
校對楊松蔭

二一九　赤峰縣公署爲舉行植樹典禮事致赤峰縣商會、勸學所等公函稿、訓令稿（1925 年 3 月 28 日）

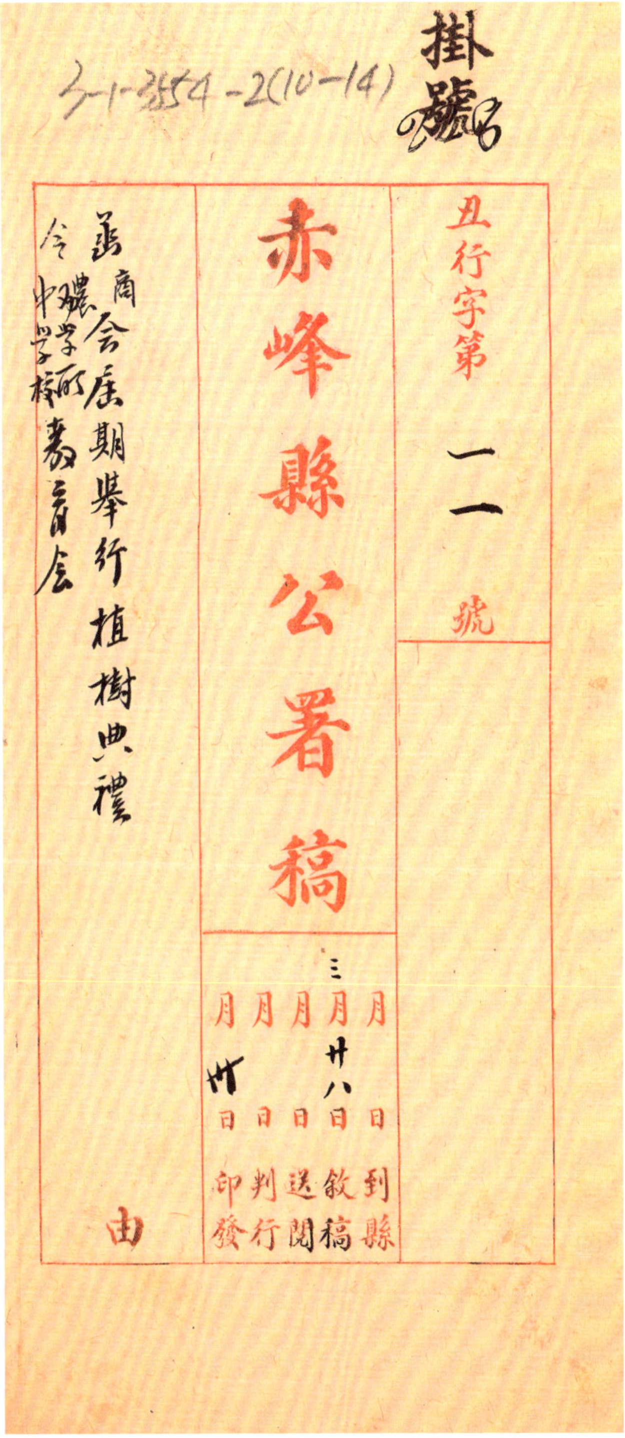
掛號

3-1-3554-2(10-14)

丑行字第二一號

赤峰縣公署稿

到縣　月　日

叙稿　三月廿八日

送閱　月　日

判行　月　日

印發　月卅日

由

函商會、農會、勸學所，令中學校、教育會，定期舉行植樹典禮

## 二一九　赤峰縣公署爲舉行植樹典禮事致赤峰縣商會、勸學所等公函稿、訓令稿（1925年3月28日）

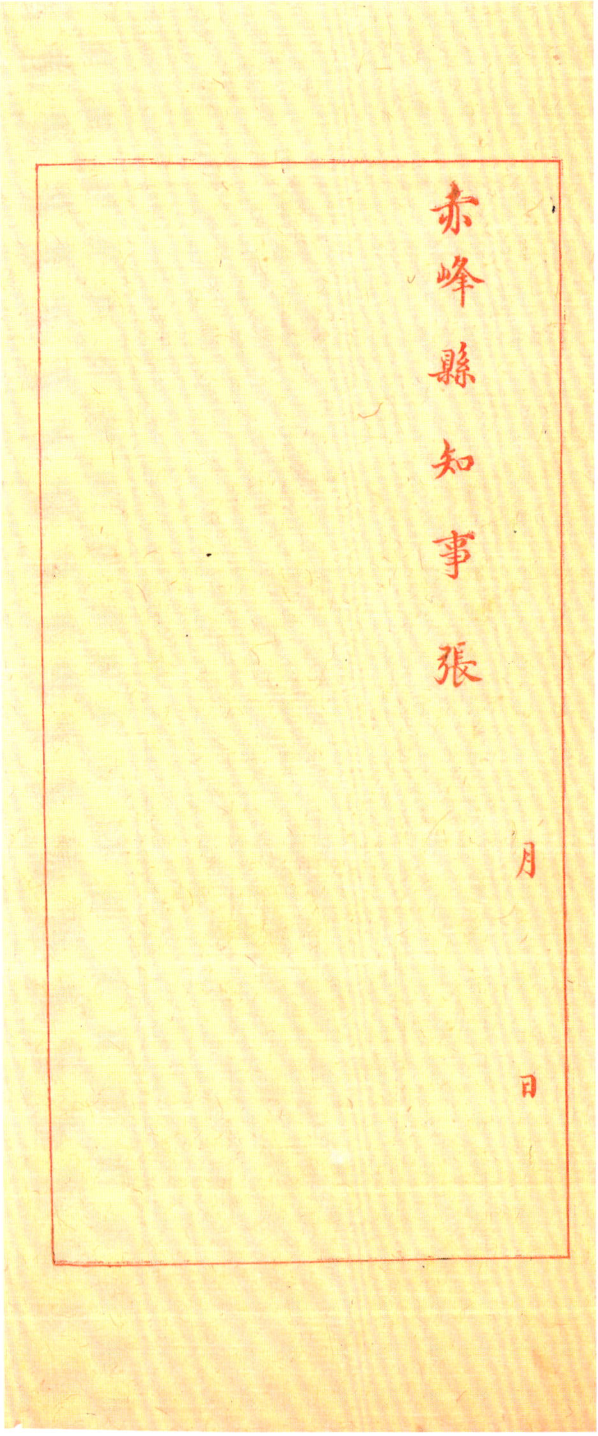
赤峰縣知事張

月

日

## 二一九　赤峰縣公署爲舉行植樹典禮事致赤峰縣商會、勸學所等公函稿、訓令稿（1925 年 3 月 28 日）

赤峯縣公署公函

逕啓者案奉

熱河道〻尹公署第三百五十六號訓令內開爲令飭

事、云云此令等因奉此相應函達

貴會希即查照屆期舉行此致

赤峯商會

農會

赤峯縣公署訓令第　　號

令勸學所　中學校　教育會

爲令飭事。案奉

熱河道〻尹公署第三百五十六號訓令內開爲令

飭事、云云此令等因奉此合亟令仰該所長校長會長立即遵照屆期舉行

轉知各學校一律遵照屆期舉行並將植樹情

二一九 赤峰縣公署爲舉行植樹典禮事致赤峰縣商會、勸學所等公函稿、訓令稿（1925年3月28日）

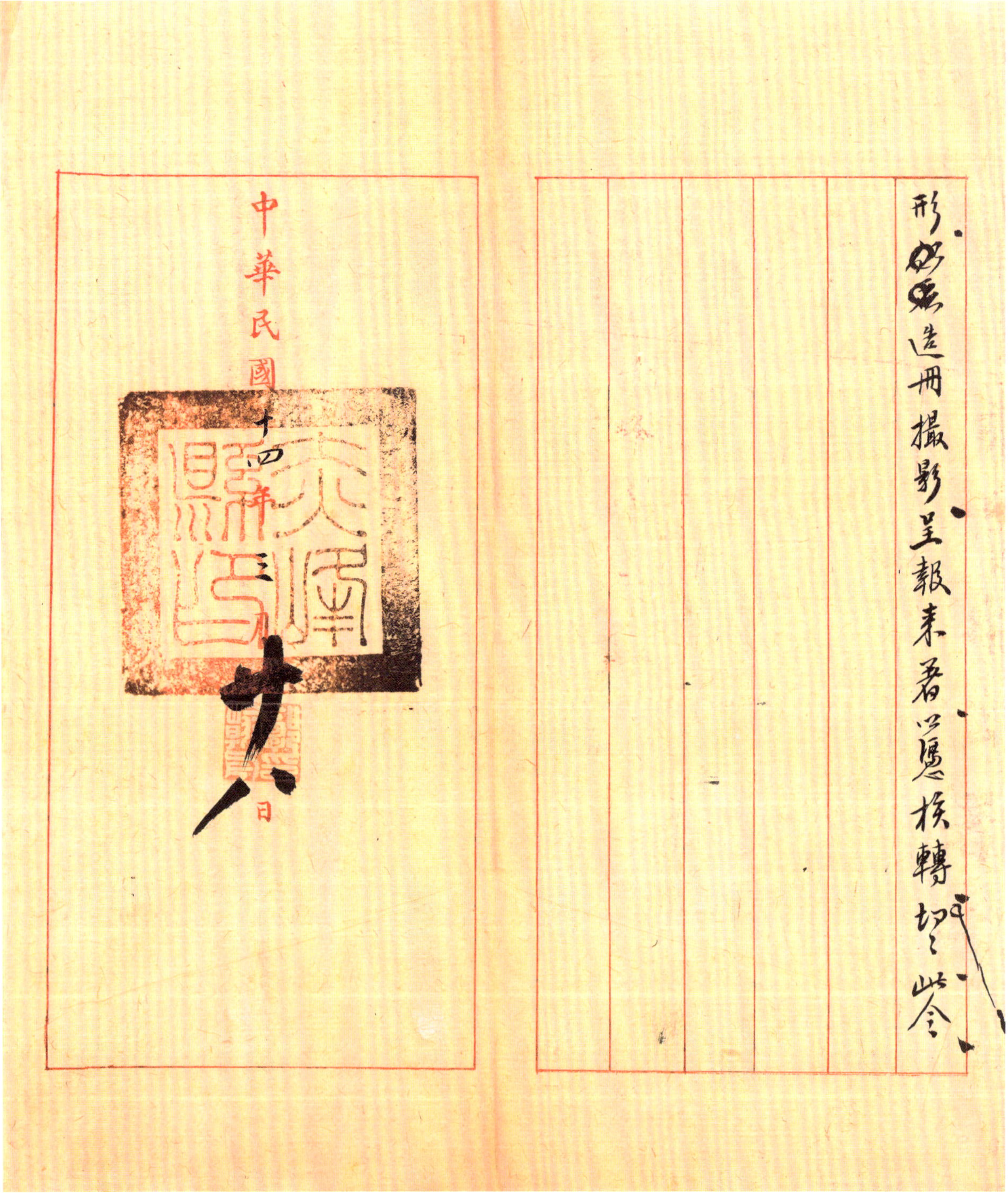
形，妥為造冊撮影，呈報來署，以憑核轉。切切此令。

中華民國十四年三月十八日

二二〇　赤峰縣中學校爲遵章成立暨招生開校仰轉呈備案事致赤峰縣公署呈（1925年5月11日）

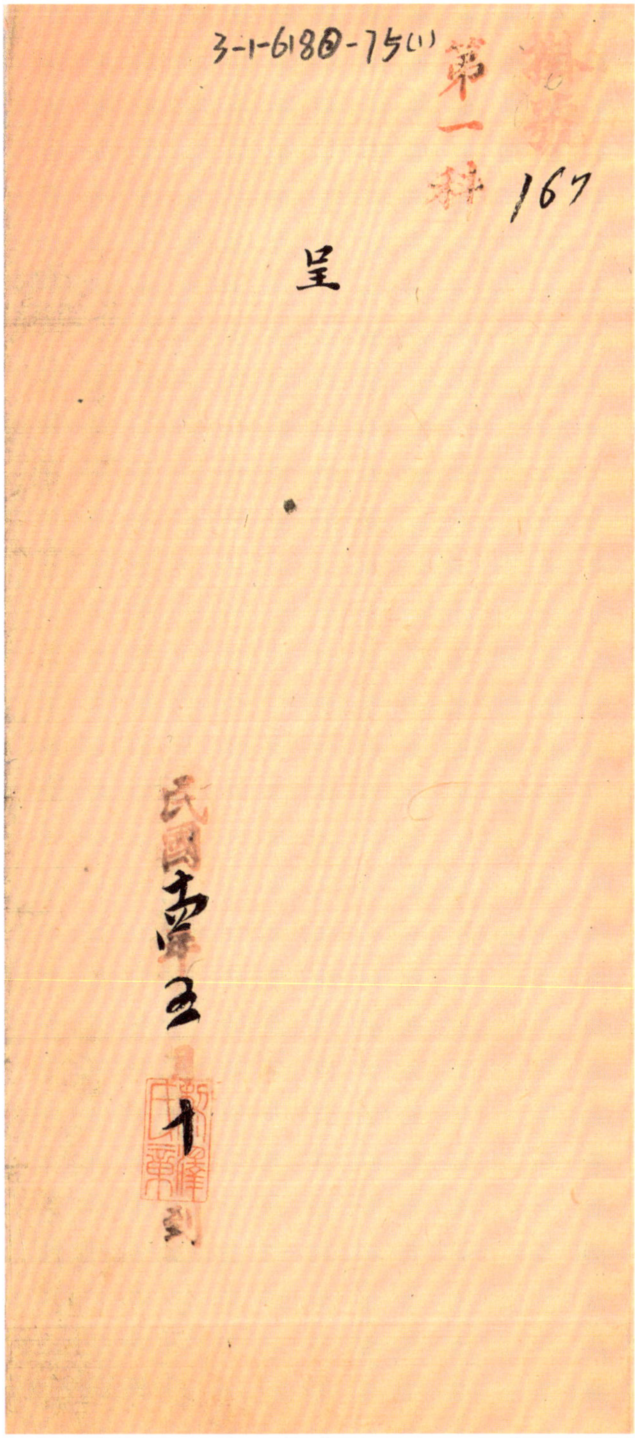

## 二二〇 赤峰縣中學校爲遵章成立暨招生開校仰轉呈備案事致赤峰縣公署呈（1925年5月11日）

呈爲中學遵章成立暨招生開校日期附具學則圖説履歷仰祈
鑒核轉呈備案事。竊於民國十二年六月、官紳商學各界協議僉
以赤峰爲熱屬重鎮、商務繁興、文化漸啟、籌辦中學爲當務之
急、擬請藉資公債、在赤峰二道街高小學校舊址、創設中學一處、
期與承德朝陽兩縣之中學、勢成鼎足、統十五屬之莘莘學子、咸
有進身之階、悉免向隅之歎等情、業經呈奉
不寫二字
鈞署核轉照准、並於民國十二年十一月將籌辦中學成立情形、
呈請轉報在案。查敝校開辦伊始、僅有普通科學生一班、計五十人、
類多寒門子弟、應納學費較輕、而圖書標本儀器模型盡付闕
如、急待購置、校舍基址又係高小學校所改、教授自習各室尤應修
葺、加以擴充、然我赤自去歲戰事發生以後、百物騰貴、較前倍蓰、原
定常年經費大洋五千元、無論將來招收新班、添聘教員、不敷應

## 二二〇　赤峰縣中學校爲遵章成立暨招生開校仰轉呈備案事致赤峰縣公署呈（1925年5月11日）

用，即以現今而論，常年支出雖不輕糜一粟，不輕擲一錢，力求撙節，核實計算，已非大洋七千餘元莫辦。但敝校常年底款，前由地方官紳籌定者，僅有十一年熱河地方公債大洋四萬八千元之利息一項，而常年經費，除尚未償還之四萬元債本所獲年利大洋二千八百元，暨已償還之八千元債本發商生息大洋一千二百四十八元，並本年應收學費大洋三百元外，其虧短之數，本年三月六日復經地方官紳農學各界公同議決，每年由赤峰財政所徵收畝捐學款提成項下分劈大洋三千元，以資補助。按以上各項歲入經費共計大洋七千三百四十八元，核與歲出預算之數尚屬相符。惟查敝校創設之初，曾由經棚縣紳商議決，以公債利息補助常年經費大洋三百元，雖有成案，迄未撥款。又於本年二月准赤峰勸學所移交林西縣屬學田二方，因一時未能招佃耕種，入款多寡亦難預計，故以上兩項均未列本年

## 二二〇　赤峰縣中學校爲遵章成立暨招生開校仰轉呈備案事致赤峰縣公署呈（1925年5月11日）

收入預算數内，擬俟將來收有實欵，再行填列預算，概作擴充學
生班次經費之用，以昭核實。查敝校去歲三月，業經開校，因受戰事
影響，停課多日，以致學生功課按之學期程度計算，均屬不合，
且現時各地學校以秋季始業者居多，敝校若為春季始業，則於
卒業生之升學及招收新班之時期，未免扞格，諸多困難，思維至
再，於教育進行之中，籌一權宜之法，擬自去歲八月一日起為中學
之第一學期，其去歲春季之一學期，作為補習高小課程，以免躐等
而資深造。查中學校令第七條内載中學校之設立，須經教育總
長之認可等語，敝校前因底欵缺乏，經費虧短，未便率請報部立
案，現在常年底欵支出經費既有着落，自應遵照中學校令
施行細則第三十七條之規定辦理，除將學則圖說暨校長教員履
歷附呈外，所有敝校遵章成立並招生開校日期，理合備文呈請

## 二二〇　赤峰縣中學校爲遵章成立暨招生開校仰轉呈備案事致赤峰縣公署呈（1925年5月11日）

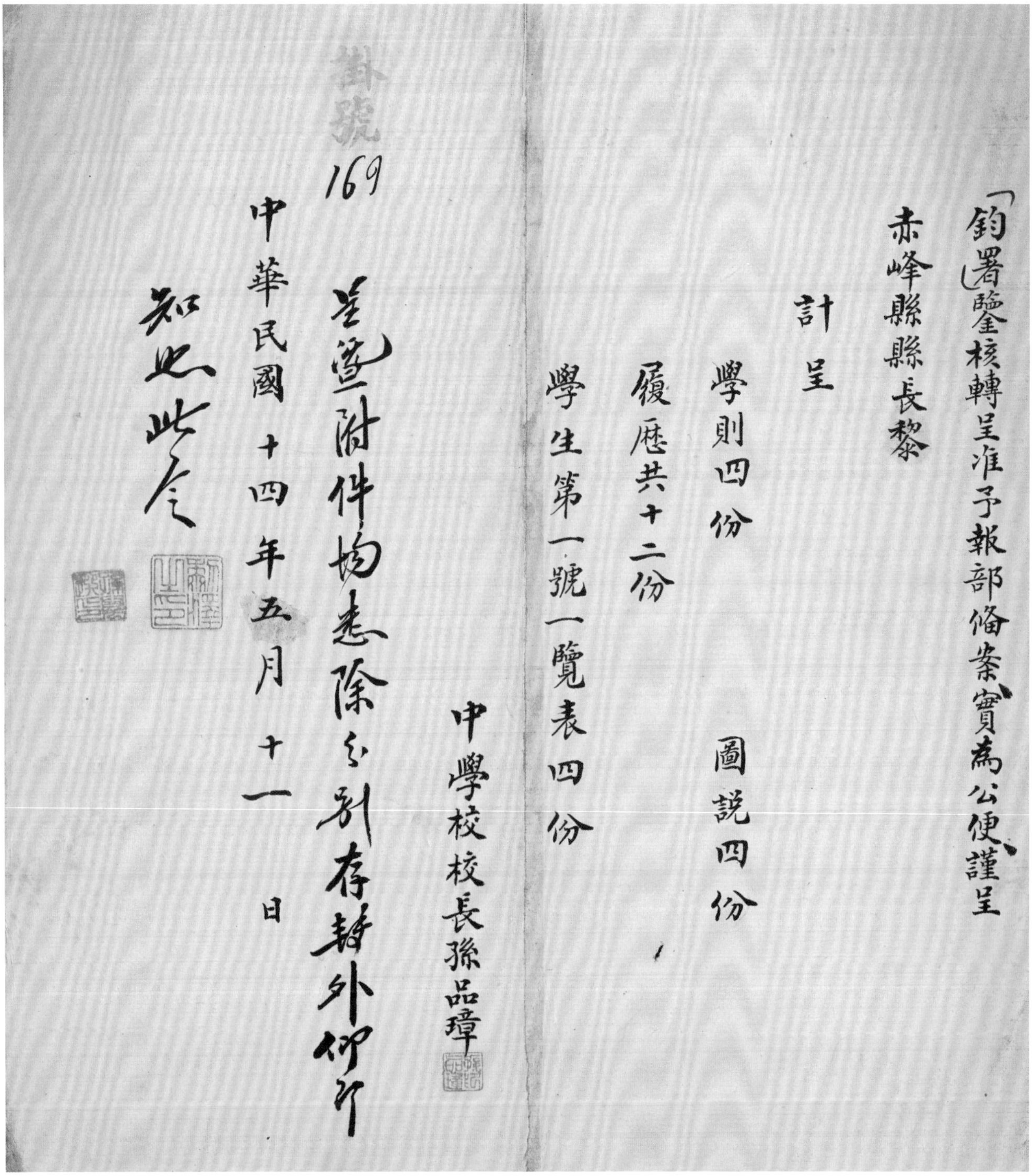

「鈞署」鑒核轉呈准予報部備案、實爲公便、謹呈

赤峰縣縣長黎

計呈

學則四份　　圖説四份

履歴共十二份

學生第一號一覽表四份

中學校校長孫品璋

中華民國十四年五月十一日

掛號 169

呈暨附件均悉，除分别存轉外，仰即

知照，此令

## 二二〇 赤峰縣中學校爲遵章成立暨招生開校仰轉呈備案事致赤峰縣公署呈（1925年5月11日）

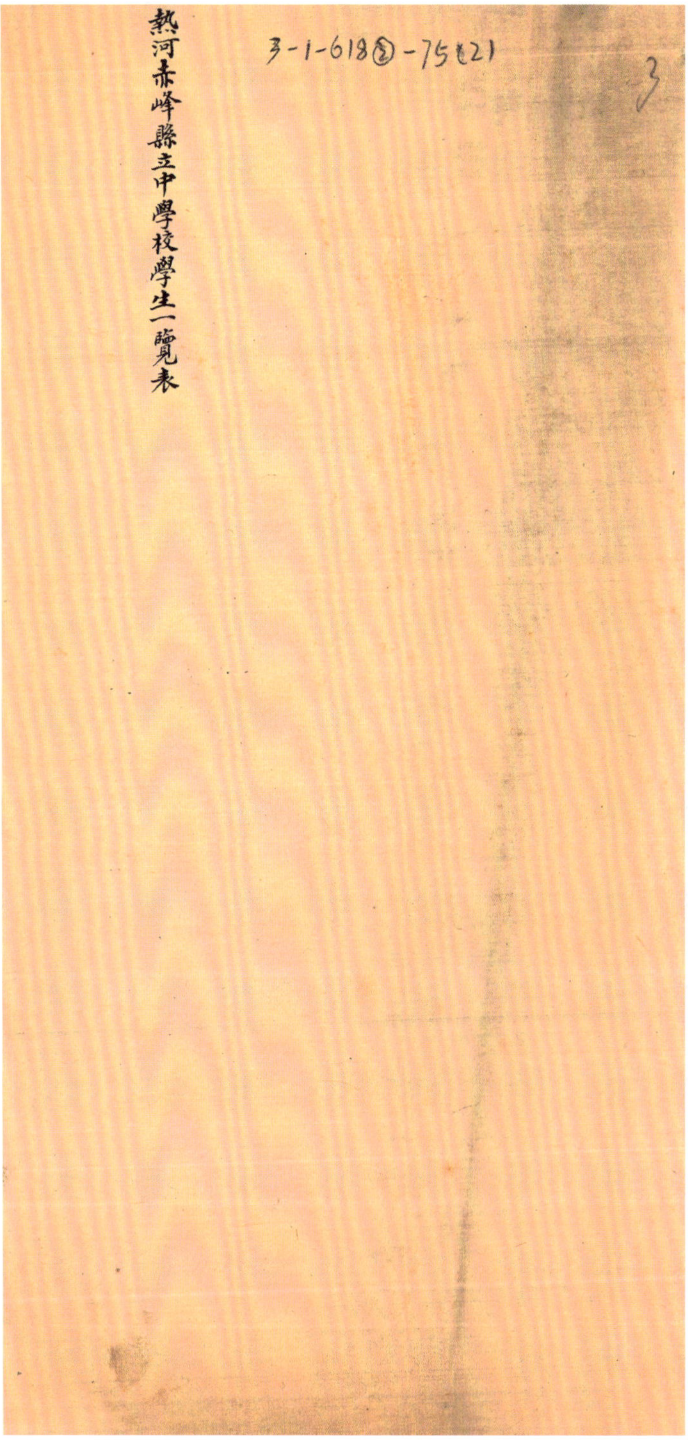

3-1-618②-75(21)

3

熱河赤峰縣立中學校學生一覽表

二二〇　赤峰縣中學校爲遵章成立暨招生開校仰轉呈備案事致赤峰縣公署呈（1925 年 5 月 11 日）

熱河赤峰縣立中學校學生一覽表第一號

| 姓名 | 年歲 | 籍貫 | 入校年月 | 所學門類 | 前在何校畢業或修業幾年 | 備考 |
|---|---|---|---|---|---|---|
| 韓志超 | 二十一 | 赤峰縣 | 民國　年　月 | 算術英文自然科歷史地理國文圖畫公民學作文手工音樂體操 | 本縣高小學校畢業 | |
| 黃廷俊 | 十八 | 同上 | 同上 | 同上 | 同上 | |
| 張國權 | 二十 | 同上 | 同上 | 同上 | 同上 | |
| 于會川 | 十八 | 同上 | 同上 | 同上 | 本縣高小學校修業二年 | |
| 闞國璋 | 十八 | 同上 | 同上 | 同上 | 本縣高小學校畢業 | |

二二〇　赤峰縣中學校爲遵章成立暨招生開校仰轉呈備案事致赤峰縣公署呈（1925年5月11日）

| | | | | | |
|---|---|---|---|---|---|
| 盛訓 | 二十一 | 同上 | 同上 | 同上 | 同上 |
| 王化民 | 十七 | 同上 | 同上 | 同上 | 同上 |
| 賈恭 | 十九 | 同上 | 同上 | 同上 | 同上 |
| 王鎬如 | 二十 | 同上 | 同上 | 同上 | 同上 |
| 楊悅忠 | 十七 | 同上 | 同上 | 同上 | 本縣高小學校修業二年 |
| 支椿 | 十八 | 同上 | 同上 | 同上 | 本縣高小學校畢業 |

二二〇　赤峰縣中學校爲遵章成立暨招生開校仰轉呈備案事致赤峰縣公署呈（1925年5月11日）

| | | | | | |
|---|---|---|---|---|---|
| 董延榮 | 二十 | 同上 | 同上 | 同上 | 同上 |
| 徐智綱 | 十九 | 同上 | 同上 | 同上 | 同上 |
| 崔茂林 | 十八 | 同上 | 同上 | 同上 | 同上 |
| 李在洲 | 十七 | 同上 | 同上 | 同上 | 本縣高小學校修業二年 |
| 劉玉成 | 十九 | 同上 | 同上 | 同上 | 同上 |
| 李雲漢 | 十八 | 同上 | 同上 | 同上 | 本縣高小學校畢業 |

## 二二〇 赤峰縣中學校爲遵章成立暨招生開校仰轉呈備案事致赤峰縣公署呈（1925年5月11日）

| | | | | | |
|---|---|---|---|---|---|
| 蕭文清 | 十八 | 同上 | 同上 | 同上 | 本縣高小學校修業二年 |
| 于洞雲 | 十九 | 同上 | 同上 | 同上 | 同上 |
| 杜芳田 | 十八 | 同上 | 同上 | 同上 | 本縣高小學校畢業 |
| 王鴻志 | 十九 | 同上 | 同上 | 同上 | 本縣高小學校修業二年 |
| 劉憲政 | 十八 | 同上 | 同上 | 同上 | 本縣高小學校畢業 |
| 趙拱辰 | 十九 | 同上 | 同上 | 同上 | 同上 |

| | | | | | | |
|---|---|---|---|---|---|---|
| 司化麟 | 十九 | 同上 | 同上 | 同上 | 同上 | |
| 華隆藻 | 二十 | 同上 | 同上 | 同上 | 同上 | |
| 馮振廷 | 二十 | 同上 | 同上 | 同上 | 同上 | |
| 咸廣志 | 十八 | 同上 | 同上 | 同上 | 本縣高小學校修業二年 | |
| 楊賓琪 | 二十 | 同上 | 同上 | 同上 | 本縣高小學校畢業 | |
| 王朝臣 | 十九 | 同上 | 同上 | 同上 | 本縣高小學校修業二年 | |

二二〇 赤峰縣中學校爲遵章成立暨招生開校仰轉呈備案事致赤峰縣公署呈（1925年5月11日）

| | | | | | |
|---|---|---|---|---|---|
| 李樹勲 | 十七 | 建平縣 | 同上 | 同上 | 建平縣高小學校畢業 |
| 劉興漢 | 十八 | 同上 | 同上 | 同上 | 同上 |
| 楊秀成 | 二十 | 平泉縣 | 同上 | 同上 | 本縣師範傳習所畢業 |
| 詹瑞堂 | 十九 | 建平縣 | 同上 | 同上 | 本縣高小學校畢業 |
| 李清廉 | 十八 | 同上 | 同上 | 同上 | 同上 |
| 夏得霖 | 十七 | 同上 | 同上 | 同上 | 同上 |

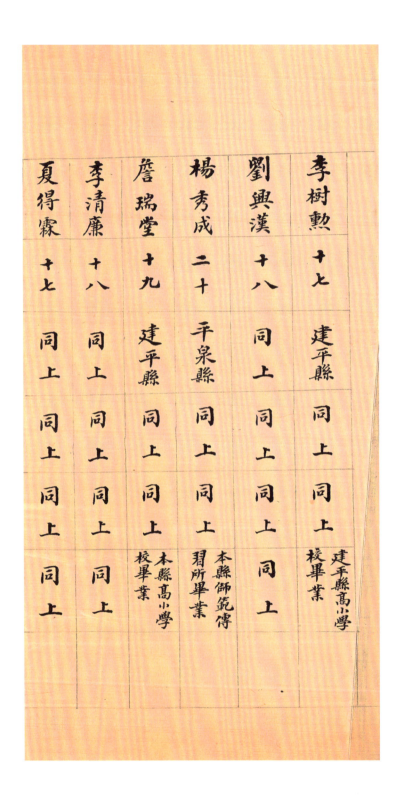

二二〇 赤峰縣中學校爲遵章成立暨招生開校仰轉呈備案事致赤峰縣公署呈（1925年5月11日）

| | | | | | |
|---|---|---|---|---|---|
| 劉澤民 | 十六 | 同上 | 同上 | 同上 | 同上 |
| 于躍川 | 二十一 | 同上 | 同上 | 同上 | 同上 |
| 李炳璋 | 十九 | 同上 | 同上 | 同上 | 同上 |
| 李祥風 | 十九 | 同上 | 同上 | 同上 | 同上 |
| 郭文炳 | 十八 | 赤峰縣 | 同上 | 同上 | 本縣高小學校畢業 |
| 郭文煥 | 二十 | 同上 | 同上 | 同上 | 同上 |

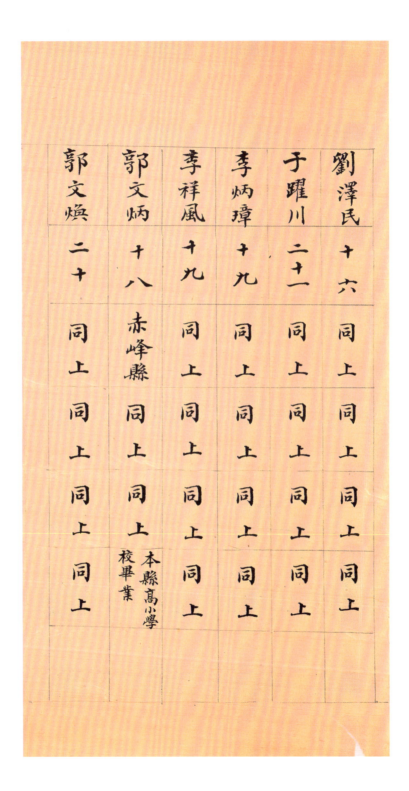

二二〇　赤峰縣中學校爲遵章成立暨招生開校仰轉呈備案事致赤峰縣公署呈（1925年5月11日）

| | | | | | |
|---|---|---|---|---|---|
| 郭希曾 | 十八 | 同上 | 同上 | 同上 | 同上 |
| 華日藻 | 二十一 | 同上 | 同上 | 同上 | 同上 |
| 張士珍 | 二十 | 同上 | 同上 | 同上 | 同上 |
| 徐縉宗 | 十九 | 同上 | 同上 | 同上 | 同上 |
| 王珽 | 十九 | 同上 | 同上 | 同上 | 同上 |
| 李之睿 | 十五 | 同上 | 同上 | 同上 | 本縣高小學校修業二年 |

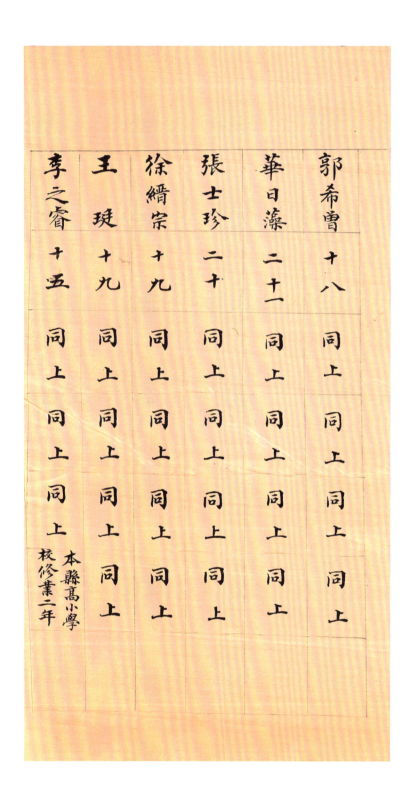

二二〇　赤峰縣中學校爲遵章成立暨招生開校仰轉呈備案事致赤峰縣公署呈（1925年5月11日）

| | | | | | |
|---|---|---|---|---|---|
| 韓鳳林 | 十七 | 同上 | 同上 | 同上 | 本縣高小學校畢業 |
| 孫紀元 | 二十 | 浙江山陰縣 | 同上 | 同上 | 山陰縣高小學校畢業 |
| 吳玉珍 | 十九 | 山東掖縣 | 同上 | 同上 | 掖縣高小學校畢業 |

二二〇　赤峰縣中學校爲遵章成立暨招生開校仰轉呈備案事致赤峰縣公署呈（1925年5月11日）

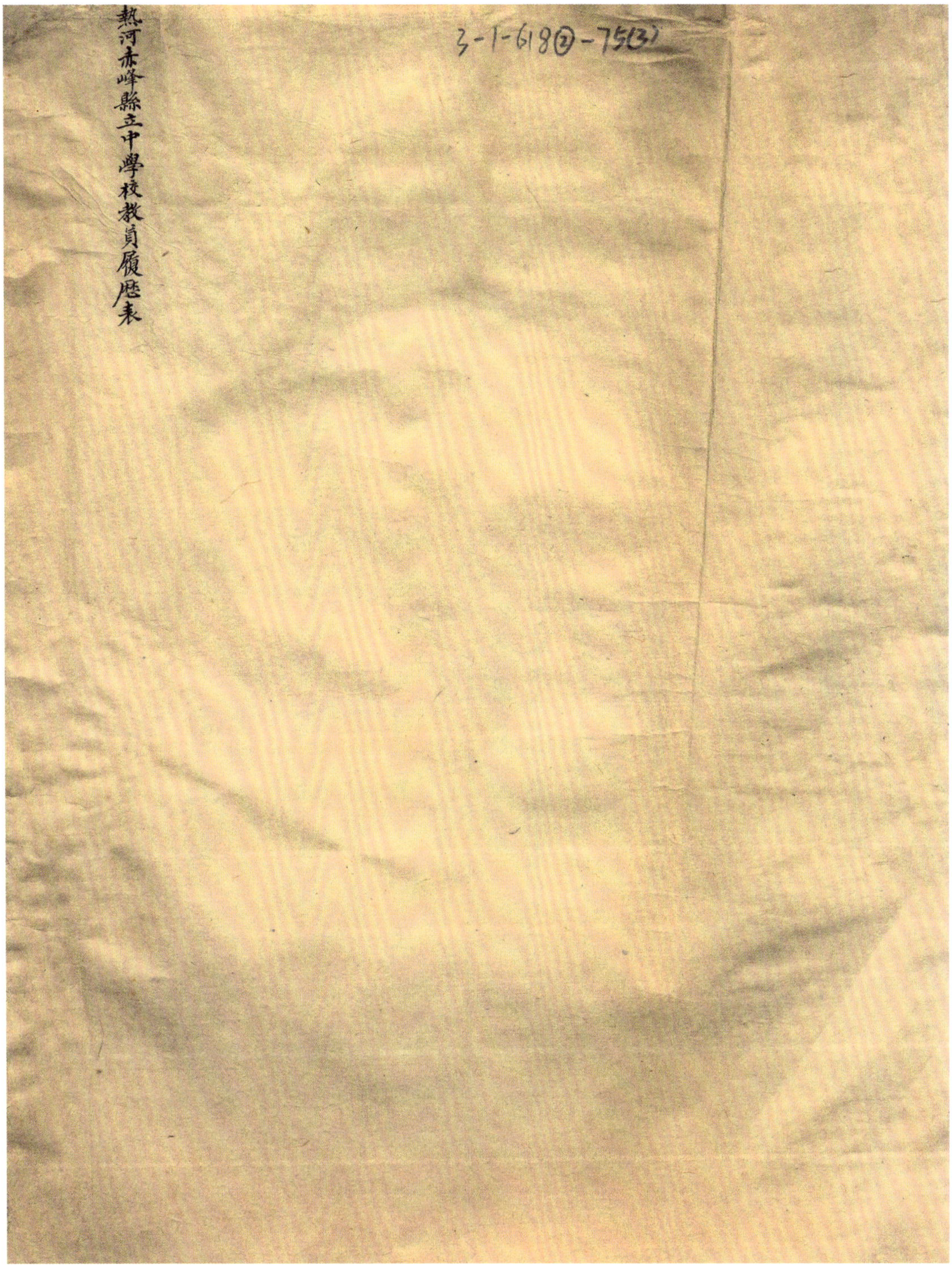

二二〇 赤峰縣中學校爲遵章成立暨招生開校仰轉呈備案事致赤峰縣公署呈（1925年5月11日）

熱河赤峰縣立中學校教員履歷表

| 姓名 | 年歲 | 籍貫 | 出身從前之經歷 | 任事之年月 | 備考 |
|---|---|---|---|---|---|
| 黎楠 | 三十三 | 直隸深澤縣 | 於民國三年在直隸第九中學校卒業是年六月考入國立北京大學第二部肄業於六年卒業升入本科化學系於十年卒業得稱理學士曾充農商部諮議十三年充赤峰中學英文算學自然科教員須至履歷者 | 民國十三年三月 | |

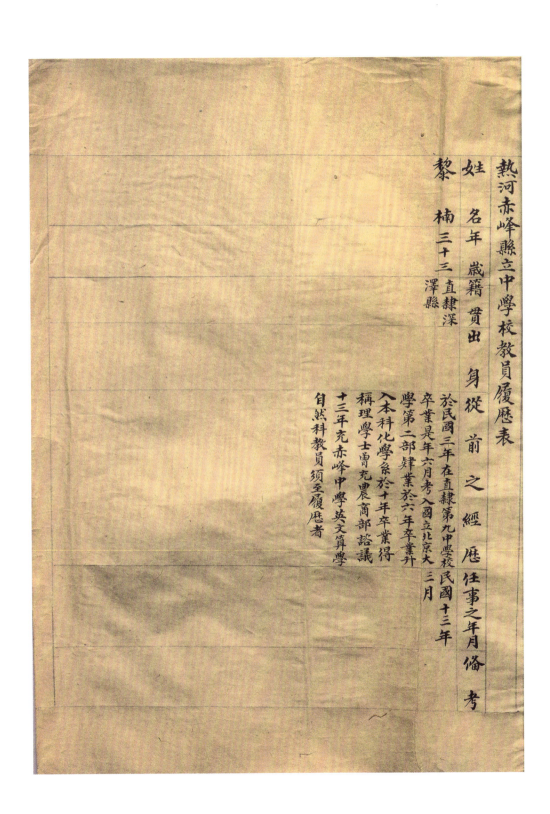

## 二二〇 赤峰縣中學校爲遵章成立暨招生開校仰轉呈備案事致赤峰縣公署呈（1925年5月11日）

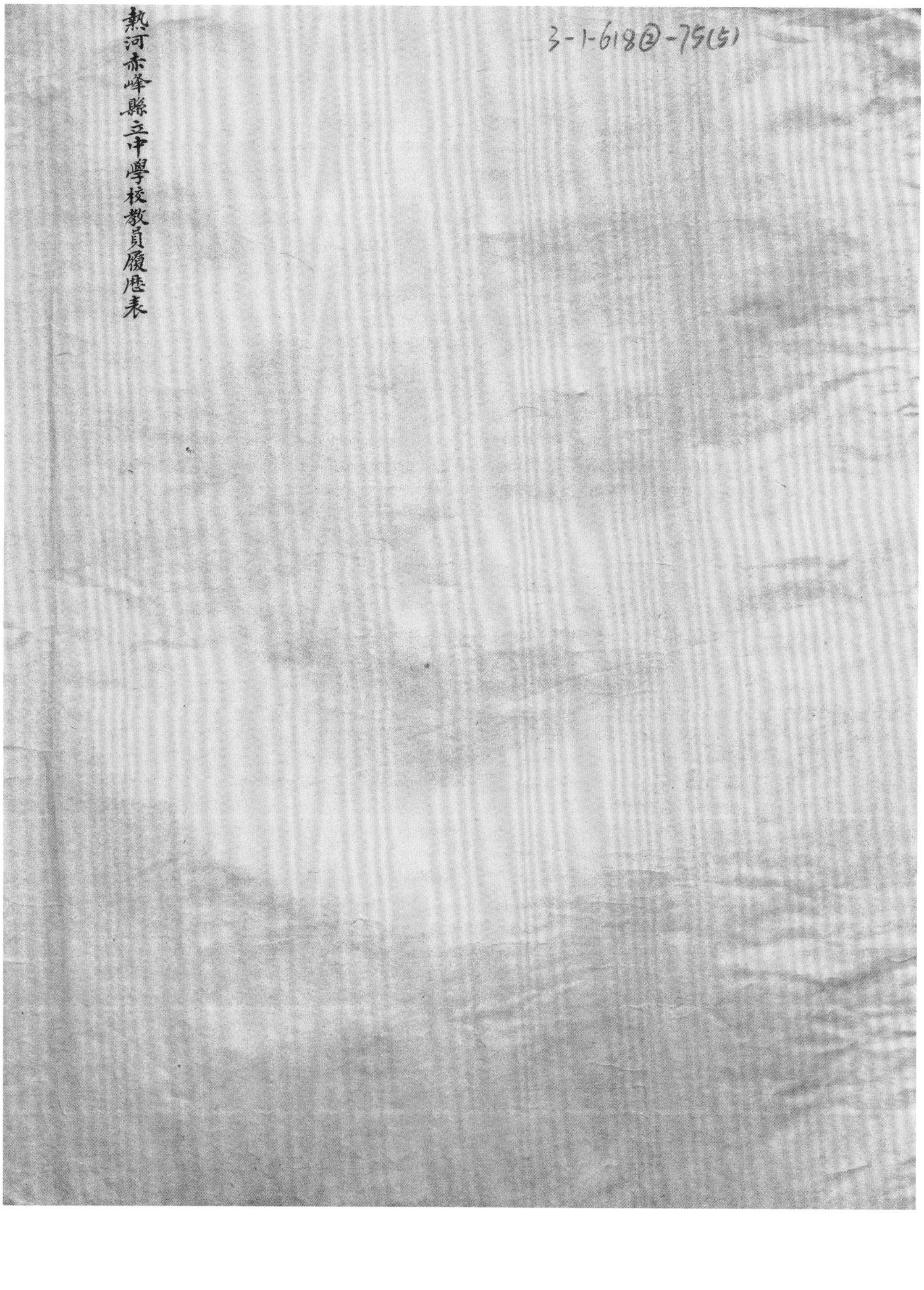

3-1-618②-75(5)

熱河赤峰縣立中學校教員履歷表

二二〇　赤峰縣中學校爲遵章成立暨招生開校仰轉呈備案事致赤峰縣公署呈（1925年5月11日）

熱河赤峰縣立中學校教員履歷表

| 姓名 | 年歲 | 籍貫 | 出身從前之經歷 | 任事之年月 | 備考 |
|---|---|---|---|---|---|
| 蘇晋賓 | 二十四 | 直隸滿城縣 | 民國十年六月於直隸第二師範學校本科卒業是年七月充本縣高等小學校教員十三年充赤峰中學校藝術科教員 | 民國十三年三月 | |

須至履歷者

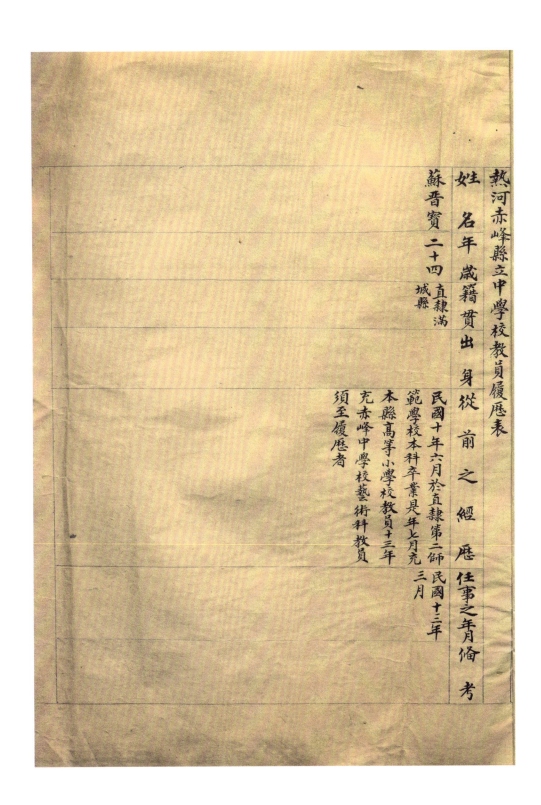

## 二二〇　赤峰縣中學校爲遵章成立暨招生開校仰轉呈備案事致赤峰縣公署呈（1925年5月11日）



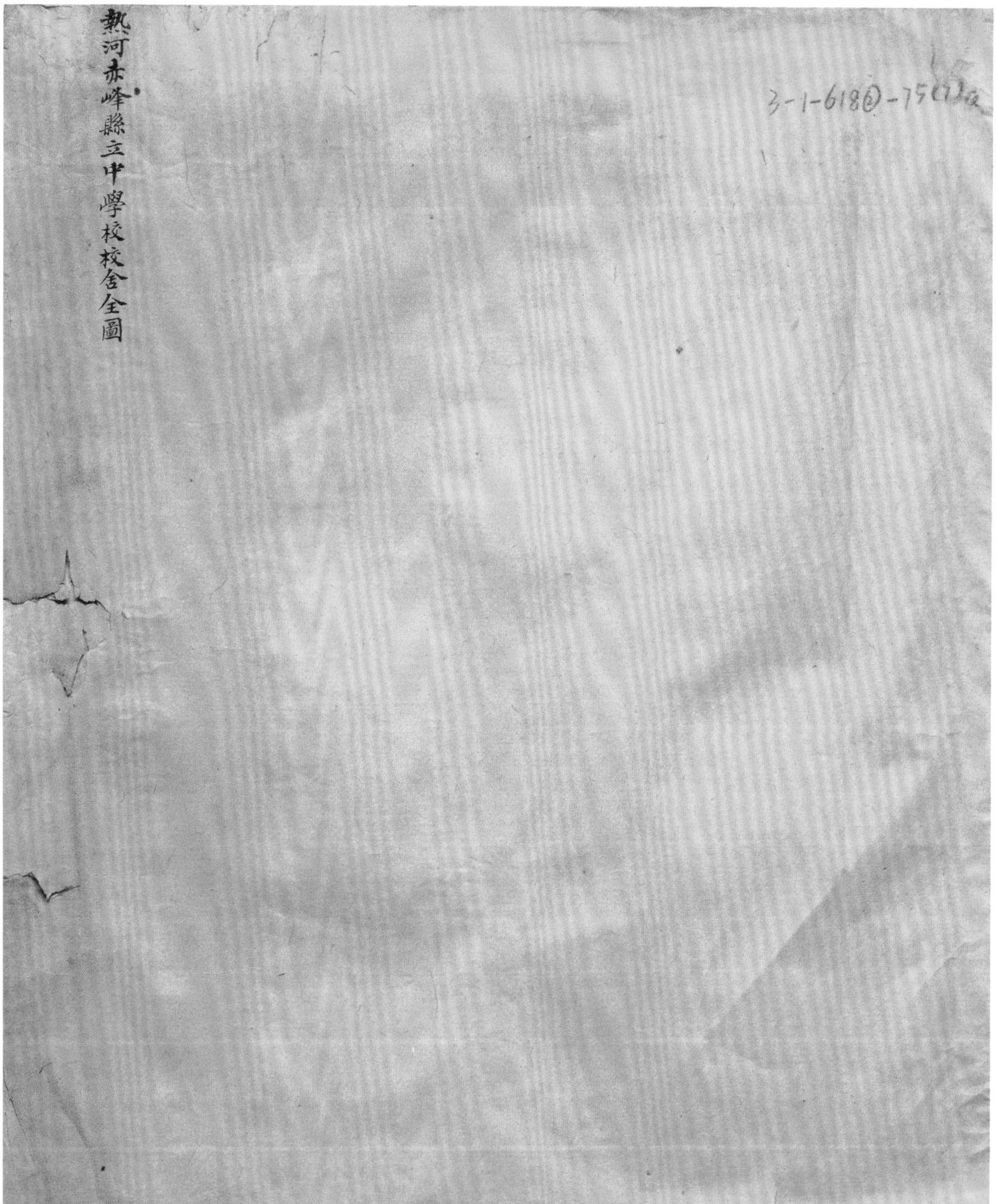
熱河赤峰縣立中學校校舍全圖

3-1-618②-75(1)a

## 二二〇 赤峰縣中學校爲遵章成立暨招生開校仰轉呈備案事致赤峰縣公署呈（1925年5月11日）

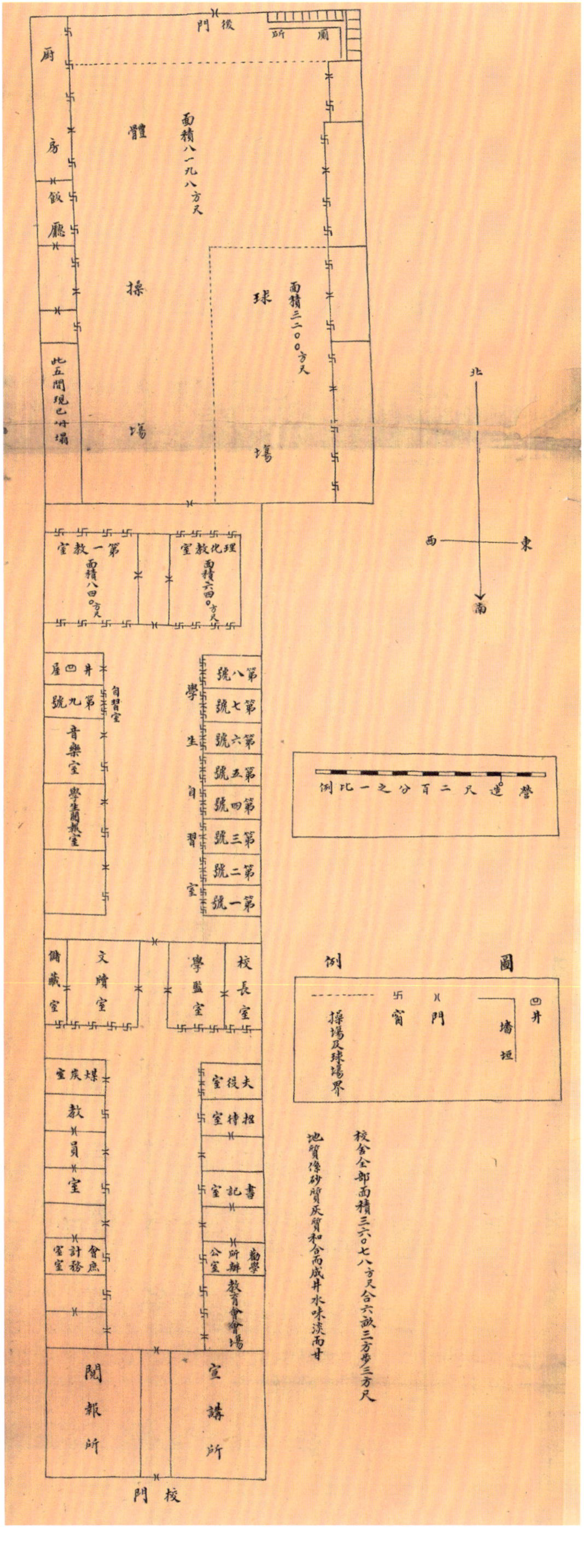

二二○ 赤峰縣中學校爲遵章成立暨招生開校仰轉呈備案事致赤峰縣公署呈（1925年5月11日）



## 初級中學普通科課程表

| 學科目＼教授時數 | 每週時數 | 第一學年教授內容 | 每週時數 | 第二學年教授內容 | 每週時數 | 第三學年教授內容 |
| --- | --- | --- | --- | --- | --- | --- |
| 國語 | 七 | 講讀四　作文二　習字一 | 六 | 講讀三　作文二　習字一 | 五 | 講讀三　作文二 |
| 算學 | 五 | 算術上基本的理論　淺近的代數幾何 | 五 | 代數　幾何　三角 | 六 | 代數二次之方程式　平面幾何　平面三角大意 |
| 英語 | 七 | 發音拼音　讀法會話　默寫造句（五）　文法一　習字一 | 八 | 讀法會話　默寫造句（五）　文法一　作文一　習字一 | 八 | 讀法會話　默寫造句　演講譯解（五）　文法一　作文二 |

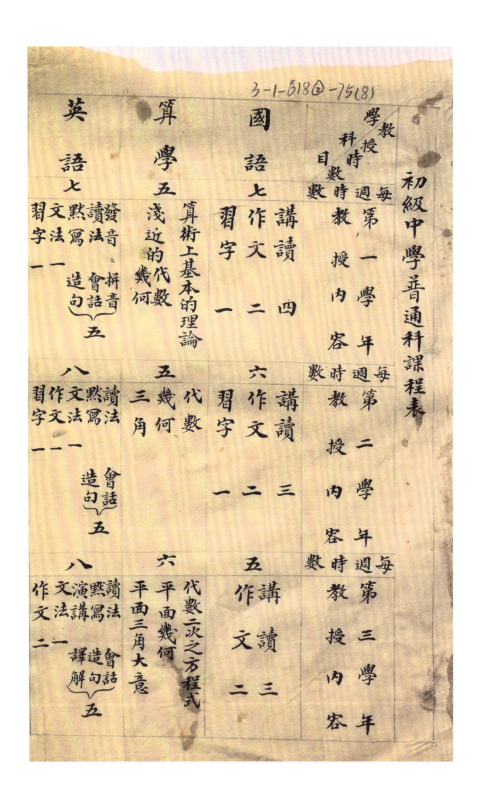

## 二二〇　赤峰縣中學校爲遵章成立暨招生開校仰轉呈備案事致赤峰縣公署呈（1925年5月11日）

| | | | | | |
|---|---|---|---|---|---|
| 地理 二 | 地球的全體<br>陸地的位置<br>水面的形成<br>山岳的主幹 | 二 | 水道的代表<br>氣候的差別<br>物產的分布<br>人種的區分 | 二 | 交通的狀況<br>世界各國的大勢<br>重要的城市<br>世界的名勝 |
| 歷史 二 | 歷史以前的狀況<br>人類生活狀況的變遷 | | 人類信仰的變遷<br>人羣組織的變遷<br>人類思想的變遷 | 二 | 人羣的鬬爭和連合<br>中華民國 |
| 自然科 | 植物、動物　四分之三<br>物理、化學　四分之一 | | 物理、化學　三分之二<br>植物、動物、礦物　三分之一 | | 物理、化學　四分之三<br>動物、礦物　四分之一 |
| 公民科 一 | 社會生活及其組織<br>憲政原則 | 一 | 中華民國之組織<br>經濟生活 | 一 | 社會問題<br>國際關係 |

二二〇 赤峰縣中學校爲遵章成立暨招生開校仰轉呈備案事致赤峰縣公署呈（1925年5月11日）

| | | | | | | |
|---|---|---|---|---|---|---|
| 手工 | 一 | 各種工藝的大概 原紙工 粘土工 | 一 | 各種工藝狀況 黏土工 石膏 | 一 | 竹工 木工 簡易工作圖 |
| 圖畫 | 二 | 鉛筆臨畫 寫生畫 意匠畫 | 二 | 國粹畫 水彩畫 | 二 | 幾何畫 透影畫 圖案畫 |
| 音樂 | 一 | 樂典 唱歌（中文） | 一 | 樂典 唱歌（中文） | 一 | 樂典 唱歌（中文 英文） |
| 體育 | 三 | 普通操 徒手 課外運動（田徑賽 籃球 網球） | 三 | 普通操 啞鈴 課外運動（田徑賽 籃球 網球） | 三 | 普通操 球竿 課外運動（田徑賽 籃球 網球） |

## 二二〇　赤峰縣中學校爲遵章成立暨招生開校仰轉呈備案事致赤峰縣公署呈（1925年5月11日）

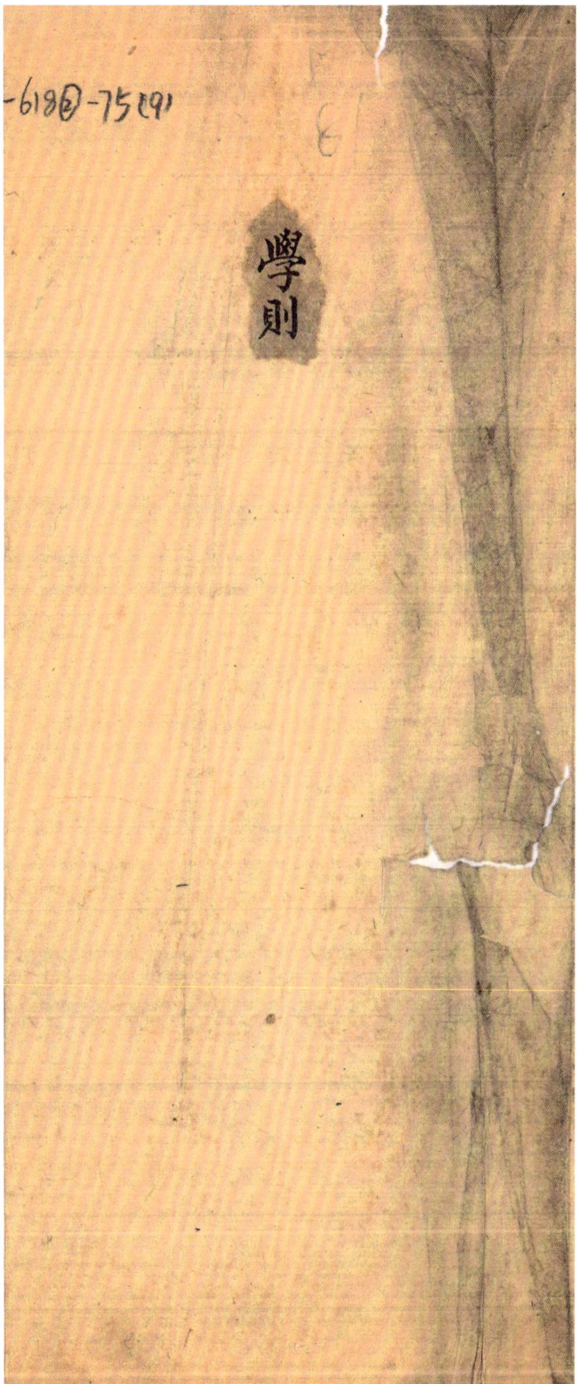
學則

## 二二〇　赤峰縣中學校爲遵章成立暨招生開校仰轉呈備案事致赤峰縣公署呈（1925年5月11日）

3-1

# 赤峰縣立中學校學則

## 第一章　總綱

第一条　本校定名為赤峰縣立中學校

第二条　本校依照新學制以完成中等教育造就社會中堅人才為宗旨

第三条　本校先設初級普通科分三年級以三年為畢業期其高級班暨各項職業科俟款項充裕再行添設

第四条　本校初級普通科以五十人為一學級其招收同學年之學生滿七十人以上者得編為二學級滿一百二十人以上者得編為三學級

## 第二章　學科課程及教授時數

第五条　按照新學制規定初級中學普通科之科目

二二〇　赤峰縣中學校爲遵章成立暨招生開校仰轉呈備案事致赤峰縣公署呈（1925 年 5 月 11 日）

第六条　學科課程及每週時數依據新學制初級中學課程標準分年配合如左表

第三章　修業及畢業事項

第七条　按照新學制採取三三制初級普通科修業定爲三年

第八条　修完初級普通科課程即舉行畢業試驗仍參合平日成績其合格者給與畢業証書

第九条　學業成績平日調查及試驗所得以每科均不下五十分而總平均滿六十分者爲合格遇有學業成績總

平均滿五十五分而操行成績滿七十分者亦可視為合格

第十条　學業成績以科門為單位凡學年試驗須將各學期各該科之分數總計平均再與學年試驗所得該科之分數合併平均畢業試驗須將各該科各學年所得之分數總計平均再與畢業試驗該科之分數平均計算即得該科之分數

第四章　學年學期及休業日

第十一条　學年從八月一日始至翌年七月三十一日終

第十二条　學期分別規定如左

第一學期　八月一日至十二月三十一日

第二學期　一月一日至三月三十一日

第三學期　四月一日至七月三十一日

二二〇　赤峰縣中學校爲遵章成立暨招生開校仰轉呈備案事致赤峰縣公署呈（1925年5月11日）

第十三条　休業日分別規定如左

一武昌起義國慶紀念日十月初十日
二國會開幕紀念日四月八日
三雲南倡義紀念日十二月二十五日
四孔子聖節陰歷八月二十七日
五開校紀念日十一月十七日
六四季節陰歷元旦日端午日中秋日冬至日
七植樹節清明日
八暑假七月初五日至八月十三日
九年假十二月三十一日至翌年一月初二日
十寒假一月十日至二月二十八日

第五章　學生入學退學及儆戒事項

## 二二〇　赤峰縣中學校爲遵章成立暨招生開校仰轉呈備案事致赤峰縣公署呈（1925年5月11日）

第十四条　學生入學期以每年八月為始

第十五条　志願入初級普通科者須身體健全操行端正年在十五歲以上十八歲以下畢業高級小學校或與有同等學力者為合格

第十六条　志願入初級普通科須受左之試驗

一國文　二算術　三英文　四自然科

第十七条　志願入初級普通科者須填具願書履歷書並呈驗畢業證書如已考畢業尚未領得証書應由原畢業學校用正式公文送考但將來仍須補呈證書

第十八条　入校試驗合格者其原呈證書存置校內非畢業時概不發還

第十九条　凡合格入校之學生須呈交保證金大洋四元

二二〇　赤峰縣中學校爲遵章成立暨招生開校仰轉呈備案事致赤峰縣公署呈（1925年5月11日）

並保證人保結一份
第二十条　保證人之資格須住居本校左近有一定職業為
本校認可者
第二十一条　保証人對於學生之行為負有約束指導之
責如其資格因故失去時須由學生另覓相當者補代之
其保証人不盡責任者本校亦應令學生照此辦理
第二十二条　學生學力低劣身體虛弱無畢業之望或
性質不良不堪造就者均可直令退學
第二十三条　學生非因不得已事故經本校許可者不得退學
第二十四条　因教育上之必要得用訓告申戒停學等
罰儆戒學生其不能改者除名
第二十五条　除名學生所已用之學費雜費應責令償

還其全部或一部

第二十六条　凡學生無論退學或除名概不發還保証金

第二十七条　初級普通科學生肄業滿一年因特別情事不能畢業者可酌量發給修業証書

第二十八条　損失校中設備物品者由本人賠償

第六章　學費及其他雜費事項

第二十九条　本校徵收學費每學生每月應納大洋一元但除去年暑假每半年按五個月計算

第三十条　本校在校寄宿各生每人每半年應納寄宿費大洋二元全年共交大洋四元

第三十一条　年暑假後開學之始學生須將每半年應納之學膳寄宿各費一併交足如開學已逾四星期尚未繳

二二〇　赤峰縣中學校爲遵章成立暨招生開校仰轉呈備案事致赤峰縣公署呈（1925年5月11日）

足學費寄宿費者得停止其上課如逾四星期尚未交足

膳費者得停止其開飯

第三十二条　膳費由學生自備其價額依物價隨時酌定

第三十三条　書籍由校内購置按原價脚費發給學生

第三十四条　操衣操帽及紙筆墨硯均由學生自備

第三十五条　手工圖畫所用器具材料亦由學生自備或校内代購按價發給

第七章　管理學生及齋舍事項

第三十六条　因管理方便其通學不便之學生均須在校舍寄宿

第三十七条　學生因有特別情事得陳述緣由經校長許可得暫時寄宿校外

第三十八条　學生於授課中及因事外出時均須着校中

## 二二〇　赤峰縣中學校爲遵章成立暨招生開校仰轉呈備案事致赤峰縣公署呈（1925年5月11日）

預定之制服及靴帽

第三十九条　管理學生設監學一人主任之其講室齋舍飯
廳各管理規則另訂之

第四十条　各科教員除教授時應負管理責任外應於講
室外爲監學管理學生之補助

第四十一条　齋舍編制取分級主義並以教員住室分附之

第四十二条　自修室與寢室合併設立但通學各生之自修
室不與寄宿生之寢室合設

第四十三条　因欲發展學生自治能力分齋舍各事爲舍務
運動學藝三部由監學指導學生自爲之

第四十四条　舍務部設部長一人分設齋長炊事員公買經
理員值日生各若干人運動部設部長一人分設組長值日生

二二〇　赤峰縣中學校爲遵章成立暨招生開校仰轉呈備案事致赤峰縣公署呈（1925年5月11日）

各若干人學藝部設部長一人分設組長值日生各若干人
分擔齋舍各事
第八章　職員
第四十五条　本校設校長一員監學一員英文數學教員一員
藝術科教員一員國語歷史教員一員文牘一員會計一員
書記一員
第四十六条　學生班級若增多時監學得增爲二員各科
教員隨教科繁簡增置並得增設教務長教務員暨庶務
等職員
第四十七条　校長總理全校一切事宜
第四十八条　監學有商承校長監理全校事務及商訂課程
考查學生並整理庶務齋務之責

二二〇　赤峰縣中學校爲遵章成立暨招生開校仰轉呈備案事致赤峰縣公署呈（1925年5月11日）

第四十九条　教務長管理全校課程稽核各教員教授法商
定功課遇有事件商承校長核定
第五十条　教員按照定章分任教授各種科學均當隨時
與校長監學並教務長商定教授法
第五十一条　庶務專司全校庶務迅修建暨潔除房舍購置及
保存器物查點庫儲約束夫役等事皆其專責
第五十二条　文牘掌往來文牘及會議時記錄事事並兼
管圖書室事務
第五十三条　會計專掌本校經費出納及編訂預算決算
各表冊等事
第五十四条　書記專任鈔錄印刷等事並幫同料理一切雜務
第五十五条　本校管理請假逾五日者應自商他員兼理其任務

二二〇　赤峰縣中學校爲遵章成立暨招生開校仰轉呈備案事致赤峰縣公署呈（1925 年 5 月 11 日）

第五十六条　本校管理請假逾一月者應由校長酌委他員代理一月以外仍不到校者另委

第五十七条　本校教員因事請假者可自商他員更換上課鐘點請假逾七日者應由本人倩人代理逾一月仍不到校者另聘

第五十八条　本校章程如有未盡事宜由校長隨時呈請更訂

## 二二一　熱河都統公署爲徵收捲烟吸户特捐事致赤峰縣公署訓令（1925年5月18日）

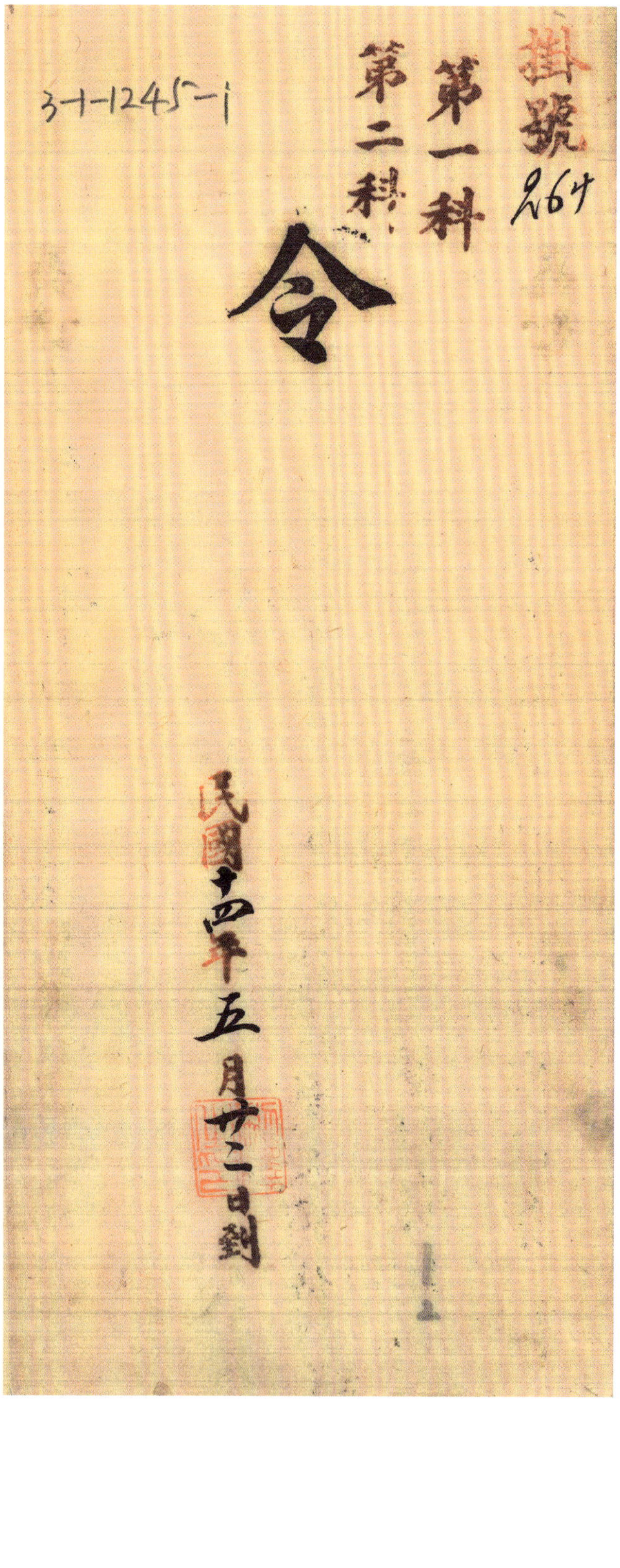
掛號264
第一科
第二科
令
3-1-1245-1
民國十四年五月廿二日到

## 二二一 熱河都統公署爲徵收捲烟吸户特捐事致赤峰縣公署訓令（1925年5月18日）

熱河都統署訓令

需字第貳伍貳號

令赤峯縣

為通行事查本區自經兵燹之後諸政均待
辦理然動輒需款收入無從況地方擔負已重
稅務又不便增加茲為不增加地方擔負並
謀逐減人民奢侈消耗起見仿照日本奢侈
稅辦法對於購吸捲菸者特徵一種捐款
定名為捲菸吸戶特捐業於五月一日設立
熱河兵災善後試辦捲菸吸戶特捐事務
處一處據該處處長呈送章程細則已核審應行

## 二二一 熱河都統公署爲徵收捲烟吸户特捐事致赤峰縣公署訓令（1925年5月18日）

除指令外合亟令仰該縣 印刷佈告多張

通飭所属一體遵照為要此令

附章則三本

中華民國十四年五月 十八 日

監印張秉勳

校對元孚

17　16

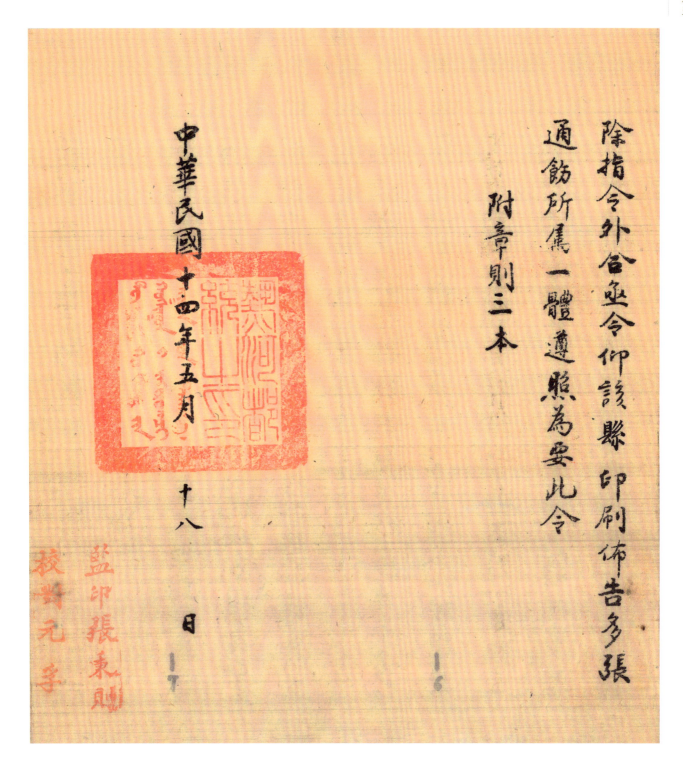

## 二二一　熱河都統公署爲徵收捲烟吸户特捐事致赤峰縣公署訓令（1925年5月18日）

## 二二二　熱河都統公署爲抄發取締典當營業章程事致赤峰縣公署訓令（1925年5月24日）

3-1-1408-1

飭商會遵

掛號330

第一科

民國十四年五月廿八日到

熱河都統公署訓令第一千五百零四號

令赤峰縣知事

爲令行事案據熱河警察廳廳長郜係呈稱爲擬具取締典當營業章程請鑒核通令各縣一體遵行事竊查典當營業無處無之雖係便民之商若不制訂管理則流弊滋多及據累迭查省會各當商收當賊贓及軍警服裝者時有所聞長此不禁既於治安大有關係一經發覺後與當商亦多據累殊經參酌地方情形擬訂取締典當營業章程三十四條俾商民有所遵循官署便於管理是否有當理合具文呈請鑒核示遵如蒙核准并請

## 二二二 熱河都統公署爲抄發取締典當營業章程事致赤峰縣公署訓令（1925年5月24日）

通令各縣一體實行以昭一致而維治安實爲公便謹呈等
情計呈取締典當營業章程一分據此查該廳規定取締
典當營業章程係爲警察防患未然起見應予照准除
指令並分行外合亟鈔發章程令仰該知事一體遵照此令

計鈔發章程一分

中華民國十四年五月廿四日

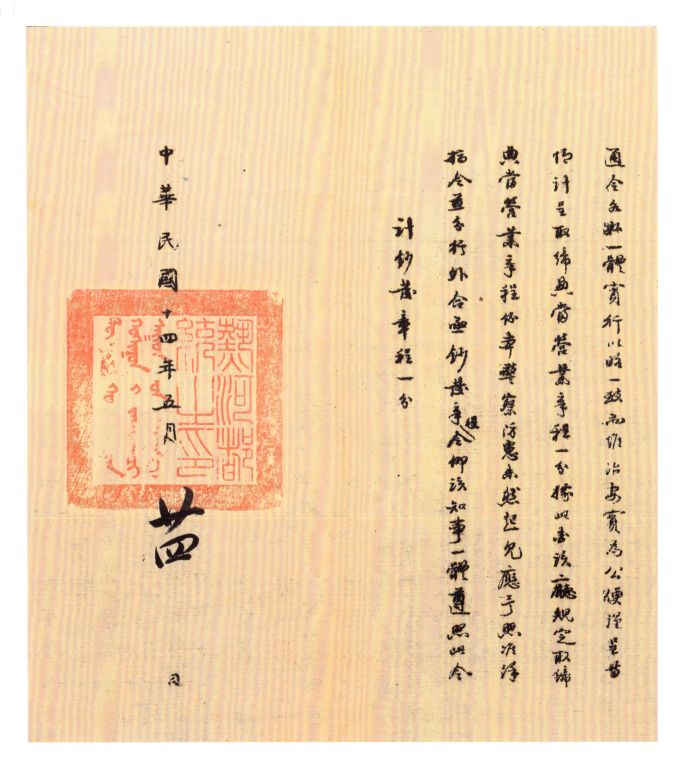

二二二 熱河都統公署爲抄發取締典當營業章程事致赤峰縣公署訓令（1925年5月24日）

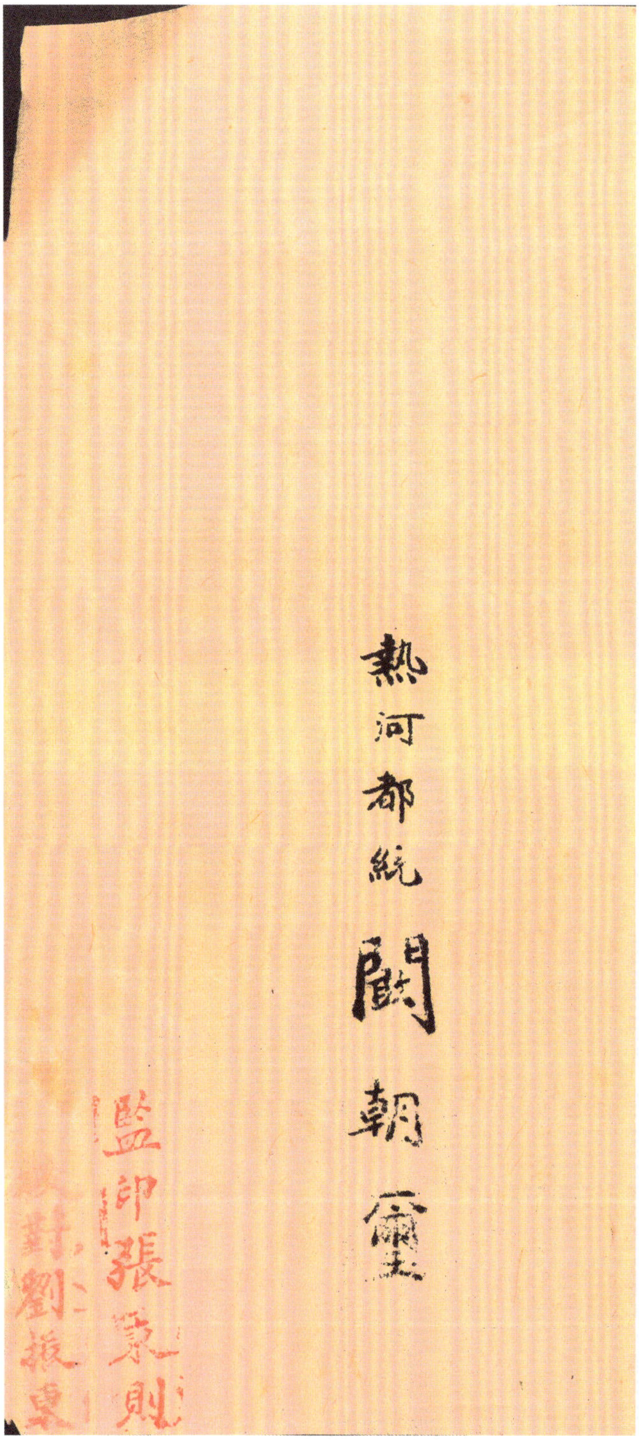

熱河都統闞朝璽

監印張象則

對劉振東

二二二 熱河都統公署爲抄發取締典當營業章程事致赤峰縣公署訓令（1925年5月24日）

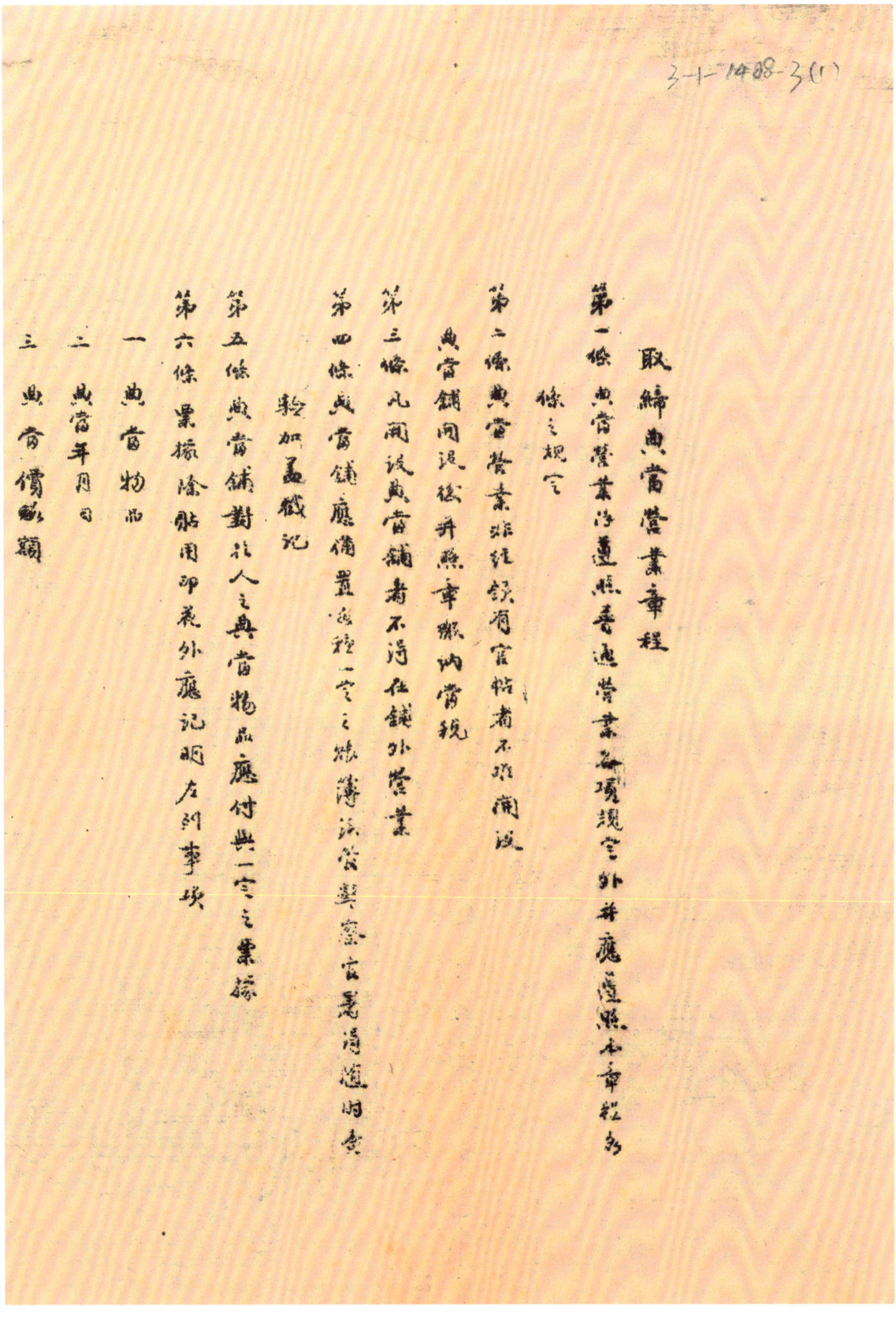

3-1-1408-3(1)

取締典當營業章程

第一條 典當營業除遵照普通營業各項規定外并應遵照本章程各條之規定

第二條 典當營業非經領有官帖者不准開設典當舖開設後并照章繳納當稅

第三條 凡開設典當舖者不得在舖外營業

第四條 典當舖應備置各種一定之帳簿該管警察官署得隨時查驗加蓋截記

第五條 典當舖對於人之典當物品應付與一定之票據

第六條 票據除貼用印花外應記明左列事項

一 典當物品

二 典當年月日

三 典當價額

## 二二二 熱河都統公署爲抄發取締典當營業章程事致赤峰縣公署訓令（1925 年 5 月 24 日）

四 典當期滿之年月日

五 利息

第七條 典當之期限至短不得在一年以下

第八條 典當之月利至多不得過百分之三

第九條 典當物品人如將票據遺失時記明典當物品價額年月日票據號數者得取具妥保詢求補給票據

第十條 典當鋪於收受典當物品時須查詢其來歷是否正當如有形跡可疑者應即報告該管警察官署

第十一條 典當鋪不得收當軍裝軍械及法令所禁止人民收藏及販賣之物品

第十二條 典當鋪對於人之典當物品不得私自使用或轉當

第十三條 典當物品在期限未滿前無論何時何人得持票據取贖

第十四條 典當期限已滿後典當鋪得隨意處分其典當物品

## 二二二 熱河都統公署爲抄發取締典當營業章程事致赤峰縣公署訓令（1925年5月24日）



第十五條 警察官署因搜索贓物遺失物之必要得向典當舖檢查其物品及帳簿

第十六條 警察官署因搜索贓物遺失物之必要得諭知典當舖

第十七條 警察官署在典當舖發現贓物遺失物時得即扣留其物品但查其確非容心接當者得給與當價並不給利息

第十八條 贖取之物品如有與搜索之贓物遺失物相似者須有警察官署之許可不得拒絕其贖取

第十九條 典當舖對於典當物品若監守自盜或以偽換真或其他故意損壞均應按照物價賠償但須扣除利息

第二十條 保管當物不善有被竊或失慎情事應照原價賠償二分之一不扣利息

第二十一條 兵災盜劫水患非人力所能抵抗救護或鄰火延燒距離太近實無搬避之餘地者概不負賠償之責

## 二二二 熱河都統公署爲抄發取締典當營業章程事致赤峰縣公署訓令（1925年5月24日）

二

第二十二條 所當衣物如被鼠咬虫傷按例抵賠償

第二十三條 當貨滿五日後按一月收利其已過一年者應照對月計算之

第二十四條 典當鋪違反法令警察官署得停止或禁止其營業

第二十五條 受停止或禁止之處分者不得以他人名義代理營業

第二十六條 警察官署無論何時得解除其停止之命令

第二十七條 典當鋪停止或禁止營業時對于取贖典當物品仍適用本章之規定

第二十八條 有左列情事之一者處五元以上六十元以下之罰金

一 在檢查時爲虛偽之報告或故意隱匿其物品及帳簿者

二 禁止停止中爲營業者

三 違反第十二條第二十四條之規定者

第二十九條 違反第二條之規定者除令繳帖稅外并處六十元以下之罰金

第三十條 典當鋪之開設及關閉不報明警察官署者處四十元以下之罰金

二二二　熱河都統公署爲抄發取締典當營業章程事致赤峰縣公署訓令（1925 年 5 月 24 日）



第三十一條　違反第四條至十一條及十八各條之規定者處五十元以下之罰金但遇有十一條之情形時得處罰金外并將處分贓品

第三十二條　違反第十九條第二十條之規定者處四十元以下之罰金仍令照章賠償

第三十三條　本章程不適用刑律俱發之例

第三十四條　本章程自呈准公布日施行

## 二二三　赤峰縣公署爲轉發取締典當營業章程事致赤峰縣商會、警察所公函稿、訓令稿（1925年5月30日）

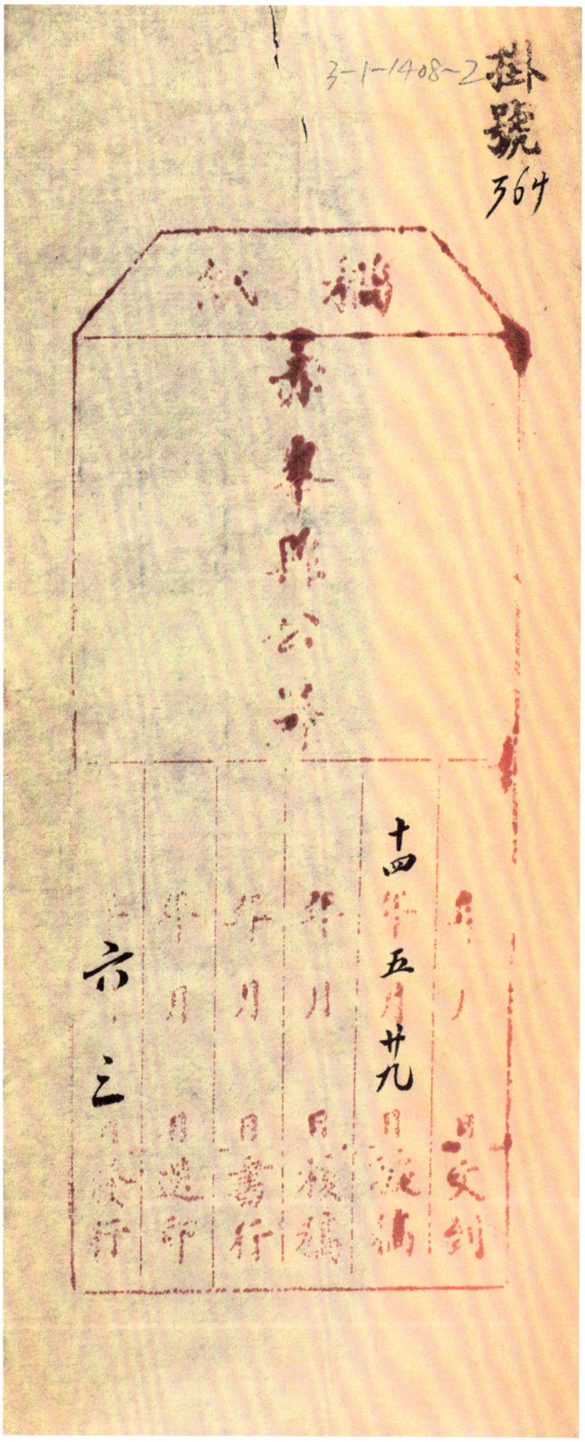
3-1-1408-2

掛號 364

稿式

赤峰縣公署

年　月　日交到

十四年五月廿九日擬稿

年　月　日核稿

年　月　日繕行

年　月　日送行

六月三日發行

## 二二三　赤峰縣公署爲轉發取締典當營業章程事致赤峰縣商會、警察所公函稿、訓令稿（1925年5月30日）

掛號 365

赤峰縣公署公函赤字第三〇号

逕啟者：本年五月二十八日奉

熱河都統公署第一千五百零四號訓令内開：爲令行事云云。此令。

計抄發章程一份等因。奉此，除分行外，相應抄章程函達

貴會查照，布告特飭當商一体知照可也。此致

赤峰縣商會

計函抄送章程一份

赤峰縣公署訓令第九八號

令警察所所長邸鍾華

爲令行事案奉

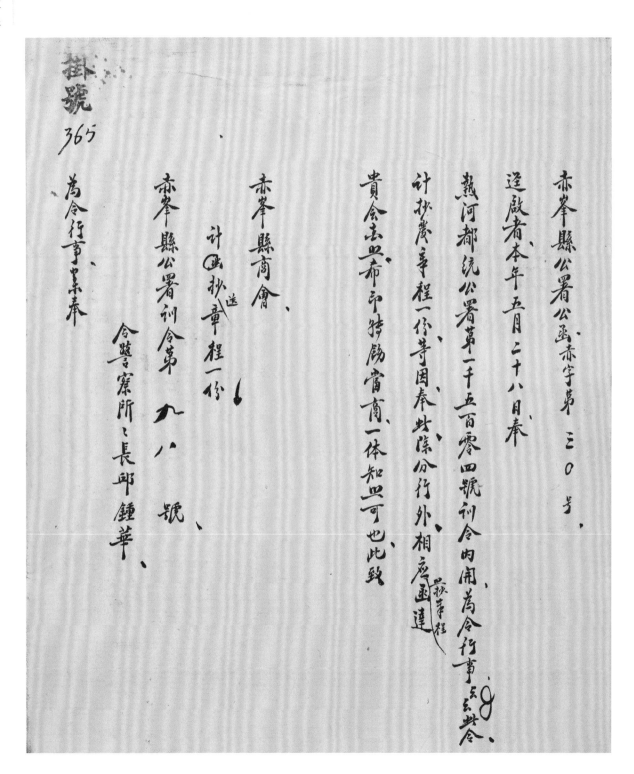

## 二二三　赤峰縣公署爲轉發取締典當營業章程事致赤峰縣商會、警察所公函稿、訓令稿（1925年5月30日）

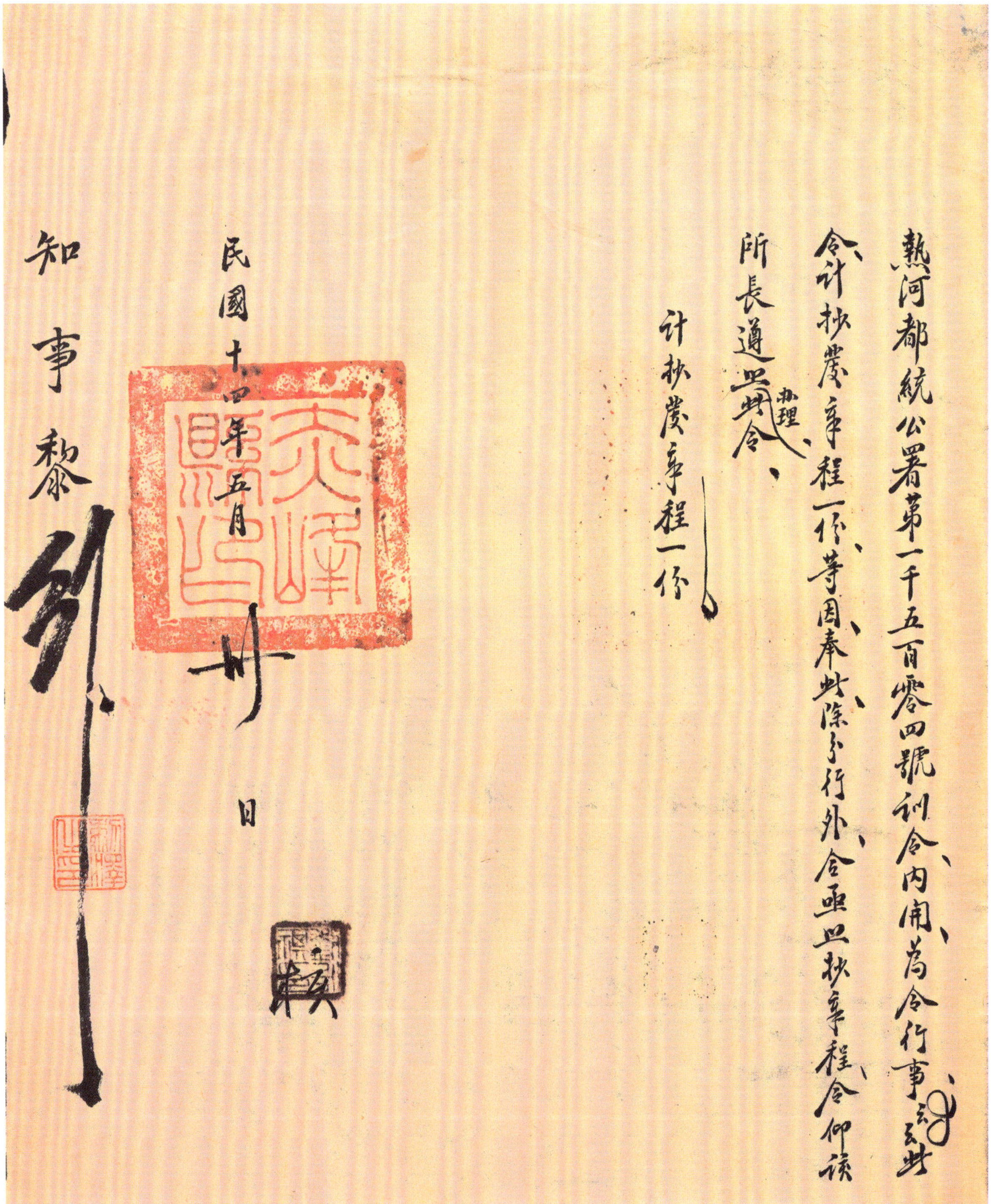

熱河都統公署第一千五百零四號訓令、內開、爲令行事、云云、此令、計抄發章程一份、等因、奉此、除分行外、合亟照抄章程、令仰該所長遵照辦理、此令、

計抄發章程一份

民國十四年五月卅日

知事黎

## 二二四　熱河全區警務處爲取締男子留辮女子纏足事致赤峰縣公署訓令（1925年5月19日）

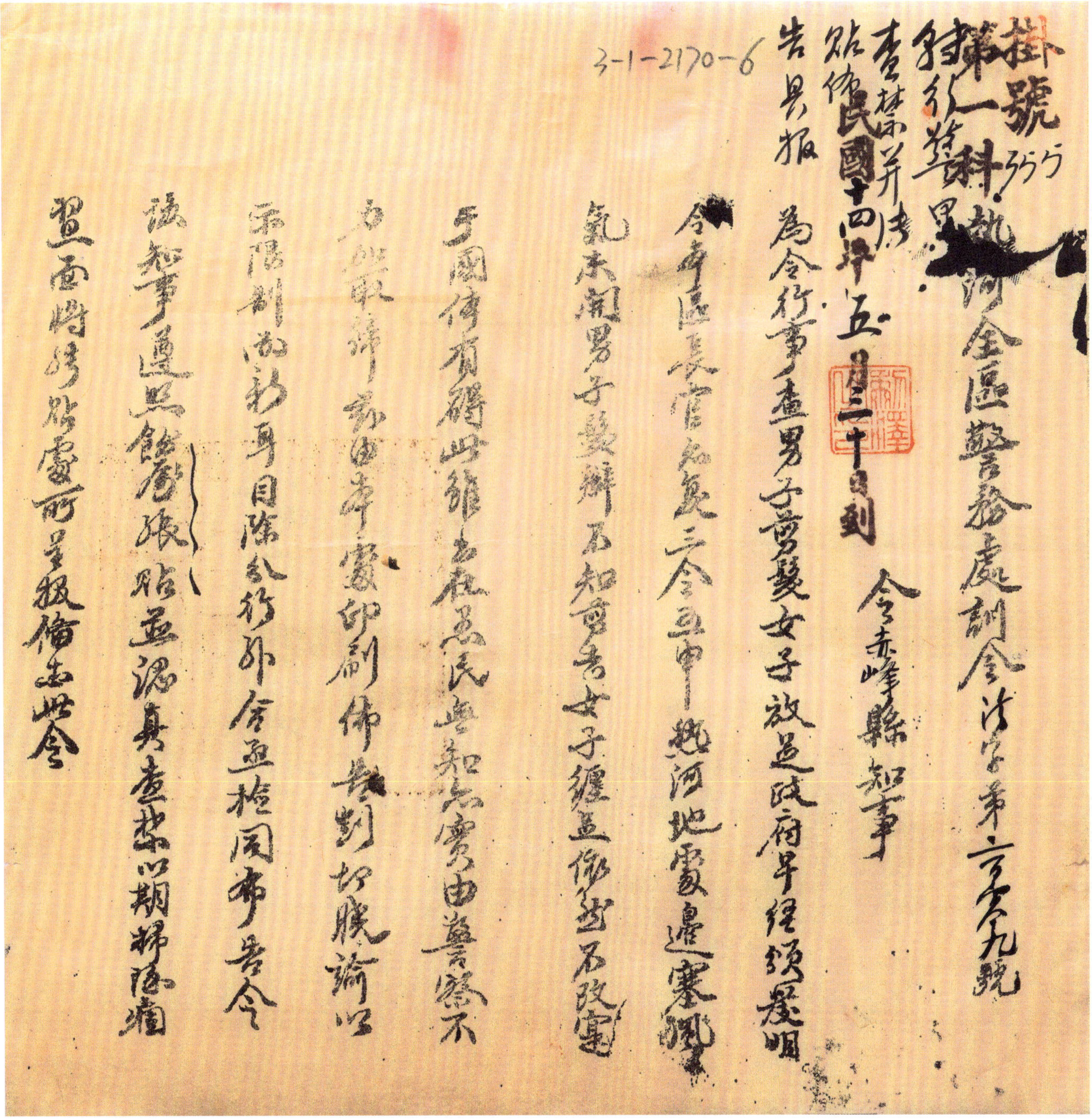
掛號 555
第一科
3-1-2170-6
查禁并告
貼佈
告具報
民國十四年五月三十日到

熱河全區警務處訓令　治字第一六九號

令赤峰縣知事

爲令行事。查男子剪髮、女子放足，迭經政府早經頒發明令，本區長官知照三令五申。熱河地處邊塞，風氣未開，男子髮辮不知剪，女子纏足仍然不改，實于國體有礙，此雖由於人民無知，亦實由警察不力。嚴行取締，由本處印刷佈告，剴切曉諭，以示限制而新耳目。除分行外，合亟檢同佈告，令該知事遵照，飭屬張貼，並認真查禁，以期掃除陋習，而收時效，仍將辦理情形呈報備查。此令

二二四 熱河全區警務處爲取締男子留辮女子纏足事致赤峰縣公署訓令（1925年5月19日）

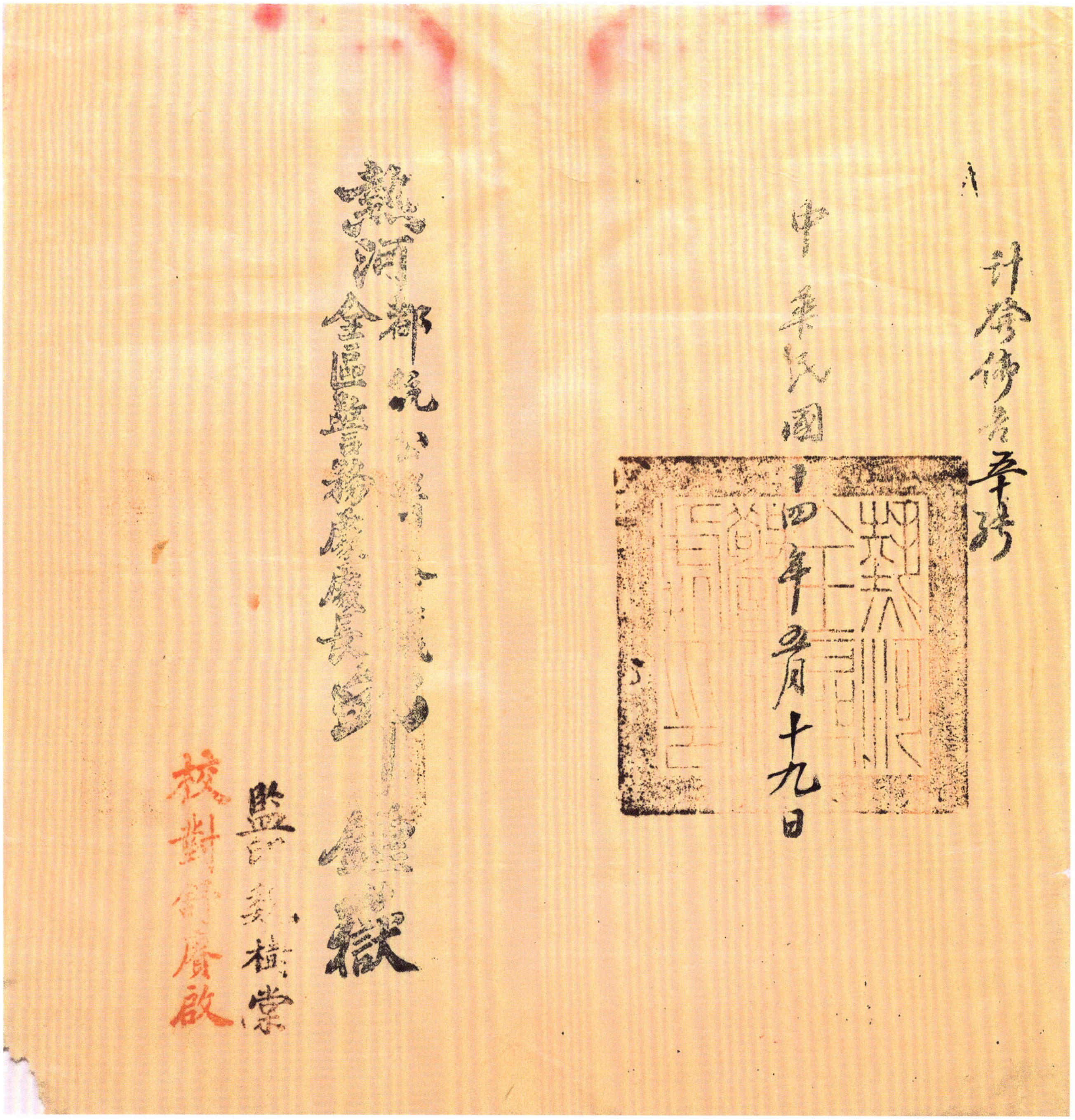
中華民國十四年五月十九日

熱河全區警務處處長 鍾嶽

監印

校對

## 二二四 熱河全區警務處爲取締男子留辮女子纏足事致赤峰縣公署訓令（1925年5月19日）

3-1-2170-7

存

# 熱河全區警務處佈告

治字第 四 號

為佈告事照得男子被髮舉動諸多不便女子纏足步履因而維艱一則垢膩易生一則骨肉受損實於衛生上健康上大有妨害此種陋習久為文明各國所詬病自民國成立以來首倡剪髮天足兩政策其他各省區莫不雷厲風行煥然一新惟熱區地居偏僻風氣未開對於髮辮纏足其自知剪放者固多而迷信舊習慣相沿不改者仍復不少此雖出於一般庸夫愚婦之無知使然實由於有地方管理之責者不事提倡不加限制之故也本處長有鑒於茲為此佈告凡商民人等一體知悉其男子髮辮未剪者限期五個月一律剪除女子已纏足者年在五十歲以上應聽其自由五十歲以下之婦女由警察勸令自行解放改著平底坤鞋以逐漸改良其幼女未纏足者不准再纏倘自諭之後男子髮辮逾限不剪者即由警察強制剪去并罰大洋壹元女子在十歲以下仍行纏足著高底者又幼女新纏足者一經查出即將該家長從重懲罰決不寬恕除通令各縣警察所就近嚴加取締外合亟佈告爾商民人等其各凜遵毋違切切此佈

處長邱鍾嶽

中華民國十四年五月十八日

## 二二五　赤峰縣公署爲張貼剪髮放足布告事致熱河全區警務處呈稿（1925年6月2日）

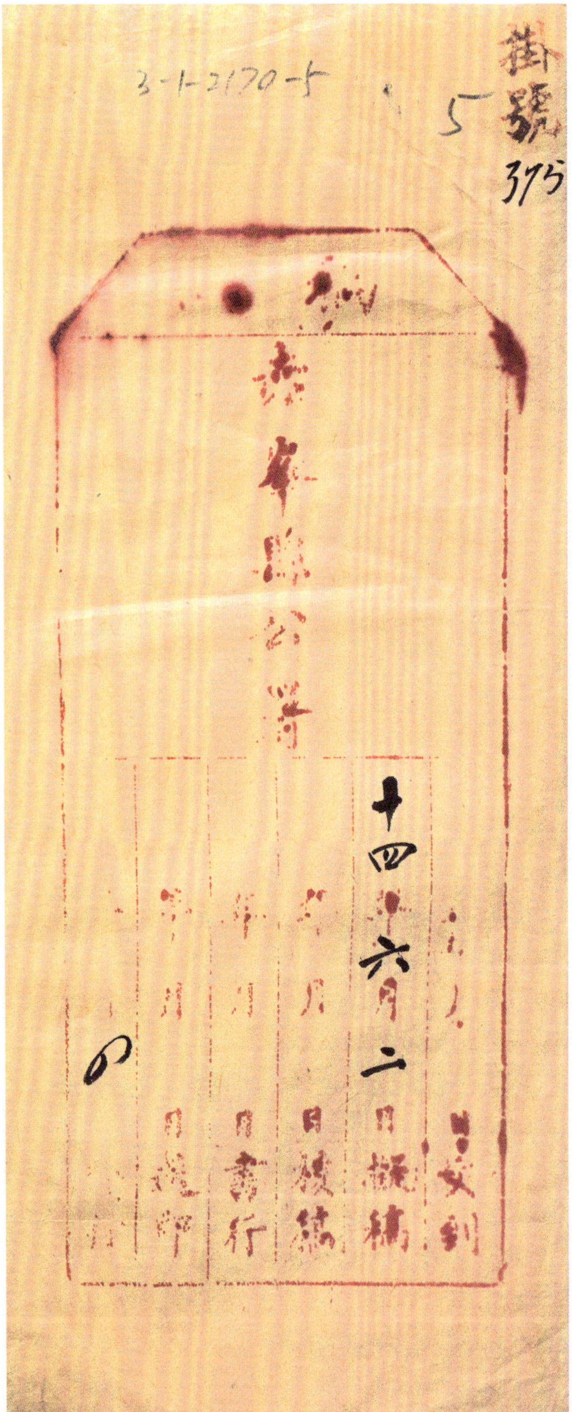

## 二二五 赤峰縣公署爲張貼剪髮放足布告事致熱河全區警務處呈稿（1925年6月2日）

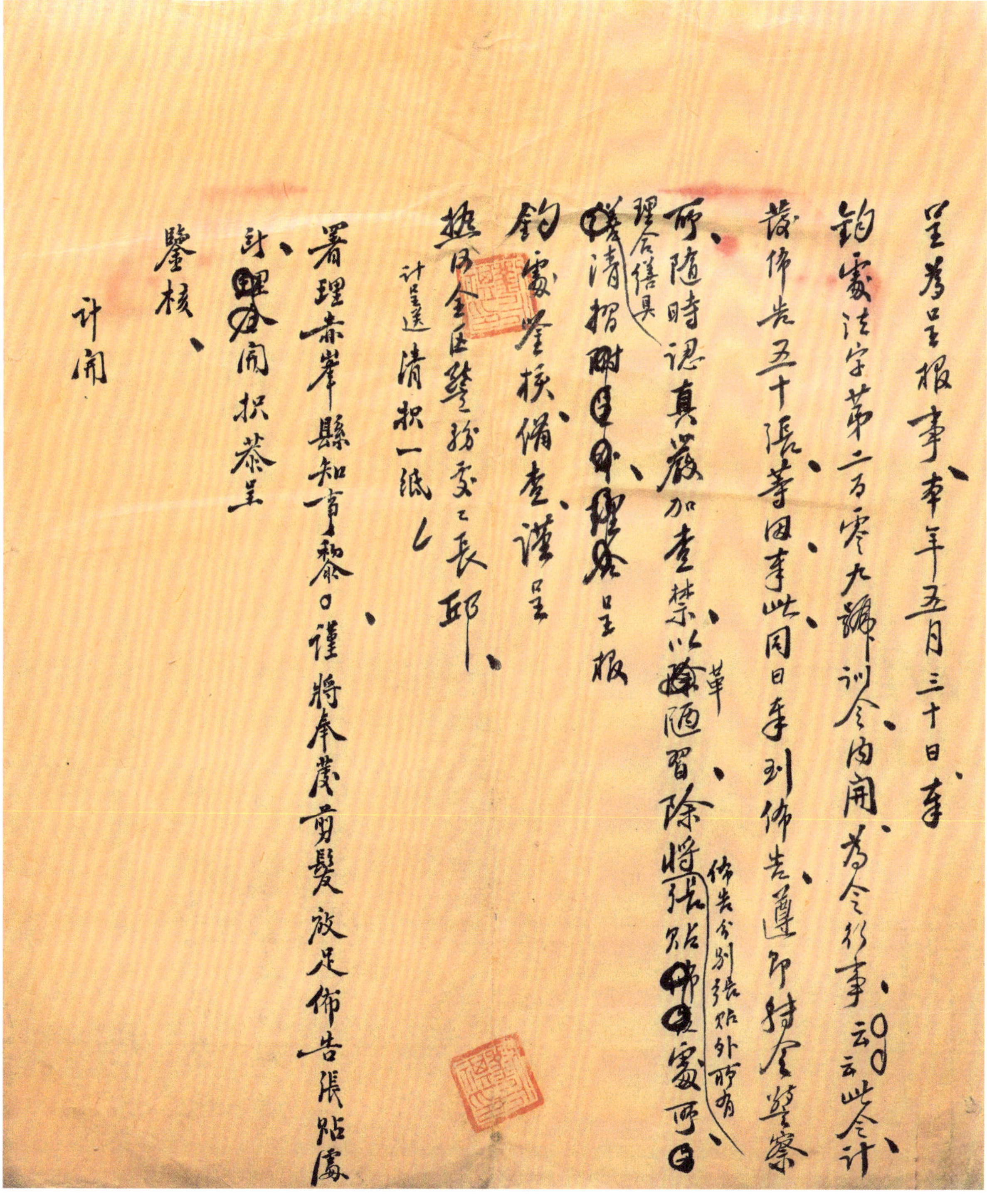
呈為呈報事。本年五月三十日奉
鈞處法字第二万零九號訓令內開：為令行事，云云。此令，計
發佈告五十張等因。奉此，同日奉到佈告，遵即轉令警察
所隨時認真嚴加查禁，以革陋習，除將佈告分別張貼外，所有
理合繕具清摺，呈報
鈞處鑒核備查。謹呈
熱河全區警務處處長邸
計呈送清摺一紙
署理赤峰縣知事黎○謹將奉發剪髮放足佈告張貼處
所，理合開摺恭呈
鑒核。
計開

二二五　赤峰縣公署爲張貼剪髮放足布告事致熱河全區警務處呈稿（1925 年 6 月 2 日）

署前一張、六街六張、上真街二張、猫蘇街二張

公主陵街
菜窖五張、翁牛府街二張、柳條園街二張

大屯街三
基（?）窯五張、牛王廟街二張、公家地街二張

喇嘛洞街三張、三眼井街二張

民國十四年六月二日

知事黎［簽名］

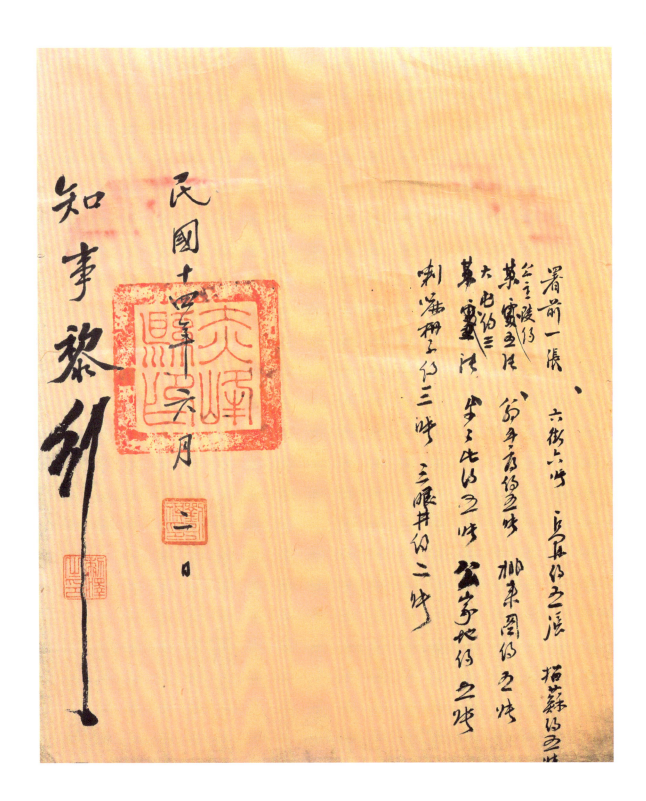

## 二二六　第一區宗立功等爲籌設鄉農總會事致赤峰縣公署呈（1925年8月）

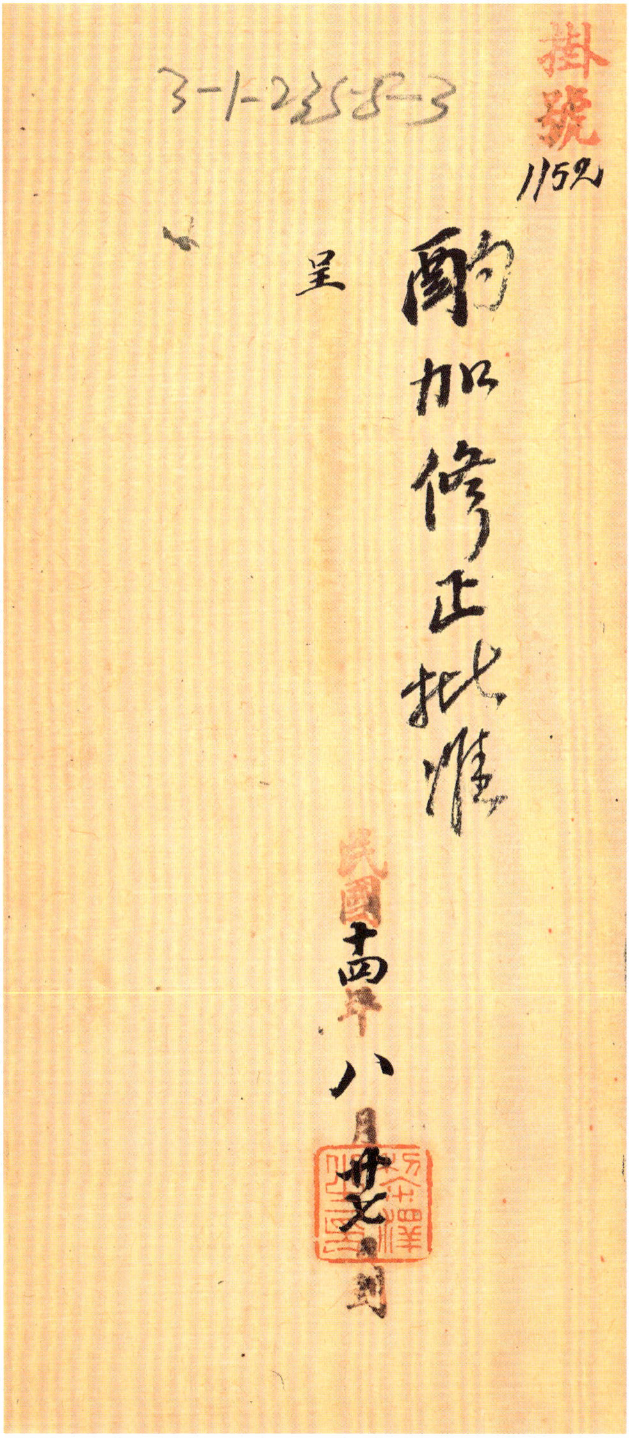

3-1-2358-3

掛號

1152

鈞加以修正批准

呈

民國十四年八月廿七日

## 二二六 第一區宗立功等爲籌設鄉農總會事致赤峰縣公署呈（1925年8月）

呈為公議表決開辦全境鄉農會擬具簡章恭請鑒核准予立案並賜轉呈備
查以便成立事竊緣赤峰地處邊塞風氣未開鄉民勢如散沙對於承受行政軍
需兩要端毫無研究每遇應辦事件公私交受其困各區雖設有分會大約各
自為政成効殊鮮若不設法辦理鄉民永無進步之一日代表生長斯土提倡維持責
無旁貸現擬在本街開辦全境鄉農會一處以資進行業已公議表決並擬具簡
章十二條隨文附呈為此聯名具呈伏祈
監督鑒核准予立案並賜轉呈備查以便成立施行 謹呈
赤峰縣監督黎

第一區宗立功 十
第二區姚先弼
第三區解琳

## 二二六　第一區宗立功等爲籌設鄉農總會事致赤峰縣公署呈（1925年8月）

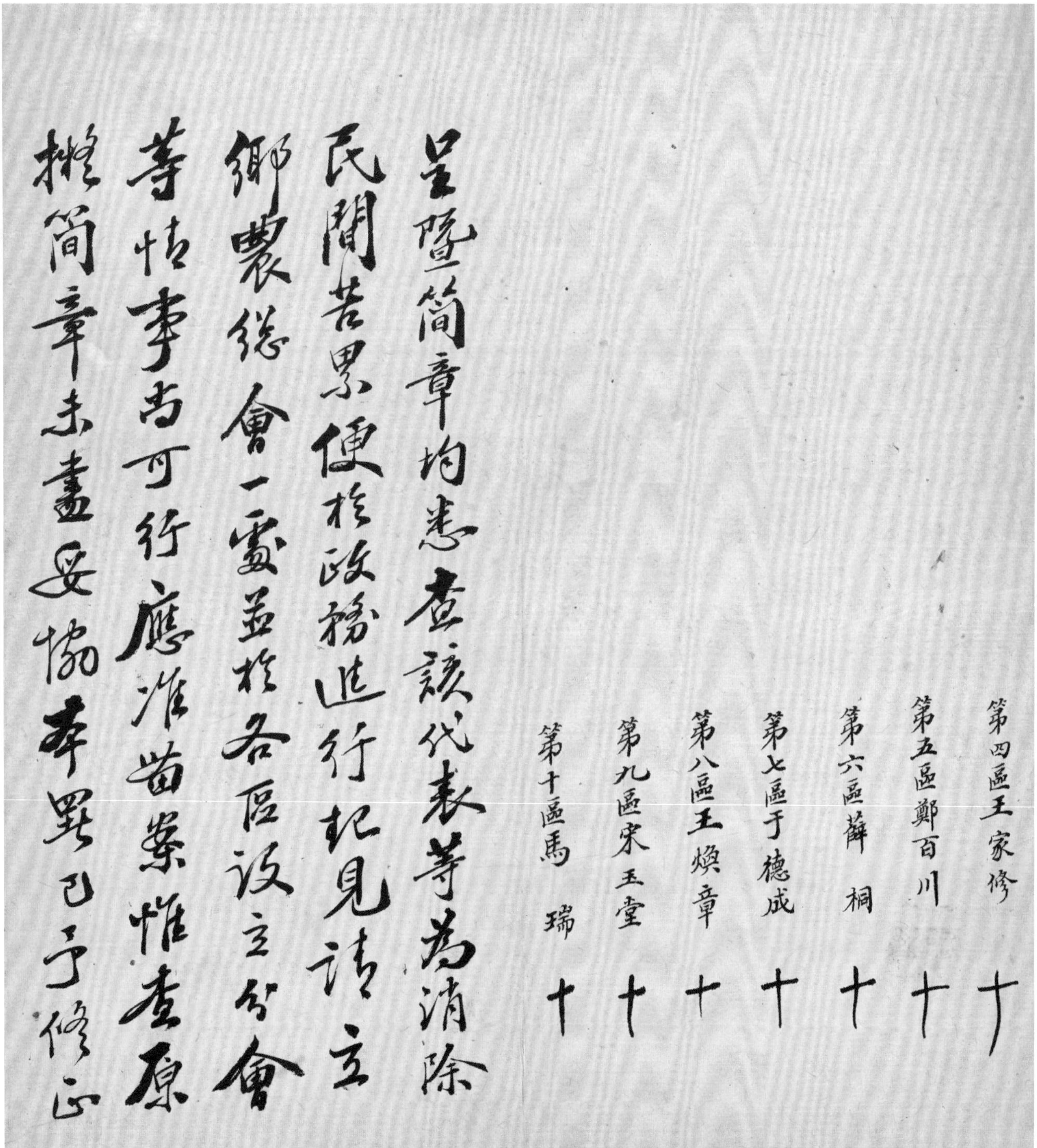
第四區王家修　十
第五區鄭百川　十
第六區薛　桐　十
第七區于德成　十
第八區王煥章　十
第九區宋玉堂　十
第十區馬　瑞　十

呈暨簡章均悉。查該代表等爲消除
民間苦累，便於政務進行起見，請立
鄉農總會一處，並於各區設立分會
等情，事尚可行，應准備案。惟查原
擬簡章未盡妥協，本署已予修正

## 二二六 第一區宗立功等爲籌設鄉農總會事致赤峰縣公署呈（1925年8月）

並於第八條後補加一條依次遞加共
爲十三條除轉報並將簡章另行繕發
外仰即遵照組織立會所有一切可宜
務須照章妥慎辦理并將該會成立
日期具報備查原簡章存此批

中華民國十四年八月　日

先

## 二二六 第一區宗立功等爲籌設鄉農總會事致赤峰縣公署呈（1925年8月）

4
3-1-2358-5

簡章

## 二二六　第一區宗立功等爲籌設鄉農總會事致赤峰縣公署呈（1925年8月）

謹將公議赤峰縣全境鄉農總會簡章繕具清單恭呈

鑒核

計開

改名鄉農總会

第一章　名稱

第一條　本會定名爲赤峰縣鄉農總會

第二章　宗旨

第二條　本會因官民階級相去懸殊下情不能上達每遇應辦一切事宜公私交受其困故以消除民間之疾苦輔助行政之不逮爲宗旨

第三章　組織

第三條　本會以真正民意公議表決而成各區設分會一處縣街設全境鄉農總會一處凡屬農民均爲本會會員

二二六　第一區宗立功等爲籌設鄉農總會事致赤峰縣公署呈（1925年8月）

第四條　本會設評議員十員由各鄉農會正副會長輪流充任

第五條　本會設正副會長各一員由評議員互推二人充任之任期為二年任滿另舉被舉者得連任

第六條　本會視事務之繁簡酌用僱員指揮僱員之權由正副會長執行之

第四章　權限

第七條　本會會長評議各員除照章盡職外均受縣知事之監督指揮

第八條　本會職員專司關於採辦軍用粮草軍需車輛平治縣境里道勸辦林業蠶桑及其他有關民生之各項實業代表民間疾苦輔助行政一切事宜此外無論何項公私事件一概不准干預

凡軍用車草應由縣署或軍政機關長官文函聯合會核准後將文交本會採買以便考核凡直接要求者概不接待

九條

第五章　經費

二二六　第一區宗立功等爲籌設鄉農總會事致赤峰縣公署呈（1925年8月）

第十條　本會經費由區分會按畝籌攤按年先造具預決算書呈報縣署核准實行

第十一條　本會職員除僱員外均為名譽職但長期住會者酌給車馬費其數目另行議定呈報

第六章　附則

第十二條　本會關於進行一切事件應按照辦事細則辦理其辦事細則另行公議表決呈報

第十三條　本會簡章以呈奉批准之日為發生効力之期如有未盡事宜隨時公議表決呈報更正

## 二二七 赤峰縣公署爲設立屠宰廠事布告稿（1925年9月27日）

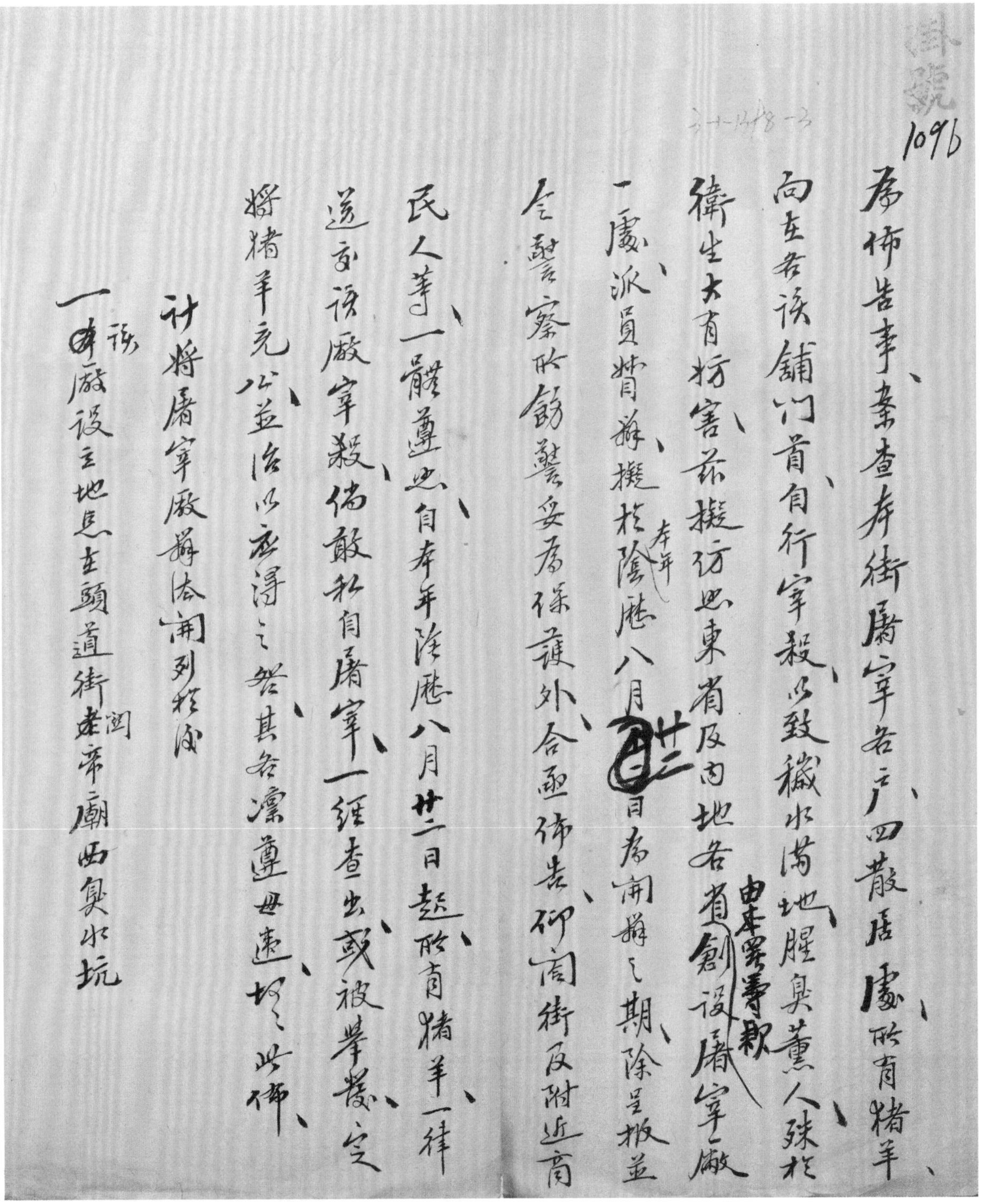

1096

爲佈告事。案查本街屠宰各户，四散居處，所有猪羊向在各該鋪門首自行宰殺，以致穢水满地，腥臭薰人，殊於衛生大有妨害。茲擬仿照東省及内地各省，由本署籌款創設屠宰廠一處，派員督辦，擬於本年陰曆八月廿二日爲開辦之期。除呈報並令警察所飭警妥爲保護外，合亟佈告，仰闔街及附近商民人等一體遵照，自本年陰曆八月廿二日起，所有猪羊一律送交該廠宰殺，倘敢私自屠宰，一經查出，或被舉發，定將猪羊充公，並治以應得之罪。其各凛遵毋違，切切，此佈。

計將屠宰廠辦法開列於後

一、該廠設立地點在頭道街關帝廟西臭水坑

二二七　赤峰縣公署爲設立屠宰廠事布告稿（1925年9月27日）

一該廠以本年陰曆八月廿二日爲開辦之期
一本廠屠猪一口只取鬃毛血腰不再索費
一本廠宰羊一隻只取血及小腸一根不再索費
一本廠開辦之後凡本街及附近村莊屠舖居民不得私
自屠宰違者一經查出或被發覺即將猪羊充公並治
以應得之罪
一該廠設廠長一員督理廠內一切事宜稽查二名巡查街市嚴緝私宰
一該廠開辦之後如有不逞之徒藉端攪擾准由該廠長
送交本公署懲辦

二二七　赤峰縣公署爲設立屠宰廠事布告稿（1925年9月27日）

民國十四九月廿七日

知事黎

## 二二八 熱河都統公署爲取消保甲事致赤峰縣公署快郵代電（1925年12月13日）

3-1-3468-21(73)

熱河都統公署

快郵代電

第一頁

字第一〇七號

赤峯縣知事查閲前都統任内通令各縣辦理保甲熱垣設全區保甲總辦公所各縣設保甲分所各區設區保甲所區分所編練馬步常駐甲丁及散在甲丁限定數目多多益善而經費一項出自民間又不規定劃一辦法民力已屬不堪乃入秋以後忽又將全區各縣保甲預警改編軍隊至六師四旅之多勒收民人保甲槍枝强派農夫入伍以致警甲破壞土匪蜂起民難自衛破產傾家聞見所及傷心慘目本都統蒞任伊始深悉吾民如在水火之中所有前都統任内要政必須斟酌緩急次第裁撤以蘇民命

中華民國十四年十二月 日

民國十四年十二月十七日到

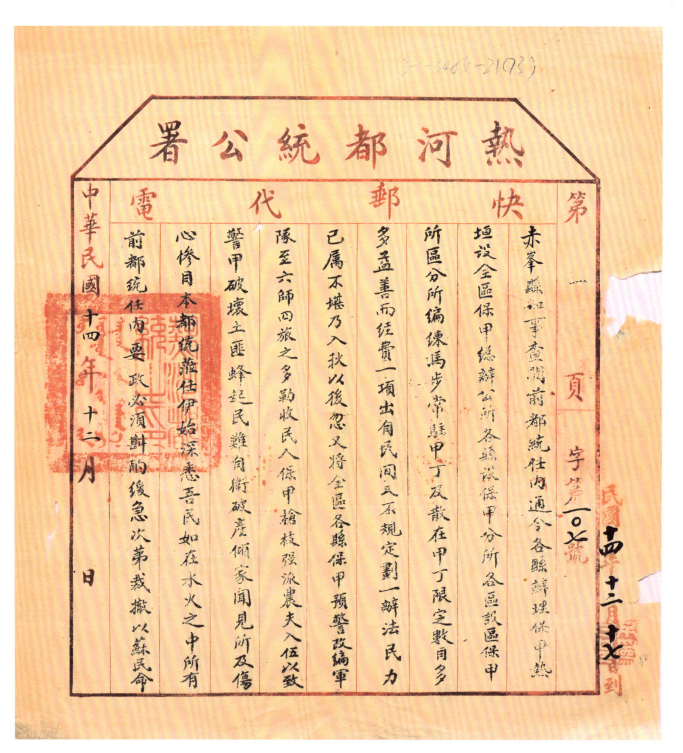

## 二二八　熱河都統公署爲取消保甲事致赤峰縣公署快郵代電（1925年12月13日）

熱河都統公署

快郵代電

第二頁　字第　號

茲將熱河全區保甲總辦公所停止該各縣保甲所區保
甲所區分所亦一律取銷凡從前甲丁及正警預警編為
軍隊者皆係土著之民各自歸家安業如係正警預警仍
歸警察管轄如民間為防匪自衛願辦保甲守望相助
者由縣知事酌量辦理總之兵自兵民自民强民為兵不
教而戰是謂殃民聚衆無款强民負担是謂擾民自今以
後永遠禁止以民丁警察改編軍隊并不准任意加捐加
私至各縣保甲所自開辦至取銷其間用過之款除已攤斂
報銷者外尚欠若干責成該知事會同地方法團認真清算

中華民國　年　月　日

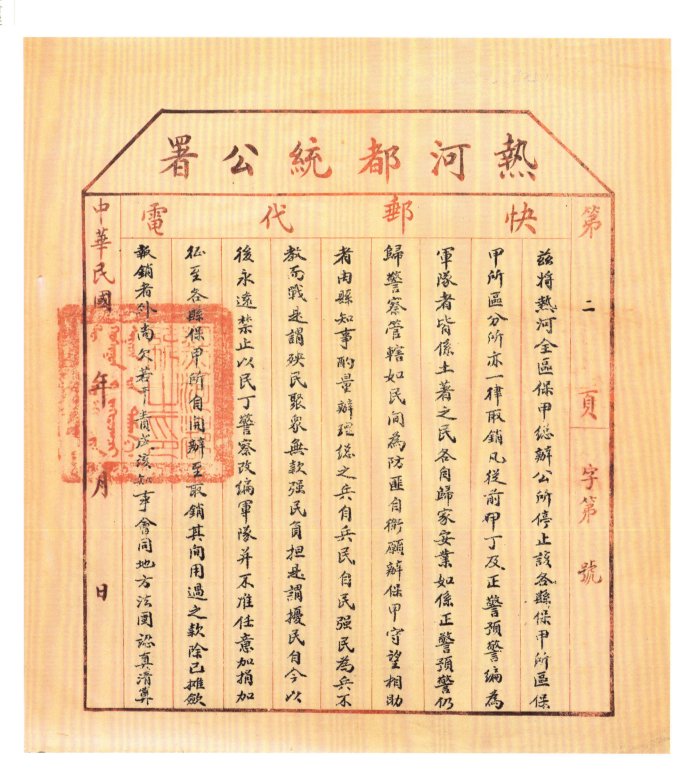

## 二二八　熱河都統公署爲取消保甲事致赤峰縣公署快郵代電（1925年12月13日）

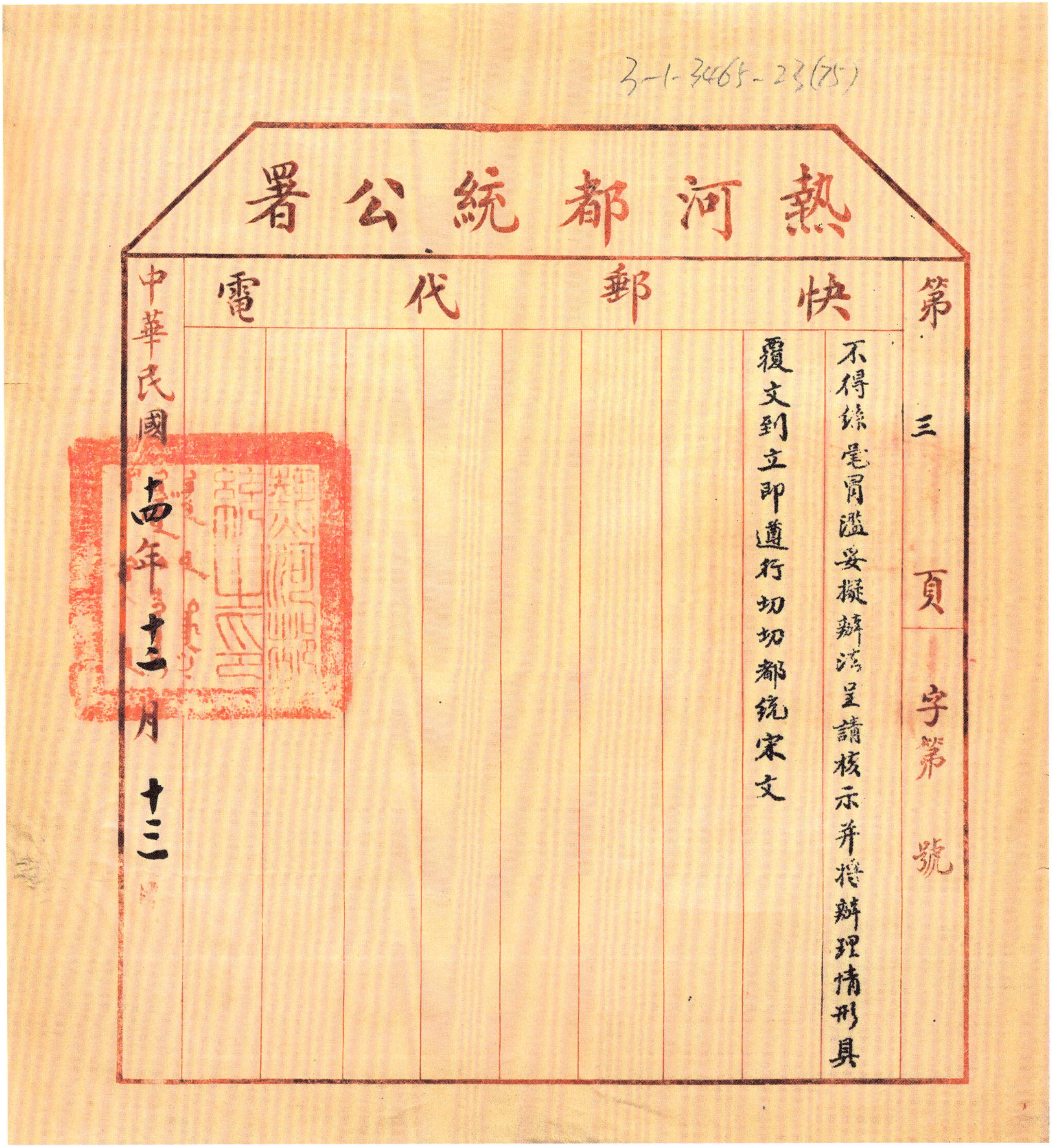

3-1-3465-23(75)

熱河都統公署

快郵代電

第三頁　字第　號

不得絲毫冒濫妥擬辦法呈請核示并將辦理情形具覆文到立即遵行切切都統宋文

中華民國十四年十二月十三日

## 二二九　赤峰縣公署爲取消保甲改編預警事致赤峰縣保甲事務所、財政所訓令（1925年12月19日）

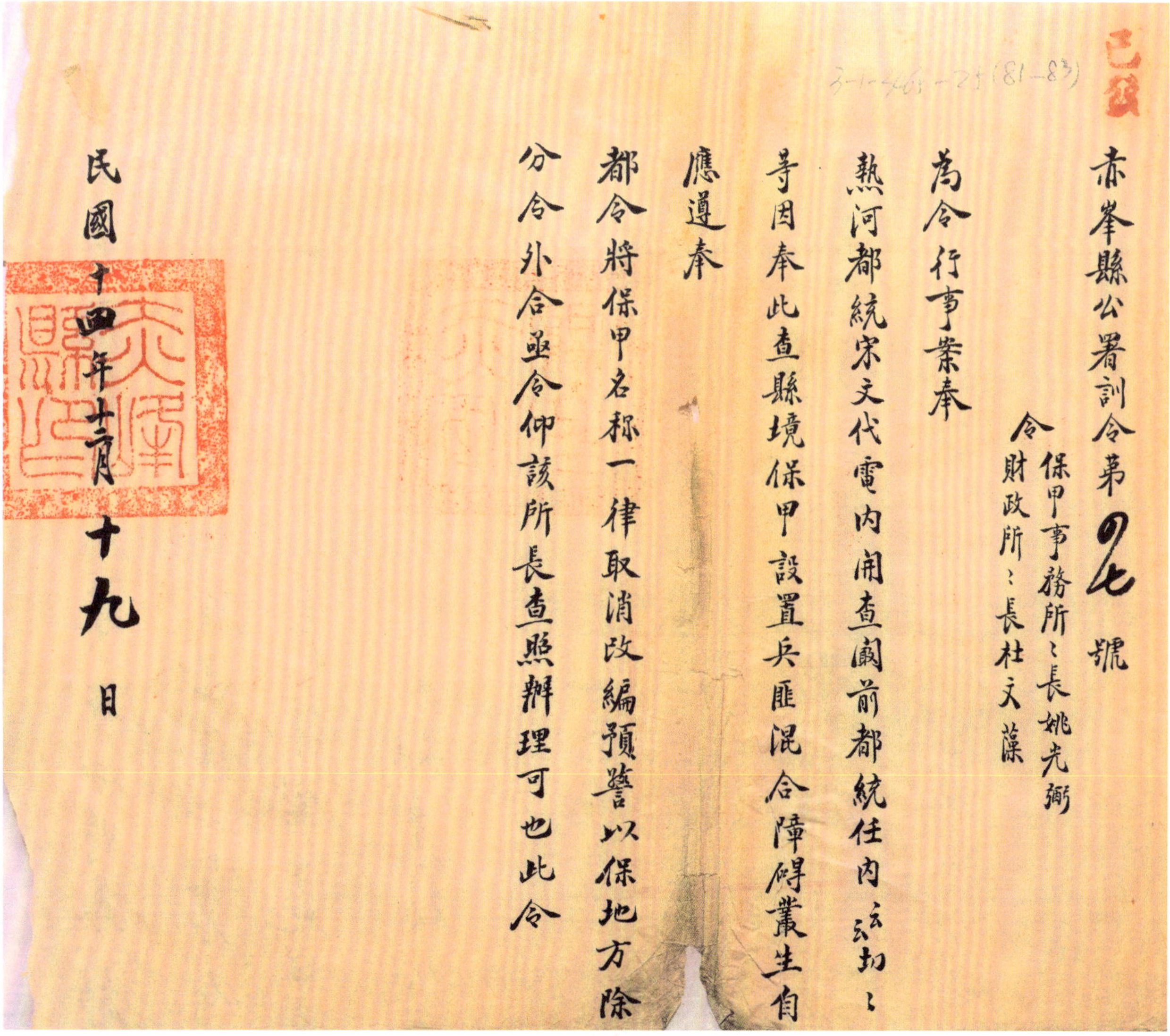

赤峰縣公署訓令第九七號
令保甲事務所所長姚光衡
財政所所長杜文藻
為令行事案奉
熱河都統宋文代電内開查閫前都統任内云云切切等因奉此查縣境保甲設置兵匪混合障礙叢生自應遵奉
都令將保甲名稱一律取消改編預警以保地方除分令外合亟令仰該所長查照辦理可也此令
民國十四年十二月十九日

## 二三〇 赤峰縣公署爲成立支應局事致熱河都統公署電報稿（1926年1月18日）

3-1-1713-1

熱河宋大帥鈞鑒：本日下午四時奉都帥加急銑電，當即遵照帥令邀集商農會各會長協議，合組支應局以濟軍需。十九日支應局成立，籌備處取消。謹電呈。知事楊裕文叩。巧印。

民國十五年一月十八日

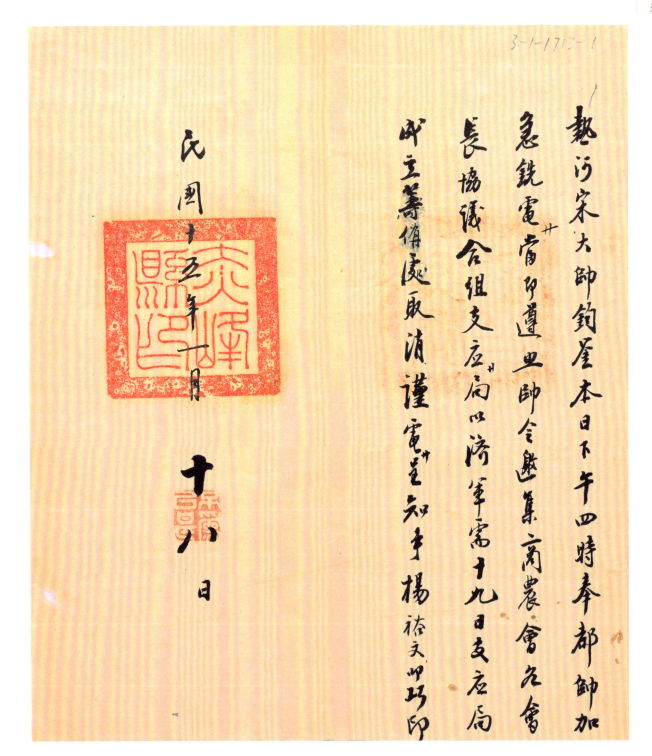

## 二三一 熱河教育廳爲選送合格學生入通俗講演所傳習班學習事致赤峰縣公署訓令（1926年2月5日）

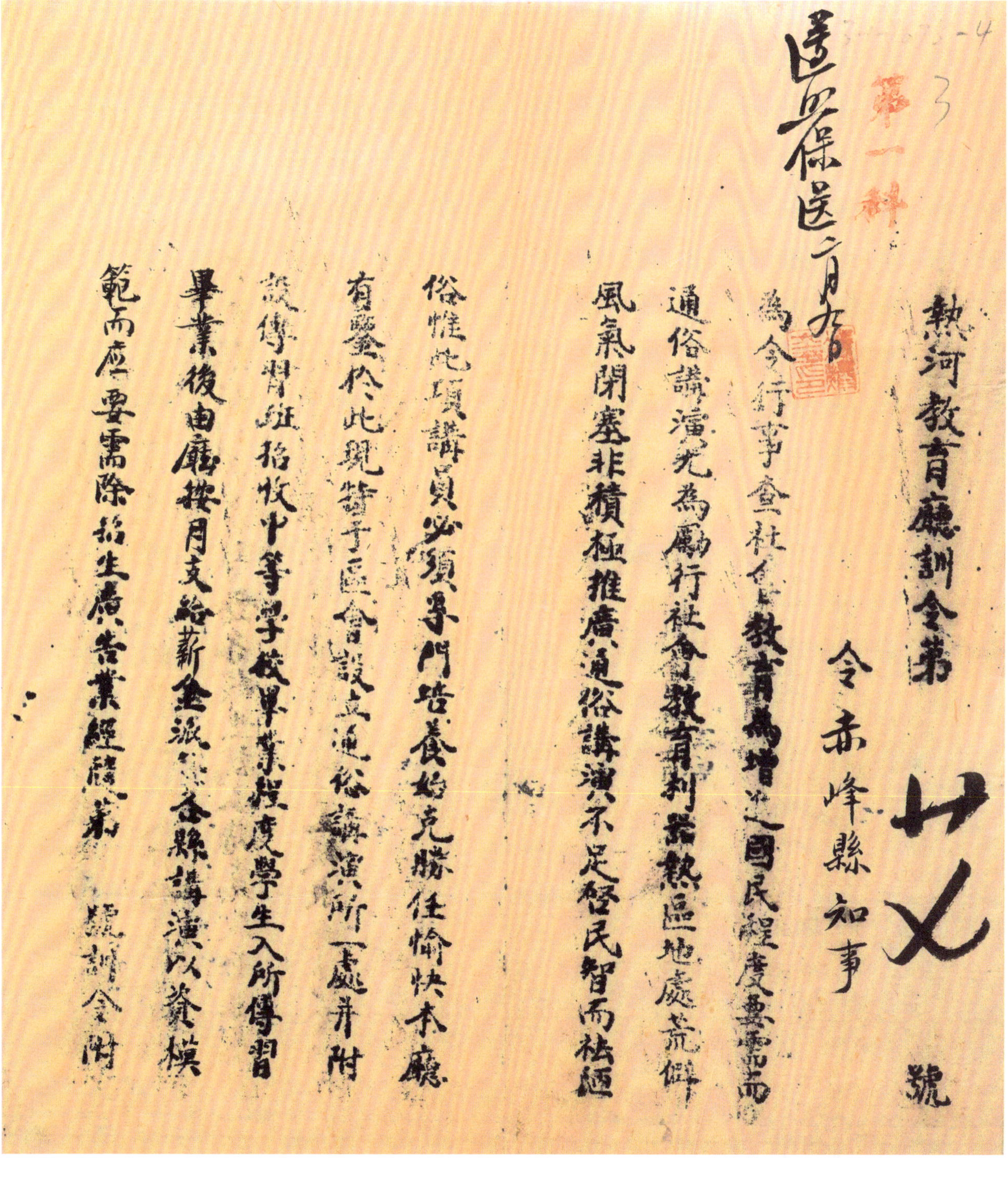

熱河教育廳訓令第廿九號

令赤峰縣知事

為令行事查社會教育為增進國民程度要需而通俗講演尤為勵行社會教育利器熱區地處荒僻風氣閉塞非積極推廣通俗講演不足啓民智而祛陋俗惟此項講員必須專門培養始克勝任愉快本廳有鑒於此現擬于區會設立通俗講演所一處并附設傳習班招收中等學校畢業程度學生入所傳習畢業後由廳按月支給薪金派赴各縣講演以資模範而應要需除招生簡章業經　號訓令附

## 二三一 熱河教育廳爲選送合格學生入通俗講演所傳習班學習事致赤峰縣公署訓令（1926年2月5日）

發外並附發入學保証書紙仰該知事查照該
所招考廣告迅速保選合格學生二人限於三月十日以
前來熱報到并着督飭各該生就本縣覓取妥保填
寫保証書連同保送學生名冊先行呈報來廳備查切
切勿延此令

附發保証書兩張

中華民國十五年二月五日

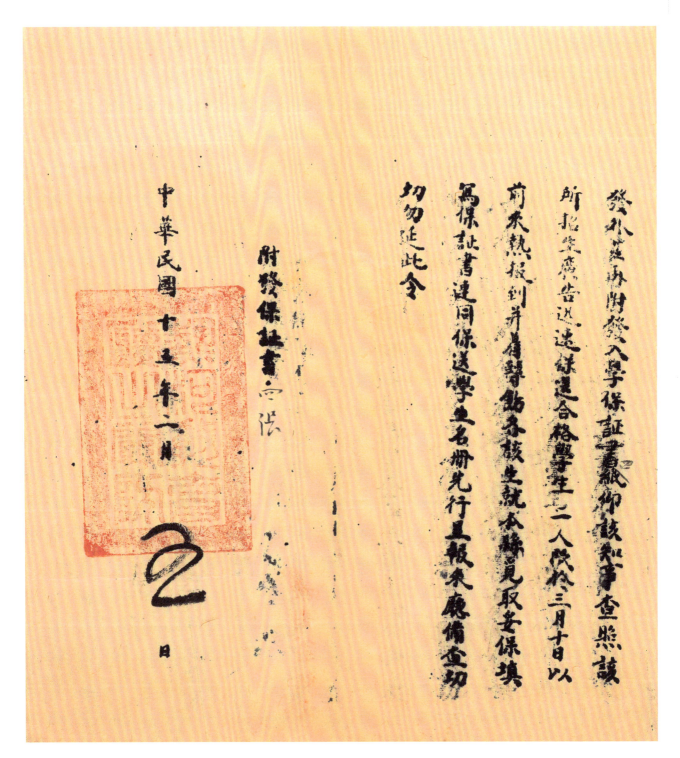

## 二三一 熱河教育廳爲選送合格學生入通俗講演所傳習班學習事致赤峰縣公署訓令（1926年2月5日）

熱河教育廳廳長虞銘新

校對翁紹文

## 二三二　赤峰縣公署爲報送通俗講演所傳習班學生名册事致熱河教育廳呈稿（1926 年 3 月 12 日）

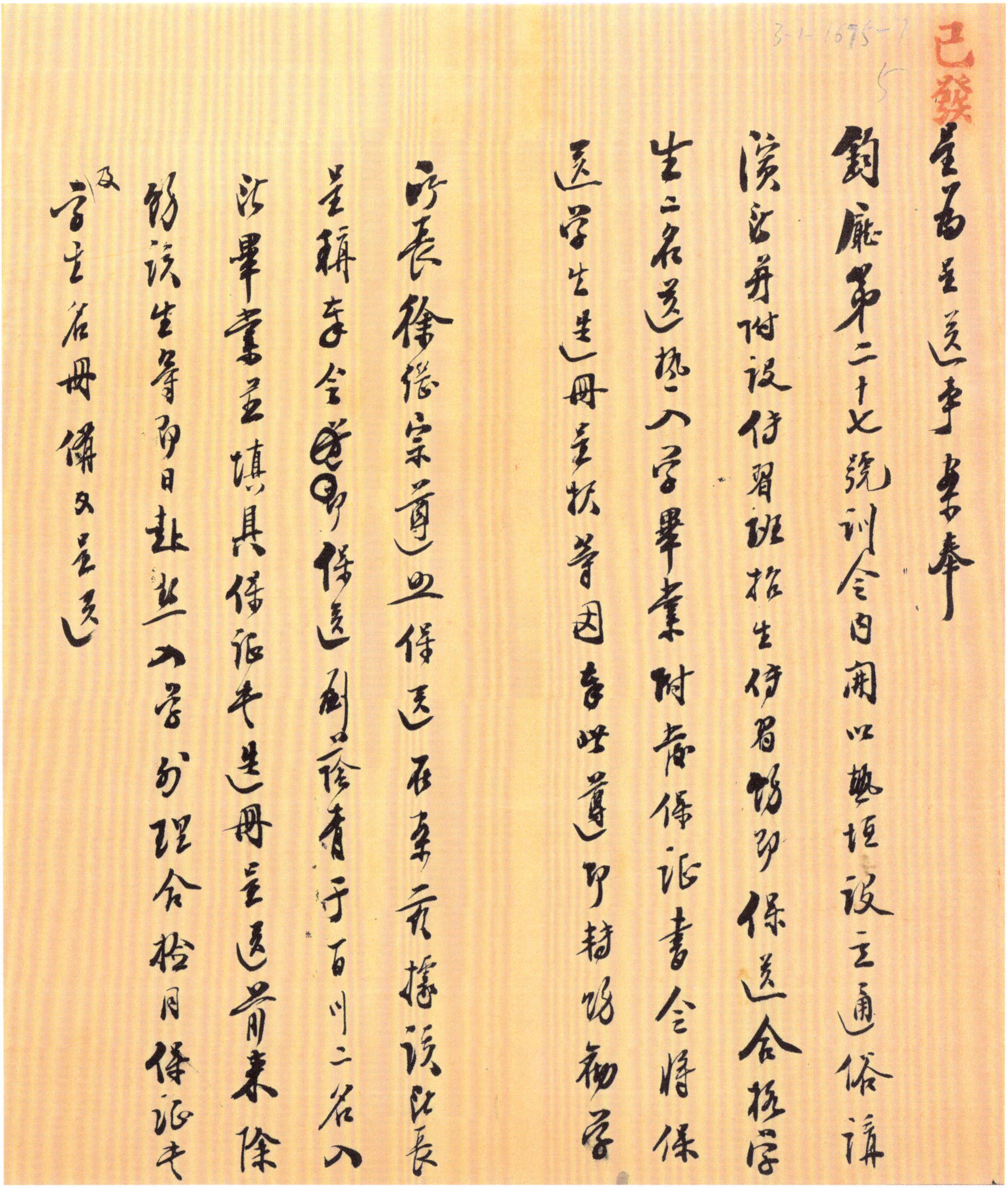
已發
3-1-1675-7
5
呈爲呈送事案奉
鈞廳第二十七號訓令内開以熱垣設立通俗講
演所并附設傳習班招生傳習飭即保送合格學
生二名送熱入學畢業附帶保証書令將保
送學生造册呈核等因奉此遵即轉飭勸學
所長徐紹宗遵照保送在案茲據該所長
呈稱奉令遵即保送劉蔭青于百川二名入
所畢業並填具保証書造册呈送前來除
飭該生等即日赴熱入學外理合檢同保証書
及學生名册備文呈送

二三二 赤峰縣公署爲報送通俗講演所傳習班學生名册事致熱河教育廳呈稿（1926 年 3 月 12 日）

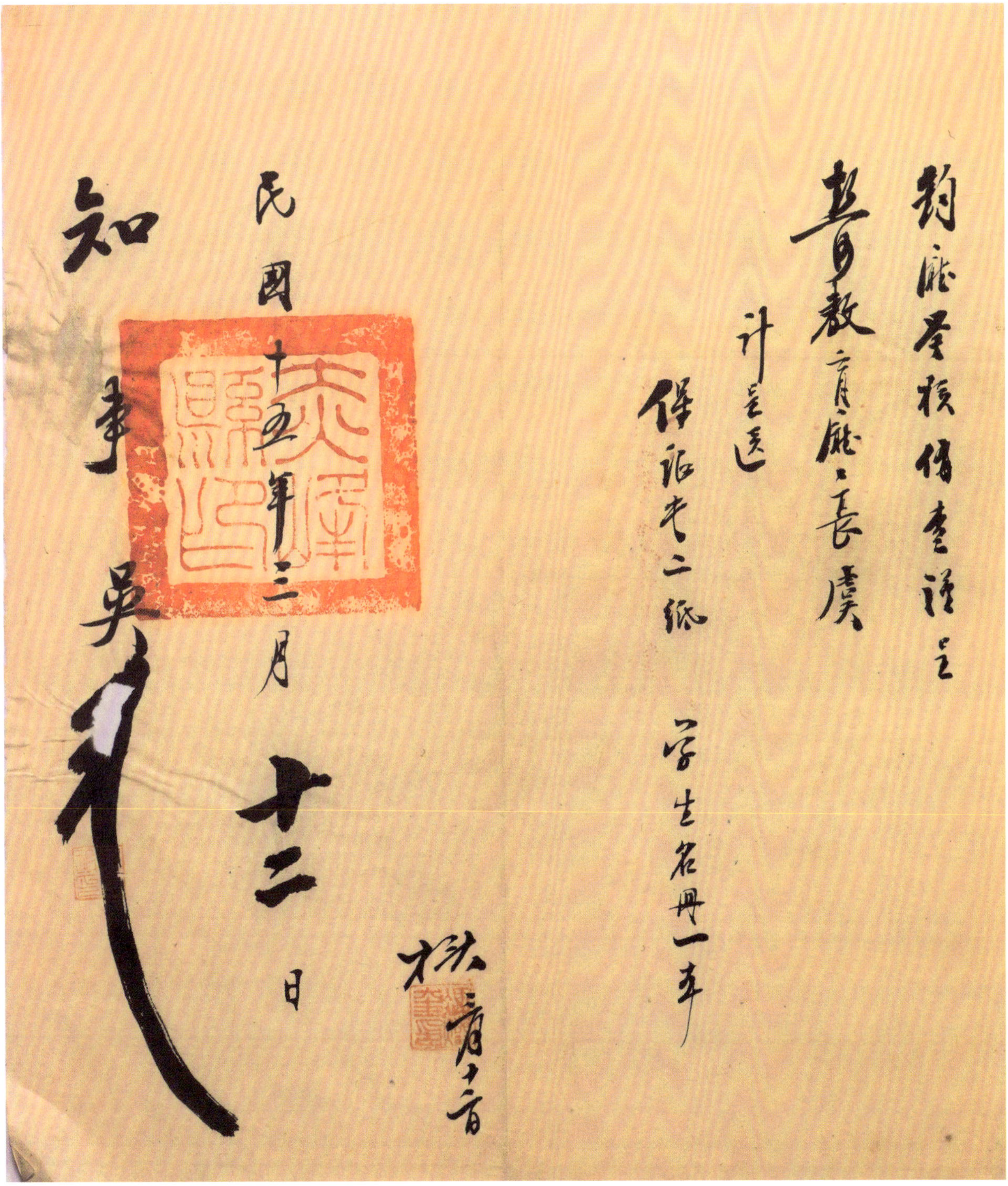
鈞廳鑒核備查謹呈
熱教育廳廳長虞
計呈送
保証書二紙
學生名冊一本
樹 三月十二日
民國十五年三月十二日
知事吳

## 二三二　赤峰縣公署爲報送通俗講演所傳習班學生名册事致熱河教育廳呈稿（1926年3月12日）

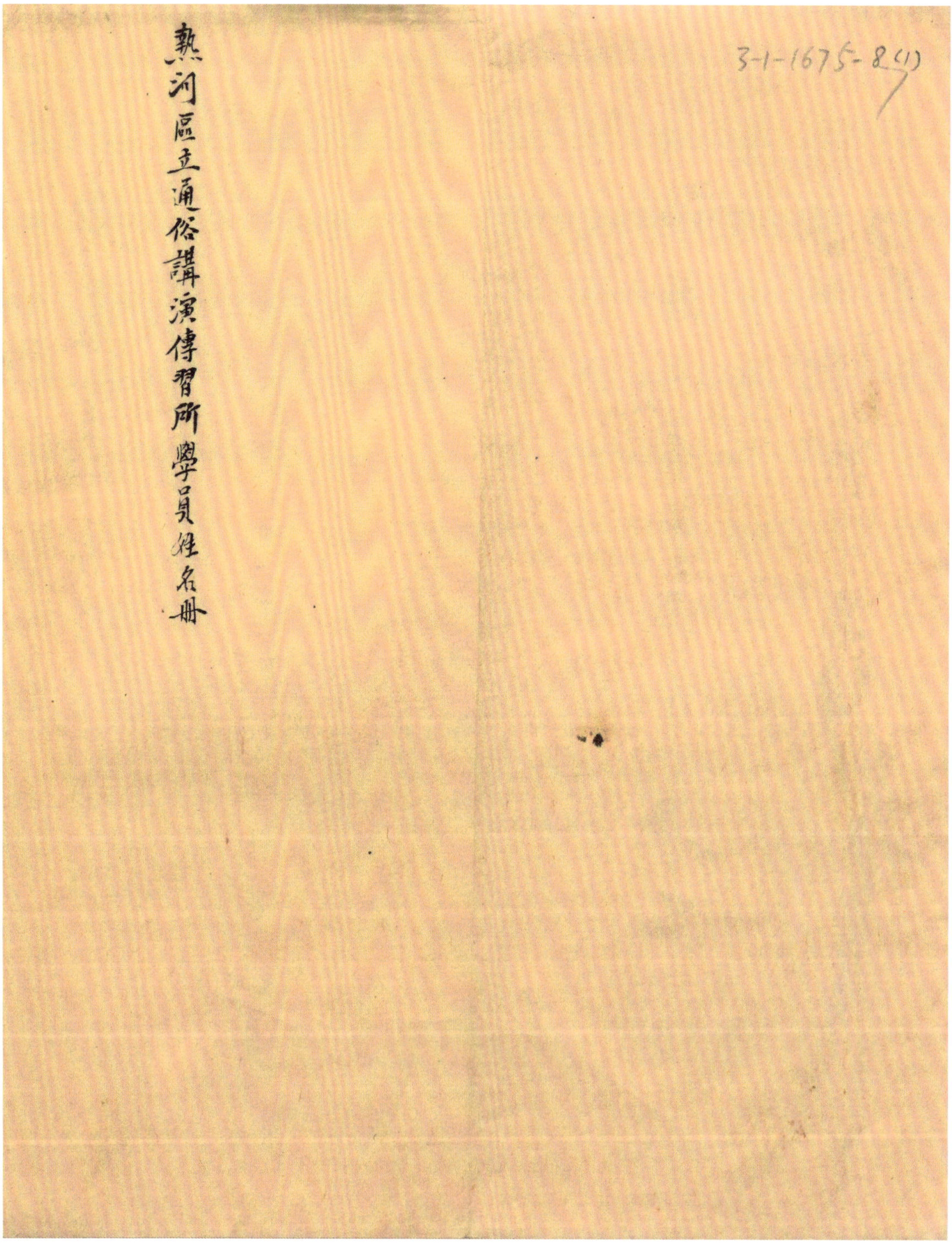

3-1-1675-8(1)

熱河區立通俗講演傳習所學員姓名册

## 二三二　赤峰縣公署爲報送通俗講演所傳習班學生名册事致熱河教育廳呈稿（1926年3月12日）



熱河區立通俗講演傳習所學員姓名册

| 姓名 | 年歲 | 籍貫 | 資格 | 備考 |
|---|---|---|---|---|
| 劉蔭青 | 三十五 | 赤峰縣 | 京師籌邊高等專門學校畢業 | |
| 于百川 | 二十五 | 同 | 師範畢業 | |

## 二三三　赤峰警察局爲組織成立并啓用鈐記事致赤峰縣財政所公函（1926年3月1日）

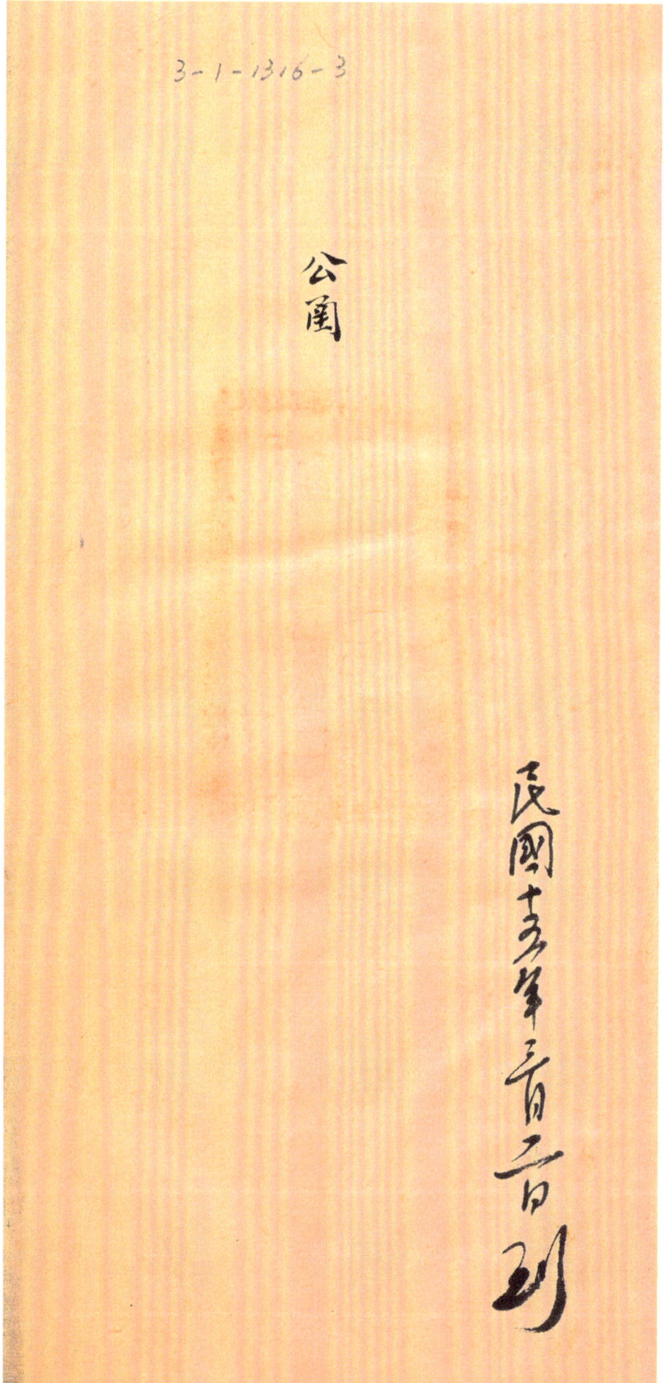

3-1-1316-3

公函

民國十五年三月一日到

## 二三三　赤峰警察局爲組織成立并啓用鈐記事致赤峰縣財政所公函（1926年3月1日）

熱河赤峯警察局公函第　　號

逕啟者案奉

警務處第六九號訓令內開為令發事案查現因赤峯為商埠地方特添設警察局以資管理業委該局長前往組織在案開辦伊始諸務紛繁亟應刊發鈐記以昭信守茲特遵照部頒式樣刊就木質鈐記一顆文曰熱河赤峯警察局之鈐記合亟檢同鈐記令發該局長遵照祗領啟用仍將收到及啟用日期呈報備查此令計發鈐記一顆等因奉此已領到木質鈐記一顆其文曰熱河赤峯警局之鈐記敝局遵於三月一日組織成立開始啟用除呈報並分行外相應

函請

## 二三三　赤峰警察局爲組織成立并啓用鈐記事致赤峰縣財政所公函（1926年3月1日）

貴所希即查照寔紉公誼此致

赤峰財政所

赤峰警察局局長兼警察所所長苟錫元

中華民國十五年三月一日

## 二三四　赤峰縣教育局爲取消勸學所成立教育局事致赤峰縣財政所公函（1926 年 3 月 31 日）

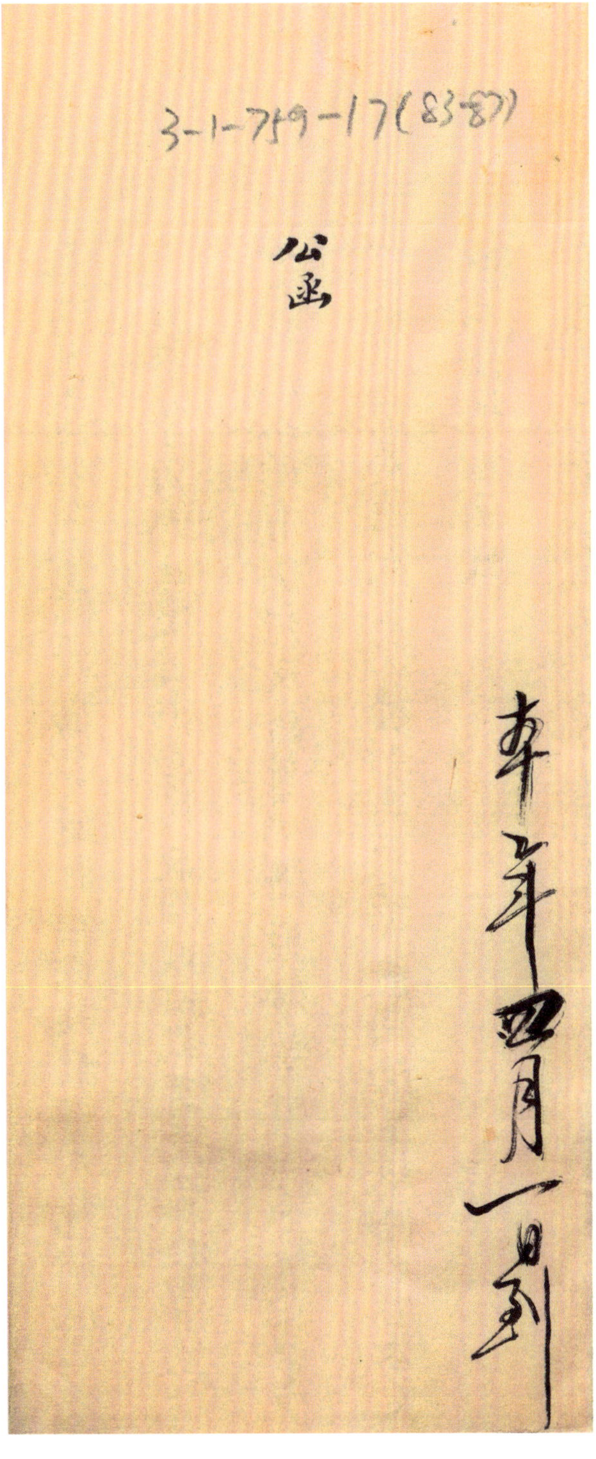

3-1-759-17(83-87)

公函

本年四月一日到

## 二三四　赤峰縣教育局爲取消勸學所成立教育局事致赤峰縣財政所公函（1926年3月31日）

赤峰縣教育局公函

逕啟者案奉

教育監督吳訓令內開以奉

熱河教育廳訓令飭將勸學所取銷改設教育局剋期成立促

進教育等因奉此遵將勸學所取銷改組教育局茲於四月一號

實行成立所有例行文件暫仍借用勸學所鈐記藉資守信

一俟教育局應頒鈐記發到再行正式啟用除呈報備案並分函

知照外相應函致

貴所希即查照實紉公誼此致

財政所

教育局局長徐繼宗

徐繼宗印

二三四　赤峰縣教育局爲取消勸學所成立教育局事致赤峰縣財政所公函（1926 年 3 月 31 日）

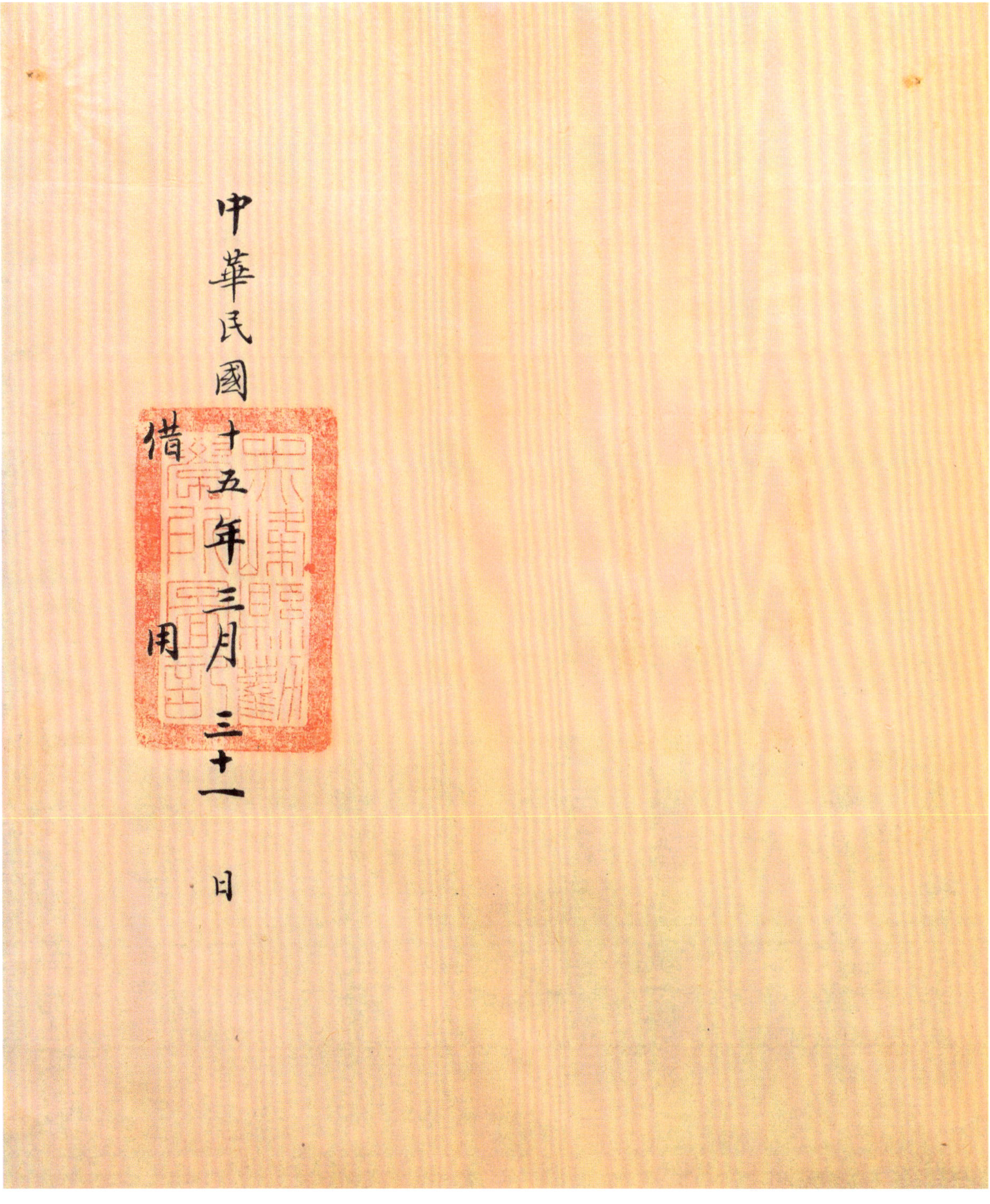
中華民國十五年三月三十一日
借用

二三五 熱河全區警務處爲宣傳種痘事致赤峰縣公署訓令（1926年4月9日）

遵令分送

3-1-1306-18(1)

熱河全區警務處訓令 保字第一二五號

令赤峰縣知事

案准

中央防疫處函送啓者本處職司防疫對於各

種傳染病莫不力事預防現屆春令天花一症尤覺盛

行不幸罹此輕則膚麻眼瞎重則喪命防止之道厥惟

種痘兹爲提倡種痘起見送上五彩種痘圖説一張請

頒懸示衛生處衛以廣宣傳附送小圖三張便於印刷如

蒙轉印分送尤所感盼相應函請查照辦理并希見復至紉公誼等因

准此當將五彩種痘圖説懸示衛生適衢以廣宣傳並將附送小圖照式

## 二三五　熱河全區警務處爲宣傳種痘事致赤峰縣公署訓令（1926年4月9日）

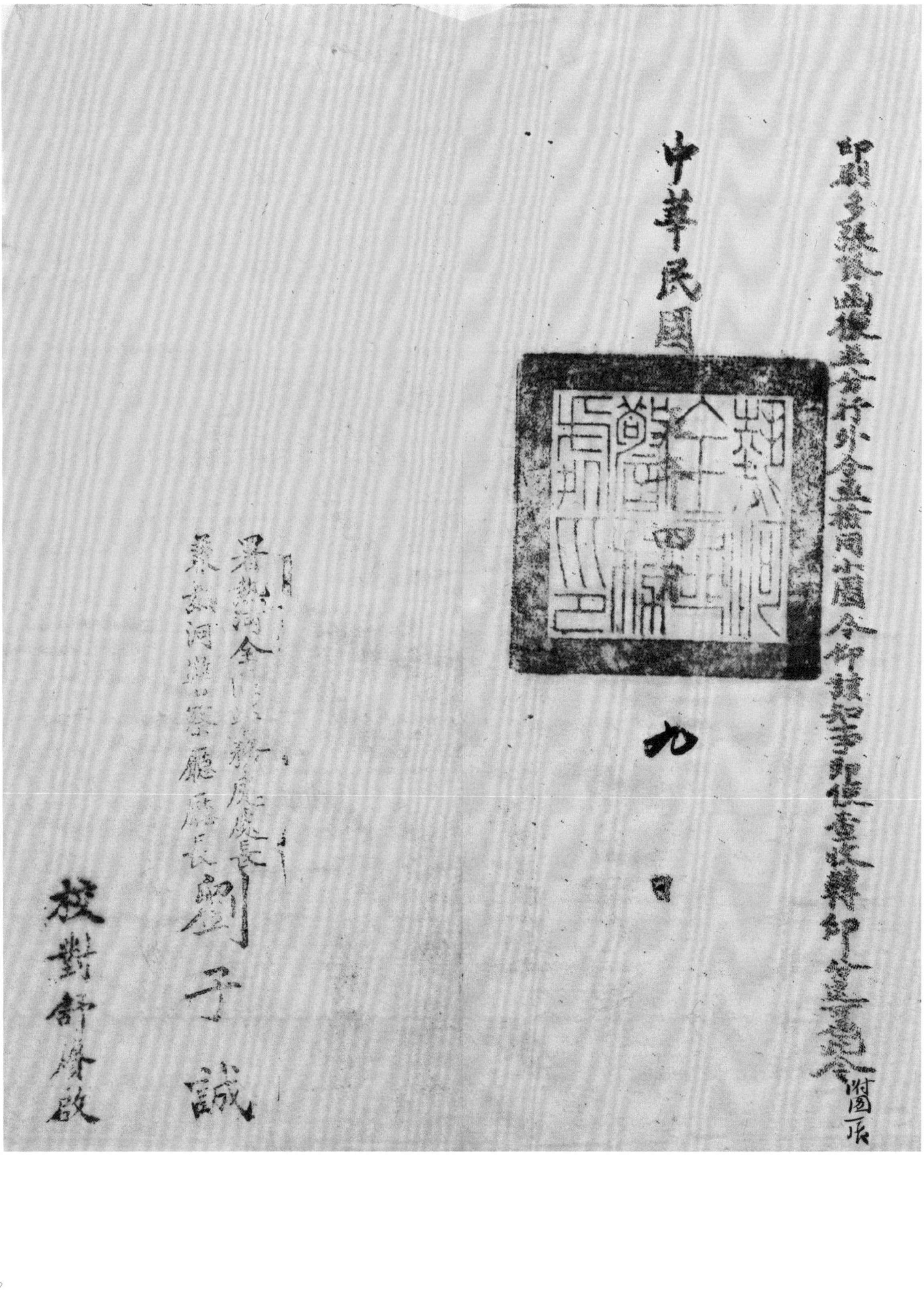

印刷多張，除函復並分行外，合亟檢同小圖，令仰該知事即便查收，轉飭遵照。此令。附圖一張

中華民國　　九日

署熱河全區警務處處長
兼熱河警察廳廳長　劉子誠

校對舒庚啟

## 二三五 熱河全區警務處爲宣傳種痘事致赤峰縣公署訓令（1926年4月9日）

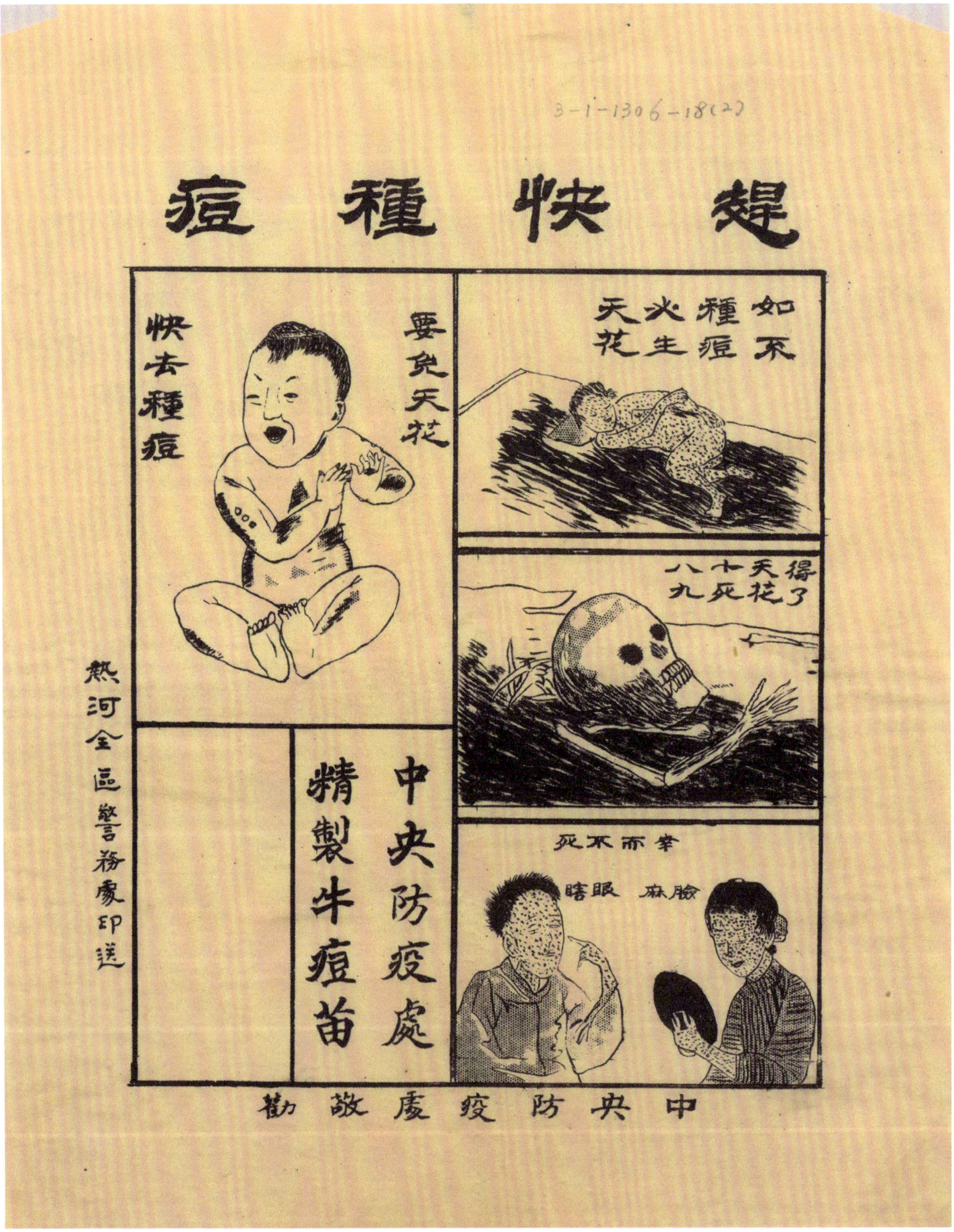

二三六　熱河禁烟總局爲查填特别印花調查表事致赤峰縣公署訓令（1926年5月5日）

3-1-431-44

令

民國十五年五月九到

## 二三六　熱河禁烟總局爲查填特別印花調查表事致赤峰縣公署訓令（1926年5月5日）

熱河禁煙總局訓令第弍五捌號

令赤峰縣知事

為令行事查發行特別印花原為籌集餉源兼保行商而設各該縣職責所在應如何仰体時艱認真銷售方為正當茲查此項印花按月遵章解款者固不乏人而迄未呈報者实居多數長此推延非僅有悞要公而庫款支绌餉糈萬急亦勢難維持況本局長到任後調查各項印花參差不齊皆因前局長及負責員司均隨宋都潛逃無人交代以致眉目不清現雖派員清理仍恐與各縣原領及已解未解各票數款數不能相符茲特製定調查表式分發各縣局依式查填以清眉目而免

## 二三六 熱河禁烟總局爲查填特別印花調查表事致赤峰縣公署訓令（1926年5月5日）

牽混除分行外合亟令仰該　縣　立即遵照頒發表式限文到五日
內將表填齊呈送來局以憑彙核所有未繳舊式印花及第一次新
式印花早不適用有票繳票無票補款不准再行延悞如再遷延
不繳定照未繳票數責令賠款決不姑寬至第二次新印花在本
局新製印花尚未發到之先仍歸有效務仰該　縣　竭力推銷以裕
收入案內公款毋得含混飾延致干未便切切此令

計發表式一紙

二三六 熱河禁烟總局爲查填特別印花調查表事致赤峰縣公署訓令（1926年5月5日）

中華民國十五年五月五日

局長湯佐榮

## 二三七　赤峰縣公署爲填報各種特别印花一覽表事致熱河禁烟總局呈稿（1926年5月27日）

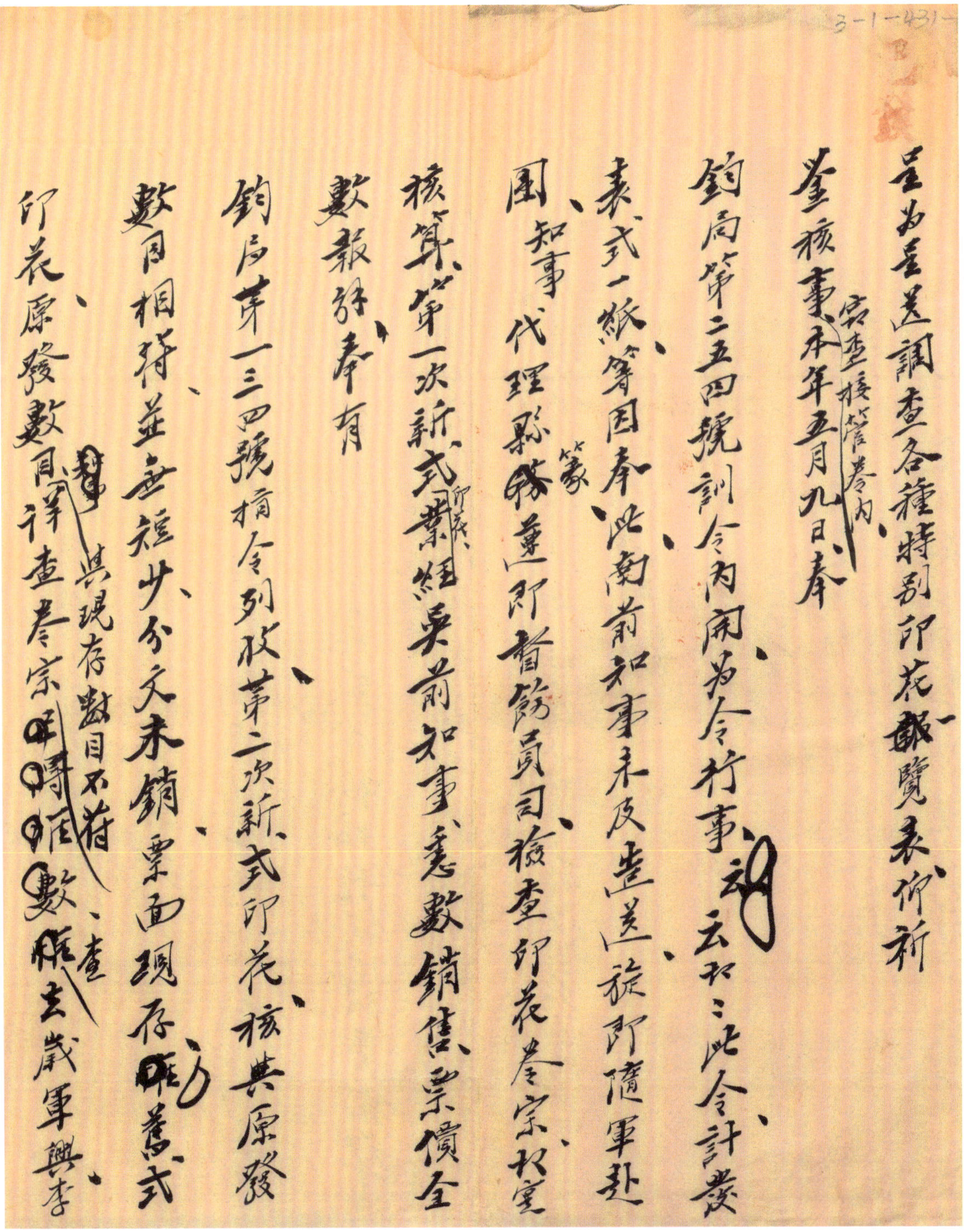
呈爲呈送調查各種特别印花一覽表仰祈
鑒核事。竊查接管卷内，本年五月九日奉
鈞局第二五四號訓令内開：爲令行事。[illegible]云云。此令。計發
表式一紙。等因奉此。適前知事未及造送，旋即隨軍赴
関，知事代理縣篆，遵即督飭員司核查印花卷宗[illegible]
核算。第一次新式印花業經吳前知事悉數銷售，票價全
數報解，奉有
鈞局第一三四號指令列收。第二次新式印花核與原發
數目相符，並無短少分文。未銷票面現存[illegible]舊式
印花原發數目詳查卷宗[illegible]其現存數目不符[illegible]去歲軍興、與李

二三七　赤峰縣公署爲填報各種特別印花一覽表事致熱河禁烟總局呈稿（1926年5月27日）

前知事蔣毅本任征收特別印花券，由毅搭取醫北道、臺
無根據，業經呈報在案。本年吳知事張又隨西北軍
西去，舊式印花券内零落殘缺，無從稽考。知事僅將
調查討得，依照頒發表式分欄填註，除將吳前知事
醫足遺存縣署舊式印花，另具清單，往辦另文呈送徵
銷外，理合檢同調查印花一覽表，備文呈送
鈞局鑒核施行，謹呈
熱河禁烟總局局長吳
計呈送
調查各種印花一覽表一紙

## 二三七　赤峰縣公署爲填報各種特别印花一覽表事致熱河禁烟總局呈稿（1926年5月27日）

中華民國十五年五月廿七日

知事孫

## 二三七　赤峰縣公署爲填報各種特别印花一覽表事致熱河禁烟總局呈稿（1926年5月27日）

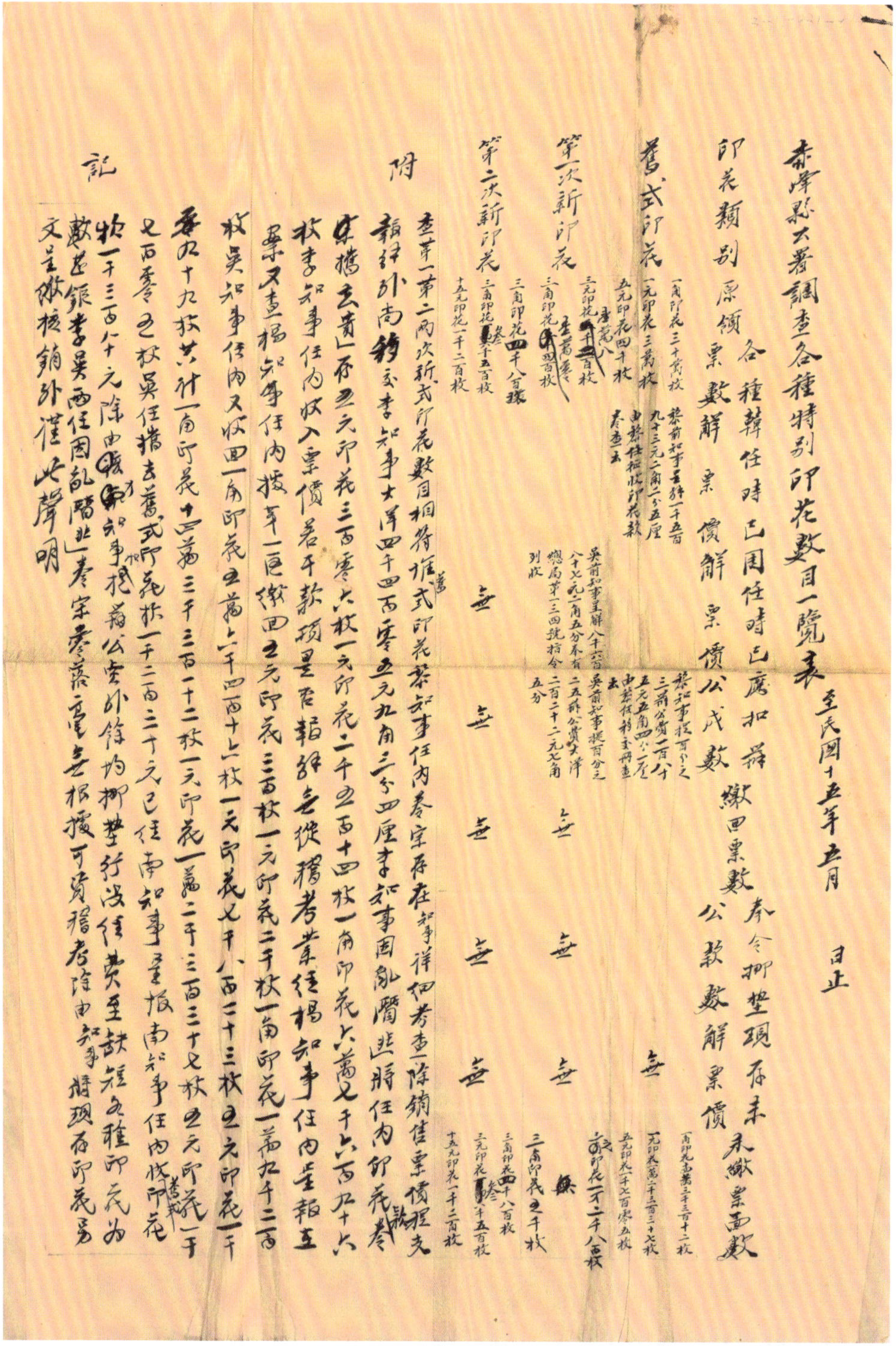

赤峰縣公署調查各種特別印花數目一覽表　至民國十五年五月　日止

| 印花類別 | 原領票數 | 各種韓任時已解票價 | 周任時已解票價 | 應扣辯公戌數 | 繳回票數 | 奉令抑整現存未解票價公款數 | 未繳票面數 |
|---|---|---|---|---|---|---|---|
| 舊式印花 | 一角印花三十萬枚<br>一元印花三萬枚<br>五元印花四千枚 | 蔡前知事呈解一千五百九十三元二角二分五厘<br>由蔡任經收印花款參查出 | 吳前知事呈解八千六百八十七元二角五分奉有總局第一三四號指令列收 | 蔡知事按百分之三扣公費一百八十五元五角四分一厘<br>由蔡任移交冊查出<br>吳前知事提百分之二五解公費大洋二百二十二元七角五分 | | 無 | 一角印花十萬三千三百十二枚<br>一元印花一萬二千三百三十七枚<br>五元印花一千七百零五枚 |
| 第一次新印花 | 三元印花一萬八千二百枚<br>三角印花十二萬四千四百枚 | 無 | 無 | 無 | 無 | 無 | 三元印花一千二百八十枚<br>三角印花五千枚 |
| 第二次新印花 | 三角印花四千八百枚<br>三元印花參千五百枚<br>十五元印花一千二百枚 | 無 | 無 | 無 | 無 | 無 | 三角印花四千八百枚<br>三元印花參千五百枚<br>十五元印花一千二百枚 |

附記

查第一第二兩次新式印花數目相符，惟舊式印花蔡知事任內卷宗存在，知事詳細考查，除銷售票價程克額解外，尚欠李知事大洋四千四百零五元九角三分四厘。李知事因亂潛逃，將任內印花款卷未據交清，只有五元印花三百零六枚，一元印花二千五百十四枚，一角印花六萬七千六百九十六枚。李知事任內收入票價若干款項，是否報解無從稽考，業經楊知事任內呈報在案。又查楊知事任內撥第一區繳回五元印花三百枚，一元印花二千枚，一角印花一萬九千二百枚。吳知事任內又收回一角印花五萬六千四百十七枚，一元印花七千八百二十三枚，五元印花一千零九十九枚，共計一角印花十四萬三千三百一十二枚，一元印花一萬二千三百三十七枚，五元印花一千七百零三枚。吳任措去舊式印花於一千二百二十元已經南知事呈報，南知事任內收舊式印花一千三百八十元，除由張知事加撥爲公款外，餘均抑整行沒收，費至缺短各種印花爲數甚鉅。李吳兩任因亂潛逃，卷宗參差，毫無根據可資稽考，除由知事將現存印花另文呈繳核銷外，謹此聲明。

## 二三八　熱河道道尹公署爲收款人員倘訛索收現依律重懲事致赤峰縣公署訓令（1926年6月20日）

閱

熱河道道尹公署訓令第五〇五號

令赤峯縣知事

為令行事案奉

都統公署第二千三百四十六號訓令內開案據政務廳長午蘭、財政廳長姜承業會銜呈稱竊奉鈞諭會擬整頓金融辦法遵即從長討論通盤核計就興業銀行發行紙幣總數與全區各種收入總額比較並不超過以少數之紙幣供多數收入之需求循環流通理應幣優於現何竟毛荒至六扣一落不振殊出情理之外推其原因奸商操縱雖在所不免其謀利中飽影響破壞陷紙幣於毛荒之

二三八　熱河道道尹公署爲收款人員倘訛索收現依律重懲事致赤峰縣公署訓令（1926年6月20日）

地者寔由於執行命令與法律之不肖官吏有以致之然往
事難提毋待詞費爲今之計整頓方法惟有先由維持
紙幣之信用入手凡官家所設之收買皮毛土貨等莊及
各項採辦處所悉以現洋交易至官廳收款各機關一律
按六折一純收興業紙幣不准分毫收受現洋重幣輕現互相
推激則紙幣之信用自著價格當然穩固決不低落可斷言也
但收款機關極繁雜人類尤不齊散居鄉鎮監察難周其奉
公守法者固非無人而狡獪貪污者亦所在皆有營私害公
見利忘義例如納稅明則收票乃刁難訛索盤剝多方使
商民咸受痛苦無形拒絕暗行收現則予種種便利表示歡

二三八　熱河道道尹公署爲收款人員倘訛索收現依律重懲事致赤峰縣公署訓令（1926年6月20日）

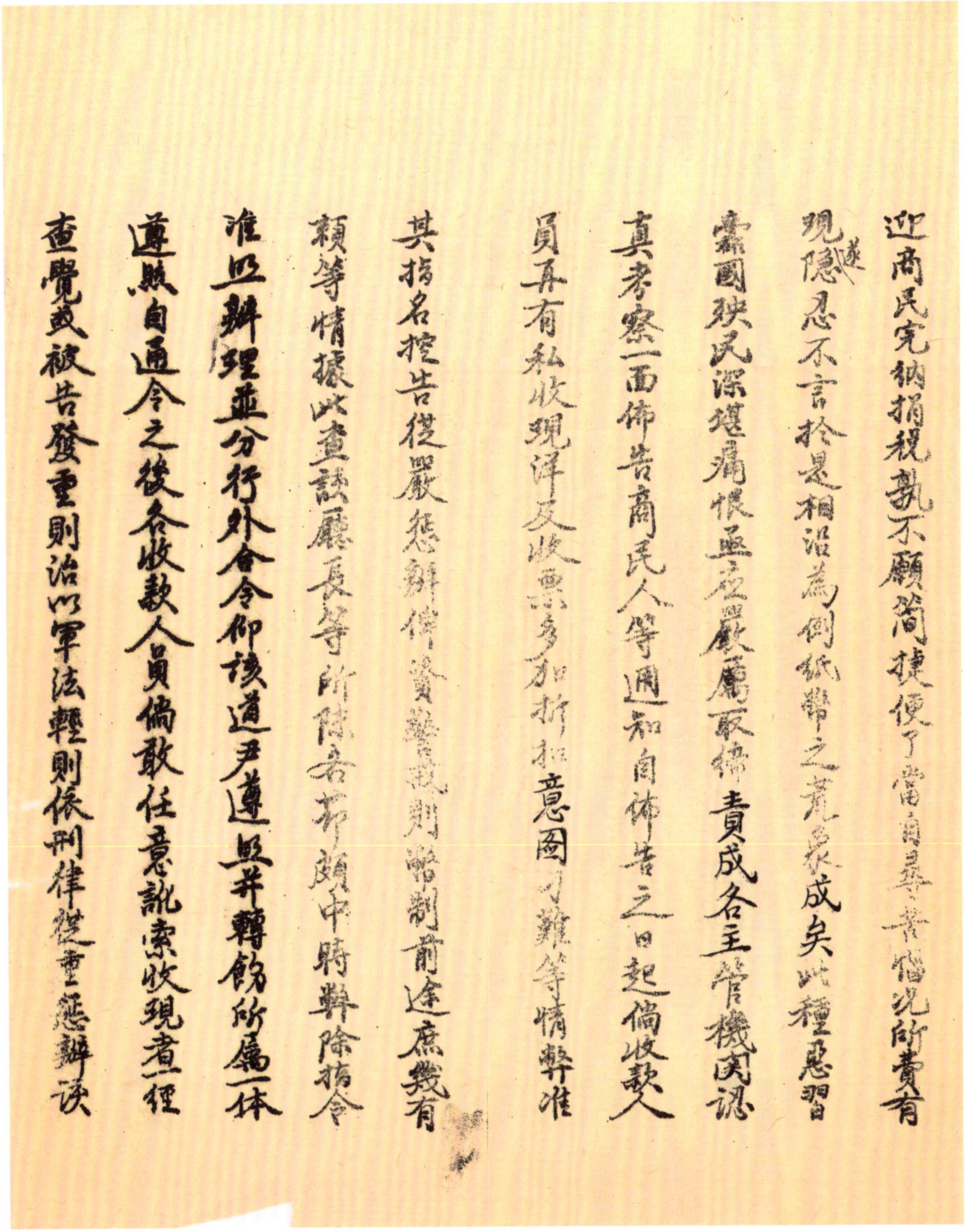

迫商民完納捐稅亂不顧簡捷便了當商畢昔猶况所責有
現隱（遂）忍不言於是相沿為例紙幣之荒遂成矣此種惡習
蠹國殃民深堪痛恨亟應嚴厲取締責成各主管機關認
真考察一面佈告商民人等周知自佈告之日起倘收款人
員再有私收現洋及收票多加折扣意圖刁難等情弊准
其指名控告從嚴懲辦俾資警戒則幣制前途庶幾有
賴等情據此查該廳長等所陳各節頗中時弊除指令
准照辦理並分行外合令仰該道尹遵照并轉飭所屬一体
遵照自通令之後各收款人員倘敢任意訛索收現者一經
查覺或被告發重則治以軍法輕則依刑律從重懲辦決

## 二三八 熱河道道尹公署爲收款人員倘訛索收現依律重懲事致赤峰縣公署訓令（1926年6月20日）

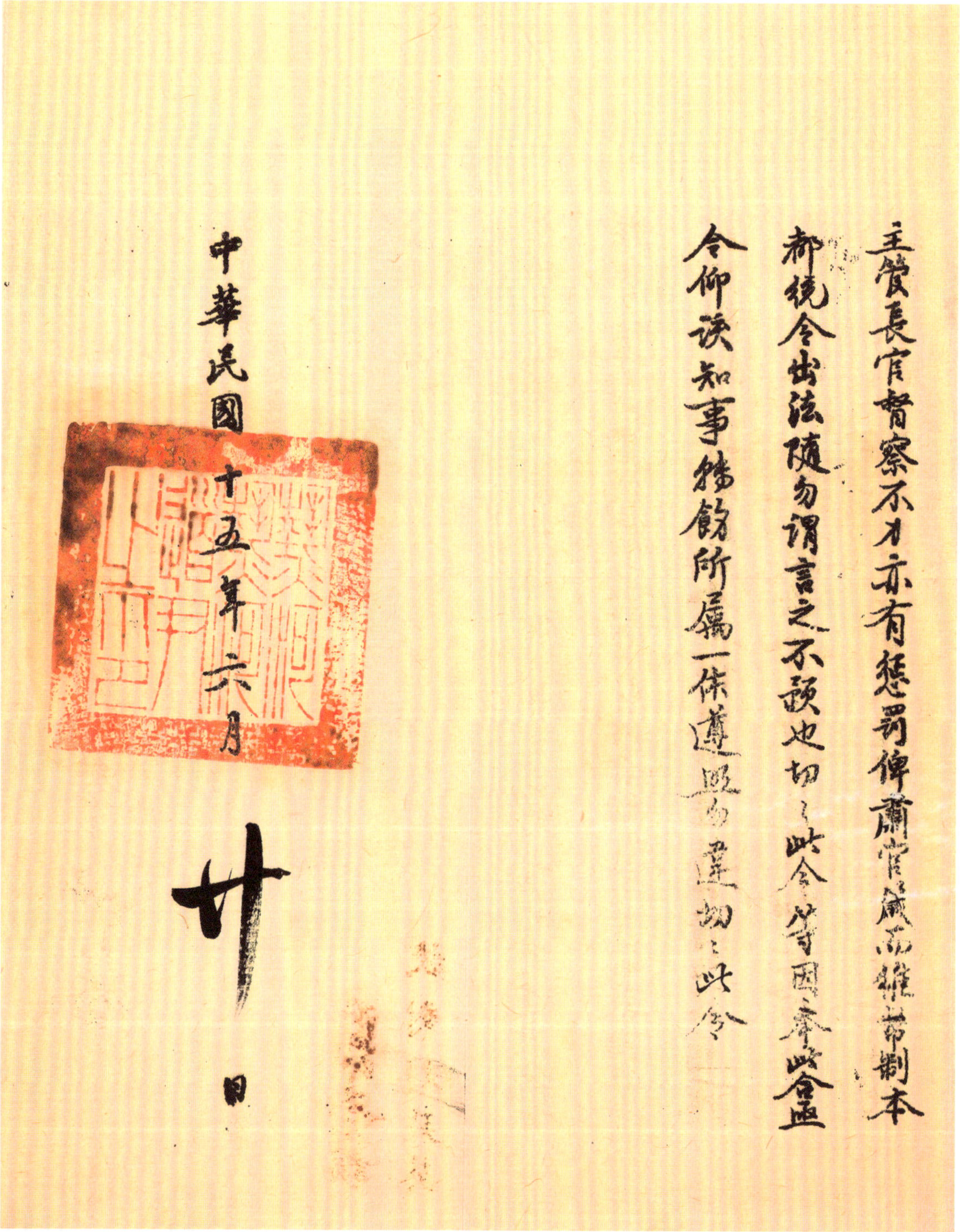
主管長官督察不才亦有懲罰俾肅官箴而維節制本
都統令出法隨勿謂言之不預也切切此令等因奉此合亟
令仰該知事轉飭所屬一体遵照勿違切切此令

中華民國十五年六月廿日

二三八 熱河道道尹公署爲收款人員倘訛索收現依律重懲事致赤峰縣公署訓令（1926年6月20日）

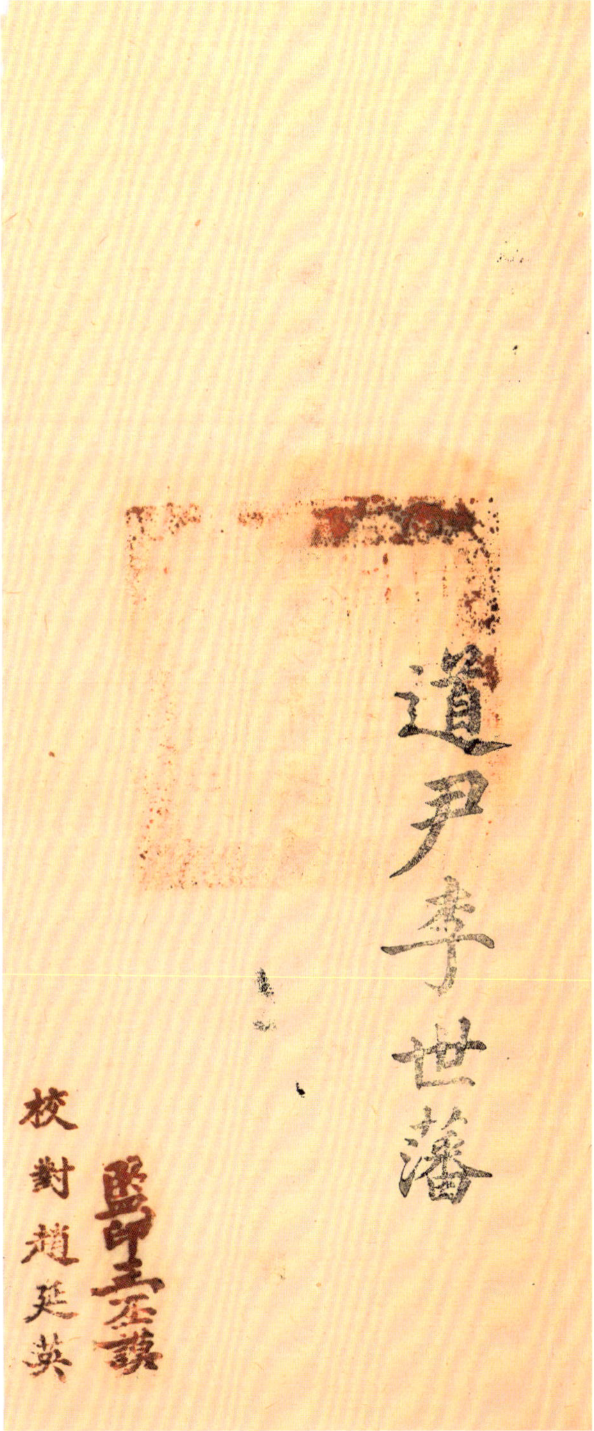
道尹李世藩

監印王丕謨

校對趙廷英

二三九　赤峰縣公署爲各機關照章貼用印花事致赤峰縣財政所訓令（1926年8月25日）

3-1-759-22(110-120)

令

二三九　赤峰縣公署爲各機關照章貼用印花事致赤峰縣財政所訓令（1926年8月25日）

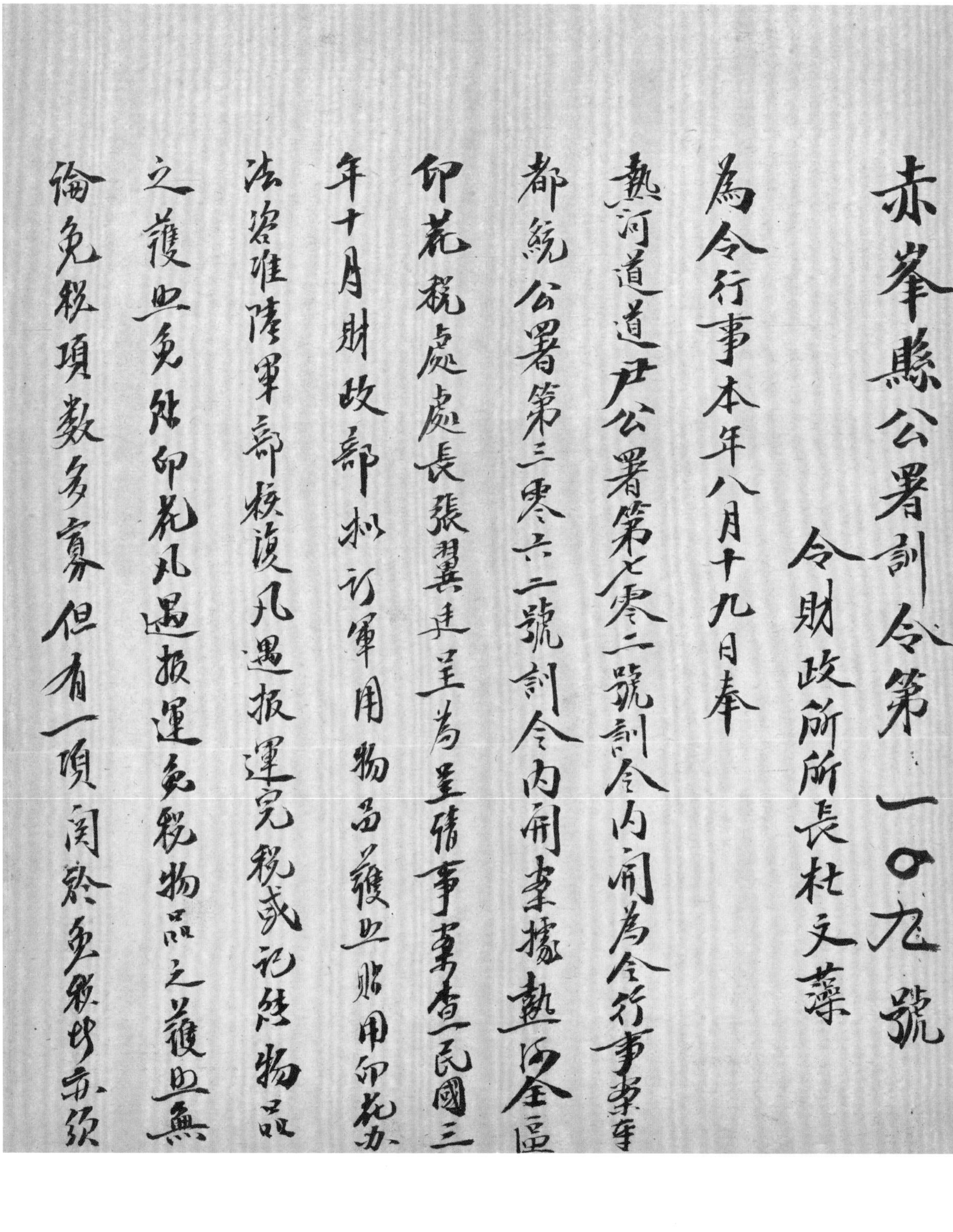
赤峰縣公署訓令第一〇九號
令財政所所長杜文藻
爲令行事本年八月十九日奉
熱河道道尹公署第七零二號訓令内開爲令行事案奉
都統公署第三零六二號訓令内開案據熱河全區
印花税處處長張翼廷呈爲呈請事案查民國三
年十月財政部擬訂軍用物品獲照貼用印花办
法咨准陸軍部核復凡遇報運完税或記經物品
之護照免貼印花凡遇報運免税物品之護照無
論免税項數多寡但有一項關於應税者亦須

二三九　赤峰縣公署爲各機關照章貼用印花事致赤峰縣財政所訓令（1926年8月25日）

貼用印花免税護照既貼印花經過税關即可勿須
加徵貨税專照如有情愿請發此亦聽其貼用蓋
章各手續仍遵前項條例第二條應由請領
護照者先繳税價由發給之官署貼用後蓋章
發給查税價一元五角係按大洋計算如一人有
時請領免税護照兩紙即付大洋三元俾昭公允
等因咨經財政部通行各省遵照辦理在
案又各機関出差人員行李護照然民國三
年十一月由財政部商准陸軍部嗣後無論
京内外各机関人員因公出差時如經請

## 二三九　赤峰縣公署爲各機關照章貼用印花事致赤峰縣財政所訓令（1926年8月25日）

發護照均應貼用印花一元遵照條例辦理等
因通行在案查前項軍用物品免稅護照
執已尚屬無多此項護照不止限于軍用物品
如慈善團體隨運糧石或其他公益物品
請求免稅護照此等事實所恒有亟應比
照辦理至各機關因公出差人員請求護照此
既較前項爲多而地方紳商各法團因事外
出亦不少請求護照之事且此項護照呈縣知事
而上軍政各機關均得發給近年以來並未
照章貼用印花以致年復一年稅收日益減

二三九　赤峰縣公署爲各機關照章貼用印花事致赤峰縣財政所訓令（1926年8月25日）

少擬請鈞座俯念職處為印花稅專立機關
凡為條例所載暨歷次通行成案應貼印花
者俯賜主持通令軍政各機關以重章貼用庶
稅章不同虛設而稅收可望增加矣職處為整
頓稅務起見是否有當理合呈請都帥鑒核
俯賜通行軍政各机關一体遵照實為公便
等情據此除指令外合亟令仰該道尹即便
轉飭所屬一体遵照辦理此令等因奉此
除分行外合亟令仰該知事即便轉飭所
屬一体遵照辦理勿違此令等因奉此除分

二三九　赤峰縣公署爲各機關照章貼用印花事致赤峰縣財政所訓令（1926年8月25日）

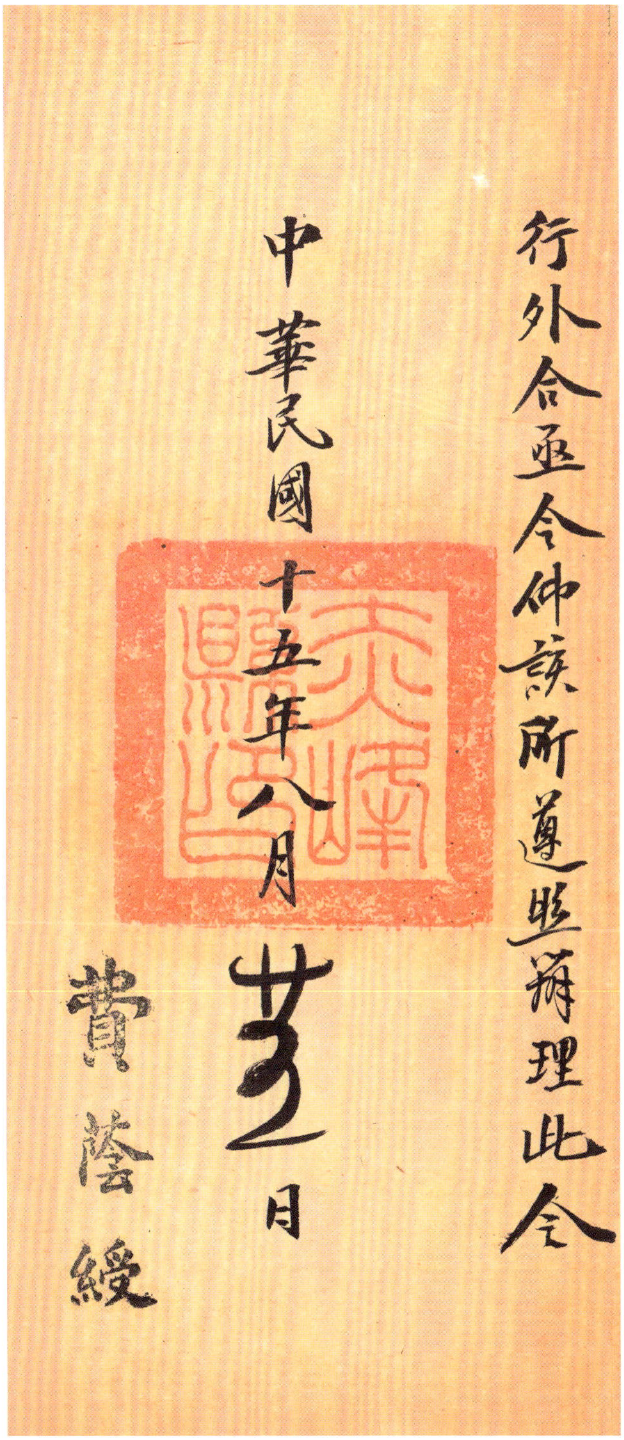
行外合亟令仰該所遵照辦理此令

中華民國十五年八月廿五日

費蔭綬

二四〇　經棚縣公署爲聯防會哨日期口令暨證書等事致赤峰縣公署咨（1926年10月6日）

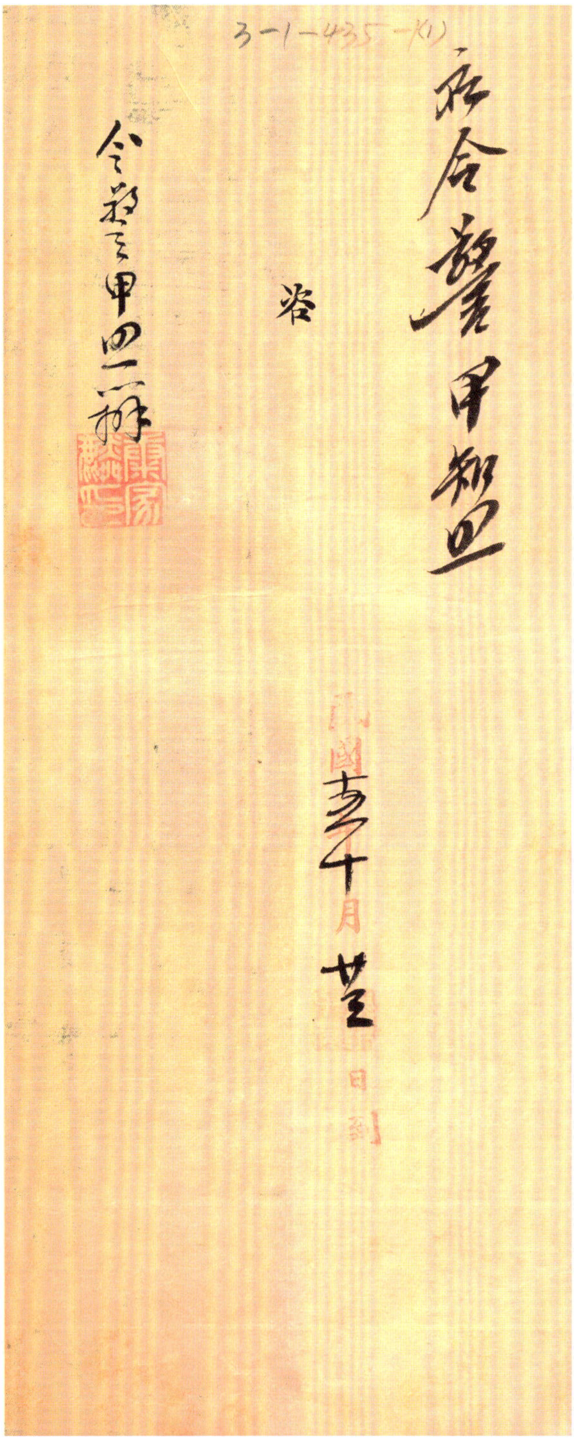

## 二四〇 經棚縣公署爲聯防會哨日期口令暨證書等事致赤峰縣公署咨（1926年10月6日）

經棚縣公署咨第　號

爲咨覆事案准

貴縣咨送赤經兩縣聯防會哨地點清單會哨證書各一紙請將規定

會哨日期見覆以便聯防等因准此當經檢同清單證書令發警察所

擬定會哨日期開具清單呈覆來署以憑轉咨去後茲據警察所長哈

振山呈稱遵查奉發清單會哨地點定在經屬土城子係第二區警管轄

境域以赤經路遠公文到達較遲擬定兩縣警察會哨請自本年十月十五

日實行除飭第二區警遵辦外理合開具會哨日期口令清單並抄錄會

哨證書一併備文呈請鑒核轉咨施行等情據此相應檢同會哨日期口令

清單會哨證書一併咨請

## 二四〇　經棚縣公署爲聯防會哨日期口令暨證書等事致赤峰縣公署咨（1926年10月6日）

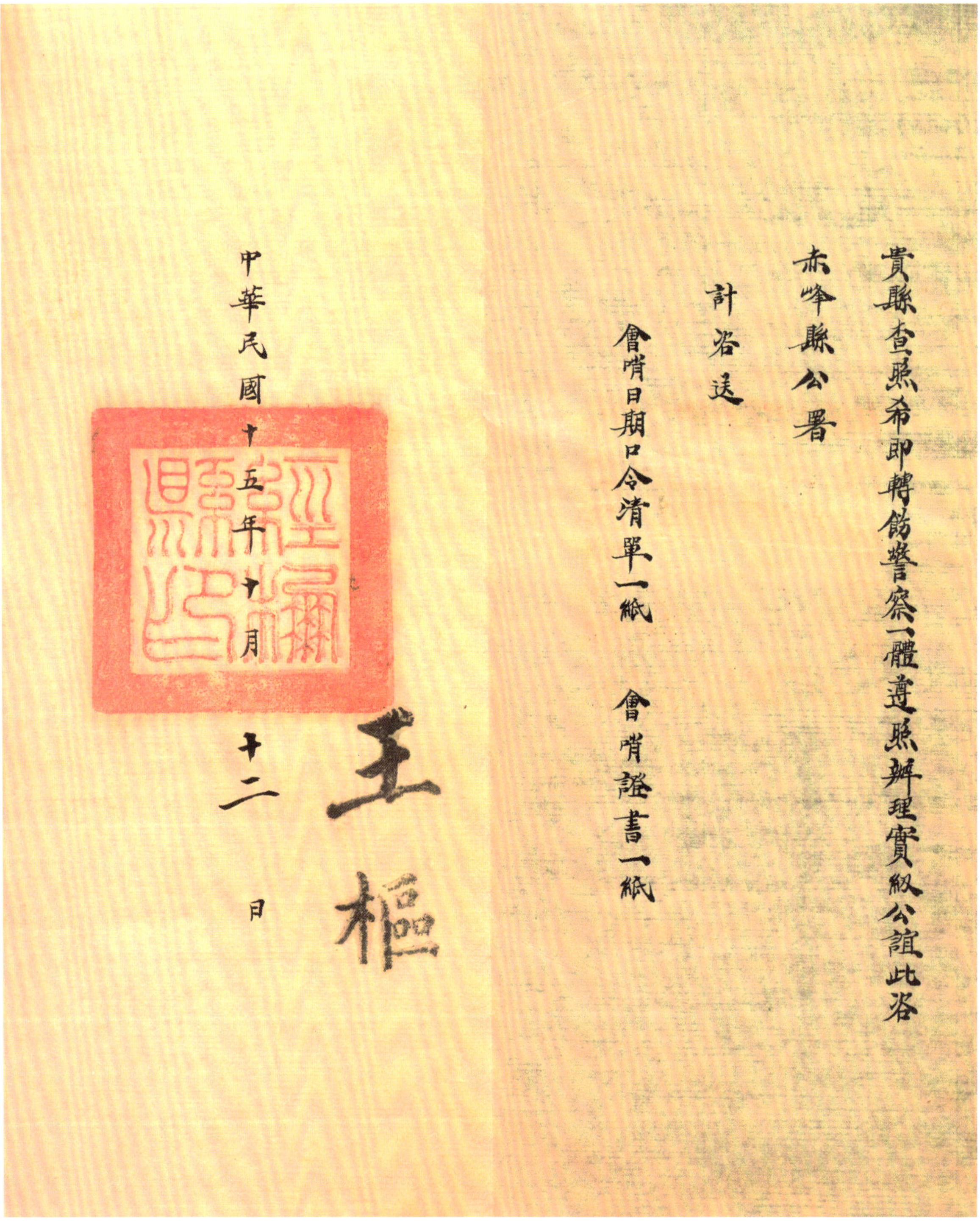
貴縣查照希即轉飭警察一體遵照辦理實紉公誼此咨

赤峰縣公署

計咨送

會哨日期口令清單一紙

會哨證書一紙

王樞

中華民國十五年十月十二日

## 二四〇　經棚縣公署爲聯防會哨日期口令暨證書等事致赤峰縣公署咨（1926年10月6日）

3-1-435

經棚縣警察聯防會哨証書存根

經棚縣公署
存根事查警察　區與　縣警察應接洽實行聯防會哨
由該區　官帶隊　名與　縣警察　區
官　帶警　名在　地方會哨須至存根者
中華民國　年　月　日
為　所
經字第　號

經棚縣警察聯防會哨呈驗証書

經棚縣公署
發給聯防會哨証書事查警察第　區與　縣警察
應接洽實行會哨由該區　官帶警　名與　縣警察　區
所　官　帶警　名在　地方會哨一次為此發給証書以便
呈驗此証
中華民國　年　月　日會哨警察
為　區所
經字第　號

經棚縣警察聯防會哨交換証書

經棚縣公署
發給聯防會哨交換証書事查
貴縣與敝縣轄界相接自應接洽實行聯防會哨互相聯絡以期不分
畛域肅清匪患茲遣警察第　區　官　帶警　名與貴
縣警察區所在　地方會哨為此發給証書以便交換此証
中華民國　年　月　日會哨警官
為
經字第　號

3-1-435-1(3)

清單

## 二四〇　經棚縣公署爲聯防會哨日期口令暨證書等事致赤峰縣公署咨（1926年10月6日）

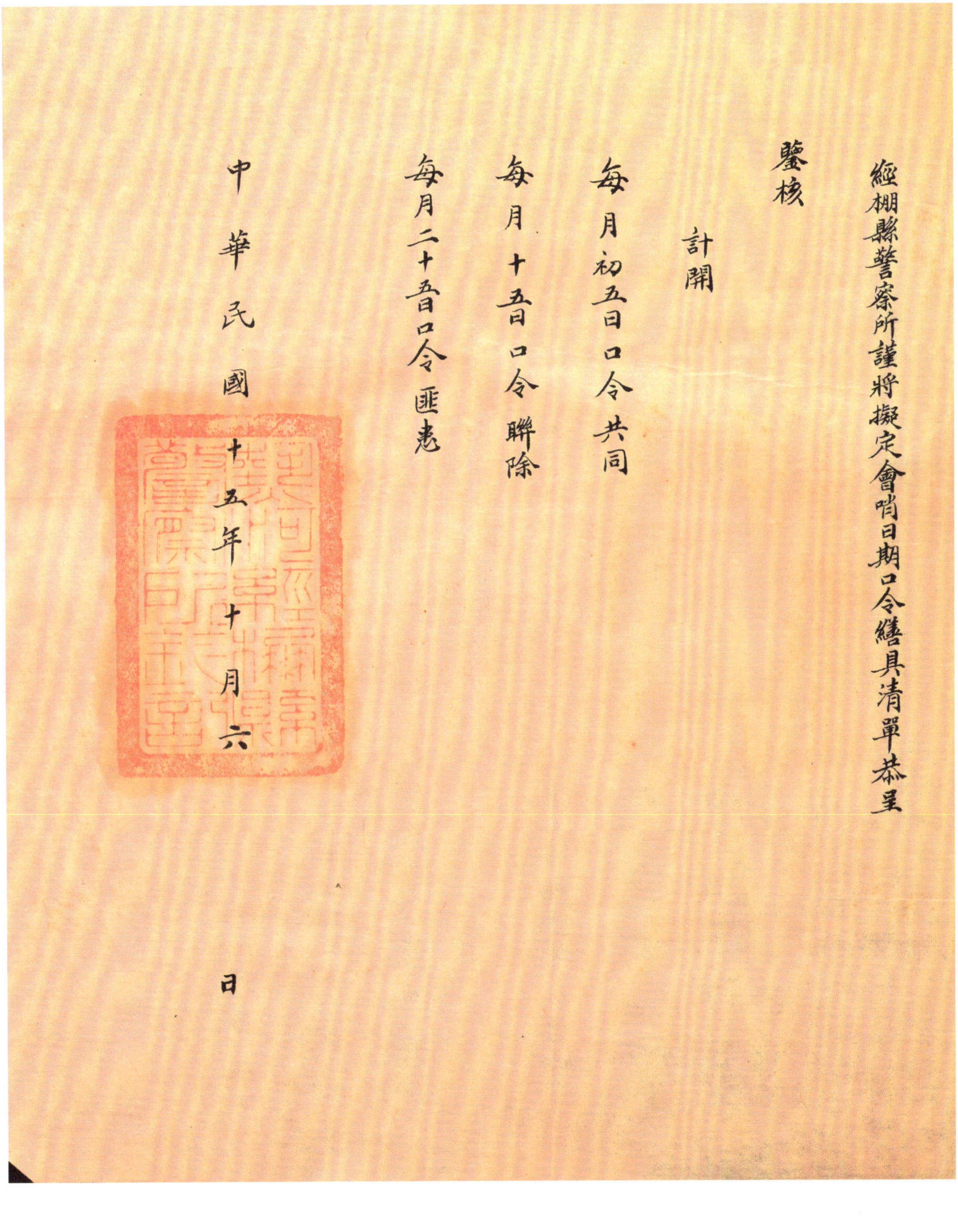

經棚縣警察所謹將擬定會哨日期口令繕具清單恭呈

鑒核

計開

每月初五日口令共同

每月十五日口令聯除

每月二十五日口令匪患

中華民國十五年十月六日

## 二四一　熱河都統公署爲仍按金融會議辦法償還興業銀行貸款事致赤峰縣公署訓令（1926年10月23日）

3-1-404-1

熱河都統公署訓令第二八四二三號

令赤峰縣知事

民國十五年十月廿八日到

案據阜新縣商會會長邱鳳翔呈爲維恤民艱請將所欠興業銀行貸款准照票面收繳等情到署查此種請求純爲個人便利弗顧公益實屬不合除批呈悉查近年軍興頻興業銀行紙幣毛荒影響金融雖屬實情究其紙幣毛荒之由並非該行自身營業之失敗實緣歷前都統濫支妄用搖動基金形同破產因此營業失其機能信

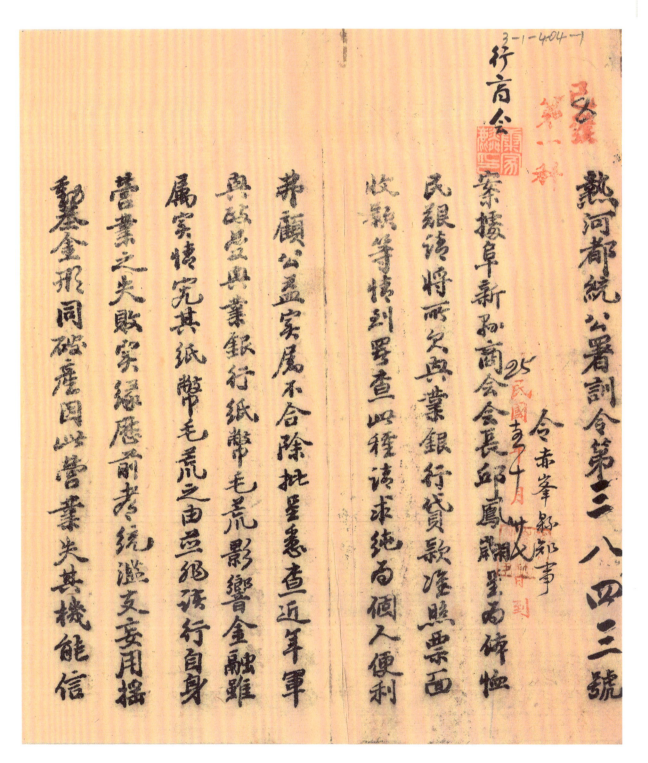

二四一　熱河都統公署爲仍按金融會議辦法償還興業銀行貸款事致赤峰縣公署訓令（1926年10月23日）

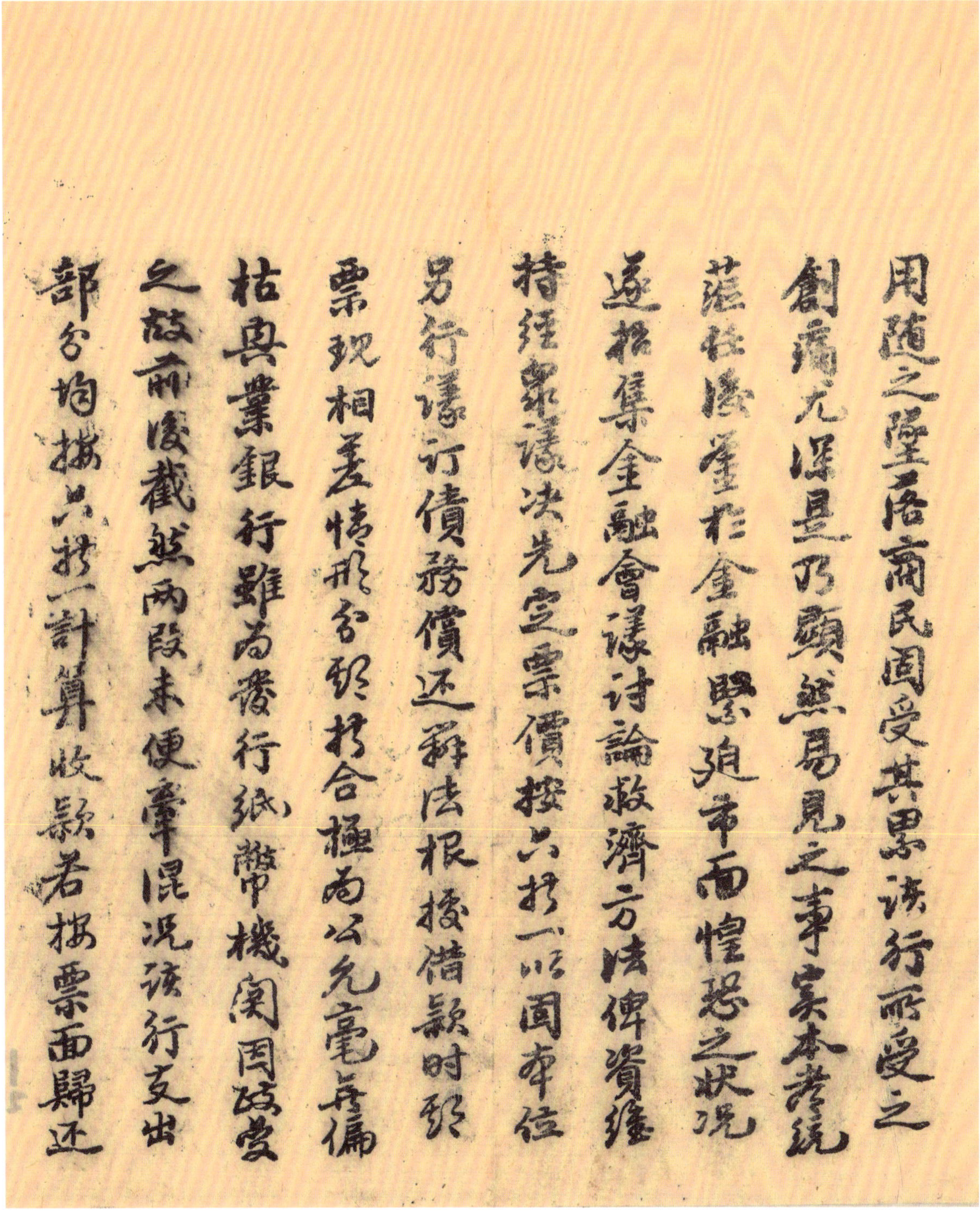
用隨之墜落商民因受其累該行所受之
創痛尤深是乃顯然易見之事實本都統
蒞任後鑒於金融緊迫市面惶恐之狀况
遂招集金融會議討論救濟方法俾資維
持經衆議决先定票價按六折一以固本位
另行議訂債務償还辦法根據借款時幣
票現相差情形分別折合極爲公允毫無偏
袒興業銀行雖爲發行紙幣機關因政變
之故前後截然兩段未便牽混况該行支出
部分均按六折一計算收款若按票面歸还

二四一　熱河都統公署爲仍按金融會議辦法償還興業銀行貸款事致赤峰縣公署訓令（1926年10月23日）

不獨虧耗無着衡諸情理亦有不順蓋借債
時當初借去之款無論紙幣之價格如何
照市價行使此乃不易之理現在按當初市
價之標準折算收款債戶並無虧累之
可言徒為自身便利矯情圖賴絕無公益
之心殊屬不明大體仍應按金融會議辦法
辦理以符通案而免紛歧所請不准除通令
外仰即遵照此批印發并通令外合令仰該
知事遵照并轉行遵照原呈抄發此令

計抄呈一件

二四一　熱河都統公署爲仍按金融會議辦法償還興業銀行貸款事致赤峰縣公署訓令（1926 年 10 月 23 日）

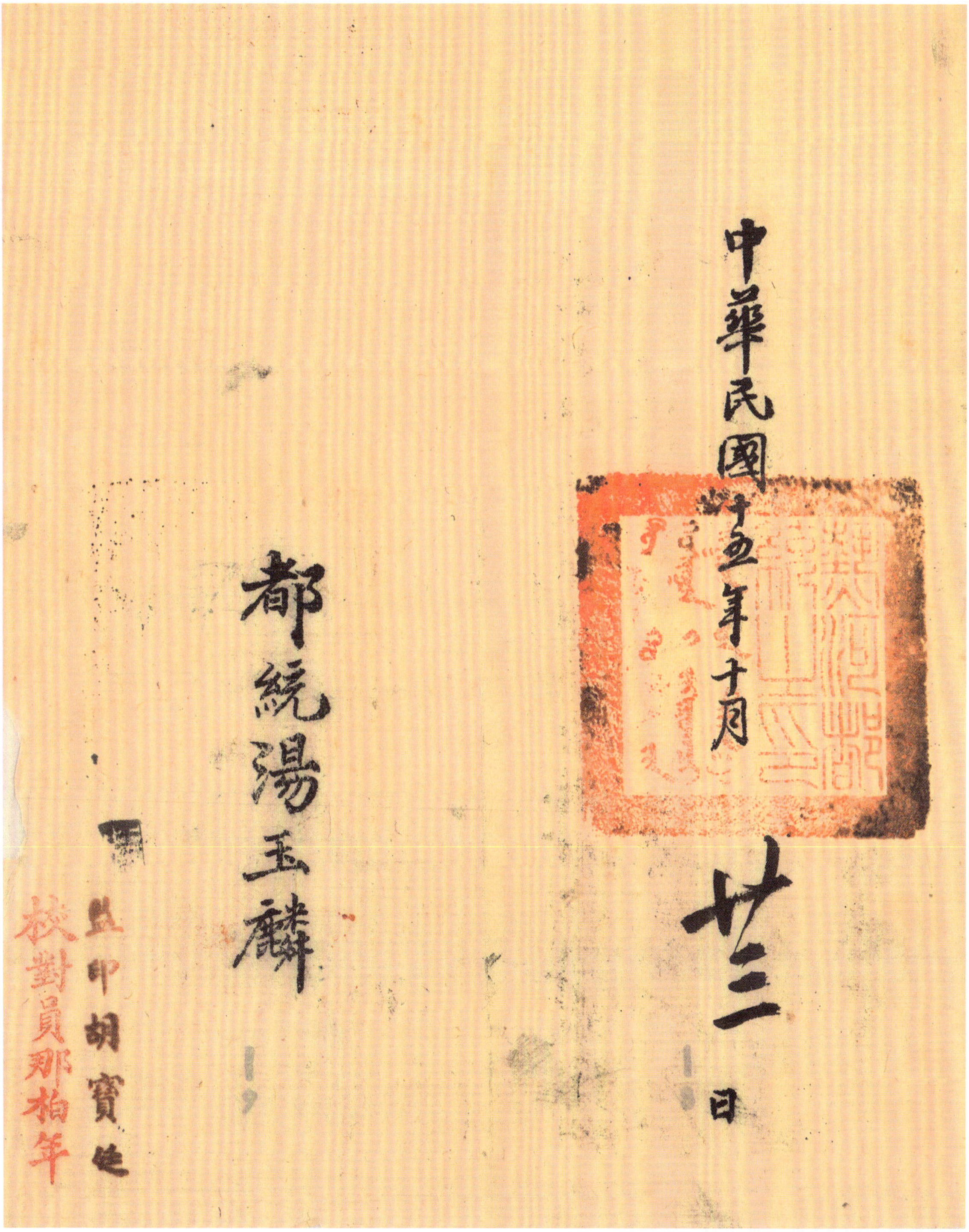

中華民國十五年十月廿三日

都統湯玉麟

監印胡寶廷

校對員鄭柏年

## 二四一 熱河都統公署爲仍按金融會議辦法償還興業銀行貸款事致赤峰縣公署訓令（1926年10月23日）

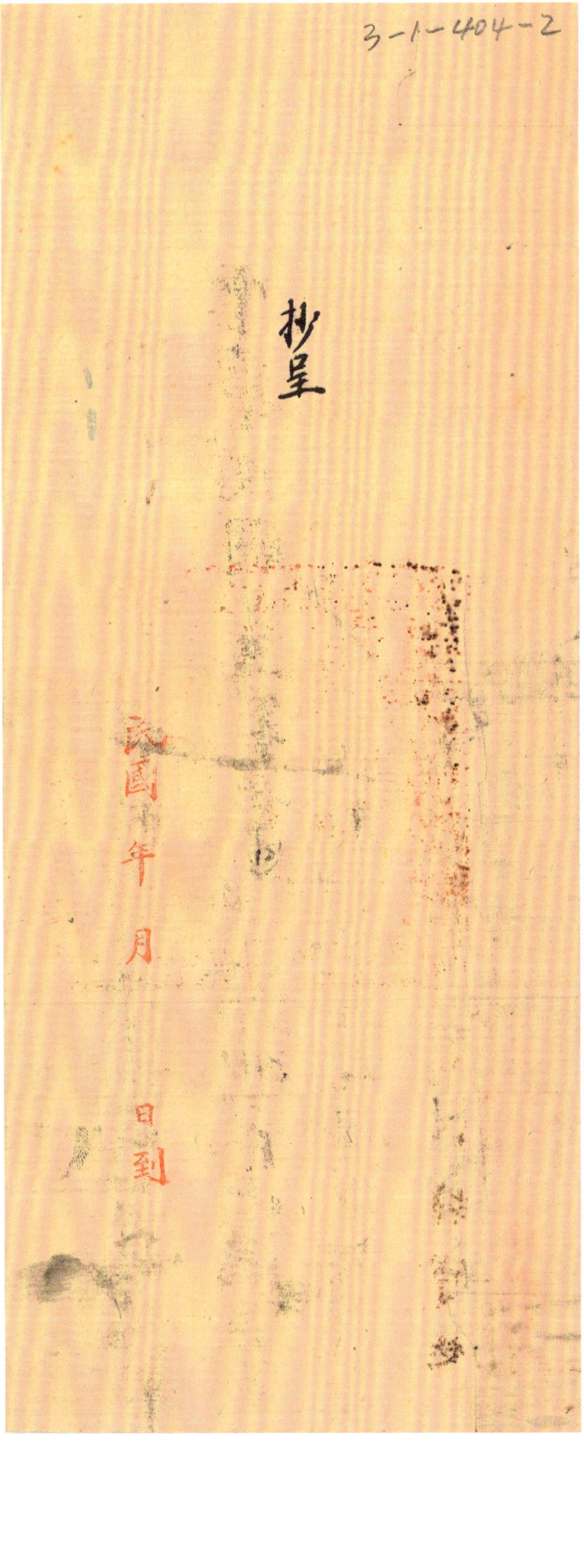
3-1-404-2

抄呈

民國 年 月 日到

二四一　熱河都統公署爲仍按金融會議辦法償還興業銀行貸款事致赤峰縣公署訓令（1926 年 10 月 23 日）

呈為體恤民艱准予飭知銀行仍照票面收款懇乞
鑒核示遵事竊查本阜新設有銀行商民貸款有間接代人
作承還者有直接自家需用者純是銀行紙幣歷年以
來隨貸隨還均以票面作準則行之既久兩稱便利於十三年
戰事以後紙幣現不兌現而阜新商民仍盡力通融以完商
民維持金融之天職迨至十四年又經戰事我熱之紙幣又見
毛落我
列憲為整頓金融起見規定商民借貸贖當折現辦法通令
一律遵行　伏思阜新商民貸銀行折現期間之款交清甚
困無問題未交者果令照折現交納實處困難當茲兵燹天

## 二四一　熱河都統公署爲仍按金融會議辦法償還興業銀行貸款事致赤峰縣公署訓令（1926年10月23日）

災之後瘡痍滿目元氣未復益破產纍累無難措办想
到憲規定折現之意義原為維持商民交易之平衡期間
市面還欠之公允初未嘗欲利之於銀行也乃有豐灤各縣
存儲款之家呈請取引現款將引起銀行未實行折現之議
為此懇請
恩准仍按體恤商民之原意令以票兩核收者一也查去歲銀
行損失一則損失於政變二則損失於兵匪銀行及商民均受
紙幣毛荒之影響商民虧累更鉅今日即令商民破產
出資而銀行杯水車薪無濟於事商民受兩層損失真為苦
中苦矣為此懇請

## 二四一　熱河都統公署爲仍按金融會議辦法償還興業銀行貸款事致赤峰縣公署訓令（1926年10月23日）

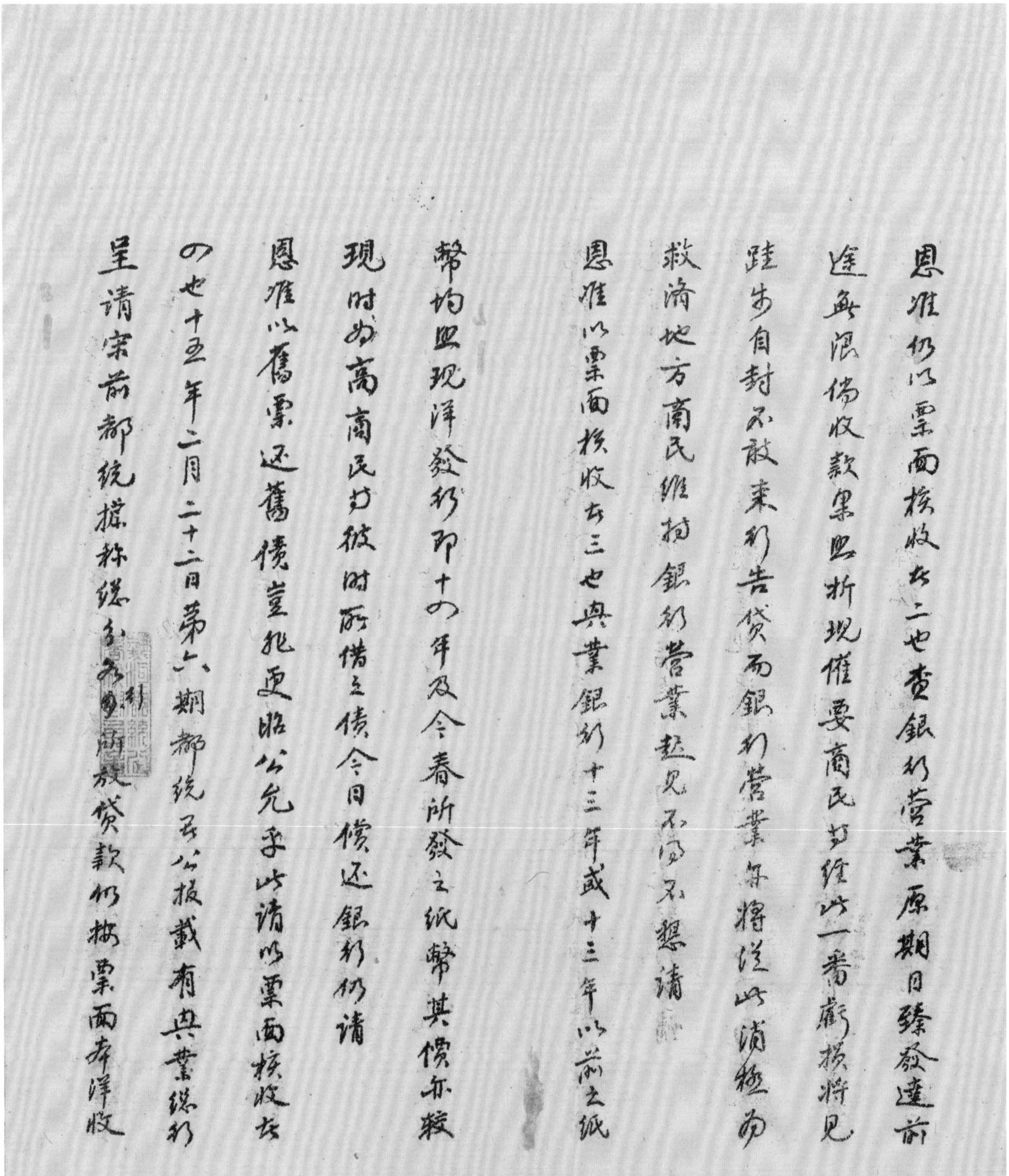

恩准仍以票面核收者二也查銀行營業原期日臻發達前
途無限倘收款果照折現催要商民勢經此一番虧損將見
跬步自封不敢來行告貸而銀行營業亦將從此消極而
救濟地方商民維持銀行營業兩見不可不懇請
恩准以票面核收者三也興業銀行十三年貳十三年以前之紙
幣均照現洋發行即十四年及今春所發之紙幣其價亦較
現時爲高商民當彼時所借之債今日償還銀行仍請
恩准以舊票還舊債豈非更昭公允乎此請以票面核收者
四也十五年二月二十二日第六期都統公報載有興業總行
呈請宋前都統擬將總行所放貸款仍按票面本洋收

因步諸業蒙批准呈懇據稱熱河興業銀行總分各行所放
貸款仍按票面本洋收回不折不扣各節係爲救濟地方商
民維持銀行營業起見應由該行自行辦理仰即飭行遵照此
令在案我
都統恩澤遠被愛民如子商民感戴尤深是以敢請
恩准仍以票面核收者無他也奉省整頓錢法係先籌準備
金並設開滙或兌現目下奉票價格大有起色我熱區維持
興業紙幣無可仿照奉省實行該
列憲運籌有道想作到亦非難事爲維持紙幣價格起
見懇請

二四一　熱河都統公署爲仍按金融會議辦法償還興業銀行貸款事致赤峰縣公署訓令（1926年10月23日）

恩准以票面核收或六七以上種種胃凌寔迫於銀行折現催討
商民等拮据萬分故敢代表商民縷細陳之懇請俯恤民
隱特予寬容如蒙
恩准飭知銀行蠲除折現辦法仍以票面核收則感德無涯謹呈
熱河都統湯

阜新縣商會會長鄭鳳翩

中華民國十五年九月二十九日

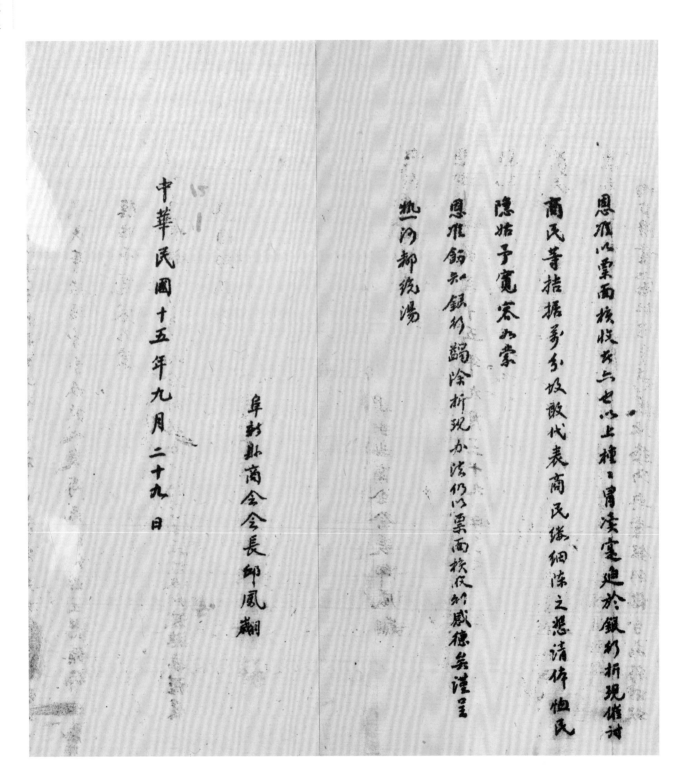

二四二　赤峰縣公署爲呈送明年辦理禁烟章程事致熱河禁烟總局呈稿（1926 年 12 月）

3-1-3052-12(1-8)
531
赤峯縣公署呈禁烟總局
文稿一件
禁烟分局長王
即付發
十二月卅日
主稿
擬稿
繕寫
校對
監印
發文　月　日
爲條陳禁烟章程由

## 二四二 赤峰縣公署爲呈送明年辦理禁烟章程事致熱河禁烟總局呈稿（1926年12月）

呈爲謹就知事管見所及對於明年辦理禁烟聯牽數端條呈請
鑒核示遵事。本月四日奉
鈞局冬電內開：明年禁烟罰金量予核減，烟地印花悉行減免，仰即傳知警
牌一体知照，並對於禁烟事宜如有真知卓見，均願條陳以聞，以備採擇等
因。奉此，知事當即一面邀集各界士紳向衆演說我
總辦格外体恤，明年禁烟罰金量予核減，烟地印花悉予減免各情形，
咸明晰領悟，一面傳諭各鄉警牌轉知各民户一体知照在案。惟對於禁烟事
宜，仰見我
總辦熱費苦心，力謀除弊，体恤民間，均無微不至。知事雖材力棉薄，對
於禁烟久已經驗，但亦不能不悉心籌畫，百計圖謀，務期弊絕風清，必使
上有裨於府庫，下不累及民間，方不負我
總辦悉心研究禁烟之苦衷。茲謹就知事管見所及聯牽數端開具

二四二 赤峰縣公署爲呈送明年辦理禁烟章程事致熱河禁烟總局呈稿（1926年12月）

清摺以备
钧座採擇。查鄉民人類不齊，而所種烟地任令自行报告，其播種若干
悉數報者比比，故不乏之人，而奸民以为習慣，故意隱匿者亦在所難免，仍
派員調查，有所僥倖，但所派之員（仰查委）是否舞弊，若再加以抽查，庶可以澄
清隱匿。惟所（細察）派之員難能勝大事情，託不察其資格而行派，何可
委充，是否能否（認真）俯事？故知了現擬所派之員均須本地士紳而行滿方
均有身家性命，関係決不能再有舞弊情事。至種烟之户若不嚴定
處罰章程，則毫無僥倖隱匿與否無足輕重，繳納烟款之時恐不實以
限期（煙地及玩）票日之以加罰，尤恐玩民任意拖延，清結無期，故知了對於（種户）隱匿
民（繳款延不出）仍宜有加倍處罰章程，但知了為肅清弊端，繳款迅速起見
並非苛累民間，其種加倍處罰，蓋民之户均能照章辦理，則毫無多納
之分可言，此不過取之於玩民，收入稍資補（玩民），庶可稍儆（有所儆），去辦理禁

## 二四二　赤峰縣公署爲呈送明年辦理禁烟章程事致熱河禁烟總局呈稿（1926年12月）

烟人員責任如此重大，若不設法優給報酬，何以免其中弊竇。故擬
除將禁烟人員優予開支薪俸外，另擬定賞罰及扣留提成各章程，
並優賞一并，非希圖私了多得收入，此不過爲肅清弊端之第一要義。而務理
人員既多得收酬，而所得職務患得患失，其潔己奉公，洗心次人員
均捷除檢查上之流弊，不致再蹈前轍。所擬定賞罰章程，則於禁烟
之收入毫無損失，而現民希圖取巧者，受之以加罰，亦有所警，有庶乃助長
法則。省庫既多得收入，復充實有狀，藉可免除弊端，而頑民亦有
所懲儆。是一舉而數善兼備。惟是否可行，謹擬具詳細章程，開列清
單，恭呈
鈞裁。理合檢同擬表，備文呈擬
鑒核示遵施行。謹呈
熱河禁烟總局總辦湯

## 二四二　赤峰縣公署爲呈送明年辦理禁烟章程事致熱河禁烟總局呈稿（1926年12月）

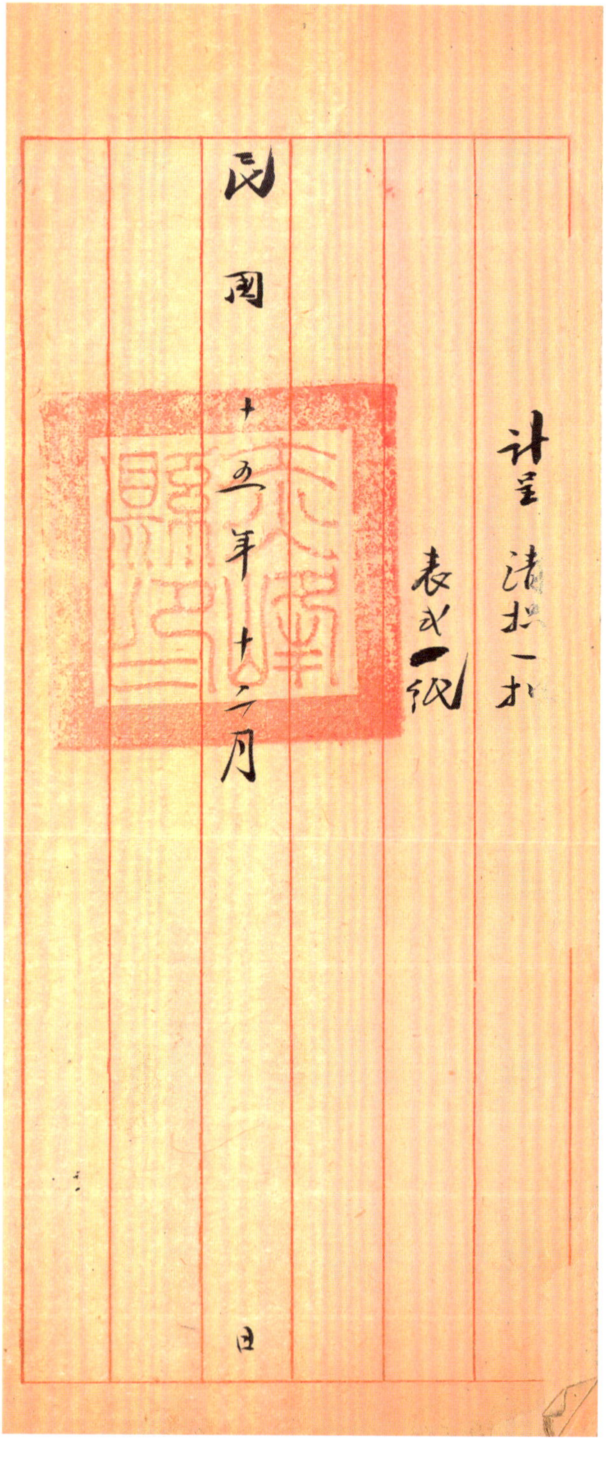
計呈　清摺一扣
表式一紙
民國十五年十二月　日

## 二四二　赤峰縣公署爲呈送明年辦理禁烟章程事致熱河禁烟總局呈稿（1926年12月）

3-1-3052-8(1-8)

署赤峰縣知事王　謹就管見所及，擬具明年辦理禁烟章程，恭請
鈞核。
計開
一、本章程特爲厲行禁烟，分定罰辦法，以厲禁於將來，免再隱匿遺漏爲宗旨。
一、科定罰金應酌量照往年稍減，俾輕担負，庶種户增多，藉裕收入。
一、各縣禁烟分局應先行編輯白話布告，曉諭人民，嚴定罰章程，俾資儆惕。務將所種烟地畝數悉數報告，不得稍有隱匿。
一、奉電令種户將所種畝數自行向本管甲牌報告，由甲牌給予執照等因。查初次種户報告尤爲重要，而各甲牌人類不齊，不免因此發生隱匿情弊，擬改歸由各警察區所辦理，以昭慎重。該區所各管界均不甚遠，令種户有姓報告，以昭捷便。
一、往年所用初發查執照[illegible]一概廢除，務簡手續。由禁烟總局製成四聯禁煙許可證一種，即可[illegible]完全發給各該管警區，一聯留警區備查，一聯所種户報告種烟若干即以一聯執給種户收執，聽候調查，其餘二

二四二　赤峰縣公署爲呈送明年辦理禁烟章程事致熱河禁烟總局呈稿（1926年12月）

聯繳送分局署存一聯備案處一聯烟地若干核成總數呈送

禁烟總局以便查核　並由分局造具煙地畝數詳細表冊交由初查委員

一 徵收罰金時先以四聯單各區抄成清冊一本分列業户姓名種烟畝數段落

罰金若干俾使種户繳納罰金時容易查對　浮多若干即注種户所執許可證之內

一 種烟之户如種畝數若干飭令自行據告若不加以查察仍恐有隱匿情

事若仍完由初查抽查兩種手續務期實力辦理決不令再有舞弊及藉

端藉擾額外勒索情事

一 每區派初查員二人由各縣分局長揀選地方公正士紳家道殷實廿一歲以

上再由縣署派之一人資格務須高尚由行論正此人會同赴一面務於烟

苗出土時即按照分局所發之煙地畝數詳冊及種户呈領許可證按段勘丈不准敷衍塞責一約計

即行了事限一個月竣事所查地畝數目若干分列造冊手執

一 每縣由總局派抽查員一人到縣時會同分局長赴鄉抽查但抽查員

總局派委家道殷實素有經驗品學兼優重要職務比

爲合格分局長如因當時有要公不能離任亦須酌派分局副局長或局內重要職務

二四二　赤峰縣公署爲呈送明年辦理禁烟章程事致熱河禁烟總局呈稿（1926年12月）

八、員公同抽查員分別抽查

一、初查時苗出土即行赴段勘丈，抽查時俟初查完竣，由初查員呈於縣署

有無隱匿，即行赴該抽查。又查竣之後，即由縣局委抽查一員，另將抽查情形並具

一、初查、抽查查出烟地應于呈報表呈送總局查核，聯單分別註明初查增出畝目或抽查增

出畝目字樣，以示分辨，免致含混。初查、抽查時所增出畝目連同

聯單繳驗一併呈核，以備查核

一、初查抽查員赴鄉勘查時，均按日發給車馬食宿費若干，民戶不得供

給，凡無旅店地方，應由該管警區代覓房所，不准私住民戶商舖，所

有食宿各費，均應公平給付，不准短少分文，否則一經告發查明，按律從重懲治

一、種烟之戶如違章，初查員查出，如有隱匿不報，或以多報少者，不嚴加

罰不足以儆效尤，除照應納罰金數目科加倍罰金，以儆

抽查員查出，比照應納罰金數目再科三倍至六倍罰金，以示儆儆

## 二四二　赤峰縣公署爲呈送明年辦理禁烟章程事致熱河禁烟總局呈稿（1926年12月）

一初查抽查員責任重大，若不設法優於報酬，則調查增加與否無從輕重，則初抽查委員難實力盡職，亦不免稍存敷衍之心。茲擬照以所查出烟地畝數增加罰金若干，向完案則初查抽查員當認真調查，所有完案罰金擬以前項科收加倍罰金除以五成擬解　禁烟總局外，其餘五成即充當初查抽查委員以酬其勞，其完案辦法亦以查出烟地若干規定爲標准，向之完案數目。

一明年征收罰金即不分一二期，以省手續，藉免錯誤。所有罰金由各區警察分局催追，仍不再令征收牧項，而免額外勒索及種々弊端。如情有種戶距城較遠者，仍令赴分局完納，其距縣較遠者，酌量分區由分局派委員一人，在各該區內適中地點設立征收禁烟罰金分所，向附近花戶均令赴該區征收分所繳納，以免赴縣奔走。村中收牧抗抵，其有抗延不交者，即派警勒傳，以期迅速。

一征收罰金若不嚴定加罰章程，則恐種戶以爲早晚繳納無從輕重，以致今後每年

二四二　赤峰縣公署爲呈送明年辦理禁烟章程事致熱河禁烟總局呈稿（1926 年 12 月）

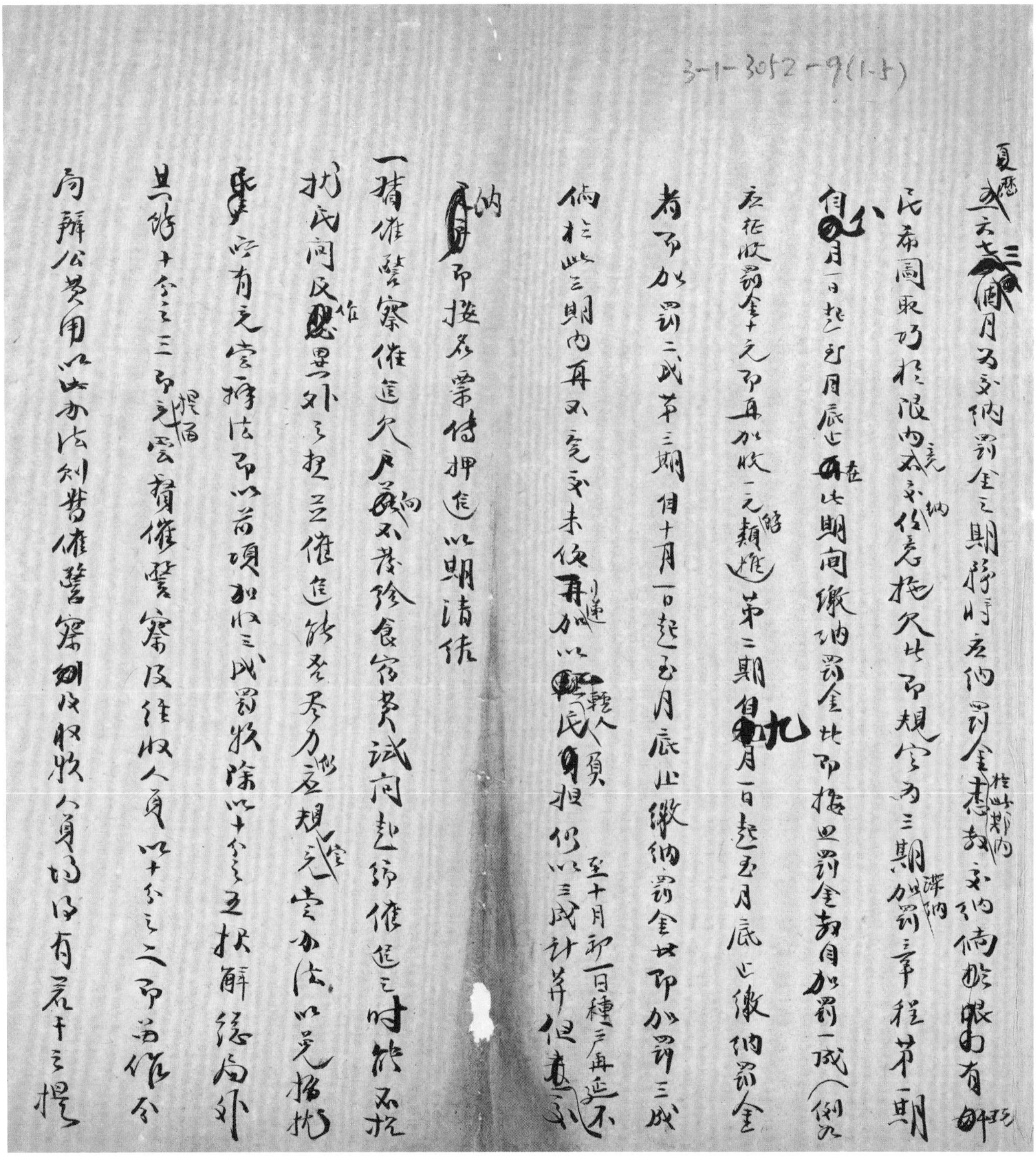
3-1-3052-9(1-5)

民國十六年三個月爲交納罰金之期，務將應納罰金悉數交納，倘於限內有民衆圖取巧，於限內未交納任意拖欠，此即規定爲三期加罰之章程：第一期自八月一日起至十月底止，在此期間繳納罰金，此即按照罰金數目加罰一成（例如應收罰金十元，即再加收一元，餘類推）；第二期自九月一日起至十一月底止繳納罰金者，即加罰二成；第三期自十月一日起至十二月底止繳納罰金者，即加罰三成；倘於此三期內再又完交未完，再加以遞輕民負擔，仍以三成計算，但至十月初一日種戶再延不交……

納即按名票傳押追，以期清結。

一、稽催警察催追欠戶，向不發給食宿費，試問赴鄉催追之時，能不於擾民間，思量外之措置，其催追能否盡力？擬定規定完全辦法，以免擾擾。

其所有完全辦法，即以前項加收三成罰款，除以十分之五撥解總局外，

其餘十分之三即提撥充賞催警察及經收人員，以十分之二即爲作爲

向辦公費用，以此辦法則昔催警察則既收款人員均可有若干之提

## 二四二　赤峰縣公署爲呈送明年辦理禁烟章程事致熱河禁烟總局呈稿（1926 年 12 月）

民足能養廉，而所司職務勤慎，時刻患得患失，即不致再作弊
端矣。
一、各區分所收款員，應於每半月時，征收款目連同款項及收罰金，按照繳解
一、每呈送分局查核，是否相符，有無已征之款未解，如有遲送，同款
項及繳解造具征收罰金四柱清冊表（表式另附），已於每半月解送一次
此半月內無未征有款項，此已須呈報，但解繳時期限於上半月征收之款
至遲不得逾下半月即行解出，並須按照郵局行程計算到縣局日期
是否逾限，或逾限若干日，查酌情形，即將該分局長記過，或罰撤
薪；但遇有特別原因，此不在此例。此等辦法無論經收人員，即分局長
當盡收盡解，決不能再有侵佔情事。
一、除前次應科以加倍罰金，應擬提出外，仍按由征收者角禁烟罰金項下提
出百分之十，由分局長分別照章造具預算同文移查，抽查車馬、伙食、各費，並經收款
項人員薪水，及分局一切辦公用項，禁烟總局未由分局長造具

二四二　赤峰縣公署爲呈送明年辦理禁烟章程事致熱河禁烟總局呈稿（1926年12月）

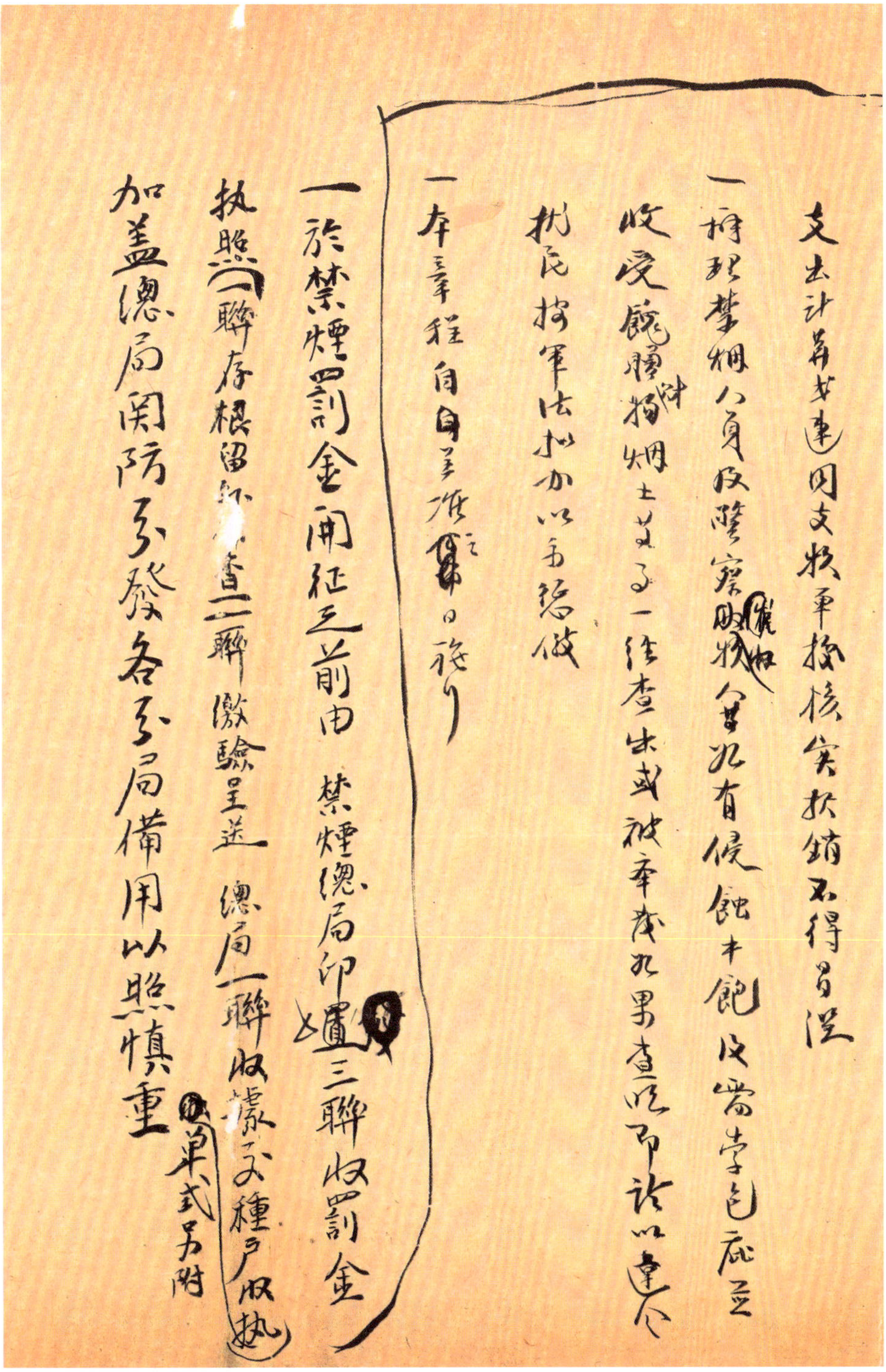
支出計算書表同支收單據核實扣銷不得冒溢
一辦理禁烟人員及警察假借公營私有侵蝕中飽及當事包庇並
收受賄賂擔附烟土等項一經查出或被牽發如果查明即請以違反
禁烟按照軍法擬加以懲辦
一本章程自呈准之日施行
一於禁煙罰金開征之前由禁煙總局印置三聯收罰金
執照（一聯存根留縣查一聯繳驗呈送總局一聯收據交種戶收執）單式另附
加蓋總局關防分發各分局備用以照慎重

## 二四二　赤峰縣公署爲呈送明年辦理禁烟章程事致熱河禁烟總局呈稿（1926年12月）



縣禁烟分局造送民國　年　月上下旬征收禁烟罰金簡明表

| 區別 | 舊管（本旬應征收數目） | 新收（本旬已征起數目） | 本旬共已扶解數目 | 尚欠未徵數目 | 備考 |
|---|---|---|---|---|---|
| 第一區 | | | | | |
| 第二區 | | | | | |
| 第三區 | | | | | |
| 第四區 | | | | | |
| 第五區 | | | | | |
| 第六區 | | | | | |
| 合計 | | | | | |

應說明何日扶解

禁烟收據總額下

收據字列舊管　新收　以開除　實在　各若干

字股據　自第　號起至第　號止計　張　自第　號起至第　號止計　張　自第　號起至第　號止計　張　自第　號起至第　號止計　張

字收據

二四三　礦商李翰臣等爲擬成立赤峰縣礦業聯合事務所事致赤峰縣公署呈（1927 年 1 月 9 日）

會計
收字第
1027
呈
民國十六年一月九日到

## 二四三 礦商李翰臣等爲擬成立赤峰縣礦業聯合事務所事致赤峰縣公署呈（1927年1月9日）



呈爲聯合改組事務所呈請轉呈備案事竊緣 商等 前奉

鈞署諭 飭内開奉

熱河實業廳第八六二號訓令内開 爲令行事案奉

農商部第七五九號訓令内開 查鑛業權者應於鑛區所在地或其附近

設立鑛業事務所並呈報鑛務監督 業經條例明白規定此項事務所現在

地點仰飭各鑛業權者限二十日内一律呈報到部以後如有遷移並應隨時呈

報以便稽查其未經呈報到廳或現已遷移者並應轉飭一律補報該廳除分

令外此令等因奉此合亟令仰該知事遵照轉飭各大鑛鑛業權者限文到十五

日内務將事務所現在地點遵令呈報勿延除分令外此令等因奉此合亟諭仰該

商立即遵照限五日内務將事務所現在地點呈報來署以憑轉呈勿延此諭等

## 二四三　礦商李翰臣等爲擬成立赤峰縣礦業聯合事務所事致赤峰縣公署呈（1927年1月9日）

因奉此查赤屬各鑛俱係小鑛雖小鑛業但暫行條例第六條載有鑛業條例施行細則第八十二條鑛業事務所之規定於小鑛均適用之等語但赤屬各鑛資本既微規模又狹較之各省大鑛不啻有天淵之别設使同一設施實係力有未逮所以各鑛之事務所雖俱設立亦等於無以致從前呈報備案一節未敢冒昧從事茲奉令催 商等籌畫至再衆議僉同與其如從前之虚設有名無實何如集狐腋以成裘衆擎易舉擬將各鑛之事務所聚集一處聯合組織定名爲赤峰縣鑛業聯合事務所如京津各商之同業會然遇官廳有通行事件令知聯合事務所則各商自皆知照於實事不爲無益於條例亦不爲違背公私兩益庶幾簡而易行其地點仍在赤城三道街中和糧店對門李宅院内俟後如有遷移再行呈報所有聯合改組事務所呈請轉呈備案各緣由理合具文恭請

## 二四三 礦商李翰臣等爲擬成立赤峰縣礦業聯合事務所事致赤峰縣公署呈（1927年1月9日）

鑒核准予轉呈備案實為公便施行謹呈

赤峰縣縣長王

錦元鑛鑛商李翰臣

復興鑛鑛商王海 十

增元鑛鑛商劉光閣 十

廣興鑛鑛商楊沣林 十

順誠鑛鑛商王海廷 十

天成鑛鑛商尹翰章 十

德元鑛鑛商毛和廷 十

富和順鑛鑛商唐子英

二四三 礦商李翰臣等爲擬成立赤峰縣礦業聯合事務所事致赤峰縣公署呈（1927年1月9日）

大成鑛鑛商張抒黄 張抒黄印

大興鑛鑛商尹聘三 聘三

天成鑛鑛商杜潤藻 杜潤藻章

天順鑛鑛商杜生藻 十

中華民國十六年一月九日

## 二四四　熱河財政廳爲縣財政所實行改組事致赤峰縣公署訓令（1927年1月12日）

3-1-1445-10(1)

熱河財政廳訓令第一六九號

會計收文第1136號

民國十六年一月十九日到

令赤峰縣知事

爲通令事本廳前以各縣財政所单行條例訂定太偏以致各
縣財政其權專操於所長一人任便開支流弊無窮曾經擬具
各縣財政所章程呈請轉咨省議會審議以便公布施行在案
茲於十六年一月六日奉
都統公署第七號訓令以此項章程已准該會咨覆業經提交
大會通過令即通飭施行等因奉此合行抄錄原呈並照印章
程令仰該知事遵照即自二月一日起將該縣財政所實行改組
並自改組之日起所有一切收支款目以法手續悉遵此次頒發章

二四四　熱河財政廳爲縣財政所實行改組事致赤峰縣公署訓令（1927 年 1 月 12 日）

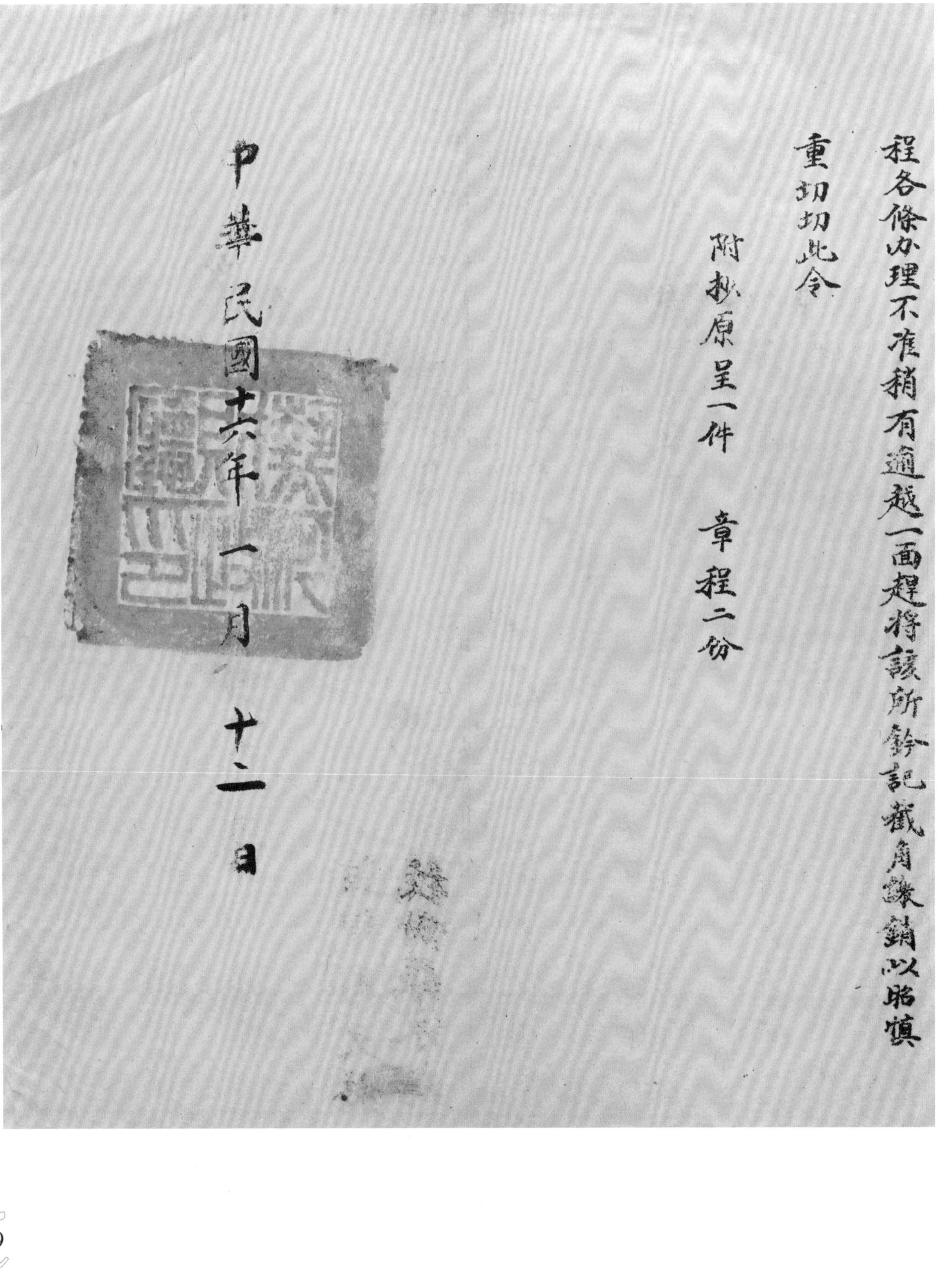
程各條辦理不准稍有逾越一面趕將該所鈐記截角繳銷以昭慎
重切切此令
附抄原呈一件　章程二份
中華民國十六年一月十二日

二四四　熱河財政廳爲縣財政所實行改組事致赤峰縣公署訓令（1927年1月12日）

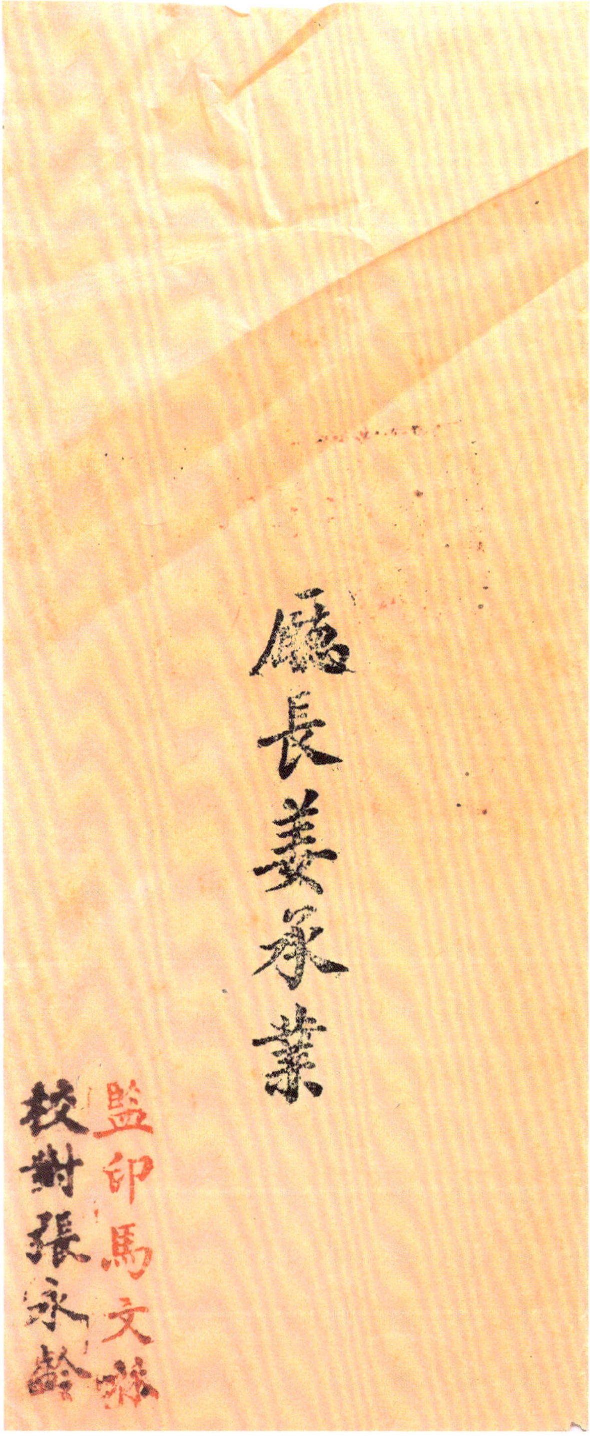
廳長姜承業

監印馬文林

校對張永齡

## 二四四　熱河財政廳爲縣財政所實行改組事致赤峰縣公署訓令（1927年1月12日）

3-1-445-1(2)

抄呈

## 二四四 熱河財政廳爲縣財政所實行改組事致赤峰縣公署訓令（1927年1月12日）

呈為改定財政所章程請咨交议会審议以便公布施行事竊熱区地瘠民
貧迭遭兵燹政治廢弛無可諱言於廢弛之中而擇其尤者以財政為最甚
廳長
任職以後鈎稽整頓積弊全除稅務前途雖未能另闢財源亦可
以漸循軌道惟各縣地方財政形同痿痹病入膏肓紛如亂絲無法著
手推原其故由於財政所單行條例訂定太偏表曲者其影斜枝強者其
幹折理勢然也查該條例係於民國九年由順直省议会製定通体偏
重紳权一切收入開支縣知事不能過問僅負催征責任餘則一聽財政
所長之為所員條例之中定有檢查員与候補檢查員藉以牽制所長者為
清查弊竇实則利益均沾縣知事為一縣行政長官凡屬警学保甲
以及林業道路河渠均為其考成所繫而関於地方款之出納無权支配
試問何事能成無怪各知事泄沓成風政治日趨於腐敗在順直當日或
因官权太重動輒挪款潛逃不惜為此矯枉過正之舉议会取决多数一時

## 二四四　熱河財政廳爲縣財政所實行改組事致赤峰縣公署訓令（1927年1月12日）

衆意僉同而热区一議員彼時附入其中人数过半無权反對遂致削足就
履不良之條例亦試行於热区藉他人之衣以禦寒患然不能適体演
至近日各縣財政其权尊操於所長一人任便開支積年累累並不送核
預算急則私自加捐長此遷延流弊伊於胡底今热区既有议会自應
力圖改革以發揮热区自治之精神張綱者必挈其綱振衣者必提
其領　廳長不揣固陋謹就各縣之情勢參酌從前之弊端擬具各
縣地方財政所章程一份理合呈請
鈞座鑒核咨交区议会審议俟通過後再由职廳依據章程另
擬办事細則一併公布施行是否有當伏候
裁奪示遵謹呈
熱河都統湯
計呈　各縣地方財政所章程一份

## 二四四 熱河財政廳爲縣財政所實行改組事致赤峰縣公署訓令（1927年1月12日）

熱河各縣財政所章程

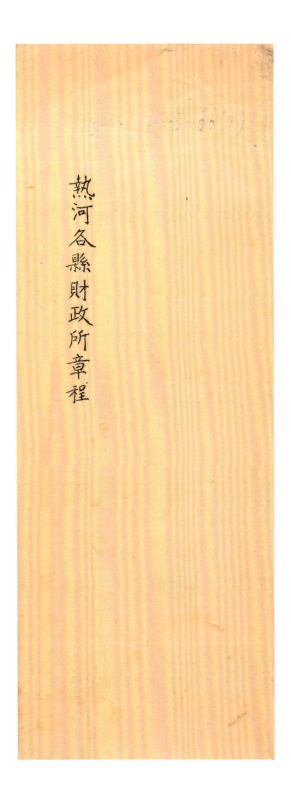

## 二四四 熱河財政廳爲縣財政所實行改組事致赤峰縣公署訓令（1927年1月12日）

熱河各縣財政所章程

組織

第一條 各縣地方公款設財政所經理之某縣定名爲某縣地方財政所

第二條 財政所設於縣行政公署以内不准他遷以便縣知事易於考察

第三條 財政所設所長一人司事一人僱員若干人

第四條 財政所長須經地方選舉由縣知事呈請財政廳長委任之

財政所長以籍隸本縣年在四十歲以上之殷寔公正士紳得票過半數者爲當選

財政所長之選舉以各縣教育會縣商會縣農會各法團首領暨每區推舉公正士紳一人爲選舉人聯合組織選舉會選舉之

財政所之司事由所長呈請縣知事委任之但與僱員均應取具殷寔舖保

第五條 財政所之經費以預算定之

第六條 財政所長之任期以三年爲限在未滿任一個月以前由縣知事招集

## 二四四 熱河財政廳爲縣財政所實行改組事致赤峰縣公署訓令（1927年1月12日）

地方各選舉人改選

財政所長於改選時再行當選得連任一次連任期滿仍復當選者無效以杜把持

財政所長於任期中辭職及撤職或因故不能視事時縣知事應招集地方各選舉人遵照第四條辦理

職務

第七條 財政所長爲縣知事之掾屬凡關於地方公款之出納預決算之編製應負完全責任對外一切公文悉用縣知事名義判稿行之預決算及各種冊表賬簿均蓋縣印

第八條 財政所每日出入款項於晚間應結算清楚同時將本日收入某款若干支出某款若干連同舊管新收出入相抵存欠若干列表送縣知事核閱

第九條 財政所之賬簿每月終結清後應送縣知事核閱蓋章

第十條 財政所收入公款縣知事不得提用所長亦不得擅自挪移違者以侵

## 二四四 熱河財政廳爲縣財政所實行改組事致赤峰縣公署訓令（1927年1月12日）

佔公款論罪

第十一條 收入公款所長不遵照本章程第十六條手續存儲或私交縣知事挪用致有損失者其款由該所長賠償

第十二條 所長之交替應將一切文卷賬簿票照逐一點交清楚如有款項不清者照徵收官交代條例辦理

款項之出納

第十三條 人民應納捐款除雜捐仍各照向例辦理外畝捐一項由財政所於所內設櫃徵收之但有錢糧縣分應隨糧帶徵不在此限縣治或偏於一隅及幅員遼闊者為便利納捐人起見得擇適中集鎮設立臨時分櫃預先限期佈告期滿即撤銷之

第十四條 開徵之前縣知事應明白佈告并派警督催由人民親自到櫃交納立時給票不准將捐票付與催徵人員或鄉牌免啟弊端

第十五條 各縣畝捐每年於秋季開徵至次年徵畢其有延至次年開徵以後而上

## 二四四　熱河財政廳爲縣財政所實行改組事致赤峰縣公署訓令（1927年1月12日）

年之畝捐尚未完納者照錢糧滯納罰金條例處罰之

第十六條　財政所收入之款應隨時送交代理金庫之銀行存儲無銀行地方擇殷實商號存儲不准留置所内違者分別情形照第十第十一兩條懲辦

第十七條　每月應行解廳之款財政所務於次月五日以前交縣呈解不准攙雜於地方款以内朦混挪用

第十八條　地方款之支出應由領款機關將是月預算呈送縣知事核准經縣知事開給支付通知書始行照發倘未見縣知事之支付通知書而擅自發款者其款由該所長賠償預算以外之款縣知事並未呈明核准而擅自開具支付通知書令財政所照發者其款由縣知事賠償

第十九條　地方款遇有特別事項須增加時縣知事應招集地方紳商開財政會議議決後呈請　都統暨財政廳核辦在未經指令核准以前不准擅自加征違者以詐欺論

第二十條　財政所收支款項按月造具月刊由縣知事遞呈　都統分報各主管機

二四四 熱河財政廳爲縣財政所實行改組事致赤峰縣公署訓令（1927年1月12日）

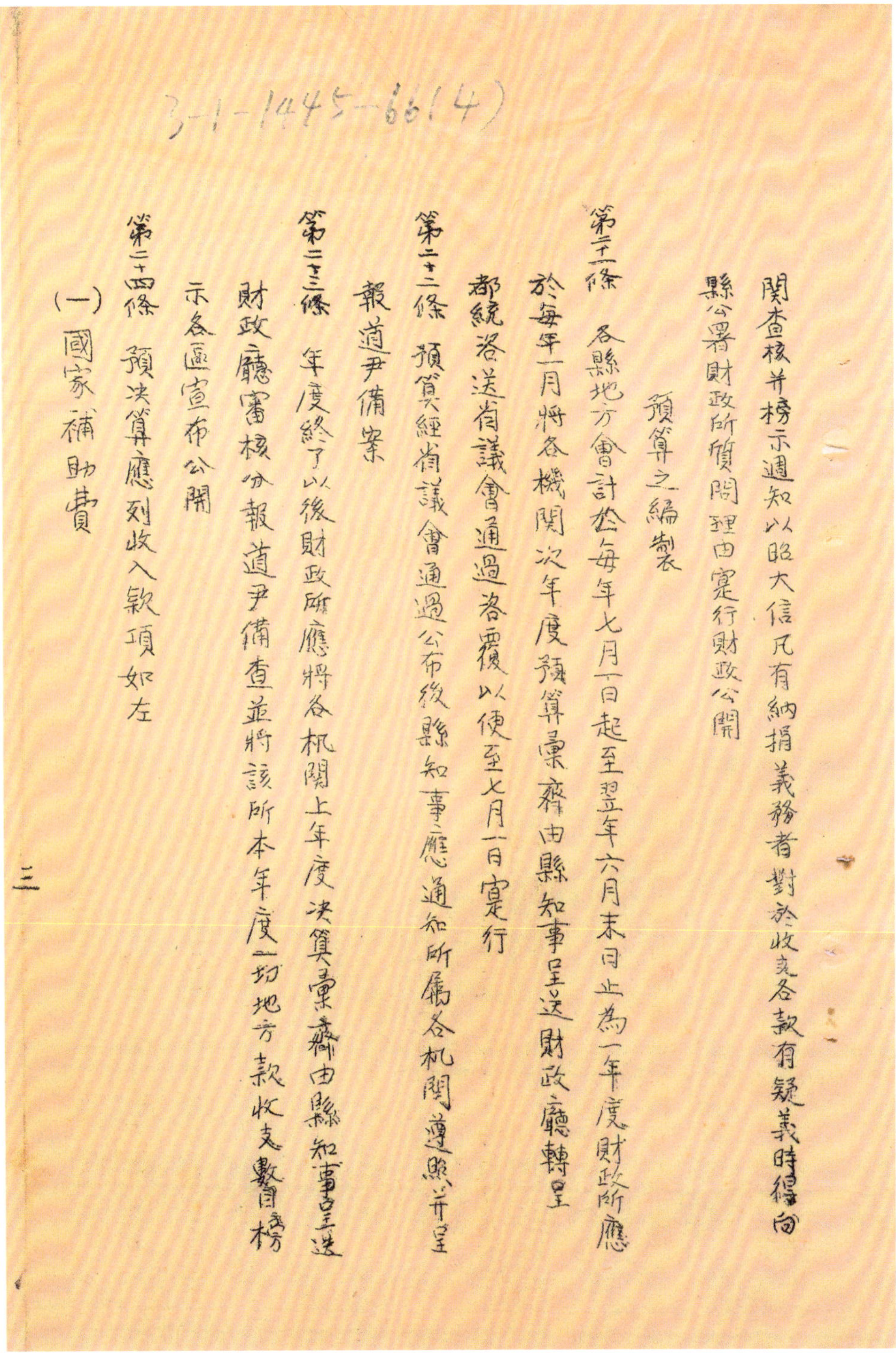

3-1-1445-66(4)

閱查核并榜示週知以昭大信凡有納捐義務者對於收支各款有疑義時得向
縣公署財政所質問理由寔行財政公開

預算之編製

第二十一條　各縣地方會計於每年七月一日起至翌年六月末日止為一年度財政所應
於每年一月將各機關次年度預算彙齊由縣知事呈送財政廳轉呈
都統咨送省議會通過咨覆以便至七月一日寔行

第二十二條　預算經省議會通過公布後縣知事應通知所屬各机關遵照并呈
報道尹備案

第二十三條　年度終了以後財政所應將各机關上年度決算彙齊由縣知事呈送
財政廳審核分報道尹備查並將該所本年度一切地方款收支數目榜
示各區宣布公開

第二十四條　預決算應列收入款項如左

（一）國家補助費

三

## 二四四 熱河財政廳爲縣財政所實行改組事致赤峰縣公署訓令（1927年1月12日）

(一)各項附税及雜税雜捐
(一)公款公産所生利息
(一)縣立高小學校或同等各學校學生之學費
(一)各機關之雜收入

第十五條 預決算應列支出款項如左
(一)内務行政費(凡警察自治慈善道路河渠皆屬之)
(一)財務行政費(即財政所之經費)
(一)教育行政費(凡祀孔教育局縣立各學校講演所圖書館閱報處皆屬之)
(一)實業行政費(凡勸業所苗圃蠶桑局皆屬之)

第十六條 預算核定後各机關如有特別事項發生必須追加或變更時應備具理由呈縣知事轉呈 都統財政廳核辦追加或變更之款經 都統財政廳核准後遵照核准之數開支至辦理決算時應於備考欄内聲明如未經呈准私擅追加時照第十一第十九各條懲辦

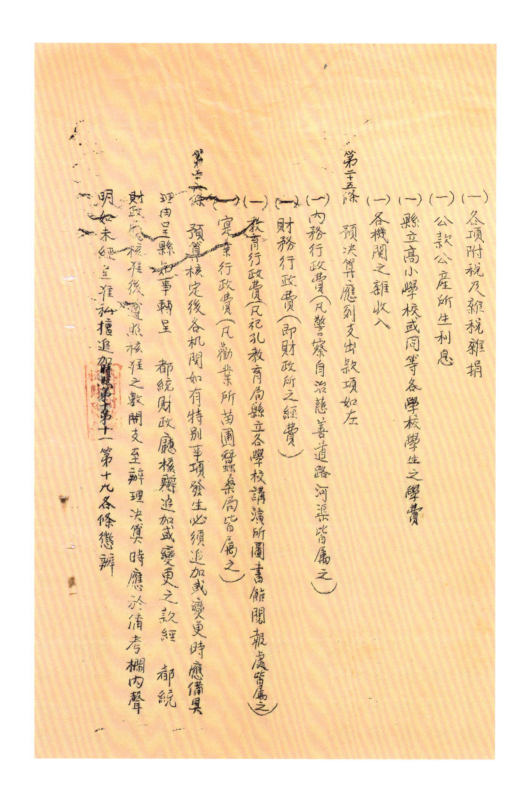

二四四　熱河財政廳爲縣財政所實行改組事致赤峰縣公署訓令（1927年1月12日）



第二十七條　各機關按月領款之預算與總預算不符或所具領與預算之款目不符應駁回更正

第二十八條　預決算之式樣遵照財政廳頒發之程式辦理

附則

第二十九條　本章程如有未盡事宜得由都統咨交省議會修正之

第三十條　本章程施行後從前之財政所單行條例廢止之

第三十一條　本章程自公佈之日施行

四

二四五　赤峰縣公署爲令遵章改組并繳銷鈐記事致赤峰縣財政所訓令稿（1927年1月）

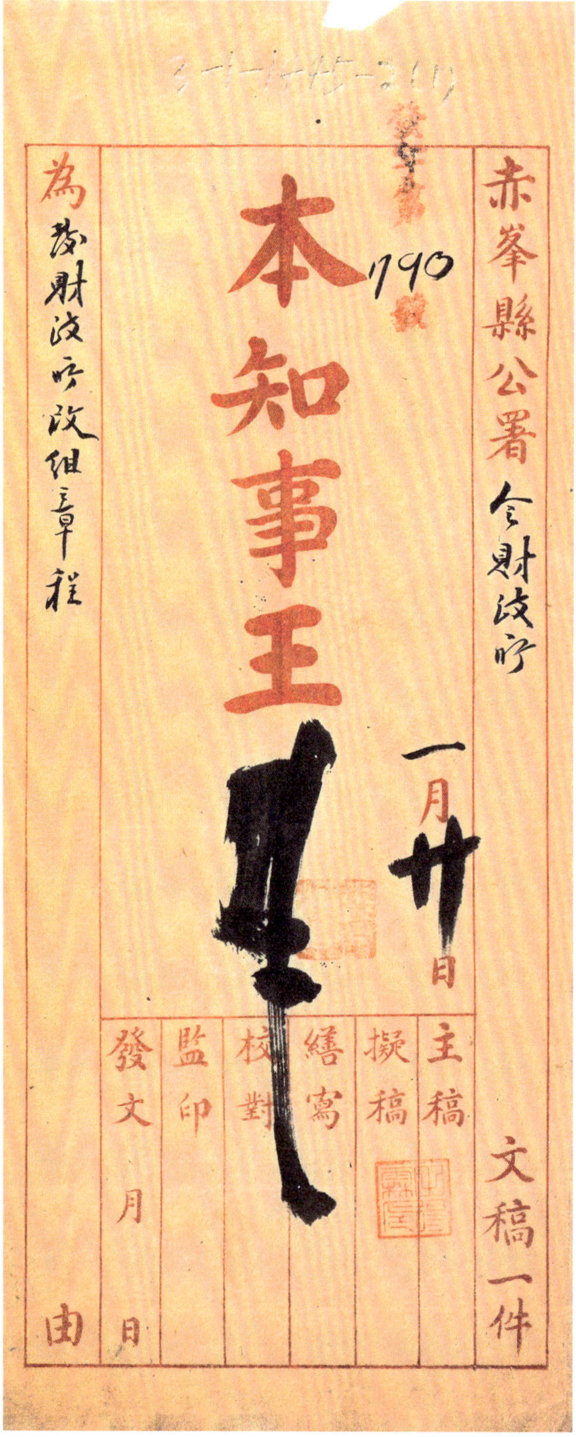

赤峰縣公署　令財政所

本知事王

190

一月廿日

為遵財政所改組章程由

| 主稿 | 擬稿 | 繕寫 | 校對 | 監印 | 發文 |
|---|---|---|---|---|---|
| | | | | | 月　日 |

文稿一件

## 二四五 赤峰縣公署爲令遵章改組并繳銷鈐記事致赤峰縣財政所訓令稿（1927 年 1 月）

赤峰縣公署訓令第三八號

令財政所

案奉

熱河財政廳訓令第一六九號內開爲通令事本廳前以各縣財政所章程條例訂定太偏云云此令附抄原呈一件章程二份等因奉此合亟照抄原呈及章程令仰該所即便遵照自本年二月起實行改組并俟將地方收支預算呈准後即一律遵照自改組日起所有一切收支辦法手續悉遵此次頒發章程辦理不准違誤至舊該所鈐記即日送署繳銷切切特此此令

附抄原呈一件 章程一份

二四五 赤峰縣公署爲令遵章改組并繳銷鈐記事致赤峰縣財政所訓令稿（1927年1月）

民國十六年一月　日